社会心理学家
经典作品

Susan T. Fiske　Shelley E. Taylor
［美］苏珊·T.菲斯克　谢利·E.泰勒　著
高定国　等译

社会认知

原书
第4版

Social Cognition
From brains to culture, 4th Edition

机械工业出版社
CHINA MACHINE PRESS

Susan T. Fiske. Shelley E. Taylor. Social Cognition: From brains to culture, 4th Edition.

Copyright © 2021 by Susan T. Fiske and Shelley E. Taylor.

Simplified Chinese Translation Copyright ©2025 by China Machine Press. This edition is authorized for sale in the Chinese mainland (excluding Hong Kong SAR, Macao SAR and Taiwan).

No part of this book may be reproduced or transmitted in any form or by any means, electronic or mechanical, including photocopying, recording or any information storage and retrieval system, without permission, in writing, from the publisher.

All rights reserved.

本书中文简体字版由 SAGE Publications, Ltd. 授权机械工业出版社仅在中国大陆地区（不包括香港、澳门特别行政区及台湾地区）独家出版发行。未经出版者书面许可，不得以任何方式抄袭、复制或节录本书中的任何部分。

北京市版权局著作权合同登记　图字：01-2019-4726 号。

图书在版编目（CIP）数据

社会认知：原书第 4 版 /（美）苏珊·T. 菲斯克（Susan T. Fiske），（美）谢利·E. 泰勒（Shelley E. Taylor）著；高定国等译. -- 北京：机械工业出版社，2025．8. -- ISBN 978-7-111-78842-3

I. C912.6-0

中国国家版本馆 CIP 数据核字第 20252Z6P65 号

机械工业出版社（北京市百万庄大街 22 号　邮政编码 100037）
策划编辑：向睿洋　　　　　　　责任编辑：向睿洋　侯思琪
责任校对：王文凭　张慧敏　景　飞　责任印制：张　博
北京铭成印刷有限公司印刷
2025 年 9 月第 1 版第 1 次印刷
170mm×230mm・35.75 印张・1 插页・577 千字
标准书号：ISBN 978-7-111-78842-3
定价：149.00 元

电话服务　　　　　　　　　网络服务
客服电话：010-88361066　　机 工 官 网：www.cmpbook.com
　　　　　010-88379833　　机 工 官 博：weibo.com/cmp1952
　　　　　010-68326294　　金　书　网：www.golden-book.com
封底无防伪标均为盗版　　　机工教育服务网：www.cmpedu.com

SOCIAL
COGNITION

译者序

我最早接触社会认知是 1994 年跟随华东师范大学杨治良老师读研究生的时候。那时，他已经开始把内隐记忆中的启动范式运用到研究社会性行为（如攻击）上，我也跟着读了一些文献。杨老师是在记忆这个主题下开展工作的。但是非常遗憾，我当时还没有社会认知这个概念，毕业论文没有研究这个领域。我第一次看到《社会认知》（英文第 2 版）是 1997 年，当时是在香港大学的书店里，我出于好奇买了一本。2000 年，我到中山大学工作（学校此时已准备重新开设心理学专业）。到校不久后，我发现情况与自己原来预想的差距很大，于是就联系了杨中芳老师。她于 2001 年来中山大学工作，并担任复办后的心理学系主任，我任她的助手。（虽说复办，但中山大学心理学专业实际上已中断近 50 年，有种百废待兴的感觉，正是发展新研究方向的好机会。）杨老师是接受了系统的社会心理学训练的著名学者，对中西文化都有很深的理解。当时系里人不多，我和她进行了许多非常深刻的探讨，尤其讨论了社会心理学究竟应该研究什么以及如何研究等问题。在与她的交流中，我认识到，引入实验和认知范式至少能让我们对社会心理现象的一些内在机制了解得更清楚，进而提升研究的科学性。那个时候，我对赵志裕和彭凯平两位学者的工作印象深刻，他们运用实验和认知范式做了非常杰出的工作。结合我的训练，我也开始尝试运用实验的方法研究社会心理现象。2004 年担任中山大学心理学系主任后，我陆续引进了几位从事社会认知研究的学者。随后，我参与的第一个工作就是怀旧有利于抵御孤独感的研究。这项工作发表在《心理科学》（*Psychological Science*）上，迄今被引用超过 700 次了，并被《新闻周刊》《环球科学》等媒体报道。有了这些知识背景和工作基础后，我基本上就把重心转到社会心理学中的社会认知方向上了，从事了社会性注意、情绪调节、社会赞许、合作和生活意义感等研究。

这些年，中山大学的社会认知工作可以说取得了不错的成绩，成立了"社会认知神经科学与精神健康广东省哲学社会科学重点实验室"（我目前担任主任）。此外，在国家社会科学基金项目以及国家自然科学基金重点项目、优秀青年科学基金项目、面上项目和青年项目等资助下，师生先后在《心理学报》《心理科学》，以及 *Psychological Review, Journal of Personality and Social Psychology, Psychological Inquiry, Psychological Science, Journal of Experimental Psychology: General, Journal of Applied Psychology, Emotion* 等心理学或社会心理学专业期刊发表了一系列社会认知论文。

在研究的过程中，我深感自己知识不足，于是开始阅读多年前购买的第 2 版图书，算是对社会认知有了较为全面的了解。两年前，机械工业出版社询问我是否愿意翻译这本书的最新版，即第 4 版。我同意了，并且发现第 4 版与之前版本的内容有一定重叠，同时增加了一些新内容。

本书的英文第 1 版是作者苏珊·T. 菲斯克和谢利·E. 泰勒以《社会认知》（*Social Cognition*）为书名，由 Addison-Wesley 出版社于 1984 年出版的（*Science* 杂志曾在同年给出书评）。可以说，这本书对确立社会认知的学科地位、推动心理学（特别是社会心理学）发展以及人才培养都起到了重要作用，两位作者也因此书获得了第 12 届 BBVA 基金会人文和社会科学知识前沿奖。1991 年，McGraw-Hill 公司出版了本书英文第 2 版，西南大学张庆林教授主持翻译了中文版（《社会认知：人怎样认识自己和他人》。贵州人民出版社，1994）。在之后的版本中，作者都加了"从大脑到文化"的副书名，华东师范大学周晓林教授主持翻译了增加了副书名的中文第 2 版图书（《社会认知：从大脑到文化》。人民邮电出版社，2020）。除中文版外，本书也曾先后被译成意大利语、韩语、法语和西班牙语出版。

本书的两位作者是心理学领域的著名学者，曾获得美国心理学会和心理科学学会杰出贡献奖，也都是美国国家科学院院士。本书对社会认知的介绍系统且新颖，用我的话来说，就是同时具备系统性和先进性，我每读一次，都会有新的感悟。由于两位作者都是美国人，她们在书中引用了很多美国社会和文化中的例子，为了便于理解，我也加了一些注解。此外，我想在这里说明一下对个别术语的翻译情况。首先，我将"theory of mind"译为"心理推测"，并做了译者注。其次，在社会心理学中，与"自我"(self) 有关的概念非常多，彼此的意思既相关又不同。例如，从英文字面上看，你可能会觉得"self-enhancement""self-improvement"和"self-promotion"的意思应该非常接近。我开始也是有些混淆的，以为它们可以互用，但其实不是。最终我将"self-enhancement"译为自我提升，指在不考虑现实的情况下认为自己有能力和胜任力的动机；将"self-improvement"译为自我完善，指在现实中使自己变得更好的动机；将"self-promotion"译为自我推销，指向他人传递关于自己能力的积极信息，是一种自我表达策略。

想要了解社会认知，了解不同历史阶段的心理学家是怎么认识人的就非常重要。作者在第 1 章中列出了社会心理学家研究社会性思考者的 5 个发展阶段。在最近一个阶段中（从 21 世纪开始），心理学家认为人是激活态行动者，即自动化（无意识）过程和控制性（意识）加工会在行为中起到非常重要的作用，同时两个过程又可以互相转化。因此，仔细阅读本书第 1 章对于掌握全书和社会心理学的前沿范式都非常关键。

全书包括绪论和四个部分，共 15 章。第一部分是社会认知的基本概念，共 3 章内容；第二部分是了解自己和他人，共 4 章内容；第三部分是理解社会，共 4 章内容；第四部分是认知之外：情感和行为，共 3 章内容。全书翻译分工如下：第 1 章（高定国）、第 2 章（封润、高定国）、第 3 章（封润、高定国）、第 4 章（谭敬斌、高定国）、第 5 章（朱亚琳、高定国）、第 6 章（高定国）、第 7 章（叶展航、吕房艳）、第 8 章（朱亚琳、高定国）、第 9 章（邢雨秋、高定国）、第 10 章（温妮、高定国）、第 11 章（赵炳松、高定国）、第 12 章（吴斯妮、高定国）、第 13 章（刘沛、高定国）、第 14 章（金泽慧、高定国）、第 15 章（高定国）、术语表（高定国、封润）；校对（郭思远、高定国）；统稿（高定国）。在本书的出版过程中，感谢机械工业出版社的编辑的大力支持。

考虑到本书内容多，因此书后的参考文献放到了网络上，由读者自行下载（可以扫描"参考文献"页的二维码）。由于译者水平有限，本书中难免会出现一些翻译错误，敬请大家批评指正。

高定国
2024 年 9 月于中山大学康乐园

SOCIAL
COGNITION

前　言

自《社会认知》第 1 版（英文版）发行以来，我们两个人的个人生活（孩子从出生到长大成人，再到离开我们，现在我们孙子也有了，调到了新的工作岗位，并有了新住所）和职业生涯（我们两个人的研究均比原来预计的涉及了更多神经科学和文化心理学内容）都发生了翻天覆地的变化。在写作第 1 版时，我们是在带格子的笔记本上听写或手写书稿，然后由秘书打印出我们每天的稿子。当然，他们也不时抱怨我们过于拖沓的进度。我们通过邮局寄出稿子，也参考一些机票确定了封面颜色，封面设计无疑受到了那种 20 世纪 80 年代文艺青年人物版画的启发。

第 1 版曾经颇具影响，它见证了社会认知的诞生。那时，社会心理学正面临一场危机，而这场危机也因采用了一些认知心理学的新观点和新方法而得到部分解决。批评家预言社会认知将昙花一现，社会心理学家对它的不够"社会"略有不满，而认知心理学家又认为它不够"认知"。但是，这些勇敢的社会认知研究者仍然以饱满的热情对社会性注意、记忆、推理和图式进行了前沿性探索，并把相关结论运用到了自我、健康、偏见、大选初选等主题上。一开始，我们认为像归因、自我和态度这样的经典领域是否包含在社会认知中值得商榷，而最终，我们还是把这些内容写到了书中，彰显了社会认知取向对经典问题和新问题的意义。这种双重意义即使在今天仍然是正确的。

第 2 版见证了社会认知的稳健发展，这证明社会认知不是一阵时髦、一段插曲或一个时代性现象。社会认知从此扎下了根，而且已经渗透到社会心理学的方方面面。英文版第 2 版封面采用了更长的视角，突出了更柔和、更典雅的绿色，使人不由得想起雷诺阿的作品。这幅画作上布满了人，我们所引用的参考文献也是如此。从覆盖范围来看，这版有点百科全书的味道，反映了那 7 年中社会认知的蓬勃发展。

加了新的副书名"从大脑到文化"（*From Brains to Culture*）的下一版（与第 1 版隔了差不多 18 年）采用了更长的视角，虽然还是从最基础的问题开始，但迅速转到了时下。那一版反映了社会神经科学的最新进展。当然，这些进展被一些批评家认为不够社会，而另一些人又认为不够神经科学。这种论调是不是有些熟悉呢？但是，我们很高兴地预测一个新领域，即社会认知情感神经科学（深深切入了社会认知之中，而后者在开始也面临争议）定会欣欣向荣。

更重要的是，这个副书名开始反映出关于文化的更多研究。当全球化全面进入我们的研究领域和生活时，文化显然是一个在社会认知中日益突出的议题。

本次的全新修订版仍然保持初心，讲述人怎样理解他人和自己，这也是常识和学术探索均感兴趣之所在。本版得到了全面更新，甚至增加了更多最新的社会神经科学和文化社会心理学内容。我们也试图加强本书的可读性，每一章都保持相对一致的长度。关键词在文中以黑体表示，并于文末术语表给出简要解释。每一章都包括总结和大约 10 个图或表。每一章还包括我们建议的延伸阅读材料，并且以专栏形式给出了有关研究、应用和方法的具体实例。

根据三方协议，本书与菲斯克和麦克雷主编的《SAGE 社会认知手册》（2012）进行了内容整合。这本手册涵盖最新的主题，主要由年轻作者写作完成，但每一章都经过了独立的行业专家的评审。本书也与菲斯克的《SAGE 社会认知主要论著》（2013）中的 60 篇精选论文进行了内容整合。

35 年前，社会认知旨在帮助社会心理学走出低谷。这个当时公认的危机使许多精妙的研究受到质疑，研究结果缺乏理论支持（认知失调除外）、与现实关联不大以及研究的历史局限性使它们难以被重复。社会认知研究立刻提供了一些不那么有趣（明显更严肃）的方法，这种源自认知心理学的新理论可以对人类的各种情况（如健康、群际关系、教育、平等）进行及时关注，并不太可能受到时代稳定规则的约束。这个领域进行了一些路线修正，并得以继续发展。

正如我们在正文中写到的,社会心理学再次面临危机。这次是研究结果的再现性问题,关注的是研究透明度、统计的严格性、研究伦理和可重复性问题。由于所有科学都面临一些路线修正问题,因此社会认知研究对此并不能起到什么独特的作用,当然社会心理学也不能。当危机渐渐远去时,就如同美国国家科学院(2019)所指出的,我们可以得出结论:没有危机,但也不能自满。

社会认知研究对最基本的科学问题给出了一些可靠的思考,并经常被用于有效改善人类生存条件之中。公众、媒体、非营利组织、医疗机构和政府机关正以前所未有的热情运用这些社会认知成果。我们希望本书能够向读者清晰呈现这一令人振奋的领域的持续贡献。

SOCIAL
COGNITION

目　录

译者序
前　言

第1章　绪论　/1

　　研究社会性思考者的取向　/3

　　心理学中认知的盛衰史　/9

　　什么是社会认知　/19

　　人不是物体　/21

　　大脑重要　/24

　　文化重要　/31

　　总结　/34

第一部分　社会认知的基本概念

第2章　社会认知的双模式　/38

　　自动化过程使社会性思维效率更高　/39

控制性过程使社会性思维变得灵活　/ 47

动机影响加工模式选择　/ 59

描述自动化与控制性过程有关机制和时程的

　　理论模型　/ 66

总结　/ 72

第 3 章　注意和编码　/ 74

面孔：社会性注意的焦点　/ 76

凸显性：情境中刺激的一种特征　/ 84

生动性：刺激的一种固有特征　/ 89

可获取性：我们头脑中关于类别的一个特征　/ 93

直接知觉：不仅在我们的脑海里　/ 103

总结　/ 107

第 4 章　记忆中的表征　/ 110

联系性网络：记忆的组织　/ 110

程序性和陈述性记忆：记忆的功能　/ 119

平行加工与序列加工：协调两种记忆过程　/ 123

具身记忆：包含身体表征　/ 127

社会性记忆结构：为什么社会性记忆重要　/ 130

总结　/ 144

第二部分　了解自己和他人

第 5 章　社会认知中的自我　/ 148

自我是一种心理表征　/ 149

自我提供信息以指导自我调节　/ 159

自我在自我调节中具有不同目的　/ 167

自我是一个参照点　/ 177

总结 / 181

第 6 章　归因过程 / 183

归因旨在解释社会性经历 / 183
早期归因理论强调理性分析 / 190
归因涉及的一些认知过程 / 203
归因常常是带有偏向的 / 207
总结 / 215

第 7 章　启发式与捷径：推理与决策中的效率 / 217

启发式是一种在效率与准确性之间寻求折中的
　决策捷径 / 218
启发式的另一面：决策捷径常常引发错误和偏向 / 230
随着时间推移，判断会出现偏向 / 244
总结 / 250

第 8 章　社会性推理的准确性和效率 / 252

为什么要做理性假设 / 253
社会性推理何时会给出错误答案 / 256
错误和偏向导致负面后果：改进推理过程 / 262
错误和偏向是附带产品：也许它们并不重要 / 269
迅速判断有时会比深思熟虑更好吗 / 272
神经经济学：展望未来 / 277
总结 / 280

第三部分　理解社会

第 9 章　态度的认知结构 / 284

新框架源于早期探索 / 285

两种一致性理论预测的认知表征 / 288

表征可以是离散式的，也可以是分布式的 / 295

人们对态度改变持有常人理论 / 296

态度的功能维度 / 305

总结 / 312

第 10 章 态度的认知加工 / 315

启发式 – 系统性模型预测双过程框架 / 316

说服的外周线路和中心线路：精细加工可能性模型 / 320

动机和机遇决定态度过程：MODE 模型 / 333

内隐联系侧重于相对自动化加工 / 336

具身态度绕过认知吗 / 340

态度的神经关联决定不同的认知框架 / 341

总结 / 343

第 11 章 刻板印象：认知与偏向 / 346

公然刻板印象是外显的、刻意的但也是少见的 / 348

隐蔽刻板印象是内隐的、自动化的但也是常见的 / 359

偏向对弱势群体和强势群体都有影响 / 373

总结 / 383

第 12 章 偏见：认知和情绪偏向的交互作用 / 386

群际认知预测情绪偏见 / 387

种族偏见在情绪上很复杂 / 397

性别偏见存在内在的矛盾 / 409

年龄偏见等着我们所有人 / 416

性取向偏见存在争议 / 419

总结 / 420

第四部分　认知之外：情感和行为

第 13 章　从社会认知到情感 / 424

区分情感、偏好、评价、心境和情绪 / 425

为生理学与认知假说奠定基础的早期理论 / 432

生理学理论解释不同的情绪 / 433

不同情绪的社会认知基础 / 439

总结 / 456

第 14 章　从情感到社会认知 / 459

情感影响认知 / 459

情感与认知 / 476

总结 / 484

第 15 章　行为与认知 / 486

行为常常是目标导向的 / 487

认知和行为什么时候是相关的 / 497

通过行为进行印象管理 / 512

通过行为验证关于他人的假设 / 515

总结 / 518

术语表 / 521

致谢 / 554

参考文献 / 555

SOCIAL
COGNITION

第 1 章

绪　论

- 研究社会性思考者的取向
- 心理学中认知的盛衰史
- 什么是社会认知
- 人不是物体
- 大脑重要
- 文化重要

　　我们大多数人都在意别人对我们的看法。当然，我们所有人也都关心怎样理解别人。社会认知解释了这两个过程。本书并不是一本自助书，但当你遨游于自己的社会世界时，它会协助你。本书不是一本劝人向善的书，但它能助你改变世界。本书也不是一本小说，但它会讲出一些好故事。社会认知研究相当广泛的心理现象，而这些现象无论对个体还是人类生存都是重要的。而且，社会认知也是心理科学的一部分。

　　请看一次有关错误社会认知的常见经历。在一个聚会上，试着告诉某人你是一个心理学家或只是简单地说一下你是学心理学的。在这种场合，你说你只做研究而不会读心是没有用的。对方的必然反应要么是因担心在现场被你分析而走开了，要么是侧过身来告诉你一些私密的东西。一个我们认识的心理学家为避免如此尴尬而声称他是一个计算机程序员。我们突然想到了一个不同的策略。你可以平静地说："我研究人怎样对一个陌生人形成第一印象。"这一解释也许会立即中止那段对话。

然而，假设那段对话并没有恰好在此中止，那个人开始谈论什么使人去做他们所做的事情，并谈论对聚会上各种朋友、亲戚和陌生人的印象。这些实际上就是本书所指的原始数据。**社会认知**（social cognition）研究人怎样理解他人和自己。它关注普通人怎样考虑和感受人（包括自己）。

人对社会世界的理解可以通过询问他们怎么理解他人来进行研究（Heider，1958）。这就是**现象学**（phenomenology）取向：系统性地描述普通人如何表达他们对世界的体验。如果这些人是对的，那么研究者就能通过把人们之间的直觉式思维融合在一起，从而运用这些整合知识建立形式化理论。即使这些人是错的，研究者也可以研究关于人自身的常识性理论以了解人是怎样思考的。社会认知研究者因其研究的需要也关注这种常识性理论，即**朴素心理学**（naive psychology）。也就是说，人们关于彼此的日常理论本身就是值得研究的。因而，如果聚会上的那个人产生了一些人们怎样对彼此形成印象的想法，那么这个人的这些非形式化观点本身就是有趣的。有时，一些研究者的非形式化个人经验会对形式化理论和实证研究提供帮助。

社会认知当然也关注朴素心理学之外的东西。社会认知研究涉及对人怎样思考他们自己和他人的细粒度分析，而且高度依赖认知心理学的理论和方法。社会认知的特点之一就是认知心理学的具体模型对它的深刻影响。这些模型描述了学习和思维的精确机制，并且得到广泛应用（包括社会知觉领域）。由于这些模型是普遍性的，而且一般也认为认知过程会影响社会性行为，因此运用认知理论解决社会心理问题具有可行性。

朴素心理学和认知心理学视角都是社会认知研究者所关注的。这两种视角定义了社会认知的一个双重诉求。研究人怎样看待他人的有趣部分，能够满足你对直觉的诉求；它有点类似于你和你朋友在午夜后坐在一起天南海北地聊人性中一些有意思的东西。这个问题的细粒度部分要求你准确和精细；它的诉求有点类似于求解一个你最喜欢的复杂谜题。不管你的兴趣是数独、填字还是悬疑小说，把所有碎片拼成一个完整答案才是你最希望的结果。

研究社会性思考者的取向[1]

了解社会认知的一些历史有利于你看清当前研究进展。我们在本节将比较两种被证明有效的理论假设。

阿希的竞争模型

假设你读了一封工作推荐信，描述某人"聪明、技术熟练、勤奋、冷淡、坚定、务实和谨慎"。你会推荐招收这个人吗？你会愿意与这个人一起工作吗？你是怎么迅速形成这些印象的？在所罗门·阿希（Solomon Asch，1946）的一项开创性研究中，他考察了人怎样理解他人，即通过整合他们的人格特质并形成一个整体印象来实现。在这方面，他为个人知觉研究打好了一个基础（E. E. Jones，1990；Schneider，Hastorf，& Ellsworth，1979）。阿希提出，我们会把他人看成一个心理单元，然后把这个人的各种品质（特质）放到一个统一的主题（印象）中。阿希（1946）通过12个精彩研究首先提出了这种观点。被试通过一个人格特质表形成对某人的一个印象。例如，一组被试读到的是本段开始时对某人的描述。另一组被试则读到，某人"聪明、技术熟练、勤奋、热情、坚定、务实和谨慎"。实验操纵是简单的：通过变换"冷淡"和"热情"而形成了对这个人完全不同的描述。例如，冷淡且聪明的人是精于算计的，而热情且聪明的人是智慧的。

阿希提出了两个模型来解释这些结果，即构型模型和代数模型（见图1-1）。**构型模型**（configural model）认为人们会形成对他人统一的整体印象。这种统一的力量会使个别特质服务于整体印象。统一的压力会改变个体特质的意义，使其更好适合于这个整体印象。一个聪明的骗子是狡猾的，一个聪明的儿童是聪慧的，而一个聪明的奶奶是智慧的。除了意义改变，人们还会运用各种策略来组织和统一一个印象的各个成分；它们不仅改变了模糊词语（如聪明）的意

---

[1] 作者在书中频繁使用"approach"一词，我们根据语境或中文习惯多译为"取向"（基本上等同于"perspective"，指元论、行为主义、认知心理学这样大的理论取向）或"框架"（等同于"framework"，指相对小一点的理论架构，如平行加工框架），意为解决一个问题时所采用的方向、视角或理论架构，有时也包含大致要采用的研究方法（例如，采用质性分析框架来解决人际交往问题），是比"理论"要大的概念。在解决一个问题时，"取向"或"框架"的选择一般要早于"方法"的选择。另外，我们在本书中将"path"译为"路径"，而"route"译为"线路"。——译者注

义，而且运用相当高的智慧解决了一些明显的词语分歧（某人才智卓越但又笨手笨脚，则可以是一个心不在焉的天才）。根据构型模型，知觉者会根据个体的特质和这些特质之间的关系形成一个印象，就像后文提到的**图式**（schema）。图式是由属性和属性之间的关系组成的。

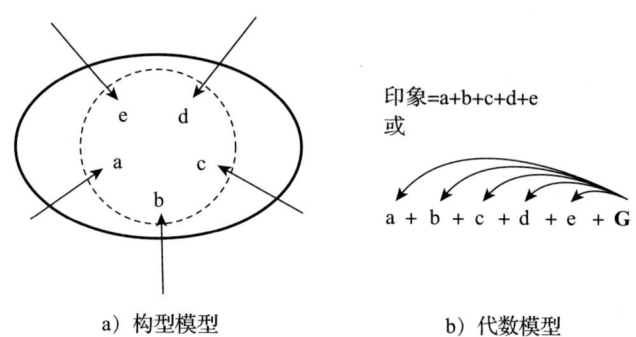

图 1-1　所罗门·阿希（1946，p. 257）关于个人知觉的两个对比模型：a）构型模型显示了用于整合而形成一个人的一个统一印象的有关特质。其中，每个特质的含义在所有其他特质都考虑在内的情境下会发生改变。b）代数模型的其中一个版本是对各项评估结果求和（见顶行），而另一个版本是对各项评估结果求和并再加一个一般印象 G（某一印象的一般性正值或负值）；这个 G 值调整每一特质的评估结果，因此所有项目都均等向上或向下调整

另一个是与构型模型和后文提到的各种图式模型形成鲜明对比的代数模型。**代数模型**（algebraic model）会单独评估每一特质，并把这些评估整合到一个总结性评估中。例如，当你见到某个陌生人时，你就是整合这个人所有的优点（如聪明）和缺点（如冷淡）以形成一个印象。以信息平均为基础的代数模型引发了一些令人印象深刻的研究（N. H. Anderson，1981），而另一个相关的关于整合信念以形成整体态度的代数模型也引发了一系列研究（Fishbein，1963）。

构型模型和代数模型分别代表了下文即将提到的整体论和元素论取向。严格来说，它们实际上代表了关于人形成对他人印象的两种完全不同的观点。这两种由阿希首先提出的互相竞争的取向后续得到了充分研究，而且你可能想到了，研究者就此展开了多年的激烈争论（North & Fiske，2012a）。然而，从理论角度来看，这些争论实际上打了个平手，因为这两个模型可以解释彼此的数据，而且它们谁都没有给出严格的可以证伪的版本。因此，学术界就这种理论对立达成了一致（Ostrom，1977），即需要进一步的理论发展。如今，没有哪种

取向的支持者再去试图证伪对方。事实上，我们在第 2 章中介绍的许多双过程理论其实解决了这个争论。这些理论尽管肯定两类模型都是正确的，但在不同信息和动机条件下（即两类理论模型所设计的不同实验范式），人们会遵循不同的过程而进行信息加工。

由于这两类模型是我们即将介绍的众多有关研究的核心，因此我们有必要介绍一些历史背景。关于社会认知研究的两种取向（即元素论和整体论）实际上也与心理学的哲学起源相关。**元素论**（elemental approach）把科学问题分解为多个片段，然后具体分析它们，最后再把它们整合起来。**整体论**（holistic approach）则是在其他片段存在的背景下分析有关片段，关注各个片段之间的总体构型关系。在介绍这两种理论取向时，我们会把它们的差别看得更清楚。

社会认知研究的元素论起源

直到 20 世纪初，心理学仍然是哲学的一个分支，而哲学家所提出的一些关于心理的基本原则直到今天仍然发挥重要作用（Boring，1950）。⊖具有元素论传统的英国哲学家把心理比作化学过程，而人的各种想法就好比一个个元素。任何概念，不论多具体（如喷嚏）还是多抽象（如羞愧），都是一个基本元素，而任何一个元素都可与其他任何一个元素关联。这些概念结合创造了心理化学（mental chemistry；Locke，1690/1979）。

根据元素论，观念首先出自我们的感觉和知觉。然后，它们通过空间和时间上的接近性发生联系（Hume，1739/1978）。也就是说，如果打喷嚏后你用了纸巾，那么这两样东西能通过接近性而形成一个单元。重复是把一个简单的接近因素变为一个心理复合体的关键方法（Hartley，1749/1966）。如果喷嚏和纸巾在你的生活中一直一起出现，那么当你想到喷嚏时，你将自动想到纸巾。喷嚏和纸巾变成了一个心理复合体。同样，如果"羞愧"这个概念出现时，"跳舞"这个概念也同时出现，那么它们很可能会作为重复配对的结果而关联在一起。人们在日常生活中也会有意识地使用重复和接近原则，试回忆一下上次你试图记住一串电话号码的情形：你不断重复那一串数字，直到它们变成一个单元，你才停了下来。重复的频次是决定联系强度的关键因素（Mill，1869，

⊖ 这是作者引用美国学者 E. G. Boring 的观点。现在一般认为心理学独立的标志性事件是德国学者冯特于 1879 年在莱比锡大学创立第一个心理学实验室。——译者注

1843/1974）。⊖

心理学在20世纪早期才作为一个独立学科从哲学中分离出来。最终，心理化学的观点也得到了实证检验。第一批实验心理学家，如德国学者威廉·冯特（William Wundt）和赫尔曼·艾宾浩斯（Hermann Ebbinghaus），训练他们自己和研究生观察他们自己的思维过程：内省他们怎样把观念放到记忆里，以及怎样从记忆里把观念提取出来（Ebbinghaus，1885/1964；Wundt，1897）。他们的方法是，把经验分解为元素并确定它们是怎样关联的，同时确定控制这些关联的规则。这些源自英国哲学家的思想继续成为现代实验心理学的基础。其中一个元素模型就是所罗门·阿希的代数模型。在本章稍后及第4章，我们会介绍当今基于元素论的社会认知研究。

社会认知研究的整体论起源

作为对元素论的批评，德国哲学家伊曼努尔·康德（Immanuel Kant，1781/1969）认为应该同时考虑整个心理状态。他认为，心理现象本来就是主观的。也就是说，心理会主动建构一个超越原物体本身的现实体验。一串葡萄似乎像一个单元，但这样的知觉是心理建构的结果。知觉一碗葡萄不同于分别知觉每颗葡萄。同样，如果某人剪掉一些葡萄，而剩下的葡萄掉到了碗外，那么这两个动作会被知觉为具有因果关系。同样地，心理建构了这种知觉，而这种知觉并不是刺激所固有的。你的知识组织了世界，从周围环境的刺激特征中创造了知觉秩序。

格式塔心理学首先借用了这种整体论思想（Koffka，1935；Kohler，1938/1976）。与元素分析不同，采用格式塔方法的心理学家在不做分析的情况下首先描述感兴趣的现象，也就是那些瞬时的知觉经验。这种方法，即现象学方法，聚焦于系统性描述人的知觉和思维体验。这也在后来成为社会认知研究的主要基础之一，即依赖于询问人们是怎样理解世界的。

尽管元素论和整体论学者都采用内省方法，但格式塔心理学家关注人的动态的整体经验，而元素论者关注专业人士把整体分解成片段的能力。我们这里

⊖ 研究者在不同时期还提出了其他联系原则，但它们被逐渐放弃了，研究者转而支持重复的接近性原则。这些原则包括创建联系的相似性和因果性以及加强联系的生动性（Boring，1950）。——译者注

给出一个区分格式塔心理学和元素论的例子。请你在心里想一首歌。一首歌可被知觉为一系列音符（元素）或者被知觉为一段通过这些音符的关系而涌现的旋律（格式塔）。根据格式塔心理学，如果把这个涌现的结构分解成感觉元素，那么结构就会消失。格式塔心理学家认为这种元素论的心理化学比喻是错误的，因为一个化合物所具有的特性并不能根据各个元素来预测。同样，一个知觉整体所具有的特性也与其组成部分不同。例如，中央 C 这个音符在一串低音符中显得高，在一串高音符中显得低，但在一串与之相近的音符中就完全不突出了（既不高也不低）。一个平均身高的篮球运动员在地铁车厢里显得高，但在球队里就不突出了。许多在高中成绩突出的大学生发现他们在大学里不再是学习明星了。这些现象再次表明，个体是在当前情境中获取意义，而情境又是会随时变化的。心理意义会超越原始感觉输入，而包含人们施加到整体上的组织结构。格式塔的完形观影响了两位对社会认知研究和理论具有直接贡献的学者。我们已经介绍了所罗门·阿希，接下来介绍库尔特·勒温（Kurt Lewin）。

勒温的个人–情境场理论

德裔美国心理学家勒温（1951）把格式塔的观点引入社会心理学，并最终引入社会认知研究之中（Boring, 1950; Bronfenbrenner, 1977; M. A. Deutsch, 1968）。像其他格式塔心理学家一样，勒温关注个人的主观知觉，而不关注所谓的"客观"分析。他强调社会环境的影响，即被个体知觉到的东西，他也把这称为**心理场**（psychological field）。要完全了解一个人的心理场，不能通过这个人周围其他人的"客观"描述实现，因为关键是这个人自己的解释。这不是说这个人一定能说出其所知觉到的环境，但是这个人自己的报告通常比研究者的直觉能提供更好的线索。例如，一个研究者可以客观报告，芭比赞美了安妮的容貌。这个研究者甚至可以对芭比为什么会这样做有强烈的预感。但是，安妮的反应将取决于她自己对芭比意图的知觉：是迎合、羡慕、肯定，还是友好。一个弄清楚的办法是请安妮用她自己的词语描述所发生的事情。与一般的格式塔心理学一样，勒温强调个体的现象学，即个体对所处情境的建构作用。

另一个从格式塔心理学引入社会心理学的观点是，勒温坚持要描述整体情境而不是孤立的元素。一个人生存于其心理场中，而心理场是各种动力的一个组织整体。为了预测行动，一个人必须理解给定情境中所有作用于这个人的心理动力。例如，一些动力可以促使某人去学习（如一场即将来临的考试、其室友在学习），其他一些动力可能促使这个人花一个晚上干别的事情（如一群朋友建议去看电影），还有一些动力（如隔壁音乐很吵）可能阻碍这个人去学习（见图1-2）。没有一种动力能单独预测后续行动[1]，但是这些动力之间的一种动态平衡，即随时变化的动力平衡，确实可以预测行动。

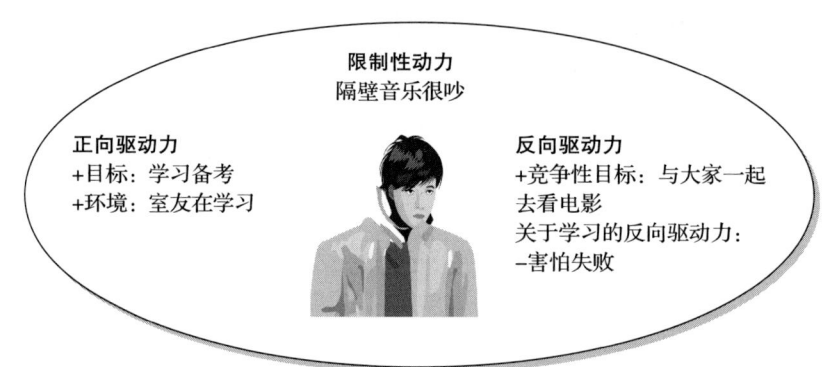

图1-2　根据勒温（1951）的心理场理论演示个体学习与否的压力。这些压力源自个体知觉到的驱动力和限制性动力，而这些动力之和会激发后续行为

全部心理场（以及所引发的行为）由两对因素决定。第一对因素由处于情境中的个人（person in the situation）组成。这两者都不足以预测行为。个人对需要、信念和知觉能力做出贡献。这些作用于环境的行为构成了心理场。因此，知道某人被激励去学习并不能预测这个人是否会去学习或者学习多少。但是在图书馆里，一个被激励的人极有可能学得很多。自勒温以来，社会心理学家认为个人和情境是预测行为的关键因素。社会认知研究关注把知觉、思维和记忆看成一个人是谁和在哪里的函数（即一个人是谁和在哪里影响知觉、思维和记忆）。

第二对决定行为的心理场因素是认知（cognition）和动机（motivation）。二者都是个人和情境的函数（即个人和情境影响认知和动机），而且二者共同预测行为。认知告诉我们知觉者对世界的解释；没有清晰的认知，行为是不可预测的。如果一个人对新环境具有不全面的认知或感到困惑，那么其行为就会变得

---

[1] 原书中反复出现"behavior"和"action"。根据作者的定义，"action"是指人的主动行为，因此本书均统一将之译为"行动"，而把"behavior"译为"行为"，指包括行动在内的所有反应。——译者注

不稳定。例如，如果你对即将开始的音乐作曲考试一点儿都不了解，那么你可能行事无常，不可预测；你可能尝试好几种复习方法，但每一种又都不系统。认知帮助个体决定要做什么，以及行为指向哪里。如果一个音乐家朋友告诉你音乐作曲考试一般会考什么，那么你的认知和你的学习就会随他的建议进行。但这假定你实际上是在学习的。其次，动机的强度预测行为究竟是否出现，而且一旦出现了，将出现多少。知道要做什么并不意味着会做这件事；只有认知是不够的。动机为行为提供动力。

小结一下：勒温把他的分析重点放在个体知觉到的心理现实上，放在各个元素作为一个整体的组织上，而不是单个元素上，放在个人和情境上，以及放在认知和动机上。这些主题（从格式塔心理学追溯到康德哲学）在现代社会认知研究甚至整个心理学中仍然发挥其理论作用。

元素论和整体论小结

我们从社会认知研究的不同历史起源比较了元素论和整体论的观点。元素论从底层开始建构，把更小的片段组合成更大的东西，再到一个整体。这种理论的碎片特性与格式塔的整体化倾向形成鲜明对比。为了描述一个人对现实的主动建构，整体论旨在解决知觉者看到的整个结构。元素论和整体论之间的矛盾会在第2章以其他形式再次凸显出来。我们将看到，它们可以作为两个互补的过程而进行整合。

心理学中认知的盛衰史

心理学家并不总认为研究内心状态是重要的。在历史上，针对认知的研究有时受到肯定，有时又受到批评。为了避免出现关于认知重要性的过于短视的观点，我们会在这里简单介绍认知在实验心理学和社会心理学中的地位。早期的心理学家，不论元素论者还是整体论者，主要都是通过内省来了解人类思维。然而，内省作为一种科学方法来说名声并不太好。由于使用内省，认知研究也因此声名狼藉。实验心理学在很多年里都拒绝"认知"这一概念，但社会心理学没有拒绝。接下来的两小节将比较认知在实验心理学和社会心理学中的不同命运。

实验心理学中的认知

在实验心理学刚开始出现时，冯特的工作高度依赖于受过严格训练的**内省**（introspection）。㊀内省法的运用促进了冯特所强调的认知目标：人的经验是他的研究主题。冯特和其他人收集了关于各种心理事件的数据，并且建构理论来解释这些数据。然而，实验心理学最终放弃了这种内省的方法。原因是它不符合科学的标准：一个人的数据应该是公开可再现的。其他科学家应该能够检验这些数据，在遵循相同程序时应该能够重复这些数据，并分析这些数据看看它们是否证实某个理论。在早期实验心理学中，理论必须解释内省（即自我观察），这就带来了问题。如果一个理论成功的标准取决于个人体验，那么相关证据就无法公开展示。因此，研究就不能得到别人的检验。这个问题的最糟糕情形是，如果我的理论解释我的内省过程，而你的理论解释你的内省过程，那么我们怎么确定哪个是正确的呢？

当内省法因这一问题而被放弃时，认知研究也停滞不前了。心理学家从研究内部（认知）过程转到了研究外部的、可公开观察的事件上。这一取向最终发展为在20世纪前几十年占主导地位的美国**行为主义心理学**（behaviorist psychology）。行为主义者坚信，只有外在的、可测量的行为才是可供实证检验的、足够有效的对象。其中一个创立者是爱德华·L. 桑代克（Edward L. Thorndike），B. F. 斯金纳（B. F. Skinner）和其他一些人发展了他的理论。桑代克的工具性学习理论（1940）没有考虑认知的任何作用。根据这一理论，行为具有某些奖或惩的效果，而这种效果会促使机体后续重复或避免这个行为。简单来说，就是"效果变成了原因"。效果和原因都是可以观察的，而认知似乎是无关的（Skinner，1963）。有一个行为主义者甚至把认知观说成是一种迷信（J. Watson，1930）。

行为主义者认为，对某一理论的每一部分确定可观察的刺激（S）和反应（R）是心理学（包括社会心理学）成为严格科学的必要条件（Berger & Lambert，

㊀ 冯特也采用了一些不依赖于自我报告内部过程的测量方法。例如，他也重视测量反应时。反应时是刺激和反应之间的时间间隔。如果你问我们年龄多大了，我们能迅速告诉你答案。但是，如果你问我们中的任何一个，另一个作者多大了，我们则要计算，而且也需要更多时间。因此，通过反应时，你可以在一定程度上推断发生于其间的思维过程。这些测量也是对内省数据的补充。

1968）。例如，一个行为主义者可以通过惩罚与某些其他族群孩子玩耍的孩子而奖励与本族群孩子玩耍的孩子来研究种族歧视问题。这个研究的一个简单模型是，把"另一个族群"作为刺激，把"不一起玩耍"作为反应。行为主义者不会考虑刻板印象（认知）的可能作用。在整个实验心理学领域，当行为主义盛行时，它的影响实际上造成了差不多半个世纪的时间里心理学家都不关注认知研究。

到了 20 世纪 60 年代，几个重大事件促使实验心理学家对认知重燃兴趣（Holyoak & Gordon，1984）。首先，语言学家批评了刺激－反应框架在解释语言功能上的无能为力。此处可参看 Chomosky（1959）对 Skinner（1957）的批评。很明显，语言这种复杂、符号化的人类独特现象并不能轻易用行为主义观点解释。

其次，一种叫信息加工的新取向从有关知识与技能获得的研究中发展起来了（Broadbent，1958）。**信息加工**（information processing）指心理运算可以分解成序列加工阶段。如果你问我们两个作者其中一个，侄女什么时候出生的，那么她会想起围绕这一事件的一些个人情况，然后记得是 1979 年 8 月。图 1-3 列出了信息加工理论所描述的认知运算步骤。

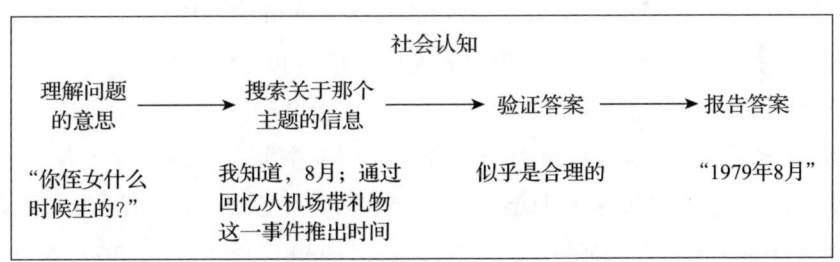

图 1-3　一个序列信息加工过程所涉及步骤：一个简化版
问题－答案模型所涉及的认知机制

信息加工理论旨在确定刺激（问题）和反应（回答）之间所涉及的步骤。其主要特点是信息加工的序列性。不像行为主义，信息加工取向旨在确定认知机制，即深入心理黑箱的内部探讨问题。

随着科学工具的发展，认知心理学家运用一些新方法来追踪之前认为不可观察的刺激与反应之间所涉及的过程。第一个重要工具是已经普及的计算机。计算机既是一个研究工具，也可以在理论上用来类比认知过程。作为一个工具，认知科学家使用计算机模拟人类认知过程；他们编写复杂的程序来（让计算机）下象棋，学习几何以及编辑新闻（J. R. Anderson，1976；Newell & Simon，1972；Schank & Abelson，1977）。社会认知研究者已经开发了计算机程序来模拟人们怎样形成对彼此的印象、解释和记忆（Hastie，1988a；Linville，Fischer，& Salovey，1989；E. R. Smith，1988；Van Overwalle，1998），以及怎样改变态度（Latané & Bourgeois，2001；Van Overwalle & Jordens，2002）。作为类比，计算机为定义心理过程提供了一个框架；认知心理学家开始谈论有关人类认知的输入－输出运算，或者记忆贮存和提取过程。许多早期的认知理论都是基于人类认知与计算机信息加工相似建构的。

随着认知神经科学的兴起，这些类比和理论模型也在不断变化。而随着对大脑系统、神经网络及它们的时间进程，甚至单细胞反应的深入了解，认知心理学家更关注之前那些似是而非的模拟过程。当前的挑战包括怎样模拟出这些看似沉闷的神经元簇所产生的高级智力。一些模型从一些简单有机体（如蚁群）上获取灵感。蚂蚁能分工协作，在找到远离天敌的巢穴等任务上能实现最优选择（Mallon，Pratt，& Franks，2001）。另一个例子是鸟群的合作。这些鸟都有自己的大脑，但是它们可以合作飞行数千英里，统一上升、飞行和降落，有效地进行群体决策（Couzin，Krause，Franks，& Levin，2005）。一些简单的生物群体可能为我们理解人类神经系统提供类比、模型和方法。

总结一下，实验心理学以内省作为一种正当合理的方法开始研究人类思维并获得了一些发现，以认知作为正当合理的研究主题。行为主义者几乎摈弃了有关认知的理论和方法达数十年之久。20世纪70年代，认知心理学重新成为科学界认可的正当合理的研究领域（Neisser，1980）。然后，在20世纪90年代（即脑的十年）和之后，认知神经科学深刻改变了学术态势。例如，研究者重点关注了人类认知和情绪的关系（Phelps，2006），语言产生和理解中所涉及的各个扩散式神经系统（Gernsbacher & Kaschak，2003），包括不一致性监控在内的认知控制的神经基础（E. K. Miller & Cohen，2001）和不同类别学习（category learning）的神经基础（Ashby & Maddox，2005）。研究者也在针对脑损伤的**神经心理学**（neuropsychology）和记忆的神经影像研究支持下发现了一些旧概念［如针对过去经验的**情节记忆**（episodic memory）］的神经科学证据（Tulving，2002）。对某些人而言，这些神经科学发现似乎与社会认知很遥远，有撕裂心理学之嫌。幸运的是，人类神经科学具有把心理学黏合的潜力，因为大脑并不像一个心理学系那样划分清楚。我们在世界上同时是社会的、情感的和认知的行动者。

社会心理学中的认知

与实验心理学不同，即使在行为主义盛行时，社会心理学也一直依靠认知概念。社会心理学总是认知的，至少体现为三种方式。第一，自勒温以来，社会心理学家一致同意，把社会性行为作为人对世界的一种知觉功能，而不是作为对刺激环境的一种客观描述功能来理解是更为有用的（Manis，1977；Zajonc，1980a）。例如，出于自我感觉良好的捐赠动机只能促进短期而非长期捐赠行为（Aniket et al.，2011）。人们的反应取决于他们的知觉，而不只是捐赠者的行动。

他人甚至能在不出现的情况下影响一个人的行动。也就是说，行动可以不受客观刺激的影响，而纯粹依赖于知觉。因此，一个人可以通过想象其他人的反应而对一个捐赠机会做出反应（如，接受者会有多感激呢？我妈妈会说什么呢？或者，我的朋友会怎么想）。当然，这些思维都是一个人自己的想象，与客观现实可能只有微弱联系。社会性行为的产生原因更加是认知的，我们对他人的实际知觉和我们想象他人出现都能预测行为（参见 Allport，1954）。⊖

社会心理学家用大量认知术语描述事件的原因，而且也以之描述社会知觉与交往的最终结果；因此，这是从第二种方式看为什么社会心理学总是认知的。思维常常出现于感受和行为之前，也是社会心理学家主要测量的反应。一个人可以担心某次捐赠（思维），为这个想法感觉良好（情感），并捐赠（行为），但社会心理学家最常问的是："你为什么会想到这个？"即使当他们关注行为和情感时，他们的问题也常常是"你打算做什么"和"你怎样命名你的感受"。这些问题实际上问的不是行为和感受，而是关于二者的认知。因此，社会心理原因很大程度上是认知的，而结果很大程度上也是认知的。

我们可从第三种方式看社会心理学总是认知的：处于所假定原因和结果之间的人被认为是一个思维有机体；这种观点与把人看成情绪有机体或无心的自动操作装置不同（Manis，1977）。许多社会心理学理论都认为一个典型的人在行动之前要进行推理（也许这并不好）。正如社会心理学所总认为的一样，为了

⊖ 你可能会问，对这种取向的合理替代取向是什么？相对于认知世界，谁在研究对客观物体的反应呢？答案是行为主义者（如上文所述）以及一些知觉理论家（参看第 3 章和 Gibson，1979）。

处理复杂的人类问题，多种心理过程参与似乎是极为关键的。你还能怎样解释刻板印象与偏见、宣传与说服、利他与攻击呢？我们很难想象一个行为主义者能解决这种问题。一个严格的刺激-反应理论并不包括对解释这些问题很关键的思维有机体。因此，从几个方面，社会心理学都与严格的S-R理论不同，前者依赖于包含刺激、有机体和反应的S-O-R理论（见图1-4）。因而，处于刺激和反应之间的思考者在社会心理学中是至关重要的。

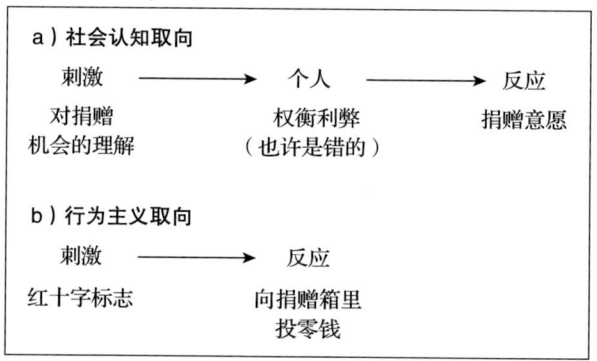

图1-4　一个社会性决策的认知特征：社会认知（以及一般意义上的社会心理）涉及机体从刺激输入到做出反应（S-O-R）的系列过程，而且每一步都以认知为中介。这与行为主义的刺激-反应（S-R）框架形成对比

社会性思考者在社会心理学中有多个名头（S. E. Taylor，1998），实际上是反映了认知具有多种作用。除了认知以外，从社会性思考者的角度来看，动机起到了不同的作用。根据认知和动机这两个成分的不同作用，社会心理学出现了关于思考者的5种一般性观点，分别是一致性寻求者（consistency seeker）、朴素科学家（naive scientist）、认知吝啬鬼（cognitive miser）、动机性策略家（motivated tactician）和激活态行动者（activated actor），见表1-1。

表1-1　社会认知研究中社会性思考者的模型

社会性思考者模型	时期	动机的主要作用	认知的主要作用	理论实例（相关章节）
一致性寻求者	20世纪五六十年代	减少因认知不一致引起的不适	关于行为和信念的认知	态度的失调理论（第9章）
朴素科学家	20世纪70年代	预测和控制，有限理性	首要的；理性分析	归因的协变模型（第6章）

（续）

社会性思考者模型	时期	动机的主要作用	认知的主要作用	理论实例（相关章节）
认知吝啬鬼	20世纪80年代	迅速，充分理解	通过捷径保护有限容量	启发式决策（第7章）
动机性策略家	20世纪90年代	思考是为了在社会情境中行动	根据交往目标来组织认知策略	双过程模型（第2章），特别是刻板印象（第11章）
激活态行动者	21世纪初	社会生存与繁荣	自动化情感与行为	内隐联系（第10~11章）

第一种观点源自第二次世界大战后关于态度改变的大量研究。20世纪50年代后期研究者提出了几个理论，而这些理论都有一些共同的基本假设。它们被称为一致性理论（consistency theory），认为个体因知觉到其认知中存在不一致，所以是**一致性寻求者**（consistency seeker，如 Festinger, 1957; Heider, 1958; 参见 Abelson et al., 1968 综述）。失调理论（dissonance theory）是最广为人知的：如果戴维公开宣布他在节食减肥，而且知道他刚刚吃了好多热巧克力圣代，那么他必须做一些思考来把这两种认知协调到一起。（改变"节食"的主观定义将是一个开始。）

我们将在第9章详细探讨一致性理论，但这里先介绍最关键的两点。首先，这些理论依赖于知觉到的不一致性，而这其中认知活动起到中心作用。例如，如果节食者能够说服他们自己一次放纵并不要紧，那么吃一个圣代对他们来说就并不是不一致了。客观的不一致并不重要。在各种认知之间或在各种感受和认知之间的主观不一致是这些理论的核心。没有被知觉到的真实不一致并不会导致心理不一致。

其次，当一个人知觉到不一致时，这个人被认为会感到不舒服（一种消极驱力状态），并且试图减少这种不一致性。减少令人厌恶的驱力状态是一种令人愉快的释放，有自我奖励的作用。这种动机模型被称为驱力降低模型（drive reduction model）。例如，这个正在吃圣代的节食者除非找到一些借口，否则他的焦虑不会消除。一致性理论假设，由于没有满足一致性需要，因此人们会针对动机性原因而改变他们的态度和信念。总的来说，动机和认知在一致性理论中均起到中心作用。

有点讽刺的是，正值一致性理论蓬勃发展时，它们停止了领先的步伐，部分是因为在一个主题上的各种变式变得不可分辨。而且，我们也很难预测一个人将把什么知觉为不一致，在多大程度上以及采用何种方法来解决这个不一致。最后，事实上，人们确实也能容忍相当大的不一致性。因此，把避免不一致性动机作为首要原则的观点受到了质疑（参见 Kiesler, Collins, & Miller, 1969）。

社会认知研究始于 20 世纪 70 年代早期，并由此产生了一些关于思考者的新理论模型。在这些新模型中，认知和动机起到不同于在一致性寻求者模型所承担的作用。在这些新模型中，动机是从属于认知的。这些观点对社会认知研究是至关重要的。我们也将在本书其他部分进行更详细介绍。不过，我们这里先做一个简单回顾也是有意义的。

社会认知框架下的第一种观点是，人是**朴素科学家**（naive scientist）。这是一个关于人们是怎样揭示行为原因的模型。归因理论旨在揭示人们怎样解释自己和他人的行为，并在 20 世纪 70 年代成为研究前沿（参见第 6 章）。**归因理论**（attribution theory）描述了人们对社会性世界的因果分析。例如，一个归因可以指向一个人的行为是外部情境造成的还是内部的固有特性引起的。如果你想知道为什么你的熟人布鲁斯在一天早晨厉声指责你，那么你可能去找一些外部的免责理由（如他的女朋友离开了他；他的狗走丢了；你刚才倒车时撞了他的车）或者他具有脾气暴躁的特点（他对每个人都这样）。

归因理论家首先假设人就像科学家一样是相当理性的，不断理清造成结果的各种潜在原因。在某种程度上，这是一种有目的的理论化策略，使人趋于理性地尽可能发现自身缺点。这些理论的基本假设是，如果时间充裕，则人将收集所有相关数据并得出一个最合理的结论。根据这种观点，你将从各种条件下思考你朋友的行为，并仔细权衡各个证据，对其行为给出一个情境性或特质性的原因。因此，在朴素科学家模型中，认知的作用是得出一个相当理性的结果。

如果你对布鲁斯为什么愤怒的分析是错误的，那么早期的理论将把你的错误看成你从正常理性过程偏离到以情绪为基础的过程上，或者只是对现有信息的分析错误。例如，如果你把布鲁斯的不高兴归结为他的易怒特质，那么一种可能解释是，你想尽量避免他是专门针对你而发怒这种情况。从这种理论观点来看，错误主要出自非理性动机的干扰。在早期的归因理论中，动机主要是作为一般过程中的一种潜在限定条件而予以考虑的。

与之形成对比的是，在一致性理论中，动机驱动整个系统。也就是说，动机的作用是处于中心地位的；令人厌恶的驱力状态在不一致性消除后就会消失。归因理论家一般不把未解决的归因看成引起一个厌恶性驱力状态的原因。预测和控制某人社会世界的动机被认为会启动归因机制。因此，正如它促进整个一致性寻求过程一样，动机确实有助于促进归因过程。不过，动机在一致性理论中的作用要比在归因理论中要明确得多。

不幸的是，人并不总会是这么严格的朴素科学家。认知系统存在容量限制，因此人会走一些**捷径**（shortcut）。认知系统的局限性甚至可以在如记住信用卡号码、密码和电话号码等一些小事或者在一些严肃问题（如分心时工作效率很差）上体现出来。认知局限性也可以体现在社会性推理中。例如，在确定布鲁斯为什么发怒这件事情上，你可能抓住最容易而不是最准确的那个解释。相比问布鲁斯是什么惹到了他，你可能不会想太多就认定他不高兴。一般情况下，人们都不会想得很全面。

因此，关于思考者的第三个一般观点就是**认知吝啬鬼**（cognitive miser）模型（S. E. Taylor，1981b）。根据这一模型，人的信息加工能力是有限的，因此只要有可能，他们就会走捷径（参见第7～8章）。人会采用简化复杂问题的策略；这些策略可能并不一定是正确的或者并不一定会产生正确答案，但它们是高效率的。容量有限的思考者追求迅速和合乎需要的而不是缓慢且准确的解决方案。因此，根据这种观点，错误和偏向源自认知系统的固有特性，而并不一定是由动机引起的。事实上，认知吝啬鬼模型并不讨论动机或类似感受的问题，而是关注对问题的迅速和可接受的理解（因此模型在风格上是认知的而不是动机性的）。认知在认知吝啬鬼模型中起到中心作用，而动机的作用除了极个别的情况，几乎消失了。

随着认知吝啬鬼模型日益完善，动机和情绪的重要性再次显现出来。在充分了解认知过程的作用后，研究者开始重新重视动机对认知的重要影响（参见第2章）。此外，正如第13～14章所介绍的，情感是充满吸引力的研究领域。随着对动机性社会认知的日益关注（Showers & Cantor，1985；Tetlock，1990），研究者开始从新视角重新研究社会认知的老问题。借用威廉·詹姆斯的话（1890/1983），人为行动而思考。人为社会性行为而进行社会性思考（S. T. Fiske，1992，1993）。20世纪90年代关于社会知觉者的观点以**动机性策略家**（motivated tactician）命名最贴切不过了。动机性策略家是一个能采用多种认知策略的完全投入的思考者，并且基于目标、动机和需要，有意识或无意识地做出选择。有时，动机性策略家从适应性和准确性考虑而做出明智选择；有时，动机性策略家从速度或自尊考虑而做出防御性选择。从而，关于社会性思考者的观点完全回到了重视动机的作用上，但对认知结构和过程的认识更深入了。

人类进入 21 世纪已有 20 多年。在之前理论的基础上，关于社会知觉者的观点又有了一些改变。动机性策略家不再被认为是原来宣称的那么有说服力了。当前，学者们强调无意识联系的作用，几分之一秒的线索就能产生效果，因此，人被认为是**激活态行动者**（activated actor）。也就是说，社会环境会在无意识状态下迅速为知觉者启动社会性概念，而且几乎必然启动联系性认知、评价、情感、动机和行为（如 Dijksterhuis & Bargh, 2001; Fazio & Olson, 2003; Greenwald et al., 2002; Macrae & Bodenhausen, 2000; Nosek, Hawkins, & Frazier, 2012; Payne, 2012）。这一最新进展强调迅速反应，重视不受知觉者意志控制的内隐、自发和自动化指标（参见第 3～4 章及第 10～13 章）。这些解释仍然面临争论，但有一点是清楚的：人的动机令人惊讶地影响无意识反应。通过更快和更精确的无意识刺激呈现方法以及对神经反应的神经科学测量，我们可以迅速了解产生社会知觉的最早期究竟会发生什么。同时，社会认知也不是简单回归到认知吝啬鬼模型（即迅速但效果不是很好）。当前的观点把认知经济性与动机、情感整合到加工的每一阶段（甚至前意识阶段）。我们越往前走，就越了解到认知、情感和行为准备三者是不可分割的。

小结一下，广义来说，社会心理学在解决可观察刺激和可观察反应之间所涉及步骤这一问题时总是认知的。一个早期的理论取向是把人看成一致性寻求者，而且动机在驱动整个系统中起到中心作用。随着社会认知研究兴起，新的理论取向也随之而生。在一轮主要研究潮流中，心理学家把人看成朴素科学家。这些心理学家把动机只看成一种影响误差。在另一种稍近期的取向中，心理学家把人看成认知吝啬鬼，并认为出错是由认知系统的固有局限性造成的，基本上不提动机的作用。更近期一些，动机对认知的影响又重新得到重视。这种观点把社会性思考者看成动机性策略家。最后，研究者正了解在自动化过程和控制性过程中意识性选择的有限程度。随着对工作中的社会性思考者－感受者－行动者的重视，目前学术界倾向于把人看作激活态行动者，而社会环境甚至在比以前了解的更早阶段就已产生影响。

什么是社会认知

社会认知研究并不依赖于任何单一理论。这个领域关注的是，人为了与他们的社会世界互动，需要怎样了解他人和自己。绝大多数社会认知研究都具有一些共同的基本特征：毫不掩饰的心理主义、过程导向、认知和社会心理学之间互相启发，以及至少部分关注社会现实问题（Augoustinos & Walker，1995；Bless，Fiedler，& Strack，2004；S. T. Fiske，2012；Macrae & Bodenhausen，2000；Macrae & Miles，2012；Moskowitz，2005；Ostrom，1984；S. E. Taylor，1981b）。

心理主义

第一个假设，即对心理主义（认知）毫不掩饰的承诺，已经得到了一定篇幅的讨论。**心理主义**（mentalism）是认为认知表征重要的一种信念（见表1-2）。人自然地用于理解他人的认知元素构成了社会认知的"是什么"部分。心理表征就是认知结构。这些认知结构既表征一个人对给定概念的一般性知识，也表征其对特定经验的记忆。例如，你关于一个新朋友的一般性知识可以形成这样的印象：她独立但不孤僻，友善但不黏人，活跃但不高调。一个概念（如这个人）既包括相关属性（如独立、友善、活跃），也包括这些属性之间的关系（如她的独立与她的友善有什么关系）。关于我们自己和他人的一般性知识使我们能够形成对生活运转的各种预期；正如上文提到的，思考（几乎）就是为了行动。人们也可以对一些特别的事件具有特别的记忆。我们在第4章将介绍记忆表征的一般与特殊类型。人们也具有针对自我（第5章）、态度对象（第9章）和外群体（第10章）的心理表征，以及其他一些重要的社会认知。尽管如此，一些新取向还关注那些可能不受心理过程调节的具身和行动性知识（我们将对之予以介绍）。

表1-2 社会认知取向的特征

心理主义	过程	互相启发	社会现实问题
是什么：认知表征（如一般性知识和实例）	怎么样：认知机制（如注意、记忆、推理）	从何处：借用认知科学方法（如反应时、神经成像）	为什么：社会问题（如心理和生理健康、法律、偏见、说服、亲社会性）

社会认知研究中的第二个基本假设与**认知过程**（cognitive process）有关，即认知元素是怎样形成、运算和改变的。过程取向就是遵从对认知的根本性认

同：对参与可观察刺激和可观察反应之间各阶段中认知元素的关注实际上要求我们对从刺激到反应的过程给出一个解释。你可能还记得，由于行为主义者关心从一个可公开观察的刺激预测一个可公开观察的行为，因此他们也避免直接讨论内部过程。从这个意义上说，他们是反应或结果取向，而不是过程取向。

但结果取向也可出现在其他方面。例如，针对一致性理论的早期研究策略㊀是更结果取向，而不是过程取向的。尽管研究者最初提出了理论并对过程给出了假设，但他们在实证研究中关注的还是从刺激来预测结果。例如，不一致性被操纵（刺激），而导致的态度改变被测量（结果）。后来，从事一致性研究的心理学家确实想测量中间过程，但所采用研究方法的重心却是结果取向的。在态度研究中，以及更广一点说在社会心理学研究中，最近的转变之一就是减少结果取向而更关注过程。

在社会认知研究中，相关理论可以描述（而且相关工具也可以测量）各种关于过程的不直接言明但至今尚未验证的假设。社会认知研究常常试图测量社会信息加工的各个阶段或至少关于社会知觉转化为社会反应的有关机制。也就是说，当人们面对一个社会刺激时，在他们做出反应之前，好几个步骤已经完成了；或者说，反应是更自动化的、更习惯化的和不假思索的。社会认知以及现在的社会神经科学从最早的时刻开始分析所有这些过程。

互相启发

我们已经介绍了社会认知研究中的两个主题：坚持表征概念（心理主义）和坚持过程分析。第三个主题是认知和社会心理学互相启发（而且二者与人类神经科学也是互相启发的），并已成为社会认知研究的特征之一。尽管社会心理学总是认知的，但它不是只从认知心理学借鉴新范式。借鉴相对细粒度的认知和认知神经科学理论已经证明对社会心理学研究大有裨益。研究者不仅确定某个

㊀ 原文为"methodology"，一般指一项研究所采用的总体研究策略和逻辑，也可译为"方法论"。在本书中，根据语境，我们译为"研究策略""方法"或"方法论"等。与之接近的一个词是"method"，多译为"方法"或"研究方法"，一般指收集和分析数据时所采用的具体设计、任务和工具以及数据处理方法。在大部分科技期刊中，一篇实证论文会有一个单独的"方法"部分（多数心理学期刊是把对数据处理方法的介绍放在论文的"结果"部分）。我们发现，作者在本书中两个词的使用其实没有严格区分，是混用的。"paradigm"译为"范式"。在实验心理学中，范式实际上是指一个实验任务，如Stroop范式，是比"method"还要具体的概念。——译者注

过程模型所涉及的加工步骤，而且试图测量这些步骤的细节。例如，第一波社会认知研究大量依赖于测量毫秒级反应时。最新的社会认知神经科学依赖于精细的脑成像技术。借鉴心理学其他领域的技术丰富了社会心理学自身的研究工具库。各种传统和更新颖的实验方法能支持研究者区分过程模型（如注意、记忆和推理）的各种特性。

社会现实问题

社会认知研究的第四个主题是其在现实世界的运用。社会心理学家在解决重要时代问题上具有优良传统。早期研究对群体行为、舆论宣传、排犹主义、军队士气及其他社会问题给出了其深刻理解。与这种传统一致，社会认知研究继续探讨社会现实问题。它常常大量运用认知理论和方法解决现实的社会问题。贯穿本书，我们都在展示社会认知如何指导心理治疗、医疗保健、法制体系、刻板印象形成、广告活动、政治竞选、帮助陌生人以及浪漫关系等领域的工作。所有这些应用说明了社会认知研究的高度灵活性，也向我们展示了如何把一些原本是高度技术性或抽象的问题转移到实验室之外进行研究。

社会认知应用于解决现实问题实际上定义了针对认知过程的一些适用条件。也就是说，这些研究揭示了一些它们自身并不会引发纯认知分析的心理现象；在许多人际情境中，其他一些因素也必须予以考虑。例如，认知是怎样在准确性与效率之间做出权衡的？社会性信息加工在个人高度参与的情境下是怎样进行的？社会认知怎样转化为一个投票行为？社会认知神经科学怎样与孤独症人群的社会性问题关联？请留意我们在后续章节中的介绍。

本书关注社会认知的四个主题：在关于人的认知表征研究中毫不掩饰的心理主义、坚持对认知过程的细粒度分析、认知和社会心理学理论和方法之间互相启发，以及坚持关注社会现实问题。

人不是物体

当我们评述社会认知研究时，对物体知觉与关于人的知觉之间的类比变得越来越清晰。理由已经说了许多遍了：关于人的一般性思维原则同样适用于解释人怎样看待他人。许多社会认知理论也是照搬基本认知原则建立起来的。但是，借鉴这些原则应用于关于人的认知时，我们发现了二者的根本性差异。毕竟，认知心理学相对更关注对于无生命物体或抽象概念的信息加工，而社会心理学更关心关于人和社会经验的信息加工。

在这点上，你可能会说："等一下。你不能告诉我，我看待算术题或咖啡杯的方式与我看待我朋友的方式有什么关系。"把物体知觉原则应用于关于人的知觉是否明智的话题已争论很长一段时间了（Heider, 1958; Higgins, Kuiper, & Olson, 1981; Macrae & Miles, 2012; Ostrom, 1984; Schneider et al., 1979; Tagiuri & Petrullo, 1958）。关于人和物体知觉的一些重要差异如下所示（也见表 1-3）。

表 1-3 作为刺激，人为什么以及怎样与非生命物体不同

人是（而物体不怎么是）：
有目的的因果主体
互相知觉
与自己相似
具有自我意识的认知目标
具有关键但不可观察特质的拥有者
可变的
难以判断的
从本质上来看是复杂的
需要做出解释

- 人会有意影响环境。他们试图控制环境以服务于自身目的。当然，物体并不是有目的的因果主体。
- 人会互相知觉；当你忙于形成关于他人的印象时，这些人也会对你做同样的事情。社会认知是双向认知。
- 社会认知涉及自我信息加工，因为对方会判断你，对方可能会提供一些关于你的信息，以及对方比其他目标更像你。
- 一旦成为认知的目标，一个社会性刺激就可能改变。人会担心怎样交流，而且会相应调整他们的外表或行为，但咖啡杯显然不会。
- 人的特质属于不可观察的属性，而这些属性又对看待他们很关键。一个物体的不可观察属性在某种程度上就不那么关键了。一个人和一个杯子都可能是脆弱的，但对杯子来说，这个被推断出的特性既不那么重要，也能被更直接观察到。
- 相比物体的一般情况，人会随时间和环境的变化而有更多变化。这会使得认知很快失效或变得不可靠。
- 针对他人认知的准确性比针对物体认知的更难以判断。即使心理学家也难以判断一个人是否外向、敏感或诚实，但大多数普通人能轻易判断一个杯子是否耐热、易碎或漏水。

- 人无疑是无比复杂的。如不简化众多选择，则你不能研究关于他人的认知。尽管研究者在物体认知中也需要简化刺激，但出现失真的情况更少。你不能在没有消除目标的大部分内在丰富性时简化一个社会性刺激。
- 由于人是如此地复杂，他们的一些特质和意图又不可观察，而且他们会以某些物体并不会的方式影响我们，因此社会认知会自动涉及社会性解释。一个普通人更希望解释为什么某人是脆弱的，而不是解释为什么杯子是脆弱的。

由于上述原因，社会认知心理学从来就不是认知心理学的字面直译。它从有关理论和方法中受益，并开发它们的新用途，因此，社会世界能为我们提供关于思考他人和自己的戏剧性（甚至独特的）视角和挑战。

── 应用聚焦 ──────────
人工智能、机器人和数码助理也能正好像人一样吗

在形成对他人和对物体的印象之间还有一个中间状态。这个中间态就是我们怎样理解旨在替代他人的人工智能（artificial intelligence，AI）以及它们怎样理解我们。人与设备互动越来越频繁。这些设备要么充当了人类社会交往中的干扰物，要么充当了社会交往的替代物，从而逐渐削弱了人的幸福感（Kushlev, Dwyer, & Dunn, 2019；也可见 Twenge, 2019）。

AI 不仅是人的一个糟糕替代品，它甚至也和人一样不可靠和充满偏向。例如，AI 在分类编码（Bolukbasi et al., 2016）和自然语言加工（Caliskan, Bryson, & Narayanan, 2017）中的表现都是如此。㊀其中一个原因是，形成印象并不是对事实进行被动的、一字不差的记录（参见第 2 ～ 4 章）。人会主动理解他人，包括从现有数据和以往经验中选择性注意，刻意记起并动态地建构一个印象。

机器会根据人类设置的算法也建构一个现实。与它们所获声望相反的是，由于 AI 的设计者是人，因此从根本上看，AI 是主观的和相对的（Serov,

---

㊀ 本书完成于 ChatGPT 上市之前。在 ChatGPT 及类似产品出现后，作者担心的一些问题正在解决。——译者注

2013）。然而，AI 基本上每次都会以同样方式行事：它们不能反映在社会建构中人类的多变性、自发性和模糊性（Schmid，2019）。也就是说，人会根据需要主动建构认知表征。AI 很少能把握人类意图的多变性，部分是因为它缺乏人类所具有的指导有关意义建构并最终形成互动的目标和动机。

AI 采用一种计算化、形式化的建模取向来研究社会认知（Cushman & Gershman，2019），涉及推理、选择和决策性互动等领域。有关模型一般是可编程的形式化语言表述。其他建构理论的取向包括自然语言表述（Fiske，2004）；二者均可合成对 AI 等应用有益的研究结果，但没一种取向是完美的，因此汇合性取向效果会好一些。这样的例子包括采用语言理论指导自然语言加工来检测人类的刻板印象（Jenkins, Karashchuk, Zhu, & Hsu, 2018）。

大脑重要

20 世纪 90 年代提出的"脑的十年计划"重视神经系统在各种人类信息（包括社会信息）加工中令人振奋和关键的作用（Harmon-Jones & Inzlicht，2016；Ochsner & Lieberman，2001；Todorov, Fiske, & Prentice，2011）。当然，社会心理生理学并不是一个新学科（如 Cacioppo & Berntson，1992；见表 1-4）。研究者和大众的欢呼雀跃部分是由**功能磁共振成像**（functional magnetic resonance imaging；fMRI）的发明和广泛应用带来的。这种技术能够生成大脑工作时的图像。它允许研究者把一个被试放在 MRI 磁体里并向其呈现一些刺激，然后通过观察大脑不同区域的血流变化，揭示针对不同任务的功能线索。fMRI 技术具有日益精确的大脑空间分辨率（Lieberman，2010）。它与一些相对较老的技术，如**脑电图**（electroencelography；EEG）、**面部肌电图**（facial phaelectromyography；EMG），以及新技术，如**经颅磁刺激**（transcranial magnetic stimulation；TMS）互为补充。脑电图只能提供大致的空间定位（非侵入式电极分布于头皮上），但可以提供极度精确的时间信息。面部肌电图（电极分布于面孔的关键部位）能检测观察者肉眼观察不到但又可能成为表情指标的面部肌肉微动情况。经颅磁刺激可选择性地刺激或抑制有关大脑区域，进而检测这些区域在心理过程中的因果作用。

表 1-4　社会认知研究常用神经科学技术

神经心理学	考察脑损伤病人的个人与社会生活
功能磁共振成像	记录刚刚激活的大脑区域的再氧合血流情况
脑电图	记录头皮上的电压变化，从而检测神经活动
面部肌电图	记录皮肤上的电压变化及肌肉活动
经颅磁刺激	电磁发放刺激或抑制大脑相关区域的活动
皮肤电反应	也称皮电反应（galvanic skin response，GSR），测量皮肤湿度
心血管活动	显示心输出量，血管活动及总外周阻力
激素水平	激素（如皮质醇、睾酮、催产素）与社会性关联
免疫功能	有关检测会追踪特定免疫细胞和系统运行情况
遗传分析	与环境整合，检测与社会认知的互动联系

此外，还有一些技术是测量**心血管活动**（cardiovascular activity）和**皮肤电反应**（electrodermal response，如手心出汗）的。这两种技术可测量交感肾上腺髓质系统中各种形式的唤醒状态。对心血管活动的评估可以提供相对短时的生理唤醒信息。一些社会神经科学家，特别是那些对应激过程感兴趣的人，也常常评估更长时的下丘脑－垂体－肾上腺（HPA）轴的工作状态，特别是**激素水平**（hormone level）的变化（如应对威胁或应激任务时的皮质醇水平变化）。**皮质醇**（cortisol）水平升高或昼夜节律紊乱与应激性事件和心理社会状态有关。例如，社会性威胁可预测个体应对应激性任务的皮质醇水平升高（Dickerson & Kemeny，2004），而心理社会资源（如强烈的自我意识）可预测应对应激的皮质醇水平降低（Creswell et al.，2005）。

社会神经科学家还运用了大量免疫系统测量技术，包括评估不同类型免疫细胞的出现频率和整体的**免疫功能**（immune functioning）。免疫系统对应激和其他威胁做出反应（Dickerson，Kemeny，Aziz，Kim，& Fahey，2004）；对与各种资源（如乐观和个人控制感）关联的免疫系统工作状态进行评估，能帮助确认社会认知中那些能保护个体免于应激和心理痛苦的特征（Segerstrom，Taylor，Kemeny，& Fahey，1998）。遗传分析也有助于了解人、进化和文化三者之间的互动关系（Ackerman，Huang，& Bargh，2012；Chiao，Cheon，Bebko，Livingston，& Hong，2012）。总结一下，这些测量为了解社会心理世界开辟了新途径。

对于社会认知研究者来说，这些新技术也允许他们根据不同的神经科学反应而分离不同的社会认知过程。与我们的观点"人不是物体"一致的是，社会知觉会激活与物体知觉不同的神经系统。在一个早期的研究中（F. Castelli，

Happé, Frith, & Frith, 2000), 实验者让人们分别观看一个红色大三角形和一个蓝色小三角形在三种条件下的动画: 具有感情和思考的交往, 简单交往, 或随机运动。这些动画 (在不同试次中) 看起来分别像涉及心理推理 (如劝说、误导)、简单目标 (如追逐、跳舞) 或直接身体运动 (如漂浮、从墙上弹回) 的剧本。当运动需要把一个心理状态分配给三角形时, 大脑会根据剧本的不同而出现不同激活模式: 激活区域包括**内侧前额皮质** (medial prefrontal cortex, mPFC)、**颞上沟** [(superior temporal sulcus, STS) 或**颞顶联合区** (temporoparietal junction, TPJ)] 及**梭状回面孔区** (fusiform face area, FFA; 见图 1-5 和图 1-6)⊖。这是个体知觉带有意图和人格的物体 [即**心理推测** (theory of mind)⊖效应] 时显现某些特异性大脑激活模式的最早研究之一。请注意, 这一研究的结果与我们之前关于人和物体的区分是一致的。

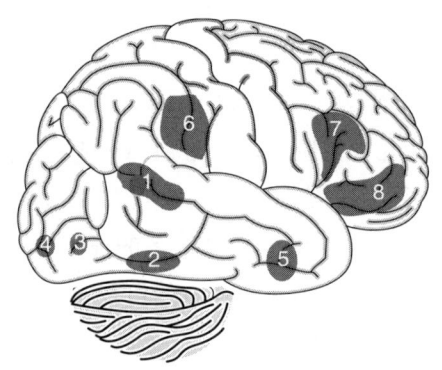

1. 颞上沟后部　2. 梭状回面孔区
3. 纹外躯体区　4. 枕叶面孔区
5. 杏仁核　　　6. 顶下小叶
7. 腹外侧前额皮质　8. 腹外侧前额皮质

图 1-5　参与社会认知的一些外侧大脑区域

注: 一些外侧脑区参与社会知觉 [面孔和躯体知觉 (2~4)], 生物运动知觉 (1), 动作观察 (6、7) 和情绪识别 (5、8)。括号里的数字对应图中与社会知觉某一特征相关的大脑区域。为方便观看, 图中杏仁核显示在外面, 但实际上它位于里面。

⊖ Castelli 等人也发现了颞极和纹外皮质 (颞回) 的激活。Mitchell 等人接着发现了顶内沟的激活。为简单起见, 我们这里关注了其他区域。

⊖ "theory of mind", 本书译为心理推测, 也有译为 "心理理论", 指个体通过把某些心理状态 (包括信念、愿望、意图、情绪和思想) 赋予他人而理解他人的能力 (也就是推测他人心理活动的能力)。考虑到 "心理理论" 比较容易被一般读者误解, 因此本书译为 "心理推测"。——译者注

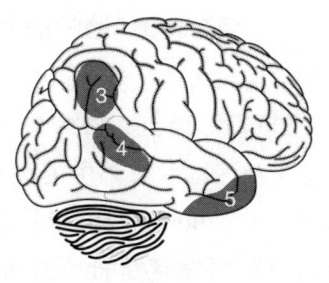
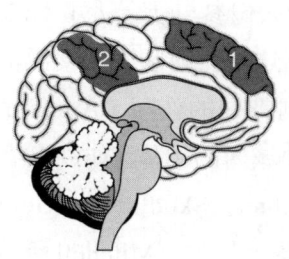

a）心理模拟　　　　　　　　b）心理推测

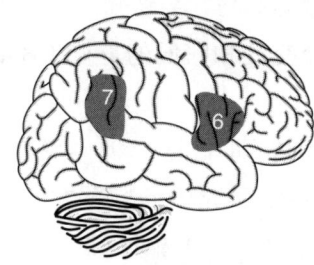
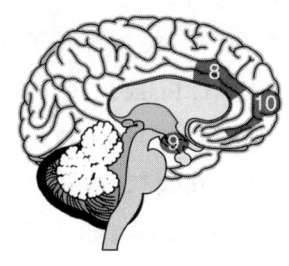

c）镜像系统　　　　　　　　d）共情

1.背内侧前额皮质　　2.楔前叶/扣带回皮质后部
3.颞顶联合区　　　　4.颞上沟后部
5.颞极　　　　　　　6.腹外侧前额皮质
7.顶下小叶　　　　　8.背侧前扣带回皮质
9.前脑岛　　　　　　10.背内侧前额皮质

图 1-6　参与社会认知的一些内侧脑区

注：一些内侧（中线）脑区参与社会性推理。第一行图像显示了完成心理模拟和心理推测任务通常激活的脑区。左下图像显示的是镜像系统。右下图是涉及共情的一些脑区。在上图中，为方便显示，前脑岛位于内侧平面上，但实际上它位于内侧面和外侧面之间。

一项相关的研究（Mitchell，Heatherton，& Macrae，2002）支持在神经系统水平的这种区分。实验者让本科生观看一系列形容词-名词对，并且必须判断这个形容词是否"适合描述"这个名词。这些名词代表人名（如戴维、艾米丽）或者物体（如衬衣、杧果）；形容词则是典型的人物叙词（如坚定、紧张）和物体叙词（如打补丁的、无核的）。当人们做这些关于人或物体的语义判断时，神经活动表现不一样。与人相关的大脑活动区域和 F. Castelli 等人（2000）以及其他人针对社会认知反应所发现的区域部分重叠：包括内侧前额皮质、颞上沟和梭状回。

当介绍人们参与社会认知（mPFC 激活）或意图和轨迹判断（STS 激活）时，我们会看到这些大脑区域频繁激活。许多研究发现，尤其是 mPFC 似乎在社会认知中起到特别的作用（Amodio & Frith，2006）。而且，FFA 会对面孔或一个人专业领域内的物体（如观鸟者眼中的鸟或者汽车专家眼中的汽车；Farah，1994；Gauthier，Skudlarski，Gore，& Anderson，2000）做出特异性反应。正如前文已经提到的，Mitchell 等人（2002）的主要发现是社会性和非社会性神经活动模式出现了分离（即不一样）。更进一步，这两项研究中（Mitchell，Macrae，& Banaji，2005），部分相同的区域均参与社会认知。一种可能是，这些区域与奖赏系统有关，解释了人具有社会交往和归属的需要（Baumeister & Leary，1995；S. T. Fiske，2010）。

这些发现的令人振奋之处是，社会认知可能是一种默认的静息状态（Iacoboni et al.，2004）。在许多社会神经科学研究中，特异性的社会性"激活"常常是与中性基线（如试次之间的一个注视点）相比的一个相对小的变化。相反，物体判断常常引起去激活（deactivation，与基线相比）。这个研究提示，中性条件可能一点儿都不中性，而是人会自发地从事社会认知活动（主试现在做什么呢？我希望她知道她正在做的事情。我的朋友们将等我吃午饭吗？为什么我的室友没有按其所答应的那样把我叫醒呢）。假设有那么一个时刻，人随便所想的事情中有相当一部分涉及考虑别人，即调动大脑中相对活跃的社会系统。当主试要求被试从事心算或其他非社会性任务时，社会认知过程会关闭，因此这些社会性相关的大脑区域也会关闭。相反，当人们观看社会性刺激时，这些区域的激活不会从基线开始改变太多，因为它们一直在考虑别人。这是 Iacoboni 等人（2004）的核心论点。他们比较了人们观看两人互动和观看单独一人从事日常活动或一种静息的基线态。他们发现，**背内侧（dorsal）**前额皮质以及颞上沟和梭状回面孔区的激活甚至与基线相当。类似地，在 Mitchell 等人的研究中，当被试从事个人判断任务时，社会相关区域的激活变化（与基线相比）相对较小，而进行物体判断时，这些区域呈明显的去激活状态。其他一些提高社会性思维水平（如，比社会性白日梦更高水平的思维）的研究确实发现了高于基线的激活水平（L. T. Harris，Todorov，& Fiske，2005）。可以说，社会性默认状态让我们为社会交往做好了准备（Lieberman，2013）。

── 研究聚焦 ──────────
我们为什么频繁思考社会性问题？是因为我们的世界是一个社会性世界，还是因为我们是社会性动物呢？

人会频繁地考虑别人；根据一些估计，大约 70% 的人报告自己会走神（mind-wandering），而一天当中也约有 70% 的时间在走神。绝大多数把人看成社会性动物的理论都认为，我们之所以进行社会性思考，是因为我们有一种与他人联系的需要（正如第 2 章所介绍的）。为了能与别人相处，我们必须想着别人以及他们为什么要做正在做的那些事情（正如第 6 章所介绍的）。但是，你也可以考虑另外一种情况：可能我们频繁考虑别人是因为他们经常围绕在我们身边。我们思考我们的世界中所经历的东西（参见第 3 章）。

Judith Mildner 和 Diana Tamir（2021）通过一系列研究（场景包括从独处到社会活动），并采用各种方式测量人的社会性思维，从而解决了这个问题。在研究 1 中，随机分配的被试要独处 7 小时。这期间他们没有朋友，没有电话，没有互联网，只能玩一些非社交性游戏，看书，画画和看视频。控制组则像日常一样活动。社会性思维测量包括自我报告的走神及内容。（请马上回答：就在我们问你之前，你的心思从任务中走开了吗？如果你走神了，则请告诉我们走神的内容。）在大约 40 分钟的时间里，被试每隔 10 分钟就用自己的语言描述他们的思维内容。自动化程序和人工对社会性的评定都表明，社会性主题频繁出现。

如果人的归属需要驱动社会性思维，那么剥夺归属感应该会使隔离者比控制组（正常进行日常社会活动）想更多社会性内容。就像饥饿会让我们想到食物一样，隔离会使我们想到他人。另一种情况的预测正好相反：如果人们因为被他人包围而考虑他人，那么控制组应该报告更多社会性思维。结果是，与环境保持联系而非归属动机驱动社会性思维。人工对社会性的评定表明，控制组报告了更多社会性走神现象（$M=13.47$），而隔离组更少（$M=9.65$）。自动化程序的评定也获得了类似但差异更小一点的结果。

被试做关于自己、朋友或他人（奥巴马）的社会性推理（这个人会沉浸在书店里随便看看吗）或非社会性推理时，实验者同时对他们进行 fMRI 扫描。在进行日常社会活动的控制组中（与隔离组相比），一些之前发现的社会认知相关脑区（内侧前额皮质、颞顶联合区和颞上沟）在涉及关于朋友的社会性推理时会有更多激活。结果再次表明，从事更多社会活动的人表现出更多社会性反应。该结果支持社会环境假设，而不支持社会动机假设。基于本书的目的，这项研究（以及论文中的其他三个研究）提醒我们，我们的环境本来就是社会性的，以及为什么我们会全天候地进行社会认知。我们需要思考他人以巩固我们所了解的信息，并为将来的互动做准备（Meyer，2019）。

当越来越多的证据表明考虑他人特性和状态具有特异性的神经基础时，研究者也了解了许多造成社会认知特别的原因。采用这些神经标准的一些研究结果表明，人们把狗想成人（Mitchell，Banaji，& Macrae，2005a）比把毒品成瘾者和无家可归者想成人（L. T. Harris & Fiske，2006）更容易。也就是说，对一个令人厌恶的外群体（可以通过对毒品成瘾者和无家可归者的典型评定确认）的默认反应激活了与厌恶一致的神经模式（如脑岛激活），而不是与针对内群体甚至其他外群体的社会认知一致的神经模式（如内侧前额皮质激活）。另外，至少可从内侧前额皮质的激活和对适用于一只狗的特质性术语（如好奇）做出"是"的反应看出，人们欣然把心理状态赋予了狗（即拟人化；Mitchell，Banaji，& Macrae，2005a）。尽管对内侧前额皮质激活的解释还在发展之中，但我们可以肯定的是，在认知中，这种激活是社会性的。

在讨论社会脑的重要性时，我们应该澄清所讨论的背景。人们有时会错误地把生物学解释与文化解释对立起来，重复先天-后天争论。尽管不同研究者关注不同分析水平，但是针对同一现象的大脑和文化解释并不是竞争性的。

第一，神经过程和文化过程是密不可分的。在社会化过程中，我们的大脑本来就偏好于学会我们的文化。例如，正如刚刚所提示的，社会性思维会激活特定的神经网络。而且，社会排斥会导致与生理性疼痛相关的神经反应（Eisenberger，Lieberman，& Williams，2003）。也就是说，人被排斥时（即使在一个与陌生人互动的简单视频游戏中受到排斥）会激活**前扣带回皮质**（anterior cingulate cortex，ACC），而且这种激活会因激活右腹侧前额皮质（right ventral prefrontal cortex，rvPFC）而受到抑制。这些模式也出现在生理性疼痛之中。与此一致的是，人对生理性疼痛的基线敏感性可以预测他们对社会性疼痛的敏感性，而经历社会性疼痛会使人对生理性疼痛更敏感（Eisenberger，Jarcho，Lieberman，& Naliboff，2006）。而且，泰诺（Tylenol；一种退烧止痛药）甚至可以减轻两种疼痛（DeWall et al.，2010）。当我们越来越多地了解社会生活的神经基础时，我们将看到我们的大脑对那些能启动我们文化的社会线索是怎样地敏感。

第二，文化信息贮存于我们的大脑之中。正如第 4 章所表明的，社会信息的心理表征是复杂的，而且具有与非社会性表征明显不同的特征。人的新皮质会随其社会网络规模变化而变化，而且对于那些更具社会性的灵长类动物也是如此（Dunbar，2003，2012）。

第三，人的大脑会随其文化经历而发生生理性改变。例如，出租车司机驾驶出租车时间越长，他们需要学习更多街道位置信息，其海马后部（posterior hippocampus；与空间记忆有关）就越大（Maguire et al.，2000）。我们的大脑生活在特定的文化体验之中，而且二者均对社会认知很重要（Chiao & Blizinsky，2016）。

文化重要

进行文化比较的需要要求社会认知研究者重新检查这个领域的整个基础问题。许多关于人怎样考虑他人的中心假设都受到文化的限制，挑战了一些长期坚持的观点。首先，坦率地说，社会认知研究者以往主要关注 WEIRD［即西方（western）、受过高等教育（educated）、工业化（industrialized）、富裕（rich）和民主（democratic）的缩写］本科生被试（Henrich，Heine，& Norenzayan，2010），但现在更多的比较性研究揭示了其他的社会世界。迄今为止所做的许多比较研究对比了美加学生与日本、中国或韩国学生的情况。即使在这些相对有限的比较中，研究者仍然发现了一些颇具挑战性的结果（Morling & Masuda，2012）。例如，正如我们将在第 6 章所介绍的，在考虑因果关系时，西方人更倾向于分析性思维，而东亚人更倾向于整体性思维（Nisbett，Peng，Choi，& Norenzayan，2001）。一个例子是，不同的思维模式将影响人们判断究竟是个体还是社会环境更应该对所采取的行为负责。从而，这种区别对所在社会的法律、道德和社会角色都会有不同作用。

再举一个例子。信念的构成在不同文化之间也是不一样的（K. Leung & Bond，2004）。对世人皆自私持有普遍信念的文化假设，权力展示会导致顺从。从而相应地，人们也会认可这种影响策略（Fu et al.，2004）。这种认可也导致人们在宗教态度、付出就有回报和命运控制上的信念出现变化。也就是说，人们会支持那些适合他们文化所预期的能激励人的影响策略。考虑到商业、教育和政治的全球化推进，这些关于文化差异的社会认知发现对人们理解彼此关于社会交往的假设是至关重要的。

在文化中，最令人震惊的社会认知差异之一就是对自我从更**独立**（independent）和更自主（西方人）或更**依存**（interdependent）和更和谐（东亚人）的角度进行比较（如 Markus & Kitayama，1991；参见第 5 章）。这种区分的意义非常广泛，从自我的定义，到自尊，到生活任务，再到他人的作用等，所有这些对社会认知非常关键的指标上都会不同。

正如我们即将看到的，所有这些文化模式都是彼此相关的。尽管差异是确实存在的，但彼此间的相似性也是存在的，而两极之间的位置也是如此。最好的情况是，文化比较会创造一些有趣的复杂关系，而不是刻板印象或夸张描述。当社会认知研究超越它原来的西方（北美或欧洲群体）边界去探索其他文化设置并且同时开始关注大脑时（Chiao et al.，2012），它也扩展了其文化范围。

文化社会认知反映了人类作为适应性社会动物的重要性。人类进化到了关注他人、模仿行为、区分意图、合作写作以及学习符号系统（Ackerman et al.，2012；Morling & Masuda，2012）的时代。人类之所以在文化上是多元的，确实是因为我们天生的灵活性和对社会环境的敏感性。

― **可重复性** ―――――
没有危机，但也不应自满

最近几年，社会心理学界已经普遍担心其研究结果的可靠性问题，包括可再现性问题（reproducibility；我重新分析你的原始数据能产生相同结果吗）和可重复性问题（replicability；我能根据你的方法在一个新样本中获得相同结果吗）。根据美国国家科学院（National Academy of Sciences，2019）

的调查，这些问题存在于多个科学领域（如地球科学、遗传学和社会科学）之中。有关研究因多种合理的原因导致一些现象不能重复。这些现象可能是情境依赖性的、不稳定的、充满干扰的、难以控制的和复合性的。不能重复也可能因一些人为因素所导致：实验者或重复者错误、偷工减料和偏向。

心理科学家对研究结果不能重复有各种不同的看法。对原研究持怀疑态度的人认为，重复过程应该与原研究一样甚至更严格；选择那些备受瞩目的且应该很稳健的研究；而且常常与原作者合作完成。乐观论者认为许多项目实际上报告了高的重复率；重复失败常常是出现错误或改变了原有实验程序引起的；而且，由于所选择重复的研究并不是所有研究样本的随机选择，因此，对重复率的估计不能推广到其他研究上（National Academy of Sciences，2019）。

心理科学在确定和修复一些存在问题的研究做法上实际走在了其他学科前面（Nelson，Simmons，& Simonson，2018）。心理学家提出了研究者自由度（investigator degrees of freedom）的问题，即人们有做出似乎是不重要、武断且支持自己假设这样一种决定的倾向。研究者这样做的原因是，他们希望发表支持其假设的结果。但同样地，重复者则更希望发表那些不能重复有关现象的结果。也就是说，重复者也有自由度问题（Bryan，Yeager，& O'Brien，2019）。

不管是对可重复性持怀疑态度的心理学家，还是持乐观态度的心理学家，在开展研究时，他们都已经看到了在规则、标准和选择上都出现了实实在在的改变：研究方法、数据分析、结果报告和实验材料上都更加透明了。虽然科学公开（open science）无疑是一种进步，但是有一些改变也可能制造一些妥协或产生一些意想不到的后果。例如，社会心理学研究现在有更大样本数（这会提升统计检验力），但也会选择采用自我报告方式做一些更便宜的网上研究（Gosling & Mason，2015；Sassenberg & Ditrich，2019）。对预注册假设（pre-registering hypothesis）的重视会帮助减少一类错误（即过于乐观的结论或假阳性结果），但是也会增加二类错误（即不能发现有关现象或假阴性；National Academy of Sciences，2019）。公开评审和列出特定作者的未经审核的评论可能变成网络霸凌（Nicolas，Bai，& Fiske，2019）；我们要再一次指出，追求平衡是解决之道。

总　　结

　　社会认知研究关注人们怎样理解他人和自己。它聚焦于把对人的日常了解作为感兴趣的现象，也作为了解人们日常生活的相关理论的基础。从而，它既关心人怎样思考社会世界，也关心人怎样思考他们对社会世界所做的思考。它也大量采用源自认知理论和方法的细粒度分析。

　　所罗门·阿希首先提出了两个关于社会知觉的相互竞争的模型，其中一个更代数化，而另一个更完形化。这两种迥异的关于社会认知的取向可追溯到早期现代哲学。元素论是从元素开始逐步形成一个复杂的复合体这样一种观点。人们通过观念之间时空上的接近性而形成观念之间的联系。早期的心理学家使用内省分析来把他们的记忆过程分解成基本元素。

　　格式塔心理学家采用了一种整体化取向。他们聚焦于心理对现实的积极建构，而不是对刺激场的客观描述。他们还关注个人经验的动态整体，而不是关注元素。勒温和阿希把这样的观点引入了社会心理学。正如我们在文中所提到的，阿希关注格式塔印象。勒温强调整体知觉的环境（即心理场）可以预测行为，而且一个人必须考虑所有作用到个体身上的动力的动态平衡。心理场是人和情境的联合产物，是动机和认知的联合产物。

　　认知在实验心理学中并不总是一个重要概念。当内省法被证明对实证科学来说基础脆弱时，认知就被心理学家放弃了。行为主义主导了心理学数十年，坚持可观察的刺激、可观察的反应和无认知参与的原则。后来，行为主义取向似乎不足以解释语言现象；同时，信息加工理论、计算机辅助理论和技术的发展为认知重新进入实验心理学铺平了道路。

　　然而，在社会心理学中，认知总是一个受尊重的概念。社会交往的原因明显取决于人所知觉的世界，而且社会交往的结果是思维、感受和行为。此外，社会心理学家在看待思考者对所知觉的刺激做出反应，并产生一个充分的认知反应时又总是认知的。他们在某些时候把社会性思考者看成一致性寻求者（旨在减少所知觉到的差异性）；而在另一些时候，他们又把社会性思考者看成朴素科学家（旨在通过所有努力来找出真相，而人的动机则应该对错误负主要责任）。后来，社会心理学家把社会性思考者看成认知吝啬鬼（旨在增加或保持一个容量有限的认知系统的效率），而且也基本不提动机的作用。这个观点之后，又有研究者提出了社会性知觉者的观点，即把社会性思考者看成动机性策略家。随着研究者发现社会性知觉者具有灵活性，这种观点也获得了认同。当前，随着研究的重点转向更快、更瞬时的反应以及它们对外显行为的影响上，研究者倾向于强调把社会性知觉者看成激活态行动者（受到社会环境的主要影响）。

社会认知作为一个研究领域，强调毫不掩饰的心理主义、社会环境的影响、认知和社会心理学之间互相启发以及关注社会现实问题。社会认知在某种程度上会偏离认知的一般原则：相比于物体，人更可能是一种因果主体，知觉与被知觉，并且把观察者自己也牵扯进来。人是认知难以捉摸的目标，因为他们在被知觉时会调整自己，他们的许多重要属性（如特质）是经推理得出的，而且对他们进行观察的准确性也难以确定。作为认知的目标，人常常改变，而且不可避免地是多种因素复合的。因此，社会认知研究者必须把认知心理学的观点进行修正以适用到关于人的认知之中。

一些最令人振奋的进展包括在社会认知情感神经科学领域的工作，让我们在神经水平上对社会认知的特殊地位有了新的认识，即不同系统参与不同社会认知功能。特别令人欣慰的是，研究者从文化心理学中获得的一些发现，考察了在各种环境中人们解决理解彼此这一挑战时的诸多改变。

延伸阅读

Ackerman, J. M., Huang, J. Y., & Bargh, J. A. (2012). Evolutionary perspectives on social cognition. In S. T. Fiske & C. N. Macrae (Eds.), *SAGE handbook of social cognition* (pp. 451-473). Thousand Oaks, CA: Sage.

Asch, S. E. (1946). Forming impressions of personality. *Journal of Abnormal and Social Psychology*, 41(3), 258-290.

Chiao, J. Y., Cheon, B. K., Bebko, G. M., Livingston, R. L., & Hong, Y-y. (2012). Gene x environment interaction in social cognition. In S. T. Fiske & C. N. Macrae (Eds.), *SAGE handbook of social cognition* (pp. 516-534). Thousand Oaks, CA: Sage.

Fiske, S. T. (2012). "One word: Plasticity"-Social cognition's futures. In S. T. Fiske & C. N. Macrae (Eds.), *SAGE handbook of social cognition* (pp. 535-541). Thousand Oaks, CA: Sage.

Harmon-Jones, E., & Inzlicht, M. (Eds.) (2016). *Social neuroscience: Biological approaches to social psychology.* New York: Routledge.

Henrich, J., Heine, S. J., & Norenzayan, A. (2010). The weirdest people in the world? *Behavioral and Brain Sciences*, 33(2-3), 61-83.

Lieberman, M. D. (2010). Social cognitive neuroscience. In S. T. Fiske, D. T. Gilbert, & G. Lindzey (Eds.), *Handbook of social psychology* (5th ed., Vol. 1, pp. 143-193). Hoboken, NJ: Wiley.

Lieberman, M. D. (2013). *Social: Why our brains are wired to connect.* New York: Crown.

Macrae, C. N., & Miles, L. K. (2012). Revisiting the sovereignty of social cognition: Finally some action. In S. T. Fiske & C. N. Macrae (Eds.), *SAGE handbook of social cognition* (pp. 1-11). Thousand Oaks, CA: Sage.

Morling, B., & Masuda, T. (2012). Social cognition in real worlds: Cultural psychology and social cognition. In S. T. Fiske & C. N. Macrae (Eds.), *SAGE handbook of social cognition* (pp. 429-450). Thousand Oaks, CA: Sage.

North, M. S., & Fiske, S. T. (2012). Social cognition. In A. W. Kruglanski & W. Stroebe (Eds.), *Handbook of the history of social psychology* (pp. 81-100). New York: Psychology Press.

Ostrom, T. M. (1984). The sovereignty of social cognition. In R. S. Wyer, Jr., & T. K. Srull (Eds.), *Handbook of social cognition* (Vol. 1, pp. 1-38). Mahwah, NJ: Erlbaum.

Todorov, A., Fiske, S. T., & Prentice, D. (Eds.) (2011). *Social neuroscience: Toward understanding the underpinnings of the social mind.* New York: Oxford University Press.

SOCIAL COGNITION

第一部分

社会认知的基本概念

我们将以介绍社会认知的一些概念性方法开始本部分,包括双过程、注意和表征。在双过程取向中,大多数社会认知研究都假设人们可通过采用迅速、不需太多认知努力且准确度低的策略,或采用更慢、需要更多认知努力且更可能基于证据的策略来理解他们自己和他人。人的注意(一种基本过程)容易指向面孔及其他社会性凸显的刺激(如一个面孔奇怪的人、一个这个人愿意看的重要人物);注意驱动进一步的推理。最后,人们在记忆中表征彼此(包括他们自己),并常常形成主导所有随后互动的长期印象。

SOCIAL
COGNITION

第 2 章

社会认知的双模式

- 自动化过程使社会性思维效率更高
- 控制性过程使社会性思维变得灵活
- 动机影响加工模式选择
- 描述自动化与控制性过程有关机制和时程的理论模型

第一印象确实会起作用。不管判断结果是否恰当，人们在几分之一秒内就可对彼此做出判断。所幸在某些情况下，人们能够不局限于那些瞬间留下的印象。不过，相对自动化的第一印象仍然会指导后续思维，因此第一印象的影响难以消除。那句老话说得对——第一印象很重要——但常识并没有告诉我们自动化印象的形成过程，也没有告诉我们当控制性过程开始介入时又是怎样一种情况。

本章将讨论两种社会认知模式，即自动化模式和控制性模式。实际上，这个主题在本书中会多次出现。双模式的概念已经非常成熟，以至有研究者编撰了一本包含 30 多章有关双模式框架的书（Chaiken & Trope，1999），有一本社会心理学手册也用一整章对其进行介绍（Wegner & Bargh，1998）。心理包含多种加工过程，因此这些社会认知模型旨在解释人们在面对他人时，思维、感受和行为的多样性。大多数这样的模型都假设大脑中存在不止一个核心过程（Aarts，2012；Gilbert，1999；Happé，Cook，& Bird，2017；Nosek et al.，2012；Payne，2012；Winkielman & Schooler，2012）。

本书第 1 章介绍的**动机性策略家**（motivated tactician）是指人们会根据所处情境和动机的要求，倾向于选择自动化加工模式还是选择需要付出更多努力的加工模式。"策略家"一词意味着人们会在行动过程中选择加工模式，即在与他人打交道的过程中，根据动机的要求来选择思考更多或更少。然而，人们通常不会有意识地在自动化过程和控制性过程之间做出选择。自动化过程会影响触发不同社会认知模式的各种动机，以及由之产生的行为。

我们在本章将首先介绍自动化过程和控制性过程。然后，我们会讨论促使大脑在不同模式之间转换的动机。接着，我们将介绍各种双模式模型（当然，后续章节也会继续讨论双模式问题）。最后，我们再介绍与主流的双模式理论相对立的一些观点。

自动化过程使社会性思维效率更高

自动化过程的形式多种多样。日常生活中的例子就包括人们有时似乎没在思考的那些时刻。早期的研究者称这种状态为**无心**（mindlessness；Langer，Blank，& Chanowitz，1978）。表 2-1 是从最**自动化**（automaticity）的过程逐步递进到控制性过程的一个列表。我们从最纯粹的自动化过程开始讨论。它是无意的、无法控制的、高效的、自主的和无意识的（Bargh，1997），而且是与目标无关的、纯刺激驱动的和迅速的（Moors & De Houwer，2006）。

表 2-1 自动化过程和控制性过程的模式

模式	定义
完全自动化	无意的、不可控制的、高效的、自主的、无意识的、与目标无关的、纯刺激驱动的且迅速的反应
阈下启动或前意识	启动刺激会影响人的感受，但人又不会意识到它或它对反应的影响；取决于环境
意识性启动或后意识	有意识地知觉到启动刺激，但不知道它对反应的影响；取决于环境

（续）

模式	定义
长期可获取性的个体差异	可以是前意识或后意识的，习惯性地按特定类别或概念加工，仿佛长期处于启动状态；取决于个人（角色、人格、文化和练习——一个被称为程序化的过程）
目标依赖性自动化	始于意识性控制，但对后续过程没有意识，需要监控完成情况，或预期所有具体结果 目标导向自动化过程的无意效应包括思维抑制失败和不必要的反刍思维（见表2-2）
意图	需要做出选择，在做出艰难选择时尤其明显，并关注预期反应（见表2-3）
意识性意志	当一个想法产生、适用且能解释接下来的行动时就会被体验到
意识	有多种定义（见表2-4）
完全控制	在明确意识下的目的性反应

阈下启动

请看以下研究（Bargh，Chen，& Burrows，1996）：在一个心理学实验中，实验者邀请本科生被试观看在屏幕上呈现的一系列图片。每个图片包含4～20个圆圈，呈现时间3秒。被试需判断这些圆圈的个数是奇数还是偶数。经过令人有些疲惫的130个试次后，计算机突然发出哔哔声并呈现一条出错信息，提示所有数据都未保存且实验需要从头开始。不出所料，被试会做出一些反应。在被试事先不知情的情况下（但后来得到了他们的同意），当计算机和实验者告诉他们这一坏消息时，实验者用摄影机记录了他们的面孔变化。而且被试不知道，在每组圆圈呈现之前，他们看到了一张非洲裔美国男性或欧洲裔美国男性的黑白照片。这张照片以阈下速度（13～26毫秒）呈现。被试为非非洲裔美国人。如果被试之前看了一系列黑人面孔，那么他们的面部表情确实比看了白人面孔时更具敌意。敌对情绪被启动了，在挑衅性情境下尤为如此。

阈下启动（subliminal priming）出现在当一个概念被环境激活且在我们未能意识到的情况之中。情绪的阈下启动现象似乎是很稳定的。除了Bargh等（1996）的研究之外，快速呈现微笑和皱眉面孔会影响后来被试对汉字的喜欢程度，而这些字对被试来说本来是中性且没有意义的（如S. T. Murphy，Monahan，& Zajonc，1995）。许多其他研究也获得了类似结果，即情感如何受到不被意识知觉的语言概念所启动（Bargh & Williams，2006）。例如，启动与敌意相关的词会影响对他人的印象（最早的研究之一是Bargh & Pietromonaco，1982）。

杏仁核（amygdala）可能参与了瞬时情绪启动。杏仁核是一对呈杏仁状的大脑内核，参与检测与情绪相关的重要刺激（见图 2-1；Phelps，2005）。即使是阈下呈现，带有恐惧表情的面孔也会引起杏仁核反应（Whalen et al.，1998）。与中性词相比，快速呈现的高唤醒情绪词会更容易被检测到，而杏仁核在其中起到关键作用。研究者发现，杏仁核损伤的病人无法检测到这些高唤醒情绪词（A. K. Anderson & Phelps，2001）。杏仁核倾向于自动检测负面的刺激线索（Lieberman, Gaunt, Gilbert, & Trope，2002）或极端的刺激线索（W. A. Cunningham, Raye, & Johnson，2004；Todorov, Said, Engell, & Oosterhof，2008），提示其对动机相关刺激敏感。

许多其他大脑区域，如**眶额皮质**（orbitofrontal cortex），也称**腹内侧前额皮质**（ventral medial prefrontal cortex, vmPFC）可能参与与社会奖励或正**效价**（valence）更相关的自动化过程（L. T. Harris, McClure, van den Bos, Cohen, & Fiske，2007；W. van den Bos, McClure, Harris, Fiske, & Cohen，2007）。与奖励相关的大脑区域还包括右侧**脑岛**（insula；W. A. Cunningham et al.，2004）、**基底神经节**（basal ganglia；Lieberman et al.，2002）和腹侧**纹状体**（striatum；Cikara, Botvinick, & Fiske，2011；O'Doherty，2004）。随着我们写作的进行，这些与情绪效价相关的实验证据也在不断增加。

除了杏仁核和与奖励相关的脑区以外，像反射且相对自动化的社会认知过程显然涉及①**外侧**（lateral）颞皮质（**颞上沟**后部和颞极）、②腹内侧前额皮质（vmPFC）和③**背侧**（dorsal）前扣带回皮质（dACC）的参与。对脑成像感兴趣的读者，可以参看图 2-1，图上标明了这些区域的对应位置。对此不感兴趣的读者关键是要知道，相对自动化的社会认知情感过程所激活的神经区域与相对控制性过程的大脑区域是彼此分离的（Lieberman，2007）。

阈下启动并不是只能限于显著的情绪线索，中性情绪的概念也可以在意识水平之下被启动（Nosek et al.，2012；Payne，2012）。非情感性的概念启动很可能会激活参与模式匹配、分类和识别过程的颞下皮质（Lieberman et al.，2002）。一个启动刺激的知觉模式和认知类别将影响对后续相关刺激（特别是那些模糊刺激）的加工。上述神经基础解释与认知激活数据是一致的。

除了启动情绪及中性认知之外，阈下启动还可以影响行为（Aarts，2012；Ferguson & Bargh，2004a）。在本节开头提到的一个研究中，Bargh 等人

（1996）让被试阈下接触不同种族的面孔，并随后激怒他们。实验者根据被试的易怒度、敌意、愤怒和不合作特征对他们的行为进行了事后评价。之前阈下接触了黑人面孔的非黑人被试在被激怒时表现出了更加敌意的行为。

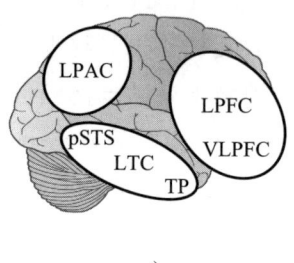

X系统（自动化）　　　　　　　　　　C系统（控制）
腹内侧前额皮质（vmPFC）[BA11]　　外侧前额皮质（LPFC）
基底神经节（BG）　　　　　　　　　内侧颞叶（MTL）
杏仁核（A）　　　　　　　　　　　　内侧顶叶皮质（MPAC）
外侧颞皮质（LTC）　　　　　　　　　外侧顶叶皮质（LPAC）
颞上沟后部（pSTS）　　　　　　　　前扣带回皮质吻侧部（rACC）
颞极（TP）　　　　　　　　　　　　内侧前额皮质（MPFC）[BA10]
背侧前扣带回皮质（dACC）　　　　　背内侧前额皮质（DMPFC）[BA8/9]

图2-1　图2-1是外侧（边缘）和内侧（中间）视角下的标准大脑视图。它们展示了支持反思性社会认知的C系统（类似于控制性加工）的神经基础与支持反射性社会认知的X系统（类似于自动化加工）的神经基础。如图所示，两种过程都出现在大脑内侧和外侧的位置

资料来源：Adapted from M. D. Lieberman, "Social cognitive neuroscience: A review of core processes," p. 262. Reprinted, with permission, from the *Annual Review of Psychology*, Vol. 58. Copyright 2007.

阈下启动并不容易实现。它要求在极短时间内准确并可靠地呈现启动刺激，并且通常要立即被一些在知觉特性上相关但概念上中性的刺激掩蔽。例如，一个诱发阈下启动效应的词后面可能会紧跟一个相同长度的凌乱字符串。阈下接触的面孔刺激可能会立即被出现在相同视觉区域的随机颜色图案（与面孔颜色相匹配）覆盖。一个**阈下启动刺激**（subliminal prime）必须达到能在感觉上留下印迹这一客观标准，但不能超过在意识上留下印迹这一主观标准。知觉到但又没有意识到之间的微妙阈限取决于启动刺激、被试、当前目标、所处环境和刺激显示屏的技术特性（Dijksterhuis & Bargh，2001）。每个因素都可以改变一个启动刺激在知觉水平之上或之下被激活的倾向，即在意识水平之上还是之下

被激活。例如，这些都意味着广告商并不能轻易传达阈下信息，尽管理论上他们可以传达（Cooper & Cooper，2002）。行为启动的敏感性必然使其难以重复（Cesario，2014）。事实上，启动效应自然地存在于特定的环境之中（Loersch & Payne，2011）。

到目前为止，我们介绍的实验都是关于最阈下的、前意识的自动加工形式。在这种加工形式中，人们既不能意识到启动刺激，也不能意识到它对反应产生的影响。尽管我们这里介绍的是最富戏剧性的自动化反应，但是完全自动化过程在现实中可能很少见。这类实证研究最有效地证明了一种理论观点——即使是阈下刺激，也会启动相关概念，而这些概念会影响对后续刺激的解释，且均在意识水平之下。这符合最严格的纯粹自动化的定义。正如前文提到的，自动化是无意的、无法控制的、高效的、自主的（Bargh，1997），而且是与目标无关的、纯刺激驱动的、无意识的和迅速的（Moors & De Houwer，2006）。

—方法聚焦——
关于启动效应可重复性的说明

在我某次做完讲座后，一个学生拿着这本书走到我面前。我以为他会像其他人偶尔做的那样让我在书上为他签名。但实际上他是过来告诉我，他的教授在上课时告诉学生，启动效应就是一堆废话，因而这本书也不应该再包含任何有关启动效应的内容。

正如我试图向学生解释的那样，启动效应的模式远比简单判定它到底是不是废话复杂。正如本书提到的，针对各类刺激源（笑脸/皱眉的面孔或表情符号；令人愉快/不愉快的词语；内群体/外群体），针对有意识或无意识加工以及针对在不同实验室所完成的研究，情感启动效应似乎都是稳定的。情感启动会影响个体对后续原本中性的刺激做出评价。这一点得到了学术界的认同，因此研究者测量那些不易察觉的态度时就是以此为前提的（参见第10章和第11章）。

同样，概念启动效应也是稳定的。认知心理学在数十年的研究中确认了这一现象。如果我说"盐"，那么进入你意识的概念不会是"猩猩"，也不会是"穷人"，而更可能是"胡椒"。经常配对在一起的词语也会彼此提示，近义词也是如此,如"猫"(cat)和"小猫"(kitten)(参见第 7 章,虚假相关)。记忆的网络理论依赖于这一原则,关于个人记忆的许多理论也是如此(参见第 4 章)。

正如情感会启动相似情感,认知也会启动相似认知,那么行为是否会启动相似的行为呢?还有,认知会启动相关行为吗?事实上,行为启动效应更具争议性。如前所述,一些著名的实验室已经报告了该领域一些最精妙且具启发性的发现(参见前文引用的一些研究)。当然,其他人也对这些研究的可重复性提出了质疑,但这个问题是很复杂的(有关近期的深入评论,请参阅 Cesario,2014;McShane,Tackett,Böckenholt,& Gelman,2019;Nelson et al.,2018;Pettigrew,2018)。

虽然行为启动效应是否存在尚需要新的有力证据,但这个学生可以告诉他的教授,情感和认知启动效应是可信的。与任何其他研究一样,科学研究必须保持精确和严谨,但有关启动效应根本不存在的报道似乎有些夸大其词了。

意识性启动

后意识自动化(postconscious automaticity)指个体能有意识地知觉启动刺激,但又对该刺激影响后续反应没有意识(见表 2-1)。在一项研究中,被试首先想象一位有代表性的教授一天的生活,并列出其一天的活动和生活方式,之后完成《全民猜谜大挑战》(trivial pursuit,一种知识型游戏)。在这个任务中,提前接受了教授启动任务的被试比其他没有接受这个启动任务的被试分数要高(Dijksterhuis & van Knippenberg,1998)。尽管这一现象背后的机制尚不清楚,但在答题前接受教授启动任务可能会让被试更努力,使用更好的策略或更相信自己的直觉。接受足球流氓或愚蠢特质的启动对知识测验没有帮助,但接受有关智力特质的启动有帮助。在另一个例子中,学生们根据一个词表造句。那些采用"老年人"(因此,慢)这个类别单词造句的被试在实验结束后走向电梯的速度变慢了(Bargh et al.,1996)。在该系列的另一项实验中,学生接受能意识到但未被告知的有关"粗鲁"特征的启动后,会更快地打断他人。

如同 Bargh 等人(1996)的一系列研究一样,许多启动研究也重复了后意识或前意识启动效应。例如,学生在接受与老年人有关单词的意识性或前意识性启动后会表达出更保守的立场;其他接受有关叛逆青少年信息启动的被试则表达了更具偏见性的立场(Kawakami, Dovidio & Dijksterhuis, 2003)。前意识效应和后意识效应比较相似。部分原因是被试并不熟悉启动效应,因此,即便是意识性启动(如果不易察觉和隐蔽),被试通常也不会付出精力去消除它们。

长期可获取性

与前意识和后意识自动化有关的一个问题就是**长期可获取概念**(chronically accessible concept)的个体差异。人们不一定会意识到他们会习惯性地根据友善、智力或独立性等特质对他人进行编码(Higgins, King, & Mavin, 1982)。然而,人往往会对某一个特质维度格外注意,并且这一特质在形成对他人的印象时反复显现。我们可以直接计算不同人用于描述熟悉他人的所使用的一系列特质的频率。这些长期使用的特质通过熟悉和成熟的模式促进印象形成过程。尽管结果可能更好也可能更坏,但确实比那些没有这种习惯性影响的情况更有效率。

人们是如何找到自己喜欢的某些特质维度的呢?这些特质可能包括受到家人的青睐("这是我家的聪明人;这是我家的好心人")、文化偏好(如美国人更关注诚实和友善)、生存技能(在有些社区,攻击性具有优势)或工作要求(缓刑监督官对可信度的判断)。如果一个人(如缓刑监督官)在一段时间里要将数百个行为案例判断为诚实或不诚实,那么其中一些重复推理(如入店行窃是不诚实的)将显示出特定的练习效应,即随着时间的推移,这些推理变得更快、更容易完成。自动化是通过练习而实现的,这个过程被称为**程序化**(proceduralization)。只需几十个试次就可以很快实现程序化,并且它可以维持至少一天(E. R. Smith, 1988)。

程序性过程可以解释某些启动效应。人们开始时可能会努力使用独立于特定环境的通用规则(即行为反映了特质),但通过练习他们可以对某些经常遇到的刺激物做出自动化推理(E. R. Smith, 1984)。程序化涉及两种练习效应。第一,通过练习,不论哪种行为,任何对于诚实的判断都会加速,即产生了特质特异性的练习效应;它可以只判断完全相同的内容,如只判断诚实(E. R. Smith & Lerner, 1986)。第二,练习促进对特质更一般性的判断;程序化需要重复执行相同的过程,如进行特征推理。因此,它也可以包含更多的一般性过程,如迅速判断特质。通过持续练习，这两种判断（具体和一般）都会变得程序化，所以接触适当刺激（如诚实或任何特质）会自动加快推理过程。我们在第 4 章将讨论可能解释这两种效应的不同记忆系统，但这里的核心问题是，练习可以使判断过程自动化。

程序化（自动化）判断促进人们的反应具有社会适应意义吗？答案是肯定的——得到充分练习的判断会取代同样合理但没有充分练习的判断。例如，如果一个教师习惯于根据智商判断一个人，那么一个聪明但不善于交际的人将因为智商高而得到正面判断；相反，一个更看重社交能力的销售主管可能会因这个人不善于交际的特质而对其做出负面判断。程序化判断带来的加速作用也可能对刻板印象的形成产生影响：人们是多个社会类别的成员；观察者对种族的熟练判断可能使他们在观察中更强调这个维度而不是其他维度，忽略如年龄、基因、社会阶层或其他个人特质的作用（Zárate & Smith，1990）。程序化判断也可以解释一些情感反应的速度和无意识特性（Branscombe，1988）。

关于自动化的总结

正如我们已经看到的，自动化反应在程度上会变化。有些编码是自动发生的，处于意识之下、阈下或前意识知觉之中。后意识过程在一个意识性启动刺激提示下可以在不需要努力、意图或察觉的条件下迅速进行。正如对程序化过程的研究所提示的，练习似乎是发展自动化反应的关键因素。

某些类型的判断似乎特别可能被自动化：特质推理往往是对他人信息进行编码的第一步（参见第 6 章）。这是可以理解的，因为特质推理允许人们预测他人在未来的情境中会产生什么样的行为。而且很多时候，人们的行为可能确实反映了他们以后会再次做些什么，至少在我们通常遇到这些情境时会这样。我们还可以通过人们在情境中的角色迅速解释他们的行为；后面章节将讨论信息在容易进入意识这一问题上的文化差异。

尽管积累的证据较少，但其他一些类型的编码也可以是自动化的：自我相关的知识很可能是自动编码的（参见第 5 章）。某些人（如抑郁者）会自动编码关于他们自己的某些内容（如负面特质；Bargh & Tota，1988）。对于大多数人来说，与威胁有关的刺激很可能会被自动编码。例如，看起来只有一点点生气的脸会引发对这个人不值得信任的迅速判断，以及瞬时的杏仁核反应（Todorov et al., 2008）；在一群快乐的脸中，一张愤怒的脸更容易被检测出来（比反过来在一群愤怒的脸中找一张快乐的脸更快），提示对威胁性线索有一个前注意搜索过程（C. H. Hansen & Hansen, 1988a）；负面线索可能在前意识上具有特别大的分量（Erdley & D'Agostino, 1988）。与我们当前的需要和目标相关的刺激可以被自动编码（Aarts, 2012; Bruner, 1957），所以人们会特别注意与他们同龄的人，而男性会特别注意有吸引力的女性（Rodin, 1987），后者也是一个具有自动化编码的过程。对各种自动化（特别是自动行为）的研究使我们在第1章中提出了一个概念——**激活态行动者**。许多社会性反应都是相对自动化的。

为什么人们有这么多社会认知反应是自动化的呢？当然，主要就是为了追求高效率。人们在大部分时间里都是**认知吝啬鬼**，因此他们不能总是对其他人的复杂行为一一处理，多数情况下转而直接采用一些常用的捷径。除了高效的加工能力外，人们还可利用一些过去有效的决定来预计未来采用类似决策时的结果。

心理表征在阈下（前意识）和阈上（意识）水平的自动化激活具有相似的效应。两者都能影响评价和情绪，相关的认知和策略以及行为。两者的主要区别在于，如果个体意识到启动刺激可以影响反应，那么意识水平之上的激活可能引发控制性加工策略。这就是我们下面要讲的问题。

控制性过程使社会性思维变得灵活

和自动化一样，控制也有不同的水平。在一个**控制性过程**（a controlled process）中，知觉者的意识性意图在很大程度上决定了这个过程是如何进行的。在相对自动化的过程（见上一节）和相对控制性的过程（见本节）之间的中间部分是目标驱动的自动化过程。这一过程因为处于两极之间，所以也可以出现在上一节的末尾部分（见表2-1）。

目标驱动的自动化过程

与其所处中间位置（见表2-1）相符的是，**目标依赖性自动化**（goal-dependent automaticity）根据一些标准可以说是自动化的。这些标准包括对过程本身缺乏觉察、过程完成不需要监控，以及缺乏对所有具体结果的意识。例如，在一个迷迷糊糊的星期六早晨，不止一个因打电子游戏而分心的父母把麦片喂给了狗，而把狗粮喂给了孩子（A. P. Fiske，Haslam，& Fiske，1991）。在这个例子中，两个目标依赖性的自动化过程相互干扰。另一个更简单的例子是，在一个聚会上有人问起你的研究时，你就开始自动地报告你的实验。但你实验的合适报告对象更应该是论文委员会，而不是聚会上潜在的恋爱对象。

根据定义，目标依赖性自动化也会因知觉者的目标不同而出现变化，所以它部分受到意识性控制的影响。目标依赖性自动化并不是完全自动化的，因为它需要意识性加工并取决于所进行的任务。意识性意图可以启动前意识自动化。

但是，如果一个**目标**（goal）被定义为一些理想结果的一个心理表征，那么甚至目标也可以是前意识性的（Aarts，2012）。一个例子是**习惯**（habit），即一个人经常重复的行为（W. Wood，Quinn & Kashy，2002）。激活相关目标会引发对习惯性行为的思考以及产生相关行为。当会骑自行车的人想去城镇的另一边时，就会出现与自行车相关的思考（Aarts & Dijksterhuis，2000）。但是，对于不习惯骑自行车的人来说，情况就不是这样了。作为目标驱动自动化（goal-driven automaticity）的一个例子，目标与习惯的联系可能会驱动比我们设想的更多的行为。

这里再举一个目标依赖性自动化的例子。在一个聚会上，请设想一个人接近某些人而避开另一些人时所发生的情况。参加聚会的主要目标就是社交，而各种相对自动化的过程支持人们实现这一目标：根据他人的行为（参见第 6 章）或面孔（参见第 3 章）自发进行特质性推理。人们在晚会上形成对他人的第一印象，迅速而表面地判断谁看起来有趣，谁看起来很无聊。这个过程既具有自动化成分，又具有控制性成分。由于**自发性特质推理**（spontaneous trait inference；即将详细说明）在某些目标（如社交）下比在另一些目标（如记忆电话号码作为分心任务）下发生得更多，因此自发性特质推理是目标相关的，而不是完全自动的。然而，这种特质推理（看起来有趣或无聊）从开始就是无意识地发生的，没有多少自我察觉，所以一旦有适当的目标触发这个过程，它们就是自动发生的。

许多社会认知过程都符合目标依赖性自动化的定义。正如后面一节将详细介绍的，印象的形成取决于目标是什么，但这个过程在没有太多察觉或努力的情况下也可以发生。记忆某人的特征同样取决于目标是什么，但也会自动发生（见第 4 章）。注意到相关联社会性事件之间的联系（见第 7 章）也是一个例子。其他具有大量自动成分（如打字、开车或重提一段关系中的旧事）的目标导向性过程也说明了这一点。动物的求偶过程也为情境驱动的自动化提供了一个模型（Gawronski & Cesario，2013）。

目标不一致的自动化

人的目标有时会触发与他们的意识性喜好相一致的自动化思维，但人就算努力也没办法总是想他们希望的东西（Wenzlaff & Wegner，2000）。下面就是**目标不一致的自动化**（goal-inconsistent automaticity）实例：请在接下来的60秒内不去想一只白熊；当没有做到时就报告。（如果你试了，你就会发现比想象的要难）。在两个实验中（Wegner，Schneider，Carter，& White，1987），实验者要求被试出声思考5分钟，同时不去想白熊，并在想到白熊时按一下铃。结果表明，被试无法抑制对白熊的思考。之后，当实验者要求被试思考白熊时，他们表现出**反弹效应**（rebound effect），即想到白熊的次数非常多，甚至超过了那些被明确要求一直思考白熊的人。这个现象的两个部分对节食者、单相思者和拖延症者来说应该挺熟悉的。正如成功的节食者和有经验的冥想者所知道的那样，唯一的解决方法是找到一个替代想法。被试在将红色大众汽车作为分散注意的干扰物后并没有能更成功地抑制去考虑白熊，但之后没有出现反弹效应。这一结果提示分心思维所导致的抑制并没有产生同样的心理僵局（mental logjam）。

这一过程是有点儿奇怪的（Wegner，1994）：人们因为有抑制特定思维的目标，所以建立了一个自动化的检测-监控系统，而这个系统使被禁止的想法保持活跃，使其更容易进入意识。**思维抑制**（thought suppression）指未能通过监控思维发生的过程来防止不想要的认知活动。这种目标依赖性自动化显示了目标如何启动自动化过程，却干扰了它们旨在服务的目标。例如，想抑制刻板印象的人可通过自省（关注他们的一些内在标准）来实现这个目标，但是这种对刻板印象的自动抑制会引发一个反弹效应，即报复性地产生更多刻板印象（Macrae，Bodenhausen，Milne，& Jetten，1994）。

未来的神经科学可能会发现这种目标不一致的自动化的神经基础。监测各种干扰的前扣带回皮质（Botvinick，Cohen & Carter，2004）也监测那些抑制无关思维的努力（Wyland，Kelley，Macrae，Gordon，& Heatherton，2003）。这可能是这一有些奇怪的过程的一个神经指标，显示其深深嵌入了目标维持的基本系统之中。

抑郁者的思维抑制困难在于不能避免消极思维，但他们与正常人一样，可以抑制积极思维（Wenzlaff，Wegner，& Roper，1988）。正如第 5 章所示，抑郁使消极思维更容易获取。例如，与非抑郁者相比，抑郁者更持续关注失败事件（Carver，La Voie，Kuhl，& Ganellen，1988）。让抑郁者思考积极事件似乎有助于抑制负面思维的产生（Wenzlaff et al.，1988）。

当一个侵入性的想法没有被成功抑制时，可能会导致反刍思维——对某一物体进行长时间非必要的思考。**反刍思维**（rumination，即重复且适得其反的思维）可能由目标导向性思维所引起的认知联结所引发，也可能由记起未完成任务的动机所引发（Zeigarnik，1927）。反刍思维显然包括几个阶段，让我们以想要结束无回报的单相思为例（见表 2-2）。在尝试重新联系失败后，这个人开始推测，幻想，恼怒，产生执念并通常继续坚持（Martin & Tesser，1989）。一项研究询问了大一女生，她们对已经分手的前男友有多想念。结果表明，反刍思维与她们因分手而中断的重叠目标（共享活动）数量呈正相关（Millar，Tesser，& Millar，1988）。

表 2-2　反刍思维

阶段	以无回报的单相思为例
①开始时加强重复被中断的行为	尽管遭到拒绝，但仍坚持尝试与所爱之人联系
②用越来越低水平的方式解决问题	为了最大限度地成功联系对方，推测对方的日程安排和习惯等细节信息
③对最终状态的思考	幻想着在一起的理想结果
④试图放弃这个目标	试图放弃所爱之人
⑤疏导性思维	即使决心放弃之后，仍可能坚持沿着原来的联结方式进行思考，并导向所爱之人
⑥因持续的无力感而抑郁	如果无法摆脱烦恼，那么这个人就必然会对无法达成的结果感到痛心

尽管一些关于目标导向性自动化（goal-directed automaticity）的研究强调了人的失败，但很多时候目标可以帮助促进习惯性行为。人作为一种习惯性动物㊀，这个结果可能并不令人惊讶但仍然是重要的，因为具有适应性的自动化过程掌管了我们大部分的生活。

㊀　如作家赛斯·高汀所说："人或多或少都是习惯的奴隶。"——译者注

意图

在介绍了前意识的、后意识的、长期的和目标依赖性的自动化以及自动化的意外后果后，我们来讨论**意图**（intent）。意图是控制的一个关键特征。什么情况下可以确定我们产生了去做某件事的意图呢？这一点在生活中是很重要的，因为人们通常要为有意行为的后果承担法律和道义责任。故意会造成一系列社会问题，如偏见、攻击性行为和有偏颇的判断等。如果人们的偏见（详见第 11～12 章）严格来说不是故意的，那么他们可能不需要为它的后果负责。同样，在自卫或嫉妒刺激下的攻击被视为没有故意攻击那么坏，而后者是由意图所定义的。即使真实的伤害程度不一定更严重，但故意伤害似乎就是更糟的（D. L. Ames & Fiske，2013a，2015）。

普通人、心理学家以及法律专家是如何定义意图的呢（见表 2-3）？例如，如果人们认为自己可以选择以其他方式思考，那么他们就会被认为是在计划他们的思维，即是有某种意图的（S. T. Fiske，1989）。因此，如果经过思考，某人认识到另一个解释也是可能的，那么其思考方式就显得是更加有意的。例如，当某人把一个家庭成员说的"我恨你"解释为死亡威胁时，其他相对理性的人认为可以选择其他方式解读这句话。同样，有人将穿着全套西装的非裔美国男性归类为潜在的抢劫犯，但相对理性的人可能会注意到，他有做出其他解释的选择。

表 2-3 意图的特点

例子：伴侣说"我恨你！"		
有多个选项	无意的默认选项	有意的替代选项
如何解释	根据表面价值判断	因对方经历了糟糕的一天而选择原谅
↓	↓	↓
选择艰难选项	回以敌意	不回以敌意
↓	↓	↓
集中注意	不假思索地行动	关注对方的状况
↓	↓	↓
结果	过程更少故意	过程更多故意

当一个人确实有多个选择时，某一选择可能更容易，而其他选择可能更难。也就是说，如果一个人习惯的思维方式是简单的，那么选择更难的方式很可能

被普通观察者、心理学家甚至法律专家视为特别有意的。因此，一个难相处的人一反常态地拒绝把家庭敌意解释为威胁，将被视为没有根据其性情以更简单的方式做出反应，而这种更难的反应方式将被视为特别控制的和有意的。同样，克服了"年轻的街头混混一定是抢劫犯"这一社会刻板印象后，观察者会认为这是一种展示了意志力的行为，而不是遵循刻板印象主导思维过程。拒绝默认状态，做出更艰难的选择，会被视为特别有意的。然而，如果某人具有从两方面思考的能力时，那么根据第一个标准，困难和容易这两个选择都是有意的。

最后，人们通过集中注意来实现他们的意图。因此，如果一个人倾向于将某个亲人的敌意解释为暴力挑衅并把关注点集中在报复上，那么观察者会认为其是故意的。同样，要克服应用于另一个人身上的习惯性刻板印象，关注非刻板印象属性是最有效的路径（S. T. Fiske & Neuberg，1990）。**意图性思维**（intentional thought）的特点是有多个选择，但明显选择难的那个，并通过集中注意来实现意图。

通过意图，社会向责任迈出了一小步。例如，完全无意的歧视并不违法，意外杀人（过失杀人）也没有故意杀人（谋杀）那么负面。一个人不会为自己的想法承担社会责任，只需要为自己的行为负责。在分析引发特定行为的思维时，意图问题尤其重要，但正如一个社会经常做的，这种分析假定人们具有自由意志。

意识性意志

一些社会心理学家对自由意志的程度存疑。社会认知的自动化是无法阻止的"认知怪兽"吗（Bargh，1999）？ Bargh 将由情境自动激发的某些动机，称为**自动动机**（auto-motive）。根据这种观点，情境相当直接决定行为。情境触发目标，而目标触发行动——所有这些过程都是自动的和处于意识之外的。Bargh 颇具争议地将自己的理论与斯金纳的刺激-反应行为主义相提并论，而后者被 20 世纪中期的认知革命推翻。让我们回到未来：社会认知在社会性（非）思考者的激活态行动者比喻中兜了个圈，又回到了原点。

与此相关的是，Wegner 认为，**意识性意志**（conscious will）是人们在执行某个动作之前对其进行思考而产生的一种错觉（Wegner，2003）。如果思维先于行动，符合行动并解释行动，那么人们就会推理出是思维引发了行动。人们经常在执行一个行动之前思考这个行动，所以他们推断这个思维引发了这个行动。但是，如果其他东西（如情境）触发了这个想法，而且这个行动实际上是独立于思维的，又会怎样呢？

为了测试这一点，实验者首先必须设计可能引发结果的思维。他们通过计算机屏幕对一个正方形在一个网格中移动的理想终点进行了阈下启动（Aarts，Custers，& Wegner，2005）。由被试和计算机控制的两个正方形在网格中以相反的方向移动。当被试按下一个键时，两个正方形都开始移动，当被试按下停止键后，其中一个正方形的终点会被显示出来，但并没有说明是计算机移动的正方形，还是被试自己移动的正方形。被试对他们是否觉得自己造成了这种结果（即显示的是他们控制的那个正方形，还是计算机控制的那个正方形）打分。之前对终点的阈下启动使被试认为正方形移动到那个终点是他们控制的，但是这一点并没有影响他们实际的行动方式（即按键时机）。事先被阈下启动去思考结果时，被试更有可能体验**控制感**（agency；即造成结果的主体责任）。人们可能会错误地认为他们的行为产生了他们显然无法控制的结果。

在极端情况下，人们认为他们甚至可以控制其他人的结果和行为。在一项实验中（Pronin，Wegner，McCarthy，& Rodriguez，2006），被试产生了一种错觉，认为他们神奇地引发了别人的结果。一些被试首先被诱导对令人讨厌的假被试⊖产生恶毒的想法（与中立想法相比），然后被试通过将大头针插入据称代表假被试的"巫毒娃娃"来扮演"巫医"。当受害者报告感到轻微的头痛时，被试表示他们感到有因果关系。类似的效果也出现在那些默默支持场上队员将篮球投入篮筐的观众身上。当运动员命中篮筐后，观众觉得是自己的默默祝福帮助运动员获得了成功。

这些示例说明了一个关键的观点，即除了无法控制我们的思维之外，我们也没有像我们认为的那样能控制自己（或他人）的行为。这是否证明是行为主义的翻版呢？情境是否完全控制了行为，而人们的意图只是作为无关紧要的偶发现象而存在呢？社会认知研究使用了行为主义者禁止使用的心理概念，但社会心理学并没有必要将有意识的人和决定论倾向的情境对立起来（Mischel，

⊖ 假被试（confederate）是因实验需要而由实验者安排的一个同盟者。真被试在实验过程中一般不知道这是一个假被试。但根据伦理要求，实验结束后，实验者一般都有义务向真被试解释这一点。——译者注

1997）。两者都很重要，日常生活的自动化和意识性控制的错觉提醒我们，许多过程并不是通过意识性意图来起作用的。

意识

如果我们的意识性控制不像我们想象的那样影响了我们的行为，那么是什么占据了我们的思维呢？意识由哪些成分构成，以及为什么由这些成分构成呢？意识历来是哲学家、精神分析学家和（最近）认知科学家研究的主题。我们这里不会做全面的综述，而只是指出一些可能为社会认知研究提供参考的观点。并且，随着越来越多的社会认知研究者探索这些问题，这些观点也会越来越重要（Winkielman & Schooler，2012）。

威廉·詹姆斯（William James，1890/1983）将**意识**（consciousness）生动地描述为思维流[一]（stream of thought；见表2-4）：

> 那么，意识本身并不是以碎片形式出现的。诸如"链"或"串"之类的词并不能恰当地描述它的特点。它不是一个接一个连接的；它是流动的。"河流"或"溪流"才是能最自然地描述它的比喻。（p. 233）

对詹姆斯来说，意识不仅是流，还是"充满物体和关系"的流（p. 219），是私密的，并且永远与附近属于其他人的流分开。

表2-4 关于意识的观点

人物	观点
詹姆斯	思维流
行为主义者	不相关的偶发事件
内省主义者	可报告的思维或与行为一致的思维
早期认知主义者	指导心理过程的执行者
后期认知主义者	从可获取的概念中建构
学习认知主义者	涉及发现并改正错误
社会认知者	处于清醒和专心状态或者涉及可报告和有目的使用的主观体验
描述主义者	由思维、情绪体验和身体感觉组成的刺激场，可与外部刺激成功竞争

意识随后从内省主义实验中得到了一个坏名声（参见第1章）。而且，鉴于方法本身的局限导致无法公开重复此类内省数据，以及反心理主义的行为主义

[一] 詹姆斯提出的意识概念，也称意识流（stream of consciousness）。——译者注

兴起，关于意识的研究开始没落。在认知心理学的早期工作中，意识以"注意"的形式重新出现，接着被解释为在当前状态中对认知的觉察（参见第3章）。随后，一些认知心理学家将意识狭隘地定义为①简单意识到（能够谈论）某个东西，或者，②即便人们可能无法报告原因，但仅能察觉到某个东西对个体行为的影响（Bower，1990）。在第一种情况下，人们可能报告感到饿并想到了食物；在第二种情况下，人们可能发现自己在吃零食而没有意识到饿或想吃东西。

还有观点认为意识是指导心理结构的执行者。当记忆内容在阈限之上得到充分激活时，它们是意识性的，然后进入短时记忆或工作记忆（参见第3章和第4章；Shallice，1972）。在这一点上，心理表征可以在意识控制下得到利用。作为**执行者**（executive），意识可以抑制并因此控制自动联结，对当前意图做出反应（Posner & Rothbart，2007）。一个类似的社会认知解释将意识简单地称作"执行器"（executor；R. S. Wyer & Srull，1986）。

一个具有争议性的观点认为意识是一种建构装置。根据这种观点，意识利用一些适用的概念来理解当前激活的无意识内容。意识是由可获取的概念构成的。它在一个容量有限的系统约束下工作，以实现当下的目标（Marcel，1983a，1983b）。

意识参与意识性、自动化和无意识学习（如学习开汽车）。在学习中，意识帮助形成新联结（之前分开的各部分合在一起达到察觉水平）。如果一个过度学习的自动化序列之后出现错误，那么意识会重新出现以解决问题。意识对选择是必需的。所谓选择就是比较同时存在于意识中的两个选项。根据这种观点，建设性的意识在进行中的目标导向性行为中发挥各种功能。认知心理学家一般都关注意识的这些功能。

面对这一系列的解释，社会认知研究者Winkielman和Schooler（2012）将一阶意识定义为清醒和专心，针对可报告和有目的使用的主观体验认知。但是**二阶元认知**（meta-cognition）是人们对自己思维过程的信念，正如我们接下来将要看到的，这在白日梦中很重要。

意识的内容

社会人格心理学家只是为了意识本身而关注意识的内容。他们将正在进行中的意识描述为由思维、情绪体验和身体感觉（如白日梦）组成的刺激场，可与外部刺激成功竞争（J. L. Singer，2014）。这样的内部活动内容（Csikszentmihalyi & Larson，1984）通常包括未完成的事务或当前关注的问题（Klinger，Barta，& Maxeiner，1980）：未实现的目标，无论是不重要的低水平计划（如去健身房），重要关系中存在的问题（我爱的人会和我结婚吗），还是价值观困境（我应该配合我的朋友逃税吗）。大学本科生的思维大多是具体、详细、直观、不空想和可控的，并且与眼前的情境相关（Klinger et al.，1980）。

思维的种类

正在进行的思考可以是**刺激依赖性的**（stimulus dependent；即关注当前环境），也可以是**刺激独立性的**（stimulus independent；如走神；Antrobus，Singer，Goldstein，& Fortgang，1970；Klinger et al.，1980；J. L. Singer，2014）。即使在高意愿关注环境的情况下，我们也会不断体验刺激独立性思维（Antrobus et al.，1970；Smallwood & Schooler，2006）。**走神**（mind-wandering）会激活大脑的默认网络（M. F. Mason，Norton，Van，Wegner，Grafton，& Macrae，2007）。默认网络与社会认知网络（Lieberman，2013）有很大重叠，与人们做关于自己、他人和社会关系的白日梦所激活脑区一致。

对外部世界的依赖程度并不是将意识内容分类的唯一途径。研究者提出了另一组区分维度，即**操作性思维**（operant thought；工具性、问题解决）和**应答性思维**（respondent thought；一般分心、自发产生的图像；Klinger，1977）。大多数日常思维是具有应答成分的操作性思维。也就是说，当你阅读本书时，你的思维是操作性的；当你停下来思考你将如何选择学期论文的主题时，这个思维也是操作性的。但你空想着昨晚的聚会，就是应答性思维。人们的任务和相应的实施阶段会影响操作性思维的比例（如 Heckhausen & Gollwitzer，1987），任务（操作性）所关注的个体差异也是如此（如 Jolly & Reardon，1985）。

尽管思维的两个维度——刺激依赖性与刺激独立性，以及操作性与应答性——看起来是完全重叠的，但事实并非如此。一个人可以具有依赖于外部刺激的操作性（目标导向）思维，也可以具有独立于刺激且完全内在的思维（当一个人专注于做出决定时）。同样，一个人可产生依赖或不依赖外部刺激的应答性（自发）思维（当一个人试图写一篇论文的第一句话时，突然发现计算机键盘需要清洁）。

抽样调查人的思维

一般人通常认为新认识的心理学家或心理学系学生可以读心。幸运或不幸的是，心理学家只能间接接触人们的内心世界（见表2-5）。一些思维抽样研究会在人们专注于知觉任务时检查他们的思维（Antrobus et al.，1970；Smallwood & Schooler，2006）；另一些研究则让被试携带白天随机发出哔哔声的电子传呼机，提示被试写下他们刚才的思维情况。研究人员运用**体验抽样法**（experience-sampling）随机询问被试的当前状态。这一方法已经用于研究合作学习、孤独、亲子关系、情绪、幸福和对精神病的日常认识（文献分别为：Delle Fave & Massimini，2004；Hawkley, Burleson, Berntson, & Cacioppo, 2003；Peterson & Miller, 2004；Oishi, Diener, Napa Scollon, & Biswas-Diener, 2004；Updegraff, Gable, & Taylor, 2004；Verdoux, Husky, Tournier, Sorbara, & Swendsen, 2003）。

表 2-5　获取思维内容的方法

方法	技巧
体验抽样法	在日常生活中，通过传呼机提示被试报告刚才的思维内容
随机探测	在实验室中，提示被试报告当前的走神和对其的察觉水平
认知反应	在交流后立刻报告思维内容（参见第10章）
出声思维	在思考时出声报告自己的反应
自然社会认知⊖	在观看二人对话的录像后，各自报告互动过程中的思维
角色扮演式参与	想象自己身处其中并报告未完成的模拟互动，或听别人讨论自己时的思维

在实验室中，随机**探测信号**（probe）提示人们报告他们完成一项任务时走神的情况（也称刺激独立性思维或出神）。加上他们自发报告的走神情况，所有这些数据揭示了人在完成任务时普遍会出现刺激独立性思维（Smallwood & Schooler，2006）。

实验者通过要求被试阅读另一个人的信息时进行**出声思维**（think aloud）来进行思维抽样研究（如 Erber & Fiske，1984）。现场录音提供了被试自发和相对未经过滤的反应，使研究者能够详细观察印象的形成过程（S. E. Taylor & Fiske，1981）。例如，我们可以追踪对他人不可告人的动机的怀疑逐渐发展过

⊖ 威廉·伊克斯（William Ickes）等人（1986）提出，自然社会认知是指通过自发和无结构的二人互动研究个体所经历的思维和感受的方法。——译者注

程以及负面印象的演变（Marchand & Vonk，2005）。

相关研究考察了人们在社会互动中的思维。在一项**自然社会认知**（naturalistic social cognition）研究中（Ickes, Robertson, Tooke, & Teng, 1986），两个陌生人在等待实验者返回的过程中，在不知情的情况下被录像了。在被告知他们被摄像机记录并允许回放录像后，两名被试单独重放录像带，并在他们每次回忆起一种特定的想法或感受时暂停回放。这项研究考察了互动伙伴的思维和感受的维度。这些维度包括他们的对象（自我、同伴、他人和环境）、他们的效价（积极或消极）和他们的视角（自己或他人）。

例如，人们对伴侣的积极看法与他们的互动水平有关（通过他们的言语和非言语行为来衡量）。通过比较人们认为他们的伴侣正经历什么和伴侣实际经历什么这一范式可以研究共情准确性（Ickes, Tooke, Stinson, Baker, & Bissonnette, 1988）。在已婚夫妇中，高共情准确性有助于提升情感亲密度，但是如果一方的想法威胁到夫妻关系，那么高共情准确性会自然地降低知觉者感受到的亲近感（Simpson, Oriña, & Ickes, 2003）。

一个人可以在相对现实但可控的社会环境中对人们的思维抽样。被试的**角色扮演式参与**（role-play participation）是已录制好的人际互动音频的一部分；也就是说，录音带里有一半互动对话，而被试要完成剩余的部分。另一种情况下，录音带展示了一段对话录音，其中两个人正在讨论一个第三人，而被试需要扮演这个第三人的角色。在预定的节点，实验者暂停播放录音带，被试表达他们此时的想法。人们在有压力和评价性的社交场合会报告更多的非理性想法，对于社交焦虑的人尤为如此（G. C. Davison, Robins, & Johnson, 1983）。这些新颖的范式说明了在社交互动中直接获取人们的想法是颇具挑战性的。

关于意识的结论

获取人类思维的研究必须在他们的配合下才能进行。更重要的是，要在他们能服从的范围内进行。我们将在第 8 章介绍关于人们对于能否获取自己思维过程的一些争议。人们通常无法准确报告影响他们行为的因素（Nisbett & Wilson, 1977），表明他们至少无法完美了解自己的某些思维过程。尽管如此，人们仍可以在以下条件下有效报告他们的思维内容：如果他们的报告与思维同步进行；如果相关的思维已经以语言形式呈现；以及如果他们只报告思维内容而不报告思维过程（Ericsson & Simon，1980；S. E. Taylor & Fiske，1981）。

认知和社会认知研究者对意识的思考比詹姆斯的意识流理论更进一步。意识可以是一个执行者，可以是意图的必要条件，或者可以是一个从无意识激活的材料中推理出来的结构。意识往往被未完成的事情占据，但它可能或多或少是工具性的，而且或多或少是依赖于外部刺激的。研究者发明了各种思维抽样技术来应对这一特殊的挑战。但是，所有的意识研究都必须警惕内省可获取性的问题。

动机影响加工模式选择

如果社会认知的主要模式是自动化的、无意识的思维与控制性的、意识性的思维，而且两者之间存在过渡层次，那么人们如何在各模式之间来回切换呢？正如动机性策略家比喻所暗示的，人的策略（即他们所使用的加工模式）取决于他们的动机。在社会认知中，研究者在过去几十年发现了各种各样的动机。它们有不同的名称，但有五个术语代表了最常见的动机：归属（belonging）、理解（understanding）、控制（controlling）、提升自我（enhancing self）和信任内群体成员（trusting ingroup；S. T. Fiske，2010）。为了便于记忆，我们可以（按首字母）把它们简化为"一大桶"[buc(k)et]动机（见表2-6）。

表 2-6　影响社会认知模式的动机

动机	目标
归属	被他人及自己所属的群体接受
理解	社会性共识；相信自己的观点与所属群体的观点一致
控制	影响那些由他人控制的关于自己的结果
提升自我	积极看待自己，或至少是怜悯地看待自己
信任内群体成员	以积极方式看待他人，至少这样看待自己群体的人

归属

正如第1章所述，社会认知的关键是其社会性。因为我们的社会生存依赖社会认知，所以它占据了我们大部分的认知资源。除非人们有动力至少与其他几个人相处，否则他们的生存就会出现问题。社会孤立的年龄校正死亡风险与吸烟相当；心血管功能和免疫反应都会因社交孤立而受到损害（House，Landis，& Umberson，1988）。人们对被排斥的反应都不好：感受差，报告更少控制感并失去归属感（K. D. Williams，Cheung，& Choi，2000）。社会性疼痛和生理性疼痛共享部分神经基础，均激活前扣带回皮质（Eisenberger et al.，2003），而该区域通常会对干扰和不一致情况做出反应（Botvinick et al.，2004）。显然，归属需要（need to belong）对人的健康和幸福感至关重要（Baumeister & Leary，1995；Leary & Baumeister，2000）。

因此，毫不奇怪的是，人的社会认知是由一个人被他人接受的**归属**（belonging）动机塑造的。这在社会性共识和社会性控制（下文进行介绍）的归属感相关动机中最为明显，但归属本身也会改变人们的思维方式和内容。人类思维的关注点主要在社会性上。正如刚刚提到的，人会花很多时间思考各种关系中当前所面临的关切，而且正如第1章所指出的，进行社会性思维可能就是人的静息状态。

人的归属需要可以激发旨在促进社会交往的、相对自动化的印象形成模式。例如，人会自动地将刺激归类为与"我们"和"他们"相关的刺激（Perdue，Dovidio，Gurtman，& Tyler，1990）。更普遍的是，人们毫不费力地将自己归类为一个群体的一部分（如Tajfel，1981；Turner，1985），自动地适应该群体的信仰、规范和角色。这种归属感会影响人们对社会性刺激的解释。在一项经典研究中，来自普林斯顿大学和达特茅斯学院的学生观看了两校之间的一场足球赛，并且统计两队的犯规次数；学生因所属学校不同而对主队和客队犯规次数统计均存在偏向（Hastorf & Cantril，1954）。在这种情况下，归属感可能相当自动化地发挥着作用。人们相对自动化地服从多数人的意见也可说明归属感的作用（W. Wood，2000）。

由于归属是其他更针对某些方面的认知动机（包括社会理解和社会控制）的基础，因此归属需要实际上为研究社会认知提供了一个方向性框架。

理解

最明显的驱动社会认知的社会性动机是**理解**（understanding），即社会性共识的需要（need for socially shared cognition）。社会性共识是相信自己的观点与群体观点相一致的需要（Turner，1991，见第10章）。为了与他人相处，人们在想他人之所想方面在动物界是独一无二的（Hare，2017）。归属和联系动机使人们互相分享观点（S. Sinclair，Lowery，Hardin，& Colangelo，2005）。人们为了与他人互动而想他人之所想；美国心理学先驱詹姆斯曾指出，"我的思维自始至终都是为了我的所作所为"（1890/1983，p. 960）；很多思维和行动都是社会性的（S. T. Fiske，1992，1993）。理解是驱动大多数社会认知的首要动机。

自动化在服务于社会性共识方面通常做得够好了。然而，人们有时会因社会性需要而对他人力求正确无误或负责任（如 S. T. Fiske & Neuberg，1990；Tetlock，1992）。有时，人们的信息水平会低于能接受的水平（H. H. Kelley，1972a），使他们开始收集其他信息。还有时，人们会来到一个新地方（如进入大学的第一周）或进入一种新文化（如旅行或移民），而且他们也不确定自己的知觉是否与整体一致（Guinote，2001）。当社会性共识的必要性高于一切时，人们会切换到相对控制性的认知过程，搜索和使用信息，直到他们的判断再次变得自动化为止。社会性共识让世界变得更可预测，而且当这种需要落空时，人们会刻意搜索和分析信息，直到达成理解为止。

── 研 究 聚 焦 ──
自动理解接受所有输入信息并会根据可相信度而调整吗

　　双过程取向一般假设我们首先是自动化地加工信息，直到一个问题需要在更具控制性的模式下得到解决为止。一般认为，完善的自动化过程过于稳定，以至于不允许对矛盾信息进行调整。由于自动反应通常是在重复且结果一致的经验中发展起来的，因此它不会整合不可信的新信息。那么，我们有多频繁地了解到关于他人的完全出乎意料的、相矛盾的信息呢？答案是：除了在一些社交媒体（为吸引眼球）、视频游戏（为追求刺激）以及在一些实验中（为发现而研究）以外，这种情况其实是罕见的。

　　如果相对自动化的印象（即内隐印象；参见第 5 章、第 9 章和第 10 章）可以适应新的、可信的信息，那么这一模式将使这些印象比之前所设想的更灵活。研究者通过 7 项研究正好发现了这种模式（Cone，Flaharty & Ferguson，2019），并颠覆了之前的研究结果。他们通过快速呈现一个启动刺激（如一个高价值或低价值的群体名称），之后呈现一个汉字（对非母语者）并要求被试评估看到该汉字的愉悦程度来测量内隐评价。如果对群体的评价转移到不认识的汉字上，那么这将间接表明他们对该群体的内隐态度。这样就可以测量出对群体的内隐印象。

为了证明即使是内隐印象也可以通过可信度而过滤信息，首先需要一个可变的环境。在这种环境中，其他人会突然发生改变，如将他们的意图从完全好的转变为完全坏的。除了政治立场之外，电子游戏情境也经常出现这一转变。在电子游戏里，其他玩家很容易转换立场。

被试在开始游戏时被要求将 WUG 作为他们的盟友（"拥抱 WUG"）或敌人（"提防 WUG"）。然后在中途，WUG 会转换身份，即变为你的敌人或朋友。人们的内隐印象也会随之迅速转换；他们并没有坚持自己对 WUG 的第一印象。这一结果与之前的研究结论相反。

在另一项研究中，故事中有两个团体角色，其中 Niffites 是 "可怕的、恶意的、道德败坏的" 团体，而 Luupites 是 "道德的、高贵的、仁慈的" 团体。内隐印象也反映了这一信息。但随着故事的发展，两个团体的角色发生了逆转："Niffites 人在团体内部腐败的重压下崩溃了，并意识到了自己的错误；而 Luupites 人则对一直以来受到的压迫感到痛苦和愤怒，并陷入了针对 Niffites 人的恐怖主义行为中"（Cone et al., 2019, p. 9803）。被试自我报告的对故事走向以及人们能产生如此戏剧性变化的相信程度预测了内隐印象的改变。

运用谣言和错误信息，其他 5 项研究进一步证实了这些结果并支持了一种解释：人们对真值的判断使他们能够纠正他们的社会性共识，即使这种共识是内隐的，也可以被纠正。这意味着人们可以拒绝党派偏见，即使他们对此的态度是内隐的（即只能间接获取），他们也可以不为令人无法相信的新闻辩护。这是一个相当令人乐观的结果。

控制

社会关系使人相互依赖；也就是说，社会关系的结果依赖于关系的双方（Thibaut & Kelley, 1959）。当另一个人对所需资源拥有**控制权**（power）时，人们对**控制**（controlling）的需要会试图影响行为（做了什么）和结果（得到了什么）之间的关系（S. T. Fiske & Neuberg, 1990）。一切取决于结果，往往会使人为了获得控制感而转向更具控制性、更深思熟虑的过程。控制需要也出现在非社会性情境中。例如，当一个人收到关于自己表现的任意反馈（即使是由计算机随机生成的）时，这种受损的控制感的影响会延续到社会环境之中，使人们寻求关于其他人的更多信息（Pittman，1998）。一般而言，更高的控制需要使人刻意寻求更多信息以有效避免错误。控制感在受到威胁时会明显增加犯错的成本。因此，人们会变成灵活的动机性策略家，从而转换到深思熟虑模式。

控制感受到威胁有时会出现在资源稀缺（如时间压力、精神疲劳）的情况下。因此，进行相对自动化决策（对任何决策）的压力就增加了。不同情境（Kruglanski & Webster，1996）和个体差异（Neuberg & Newsom，1993）会导致**紧迫性**（urgency；迅速决策）和**持久性**（permanence；持久决策）压力。

控制和理解的动机在某些方面有重叠，但两者又有诸多不同。即使人们无法影响（即控制），他们也想预测（即理解）。这是因为即便只能预测而结果并不能改变，理解还是有助于进行调整的。理解动机和控制动机似乎都是相对认知的和以信息为导向的。接下来的两个动机更以情感和感受为导向，但也可以追溯到归属的核心社会性动机。

提升自我

自我提升（self-enhancement）指人们以积极眼光看待自己的倾向。这一概念得到了广泛研究，尤其在北美和欧洲地区受到了重视（参见第 5 章）。自动化过程和控制性过程都参与到自我提升之中，但美国人的立即和自动化的第一反应是支持积极的自尊。例如，有研究者发现，人的相对自动化反应喜欢积极反馈（Swann, Hixon, Stein-Seroussi, & Gilbert, 1990）。然而，在随后的控制性思维中，即便反馈是负面的，人们也更喜欢符合他们自我看法的反馈。

更为普遍的是，许多社会认知会自动导向到积极地看待自我：对未来过于乐观，夸大个人控制力以及比现实更积极的自我概念。然而，这些错觉是有助于适应的，对身心健康都有好处（S. E. Taylor, Kemey, Reed, Bower & Gruenewald, 2000）。积极的自我观鼓励人们参与社会生活，因此（在合理范围内）自我提升有助于人们适应他们所在的群体。所以说，自我提升的动机塑造了社会认知（参见第 5 章）。

信任内群体成员

在其他条件相同的情况下，社会认知通常以**信任**（trust）为基础来运作。信任是指对大多数社会性刺激有一种持续的积极偏向（Matlin & Stang，1978；Rothbart & Park，1986；Sears，1983）。人们本质上希望从他人那里得到好的东西。例如，人们通常只使用评分量表的上半部分，很少给另一个人的评分低于数字中点。因此，人们的心理中点是正值，而负值会引人注目（S. T. Fiske，1980）。当负面事件发生时，人们会迅速（且自动地）行动起来，在恢复到积极的基线之前寻求有关损害的最小化（通常产生一个更具控制性的反应；S. E. Taylor，1991）。负面刺激在毫秒级水平就能凸显出来（Ito，Larsen，Smith，& Cacioppo，1998），与一个正的基线水平形成鲜明对比（Skowronski & Carlston，1989）。

信任和所有的社会动机一样，也具有个体和文化差异。人们信任他人的意愿和人们接受他人的信任行为都与神经活性激素**催产素**（oxytocin）相关（Zak，Kurzban，& Matzner，2005）。催产素在女性身体中尤其活跃，与照料和友善行为有关，而且个体在受到威胁时尤为活跃（S. E. Taylor，2006b）。内群体信任与在社会认知中观察到的普遍的积极偏向有关；从这个意义上说，人们相信内群体中的其他成员会做好事。

——应用聚焦——
什么是人们的第一冲动？自利还是合作？思索后他们会做什么

我们大多数人都认为其他人是自我服务导向的（D. T. Miller，1999）；如果自利是默认的，那么我们对自私的自动化反应就是可以理解的，而合作需要刻意克服这一自利想法。毕竟，进化不就是残酷的生存之道吗？

合作有助于团队生存和发展。如果人们的第一冲动是合作会发生什么？《心理科学》（*Psychological Science*）杂志最近几年被引用最多的论文恰恰发现：直觉式的、迅速的决策是支持合作的，并对合作双方都有利。深思熟虑反而支持短期个人利益（Rand，2016）。这个结论是根据系统性的、开放的搜索引擎策略，从67项研究和17 647名被试中得出的，因此非常可信。

文献的定量综述（元分析）是将几十项研究的相关效应结合起来，比单纯的叙述性综述能更好估计效应量。（叙述性综述有其他优势，如意义建构、检测模式和提出假设）。元分析综合了所有检验同一个假设的研究结果以验证一个特定的假设。

在这种情况下，要求迅速做出决定应该允许迅速和直觉性的合作行为，因为历史经验告诉我们，合作会带来即时的社会和个人利益。社会会教会我们合作，并最终成为一种默认模式，并通过报复、声誉损害、制裁、排挤来惩罚那些不合作的人。尽管个人生活经历或人格差异可能教会我们别的东西，但合作通常是有益的，而且大多数人也是这么做的。

操纵一个合作决策使其变慢会迫使人深思熟虑。对于深思熟虑的过程，根据具体情况的不同，人可能会更自私或更合作。例如，短期回报鼓励自私，因此，如果未来并不明朗，那么为什么要投资呢？深思熟虑支持策略性思维，可以自私也可以合作，关键是自己获利。

元分析以明确的标准将有关研究纳入综述范围：由于经济游戏研究都涉及真实的成本和收益，因此这一综述采纳的研究都使用了经济游戏。人们往往在各种游戏中表现一致，从而也验证了研究者选用经济游戏研究是恰当的。被试知道游戏是一次性的还是多轮次的（即有未来后果的）。对被试的决策进行编码可以使用标准指标，即赚到的钱。因此，这一综述包括了使用了几个标准游戏之一和操纵了认知加工（如快或慢）的研究。

正如所预测的，快速思考使人默认合作（这种决策通常效果很好）。缓慢思考让人视情况决定是否合作。这一双过程决策模式颇具现实意义。

关于动机的结论

社会认知因社会性动机而变得生机勃勃。这些动机可追溯到"归属"这一核心动机，并包括理解、控制、提升自我和信任他人。该架构与心理学中关于动机的研究历史（S. T. Fiske，2008）以及社会心理学作为一个整体（S. T. Fiske，2010）而社会认知作为一个领域（S. T. Fiske，2002）的当前研究相符。尽管其他架构也是可以考虑的，但这一架构突出了决定人们何时以及如何以更自动化或更具控制性的模式工作的动机性因素。

相对自动化的过程和相对控制性的过程这一区分已被广泛认为是社会认知原则之一，但社会认知过程是一个连续体。动机性策略家这一比喻实际上是说，这两种模式可灵活切换。那么，未来的研究方向将会是什么呢？一方面，社会神经科学会越来越受到重视。另一方面，自动化和控制性加工的社会神经科学研究目前还处于起步阶段（Lieberman，2007；Von Gunten，Bartholow & Volpert，2016）。在本章前半部分，我们指出了涉及自动化加工的脑区（见图 2-1）：控制性加工涉及前额皮质前部的大部分区域（包括外侧 PFC、内侧 PFC）以及大脑背上侧皮质（外侧和内侧顶叶皮质）。各种神经模式正被不断揭示出来；我们会在后面相关章节中介绍这些社会神经科学的进展。同样，正如我们马上要讲到的，关于几种社会认知核心动机的文化差异也会越来越受到重视。

描述自动化与控制性过程有关机制和时程的理论模型

在整个社会认知过程中，人们根据不同的情境，以有时多有时少的控制性思维方式来理解自己和他人。他们在什么时候做什么事——究竟什么样的条件倾向于自动化加工模式或控制性加工模式——涉及社会认知中的数十种理论（Chaiken & Trope，1999）。我们这里举一些例子（见表 2-7）。

表 2-7 双模式模型

名称（核心作者）	自动化过程	控制性过程	领域
印象形成的双过程模型（Brewer）	使用图象进行最初的识别或分类	个人化的概念或个体化的子类型和样例	印象
印象形成的连续体模型（Fiske & Neuberg）	基于性别、种族、年龄等的瞬时分类	按亚类型进行中间加工；然后根据特征进行完全个性化加工	印象
过度自信归因的双过程模型（Trope）	行为识别	解释	归因
认知忙碌模型（Gilbert）	行为分类；按性情进行特征确定	根据环境信息矫正	归因
自发特质（Uleman）	将可获取的特质与行为联系起来	将特质与个体联系起来	归因
精细加工可能性模型（Petty & Cacioppo）	使用外周线索	使用中心线索	说服
启发式-系统性模型（Chaiken）	启发式捷径	系统性过程	说服
动机-机遇作为决定因素模型（Fazio）	低动机和机会	高动机和机会	态度-行为

个人知觉的一些例子

一些模型关注人们以有时多有时少自动化的方式知觉他人。其中一个模型提出，人们把两种加工模式看成不同的认知策略，根据相关情境的不同要求而对特定对象采用自动化加工或控制性加工。根据这种**印象形成的双过程模型**（dual-process model of impression formation；M. B. Brewer，1988；M. M. Brewer & Harasty Feinstein，1999），人们会先自动化地识别某个人，如果这个人与他们的目标不相关，就会停止进一步的加工。通过识别谁穿着制服来分辨加油站服务员就是一个相对自动过程的例子。

如果这个人对知觉者来说是有意义的，并且知觉者也是充分参与的，那么人们就会使用记忆中单独定制的概念将对方个性化。如果没有充分参与，那么知觉者就会首先使用图像（整体性的非语言模式）对个体进行分类，除非类别与这个人的匹配度很差。在匹配度差的情况下，人们会使用子类型（更具体的类别，如当地人、高速公路工作人员）或样例（熟悉的例子，如附近加油站的那个人）进行个性化。我们在第 4 章将详细介绍这些不同的心理表征形式，但这里的重点是，把双模式模型视为一系列选择和子过程，引导人们相对自动化和控制性地思考他人。

另一种观点认为印象形成不是一系列不同类型的子过程，而是一个不断发展的连续体。根据这种观点，人们参与一个连续过程，从最自动化的、基于类别的过程（如依赖于年龄、性别、种族、阶级）到最慎重的、零碎的印象形成过程（依赖于可获得的关于每个人的数据）。在这种**印象形成的连续体模型**（continuum model of impression formation）中，我们可以指定信息配置和动机，使对他人印象的形成通过连续体的一端至另一端（如 S. T. Fiske，Neuberg，Beattie，& Milberg，1987；参阅 S. T. Fiske & Neuberg，1990；S. T. Fiske，Lin，& Neuberg，1999 的相关综述）。

人们从自动化端开始，可能（也可能不）沿着连续体分阶段进行。在这种观点中，人们最初根据明显的物理线索和语言标志自动对彼此进行分类。例如，正走向人行道的是一名白人且为大学生年龄的女性。人们会自动使用这些初始类别，当他们只有这些信息时尤为如此。如果有足够的动机去关注他人，人们会尝试以稍微更深思熟虑的方式确认这些初始的类别。通过近距离观察，她的脸证实了她的年龄。如果观察得到的证据与初始类别足够吻合，则知觉者对初始类别的确认通常都是成功的。

如果类别确认没有成功（如证据与类别相矛盾，那个"女人"其实有胡子），那么人们会重新分类，生成新的、更合适的类别（"她"的生理性别是"他"）、子类别（她穿着舞台演出服并打着领带）、样例（像你的表哥一样，在光线下能看到她脸部的毛发）或自我参照（可能你自己本身就是跨性别者）。最后，当难以重新分类时，人们会通过证据逐一加工每个属性。当你在地铁上坐在她对面时，你会试图通过隐蔽但更近距离的检视来了解她。正如连续体模型所表明的，人们并不是傻瓜。当自动化过程足够好时，我们经常依靠它们，做出**基于类别的反应**（category-based responses）。但是，我们也知道何时放弃，转向更具控制性的过程，做出**基于属性的反应**（attribute-based responses）。

双过程模型和连续体模型取向存在一些重要差异（Bodenhausen, Macrae, & Sherman, 1999; M. B. Brewer, 1988; S. T. Fiske, 1988）。例如，双过程模型在印象形成的不同分支中提出了不同类型的认知表征（图像、类别、样例）。相比之下，连续体模型在其演化阶段中假定了稳定的信息种类，即前一阶段的信息延续到后一阶段。此外，双过程模型提出了通过每个加工分支传递的特定规则，而连续体模型的规则是恒定不变的，即分类的难易程度取决于信息和动机。这两种取向都在统一框架内整合了相对自动化和相对控制性的过程。

在自动化和控制性印象形成之间切换，可能是通过相对自动化的神经系统提示的。这些神经系统对外部特征做出反应，提示情绪的警惕性（如杏仁核、基底神经节）、熟悉的其他人（外侧颞叶皮层的颞极）和生物运动（外侧颞叶皮层的颞上沟）。研究者在前扣带回皮质记录到了反应差异，由此把其他人作为具有心理状态（内侧前额皮质）和意图的人而进行更多控制性加工（Amodio & Frith, 2006; Botvinick et al., 2004; Lieberman, 2007）。随着社会神经科学研究的发展，这些模式无疑将通过新的实验数据加以证明。

归因中的一些例子

人们会进行有时多有时少自动化的因果推理（参见第6章）。例如，假设你观察到一个人在咬指甲，说话犹豫不决，并避免目光接触，你可能得出结论，这是一个紧张的人，或者她正在全国性电视节目上介绍她生命中最尴尬的时刻。在**过度自信归因的双过程模型**（dual-process model of overconfident attribution）中（Trope，1986；Trope & Gaunt，1999），人们首先在当下情境的帮助下自动且毫不费力地识别行为（咬指甲可能表示紧张或挫败感，但在全国性电视节目接受采访可能是因为紧张）。因为很多行为是模糊的，所以**识别阶段**（identification stage）是必需的第一步。接下来，人们更加有目的地解释这个紧张行为并减去情境的影响（在全国性电视节目上接受采访，每个人都会紧张），以此来推断这个人的性情（也许这个人并不属于焦虑的类型）。

一个相关的**认知忙碌**（cognitive busyness）模型将第一个过程分成行为**分类**（categorization）以及根据个体性情而进行的**性情刻画**（characterization）阶段，而且两个过程都是自动化的；然后，如果知觉者既有能力又有动机（即认知上不太忙碌），会根据情境因素进行控制性的**矫正**（correction；Gilbert，1991；Gilbert，Pelham，& Krull，1988）。当被试须记住实验者的电话号码（向被试施加的一个不易察觉的认知负荷）的同时对另一个人进行因果归因时，就会出现相应的自动化加工和控制性加工。认知负荷不会干扰初始的、相对自动化的性情推理（分类和性情刻画），但会干扰随后面对情境压力的控制性矫正过程。

还有一种模型将**自发特质推理**（spontaneous trait inferences）与更有意图的、由目标驱动的过程进行对比（Uleman，1999；Winter & Uleman，1984）。前者由容易进入意识的、与目标对象相关的概念所引导。同样，这些模型确实存在差异（Gilbert，1998），但这三个模型都对比了针对行为的相对自动化和控制性的因果归因。我们将在第 6 章再次讨论它们。

态度的一些例子

态度领域有一些最著名的双模式模型。态度是指人们对他们世界中的物体所做的评价。**精细加工可能性模型**（elaboration likelihood model，Petty & Wegener，1999）描述了两种说服线路：**外周线路**（peripheral，更自动化，也更表面）和**中心线路**（central，思索更深、更具控制性）。不需努力的过程使用外周线索，如注意到一条信息有很多的论据或来源于内群体（必然是正确的），因此人们只是粗浅地阅读此信息并相信它。在高努力过程中，人们会仔细检查所有论据并加以综合分析：无论是赞成还是反对，他们都会加入某类个人意见。根据不同的环境，大多数变量既可以作为外周线索，也可以作为由中心线路加工的信息。

与此相关的是，**启发式 – 系统性模型**（heuristic-systematic model；Chaiken，1980）将**系统性加工**（systematic processing；相对来说更具分析性和综合性）与**启发式加工**（heuristic processing；以前存储的经验法则）进行了对比。尽管启发式模式通常更快，但这两种模式可以并行运行，增加对彼此的影响。当知觉者对达到当前目的有足够信心时就会停止加工，因此两种模式影响之间的平衡取决于人们何时做出决定。

不论是说服过程还是将态度与行为联系起来的过程都可以一种更自发、更迅速的形式出现——取决于动机 – 机会的作用［即 **MODE 模型**（MODE model）；Fazio, Powell, & Herr, 1983］，或以一种更深思熟虑的、考虑成本效益的形式出现［**理性行动理论**（theory of reasoned action）；**计划性行为理论**（theory of planned behavior）；Ajzen & Fishbein, 1977；Ajzen & Sexton, 1999］。我们在第 10 章和第 15 章中会详细介绍这些在说服性沟通时整合了自动化和控制性模式的模型。

其他领域的自动化 – 控制性过程：自我、偏见、推理

在对自我的思考中（参见第 5 章），人们有时会根据自我图式（自动化的自我概念）做出快速反应，而有时又会仔细审查与自我相关的证据（Markus，1977）。如前所述，人们会立即接受积极的反馈，但也会考虑其一致性（Swann et al., 1990）。

在考虑其他人时也是这样，人们会在两个极端之间摇摆：相对自动化的、文化性条件学习的偏见和更具控制性的、个人认可的观点（参见第 11 ～ 12 章；Devine, 1989；Devine & Monteith, 1999；Dovidio & Gaertner, 1986；Greenwald et al., 2002）。

事实上，在每一种推理中，**系统 1 与系统 2**（System 1 versus System 2）分别对应自动化加工与控制性加工（Epstein, 1990a；Gladwell, 2005；Kahneman, 2003a, 2011；E. R. Smith & DeCoster, 2000）。自动化是整体性的、迅速的、轻松的、平行的、被情感左右的、联系性的、粗糙的和学习缓慢的。控制性是分析性的、缓慢的、费力的、序列的、中立的、逻辑的、有区别性的、灵活的和学习迅速的。直观的、联系性的模式依赖于学习缓慢但随之迅速反应的记忆形式。这种模式关注一致性。相比之下，理性的、快速绑定的且基于规则的系

统迅速获取详细的新记忆信息，专注于新颖的和不一致的线索，以便在控制性加工中进行后续考量。对两种系统的对比表明，每个系统适用于不同形式的学习和反应（见表 2-8 的总结）。这个强大的主题推动了许多社会认知工作，各行各业的心理学家因此记录了人们理解社会的不同方式。

表 2-8　自动化加工与控制性加工的特点

自动化（系统 1）	控制性（系统 2）	自动化（系统 1）	控制性（系统 2）
直觉的	理性的	联系性的	逻辑性的
类别化的	个性化的	大致的	分化的
整体性的	分析性的	反射性的	反思性的
迅速的	缓慢的	学习缓慢的	学习迅速的
不费力的	费力的	僵化的	灵活的
平行的	序列的	一致性	新颖性
被情感左右的	中立的		

反对意见：单一模式理论

为了避免让你认为这种对社会认知的双模式理解是无可争议的，我们这里也介绍一些替代模型。**单模式模型**（unimode model）建立在针对普通知识的一种朴素**认识论**（lay epistemic theory）上（Kruglanski，1980；Kruglanski，Thompson，& Spiegel，1999）。这个理论提出，人们的主观理解基本上是在检验他们的日常假设。由于所有类型的朴素假设检验过程都依赖于证据、能力和动机，因此根据这一理论，各种过程之间的相似多于不同。根据单模式模型，所有这些过程在理论上都遵循证据相关性的"如果－那么"规则。无论"如果"条件下的相关证据是简单还是复杂的，某些反应都会随之而来。也就是说，无论在哪个领域，首要的"如果－那么"结构都是相似的（如果疲劳，那么喝咖啡；如果恋爱，那么结婚）。在这种观点中，无论模式如何，能力和动机的作用都是相似的。

另一种单模式理论认为，印象形成是通过**平行过程**（parallel processes）进行的，混合了所有同时被激活的属性（Kunda & Thagard，1996）。它视所有类型的信息为等价的，而不是将某些类型（如种族、性别）置于其他类型（如人格特质）之上。根据这种观点，一个人的种族、性别和年龄对其人格、能力和喜好具有同等影响。这种混合通过同时（即平行加工）组合和解析每个线索来完成信息加工。许多印象由所有信息源同时形成。然后，个体将所有印象立即整合成一个连贯的印象，并不断约束以保持内部一致性。该模型主要在无动机性加工的情况下与双过程模型不同。在无动机性加工中，大多数双过程模型假设只依赖于少数几条线索。在动机性加工中，这个模型和双过程模型都假设人们会使用更多信息。

单模式模型为我们提供了一个针对双模式模型的有趣对比，但正如辩论中经常出现的那样，它们倾向于讽刺反对派。事实上，所有双模式理论家都煞费苦心地指出他们所提出的过程代表了理论上的对照，实际上大多数过程发生在双模式之间某些位置上。

总　　结

本章初步讨论了社会认知的一个重要主题：人们的思维过程可以自动化或控制性地运行，或介于两者之间运行。最自动化的过程无须努力、意识、控制、意图或能力的介入。社会性线索（如面孔、概念）的阈下的、前意识加工会影响认知联系、情感反应和行为。概念的意识性启动（即接触）可以触发无意识的、自动化的过程。某些线索对某些人来说是可以长期获取的，但所处的情境也会启动特定的概念甚至动机。

人们通过故意发起一个目标来控制某些类型的自动化加工，而这个目标随后会引发相应的自动化过程。习惯就向我们演示了这一点。人们也会有意识地关注某些行动，为它们制定计划并予以执行。然而，人们确实倾向于高估他们的思维控制他们行为的程度，甚至高估他们可以控制他们思维的程度。意识服务于针对内部和外部的多种功能，通常被未完成的事务和社会问题所占据。

各种动机决定了人们是进行相对自动化的还是控制性的过程。每种动机在环境的影响下都可以推动个体进入自动化或控制性加工。归属感能有力激励人们与他人友好相处。社会性共识通过认同和信息探索激发很多社会认知过程。控制感强调一个人做什么和发生什么之间的社会关联性。这一点对幸福感来说是很重要的。在情感方面，人们提升自我并乐观地信任内群体成员。这些动机和可获取信息之间的交互作用决定了人们何时依赖于老练的、相对自动化的过程，以及何时依赖于深思熟虑的、控制性过程。

双模式模型被应用于个人知觉、归因、态度、自我、推理和偏见等方面。无论信息和动机如何，单模式模型都认为所有加工过程是相似的。正如下一章所示，社会认知研究者对这些仍有很多争论。

延伸阅读

Aarts, H. (2012). Goals, motivated social cognition and behavior. In S. T. Fiske & C. N. Macrae (Eds.), *SAGE handbook of social cognition* (pp. 75-95). Thousand Oaks, CA: Sage.

Chaiken, S., & Trope, Y. (Eds.). (1999). *Dual-process theories in social psychology*. New York: Guilford Press.

Gilbert, D. T. (1999). What the mind's not. In S. Chaiken & Y. Trope (Eds.), *Dual-process theories in social psychology* (pp. 3-11). New York: Guilford Press.

Nosek, B. A., Hawkins, C. B., & Frazier, R. S. (2012). Implicit social cognition. In S. T. Fiske & C. N. Macrae (Eds.), *SAGE handbook of social cognition* (pp. 31-53). Thousand Oaks, CA: Sage.

Payne, B. K. (2012). Control, awareness, and other things we might learn to live without. In S. T. Fiske & C. N. Macrae (Eds.), *SAGE handbook of social cognition* (pp. 12-30). Thousand Oaks, CA: Sage.

Von Gunten, C. D., Bartholow, B. D., & Volpert, H. I. (2016). Perceiving persons: Social cognitive neuroscience approaches. In E. Harmon-Jones & M. Inzlicht (Eds.), *Social neuroscience: Biological approaches to social psychology* (pp. 10-33). New York: Routledge.

Wegner, D. M., Schneider, D. J., Carter, S. R., & White, T. L. (1987). Paradoxical effects of thought suppression. *Journal of Personality and Social Psychology*, 53, 5-13.

Winkielman, P., & Schooler, J. W. (2012). Consciousness, metacognition and the unconscious. In S. T. Fiske & C. N. Macrae (Eds.), *SAGE handbook of social cognition* (pp. 54-74). Thousand Oaks, CA: Sage.

SOCIAL
COGNITION

第 3 章

注意和编码

- 面孔：社会性注意的焦点
- 凸显性：情境中刺激的一种特征
- 生动性：刺激的一种固有特征
- 可获取性：我们头脑中关于类别的一个特征
- 直接知觉：不仅在我们的脑海里

　　我们的一个朋友正坐在一家人头攒动的购物中心的长椅上。他突然听到身后有奔跑的脚步声。他一转身就看到一前一后两名黑人正被一名白人保安追赶着。第一名黑人一闪而过，但当第二名黑人跑过我们的朋友身边时，我们的朋友及时跳起来并把他压倒在地。此时这名气喘吁吁的黑人愤怒地说，他是店主。与此同时，小偷（第一名黑人）已经逃走了。我们的这个朋友，是一个一直致力于帮助受压迫群体的白人。他顿时感到羞愧难当。

　　就我们写作的目的而言，上面这个错误识别身份的案例说明了基于解释目的的即时社会性编码有时会产生悲剧性后果。人们迅速将其他人视为刺激并对他们做出反应。因此，当人们在日常的彼此接触中需迅速做出反应时，编码在很大程度上决定了社会互动行为。然而，什么是我们首先注意到的呢？

正如极简主义艺术家弗兰克·斯特拉（Frank Stella）所说，"所见即所得"。注意和编码是心理表征的开始步骤。在进行任何内部信息管理之前，外界刺激必须先在头脑中建立表征。这个一般性过程被称为编码。**编码**（encoding）将知觉到的外部刺激转换为内部表征。编码过程涉及相当多的认知工作，但这些认知工作可以通过相对较少的努力就能完成。从刺激进入感官的那一刻起，解释的过程就开始了。很快，刺激的某些细节就丢失了，其他一些被改变了，还有一些可能被误解了。推理结果与原始数据一起存储于记忆之中，而且二者可能变得难以区分。

因为**注意**（attention）通常关注当前正被编码的内容，所以它也是编码过程不可或缺的一部分。当我们考虑某个外在物体时，至少它会在头脑中得到短暂的表征。然而，注意并不局限于参与外部刺激编码，它也可以是内部的（M. M. Chun, Golomb, & Turk-Browne, 2011）：正如第2章所述，任何占据意识的内容都被定义为注意的焦点。

内部注意也可以被从记忆中提取的信息所占据。如果你正在思考你记忆中的某个东西，那么这段记忆就是你注意的焦点。注意也可被头脑中当前的内容所占据（参见第4章对主动记忆、工作记忆和短时记忆的讨论）。人们会关注在意识性察觉焦点中的内部或外部刺激。

无论注意是朝外指向正被编码的外部材料，还是朝内指向记忆，它通常都被认为具有两个成分：方向（选择性）和强度（努力程度）。当你阅读这本书时，你的注意可能会集中在书上，而不是集中在音乐、大厅里的谈话、腿上的瘙痒或你的爱情生活上。即使你选择性地关注这本书，你也可以决定分配多一点或少一点的努力到这个任务上。注意是你所做的选择性认知工作的量（Desimone & Duncan, 1995）。注意的某些方面（如工作记忆、自上而下的敏感度控制和竞争性选择）与主动控制有关（Knudsen, 2007）。相比之下，针对凸显刺激的自下而上的筛选过滤过程则是自动化的。

当人们对外部刺激进行编码时，他们不会均等地关注环境的各个方面。他们会密切关注一些东西，而完全忽略其他一些东西。注意会影响进入思维和记忆的内容，但意识性注意对将信息编码进记忆这一过程并不是必需的。认知心理学家区分了早期和晚期选择性注意（Hübner，Steinhauser，& Lehle，2010），即根据集中性注意之外发生的初级知觉加工的不同来区分这两种注意。即使没有注意到的刺激也会在大脑中被登记（Kanwisher & Wojciulik，2000），提示针对意识性注意的选择过程发生在这之后。此外，在社会认知方面，大脑非常适应一种具有社会性的刺激——面孔。我们会通过与生俱来或外在刻意的帮助对其进行强制编码（Happé，Cook & Bird，2017；Tsao & Livingstone，2008）。本章将首先讨论最具社会性的刺激，即面孔如何影响注意。

因为注意会影响随后的社会互动中的每一过程，所以本章接下来会讨论在社会环境中还有哪些因素能引起注意。我们将讨论**凸显性**（salience，即人们相对于其他人凸显出来的程度）和**生动性**（vividness，是与环境无关的个人或其他刺激能够吸引注意的固有特征）。我们在第2章介绍了可获取性。它描述了针对最近或经常想到的类别（或针对刺激的特定解释）如何对人的注意进行启动。最后，我们将以人的直接知觉结束。直接知觉不受认知加工调节。这一部分内容将为下一章要讲的具身表征概念奠定基础。但是，在介绍整个人和人体之前，我们先讨论面孔。

面孔：社会性注意的焦点

他人面孔是一个可强烈驱动注意的社会性因素。在任何社会互动中，面孔实质上都是注意的焦点。面孔不仅会吸引注意，还会将注意引向别处。同时，一些面孔知觉的神经科学研究解释了人们如何基于面孔做出对他人人格特质的迅速推理（Todorov，2012）。

注视：来自他人的注意线索

人们会敏锐地发觉他人的注视方向。即使一个人在你的余光之外，你也可以迅速注意到这个人正盯着你。对方的注视表示注意，或许还传达了某种意图。因此，生存的需要要求人们对他人的目光保持警觉。

与回避注视的面孔不同，定向注视的面孔（看着你）会迫使你注意它：人们能更快地对直视面孔做出性别分类，并将它们与刻板信息联系起来（Macrae，Hood，Milne，Rowe & Mason，2002）。成人和儿童都更容易回忆直视面孔

（Hood，Macrae，Cole-Davies，& Dias，2003）。注视主要表现为一种编码现象（Hood et al.，2003）。在其他条件相同的情况下，人们发现直视面孔既讨人喜欢又有吸引力（M. F. Mason，Tatkow，& Macrae，2005）。正如早期的电影演员亨弗莱·鲍嘉（Humphrey Bogart）所知道的那样，"我正看着你，孩子"（Here's looking at you，kid）㊀可以是一种赞美，但"你在看什么？"（Whaddaya lookin' at?）可能是对不想要的以及尤其带有挑衅性的注意的回应。

人们不仅会注意到他人正在看自己，而且会利用他人看向别处的视线来引导自己的注意。试着站在街角凝视某个建筑物的顶部，看看有多少人会追随你的目光看向那里。当有人注视着除你以外的某件东西时，你会发现很难抗拒跟随对方的目光去看看有什么有趣的东西。共同关注是社交的关键（Happé et al.，2017）。我们不仅会看其他人正在看的地方，也会看动物正在看的地方（见图 3-1），甚至看箭头指向的地方。然而，当我们从人类眼中获取线索时，我们能够产生最有效的（迅速）反射性注意转移（Quadflieg，Mason，& Macrae，2004）。这与眼睛是窗户的观点一致，即使眼睛不是心灵的窗户，也是意图的窗户。注视检测所涉及的神经系统包括颞上沟（Hoffman & Haxby，2000），这一脑区通常与追踪生物运动有关。

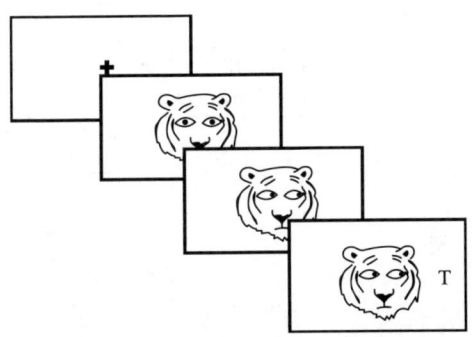

图 3-1　目标与提示一致试次（即目标出现在提示位置）中刺激的呈现次序

资料来源：From Quadflieg, Mason, & Macrae (2004). Copyright 2004 Psychonomic Society, Inc. Reproduced with permission.

面孔知觉

认知神经科学提出面孔知觉是一种高度发达的视觉技能，涉及许多神经系统，其中一些用于识别面部的固定特征，另一些用于识别变化的面部表情（Haxby，Hoffman & Gobbini，2000；见图 3-2）。大脑中的一个面孔反应区域，有时被称为梭状回面孔区（fusiform face area，FFA），识别面部的不变性

㊀　这是鲍嘉在电影《卡萨布兰卡》（Casablanca）中即兴创作的一句著名台词（原台词是：祝你好运，孩子），字面意思是"我正看着你，孩子"，但一般认为是男主角里克向伊莉莎表达一种情感，"他将总是照顾她和爱她"。——译者注

特征（Grill-Spector & Kanwisher，2005；Kanwisher & Wojciulik，2000；Yip & Sinha，2002）。人非常擅长面孔识别，以至于可以在 50 年后依旧认出熟人的面孔（Bahrick，Bahrick，& Wittlinger，1975），这是第一类加工过程，即加工不变性。另一个面孔反应区域是颞上沟（STS），它会对面孔可变性特征（如前文提到的注视以及表情和运动特征）作出反应，即第二类加工过程，加工可变性。第三类加工过程是关于某个人的知识（Bruce & Young，1986）。面孔知觉既分布于整个大脑之中，也分布于整个知觉过程中（Haxby，Gobbini，& Montgomery，2004）。尽管有人认为人对面孔的反应仅仅反映了练习效应或一种专家技能，但许多证据支持面孔是一个具有独特神经敏感性的类别（McKone，Kanwisher，& Duchaine，2007）。

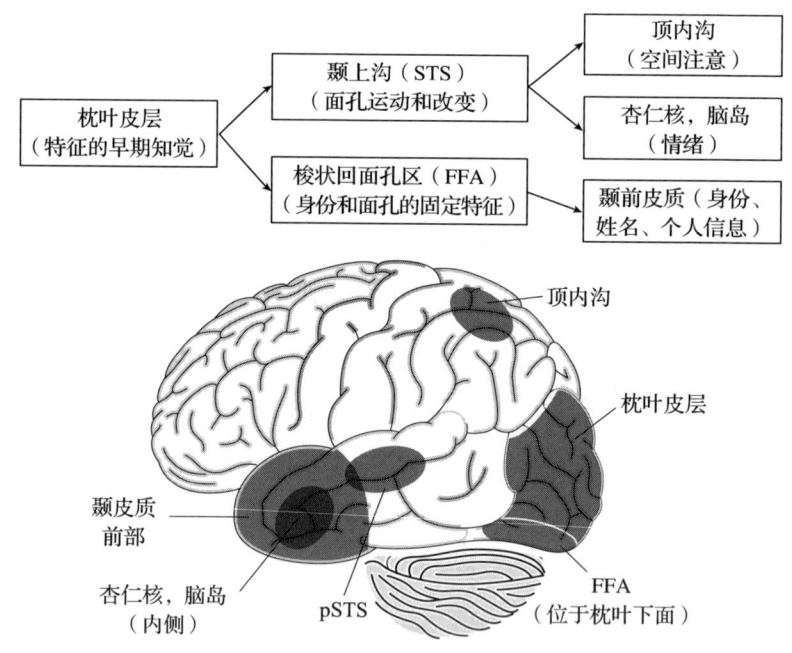

图 3-2　参与面孔知觉的一些关键脑区

资料来源：After Haxby, Hoffman, & Gobbini (2000).

面孔识别是在知觉上对全部信息进行一个**全局的**（global）、构型的（configural）和整体的（holistic）加工，而不是进行一个局部的、特征导向的且零碎的加工。事实上，对面孔的**特征导向加工**（feature-oriented processing；分别关注眼睛、鼻子、嘴巴、下巴等）会破坏面孔识别。有些讽刺的是，口头描述一个银行劫匪反而会干扰对劫匪随后进行的在一排犯罪嫌疑人中对其进行指认（Schooler & Engstler-Schooler，1990）；显然，这种**语词遮蔽**（verbal overshadowing）会激活一个局部的、一个特征接一个特征的加工过程（Tanaka & Farah，1993）。直接操控对全局或局部（特征）加工导向将分别增强或削弱随后对个体的识别（Macrae & Lewis，2002）。

当人们区分不同的个体时，他们对面孔的加工是在总体水平上进行的。当人们只是对个体进行分类，即将个体视为更具互换性的类别成员时，他们会使用单一凸显线索（如头发）来确定性别、种族和年龄等。大脑右半球在全局、构型加工上的特异化有助于识别和个性化信息加工；大脑左半球基于特征的加工则有助于分类（M. F. Mason & Macrae，2004）。同样，右半球擅长个别的、基于个人的学习，而左半球擅长基于群组的学习（Sanders，McClure，& Zárate，2004）。一般来说，右半球经常参与基本的知觉和情节编码，而左半球则参与概念性的、抽象的加工（Zárate，Sanders，& Garza，2000），如分类。

根据面孔选择性的神经激活数据，研究者发现人们在100～200毫秒（1/10s或2/10s）内便可以将一张面孔鉴别为面孔，并且几乎可以同样迅速地识别熟悉的面孔（Liu, Harris & Kanwisher，2002）。对种族和性别的区分也能在同一时间范围内完成（Ito & Urland，2003，2005）。一般来说，类别信息比个人身份信息更容易从面孔中提取。当面孔模糊、倒置或仅快速闪现时，人们仍然很容易提取类别信息，而且他们是在无意中提取这些信息的（Macrae, Quinn, Mason & Quadflieg，2005）。

人们也会推理除了类别和个人身份之外的其他信息，如吸引力（I. R. Olson & Marshuetz，2005；Locher, Unger, Sociedade, & Wahl，1993）。当人们考察面孔时，他们有时也会提取特质信息，并将其直接与面孔关联起来。正如我们将看到的，人们从两个完全不同的角度对面孔与特质之间的关系进行了研究。

── 研究聚焦 ──
"他们"长得都一样吗？这怎么可能呢？

当一个多数裔个体（白人）声称少数裔成员（如黑人或东亚人）"看起来长得都一样"时，这个人可能在准确地说出其大脑所接收的输入信息。长期以来，偏见的标志是不能将人视为个体，而是只能将人视为可互换的某一类别成员。而且，这可能并不是这个人偏执或粗心的借口，而是反映了视觉皮质无法区分外群体成员的事实。不能将人视为个体可能始于知觉过程的最早期。一些斯坦福大学的研究者着手研究了这种可能性（Hughes et al., 2019）。

首先，他们在大脑梭状回面孔区内定位了每个被试的面孔敏感区。在fMRI 扫描仪内，白人被试观看由黑白像素构成的 78 个区组的图像，每个区组显示一个类别的图像：黑人男性面孔、白人男性面孔、词组或数字串、无头的身体或四肢、汽车或吉他、建筑物或走廊，以及背景纹理（基线区组）。被试共做 3 遍，使实验者能够识别出视皮质中专门激活面孔（即黑人和白人面孔）的区域。对于这些白人被试来说，他们的梭状回为加工白人面孔分配了比加工黑人面孔更多的空间，表明他们对内群体的知觉更加个体化。这只是研究的第一步。

接下来，被试观看 6 个面孔为一组的刺激，每组全黑人或全白人。有时每组的 6 个面孔是同一个人出现 6 次（0% 变化），有时则是出现 6 个完全不同的人（100% 变化）。介于这两个极端之间的面孔图片是用通过计算机变形后的同种族照片以生成 30%、50% 或 70% 重叠的图像。当然，当被试连续 6 次看到同一张面孔图时，他们就习惯了；也就是说，他们的神经反应强度变弱了。当他们看到不同的面孔图时，神经反应强度保持在高水平，因为每个输入都是新的。

因此，被试的大脑可以检测到最明显的变异，但是这些白人被试对黑人面孔变异性的敏感度与对白人面孔变异性的敏感度相同吗？结果发现，被试大脑中特定的面孔敏感区对与自己同种族面孔的变异更加敏感。当被试观看其他不同种族的面孔时，他们视皮质的反应更像是在重复看同一张面孔。被试未能识别外群体面孔的个性化特征。被试还报告说，不同的黑人面孔看起来比同样不同的白人面孔更相似。

这种知觉上的同质性（"他们都长得一样"）可能源于在工作场所、学校和日常生活中的隔离导致人们缺乏对外群体面孔的接触。一位年长的黑人作家回忆了自己从一所几乎全是黑人的学校转学到一所几乎全是白人的学校的情形。他不得不学习如何区分不同的白人面孔（Eberhardt, 2019）。尽管这种情况很普遍,但如果将同一种族的两个人混淆,可能会产生一系列后果,包括社交中的尴尬和目击证人做出错误证词等。让人际接触多样化可以抵消这些影响。

娃娃脸:作为一种生态现象

一些**生态学视角**(ecological perspective)的研究考察了人们如何根据身体特征和社会刺激构型所固有的其他特征对他人的人格做出特定推理。这种基于外貌的知觉是社会性知觉中的基本因素。例如,老式的美国黑帮电影经常将主角刻画为一个无情的罪犯,并配上"娃娃脸"诺顿这样的名字。天使般的容颜和他们的邪恶形成对比,使这些人物显得特别险恶。

为什么我们预期长着娃娃脸的人也有同样天真的人格特质呢?正如生态知觉研究所表明的,长着娃娃脸的成年人被认为比长着成熟脸的成年人更具有孩子气般的品质。在不同文化中,无论知觉到的年龄及吸引力怎样,大眼睛、大额头和短五官(如短鼻梁、短小的下巴)的人被认为不那么强壮、强势和精明,而是更天真、诚实、善良和热情(见图3-3;Berry & McArthur, 1986)。一些大脑区域(FFA和杏仁核)的某些部分对长着娃娃脸的成年人和真正的婴儿表现出相似反应(Zebrowitz, Luevano, Bronstad & Aharon, 2009)。长着娃娃脸的成年人更少被判故意犯罪(因此,长着娃娃脸的歹徒更令人不安),而是更有可能被判过失犯罪(Berry & Zebrowitz-McArthur, 1988)。从跨文化角度看,长着娃娃脸的人看起来很相似(Zebrowitz et al., 2012),且声音像孩子一样的人也被认为更弱小、能力更差但更热情(Montepare & Zebrowitz-McArthur, 1987)。

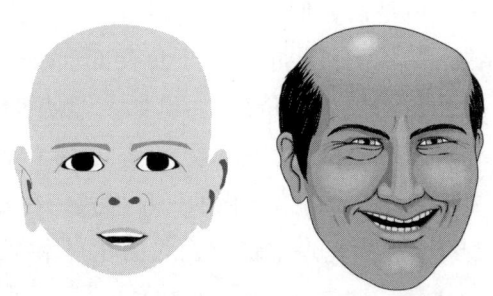

图3-3 典型的娃娃脸与成熟男性面孔

这种生态学取向认为,这些知觉是由婴儿化的特征和实际年龄之间的正常协变引起的。大多数具有婴儿特征的人的确更弱小、顺从、智力不发达、幼稚和单纯,因为他们很可能就是真正的婴儿。这种基于婴儿特征的知觉通常有利于物种的生存,因为成人必须养育和保护年幼者。因此,成人很可能将婴儿般的特征视为一种需要或提供照顾行为的机会。这与将有婴儿般特质的人视为弱者相吻合。对于一个适应良好的动物来说，这些知觉从生物学角度和社会学角度上来看都是有用的。因此，即使是年龄仅 2 岁半的儿童也能够利用娃娃脸线索来判断年龄（Montepare & Zebrowitz-McArthur，1986）。

基于面孔的自发推理

面孔捕获注意的能力表现在，当我们注视一堆面孔时，不论人群中有多少其他面孔，愤怒面孔都能从一系列面孔中"弹出来"，而且比其他不一致的面孔更容易凸显出来（参见第 2 章；C. H. Hansen & Hansen，1988a）。愤怒的外群体面孔尤其容易被编码（Ackerman et al.，2006）。当然，由于负面信息的影响，愤怒面孔尤其具有凸显性（稍后详细介绍；S. T. Fiske，1980；Pratto & John，1991）。即使是阈下呈现愤怒或恐惧的面孔也会激活大脑杏仁核的早期预警系统（J. S. Morris，Ohman，& Dolan，1998；Whalen et al.，1998）。

但是，人们不会止步于立刻识别表情，还能立刻推理人格特质。后一种推理的机制可能也是基于负责面部表情识别的同一套系统（如从愤怒的表情推理出敌对的人格特质）。例如，即使被试的任务是判断面孔的年龄，被认为不值得信赖的面孔也会激活杏仁核（Winston，Strange，O'Doherty，& Dolan，2002）。作为情绪泛化的一种形式，在结构上碰巧与某些情绪相似的面孔，如惊讶（女性面孔）、愤怒（白人面孔）、快乐（黑人面孔），也会引发相应的特质推理（Zebrowitz，Kikuchi，& Fellous，2010）。

尽管人们会依据面孔自发推理出各种特质（Bar，Neta，& Linz，2006；Rudoy & Paller，2009；N. O. Rule，Ambady，& Adams，2009；Willis & Todorov，2006），但最核心的推理还是他人的可信度和能力。人们的判断是一致的，但不一定准确（Olivola & Todorov，2010）。从情绪泛化的角度来看，第一个维度针对的是快乐（值得信赖）与愤怒（不值得信赖）；第二个维度泛化到力量、年龄和性别：权力、支配、成熟、男性化（能力）和服从、不成熟、女性化（Todorov，Said，Engell，& Oosterhof，2008）。

当人们根据他人的行为做出**自发特质推理**（spontaneous trait inference）时，即使在没有外在指示以及在刺激快速呈现和高认知负荷（Todorov & Uleman，2003）的条件下，人们也会将特质直接绑定（连接）到记忆中的面孔上

（Carlston & Skowronski, 1994；Todorov & Uleman, 2002）。即使人们并未关注特质推理，基于有限互动的特质推理也会把相关特质与面孔绑定（Todorov, Gobbini, Evans, & Haxby, 2007）。仅仅100毫秒的接触就足以让人们基于面孔做出特质推理（Willis & Todorov, 2006），而且推理结果与人们在没有时间限制下做出的判断一致。

从面孔做出的瞬时特质推理会产生一些重要后果：看到政治候选人哪怕一秒钟，人们就能够判断他的能力，而这预测了近70%的实际选举结果（Todorov, Mandisodza, Goren, & Hall, 2005）。在人们的瞬时推理中，典型黑人面孔会激活更多与犯罪有关的联结（Eberhardt, Goff, Purdie, & Davies, 2004）。黑人以及甚至是具有黑人特征的白人会被判更长的刑期（Blair, Judd, & Chapleau, 2004；Eberhardt, Davies, Purdie-Vaughns, & Johnson, 2006）。面孔有时会是决定生死的因素。

―― 应 用 聚 焦 ――

衣着重要吗？我们必须为成功而穿得好看吗？

人们给人留下第一印象的机会只有一次。正如面孔知觉研究所表明的，知觉者会根据对面部的迅速一瞥而在不到一秒内做出对人可信度、能力和是否有犯罪行为的判断。显得有能力的面孔可以赢得选举，而看起来像罪犯的面孔会导致更严厉的判决。我们的面孔是天生的，且后天也不能改变太多（先不考虑化妆和做整容手术），但我们可以改变自己的衣着穿搭。

一些普林斯顿大学的研究者推断，就像其他可体现能力的标志（如头衔、财富、演讲水平）一样，衣着水平也应该可以体现出一个人的能力（Oh, Shafir, & Todorov, 2019）。以上这些线索都预示一个人的社会地位，表明人们对接受教育、获得高名次和拥有财富的仰慕和尊重。人们对一个人地位的知觉与对此人能力高低的判断相关（相关系数大约为0.90）。他们似乎相信地位高的人是理所应当的，而地位低的人也是如此，他们理应地位低。（当然这不包含因特权、关系、背景和其他优势而造成一个人的高地位）。在一个改进的实验设计中，实验者要求被试依据面孔来判断这些人的能力，但该研究的真正目的是看象征社会地位的衣着是否影响被试对穿衣者外显能力的判断。

在测试过程中，被试需判断 36 张男性面孔，其中一半面孔是黑人，一半是白人；总体来看，这些面孔被人们知觉到的能力水平有所不同。这些面孔随机配有富裕或穷酸衣着，被试需要评估这些面孔对应的人的能力高低。在 9 项研究中，无论需评判的面孔衣着是正式的（衬衫和领带）还是非正式的（马球衫），甚至当给出了面孔的个人背景介绍，或给出了让被试忽略衣着的指引，或用奖励鼓励精准的判断时，最终每一项都证实了人靠衣装的假设。要求被试描述每张面孔的外貌时，他们几乎从不提社会阶层，也从来没有公开评价衣着好坏，而是将正式且值钱的衣着视为"职业"或"商务"，将非正式且值钱的衣着视为"温馨"和"休闲"，而穷酸的衣服只是视为"休闲"。不管怎样，衣着与能力的联系仍然是存在的。

这公平吗？着装有判断价值吗？不管你喜不喜欢，面试官、客户或观众都会根据着装来评判你，而且是在毫秒级水平上。

凸显性：情境中刺激的一种特征

从面孔上升到对整个人的感知，什么人会吸引我们的注意呢？**凸显性**（salience）是一个在吸引注意上看似微不足道的因素。虽然从逻辑上看，凸显性与大多数社会性判断无关，但它实际上可以起到重要作用。想想上一次在一个满是人的屋子里，你是唯一与其他人不同的"另类"的情景。成为一个凸显的社会性刺激就是这样一种异乎寻常的体验。当事人会觉得自己很显眼，因为所有目光都集中于一个目标，而且其一举一动都会被过度解读。这样的后果是，当事人可能会感到焦虑并对每一次的社会互动都表示担心（Ickes，1984）。此外，这种认为自己是唯一异类的想法会削弱一个人理解和记住他人所说内容的能力（Lord & Saenz，1985；Saenz & Lord，1989），并使他的表现不佳（Sekaquaptewa & Thompson，2003）。成为一个群体的另类会消耗一个人有效调节自我的能力。具体表现包括话多、自我展示太多或太少，或过于傲慢（Vohs，Baumeister，& Ciarocco，2005）。一个群体中的凸显个体还会担心凸显性会放大其原本就容易被歧视的低社会地位群体身份（Duguid，2011）。凸显性会给当事人不舒服的体验：成为注意的焦点，放大生活中的自己，并会遭遇他人极端的反应（S. E. Taylor，1981a）。

社会凸显性的前提条件

社会凸显性取决于当前的和更大的情境（见表 3-1）。例如，群体中的另类身份可源于瞬时的知觉和社会新异性：具有特殊的性别、种族或任何其他视觉上的区分性特征，如在满是穿蓝色衬衫的人群里穿着红色衬衫的人（如 Crocker & McGraw, 1984; Heilman, 1980; McArthur & Post, 1977; Spangler, Gordon, & Pipkin, 1978）。

表 3-1　社会凸显性的原因和影响

原因：相对于知觉者而言，个体具备凸显性的条件
当前情境
通过新异性（现场唯一的种族、性别、头发颜色、衬衫颜色的代表性个体）
通过形象性（明亮的、复杂的、动态的）
先前知识或期望
通过对个体本身来说不同寻常（如以意想不到的方式行事）
通过对个体所属的社会类别来说不同寻常（如行为方式不符合个体的社会角色）
通过对大多数人来说不同寻常（如表现消极或极端）
其他的注意任务
通过与目标关联（如成为一个老板，进行一次约会）
通过主导知觉者的视野（如坐在桌子的最前面，上镜时长比他人更多）
通过知觉者被指示去观察目标个体
影响：视觉上凸显的人似乎
被认为更重要
看起来更极端
知觉者会形成更一致的印象

刺激的知觉特征使得这个刺激在当前的情境中更形象化（figural）。格式塔心理学预测，如果刺激是明亮的、复杂的、变化的、动态的，或是以其他方式从单调的背景中脱颖而出的（McArthur & Post, 1977），那么这些刺激将是凸显的，而且会吸引更长久的注视。相比于小组中减少了一个人，人们更容易注意到小组中增加了一个人；即加法比减法更具凸显性。我们中的大多数人都没有意识到，我们缺席聚会不会像出席那样引人注目（Savitsky, Gilovich, Berger, & Medvec, 2003；也许有时先把你的那些社交借口放一边会更好？）

在一个更大的社会情境下，人们更关注与预期不一致的信息。如果某人与他人先前对其作为个体、作为某社会性类别的成员或作为人的理解相矛盾，那么这个人就会是凸显的（E. E. Jones & McGillis, 1976）。

对人的期望通常会影响凸显性（S. T. Fiske, 1980）。首先，就比如有肢

体残疾的人之所以会受到更多关注,部分原因是他们与一般人相比是不同的(Langer, Taylor, Fiske, & Chanowitz, 1976)。其次,极端社会性刺激(也是不寻常的刺激)比平均刺激更具凸显性。人们既关注极端积极的社会性刺激,如电影明星,也关注极端消极的社会性刺激,如交通事故。再次,大多数人对事件的预期都是轻度积极的:西方人至少对生活结果持乐观态度(Parducci, 1968),并对他人的评价也比较积极(Nilsson & Ekehammar, 1987; Sears, 1983)。因此,消极的社会性刺激比积极的刺激更凸显,因为消极刺激相对更出人意料。⊖消极事件会引发前注意加工(Pratto & John, 1991),而且消极事件需要人们立即应对以恢复正常生活(S. E. Taylor, 1991)。

凸显性也部分取决于观察者的目标。人们关注重要的人,因为他们的目标能否达成依赖于这些人。如果有两个人在谈话,其中一个人是你的新老板、可能的约会对象或新同事,则你会更密切地观察这个人(Berscheid, Graziano, Monson, & Dermer, 1976; Erber & Fiske, 1984; Neuberg & Fiske, 1987; Ruscher & Fiske, 1990; S. E. Taylor, 1975)。

凸显性有时仅取决于刺激的物理位置,如在群体中座位的位置;坐在你正对面的人会特别突出,因为那个人几乎占据了你的视野(S. E. Taylor & Fiske, 1975)。坐在教授中央视线内的学生被认为有望成为领导者(Raghubir & Valenzuela, 2006)。因此,想获得最大的影响力,可以坐在教室的中间前排,或坐在会议桌的头或尾;想不被关注就坐在边上。

纯粹的视觉性曝光也会影响凸显性:在一段录像中,增加或减少一个人的出镜时间会有类似的效果(Eisen & McArthur, 1979; Storms & Nisbett, 1970)。即使是认罪录像这样重要的场面,也显示了摄像视角会影响人们对认罪人的认罪自愿性和内疚感的判断,即便是对于那些被认为有复杂头脑的观众来说也是如此(Lassiter, 2002)。让审讯者和嫌疑人在摄像机下同等曝光(即两人都显示侧面)会使观察者更能意识到审讯者的诱导会对嫌疑人的供词有所影响(C. J. Snyder, Lassiter, Lindberg, & Pinegar, 2009)。仅仅想象自己和外群体陌生人互动的视觉场景,就会使我们认为自己对外群体陌生人有更积极的态度,就像一个观察者一样(Crisp & Husnu, 2011)。纯粹的视觉曝光效应甚至适用

⊖ 对于一些例外情况以及对负面信息在印象形成过程中通常权重更高的其他解释,请见 Skowronski 和 Carlston(1989)的综述。

于政治问题：一个议题在晚间新闻中播出的时长会影响人们在随后的决策中对它的重视程度（Iyengar & Kinder，1987）。

总之（见表3-1），所有引起凸显性的方式都具有一个共同点，即相对性：刺激的新异性相对于当前或更大的情境而产生，一个刺激的形象性是相对于其他所呈现的刺激而言的，观察者的视角是相对于观察背景的。相比知觉者所处环境中的其他因素，凸显的刺激是更具区分性的。

社会凸显性的影响

无论凸显性源于哪里，凸显性效应都是稳健且广泛的。正如作为一个群体中的另类所感受到的，在各类判断中凸显性会使一个刺激比平时更大。

凸显性最常体现在因果知觉上。凸显的个体在特定群体中特别有影响力（S. E. Taylor & Fiske，1975）。这种凸显性－因果关系原则可延伸到人们对自身行为的因果分析上。一个人被知觉到的凸显行为似乎特别能表明这个人实际的性情，而不是来自外部环境的影响。在这两种情况下（受性情或外部环境的影响），因果归因都跟随注意的焦点，注意的焦点在哪里，因果归因就关注哪里。如前文所述，聚焦于嫌疑人身上的录像供词使认罪行为看起来更像是自愿的，嫌疑人也因此看起来更内疚（Lassiter，2002）。⊖

凸显性还会放大人们最初倾向的那个方向的评价。如果一个人令人讨厌，那么成为群体中的另类会使他人过度谴责这个人；同样，一个讨人喜欢的另类会获得他人夸张的赞美（S. E. Taylor, Fiske, Close, Anderson, & Ruderman, 1977）。你之前对某件事的预期会将你对这件事的评价推向预期的方向。例如，如果某刑事诉讼中被告受到负面看待，那么个体的凸显性会让此人受到特别负面的评价。如果同一个人被视为一个普通人（更积极的期望）而不是被告，那么凸显性会引起他人积极的评价（Eisen & McArthur，1979）。在评价中，凸显性的作用是双向的。

如果凸显的刺激引发了注意、知觉显著性和极端的评价，那么我们便可以

⊖ 因为人们通常将他人视为因果主体（Heider, 1958; E. E. Jones & Nisbett, 1972; L. D. Ross, 1977），所以注意一般会放大这种倾向（S. T. Fiske, Kenny, & Taylor, 1982）。然而，如果强调一个人的被动性，那么注意也会夸大对易感性的知觉（Strack, Erber, & Wicklund, 1982）。文化也会影响将原因归于个体还是群体（参见第6章）。凸显性会在先前知识所指的方向上放大因果判断。

推测它们也能增强记忆。遗憾的是，相关实验证据却出现了相当大的不一致。在关于凸显性的社会认知研究中，测量记忆的主要标准是人们的自由回忆：有时凸显性会提高回忆，有时又不会。

尽管凸显性并不能可靠地提高回忆量，但它的确可以通过多种方式来组织印象（organize impressions）。一个人对另一个人投入的注意越多，对他的印象就越一致。注意通过加强与之相适应的特征并调整与之不适应的特征来建构印象。凸显性促进了性情性归因，当出现让人困惑的不一致时尤为如此。这一点可从关于出声思考的研究证据以及与心理推测有关的神经激活上反映出来（D. L. Ames & Fiske, 2013b; Erber & Fiske, 1984）。我们这里举一个凸显性促进性情性归因的例子。在一个大学教师的会议中，唯一的学生代表不论其是否真正代表了大多数同龄人，都很可能被视为所有学生的典型代表，并且被视为正发表着代表"所有学生的观点"（S. E. Taylor, 1981a）。凸显性与刻板印象结合，会使评价出现极化现象。因此，一群女性中的唯一男性会被认为是杰出的，因而也是一个优秀的领导者；一个全男性群体中的唯一女性则会被视为入侵者和另类（Crocker & McGraw, 1984）。至少在某些条件下，注意（仅仅是思考）使一个印象中的评价性成分变得一致，然后变得更加极端（Chaiken & Yates, 1985; Tesser, 1978）。

短暂的凸显性对社会性判断的影响有多稳健呢？事实上，努力增加刺激的重要性和丰富刺激材料会增强凸显性效应（Eisen & McArthur, 1979; Strack, Erber, & Wicklund, 1982; S. E. Taylor et al., 1979）。在现实世界的各类社会组织中（Kanter, 1977; Wolman & Frank, 1975），甚至电视节目中（Raghubir & Valenzuela, 2006），研究者也报告了显著的凸显性效应。

如果仅仅是凸显性就能影响如此重大的决策，那么凸显性效应的控制性程度如何呢？尽管早期的研究认为凸显性效应可能是自动化的，但它显然不是完全自动化的，因为人们有时也可以控制它们。也就是说，某些形式（如自我利益，见 Borgida & Howard-Pitney, 1983）的卷入可以调节凸显性效应，但不是简单地通过使任务变得更重要而实现的（S. E. Taylor et al., 1979）。凸显性效应可通过一些指令（如被要求"描述刺激组的每个成员"；这一操作可以提高每个成员被描述的准确性）来调节（Oakes & Turner, 1986）。

为什么注意会对社会性判断产生如此普遍的影响呢？几个认知过程可能将

不同的注意与不同的判断连接起来：在这些可能的**中介因素**（mediation，即连接）中，有些被排除了，有些得到了支持。绝对回忆量和感觉通道特异性回忆似乎不能解释凸显性对归因的影响（回忆量：S. T. Fiske et al., 1982；也请参看 Harvey, Yarkin, Lightner, & Town, 1980; E. R. Smith & Miller, 1979；感觉通道特异性：S. T. Fiske et al., 1982; R. J. Robinson & McArthur, 1982）。其中一种可能的中介变量是回忆的容易程度或可获取性（Pryor & Kriss, 1977）。此外，与因果相关的回忆，尤其是对主导性行为和外貌的记忆，似乎会通过注意得到增强，进而夸大归因。因此，判断实际上是在编码阶段、基于信息的双重凸显性（这个人是凸显的，而且主导行为本身也是凸显的）而做出的（S. T. Fiske et al., 1982）。

关于凸显性的总结

凸显性会使刺激相对于背景中的其他刺激更加突出。凸显刺激可以是新异的、形象的、与预期不一致的、极端的、消极的、罕见的或物理上突出的。凸显性会增强注意，增强知觉到的显著性，夸大评价和夸大一致性，但不会增强绝对的记忆量。凸显性效应通常发生在意识之外，并反映出取决于目标的自动化特征，但它也可以随知觉者的目标而进行调整。凸显性效应可被因果相关的回忆或其可获取性中介。

生动性：刺激的一种固有特征

凸显性的影响是经过许多研究确认的，因此与之相关的一个概念，即生动性的影响也应该是明显的。凸显性是由一个物体与其所处情境的关系决定的，但生动性是一个刺激本身固有的。例如，和平时期坠毁一架飞机会比残酷的战争时期坠毁同样的飞机更具凸显性。从生动性的定义来看，一架飞机坠毁本身就比正常飞行更具生动性；对一个特定事故的细节描述会比关于这个事故的统计性描述更具生动性；而且，你所在地机场发生的事故要比其他地方发生同样的事故更具生动性。一个刺激可根据如下情况被定义为**生动的**（vivid）：①在情绪上是有吸引力的，②具体的且可以生成图像的，③在感觉、时间或空间上是接近的（Nisbett & Ross, 1980, p. 45）。生动刺激会产生与凸显刺激相似的效应吗？尽管理论以及常识可能提示生动刺激特别有影响力，但相关研究表明事实并非如此。

关于生动性效应的个案分析

生动性效应似乎在生活中是很常见的。请看关于资助孩子的两个广告版本：一个是呈现一张一个儿童有些凄惨的照片，而另一个是呈现一些干巴巴的统计数据。在这两种情况下，你的良知给出了你同样的建议，但第一个广告更可能在一开始吸引你的注意力，改变你的态度并让你产生广告所期望的行为。所有这一切都是很明显的，而且作为广告公司中一名有创造力的员工，你可能已经构思出了一个生动的广告。但是，你可能错了。

心理学家预测了不同概念性情境下的生动性效应。首先，由于生动信息应该更容易进入意识，因此它们被认为会比具有同等甚至更高有效性的乏味信息更具说服力（Nisbett & Ross，1980；Tversky & Kahneman，1973）。其次，生动信息从其定义来看就更容易激活内在的视觉表象，而图像是尤其令人难忘的。再次，生动信息似乎对知觉者会有更多情绪性影响，而后者会促进生动性在个体做判断时的影响力。总之，生动信息对人做出判断（特别是说服时）的影响似乎是显而易见的。

遗憾的是，没有多少实证证据支持生动性效应（S. E. Taylor & Thompson，1982）。根据相关研究，以具体形式和生动语言呈现的信息并不比抽象和乏味信息更能改变人的态度。伴以照片的信息通常也并不更具感染力。同样，视频信息也只是有时会有更好的效果。最后，直接经验（从生动性来看似乎是最佳选择）并不一定比二手信息能更有效地改变人的态度。㊀总之，尽管我们的直觉认为生动性应该有效，但实证证据不太支持。

针对这种阴性结果的一个例外是个案比群体统计更具说服力。令人心碎的饥饿故事会比全球性的饥荒数据更有影响力。某个可被辨识出做错了事的人会引发更多的愤怒，因而这个人会比一个其他方面一样但没有被辨识出做错了事的人受到更多的惩罚（Small & Lowenstein，2005）。然而，这一结果可能并不一定说的是生动性。部分原因是，研究者关注的是可辨识性，而不是生动性本身。

㊀ 说直接经验不改变态度并不能否定直接经验可以影响态度形成或者态度可以影响行为；事实上，直接经验确实会产生后两种影响（参见第 10 章和第 15 章）。

其他一些关于生动性的研究操控了具体（与乏味相比）语言、照片（与没有照片相比）和视频（与文字描述相比）这些指标，并保持绝大部分其他信息不变。然而，当把一个个案与统计数据相比时，保持信息不变会引发更多问题。它们在太多方面都不同，因此我们很难以假设只是生动性的差异造成了说服效果的差异。例如，一个个案会呈现一个特别的场景，以展现所发生的事情：一个饥饿的孩子通过卖柴火而生存下来。统计数据展现的则是有些不同的信息，如在各种情况下的人均预期寿命。因此，信息的不对等性与生动性产生了混淆（见表 3-2）。结合其他关于没有发现生动性效应的研究，我们可以说是信息差异而不是生动性解释了个案更有说服力这一现象（S. E. Taylor & Thompson，1982）。

表 3-2　生动性效应缺乏证据的举例

操控	保持不变	总体效应
传统研究		
具体与乏味的语言	绝大部分其他信息	无
照片与无照片	绝大部分其他信息	无
视频与文字描述	绝大部分其他信息	无
个案与统计数据	提供了混淆信息，即可辨识性	个案有效
新研究		
生动信息与情境	信息本身（改变例子）	只有信息有效
注意信息	信息本身	对未亲临其境者有效
易感性的个体差异	信息本身	易感个体有效

为什么生动性效应看起来如此可信

显然，没有多少证据支持生动性效应。那么，是什么使人们直觉地认为应该有一个生动性效应呢？生动性对我们的某些影响被错误地归结到了说服上。例如，我们相信有趣的、引起注意的信息总的来说更能说服其他人，但我们并不会从本人的角度把生动信息评估为更可信的（R. L. Collins, Taylor, Wood, & Thompson, 1988）。人们通常回忆生动信息要比乏味信息更容易（Lynn, Shavitt, & Ostrom, 1985），但是可回忆性并不能解释有时在生动性研究中发现的说服效果（Shedler & Manis, 1986；Sherer & Rogers, 1984）。此外，具体语言给人的感觉也是说的事情更真实（J. Hansen & Wänke, 2010），但是，生动信息在不改变我们的实际判断的情况下会让我们感到更自信（N. K. Clark & Rutter, 1985）。

最后，正如摇滚乐现场视频所展示的，生动信息是有趣的、高唤醒的以及情绪化的（Zillmann & Mundorf，1987）。卡尔·萨根（Carl Sagan）的一个同事描述他在"生动性上的天赋"时很好地展示了说服力与有趣之间没有什么关系：卡尔通常都是正确的而且总是很有趣，而大多数学者则不然，他们总是正确的，但不是很有趣（"A Gift for Vividness，"*Time*，1980，p. 68）。生动的沟通比那些不生动的沟通一般被认为更形象、更生动或者更有趣；这些研究也恰好没有发现生动性对判断的影响。因此，生动性的有趣特性似乎与它对说服的影响是两码事（S. E. Taylor & Wood，1983）。当人们感到愉快或被情绪性地唤起时，他们错误地认为自己的态度已经改变了（R. L. Collins et al.，1988）。

生动性研究的未来方向

假设有那么一刻，我们的直觉是真实的，而且生动性效应也确实存在，那么我们要说的是，试图验证这个效应的实验在某些重要方面还是存在缺陷的，或者它确实出现了，但只是在特定情况下出现，而大多数研究又不能重复它。几个原则定义了生动性效应出现的条件（S. E. Taylor & Thompson，1982）。第一，许多操控生动性的实验设计都把生动信息与生动呈现混淆了。如果信息的背景太生动了，那么背景中的这些干扰信息可能会把人的注意从信息本身上转移开（Eagly & Himmelfarb，1978；Isen & Noonberg，1979）。与信息一致的生动性（与不一致相比）确实会提升认知精细加工和说服力，但不一致的、干扰性的生动性会损害认知精细加工和说服力（Guadagno，Rhoads，& Sagarin，2011；S. M. Smith & Shaffer，2000）。

第二，一些实证证据显示，乏味的书面信息可提供更多信息。但如果人们并不是身临其境，那么生动的视频或直播材料反而可以抓住人的注意力（Chaiken & Eagly，1976）。视频广告确实会抓住人的注意力，但它们也会使人几乎只加工表面信息，如广告中的讲话者是否长得好看（Chaiken & Eagly，1983）。生动信息可能在注意阶段起作用，对那些身临其境的接收者尤为如此。如果一个信息的接收者是高度卷入的，那么他就不需要通过生动性来抓住注意，因为他们的注意已经被抓住了。他们所需要的是有力的论据和思考的时间。书面材料允许卷入的接收者有时间去仔细考虑信息，而时间对于说服这个人是非常关键的（Petty & Cacioppo，1979；也请参见第 10 章）。如果生动材料是与个体有关的，那么生动性广告可能主要是唤醒了未身临其境的那些个体。但是，书面信息会说服那些身临其境的人。

第三，人们在对生动表象的依赖上存在个体差异（M. T. Pham, Meyvis, & Zhou, 2001）。那些生动的表象者能夸大或缩小生动性的说服效果，因为这些人会创造性地把自己融入面前的信息之中，并从此更依赖一些不明显的线索。

关于生动性的结论

生动性是一个刺激的固有特征之一。尽管根据理论和常识来说，生动性效应应该是可信的，但是这些效应主要出现在对个案和统计数据进行比较的研究之中，而这种设计通常都会把其他信息与信息呈现的纯粹生动性混淆。生动性可能被情绪性地唤起或者使人感到有趣（这也是人们认为生动性可信的原因之一）。但是，如果生动呈现是无关或干扰性的，那么它实际上会阻碍说服过程。未来的研究可探讨相关性、加工阶段、卷入度和表象加工个体差异的影响。

可获取性：我们头脑中关于类别的一个特征

除了注视方向、情境凸显性和刺激生动性以外，注意的另一个预测变量是类别的可获取性。可获取性主要受到启动影响。正如我们在第 2 章讨论自动化时所提到的，**启动**（priming）描述的是之前情境对理解新信息的影响：启动可以影响认知、情感和行为。本章关注启动（即可获取性）的机制以及它怎样决定注意、编码，以及最终的心理表征。**可获取性**（accessibility）关心的是最近以及频繁激活的想法比那些没有得到激活的想法更容易进入意识。多年以前，杰罗姆·布鲁纳（Jerome Bruner, 1957）就指出，许多社会性信息本质上就是模糊的，因此社会性知觉在很大程度上受到相关类别的可获取性影响：那些容易激活的信息服务于当前目标、需要和期望。⊖当知识被激活（可被获取）并且可适用于当前关注的刺激时，就会出现启动效应。

⊖ 可获取性与可获得性（availability）意义是相对立的。我们使用可获取性表明容易回忆，而可获得性表示一个信息存储与否（Higgins & Bargh, 1987, footnote 1; Tulving & Pearlstone, 1966）。然而，需要指出的是，这与 Tversky 和 Kahneman 使用可获得性（availability）表示信息进入意识的容易程度（参见第 7 章）是不一样的。在本章，可获取性指所存储信息被使用的容易程度。

情境性可获取性效应

每家慈善机构都会尽可能去说服捐赠人，或者至少看起来是这样的。为什么呢？想必他们都希望能停留在你的意识里，或者至少能显示在你的计算机屏幕上。一个人被不停地提醒污染、疾病、暴力的存在，会使其创建一个解释事件的情境。事实上，更新就会启动相关议题，让其保持在意识里，并且帮助你在做慈善的原因中优先考虑这一个。

可获取性也适用于解释人的行为。由于相关意义已经被启动了，因此把人暴露在正面或负面的特质性术语（如探险与鲁莽）中会使人随后把看到的模糊行为（乘独木舟过激流）解释为相应的正面或负面行为（如 Higgins，Rholes，& Jones，1977；Srull & Wyer，1979；参见 Förster & Liberman，2007 的综述）。

当相关意义以及正面或负面效价均被启动时（正如本例），可获取性效应是最强的。也就是说，当相关的负面概念（相比于正面概念）被启动时，模糊行为更有可能被认为是鲁莽的。而且，实验者建构了一个启动和刺激情境，但是被试并没有把二者有意识地关联起来。在启动研究中，被试不会考虑被启动的解释进入意识是因为之前见过（即因被启动的构念而获取相关解释）。相反，被试一定认为被启动的构念进入意识是因为刺激本身。当他们不能意识性地把启动和刺激关联起来时，这些被启动的被试可能只不过是根据他们认为实验者要他们怎么反应，就做出了相应的反应。也就是说，由于**实验的需求性特征**（experimental demand），被试会不可避免地出现预期的行为。启动和刺激之间这种明显的不相关也意味着被试没有特别合理的理由根据启动来对刺激做出自己的解释。正如我们已经看到的，开始介绍某个概念时，启动能自动化地完成，不需要对初始启动具有意识（Bargh & Pietromonaco，1982）。

可获取性并不局限于特质性概念。其他具有社会显著性的概念也能被启动，如教授、流氓、老年人和黑人。正如我们在第 2 章所表明的，与关于经典刻板印象研究结果一致的是，种族类别能被自动启动（Devine，1989；Dovidio，Evans，& Tyler，1986；Gaertner & McLaughlin，1983）。当白人被试看到与非裔美国人相关的词汇时，即使刺激在阈下呈现，被试也对随后呈现的与刻板印象相关的词汇反应更快，并把一个模糊个体（没有指明种族）评价为更具敌意。这一结果支持他们的种族类别已被启动的观点。在一个更外显的水平上，偶尔听到一个对少数族裔的批评会放大一个白人对一个黑人糟糕表现的负面评价（Greenberg & Pyszczynski，1985），而这可能是通过启动实现的。警察和假释官在接受与黑人、种族相关的阈下词汇启动后，会把一个种族未明确的青少年解释为具有更糟糕的人格，有更多罪责，属于惯犯，并应该接受更严厉的惩罚（Graham & Lowery，2004）。

同样，各种与性别有关的刻板印象也可以被启动。例如，刚看过色情影片的男性会继续对他们在一个明显无关的情境中遇到的女性做出更刻板印象式的反应：他们的行为被认为更具性导向，而且后来也主要记住女性的外貌，而对见面的其他内容知之甚少。这些结果对具有性别图式的男性尤为适用，因为对这些男性来说，性别角色信息很可能是特别容易获取的（McKenzie-Mohr & Zanna，1990；Rudman & Borgida，1995）。与之相关的是，女性在接受家庭相关术语启动后（与中性启动相比），会对一个妻子/母亲的要求（与对一位职业女性的要求相比）记忆更准确而且判断也更自信（Trzebinski & Richards，1986）。具有性别角色刻板印象的摇滚乐视频会启动男性与女性互动的刻板解释（C. H. Hansen & Hansen，1988b）。

有相当多的对刺激的解释也是由可获取性引起的：无意识情绪启动个人类别（Niedenthal & Cantor，1986）；无意识威胁和暴力启动个体所报告的焦虑水平；（Robles，Smith，Carver，& Wellens，1987）；与标准相比所表现出的自我差异启动唤醒和所报告的心境状态（Strauman & Higgins，1987）；无意识的极化评价启动对情绪词的好－坏判断（Greenwald，Klinger，& Liu，1989）；之前接触一个失踪儿童海报会启动对一个成人－儿童模糊互动是否为绑架的知觉（K. James，1986）；之前接触相关问题会启动所报告的生活满意度（Strack，Martin，& Schwarz，1988）；之前接触相关问题也会启动对国家政策的支持性判断（Tourangeau，Rasinski，Bradburn，& D'Andrade，1989）；以及热会启动所看故事中的攻击性内容（B. G. Rule，Taylor，& Dobbs，1987）。从暂时状态到初始判断，再到似乎很明确的意见，所有这些反应都会随因情境启动引起的可获取性变化而变化（Förster & Liberman，2007）。

启动既会产生长期结果，也会产生短期结果。对一个刺激的初始启动可影响对其评定。在刺激离开当时情境后，效果还可以延续长达一周（Higgins et al.，1977；R. C. Sinclair，Mark，& Shotland，1987；Srull & Wyer，1980）。有一点非常重要：启动与刺激的短暂和或许任意的并列能影响这个刺激被编码的方式。如果一个刺激可能适合于被编码为几个类别，那么短期启动可以决定从长期来看它适合于哪个类别。

而且，可获取性会影响重要的社会性行为。我们在第 2 章介绍了启动种族 - 敌意、老年人 - 迟缓（Bargh et al., 1996）、教授 - 智力 - 交通 - 骑自行车的研究（Aarts & Dijksterhuis, 2000）。同样，受到曾经著名人物（摇滚乐歌手 Alice Cooper 和印第安纳大学山地人队教练 Bobby Knight）的中等敌意类别启动的被试，随后会把一个模糊的伙伴评估为更有敌意，而且他们针对这个伙伴的行为也更具敌意和竞争性（即表现与启动类别一致；Herr, 1986）。在另一项研究中，实验者向被试阈下呈现与竞争相关的词语。结果表明，如果被试本来就是相对争强好胜的人，那么他们的行为也更具竞争性。实际上，启动激活了他们的竞争性人格（Neuberg, 1988）。此外，一组经典研究也可以重新解读为支持启动对攻击行为的影响。当人们对某人愤怒时，想伤害这个人的冲动在攻击性线索出现时更有可能付诸现实。一支放在近处桌子上的枪甚至会激发其他形式的攻击性行为（Berkowitz, 1974），而且启动能解释这一现象。那些更和善的反应（如慷慨）也可能是因手捧一杯温咖啡（与冰咖啡相比）引起的（L. E. Williams & Bargh, 2008）。

可获取性也能影响问题解决和创造性。在一项研究中，被试需要解决如下问题：给你一支蜡烛、一盒火柴和一盒图钉，你怎样才能把蜡烛固定在墙上并且蜡烛燃烧时蜡不至于掉落到地板上？一些被启动去思考容器和所装东西是分开的（如盘子和番茄 VS. 装着番茄的盘子）的被试能迅速解决这个问题。构型（容器和其所装东西是不同实体）启动了相关构型，进而促进了问题解决（Higgins & Chaires, 1980）。顺便说一下，这个问题的解决方案是，把图钉从盒子里全部倒出来，即把这盒图钉看成盒子和图钉，然后把盒子用图钉固定在墙上作为放置蜡烛的平台。⊖在一个更奇妙的实验设计中，研究者发现坐在盒子（一个 1.5 米高的硬纸箱）外的被试会比坐在盒子里的被试在完成任务时更具创造力（A. K. Leung et al., 2012）。

⊖ 这个特别的研究现在被认为是程序性启动的一个例子（Higgins, 1996）。

同化与对比

大多数启动研究都发现了针对可获取类别的**同化**（assimilation）现象。例如，正如我们之前介绍的，当对被试启动积极或消极特质时，他们常常对一个模糊行为进行解释，使之适合于所启动的类别。然而，有时也会出现**对比**（contrast）效应。当人们被明显地以某一特质（如蛮干）启动时，他们可能把他们对一个模糊目标的判断与启动特质形成对比，如认为唐纳德驾驶一艘帆船穿越大西洋并不是一件那么蛮干的事情，甚至认为是一次探险。如果启动足够明显，人们就可能避免使用它，从而从相反或对比方向评估一个人。某些条件似乎会削弱通常应该出现的同化效应，进而鼓励对比效应（见表3-3）。

表 3-3　促进同化或对比的条件

同化	对比
前意识启动	意识性启动
启动－刺激重叠高	启动－刺激重叠低
模糊刺激	不模糊刺激
类别启动	样例启动
缺乏动力的知觉者	具有动力（如警觉的）的知觉者
相似性检验	差异检验

当启动的意识水平比一般情况下更高一些时，对比效应尤其容易出现（Martin，1986）。意识性启动似乎比无意识启动更具灵活性。当人们意识到一个明显的启动与它的潜在刺激之间存在联系时，他们可能抵制这种过于明显的影响，或者简单地认为与模糊刺激相比，启动过于极端。至少在某些情况下，只有无意识启动会把刺激同化到可获取类别之中；意识性启动既可能引发对比效应，也可能引发同化效应（Lombardi，Higgins，& Bargh，1987；Newman & Uleman，1990）。

同化和对比也依赖于所涉及刺激的特征。正如之前的例子所暗示的，启动和刺激之间的重叠（overlap）程度肯定有关系；不论在意识还是无意识启动中，相似的启动（增加重叠程度）均最有可能引发同化效应。对比效应更多出现在刺激与所启动类别不重叠的时候，如使用极端的启动刺激时（Herr，1986；Herr，Sherman，& Fazio，1983）。

刺激的模糊性（ambiguity）也会起作用。这是因为一个模糊刺激更容易同化到一个启动之中。不模糊的刺激可能产生对比效应（Herr et al., 1983）。通常，对于一个不模糊的刺激，启动和刺激之间完全没有匹配就变得很明显，因而知觉者会出现过度补偿，即对二者进行对比。

最后，知觉者的目标（goal）即使在无意识启动条件下也起到一定的作用。例如，自我保护的动机可与启动交互作用（Spencer, Fein, Wolfe, Fong, & Dunn, 1998）。人们也会同化到共同的社会性目标，内隐地和某个与其同时追求同一目标的内群体成员（即使该成员没有现身）协调以实现该目标（Shteynberg & Galinsky, 2011）。亲和目标和追求知识（即理解事物）的目标都使人同化到社会性的共同现实之中（Lun, Sinclair, Whitchurch, & Glenn, 2007; S. Sinclair, Lowery, Hardin, & Colangelo, 2005）。同化到相似的他人之中会促进文化的发展（Shteynberg, 2010）。

以上以及其他一些因素加在一起促使学者提出了一个**同化和对比的可选择获取性模型**（selective accessibility model of assimilation and contrast; Mussweiler, 2003）。由于这个模型关注的是意识性比较而不是自动化加工，因此它假设可获取性是更灵活的（即控制性的），并且只适用于当前的判断（而非一般性语义启动）。该模型也关注了可获取性概念，它总结了几个涉及同化和对比何时最有可能出现的原则，这些原则可能可以推广到意识和无意识可获取性的问题上。如果相似性检验是可获取的策略，那么人们就会搜索相似性，从而出现同化；如果差异检验是可获取的，那么人们就会搜索差异，从而出现对比。相似性检验最常见；人们倾向于关注相似性，因为他们会自发对目标与基本标准进行全局的、总体的比较。例如，在比较菠萝与牛油果时，一个人首先要判断它们是否属于同一类别（热带水果），然后进行同化，但是如果它们似乎属于不同类别（甜与酸），这个人就会对比它们。在考虑某个干净和整洁的人时，一个人会把自己的性别同化到这个人身上，同时将之与另一个性别的某人进行对比；这里的机制是关于标准的可获取性（Mussweiler & Bodenhausen, 2002）。从而，适用于无意识启动的重叠、模糊和目标原则也适用于意识性比较。在某种程度上，二者均取决于相似性与差异哪个更容易获取。

编码时进行启动

启动主要是通过编码时的可获取性加工而实现的。一些研究者针对编码的这种作用提出了几个原因。第一个原因，在一个启动与一个刺激之间存在大的差异时启动效应会下降。从启动的角度，这种大的差异一般认为会干扰对刺激的编码（Srull & Wyer，1979）。当启动和刺激在出现的时间上接近时，启动效应取决于被编码的刺激以及启动本身（见图3-4）。

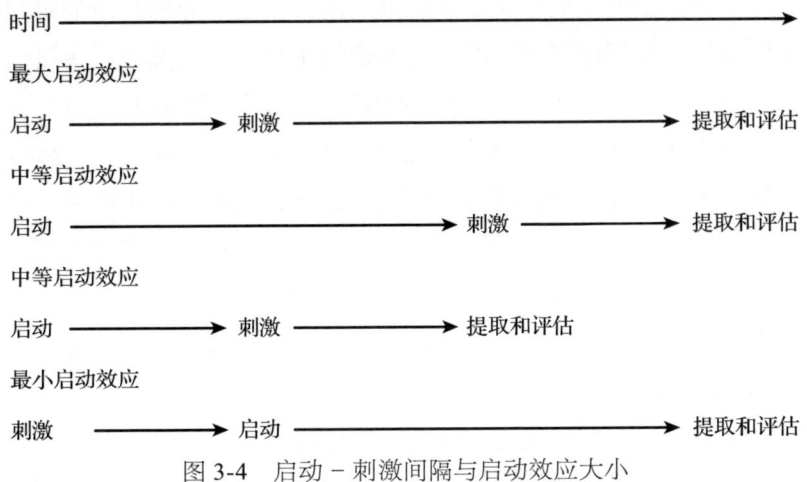

图 3-4　启动－刺激间隔与启动效应大小

编码在启动中发生作用的第二个原因是，有研究发现，延时会促进一致性评估。随着已经被启动的刺激和评估之间的时间间隔增加，启动效应量也会增加。当效应随时间而增加时，关于原来刺激的细节就会被遗忘，同时被启动的表征变得相对重要起来。

第三个关于编码作用的原因更简单一些：在刺激之后再呈现启动刺激没有或几乎没有影响，而在刺激之前呈现启动刺激由于可以影响编码加工，因此就显示出了效应。这一点进一步支持如下结论：在一个启动的情境下编码一个刺激比在一个启动的情境下提取一个刺激更重要（Srull & Wyer，1980）。

最后，与启动相关的信息似乎会引发更多注意（S. J. Sherman, Mackie, & Driscoll，1988）。也就是说，被试并不认为启动的各维度在决策中更重要，但是他们确实能更好回忆这些信息，表明启动可以引发注意。

长期可获取性

可获取性加工是因类别最近被启动或频繁被启动而发生的（如 Bargh & Pietromonaco，1982；Förster & Liberman，2007；Higgins et al.，1977，1982；

Srull & Wyer, 1989; R. S. Wyer & Srull, 1986)。研究者提出了各种模型来解释这些现象。同时，正如长期启动相关概念研究所显示的，有关实验研究也通过设定时间间隔和频率区分了这些模型的差异。

由一个人的典型情境启动所产生的持续差异可使人们在可长期获取的信息上存在个体差异。正如我们在第 2 章所指出的，练习充分的判断通过**程序化**过程而变得自动化。我们都知道一些人，他们似乎根据有多聪明、多可信赖以及多好看来看待每个人。对他们来说，通常某些人格维度是更容易获取的，而他们也会用这些人格术语记住和描述他人。例如，Higgins 等人（1982）通过记录人们用来第一次和最常见描述他们自己和朋友的维度（聪明、有趣和礼貌）而确定了人的最容易获取人格维度。人们自发提及的那些维度被认为是在环境提供能那样解释的线索时最容易进入意识的维度。频繁获取或长期启动的维度可以变为某一个体人格的中心特征，且个体会在那个维度上发展出**长期性**（chronicity）的特征。

而且，考虑到长期性从理论上看是因频繁接触某一类别引起的，因此在情境性启动中（至少在任何特定的设置中），纯粹的频率因素应该是长期性的工作机制。比较频率和时间间隔，频繁启动的构念从长期来看应该具有优势，而近期启动的构念具有更好的短期效果（Higgins，Bargh，& Lombardi，1985）。研究者从长期性的个体差异和近期启动中证实了这一假设。也就是说，近期启动的类别在短期有优势，但像频繁启动的类别一样，长期启动的类别在延时后也会表现出优势（Bargh，Lombardi，& Higgins，1988）。

相比在某一维度上不具备长期性的那些人，长期可获取的类别可以被个体高效率地运用，从而允许其花较少时间编码相关信息（Bargh & Thein，1985）。而且，长期可获取的类别似乎能在没有意愿的情况下（Bargh，Bond，Lombardi，& Tota，1986；Higgins et al.，1982）甚至在人的控制之外（Bargh & Pratto，1986）被使用。正如你已经看到的，长期性的这些特征可被定义为是真正自动化的（Bargh，1984；Payne，2012）。

长期可获取构念自动化地应用到新信息会产生显著社会性结果。例如，关于自己的（不是他人的）消极社会类别的自动化的、长期的加工似乎是抑郁的原因之一（Bargh & Tota，1988）。在一项关于抑郁的元分析中，不论是在相关研究中还是在操控了自我关注和思维效价的实验室研究中，消极的自我关注均与消极情绪高度相关；积极的自我关注降低了消极情绪。这些结果是在抑郁时出现的，而不仅仅出现于暂时的坏心境状态：抑郁尤其与私人性的自我关注（消极看待自己的目标、思维和感受）相关，而焦虑与公开的自我关注（如对他人印象的消极倾向）相关（Mor & Winquist, 2002）。好的消息是，这些效应不只是由长期可获取性的个体差异引起的。它们也在情境上表现出差异。

长期性的其他个体差异在人际交往中也会起作用。例如，性别可获取性加工会放大性别刻板印象编码偏向（Stangor, 1988）。也就是说，在观看一系列男女刻板行为后，性别可获取被试尤其有可能①报告与刻板印象一致的行为（如女性做女性化的事情），以及把多个女性或男性混合起来。长期性别可获取性甚至会影响对女性政治人物竞选广告的反应，当这些广告是积极的或信息不充分时尤为如此（与负面广告相比；Chang & Hitchon, 2004）。长期性也可以解释刻板印象的一个积极的副作用。习惯于被刻板地知觉的人（如非裔美国人）有时会对另一个可能的刻板对象表现出更多容忍度。这其中可能的原因是，他们看到了他们共同的经历，至少他们自己的受欺负的经历也被启动了（Galanis & Jones, 1986）；针对刻板印象的长期性可以解释这个现象。

关于可获取性的结论

本节介绍了可获取性在注意和编码中的作用。可获取性加工是启动效应的机制。情境性启动影响众多刺激的可获取性，包括人格特质、社会性类别、效价（正与负）、流程和行为。可获取性常常使刺激同化到启动之中，但它也会根据启动的意识性水平、刺激和启动之间的重叠情况、刺激的模糊性和知觉者的目标而出现对比效应。可获取性主要是一种编码效应，当刺激被注意和存储时，它会影响我们对刺激的解释。长期可获取性以一种与情境性可获取性类似的方式影响编码加工，二者均影响重要的社会性行为。

── 方法聚焦 ──
二十一世纪的人怎样测量注意

早期的社会认知研究主要通过注意的效应（追踪注视点，见图3-1；凸显性放大判断，见表3-1；可获取性促进反应）来测量注意。有时，研究者会使用一些更直接但也很少见的方法，如眼动追踪。多年以前，我们其中一位作者（Fiske）在每只口袋里放一只秒表，当被试阅读用蓝黑墨水写在明信片上的一些符合预期和不符合预期的描述时，测量被试的注视时间（Erber & Fiske，1984）。我们也测量了被试注视社会性信息的时间（信息通过幻灯片呈现，速度由被试控制）；用按键每放一张幻灯片，事件记录器都会予以记录，然后用一个尺子测量一卷纸上每个点之间的距离（S. T. Fiske，1980）。另一种早期的技术是让被试观看一段电影，并在每个单元结束时按键进行持续互动（有点像电视剧一集中一场戏的各个片段）。这些确定的单元检测出一组新揭示的信息（Newtson et al.，1987）。除了单调乏味外，这些技术的其他劣势之一是必须对实验者隐瞒实验和控制条件，以避免无意的偏向。

随着技术发展，对注意的测量也得到了改进。例如，视皮质激活（见图 3-2）能精细测量针对视觉注意的峰值、时长和大脑容积。另一个物理技术是，当被试在两个类别中做出选择时（如这是男性面孔还是女性面孔），实验者追踪计算机鼠标的运动轨迹；当被试积极考虑选择一个类别时，他们的手会把鼠标往那个方向移动（Freeman & Ambady，2011）。

对人的书面信息的注意已经不是简单测量阅读时间了。机器学习和自然语言加工正开始利用海量的线上文本（如推文、Facebook 贴文、网站以及博客）以判断各种主题的凸显性。也就是说，通过纯词频能计算出使用凸显性，而后者能形成对于反复出现主题的各类词典。例如，一本关于礼貌用语的词典（如"先生""女士""请"）能帮助我们评估交通执法拦截时执法记录仪拍摄的警察与不同种族群体沟通时注意使用敬语的程度（Voigt et al.，2017）。关于个人述词的词典能揭示人们希望知道新移民的哪些信息（热情？值得信赖？友好？有专长？有能力？自信的？ Nicolas et al.，under review）。⊖这些还只是针对信息交流和注意的计算语言模型的一些初步探索。

⊖ 该文现已正式发表。Nicolas, G., Fiske, S. T., Koch, A., Imhoff, R., Unkelbach, C., Terache, J., Carrier, A., & Yzerbyt, V. (2022). Relational versus structural goals prioritize different social information. *Journal of Personality and Social Psychology*. Advance online publication. *Journal of Personality and Social Psychology*, 122(4), 659-682. https://doi.org/10.1037/pspi0000366.
——译者注

直接知觉：不仅在我们的脑海里

本章开始时，我们给了一个三个人在商场里前后奔跑，而一个社会性知觉者错误地知觉到谁在追谁的例子。有人可能会认为这个例子反映了刻板性分类过程（把三个人解释为一个白人警察追逐两个黑人嫌犯）的自动激活现象，而有人可能会惊叹于有关推理过程的复杂性（知觉者在不到一秒的时间内就以如此错误的方式做出反应）。有人也可以认为，就那个知觉者来说，特殊的刺激构型有效地建构了他的反应。从这种观点来看，知觉是直接的，即从所见所闻直接引发内在的行为反应。

受到 J. J. Gibson（1979）关于物体识别研究的启发，一些理论者提出，在社会性理解中重要认知过程有相当多的部分是在知觉过程中立即发生的（Lowe & Kassin，1980；McArthur & Baron，1983；Neisser，1980；Semin, Garrido, & Palma，2012；Weary, Swanson, Harvey, & Yarkin，1980；Zebrowitz，1990）。这种观点不认为知觉是复杂推理的结果，而有关过程实际上是自动化的。特别要指出的是，生态取向强调外部刺激信息以及这些信息的内在组织，而不是由知觉者建构或提出的组织（Zebrowitz，1990）。对于一个特定的知觉者来说，组织是基于其知觉经验并蕴含于刺激内部的。一个特定的刺激向知觉者**提供**（afford）或给出特定的行为，而知觉者会相应地**适应**或敏感于特定的刺激特征。由于 Gibson 取向强调知觉者与其所处环境的互动，并与他们自己的特征性生态位融为一体，因此它被称为**生态知觉**（ecological perception）。对知觉者来说，知觉是适应性的；根据这一观点，"知觉的目的是行动"。因此，如果向知觉者提供充分的信息和背景知识，那么知觉通常都是准确的。

生态因果知觉的一个早期实例

根据 Gibson 理论，社会性解释是因分割知觉场而引起的，而推理和记忆是没有什么帮助的（McArthur & Baron，1983）。要演示这一点，我们可以假设你无意中听到你的邻居在争吵。她朝他大声嚷嚷，他则低声回应；这种声音一高一低的顺序过几分钟就来一次。当你把这个事情告诉你的室友时，你把这个女人描述为争吵的引发者，因为每次争吵都是以她的大声嚷嚷开始的。她的每次大声评论都表示一个新的知觉单元，并以他的低声回应结束。她大喊着，而他咕哝着。由于应承担争吵主要责任的一方需发生在前，因此每个单元都从她开始，就让你没有多少争议地把引发争吵的主要责任归咎于她（见图3-5）。

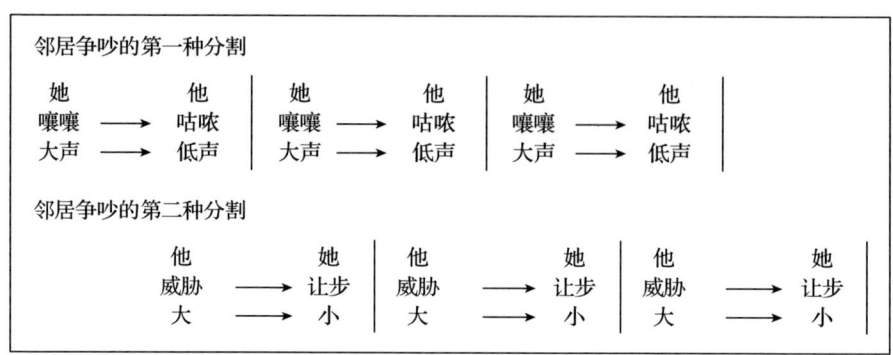

图 3-5　行为序列的不同知觉分割产生不同因果判断
注：每一竖线表示两个知觉单元之间的分隔点。

现在重演一下这场争吵，但假设你除了听到外还能看到整个过程。（进一步假设他们并不会因你的偷听而斥责你，但从科学研究的角度来说你应该是客观的）。争吵实际上是从他走进房间并对她做出挑衅性姿势开始的。她回应并做出让步。他以一种凶狠的低沉声音再次威胁她，而她辩解几句后再次让步。他威胁而她让步。现在，片段变为以他的身体威胁开始并以她的让步结束。相比她的让步，他的攻击性姿态从知觉上看是很大的，大致相当于她大声嚷嚷而他低声咕哝的强度。知觉单元现在自他开始：他做出了大的肢体挑衅，而她做出了没有多少肢体动作的让步。现在，这个男人将被你认为挑起了争吵。需要注意的是，这种对事件责任的知觉分析并不强调认知活动。对应该责备谁的判断蕴含于对环境设置的知觉之中。

至于知觉解释，Gibson 理论认为这些解释源自知觉组织，如时间先后顺序或者大小刺激对比；上文关于邻居争吵的例子就是这样。这一理论还认为对应该责怪谁的推理是在知觉一个事件的过程中自动发生的，这一点也得到了其他学者的认同（R. C. Sherman & Titus，1982；E. R. Smith & Miller，1979）。

知觉单元的早期研究

固有的知觉单元影响社会性判断。对知觉分割（perceptual segmentation）进行测量可以直接显示这一现象（参见 Newtson et al.，1987 的综述；参见

Ebbesen，1980 的批评）。一种测量知觉单元的技术是，让被试观看一段电影，并且按键表明一个片段的结束和一个新片段的开始；按键反应就是片段之间的分隔点。个体对片段的定义不管从哪个角度看似乎都是自然的（Newtson，Enquist，& Bois，1977）。这种单元化方法（unitizing method）是可靠的、有效的，而且对被试来说也是非常舒适的。对特定场景，人们对各单元的划分基本上是一致的。例如，如果邻居的争吵是以无声电影方式呈现给被试的，则被试划定的分隔点是大致相同的。

单元化研究提示，知觉单元之间的分割点具有一些特别的特征。人们根据行动者的意图和目标把一串行为分解成许多有意义的单元（Baldwin & Baird，2001）。把这些分隔点那一瞬间的内容（定格点）连接起来可完整表达这个故事，非分割点（具有相当时间间隔）的内容连接起来则并不足以表达这个故事。对分隔点的再认也优于对非分隔点的再认。这个研究的意义是，人对别人行为是在最大信息点进行分割的（Newtson，1980；参见 C. E. Cohen & Ebbesen，1979 对此的不同意见）。分隔点出现在行为最复杂的时候，即身体的许多部分同时变化的时候（Newtson et al.，1977）。也就是说，当一个行为变化最明显时（实际上就是一个分隔点），个体比较容易知觉这个行为的核心内容。如果行为慢下来变到停顿或中止，那么这里就并不是一个典型的分隔点。而且，行为复杂性的上升和下降会以一种波动模式表现出来：当两个人互动时，他们的行为一起构成了一个协调的波动模式（Newtson et al.，1987）。基本的知觉－动作构型能与复杂认知过程分开起作用。

人们会根据完成任务的指示或其他目标而使用细粒度或更整体化的单元。例如，当人们的目标是观察非言语行为（Strenta & Kleck，1984），记住任务行为（task behavior；C. E. Cohen & Ebbesen，1979）和观察一组人中的个体时，他们会使用更精细的单元（Wilder，1986）。当人们面对非预期的行为（Newtson，1973；Wilder，1986）或者面对一个他们不了解的人（Graziano，Moore，& Collins，1988）时，他们也会使用更精细的单元。知觉的更精细水平与所获更大信息量相关：更自信和更具区分性的特质推理，更多性情性归因（Deaux & Major，1977；Newtson，1973；Wilder，1986）以及对所观察者有更好的记忆（Lassiter，Stone，& Rogers，1988）。更精细的单元化甚至似乎与更喜欢一个不管怎样都是中立的人相关，这可能是因为熟悉感增加与针对精细单元化个体的记忆加强二者之间并没有关系（Lassiter & Stone，1984）。总的来说，单元化研究探索了互动中的基本知觉过程，告诉我们信息是怎么被获取的，并会对行为当即产生影响。

关于社会认知研究意义的一个说明

直接知觉或生态理论所提出的观点与根据复杂认知过程所做出的必然推理结果是矛盾的。根据这种观点，只有在类似的因素影响直接观察到的一个事件的初始知觉的情况下，认知构念（如观察到的目标和基于类别的预期）才会进入推理过程（Massad，Hubbard，& Newtson，1979）。尽管有一些相反的证据（Vinokur & Ajzen，1982），但 Gibson 理论"对复杂认知过程是社会性判断的唯一基础"这一标准解释提出了挑战。正如我们在第 4 章即将介绍的，Gibson 的观点影响了当今关于具身表征的研究。

Gibson 理论是对关于编码的主流研究中所存在的一些偏向的一种有效修正：它认识到刺激信息内在的丰富性，并坚持刺激从生态上看是有效的。也就是说，它们以多种感觉形式出现，是变化的而不是始终静止不变的，是以各种构型而不是孤立呈现的，是随时间延展而不是短暂的。Gibson 派学者通过频繁使用自然拍摄刺激向我们演示了这些特点。生态取向也强调知觉的适应性功能（*adaptive function*），特别是知觉和行动之间的联系。因此，这派学者考察了为什么人们会发展出长着娃娃脸的人需要关怀和保护这样一种知觉（也就是说，绝大多数娃娃脸者实际上是婴儿，而从成人的角度看，婴儿是容易受到伤害的）。而且，生态取向明确承认环境与某一知觉者的目标、能力和历史之间存在关系。尽管社会认知研究也开展这类工作，但是 Gibson 理论强调环境中充满各种行动可能，即**功能可供性**（affordance）。最后，这一理论指向了针对比较目的的跨文化的、动物的和发展性研究上。

小结一下，有几个理由反对把生态取向和认知取向做直接比较。第一，它们本身都是元理论，而元理论从本质上来说是不可证伪的。在最广泛的水平上，每个取向都总能分别用知觉或认知术语解释对方的数据。第二，从实际层面区分知觉和认知是困难的。一方面，知觉涉及理解刺激特征以对环境做出反应；另一方面，认知可能会涉及即时的自动化推理活动。一个人把一些过程命名为"认知的"，或者有时是"知觉的"，有时是"认知的"（取决于它们进入意识的速度或可获取性）是理论偏好的问题，而且二者的差异正在逐渐消失。第三，在任何一个实验中，知觉和认知活动的相对影响取决于它们彼此被操纵的强度。因此，就知觉和认知而言一个相对于另一个的任何实证性优势其实都是特定实验对知觉过程或认知过程操纵的结果，并不反映两类过程有什么内在优势。最后，有人可能会提出，刺激变化（即一个特定的刺激其自身能提供什么功能）是生态取向的标志，但知觉者变化（即知觉者携带的认知结构）是认知取向的标志。这就像一个人试图比较苹果和橙子，是在不同的尺度上比较的。也就是说，你可以评估刺激做出了多少贡献，也可以评估知觉者做出了多少贡献，但能直接比较二者的贡献。这是因为它们来自不同总体（即所有社会性知觉者总体或所有可能的刺激总体）。

总之，两种取向是互补的，每一种都有其自身优势（R. M. Baron，1980）。生态知觉取向关注人们从特定刺激构型中所获得的信息。关于因果知觉和单元化行为序列的研究（以及早前讨论过的根据物理线索进行特质性推理的研究）展示了社会性刺激的重要模式。知觉者使用这些社会性刺激完成适应性功能。社会认知更多关注心理结构以及人们用于解释、联系和建构他们的记忆和判断的一般流程。这种类型的生态知觉使知觉者习惯于所处环境可提供的行动。

总　　结

我们对什么抓住了你的注意给出了一些解释。人们会反射性地看向别人的面孔，对那些正面向他们的面孔尤为如此。人们也会注视别人目光注视的方向。而且，人们会从对方的脸上立即推理出其人格特质。

人们特别容易注意到那些凸显的东西：环境中的新异刺激或图形刺激，不寻常或不符合预期的人或行为，极端的、有时是消极的行为，以及与我们当前目标相关的刺激。所有这些凸显特征都会影响人们对他人的反应。注意也可能被生动刺激（常常是娱乐性的）所吸引，但除非生动刺激是生动的个案，否则它们并不怎么影响反应。

注意也会指向受到情境性或个人性启动的类别。最近的、频繁的和长期接触的类别是更容易获取的，而且这些类别会深刻影响刺激的编码加工：这些类别被应用到相关的、中等强度的、模糊的刺激上，并指导对刺激的解释和后续认知表征。

注意指向社会性情境的生态相关特征；也就是说，社会性注意决定哪些东西被编码到记忆中（这将是下一章的主题）。

延伸阅读

Bargh, J. A., Bond, R. N., Lombardi, W. J., & Tota, M. E. (1986). The additive nature of chronic and temporary sources of construct accessibility. *Journal of Personality and Social Psychology*, 50, 869-879.

Cloutier, J., Mason, M. F., & Macrae, C. N. (2005). The perceptual determinants of person construal: Reopening the social-cognitive toolbox. *Journal of Personality and Social Psychology*, 88, 885-894.

Fiske, S. T. (1980). Attention and weight in person perception: The impact of negative and extreme behavior. *Journal of Personality and Social Psychology*, 38, 889-906.

Förster, J., & Liberman, N. (2007). Knowledge activation. In A. W. Kruglanski & E. T. Higgins (Eds.), *Social psychology: Handbook of basic principles* (2nd ed., pp. 201-231). New York: Guilford Press.

Guadagno, R. E., Rhoads, K. v. L., & Sagarin, B. J. (2011). Figural vividness and persuasion: Capturing the "elusive" vividness effect. *Personality and Social Psychology Bulletin*, 37(5), 626-638.

Haxby, J. V., Hoffman, E. A., & Gobbini, M. I. (2000). The distributed human neural system for face perception. *Trends in Cognitive Science*, 4, 223-233.

Higgins, E. T., Rholes, W. S., & Jones, C. R. (1977). Category accessibility and impression formation. *Journal of Experimental Social Psychology*, 13, 141-154.

Lassiter, G. D. (2002). Illusory causation in the courtroom. *Current Directions in Psychological Science*, 11, 204-208.

Mussweiler, T. (2003). Comparison processes in social judgment: Mechanisms and consequences. *Psychological Review*, 110, 472-489.

Shteynberg, G. (2020). Shared worlds and shared minds: A theory of collective learning and a social psychology of common knowledge. *Psychological Review*, in press.

Semin, G. R., Garrido, M. V., & Palma, T. A. (2012). Socially situated cognition: Recasting social cognition as an emergent phenomenon. In S. T. Fiske & C. N. Macrae (Eds.), *SAGE handbook of social cognition* (pp. 138-164). Thousand Oaks, CA: Sage.

Taylor, S. E., & Thompson, S. C. (1982). Stalking the elusive "vividness" effect. *Psychological Review*, 89, 155-181.

Todorov, A. (2012). The social perception of faces. In S. T. Fiske & C. N. Macrae (Eds.), *SAGE handbook of social cognition* (pp. 96-114). Thousand Oaks, CA: Sage.

Zebrowitz, L. A., Kikuchi, M., & Fellous, J.-M. (2010). Facial resemblance to emotions: Group differences, impression effects, and race stereotypes. *Journal of Personality and Social Psychology*, 98(2), 175-189.

SOCIAL
COGNITION

第 4 章

记忆中的表征

- 联系性网络：记忆的组织
- 程序性和陈述性记忆：记忆的功能
- 平行加工与序列加工：协调两种记忆过程
- 具身记忆：包含身体表征
- 社会性记忆结构：为什么社会性记忆重要

本章将涵盖社会性和非社会性的记忆模型，并以心理表征作为结尾。心理表征是人们所记住的社会性类别和各个样例。首先我们将概述每个认知模型，然后介绍从中衍生出来的社会认知模型；社会认知研究者根据一般的认知模型发展了适用于社会认知的模型，特别是关于人类记忆的模型。我们将讨论联系性网络、程序性记忆、联结主义（平行加工）模型、具身记忆，以及类别、样例等记忆结构。

联系性网络：记忆的组织

假设你站在一个繁忙的十字路口，正在等红绿灯。在马路对面，你看到一个年轻人撞倒了一个老太太，抢了她的钱包就跑了。等你穿过马路时，他已经跑远了，所以你把注意力转向那名妇女。就在你发现她很生气但没有受伤时，一名警官来了，要记下你对刚才发生事情的描述。这件事是如何储存在你的记忆里的呢？为什么它的心理表征很重要？有几种记忆模型可以解释这一现象。本节将详细介绍经典的记忆模型，即联系性网络取向（associative network approach）。这个模型是大多数社会认知研究，尤其是早期研究的基础。后面的内容将讨论在这个经典模型基础上的更多进展。

基于联系性网络的基本认知模型

这个取向的最基本原则是，从其他概念到记忆中任何给定概念的连接或联系越多，人们就越容易记住这个概念。这是因为人们可以通过许多线路定位这个概念。尽管当今社会认知研究还提供了一些别的取向，但由于社会认知研究就是沿着这个取向发展而来，因此我们将在下面几节进一步阐述这一点。表4-1在第一列总结了联系性网络认知模型的一些关键特征。

表4-1 长时记忆模型的关键特征

联系性记忆（针对内容的陈述性记忆）	程序性记忆（针对练习过程的自动化记忆）	平行分布加工（联结主义模型）	具身记忆（知觉符号系统）
记忆存储包括近期和久远的长时记忆			包含自上而下的预期（框架）
包括对特定事件的情节记忆和对事实、词义、一般性知识的语义记忆	包含所有类型的信息	包含所有类型的信息	包含自下而上的感觉信息，内省和本体觉
节点-连接结构中的命题	"如果-那么"（条件-行为）"产生式"	抑制性与促进性连接模式	组织相关知觉符号的模拟器
过程：在不同提取线路中扩散激活	过程：匹配、选择、执行	过程：调整联结强度	过程：在物体出现时进行实时模拟，而在物体不出现时进行离线模拟
激活强度决定提取程度	当前目标和刺激决定相关程序的选择和使用	输入模式和连接权重共同决定提取程度	主要关注针对行为的知觉
短时记忆主要与海马有关，长时记忆巩固则涉及皮质功能	对产生式的加工涉及基底神经节回路；而目标实现则涉及背外侧前额皮质		

这种表征的确切格式被称为记忆编码。我们后续会讨论到各种可能的记忆

编码，但在早期认知心理学中最为人知的一种编码是**命题**（proposition；J. R. Anderson，1976；Rumelhart，Lindsay，& Norman，1972；Wickelgren，1981）。例如，"那个女人站在那个街角"是一个命题；"那个女人是老年人""那个男人撞倒了那个女人"等都是命题。每个命题都由节点和连接组成，每个节点是一个概念（名词、动词、形容词），每个连接是概念之间的关系。

关于人类记忆的这些理论模型是联系性的（associative）。也就是说，大多数记忆模型指的是节点（那个女人）与其他节点（老年人）之间的连接。这个联系性特征对人际事件重要。假设你要为抢劫案提供目击者证词（见图4-1）。将长时记忆组织成一个联系性的节点－连接结构，意味着你将一同回忆起相关的事实。也就是说，如果你一开始就先想到那个女人，那么回忆起她的特征（如年老、站在街角）可能会比回忆起那个男人的特征（如年轻）更容易。

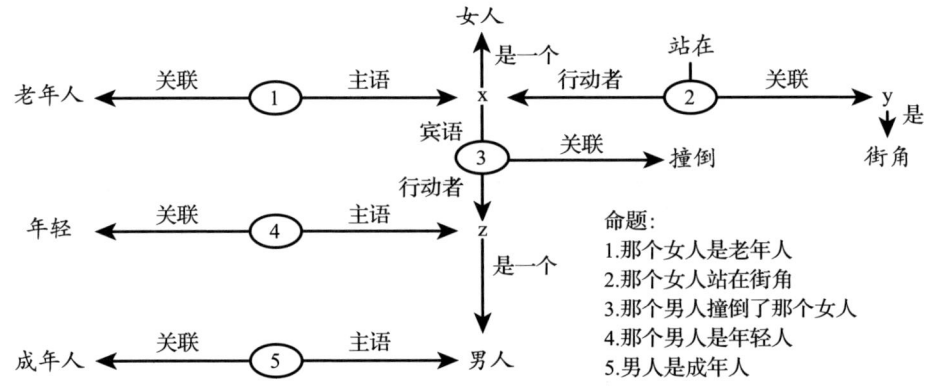

图4-1 "那个站在街角的老太太被那个年轻男子撞倒了"（引自J. R. Anderson，1976）的命题网络模型。每个单独的命题都用椭圆表示。例如，第一个命题（"那个女人是老年人"）由图左上角的节点和连接表示。有编号的椭圆表示其他命题。以椭圆1为起点，连接到其他节点的箭头都是这个特定命题的一部分。例如，"老年人"和"女人"都被椭圆1的箭头连接。但是"站在"就不是命题1的一部分；因此，从椭圆1到"站在"的连接被指向错误方向的箭头打断。另一个需要解释的符号是x、y、z的使用。它们表明x是一个特定的女人，她也是老年人。如果命题是"女人是老年人"（即整个女性类别都是老年人），则图中的x将会被"女人"一词替代。例如，命题"那个男人是年轻人"（即对所有男人成立）和"男人是成年人"（见图中命题4和5）的表达方式是不同的。这个符号系统演示了在命题网络中表征意义细节的精确示意图。

在联系性记忆模型中，节点的激活是逐渐扩散的：回忆从某一节点开始（如那个女人），然后沿着节点之间的连接向外扩散（A. M. Collins & Loftus，1975）。例如，回忆"那个女人是老年人"会激活记忆中的两个节点（"年老"和"女人"），并加强它们之间的连接。从实际角度看，共同激活，即频繁复述（重复）你的证词会使这部分事实比其他没被复述过的事实记得更牢。想让你成为证人的律师可能知道，提前频繁回顾证词可以加强证词的条理性，避免出现令人尴尬的意外，如在证人席上回忆起新的事件。

除了通过共同激活不同概念来加强它们的联系外，与某一特定概念的独立连接越多，这个概念也越有可能被回忆起来。更多连接可以创造更多的可能提取线路（retrieval route），从而增强对它的记忆。因此，一个聪明的律师会帮助你形成多个线路来提取某些特定的事件，避免最后一刻的遗忘。

长时记忆与短时记忆

许多网络记忆模型会区分长时记忆和短时（或工作）记忆。根据这种观点，**长时记忆**（long-term memory）由一个人可能回想起的海量信息组成。**短时记忆**（short-term memory）指人在任一特定时刻所考虑的信息，因此它也被称为**工作记忆**（working memory；Baddeley，2012）。正如第3章所述，在许多记忆模型中，长时记忆中激活的部分代表了短时记忆或意识（见表4-2）。也就是说，当前最活跃的长时记忆节点组成了集中性注意的内容。短时记忆的内容经巩固而存储到长时记忆中。

表 4-2　短时记忆或工作记忆模型的关键特征

联系性记忆模型	程序性记忆模型
长时记忆中激活最强的部分，以及得到注意的刺激可经巩固而存入长时记忆	
迅速、简单的学习需要短时记忆	缓慢学习，需要练习
自动化或控制性加工	迅速，自动化加工
广泛使用	具体的、目标明确的使用
灵活	持久
短时记忆涉及腹外侧前额皮质的活动	程序性学习涉及基底神经节的活动

在联系性记忆模型中，记忆提取需要激活长时记忆中相应的节点。当激活超过一定阈值时，这些节点的内容就会进入意识。由于最活跃的节点可以迅速

改变，因此长时记忆中有意识的部分（即当前你在想什么）被认为是短时记忆。随着事物被激活，随后激活又消退，于是它们在意识或短时记忆中进进出出。激活的有限容量意味着短时记忆量不大。换句话说，只有很少量的事情能同时保留在意识之中。

短时记忆容量受到严重限制的后果可以通过律师对证人的提问来说明。一个证人无法在意识中一次保持很多细节，所以证人可能说出一些与之前证词矛盾的信息。学术界一般认为短时记忆能保持大约7个记忆项的信息（7 ± 2；G. A. Miller，1956）。㊀一个记忆项的信息，可以小到一个字母或数字，也可以是一组（chunk）字母（如抢劫犯所穿运动衫上的一个单词）或一组数字（如你手表上显示的时间）。

与短时记忆的有限容量相比，长时记忆的容量实际上可以说是近乎无限的。律师敦促证人只尽力记住关键细节可能也是基于这一点：所有信息都放在那里，问题只是如何找到想要的信息。对于长时记忆来说，问题不在于记忆容量（或一个人知道多少），而在于提取（是否能找到）。熟练的表现部分取决于长时记忆中对相关资料进行有效率的提示（Ericsson & Kintsch，1995）。许多社会性记忆模型主要关注长时记忆的组织、记忆项之间的连接和可获取性（accessibility）。

长时记忆和短时记忆之间泾渭分明的区别可能正在被打破。神经科学区分了记忆的三个一般性时间段。信息在意识中可以得到主动关注，像刚才所描述的，实际上就是信息进入极短时的记忆。研究者还区分了以前均被认为属于长时记忆的两种记忆形式：对于近期事件的记忆有时被称为**中时记忆**（intermediate memory），而对于更久远事件的记忆被称为长时记忆。互补的中时记忆和长时记忆系统允许：①迅速学习和对特定事件的回忆，与海马有关；②缓慢学习但迅速的识别模式，与新皮质（内侧颞叶）有关（如 McClelland，McNaughton，& O'Reilly，1995；K. A. Norman & O'Reilly，2003）。这些互补的学习系统反映了海马在回忆近期事件中的作用，以及新皮质在环境中检测规律时的作用：尽管习得和接受慢，但消退也慢。

㊀ 后来的学者认为当时因实验设计等问题导致所发现的短时记忆容量偏大。进一步研究发现，实际上人类的短时记忆容量是 4 ± 1 个组块（Nelson Cowan，*Behavioral and Brain Sciences*，2001）。——译者注

社会性记忆的联系性网络模型

PM-1 模型

这些记忆的认知模型能告诉我们社会认知的一些什么东西呢？我们这里介绍一个关于社会性记忆的联系性网络模型，**PM-1 模型**（PM：person memory；Hastie，1988b）。这一模型使用计算机模拟，以验证它的充分性（Ostrom，1988）。简而言之，PM-1 模型预测，个体会对与以往印象不一致的材料予以更多注意（因为它令人意外）；从而给这些记忆项带来了额外的联系，增加了可选择的提取线路和被成功回忆的概率——这就是**不一致优势**（inconsistency advantage）。

根据这个模型，编码过程激活了有限容量的工作记忆，使得一个信息可以与其他信息项目连接；不同项目在工作记忆中停留的时间长短取决于它们与当前印象判断的相关程度。信息在工作记忆中停留的时间越长，产生的连接就越多。在当前印象中，处于意料之外的项目之间会形成连接。因为人们试图弄明白这些信息，于是它们会在意识中停留更长时间（该模型还假设有些连接是随机形成的）。从长时记忆中的后续提取始于一个随机点，并沿着项目间的连接线路随机扩散。这一过程会在多次尝试提取某一项目失败后终止。

最后，该模型还提出了一种印象形成机制，它与记忆编码和存储同时进行。**锚定与调整**（anchoring and adjustment）过程（参见第 7 章）实际上为一个可以根据每一条新信息进行更新的印象做准备。锚定与调整是基于①到目前为止所有记忆项的累积评价和②目前保持在工作记忆中的记忆项（包括新记忆项）两者的等权重平均而进行的（N. H. Anderson，1981；Lopes，1982）。

该模型的优点之一是，能同时模拟实时印象形成的过程，以及记忆的存储和提取过程。例如，当人们形成**实时印象**（online impressions）时（即当他们接收信息），他们的印象就是由这一渐进过程产生的。然而，当人们不形成实时印象时，他们必须从记忆中提取信息来创建一个印象。在这种事后情况下，由于他们建构了**基于记忆的印象**（memory-based impression），因此他们的印象将会与他们对信息的记忆紧密相关。在实时、同步印象的情况下，记忆与自发形成的印象无关，因为对比那些难忘的信息，许多不同因素会决定每一条信息对印象是否重要。例如，人们可以记住很多琐事，但这些对印象形成并不重要。

个人记忆模型

另一种取向，即**个人记忆模型**（person memory model；Srull & Wyer，1989），提出了相似的基本假设。对一个目标的行为形成一个印象的基本过程是：从特质角度解释行为，评价整体的好感度，审查与这一评价不一致的行为，然后根据推理出的特质或对已记住行为的审核，做出基于记忆的判断。

该模型对已知的社会认知过程进行了详细分析。例如，早期信息对评价的影响最大，这种现象被称为**首因效应**（primacy effect；参见 Asch，1946；E. E. Jones & Goethals，1972）。换句话说，第一印象重要：首先知道一个人更多积极的特质会让人倾向于对其有一个偏积极的印象。在 Srull-Wyer 模型中，个体在接收到清晰且一致的积极或消极信息时就会立即形成一个初始的评价，会根据这个初始信息对随后观察到的行为进行解读。

与前面介绍的 Hastie 模型一样，Srull-Wyer 模型假设，同其他行为相比，与评价不一致的行为会得到更深入的考虑。这种考虑会加强每个不一致行为与其他行为之间的联系（对比与评价一致的行为或中性行为同其他行为之间的联系）。这种不一致优势一般出现在人们考虑不一致情境的时候。这时人们会将不一致行为相互联系起来，以及将不一致行为与一致性行为联系起来，并在它们之间建构连接。

我们可以通过观察印象的形成来推断被试在什么时候形成了他们的总体评价印象。也就是说，经过一些区组（刺激行为的集群）后，我们可以观察到记忆中不一致优势的出现和增加（基本上，我们可以描绘出每个连续区组中不一致优势的程度变化；见图 4-2）。为了展示不一致优势，一项研究至少需要五个区组，每个区组需要五种行为（Srull, Lichtenstein, & Rothbart, 1985）；也就是说，需要 25 种行为才能形成足够强烈的评价印象，让人们注意到新信息与总体评价印象并不一致。这提示，评价性的混合信息不会很快产生一个深刻的评价性印象，因此不会轻易显示出记忆的不一致优势。不一致优势可能局限于非常一致的信息基线条件下，只根据少量不一致信息而形成印象这种情况。

同样，干扰记忆项之间连接的形成应该可以消除记忆中的不一致优势。在被试完成一个实时竞争性任务（甚至是一个复述刺激项目）的研究中，研究者并没有发现同样的不一致优势（Srull, 1981）。对于没有能力和时间形成实时连接的被试来说，情况也是如此（Bargh & Thein, 1985；Barrett, Tugade, &

Engle，2004；Macrae et al.，1999）。最后，尽管被试在主要个人记忆范式中表现出了不一致优势，但当他们有时间在事后思考自己的印象时，可能还是会优先回忆起一致的记忆项。这可能是因为一致性信息支持了印象的总体评价方向（R. S. Wyer & Martin，1986）。换句话说，从长远来看，一致性信息具有记忆优势。

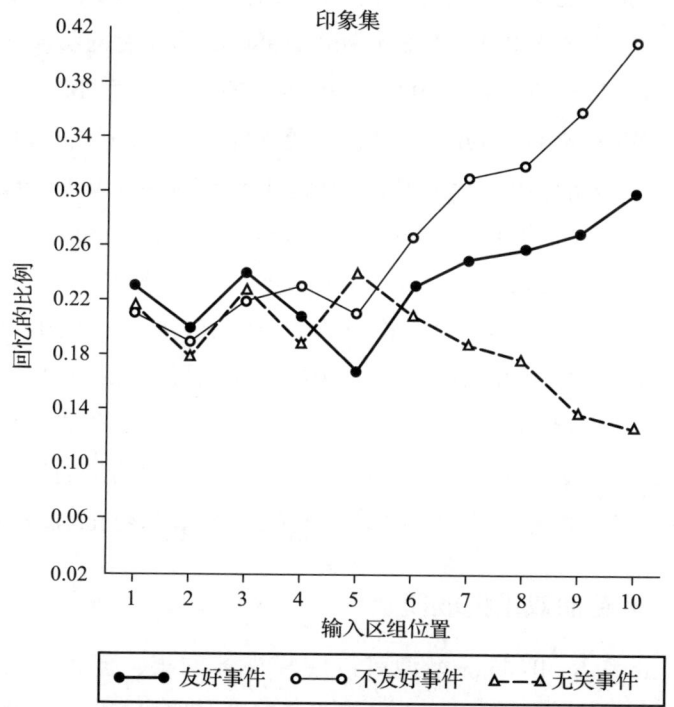

图 4-2 在一个印象形成的目标集中，在预期友好的条件下（每一区组中友好行为占多数）回忆友好、不友好和无关事件的平均比例是输入区组位置的函数

资料来源：Srull, Lichtenstein, & Rothbart (1985), Experiment 6. Copyright American Psychological Association. Reproduced with permission.

这个模型有效总结了 Srull、Wyer 及同事的大量研究。Srull-Wyer 模型的一个缺点是，它多种表征的假设都只与单一个体有关。这种略显笨拙的想法没有得到其他个人记忆模型的支持，而且它往往使这个模型既违反直觉（并非技术缺陷，而是美学上的缺陷），也可能过于灵活，能够解释几乎任何结果，甚至相反的结果也可以解释。

个人记忆模型（Hastie 模型和 Srull-Wyer 模型）的一个突出特征是，它们基于对不一致信息所加强的注意、连接和提取线路，预测了针对印象不一致行为的回忆优势。在标准实验室范式中，实验者会向被试灌输一个特质性印象，随后呈现一系列一致与不一致的行为，并要求其回忆这些行为，不一致优势在这种范式下是一个稳健的效应（见 Srull & Wyer，1989）。然而，当研究范式以任务复杂化的方式偏离标准范式时，不一致优势便没有了。从知觉者角度使任务复杂化的方法包括：已被知觉者充分接受的预期（S. T. Fiske & Neuberg，1990；Higgins & Bargh，1987；Ruble & Stangor，1986），多个针对特质的预期（D. L. Hamilton，Driscoll，& Worth，1989），描述性的不一致而不是评价性的不一致行为（R. S. Wyer & Gordon，1982），在事后思考印象的时间（R. S. Wyer & Martin，1986），需要做出一个复杂的判断（Bodenhausen & Wyer，1985），认知负荷或选择性记忆（Garcia-Marques，Hamilton，& Maddox，2002），以及多任务加工（Macrae et al.，1999）。而且当不一致优势确实出现时，它往往出现在那些对被认为具有前后一贯人格个体的印象上，而不怎么出现在对那些被认为具有前后不一贯人格群体的印象上（Rothbart，Evans，& Fulero，1979）。更进一步的是，一些社会性过程，如在聊天中无意听到的特质和行为（R. S. Wyer，Budesheim，& Lambert，1990）会支持对一致性信息的记忆，就像关于"9·11"等集体事件的社会性共享提取一样（Coman，Maner，& Hirst，2009）。

经联系性通路的双重提取模型

尽管 Hastie 和 Srull-Wyer 模型可以解释许多结果，但正如第 2 章中所介绍的双过程模型一样，人们可能会根据情况使用多种加工策略。事实上，一个更新一些的模型提出，人们会根据不同的任务而使用不同的提取过程（Garcia-Marques & Hamilton，1996）。当他们试图回忆信息时会使用穷举策略，但有时他们会使用启发式提取策略（如当他们想回忆特定事例来做出频率判断时）。穷举策略有利于针对不一致性刺激的记忆，而启发式策略有利于针对一致性刺激的记忆。这种**经联系性通路的双重提取模型**（twofold retrieval by associative pathways，TRAP）与其他双过程模型一致。

关联系统理论

根据**关联系统理论**（associated systems theory，AST），对他人的表征是通过四个主要的心理系统形成的：①视觉系统，②词汇/语义系统，③情感系统和

④行动系统（Carlston，1994）。这四种模态在与瞬时编码相关的低水平上是相对独立的，但随着表征变得更加抽象而相互纠缠。许多被提出的机制都可与之前的联系性记忆模型兼容。这一观点明确地将其他模态（尤其是情感和行动系统）添加到联系性记忆模型主要关注的认知模态中。

关于联系性记忆模型的总结

在社会认知中，最具影响力的记忆模型是联系性记忆模型提出的节点-连接结构。根据这个观点，每个概念（特质、行为、人名）都表示为一个节点，通过将两个记忆项相互关联形成连接。记忆的提取沿着网络提供的线路进行。在某些情况下，与预期一致的信息相比，预期不一致信息所具有的回忆优势是这些模型的主要实证贡献之一。目前，建立在程序性记忆、平行加工和社会神经科学基础上的新取向已经超越了这些早期的争论（见表4-1、表4-2、表4-3）。

表 4-3 几个主要的个人记忆模型

个人记忆模型	社会程序性模型	社会性联结主义模型	具身社会认知
Hastie：PM-1 模型	E. R. Smith：程序化	Kunda & Thagard：平行约束满足模型	Niedenthal et al.：具身社会认知和情绪
Srull & Wyer：个体记忆和判断	Lewicki：内隐再认	Van Overwalle：联结主义模型	Feldman Barrett：具身情绪体验
Marques & Hamilton：双重提取与联系性加工模型		Kashima：张量积模型	E. R. Smith & Semin：社会性情境认知
Carlston：关联系统理论		Read：格式塔联结主义	
		Vallacher & Nowak：动态系统	
		E. R. Smith & DeCoster：社会性联结主义模型	

程序性和陈述性记忆：记忆的功能

关于程序性和陈述性记忆的基本认知模型

正如前文所述，许多模型假设记忆包括了一个概念的联系性网络和一个知识内容的长期存储机制。**陈述性记忆**（declarative memory）有时会与之前介绍的一种自动化的形式——**程序性知识**（procedural knowledge）相对比（Squire，1987）。我们在第2章解释了自动化加工的一种形式——**程序化**，即练习会促进判断速度。然而，我们没有在更大的记忆模型中介绍程序性过程这一部分。只要加上一些关于记忆的背景知识，我们就可以建构更新的记忆模型（如 J. R. Anderson et al.，2004）。它们分别涉及了"是什么"（陈述性）和"怎么做"（程序性）的记忆形式（见表4-1）。

这些新近的联系性网络模型提出，陈述性记忆是由其过去的普遍有用性和当前的相关性共同作用而激活的；两者共同控制提取的概率和速度（J. R. Anderson et al.，2004）。对陈述性记忆的提取涉及海马和颞叶的激活（请回想一下我们在第1章介绍的海马增大的出租车司机对街道位置记忆的研究）。陈述性长时记忆既包括对特定事件的**情节记忆**（episodic memory；Tulving，1983），也包括对事实、词义和百科全书式的知识的**语义记忆**（semantic memory；Squire，1992）。与早期关于短时记忆的观点一致，提取出来的信息会占用一个容量有限的缓存区，而该缓存区与腹外侧前额皮质激活有关（Buckner，Kelley，& Petersen，1999；Wagner，Paré-Blagoev，Clark，& Poldrack，2001）。与短时或工作记忆类似，相关的知识组块会共同激活。

程序性知识与技能（也就是如何做事情）有关，并假设有不同于陈述性知识的表征方式。程序性知识被表征为"条件-行为"对，或者"如果-那么"条件句，统称为"**产生式**"（productions）。当一个输入模式与"如果"或"条件"部分匹配时，"那么"或"行为"部分就会马上运行。例如，一个条件可能是"如果一封电子邮件的主题宣传有一大笔现金奖励"，对一部分人来说，"产生式"的行为部分是"那么不打开并删除它"，而对另外一些人来说，行为部分是"那么打开，阅读并提供个人信息"。各种常见的认知"产生式"（如匹配、选择和执行）组成了**程序性记忆**（procedural memory），它涉及一个包括了基底神经节在内的神经环路的功能（J. R. Anderson et al.，2004）。人们当前的目标决定了哪些程序会激活，而这些目标可能会与背外侧前额皮质激活相关。当前目标可能会占用一部分缓存，用来追踪实现某个结果的进程。

社会记忆的程序性模型

正如前文所介绍的，内容性知识最初是在陈述性的联系性网络中被表征的，而这一网络早已为社会认知研究者熟悉。陈述性表征的优点包括容易学习（可以简单连接概念），广泛适用性（即在任何情况下都会涉及这个结构的一部分），以及灵活性（也就是说，可以根据需要在连接之间选择不同的方向；E. R. Smith，1998）。陈述性知识是广义的，不依赖于特定领域的，并且很可能是可以进入意识并可以口头表达的。因此，它是经得起社会认知研究者常用方法检验的。

陈述性知识的缺点是，它往往加工速度较慢，并且会耗尽一个人有限的工作（短时）记忆容量。于是，如上文所述（见表4-3），一些特定的加工会在反复使用后最终可能被程序化以提高效率。

程序化

社会性过程在人的认知加工中是很常见的，因此，正如前面所介绍的自动化加工的一些例子，把有些加工程序化就很容易理解了。我们在第2章介绍了E. R. Smith和同事的工作。他们将程序性记忆的原理应用到经练习而促进社会性判断速度的情境之中，这些练习效应为自动化提供了一种解释。

程序性记忆为启动效应提供了另一种解释。我们前文介绍过，启动效应演示了最近或经常被激活的类别怎样影响一个新类别相关信息的加工。这一过程通常也会被解释为类别可获取性：使用陈述性记忆时，激活会沿着联系性网络的线路从启动刺激扩散到相关概念。任何关联的概念都可以启动另一个概念。由于这个过程本身是通用的，因此无论启动刺激是基于文字、面孔还是符号的都没有问题。

然而，正如程序性解释所显示的（E. R. Smith & Branscombe，1988），有些启动效应可以是过程特异性的。通过阅读一个单词来启动一种人格特质不同于通过行为推理来启动一种人格特质。每个过程在面临第二次相同任务时会启动更快的反应（程序性启动），而且每个过程也会启动特质本身（类别可获取性）。程序性启动并不是代替可获取性，但实际上，过程也可以像内容一样被启动。

内隐记忆

程序性记忆也可以用来解释其他方面，如对于某些态度的可获取性（参见第10章），从多个可能推理或类别中选择一个（参见第11章），以及对无法清晰表达的复杂模式的学习（Lewicki, Czyzewska, & Hoffman, 1987; Musen &

Squire，1993；Seger，1994）。对某个程序的练习越多，相比其他同样可使用的程序，它就越有可能被再次使用。根据这种观点，这种程序性效应是**内隐记忆**（implicit memory）的一种形式。内隐记忆是指以往的判断过程对当前反应的影响（E. R. Smith & Branscombe，1988；参见 Jacoby & Kelley，1987，关于无意识记忆的另一种讨论）。程序性记忆理论在社会认知中还不是那么重要，但它们对内隐联系的研究产生了相当大的影响（参见第 11、12 章）。

— 应用聚焦 ——————
谁的解释值得信任？女性通常有更好的情节记忆

伴侣间经常分担记忆生活中的琐事，其中一个负责记住奶奶最喜欢的生日蛋糕是什么，另一个记住怎么去她的家——这种二人配合的现象被称为"交互记忆"（transactive memory；Wegner, Erber, & Raymond, 1991）。当伴侣通过合作而把对方当作人形外置硬盘时，他们可以更有效地完成任务。但是，如何决定由谁负责记住在哪里买蛋糕，或者记住上次是怎样把它放入冷藏箱的？异性恋伴侣是否应该依赖刻板的性别角色来分配联合记忆任务呢？

研究者对 617 项研究（1973～2013）的一项元分析发现了明显的性别差异：确实，女性在情节记忆方面得分普遍高于男性，尤其在语言材料、说得出名字的图像和地点的记忆上表现更好；女性在一些非语言的任务上（如面孔和肤色、气味和味道）也做得更好。男性在路线和抽象图像上得分高于女性（Asperholm, Högman, Rafi, & Herlitz, 2019）。如果女方多说"我相信你知道路的"，或者男方多说"我相信你记得我们去年给她的蛋糕是什么颜色的"，那么很多家庭纠纷可能就避免了。

也许由女性记住情节记忆（回忆单个事件）就是人们基于性别特长进行任务分工的一个实例，但当然也可能是长期这样分工而造成了男女之间的情节记忆差异。无论哪种情况，认识到这种分配模式可能都是有帮助的。

关于程序性记忆的总结

程序性记忆引入了这样一种思想，即"如果－那么"的自动化程序可通过练习而形成。程序性记忆的社会认知应用主要关注启动特定的认知过程以及内隐记忆的其他实例（见表 4-3）。

平行加工与序列加工：协调两种记忆过程

贯穿陈述性（联系性）和程序性记忆的一个关键问题是平行加工与序列加工的问题。传统的联系性网络模型把扩散激活看成一个同时激活多条相关线路的**平行过程**（parallel process），但总体而言，记忆的编码、提取和反应过程被认为是具有多个步骤的**序列过程**（serial process）。我们经常能看到社会性类别信息在个体化信息被激活之前已经得到激活（参见第 2 章）。这既可以通过序列加工实现，也可以通过平行加工实现。序列加工，顾名思义，就是先激活一个，再激活另一个。或者，如果两个信息是平行加工的（即同时得到激活），那么类别信息可能得到了更快的加工，从而超过了个体化信息。在早期的信息加工模型中，序列加工的思路更被学术界接受，因此新模型更多关注平行加工。我们在本节将予以介绍。

平行加工的基本认知模型

平行分布加工（parallel distributed processing，PDP）是一种研究认知结构的取向，是对心理结构研究中更为传统的序列加工模型的一种替代。出于某些原因，我们两位作者中的一位向她 80 岁的姑奶奶介绍 PDP。姑奶奶是一个机敏、喜欢智力挑战和健谈的人。她想了解认知研究中涉及"未来浪潮"的一些东西。PDP 似乎是一个不错的切入点，因为姑奶奶对它的了解并不多，可以保证比作者了解的少。一个不太确定的比喻式解释浮现在我脑海中，PDP 就像是一个老式的由灯泡组成的时间和温度指示牌。这种指示牌是由一排排灯泡组成的网格。根据需要，不同的发光组合显示不同数字。每个灯泡都对所显示的时间和温度有贡献，而它们的"开"或"关"是由整体模式决定的。在这种过于简化并且存在缺陷的关于 PDP 的比喻中，个体记忆单元就是灯泡。每个记忆单元只承担整体的一个特征，但是每个单元都参与许多不同的记忆模式。同一个灯泡，既可以是数字"1"的一部分，也可以是数字"2"的一部分。而且，数字"2"还可以出现在网格中的不同位置。这取决于当前时间是 2：00 还是 7：32。对于 21 世纪的读者来说，用像素的概念来演示 PDP 模型也可以。

我们来看一下这种框架与记忆的联系性网络模型有何不同之处。在联系性网络模型中，每个节点只表征一个概念。当这个概念被充分激活时，它就会被提取出来。在**平行分布加工模型**（parallel distributed processing model）中，每个单元都帮助表征许多不同的概念。当所有基本单元整体出现特定模式时，相应的概念就会被提取出来。让我们回到时间和温度标识牌的例子。数字"3"根据需要可以出现在标识牌的左、右或中间，数字出现在哪里仅取决于正确的灯泡配置（即哪些灯泡是亮着的）。因此，没有一个单独的灯泡可以代表"3"，但某一整体模式代表"3"，并且由哪组灯泡来呈现也是任意的。这就与霓虹灯有很大的不同。例如，霓虹灯有一个装置负责在需要的时候点亮一个特定的数字。传统的记忆模型大致类似于一系列相互连接的霓虹灯字母。（姑奶奶对此表示怀疑。）

PDP 模型实质上是在探讨知觉和认知的基本认知单元。PDP 模型假设记忆由许多基本单元组成（即我们比喻中的灯泡，他们比喻为神经元）。这些基本单元之间存在兴奋性和抑制性连接。连接代表了哪些单元之间存在联系性**约束**（constraint）[⊖]，而**连接强度**（connection strength）代表了联系的类型和程度。**联结主义模型**（connectionist model）只存储连接强度，所以它们通过激活网络的某些部分，并等待多个连接在整个系统中重复振荡，直到整个模式被激活的方式来重新建构某个模式。

对 PDP 理论的完整介绍超出了本书的范围（McClelland, Rumelhart, & Hinton, 1986; Rissman & Wagner, 2012）。最初，PDP 应用于解决运动控制（打字、伸手）以及单词中字母水平的知觉问题，是在比之前介绍的记忆网络模型更低的水平上探讨认知问题。也就是说，联系性网络中的一个节点不再是单个神经元，而是神经元之间的一种激活模式。如果只把 PDP 看作联系性网络模型在更低水平的精细化加工（即在神经元水平上加工信息），那么它对社会认知这种更宏观分析水平的意义将是有限的。

不过，PDP 对于社会水平的分析确实有潜在用途。在更传统的联系性模型中，知识是静态表征的，不会在长时记忆和工作记忆之间改变其形式，因为知识实质上只是被激活多还是少的问题。然而，在 PDP 模型中，模式本身并不被

⊖ 约束是指有关条件（如环境设置、性情）的限定使人会按照某种模式或在某个范围内反应。例如，如果两个单元之间存在联系性约束，那么一个单元的激活很有可能引发另一个单元的激活，而不太可能直接激活与之不相连的单元。——译者注

存储，但基本单元间的连接强度被存储下来了，使得各个模式可以被重新建构出来。从实际角度看，这使得知识在系统中是内隐的，而不是由一组外显的存储规则决定的。

PDP 还可以识别不完全的刺激模式，因为相近的刺激可以激活某一连接模式的一部分，随后再产生这个模式的其他特性。PDP 模型擅长同时考虑多个信息源。与传统的序列加工模型相比，它们是平行处理器。

近几十年提出的一些记忆模型结合了序列和平行过程（如 J. R. Anderson et al.，2004）。例如，陈述性记忆提取可同时平行搜索许多相关的记忆，但进入意识的内容可能会形成一个序列队列，因为一个人一次只能注意一个提取的记忆信息。类似地，在程序性记忆中，多个可能的产生式可被同时激活，但一次只能序列性地触发一个。

社会认知中的平行约束满足

你心中一个持蒙台梭利教育理念的阿米什○老师会是什么样子呢？PDP 在社会认知中的一个可应用领域是刻板印象，特别是这些刻板印象之间如何同时交互作用的问题。要将一个人对"保守的阿米什农民和开明的蒙台梭利教师"的知识结合起来，你可以通过考虑他们既坚持"返璞归真"又认可耐心来想象一个人同时具有这两种角色。而且，我们可以想象这样一个人对新奇事物（如教室里出现的手机）的可能反应。PDP 模型允许在先前知识的基础上涌现这些新特征。

平行约束满足模型

社会认知中一个相关的例子是**平行约束满足理论**（parallel constraint satisfaction theory；Kunda & Thagard，1996）。我们在第 2 章把其简要介绍为替代双模式模型的一种单模式模型。它把印象形成看成类似于文本理解的过程。知觉者需要解释和整合各种输入信息，同时从长时记忆读取相关的知识，包括各种刻板印象和特质。该模型强调这些过程的同时性，平衡从更具体（如对特定行为的解

○ 指阿米什人（Amish），主要生活在美国宾夕法尼亚州并扩散到美国中西部地区和加拿大安大略省的基督教新教再洗礼派门诺会信徒，以拒绝汽车等现代设施的简朴生活方式而闻名。——译者注

读)到更抽象(如期望或刻板印象的应用)的各种输入信息的双向和立即影响。信息一旦经过加工,就会约束其他正在获取的信息。例如,一个朋友猛推你一把可能会被视为玩笑,而一个陌生人猛推你一把可能会被认为是暴力行为。该模型假设预期和新信息会约束对彼此的解释,信息模糊时尤为如此。我们在第11章介绍刻板印象时会再次讨论这些问题,但本节的重点是加工可以平行发生,各种信息相互影响对彼此的解释。该模型可以使用计算机模拟印象形成的过程。

联结主义模型

印象形成的联结主义模型(connectionist model of impression formation)也将PDP原则应用于社会认知(Van Overwalle & Labiouse,2004)。该模型超越了Kunda-Thagard的平行约束满足模型,因为它包含了一个学习成分和一个知觉成分。这个模型也有一个初始激活阶段。在此阶段,外部输入(如刺激)会与内部输入(如预期)相互平衡。在激活阶段之后,该联结主义模型增加了一个长时记忆的**巩固**(consolidation)过程。当外部输入和内部连接并不完全匹配时,就会出现一个巩固过程。然后,模型会根据长时连接与短时输入的差异来调整长时连接。实际上,这是一个现实核实过程。在这个模型中,不匹配的预期应该随时间改变以适应最典型的环境输入。

这个计算机模拟模型涌现⊖了两个原则。第一个原则,习得反映的是更肯定信息对比更不肯定信息之间的纯效应,通常被称为**集大小效应**(set-size effect)。人们越确定,就越支持自己的知觉。第二个原则是连接之间的**竞争**。竞争成功(准确)的连接会得到加强,不成功(不准确)的连接则会消退。因此,如果系统最初认为所有猫都是短尾的,因为它的第一只猫是马恩岛无尾猫,那么随后遇到的所有长尾猫都会加强长尾的信念,并减弱对短尾的信念。

计算机模拟再现了各种标准的印象形成效应,如同化和对比两种启动效应,在某些回忆任务中出现的不一致优势,以及**首因**(primacy)和**近因**(recency)效应(在特定条件下早期或近期信息的权重更高)。同一个联结主义模型也适用于一系列社会认知主题,如因果归因(Van Overwalle,1998)、态度的双过程模型(Van Overwalle & Siebler,2005)、认知失调(Van Overwalle & Jordens,

---

⊖ 涌现(emerge),在计算机科学中,意指系统根据简单规则经交互作用而形成新物体或现象。这里"涌现"有自行出现的意思。——译者注

2002）、群体偏见（Van Rooy，Van Overwalle，Vanhoomissen，Labiouse，& French，2003）以及沟通（Van Overwalle & Heylighen，2006）。

张量积模型

一个与联结主义模型相关的模型是**张量积模型**（tensor-product model；Kashima，Woolcock，& Kashima，2000），它使用 Hebb 范式（Hebbian approach）而不是 Van Overwalle 联结主义模型中使用的竞争范式。**Hebb 学习范式**（Hebbian learning approach）⊖是通过改变神经元之间的连接强度来进行联系性学习的；共同激活会强化连接，但不抑制未激活的连接。而且，它也不被认为是神经网络的完全代表。然而，这个模型可以很好描述群体形成印象中的几个现象。

PDP 模型总结

在社会认知的各种计算机模型中，PDP 的联结主义模型已被证明是受欢迎的。另一个联结主义模型解决了因果推断的基本格式塔原则、认知一致性和目标导向性行为（参见第 1、6、9 和 15 章；Read，Vanman，& Miller，1997）。还有些模型研究了自我概念（Nowak，Vallacher，Tesser，& Borkowski，2000）、态度学习（Eiser，Fazio，Stafford，& Prescott，2003）和外群体知觉（Read & Urada，2003）。这种取向也被称为**动态视角**（dynamical perspective；Vallacher，Read，& Nowak，2002）。

具身记忆：包含身体表征

知觉符号系统的基本认知模型

PDP 框架最初发展了一些方法用以理解对熟悉模式（如一个模糊的、断裂的或识别特征质量下降的字母）的知觉识别。一般来说，知觉框架通常不被看

⊖ 由加拿大神经心理学家唐纳德·赫布（Donald Hebb）于 1949 年在他的著作《行为的组织》（*The Organization of Behaviour*）首先提出。其基本思想是，当我们的大脑学习新东西时，一些神经元会被激活，并与其他神经元产生连接，从而形成一个神经网络。这些连接的强度在开始时比较弱，但每重复激活一次，连接就会变得更强，而反应也变得更直觉式。——译者注

作经得住检验的概念系统，仅仅被看成记录系统。然而，一个新的关于知识的知觉理论旨在填补这一空白（Barsalou，1999）。

知觉符号（perceptual symbol）编码外部和内部体验。这种形式的记忆表征整合了自下而上的知觉过程，这些知觉过程包括直接知觉体验以及在大脑中产生激活知觉运动区的各种联系。知觉体验可以包括所有的感觉，外加内省和**本体觉**（proprioception，即根据内部反馈而对自己身体位置产生的感觉）。例如，选择性注意挑选出某一环境的一些特征，不是每一个可知觉到的刺激，而是一些特定的成分。在知觉层面，大脑加工了关于边缘、颜色、运动、温度等有用的信息。因为信息既包括外部刺激（如热）也包括身体体验（如疼痛），所以知觉是**具身的**（embodied）。还因为它为知觉者下一步的适当行动（如回避）做准备，所以从这点来看知觉也是具身的。从这个角度来看，它可以说是第 3 章"知觉的目的是行动"那一节所介绍的 Gibson 生态知觉在 21 世纪的一个更成熟的版本。

除了知觉方面，这种记忆表征形式在知觉体验之后还会受到自上而下的预期所影响。知觉符号系统（perceptual symbol system，PSS）在刺激输入时会记录神经激活，但它们在概念加工时还会重新激活。PSS 在物体出现（知觉）或没出现（表象或构想）时均能表征物体。**表象**（imagery）与构想的不同之处在于，表象对于感觉运动表征更清晰、更具体，就像当你闭上眼睛，想象你童年时家的样子一样。**构想**（conception）指在没有意识地提取视觉（或其他感觉运动）细节信息的情况下去了解这个物体的情况。

PSS 的关键组成部分是**模拟器**（simulator）。它首先记录并随后重新建构一段知觉体验。实际上，这段知觉体验是由知觉阶段的选择性注意产生的大脑激活模式。相关知觉符号组织到模拟器之中，允许系统表征特定实体（如你第一次到一个新房子时看到的东西）。这种表征是动态的，会随着体验到更多信息而变化（走进房子，在里面生活一段时间）。模拟器包含两种结构：底层**框架**（frame）集成了该类别的多种体验（那个房子以及一般意义上的房子），然后**模拟**（simulation）可以从框架中被创建出来；模拟可以在特定场合创建特定实例的体验。

根据这个观点，一端的认知过程包括**自下而上**（bottom-up）的感觉运动知觉；另一端是**自上而下**（top-down）的感觉运动表征，包括构想和表象。这两端中间的过程包括启动、填补缺失信息、预测未来事件以及解读模糊信息。这些过程都需要自下而上和自上而下两种过程互相补充完成。PSS 理论与联系性网络模型有一个重要的区别：知觉符号表征感觉模态（sensory modality），而早期模型是无模态的（amodal），因为记忆表征抽象结构，与感觉或内部输入的初始类型无关。PSS通过整合多种体验之间的框架，选择核心特征，并结合身体和内省体验来表征抽象概念。从PSS角度看，工作记忆运行知觉模拟过程（如作为一个缓存区，保存刚才体验的信息）。长时记忆记录体验和相关的模拟。我们较为详细地介绍了这个模型，因为它已开始受到社会认知研究者的重视（Hostetter，Alibali，& Niedenthal，2012；Semin et al.，2012）。

具身的社会认知模型

PSS的观点对社会认知领域很有吸引力，因为它不仅关注信息的存储，还关注如何准备**情境行动**（situated action；Barsalou，1999）。没有情境行动，也就没有社会互动。也就是说，社会互动是嵌入情境中的。社会心理学的主要观点是，社会情境会极大影响人的思维、感受和行为。正如Zajonc和Markus（1984）对**硬接口**（hard interface）的描述中所预期的，社会心理学家正在采取具身认知的观点。

具身认知将行动者直接置于人际情境中，置于社会情境性认知中（E. R. Smith & Semin，2004）。无论是在互动中的直接知觉——**实时认知**（online cognition）中，还是在没有社会性实体的**离线认知**（offline cognition）中，具身似乎都是社会信息加工的基础（Niedenthal，Barsalou，Winkielman，Krauth-Gruber，& Ric，2005）。

运用PSS，研究者探索了面孔或身体姿势对社会认知的影响。例如，当人们正在被人劝说时，如果诱导他们做出垂直点头或水平摇头动作，那么他们会相应地更可能同意或拒绝这个劝说（G. L. Wells & Petty，1980）。当人们用牙齿横着咬住一根铅笔（这使得他们颧骨的笑肌收缩）时，他们会认为所观看的卡通图片比用嘴唇抿住铅笔时更有趣（Strack，Martin，& Stepper，1988）。相比于伸开手臂做回避动作，当美国人手臂弯曲模仿靠近他人的动作时，他们会更喜欢对他们来说陌生的汉字（Cacioppo，Priester，& Berntson，1993）。当人们做出具有不同情绪特征（如悲伤）的动作时，他们会报告说更能感受到相应的情绪（Duclos et al.，1989）。握拳动作与人的权力概念有关（Schubert，2004），用强势的姿势站着也一样，这会降低皮质醇，增加睾酮分泌，并提升冒险行为（Carney，Cuddy，&

Yap，2010，2015）。当身体或语言上更加亲近时，人们会表现得更热情，也确实会感受到更温暖（IJzerman & Semin，2010；L. E. Williams & Bargh，2008）。所有这些例子都提示了具身对情绪和评价的影响（Hostetter et al.，2012）。

我们在第3章介绍了相反的情况：通过词语的概念启动或通过面孔的视觉启动都会使人形成相关的刻板行为（Bargh et al.，1996）。但自下而上的感觉运动表征以及自上而下的广义概念和图像在具身和情感体验之间是相互影响的：在互动过程中，当人们相互模仿对方的非语言行为时，他们会感到特别被理解（Chartrand & Bargh，1999）。共情是部分通过肢体形式起作用的（Decéty & Chaminade，2003）。情绪体验的表征尤其可能通过有关情绪的具身知识产生（Barrett，2006）。

记忆模型的总结

记忆模型通常的观点是，联系性网络将长时记忆中的概念组织起来，而当前最活跃的联系表征了短时或工作记忆。这个框架是大多数社会性记忆研究的基础。当研究者开始探讨行为中的记忆（如做了什么）时，他们区分了陈述性记忆（回忆内容的联系性网络）和程序性记忆（"如果－那么"对决定了回忆如何触发其他行为）。记忆模型不仅关注序列加工，还越来越关注用来协调记忆加工的平行加工程序。而且，具身认知模型在自下而上的知觉过程和自上而下的概念表征中，均依赖于感觉运动知觉系统。

社会性记忆结构：为什么社会性记忆重要

"我爱你，简……噢，我是说，萨莉。"当你叫错某人名字时会发生什么呢？人们在被当成另一个人时，通常会感到恼火（更不用说这个人比另一个人更不容易从记忆中被提取出来）。当然，他们感到恼火也是应该的，但我们知道还有更糟糕的情况，人们有可能把他们孩子的名字和一条狗的名字搞混（A. P. Fiske et al.，1991）。当你忘记某人的名字或者搞错了他们的个人秘密时，会发生什么呢？他们会感觉内心受到了伤害，而个人悲剧可能随之发生。人们用宽泛的类别来组织关于他人的记忆。这通常是很实用的，但也有其缺点。长期以来，社会认知研究关注一般性与特殊性之间的冲突。由于社会性类别和具体社会样例的心理表征会涉及不同的记忆理论，而且对社会生活至关重要，因此我们在这最后一节进行讨论。

社会性类别

类别（categories）指人们对诸如人、实体或社会群体的预期。不管喜不喜欢，我们都会对他人、自己和情境做出假设。有时，人们会被自己的预期严重误导。然而，大多数情况下预期都是有用的。人们的正常生活实际上也不能离开预期。这样的预期、假设和一般性的先前知识可以产生某些预测和控制感，而这对幸福感至关重要（参见第2章）。

人们在生活中可以不要类别吗？考虑一个可实际存在的情况：在一个陌生环境中与一群没有任何预期或了解的人一起生活。到达新校园的第一天，第一次来到一个陌生的文化环境，或者与一个性别、年龄、身份全是谜的陌生人会面——所有这些令人迷茫的遭遇，在我们失去由预期提供的预测力和控制感时，都会挑战我们的正常生活能力。对校园的事先了解（如地图），关于文化的指南（如旅行书籍），或对陌生人的介绍（通过一个共同的朋友）等先前知识都有助于缓解上述遭遇。但是，我们对先前知识这种必然依赖并不是完全具有适应性的。我们可能会依赖错误的假设，或者我们的假设可能过于僵化。当然，总的来说这些预期有用的时候居多。

类别驱动加工与数据驱动加工

类别表征关于一个概念的知识；这种抽象表征有时被称为**图式**（schema），包括概念的属性和不同概念之间的关系（S. T. Fiske & Linville，1980；Macrae & Bodenhausen，2001；Rumelhart & Ortony，1977；S. E. Taylor & Crocker，1981）。类别化个人知觉促进**自上而下**（top-down）过程（有时也称概念性驱动或理论驱动过程），这种过程很大程度上受到一个人先前知识的影响。与之相反，**自下而上**（bottom-up）过程，有时也称刺激驱动或数据驱动过程，并不太受先前知识的影响（Abelson，1981；Bobrow & Norman，1975；Rumelhart & Ortony，1977）。作为人们关于世界的理论和概念，类别知觉关注人的普遍性，即那些涵盖很多具体实例的、抽象的一般性知识。这类研究的基本结论是，人通过将知识存储在一个整体和广泛的水平上简化现实，而不是一个接一个地将所有个人体验以原始数据的形式存储起来（这将会是纯粹的数据驱动加工）。

然而，社会和认知心理学家也会通过关注数据驱动过程与类别驱动过程的交互作用来深入考察数据驱动过程。数据驱动过程展示了普通人对另一个人或另一情境的特定品质的敏感性。纯粹的类别理论比较极端地认为，人们会轻易地掩饰重要细节，顽固地拒绝关注摆在他们面前的信息，并不惜一切代价地维护他们的图式。相反，数据驱动框架表明，人们确实会关注当前的信息（Higgins & Bargh, 1987）。在本节中，我们将从类别加工开始介绍这两种现象。

我们对世界的知觉反映了外在事物与我们对它的影响之间的交互作用。很矛盾的是，我们更多意识到外在事物对我们的影响，而较少意识到我们对自己认知过程的影响。也就是说，我们知道自己在编码信息，但我们会低估选择性注意、解读信息和填补缺失信息的作用。预期是我们带入日常知觉的结构化知识，所以它强调我们对现实的主动建构。这并非说我们不受刺激本身的约束；与格特鲁德·斯泰因（Gertrude Stein）⊖的说法相反，"在这个主动建构过程中，刺激还是在那里发挥作用的（there is a there there）"。

类别预期强调知觉的作用，而且这种作用几乎是前意识的。我们在体验这个世界时似乎没有给它添加任何东西，所以常识告诉我们，我们知觉到的是环境的一个不变或刻板的复制品。我们的知觉是瞬时和直接的，似乎我们的大脑只是简单地录制周围环境中的东西。普通人和一些哲学家都持有这种常识性观点，即知觉是无滤镜的、真实的（Aristotle, 1931; Mill, 1869）。在当前对样例的研究中，依然有人强调无滤镜体验的重要性（本节稍后讨论）。

与此形成对比的是，格式塔心理学提倡一种不同的知觉观（Brunswik, 1956; Koffka, 1935）。正如第 1 章所提到的，格式塔心理学家认为，知觉是建构出来的，会经过一个解释性透镜的调节（见图 4-3）。对于任何给定刺激，我们"看到"什么取决于情境。例如，"1952"的"1"和"life"（生活）中的"l"客观上是相似的，但由于情境不同，我们对它们的解读也不同。情境提供了一种不同的**格式塔**（Gestalt）或构型，从而改变了单个元素的意义。因此，整体超越了各部分简单组合的结果。格式塔强调环境对构型知觉的影响，并根据知觉者主动促成的情境中的构型来预测社会性类别和期望。这种有组织的先前知识影响了

⊖ 格特鲁德·斯泰因（1874—1946），美国作家，曾在 1937 年的自传中写道，"There is no there there"。意思是无论她去到哪里，那里都没有家乡的感觉。——译者注

哪些东西被知觉和记忆。其影响方式与基于情境的格式塔构型所采用的方式非常相似，但通常涉及人和情境这种更复杂的构型种类。格式塔的刺激构型指导了在当前类别理论之前的两种理论的发展：所罗门·阿希（Solomon Asch，1946）关于对他人印象形成的**构型模型**（configural model；参见第 1 章）和弗里茨·海德（Fritz Heider，1958）关于产生心理**平衡**的社会构型理论（参见第 9 章）。

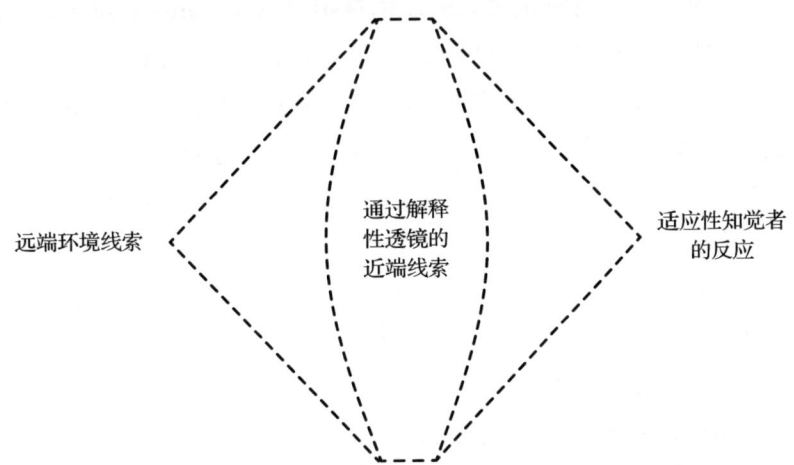

图 4-3　标示了近端和远端刺激的 Brunswik 透镜模型

类别知觉

一般常识和经典理论都认为，人们可以精确地定义日常类别（E. E. Smith & Medin，1981），就像人们想在科学或数学中能够做到的那样（尽管在这些领域，经典假设也会受到质疑）。但仔细想想，这被证明是不可能的。基于路德维希·维特根斯坦（Ludwig Wittgenstein，1953）最先提出的观点，认知心理学（Mervis & Rosch，1981）和社会人格心理学（N. Cantor & Mischel，1979）得出了几个原则来描述人们如何对事物、情境和他人进行分类。

一个核心观点是，自然类别没有必要属性和充分属性。相反，类别成员属于**模糊集**（fuzzy set），因此哪个实例属于哪个类别并不总是明确的。例如，象棋、门球和猜谜语都是"游戏"类别的好例子，但是过家家和观察蚂蚁呢？"某些实例比另一些实例更典型"的知觉引出了一种观点：对于某一类别来说，实例是从非典型到相当典型排列的，其中最能代表该类别的是它的原型。**原型**（prototype）可以说是类别成员的集中趋势或均值。

由于原型是根据对实例的体验而抽象出来的,因此人们可能永远不会在现实生活中真正遇到一个类别的原型。即便没有一个实例本身是完美的原型,人们也会抽象出最典型的特征(Hayes-Roth & Hayes-Roth, 1977; Posner & Keele, 1968, 1970; Reed, 1972)。然后,人们通过评估一个新实例与原型的相似程度来决定它是否属于这个类别。

根据这种观点,类别成员之间是以**家族相似性**(family resemblance)为标准来关联的。任何一对类别成员将共享一些特征,并与其他类别成员共享其他一些特征。例如,"20题"猜谜游戏和棒球都有确定的回合数(20个问题或9局),而捉人游戏和象棋都没有。另外,"20题"猜谜游戏和捉人游戏都不需要专门的装备,而棒球和象棋都需要。某一实例与某类别的其他成员共享的特征越多,它就越能被一致、公认和迅速地识别为该类别的成员(McCloskey & Glucksberg, 1978; E. E. Smith, Shoben, & Rips, 1974)。因此,一个类别中任何给定的特征都不一定存在于所有类别成员中,只是存在的概率有高有低。重要的是,类别的内部结构相比经典观点认为的更具流动性。类别成员可被更好地描述为围绕某个原型的一个模糊集。

介绍完类别内结构,我们来介绍类别间结构。类别通常被认为是在不同包含水平上按层级组织的。也就是说,"娱乐"这个宽泛类别可能包括了(至少)游戏、聚会、电视、书籍和电影(见表4-4)。每个子类别可有几个更下位的子类别,如汽车游戏、桌面游戏和户外游戏。不同分类水平服务于不同目的(Rosch, Mervis, Gray, Johnson, & Boyes-Braem, 1976)。例如,人们更常说"我们去玩个游戏吧"或"我们去看场电影吧"(这是中间水平),而较少宽泛地说"我们去娱乐一下吧"或更具体地说"我们去玩汽车游戏吧"。根据这种观点,事物的这种基本水平或中间类别具有丰富的属性(人们容易与它们关联起来),容易与相关类别区分开来,而且涉及熟练的日常行为。

表4-4 针对"娱乐"的假想类别原型和层级结构

娱乐				
游戏(其他娱乐类别包括聚会、电视、书籍和电影)				
汽车游戏	桌面游戏	户外游戏	虚构游戏	联欢会游戏
车牌扑克	大富翁	棒球	过家家	猜字谜
"猜物游戏"(I Spy)	填字游戏	捉人游戏	幻想游戏	20题猜谜游戏

从小时候起，日常经验和文化就决定了我们类别的内容和组织结构（Medin & Atran，2004）。例如，大多数大学生和城市居民缺乏对大自然的体验，所以他们的分类是由相似性和典型性驱动的。相比之下，农村居民，特别是美洲土著居民，从小就有更丰富和更细致的自然分类系统，这也反映了他们的生活经历和对社会信念的敏感性。

个人类别知觉

正如我们对不同种类的事物和活动进行分类一样，我们也对不同种类的人进行分类，而且通常会根据他们的人格分类。假设你看到了一个典型外向者的人格属性列表，如精力充沛、幽默风趣和亲切友好。后来，你可能不确定是否也看到了其他的原型性人格属性，比如开朗与活泼（N. Cantor & Mischel，1979；Tsujimoto，1978）。激活某些属性会激活相关属性，因此你难以记住哪些是你从人格属性列表上看到的，哪些是从外向原型中推理出来的。这与人们似乎会从接触到的类别一致性信息中提取一个特质原型的观点相吻合。因此，社会性类别可以被看作以原型为中心的模糊集（没有严格边界）。

这个观点的一个推论是，基于类别的思维可以产生错误记忆。人们会存储一个一般原型，并将新信息的要点与之适配。因此，他们可能会错误地记住从未出现过的类别一致性信息。在一项研究中（Macrae，Schloerscheidt，Bodenhausen，& Milne，2002），被试会看到60个名字，其中一半男性名字、一半女性名字，并等比例地与性别关联职业类型配对（一半工程师、一半美发师）；也就是说，有一半的配对是性别与典型职业一致的，另一半是性别与典型职业不一致的。随后，被试需要从120个名字中识别他们之前见过的名字。如果他们说见过这名字，还需说出对应的职业。正如在其他简单材料中很常见的结果，以及之前介绍的几种个人记忆模型所解释的，人们更容易回忆起预期不一致的名字（男性美发师和女性工程师）。

从分类角度看，更有趣的是错误记忆。**虚报**（false alarm）是指在测试时把干扰项错误地识别为原始项（即学习项）。这种虚报在预期一致时出现的概率是预期不一致时的2倍。也就是说，当被试错误地将一个名字识别为见过时，他们通常选择的是那些性别与职业一致的名字。而且，这种错误记忆还伴随一种"我知道"的感觉。因此，当人们错误地识别出一个名字并将其归为性别一致的职业时，他们更有可能对性别与职业一致的名字产生一种熟悉感。当人们上了年纪或注意受到干扰时，这种情况会更可能发生（参见 von Hippel & Henry，2012）。

这意味着当一段记忆完全错误时，人们依然可以体验到一种知道的感觉，而基于类别的一致性效应就是这个现象的机制。请回想一下本章开头那个目击抢劫案的例子。你还记得那个老太太，那个繁忙的十字路口，停下来的车辆，还有那个交通灯吗？那随后提到的那个抢劫犯的运动衫呢？他的帽子呢？他抢了什么？你回答，她的钱包被抢了。你答对了。那么他的帽子是什么颜色的呢？停放的那些车辆在哪里？实际上，我们从来没有提到过帽子或者停放的车辆，但在数十个经过严格控制的实验中，人们因被诱导而体验到了对从未发生事件清晰而持久的错误记忆（Loftus，2004）。律师可以通过提出诱导性问题来植入错误记忆（"你看到停放的车辆了吗"，但实际上并没有车辆）。这就产生了一个问题。例如，研究者发现一些怀疑被压抑但随后得到恢复的记忆能由其他人的心理暗示而产生（Loftus & Davis，2006）。当然，这些心理暗示必须与已知的经历过的类别相匹配并且回想起来是合理的。类别加工可以解释这些效应。

对类别和原型理论的批评

研究者在社会性类别中发现了一些得到充分验证的效应，但有关理论模型一直随着领域的发展而变化（见表 4-5）。第一，对基本框架的一个修正，提示社会性类别更常被完美或极端实例所代表（Barsalou，1985；Chaplin, John, & Goldberg，1988）。也就是说，代表修女类别的最好实例实际上可能是修女中完美的那个，而不是一个普通修女。对原型观更激烈的批评是，不应该接受概括性表征（理想或典型表征）的做法，而类别应该被表征为以前遇到过的所有样例的集合。原型可能并不是存储类别的唯一方法。

表 4-5 关于类别和原型观的优势及批评

原型的优势	原型的批评	样例的优势	样例的批评
对各实例抽象化	实际会使用完美、极端实例	记住实例	两种方法结合
了解要点，典型的	如何收集样例	了解变异性	不一定通过样例实现
使用平均信息	如何计算协方差	特征之间相关	不一定通过样例实现
自动形成原型	受目标、专长影响	产生新推理	两种过程结合
嵌套的层级结构	形成模糊的层级结构	不需要假设层级结构	根据领域来组织
维持原型	实际会改变，但如何改变	累积实例	两种过程结合

第二，社会性类别也被认为是知觉一个实例时一种必然的自动化激活。但类别激活可能是有条件的自动化过程。它取决于各种因素，包括一个人的目标（Macrae & Bodenhausen，2000；参见第 2 章）。

第三，你应该有印象，非社会性类别的基本或中间水平明显在人们的日常使用中占主要地位；对于社会性类别来说，情况可能就不是这样了（Holyoak & Gordon，1984）。在使用社会性类别时，人们的具体目标和专长最有可能决定他们选择使用的类别层级（N. Cantor & Kihlstrom，1987；Hampson，John，& Goldberg，1986）。

第四，社会性类别可能并不会形成一个清晰的层级，更一般化、更宽泛的类别变得更具包容性（N. Cantor & Mischel，1979）。当人们可以列出更多实例和属性而形成更宽泛类别时情况就会如此（L. R. Goldberg，1986；Hampson，Goldberg，& John，1987）。这种整体性的探索最初被证明是有用的，但也引发了一些批评。许多社会性类别并不那么齐整。它们表征了一个模糊的层级结构，其中的类别包含性并不严格（Hampson et al.，1986）。例如，与层级模型的预测相反，层级更高的类别（如男性）并不总比层级更低的类别（如典型商人）提供更丰富的联系（Deaux，Winton，Crowley，& Lewis，1985）。也许，人们实际上会在复杂的网络中产生联系。这种网络类似于一个缠绕在一起的网状结构，而不是一个层级结构（Andersen & Klatzky，1987；N. Cantor & Kihlstrom，1987）。人们认为顶层类别具有的属性（如外向者是自信的）并不总是适用于所有中间层级的类别（如政客是自信的，但喜剧演员和恃强凌弱者并不一定）。社会性类别的重叠特性使它们有别于物体类别（Lingle，Altom，& Medin，1984）。

总之，原型框架引入了几个观点：社会性类别没有严格的边界，而是被看成以原型为中心的模糊集，并且类别成员是通过家族相似性而不是通过包含的充分性和必要性条件相关联的。有些社会性类别可能是以完美或极端实例为中心来组织的，而不是以平均原型为中心而组织的；将原型按层级结构和基本水平划分已受到质疑，表明社会性类别之间以更灵活和更复杂的方式关联在一起。

社会性类别的用途

当前的主流观点认为社会性类别是被有条件地激活和应用的，但是正如我们在第 2 章所介绍的，日常生活常常可以满足激活相关类别的条件。类别可以根据不同的社会性条件而被激活、被应用甚至被抑制（Macrae & Bodenhausen，2000）。

类别激活取决于注意资源（Gilbert & Hixon，1991）。也就是说，人们在一些极端情况下可能不会注意到另一个人的种族、性别或年龄。在认知极度超负荷的情况下，知觉者可以识别出这个人的类别，但他们可能不会激活相关的刻板印象。然而，如果刻板印象确实被激活了，那么知觉者就会增加应用它们的概率。

人归属于多个类别。当一个类别被激活时，其他类别就会被抑制（Bodenhausen & Peery，2009）。类别凸显性、长期可获取性（参见第3章）和加工目标（参见第2章）决定了哪些类别会被激活而哪些类别会被抑制。尽管需要消耗注意资源，但是人们有时会有意抑制类别一致性信息（Macrae，Bodenhausen，Milne，& Ford，1997）。相关的信息也可能在无意间被抑制。当人们重复提取一种信息时，未经提取的相关性信息会被抑制。这是一种适应性遗忘，使大脑注意集中于当前相关的信息（M. D. MacLeod & Macrae，2001）。即使已经被激活，类别也可能以不同方式得到应用或完全不被应用：类别的激活和应用取决于各种条件。

── 研究聚焦 ──
我们有集体现实：社会性共享记忆是如何出现的

你们家最喜欢的集体记忆，即在节日聚会上反复讲述的故事是什么呢？如果你们是一对情侣，那么你们共同的恋爱故事是什么？你的朋友圈是怎样解释最近一次美国总统选举结果的？所有这些社会性的共同解释（至少部分）是由群体对话产生的集体表征，而这些群体对话会产生一个可预测的影响和一个令人惊讶的影响（Coman et al.，2016）。

为了调查集体记忆是如何形成的，研究者每次招募10名大学生被试，让他们记住和平团4名志愿者所做的4件事情（例如，Rachel Calhoun被派遣到厄瓜多尔，任务是环境保护。Rachel参与了保护濒危物种、防止森林砍伐、喷洒天然肥料和清洁海滩的工作）。每个被试单独阅读四段描述并单独完成记忆测试，然后与其他学生进行三次双向对话。最后，他们完成另外一次测试。他们被随机分配到一个十人组或两个五人组之一中进行对话。这个方法旨在模拟大小不等的集体。

社会性共享记忆是如何形成的呢？我们可以预测，一个集体对于对话中同伴经常提到的记忆项目会形成集体记忆；集体成员的对话强化了个人的记忆，并通过社会互动创造了一个共享的社会性记忆。对于对话中没有提到的记忆项目，自然就没有成为集体记忆的一部分。一个令人惊讶的结果是，这些没有提到的记忆项目不仅没有出现在后来的个体回忆中，而且实际上被个体所压抑，对集体记忆也不重要了。

它的原理是这样的。每当一个人回忆关于某一事件的信息时，被回忆出来的部分与该事件的联系会得到加强。这部分进入意识越频繁（或在对话中出现越频繁），就越会成为故事的中心。这个故事中心就是一种社会性共享表征。由于记忆提取过程会选择性地加强被激活的项目而抑制与其他相关项目的连接，因此那些未提及、未回忆的部分不仅不会成为共同经历，还会被主动压抑。反复不回忆会累积大量的抑制性加工，从而导致记忆的压抑，而不仅仅是忽视。

例如，想想"9·11"等集体事件的社会性共享记忆；如前文所述，人们关注与预期一致的信息（Coman et al., 2009）。人们记得勇敢的消防员和逃离的上班族，但是没有人谈论被困在地铁站准备去上班的人，所以这部分记忆被压抑了。在当前事件中，每个人的圈子（朋友、家人和媒体）倾向于强化一个相似的世界观（Coman & Hirst, 2012），同时每个人都在压抑那些未被提及的东西。社交网络和个人的记忆过程共同形成了集体记忆，甚至在实验室模拟的社交圈子中也一样。

样例

样例的认知模型

正如类别的原型观是针对经典理论的缺陷发展起来的，样例观最初也是针对原型观的缺陷发展出来的（E. E. Smith & Medin, 1981）。作为原型观的对立面，**样例**（exemplar）框架提出，人们记住的是实际遇到过的独立实例或样例，而不是从经验中抽象出来的平均原型。根据这种观点，人们对一个类别会有几个样例，并且通过观察一个新事物与一个类别中多个已记得的样例是否相似来判断其是否归属于这个类别。虽然原型观和样例观后来被许多研究者，尤其是社会认知领域的研究者整合在一起，但先理解纯粹的样例观是有意义的。

样例观具有一些优势。它最直接地解释了人们对能指导类别理解的一些特定样例的知识。例如，如果问你餐馆的桌子通常是两人桌还是容纳更多人的桌子，那么你可能会从记忆里找某几个餐馆的例子来回答这个问题。或者，如果有人断言所有餐馆都有收银员，那么你可以提出一个具体的反例来驳斥这个说法。这种对具体实例的依赖说明了样例的作用，但当然并不一定需要样例理论来解释。（原型观并不否认人们可以记住某些特定的实例，但实例并不是原型观关注的重点。）

此外，人们对类别成员之间可能存在的变异性也很了解；想一下中餐馆种类繁多，而某个品牌的快餐连锁店却有同一性。一个纯粹的原型理论不能表征具有变异性的信息：它只能表征类别的均值，而不能表征变异性。样例观提供了一种模拟类别成员之间变异性的简单方法。尽管原型观也可能有等价的解释，但是通过定位不同的样例，我们可以很容易描述对变异性的了解。

样例观的另一个主要优点，可能也是关于它最好的论据，在于它能够解释一个类别内各属性之间的相关性。例如，人们知道在餐厅这一类别中，摆设塑料贴面桌子的餐厅会倾向于让客人直接向柜台收银员付款，而有桌布的餐厅会倾向于让客人通过服务员付款。他们通过对以价廉物美为导向的餐厅与其他类型餐厅进行比较而得出这样的结论（G. L. Murphy & Medin，1985）。一个单独的原型并不容易处理这些信息。在社会性知觉中，了解类别成员之间的哪些属性倾向于相关是特别重要的，因为人们对哪些特征可以组合一起（如记住几个既有抱负又很勤奋的朋友）而哪些特征不能组合在一起（如想不到既有雄心又善良的人；Schneider，1973）持有内隐理论。

样例观让运用新实例来修改现有类别变得更容易。根据样例理论，新实例可以作为另一个样例添加到类别中，而这将有助于随后的类别判断（Lingle et al.，1984）。相比之下，如何对原型进行修改就不那么清晰了。

样例的社会认知模型

关于样例的社会认知证据是令人信服的。例如，尽管没有用样例理论来解释，但一系列研究（Gilovich，1981）表明，人们的判断会受到与以往某些实例（与任务无关）的相似性影响：即使某个著名球星的家乡并没有比其他地方产生更多运动明星，一名与该球星来自同一地方的新球员可能也会被认为未来可期。即使之前的例子只是在无关方面和现在有些相似，人们的政治判断也会受到历史教训的影响。例如，人们对一个外国人的判断会更大程度受到这个外国人与人们之前遇到过的样例的无关相似性所影响，而较少受到他们对这种外国文化中一般规则的了解所影响（Read，1983）。如果人们有因果理论（如某个样例以某种形式影响新实例），那么他们甚至更有可能使用那个样例。在日常环境中，人们在判断两个陌生人谁更平易近人时，会选择与最近对他们友善的陌生人在表面上最相似的那个陌生人（或者，反过来选择与最近刻薄的陌生人最不相似的那个陌生人），同时他们又没有意识到自己这么选择的原因（Lewicki，1985）。

熟悉度（familiarity），即与先前曾接触个体的相似感（无论是否意识到），可产生一种共享态度、吸引力、可预测性和安全的感觉（S. T. Fiske，1982；Genero & Cantor，1987；White & Shapiro，1987）。熟悉度可能是样例起作用的一种必要机制。当人们遇到不熟悉的复合类别时（如男性小学老师），他们会依赖于对某些实例的记忆；而当遇到熟悉的复合类别（如女性小学老师）时，他们会依赖于抽象的刻板印象。研究者认为正是这种熟悉度本身改变了判断的策略（Groom，Sherman，Lu，Conrey，& Keijzer，2005）。

尽管在这些研究中，一些明确运用认知心理学的样例模型解释，而一些没有，但它们都证明了单一的、具体的、先前的经验会对随后的判断和行为产生影响，与更全面、更抽象的类别影响形成了对比。

一些对样例观相关证据更直接的讨论来自对知觉到的社会性类别变异性的研究。例如，当人们对一个群体中各实例的印象变得更有差异时，他们会知觉到该群体的变异性增加。当你通过一个交流计划对外国某一特定群体了解更多时，你会认识到他们比你以前认为的更多样化（同样，他们对你们国家的人的认识也会变得更多样化）。Linville 等人（1989）明确指出，这种效应用样例模型来解释最恰当。抽象和类别水平信息的一些效应可以用纯样例模型来解释，表明抽象表征并非必要（E. R. Smith，1988）。当提供抽象以及样例信息时，人们似乎会同时使用它们；也就是说，他们既会考虑到对这个国家的人的总体介绍，也会考虑到他们认识的某些人。此外，当人们先获得抽象信息，随后获得特定实例信息时，相比于顺序反转或没有获得抽象信息时，他们会知觉到更少的变异性，并更多地基于原型做出判断（Medin，Altom，& Murphy，1984；Park & Hastie，1987；E. R. Smith & Zárate，1992）。

样例观所面临的问题

支持样例模型的证据并不都是明确的。人们确实知道某些群体比其他群体变化更大，并且他们在决定是否从一个个体推广到群体时，或在对新个体进行分类时也使用这个信息。这似乎是主张样例观，但有研究发现，针对变异性的知识似乎并不是基于对样例的记忆（Park & Hastie，1987）。类似地，人们通常会知觉到外群体（即自己不是群体成员的那些群体）的最小变异性，但样例频率的差异可能是（Linville et al.，1989；Ostrom & Sedikides，1992）也可能不是（Judd & Park，1988）原因所在。

一个有趣的发现是，当人们试图解释一些不寻常的事情时，他们最有可能使用样例。有时我们需要知道刚刚发生的事情是否正常，也就是说，我们需要立即确认它有多出乎意料（假设我们对其还没有一个相关的图式）。例如，一场事故发生后，人们会回想过去发生过的类似事故以及导致事故发生的原因，来判断这场事故的发生是多意外或多大程度上可以避免，甚至有多令人郁闷。样例的一个模型被开发来描述人们在事后的正常性判断这一过程（Kahneman & Miller，1986）。我们已经看到类别模型关注的是基于一个人抽象的先前经验对某一事件在未来看起来有多典型或可能的期望和预测。与之相反，**常态理论**（norm theory）关注的是基于过去特定情境中与特定刺激相遇的事后解释，目的在于判断刺激是正常的，还是令人意外的。类别和图式理论描述的是向前推理，而常态理论描述的是向后推理。根据常态理论，人们会依据一个特定刺激让人想到的多个样例来考虑该刺激。这些样例让人们可以将实例与先前的经验总和进行对比，从而看到该实例是正常的，还是令人意外的。人们是动态计算这个总和的，因此它是临时的，而不是明确的先前知识。我们将在第 7 章再次介绍这个模型，但现在，常态理论说明了样例在主动判断过程中的用处。

原型还是样例？一个解决方案

样例模型本身并不比原型模型更充分。人们依赖混合表征来解决问题（参考

M. B. Brewer，1988；N. Cantor & Kihlstrom，1987；J. B. Cohen & Basu，1987；Groom et al.，2005；Lingle et al.，1984；Linville et al.，1989；Messick & Mackie，1989；E. E. Smith & Medin，1981）。人们确实可以回忆特定的实例并用它们对新实例归类，但特定的实例也会扩展类别的定义，从而促进对新实例的归类。因此，人们可以同时使用两种方法（Elio & Anderson，1981）。根据任务和所获信息的不同，人们可以依赖直接的样例经验或先前提供的原型对新实例进行归类（Medin et al.，1984）。

此外，因为使用或形成抽象表征取决于任务的要求，所以抽象出一个原型并不是自动化的（Whittlesea，1987）。事实上，样例可能是更基本的（因此更可能是自动化的）。这是因为①在人们认知能力受限制时样例可被使用，②样例可用于更复杂的概念，以及③样例尤其可被年幼儿童使用（Kossan，1981；参考 Kemler-Nelson，1984）。

样例可能是抽象概括（如类别）的更基本的组成单元，而一旦某个类别建构完成，面对一些异常实例，我们就需要将类别拆开，回到更具体的个体样例水平。也就是说，认知的概括可从样例开始，在遇到意外时又需要回到样例。正如我们在前面看到的，熟悉的群体支持抽象化，而不熟悉的群体支持样例的使用（Groom et al.，2005）。一个"概要+异常"模型（summary-plus-exception model）就使用了这种思路来解释个体的印象形成（Babey, Queller, & Klein，1998）。人们对行为的多个实例进行归纳，并同时存储了概要和实例。特质判断既依赖于概要，也依赖于特定的异常事件（Klein, Cosmides, Tooby, & Chance，2001）。

当包括异常在内的某些因素导致抽象概括不够充分时，样例可以派上用场。当人们受到激励或只是有更多信息时，样例可以让人进行精细加工。人们明显会使用样例和原型同时表征他们所在的群体，但对于不属于他们和了解较少的群体只会用原型来表征（Judd & Park，1988）。人们也可使用样例来表征自己所在的群体和其他群体，但他们会有更多样例可用于自己所在的群体（Linville et al.，1989）。

显然，人们既可以使用抽象的类别水平信息（如原型）也可以使用针对样例的实例和记忆来做出类别判断。人们究竟何时使用，无疑取决于任务的要求和个体差异（M. B. Brewer，1988；Park & Hastie，1987；S. J. Sherman & Corty，

1984；E. R. Smith & Zárate，1992）。例如，准确判断能力和动机或关注个体水平更有可能鼓励基于样例而非原型的加工（S. T. Fiske & Neuberg，1990；Messick & Mackie，1989）。

说了这么多，模糊的概念和具体的样例在复杂网络的松散层级结构中究竟有什么用呢？N. Cantor 和 Kihlstrom（1987）认为，这个框架①抓住了社会性知觉者具有表征一个类别的要点及变异性的需要，从而允许发展出一个经济且实用的核心表征，同时承认一个类别内实例的变异性，②描述了人们在灵活应对变化的社会互动时使用的多种路径。

总　　结

本章主要关注记忆的心理表征，也就是什么会留在我们的脑海中，或什么可以根据我们身体的状态或特征来表征。我们从组织记忆的基本认知模型——联系性网络开始介绍，并区分了长时记忆与短时记忆。关于社会性记忆的联系性网络模型就建立在这些工作的基础上。此外，研究者在程序性记忆的基础上也提出了一些社会性记忆模型。最后，协调记忆加工的平行和序列加工模型启发了社会认知中对平行约束满足理论的研究。具身表征更依赖于知觉系统。

社会性记忆结构对社会认知以及对类别化的个人知觉的独特属性和对社会性类别的使用都很重要。面对经典类别观和原型观的批评，样例观有它自身的优缺点，提供了一个替代性的解决方案和一个综合解决方案。

我们在第 4 章主要讨论了心理表征的一般原则。当我们要加工关于自我、因果关系、态度和刻板印象的表征时，这些原则将会被派上用场。正如第 2 章关于双模式模型所介绍的，这些关于心理表征的观点正汇聚起来，逐渐形成一种共识，以推动更广泛的社会认知领域发展。

延伸阅读

Anderson, J. R., Bothell, D., Byrne, M. D., Douglass, S., Lebiere, C., & Qin, Y. (2004). An integrated theory of the mind. *Psychological Review,* 111, 1036-1060.

Baddeley, A. (2012). Working memory: Theories, models, and controversies. *Annual Review of Psychology,* 63, 1-30.

Hostetter, A. B., Alibali, M. W., & Niedenthal, P. M. (2012). Embodied social thought: Linking social concepts, emotion, and gesture. In S. T. Fiske & C. N. Macrae (Eds.), *SAGE handbook of social cognition* (pp. 211-228). Thousand Oaks, CA: Sage.

Loftus, E. F. (2004). Memories of things unseen. *Current Directions in Psychological Science,* 13, 145-147.

Macrae, C. N., & Bodenhausen, G. V. (2000). Social cognition: Thinking categorically about others. *Annual Review of Psychology,* 51, 93-120.

Rissman, J., & Wagner, A. D. (2012). Distributed representations in memory: Insights from functional brain imaging. *Annual Review of Psychology,* 63, 101-128.

Semin, G. R., Garrido, M. V., & Palma, T. A. (2012). Socially situated cognition: Recasting social cognition as an emergent phenomenon. In S. T. Fiske & C. N. Macrae (Eds.), *SAGE handbook of social cognition* (pp. 138-164). Thousand Oaks, CA: Sage.

Smith, E. R. (1998). Mental representation and memory. In D. T. Gilbert, S. T. Fiske, & G. Lindzey (Eds.), *The handbook of social psychology* (4th ed., Vol. 1, pp. 391-445). New York: McGraw-Hill.

Srull, T. K., Lichenstein, M., & Rothbart, M. (1985). Associative storage and retrieval processes in person memory. *Journal of Experimental Psychology: Learning, Memory, and Cognition,* 11, 316-345.

Van Overwalle, F., & Labiouse, C. (2004). A recurrent connectionist model of person impression formation. *Personality and Social Psychology Review,* 8, 28-61.

von Hippel, W., & Henry, J. D. (2012). Social cognitive aging. In S. T. Fiske & C. N. Macrae (Eds.), *SAGE handbook of social cognition* (pp. 390-410). Thousand Oaks, CA: Sage.

Williams, L. E., & Bargh, J. A. (2008). Experiencing physical warmth promotes interpersonal warmth. *Science,* 322 (5901), 606-607.

SOCIAL
COGNITION

第二部分

了解自己和他人

在人际交往中，人们会提供①自己的形象，②解释自己和他人行为（归因）的意义建构工具，以及③有关社会决策的推理策略。具体来说，社会性自我是指导自我调节和社会比较的心理表征。针对社会性因果关系做更普遍归因，旨在通过时多时少（大部分情况如此）的理性方式解释社会性行为，而这个过程通常以令人感到满意的捷径为特征。

SOCIAL
COGNITION

第 5 章

社会认知中的自我

- 自我是一种心理表征
- 自我提供信息以指导自我调节
- 自我在自我调节中具有不同目的
- 自我是一个参照点

了解自我向来是心理学最热切追求的目标之一。威廉·詹姆斯（William James，1907）对自我的分析为许多人们长期关注的问题奠定了基础，而社会学家查尔斯·库利（Charles Cooley，1902）和乔治·赫伯特·米德（George Herbert Mead，1934）为理解社会交往中的自我提供了框架。在过去的几十年里，社会认知研究者迎接了这个挑战，并从根本上增进了我们对自我的了解（Beer，2012）。

本章从自我的心理表征开始，即大多数人主观体验到的自我意识的组成部分。随后，我们会探讨自我调节，并考虑自我如何指导与自我相关的信息的加工，使人们既能理解当前环境对自己的意义，又能提升兴趣、目标和价值。指导自我调节的首要动机包括准确认识自我的愿望、一致的自我意识、自我完善

（self-improvement）和**自我提升**（self-enhancement）。⊖自我提升是一种寻找和维持良好自我概念的倾向。最后，关于自我的认知会影响我们如何看待他人，而这个过程往往是无意识的。

自我是一种心理表征

自我概念

人们对自己的认识是广泛而复杂的。在童年期，我们的父母、老师和朋友会以特定的方式对待我们。我们也会参与各种文化活动，而这些都成了自我的重要方面。我们发展出个性意识，同时也清楚他人认为我们会做什么或应该做什么去实现期望。我们通过自己的角色（如学生或配偶）来认识自己。我们有一个私密的自我，同时也有多个呈现给他人的自我。我们知道自己在所处的环境中是积极参与者，同时也是经历并反思事件和关系的人。我们可以迅速且自信地说出自己是外向还是腼腆、开拓还是守成、敏捷还是笨拙。我们对自己的全部信念被称为**自我概念**（self-concept）。

自我的心理表征是复杂的。有时我们关注如何保持自尊，有时我们希望保持对自我的一致感，而有时归属需要或效能感会指导我们的思想、情绪和行为（Vignoles, Regalia, Manzi, Golledge, & Scabini, 2006）。这种灵活性产生的其中一种结果就是，大部分自我编码都发生在**个人－情境互动**（person-situation interaction）之中（Mendoza-Denton, Ayduk, Mischel, Shoda, & Testa, 2001）。也就是说，在不同的情境下，我们有不同的自我意识：每个情境性**规范**（norm，即社会规则或压力）会激活自我的不同方面。一个人可能会认为自己在学术情境下是聪明、专注且好学的，而在社交情境中可能有点腼腆但友善，且通常会受到大家的欢迎。从这个观点来看，记忆中的自我表征和其他构念的表征相似。自我的哪个方面影响正在进行的思维和行动取决于自我的哪个方面被提取出来了，这个特征被称为工作自我概念（Markus & Kunda, 1986）。因此，你在学术情境中的**工作自我概念**（working self-concept）通常与你在社交情境中的工作自我概念不一样。

⊖ 自我完善指在现实中把自己变得更好的动机；而自我提升指在不考虑现实的情况下，认为自己有能力和胜任力的动机。——译者注

除了自我内部的情境变异性外，一些自我变异性还取决于个体和亲密他人之间被激活的关系。自我概念包括关于重要他人的知识（Andersen & Chen，2002）。那些影响自我的人或者与自己有情感联结的人包括父母、兄弟姐妹、亲密朋友、前任和现伴侣。我们通过保持自我某些方面的知识去维持与这些重要他人的关系。一个人的全部关系自我会影响其在社会情境中的情绪和行为（Gardner，Gabriel，& Hochschild，2002）。激活关于重要他人的心理表征会唤起对这个重要他人的**关系自我**（relational self），这个过程被称为**移情**（transference；Andersen & Chen，2002）。例如，你平时可能完全是一个自主成熟的人，但当你放假回家后，你作为女儿和妹妹的关系自我可能会被激活，从而使你的行为与平时的自我概念不一致。

通常，我们是以一种与他人互补的形式来理解自我的（Tiedens & Jimenez，2003）。例如，我们回以温和或争吵行为，从而使彼此间在宜人－好斗维度上保持相似。而说到控制，我们会将自己的行为与他人进行对比，当某一关系伙伴喜欢主导时，我们就会迟疑，但当伙伴迟疑时，我们就会负起责来。在这两种情况下，互补的自我解释指导了我们的行为，在面对熟人时尤为如此（Tiedens & Jimenez，2003）。在关系极度紧密的群体中，我们的个人身份可能会自然而然地和群体身份融合，促使我们做出不寻常的自我牺牲（Swann，Jetten，Gómez，Whitehouse，& Bastian，2012）。关系自我在自我概念上提供了稳定性（来自关于重要他人的持久表征）和变异性（当不同的情境激活不同的关系自我时）。

各种各样的原因使人们在自我复杂性上有所不同（Linville，1985；参见第13章）。例如，一个复杂的自我概念可以缓冲一些事件对某一方面的自我所带来的冲击，防止我们产生过度情绪化的反应。另外，人们在自我概念清晰度（Lodi-Smith & DeMarree，2018）上也有所不同。自我概念清晰度量表主要测量一个人是否有个人信念冲突，是否有可变化的自我概念，以及是否有描述自我的困难（对于最后一种情况，所有题目反向计分；J. T. Campbell et al.，1996）。一致性、稳定性和自我描述的容易度是自我概念清晰度的主要特征。自我概念清晰度与对内部状态的觉察（但不是反刍）相关。自我确定性（Baumgardner，1990）和自我清晰度（J. D. Campbell，1990）都与自尊相关。自我概念清晰度还与行为的可预测性相关，而这会促进人际关系以及个体与他人（在家、学校和工作单位）的交流合作。

需要明确的是，清晰的自我概念并不会形成一个僵化的自我：自我概念清晰度也反映了人们对改变和新体验的开放态度（Emery，Walsh，& Slotter，2015）。然而，在亲密关系中，低自我概念清晰度者会受到来自高自我概念清晰度者的威胁，因为低自我概念清晰度者（其自我概念已经不清楚）害怕相应的改变（Emery，Gardner，Finkel，& Carswell，2018）。高自我概念清晰度者对自我扩展持开放态度（Aron & Aron，1986），也就是愿意在自我概念中包容他人，例如，接受伴侣的兴趣爱好而去拓展自己的自我概念。具体来说，自我扩展包括参与新颖、有趣、具有挑战性和令人兴奋的活动（Muise et al.，2019；参见下文的研究聚焦）。

—研究聚焦———
自我扩展重燃欲望并提高满意度——三管齐下怎样改善你的关系

一段关系刚刚开始时一般都是充满激情的，因为亲密关系中双方的自我在扩展，亲密感的迅速变化会引起欲望和强烈的情感需要。随着关系继续发展，惊喜逐渐减少，伴侣间的欲望和满意度也会下降（总体情绪也更少了；参见第13章和Berscheid，1983）。尝试新活动可以治愈感情平淡，但前提是这些活动是新颖、有趣、具有挑战性和令人兴奋的。这是因为，这些活动可以把他人融入自我当中，从而扩展自我（Aron & Aron，1986）。为了验证这些想法（Muise et al.，2019），122对加拿大成年伴侣自愿完成了为期21天的每日问卷调查（样本共计4773天）。他们描述了双方在一起的时间、自我扩展（一起的新体验、更强的觉察水平）、性欲、性生活和关系满意度。正如研究所预期的，自我扩展与性欲相关，而性欲又与满意度相关。第二项研究重复并拓展了这个效应。

为了收集相关数据并探索因果关系，第三项研究把198名美国成年人随机分为三组，一组阅读关于自我扩展活动的好处的资料，一组阅读关于熟悉且舒服活动的好处的资料，最后一组不进行阅读。接下来，每组被试需要完成各自的作业。自我扩展组有72小时和自己的伴侣去做一些新颖且令人兴奋的活动（如晚上外出约会、制作有趣的视频、做精油按摩）。熟悉且舒服活动组需要做家务或看一个视频。结果表明，自我扩展组的活动提高了性欲，从而促进了性生活和关系满意度。这让三管齐下的关系显得更诱人了。

总体来说，整个自我概念的含义包括认知（自我描述）、情感（自尊）和行为（亲密关系）三个方面。接下来介绍的自我图式概念非常侧重于认知。

自我图式

在关于自己的一系列信息中，大多数人对自己的某些品质有清晰的概念，而对其他一些品质则没有那么清晰的概念。一个人确定的自我品质被称为**自我图式**（self-schema），即在特定领域中代表自我品质的认知-情感结构。人们在那些他们认为比较重要的维度上、把自己看成极端例子时以及确信反面不成立的情况下是有自我图式的（Markus，1977）。自我图式会组织相关领域的信息加工。科林觉得自己很努力、很正直，但不确定自己是不是一个腼腆的人。在这个例子中，科林在勤奋和正直维度上是具有图式的，但在腼腆上没有。

可能自我和**害怕自我**（possible self and feared self）是我们想成为以及害怕成为的自我。二者会影响我们如何看待自己，以及我们如何选择情境和社会角色（Markus & Wurf，1987）。例如，想成为教授的可能自我也许会引导一个人寻找机会指导本科生研究，而担心失业的害怕自我可能会让一个人加倍努力发表研究论文。可能自我会因对环境输入做出反应而改变，并影响后续行为。例如，在一项研究中，来自低收入家庭的八年级学生参与一项简短的干预活动，该活动引导他们相信自己的可能自我中包含对学术成就的追求。进行干预之后，学生在接下来两年里的考试分数、排名和学习主动性均有提高，而抑郁、逃课和其他校园不良行为则有所减少。这些改变是以学生的可能自我发生改变为中介的，学生把这些改变整合到了他们的身份之中（Oyserman，Bybee，& Terry，2006；见图 5-1）。

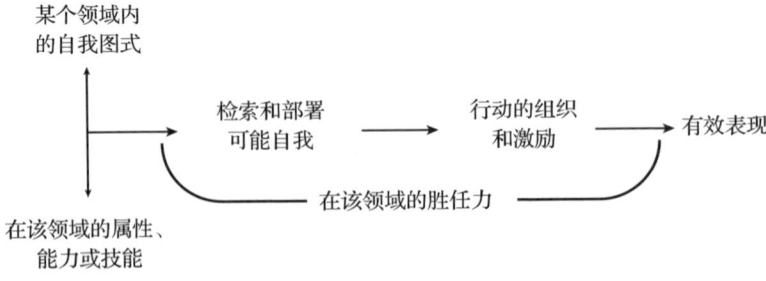

图 5-1　自我图式、能力和可能自我如何交互作用以调节表现

自我观念的神经基础

显然,为了能在这个世界上有效发挥作用,人们需要区分"我"和"非我"的事情,这一功能与左侧前额皮质的活动有关(Kircher et al., 2002; D. J. Turk et al., 2002)。我们大多数人主观体验到的自我意识是左半球**解释器**(interpreter)的功能(Gazzaniga, 2000),它整合了在大脑不同部位进行的各种与自我相关的加工(D. J. Turk, Heatherton, Macrae, Kelley, & Gazzaniga, 2003)。人们在长时记忆中对自己的表征与对其他概念的表征相似,但是更复杂、更多样化,也比其他构念更有可能对情境和他人行为做出解释。

与反思关于他人的观念相比,人们反思自我观念时,大脑会出现某些活动模式。在一项研究中(Ochsner et al., 2005),研究者扫描了被试的大脑,同时让他们将形容词分为描述自己的、描述朋友的、朋友描述自己的,或者是描述一个不太亲密的人的,控制条件是做一个与人无关的知觉任务。相比于知觉任务,在所有个人评价任务(即形容词分类任务)中,内侧前额皮质(medial prefrontal cortex,mPFC)都出现了激活。这一发现与之前的多个研究结果一致,说明了mPFC在一般社会性判断中的重要性(参见第1章;Beer, 2016)。此外,所有自我评估和对他人的评估都诱发了包括后扣带回皮质、楔前叶以及颞叶多个区域的更大的网络激活(见图5-2)。直接参与评价自我的神经系统与参与评价亲密他人的神经系统相似。与参与评价不太亲密的人相比,评价自我与评价亲密他人共享很多神经通路(Beer, 2012; Ochsner et al., 2005)。

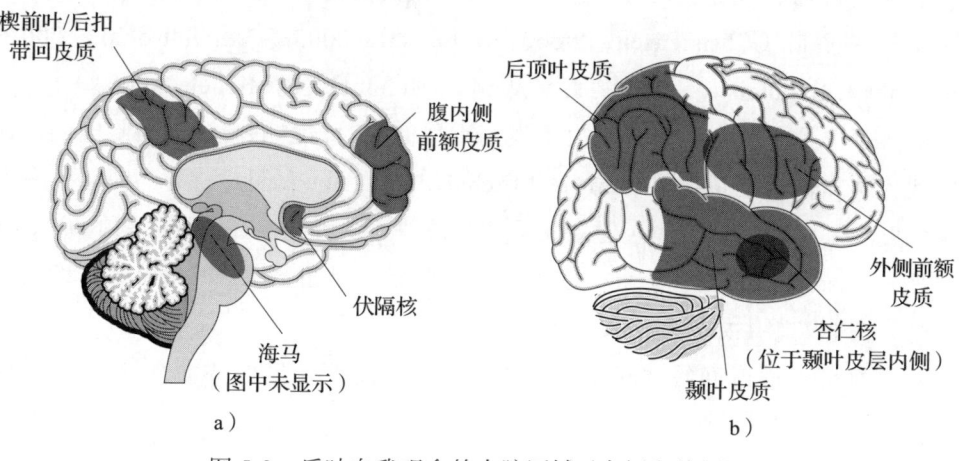

图 5-2 反映自我观念的大脑区域(内侧和外侧)

究竟有多少对他人的神经表征与自我概念重叠，又有多少是相互独立的呢？外侧前额皮质激活可以区分对自我和对亲密他人的评价。与评价他人的脑部激活相比，直接评价自我会激活 mPFC 和右侧背外侧 PFC（见图 5-2）。显然，关于自我的判断也会选择性激活 Brodmann 第 10 区[⊖]（Heatherton et al., 2006）。尽管数据还在不断收集之中（Beer, 2016），但内侧前额皮质中有些特定的区域只会为自我（而不是亲密他人）激活，这表明自我认知至少是以半独立于亲密他人的信息而表征的。

关于自我观念，神经成像可区分自我图式信息加工和非自我图式信息加工（Lieberman, Jarcho, & Satpute, 2004）。回顾第 2 章关于控制性加工和自动化加工的区别，非自我图式信息加工（如运动员加工关于表演的单词）涉及需要努力的、有意的加工，以及提取情节记忆的大脑区域，包括外侧前额皮质、海马和后顶叶皮质。相比之下，自我图式信息加工（如运动员加工关于运动的单词）会激活大脑中涉及自动化、动机性和情感加工的区域，包括腹内侧前额皮质、伏隔核和杏仁核。随着自我图式在某个领域内发展，神经表征显然会转移到大脑负责更具情感性、更具动机性和更自动化的加工区域。

自尊

自我的心理表征包括**自尊**（self-esteem），即我们对自己的评价。人们不仅关心自己是什么，还关心自己如何评价自己所具有的特质。由于自尊可以帮助人们保持健康，设定适当的目标，享受积极的经历并成功应对困难，因此自尊是一种资源（Christensen, Wood, & Barrett, 2003; Creswell et al., 2005; Sommer & Baumeister, 2002; J. V. Wood, Heimpel, & Michela, 2003）。

自尊也具有社会性成分。由于人们重视他人对自己的看法，因此他们喜欢向他人透露自己的情况（Tamir & Mitchell, 2012）。人们对自尊的渴望，在一定程度上是由他们想与他人建立联系并获得他人认可的内在需要驱动的（Leary & Baumeister, 2000）。因此，自尊可以作为**社会计量器**（sociometer），即反映一个人在他人眼中如何的一般性指标。

自尊可以通过回答"同意"或"不同意"而被外显地评估，例如，"我觉

⊖ 即额极区（frontopolar area），指额上回和额中回最前侧的部分。——译者注

得我有一些好品质"（见表 5-1）。**内隐自尊**（implicit self-esteem）也可以被测量。例如，可以通过观察人们是否重视他们名字中的字母或迅速将积极形容词与自我联系起来来测量内隐自尊（Koole, Dijksterhuis, & van Knippenberg, 2001）。有时，人们对自尊的外显评估和内隐评估会自相矛盾，因此必须花更多时间去理解自己的自我概念（Briñol, Petty, & Wheeler, 2006）。外显自尊高而内隐自尊低者倾向于做出防御性行为（Jordan, Spencer, & Zanna, 2003），例如，他们可能会通过贬低别人来维护自己的自尊，因为他们的自我观念是脆弱的，需要不断加强（Jordan, Spencer, & Zanna, 2005; Kernis, 2003）。

表 5-1　自尊量表

判断以下题目对你而言对（T）还是错（F）
1. 我觉得我有一些好品质
2. 我觉得自己没有什么值得骄傲的东西
3. 有时候我觉得自己一点儿也不好
4. 我觉得我是一个有价值的人，至少和其他人在同一水平上
5. 总而言之，我觉得自己是失败的
6. 总而言之，我对自己是满意的
如果你在 1、4、6 题上回答"对"并在 2、3、5 题上回答"错"，那么你在自尊上将会得到高分。如果是反过来的情况，那么你将得到低分。整个量表包含 10 个题目

资料来源：Adapted from M. J. Rosenberg (1965). Copyright 1965 by Princeton University Press. Copyright renewed. Reproduced by permission of Dr. Florence Rosenberg.

区分内隐自尊和外显自尊说明，人们不仅外显地寻求自我感觉良好，而且内隐或无意识的自我评价也会影响人们的判断和行为。人们倾向于喜欢与自己相似的人、地方和事情，即内隐自我偏私倾向（implicit egotism; Pelham, Carvallo, & Jones, 2005）。例如，名字中有乔治娅、路易丝和弗吉妮娅的女性更有可能生活在与她们名字相似的州㊀（Pelham, Mirenberg, & Jones, 2002）。正如前文所介绍的，人们更喜欢自己名字中的字母（J. T. Jones, Pelham, Mirenberg, & Hetts, 2002）。无意识的自我评价不仅会影响日常生活，也会影响重大的人生决定。

自尊反映了人们相信他们需要变成什么样子，以及做些什么才有价值（Crocker & Knight, 2005）。除了整体自尊外，人们还会进行领域特异性的自我评价，而这会影响他们对自我价值的整体感受。**自我价值的权变性**（contingencies of self-worth）反映了人们对自尊所依赖的领域具有选择性。对于某个人来说，

㊀　三个人名分别对应乔治亚州、路易斯安那州和弗吉尼亚州。——译者注

差生的身份可能无关紧要，对自尊也没什么影响，但如果这个人来自一个重视学业成就的家庭，那么差生的身份可能会打击他的自尊。在一个权变的自我价值领域，人们可能会努力确认自己的能力和品质以追求自尊，而这些活动可能会危及身心健康（Crocker & Knight，2005）。因此，尽管人们把自己往好处想是有益的，但过度追求自尊的代价可能也是高昂的。

文化和自我

人们的文化背景不同，自我概念也会随之不同（Morling & Masuda，2012；Rhee，Uleman，Lee，& Roman，1995；Triandis，McCusker，& Hui，1990）。Markus 和 Kitayama（1991）通过对比美国和日本文化说明了西方文化和东亚文化在自我概念上的差异。欧裔美国人强调个性，利用独特的才能区分他人。这种**独立自我**（independent self）是"有限的、独特的、基本上整合在一起的动机和认知体系，是意识、情绪、判断和行为的动态中心，被组成一个独特的整体，并与其他整体以及社会和自然背景形成对比"（Geertz，1975，p. 48）。相比之下，许多东亚、南欧和拉丁美洲文化的**依存自我**（interdependent self）将自己视为社会关系的一部分，并根据自己在关系中所知觉到的他人的思想、感受和行为来调整自己的行为（Markus & Kitayama，1991）。依存自我在很大程度上是在社会关系的背景下变得有意义和完整的，而不是通过独立和自主的行动变成这样（见表 5-2）。

表 5-2　独立型和依存型自我概念测量

请按以下等级列出你同意或不同意下面各项目的程度
1　　　　2　　　　3　　　　4　　　　5　　　　6　　　　7
强烈不同意　　　　　　　　　　　　强烈同意
1. 我尊重和我交往的权威人物
2. 当众被表扬或奖励时，我感到舒服
3. 我的幸福取决于我周围人的幸福
4. 在课堂上发言对我来说不是问题
5. 在制订教育和职业规划时，我应该考虑父母的建议
6. 独立于他人的个人身份对我来说非常重要
如果你在 1、3、5 题上回答"同意"并在 2、4、6 题上回答"不同意"，那么你可能会在依存性上得分高而在独立性上得分低；如果你的情况正好反过来，则你可能会在独立性上得分高而在依存性上得分低。整个量表比上面摘录的更长

资料来源：T. M. Singelis (1994). Copyright 1994 by Sage Publications, Inc. Reproduced with permission.

独立文化和依存文化都会影响人们的内在品质，如能力和想法。然而，独立文化把这些属性看成固定不变的，且在各种情境中相对稳定；而依存文化则认为这些品质更具情境特异性和不稳定性，不能定义自我的特征（Bochner，1994；Cousins，1989）。依存自我不是自主、有边界的整体，而是会根据社会情境改变其特性（Kanagawa，Cross，& Markus，2001）。依存文化十分强调关系联结，以至于认为个人独特的品质并不能完全代表自我。例如，一个来自独立文化家庭的孩子可能会感受到需要充分发挥其才能的压力，因为依靠自己的能力获得独特成就是一种有价值的文化结果。与此形成对比的是，来自依存文化或家庭的孩子可能会感受到履行对家庭和更大社会群体的义务的压力。

虽然独立的定义很明确，但依存会因文化和性别的不同而呈现不同形式。例如，女性比男性更具依存性，但这种依存可能并不是东亚人认为的那种依存（Cross，Bacon，& Morris，2000）。女性的依存被称为关系依存（Cross et al.，2000；Guimond，Chatard，Martinot，Crisp，& Redersdorff，2006）。例如，一位欧裔美国母亲可能将依存视为一种义务，以促进她的孩子施展才能，达成目标从而获得成功。因此，她可能需要做出一些个人牺牲，以实现这样的结果。这与东亚人的联结感不同，后者更多源于与社会群体保持和谐而依存。这两种依存的类型在许多拉丁文化中也有所不同。在拉丁文化中，社会目标（如履行对家庭和朋友的义务）往往优先于个人目标。而我们对非洲文化中不同的自我概念了解得就更少了。提出这一点是因为在接下来的章节里，我们主要是把依存性作为欧美文化和东亚文化之间的区别来研究的。人们注意到了多种形式的依存性，但对此开展的研究却很少。

文化、认知和情绪

认知上的一些文化差异是非常基本的：欧裔美国人倾向于从背景中提取中心或独特的元素，而东亚人则更可能以一种更整体的方式看待世界（Masuda & Nisbett，2001）。这种差别在自我知觉中也有体现。拥有独立自我意识的人认为自己与众不同，并尽可能努力实现个人目标。在一个实验中，如果让学生自己选择一个任务去做，那么欧裔美国人的动机会有所增强，而这种任务选择对亚洲学生的内部动机影响较小；当告知学生这个任务是某个他们亲近的人帮他们选择的时候，亚洲学生的动机会更高（Iyengar & Lepper，1999）。欧裔美国人会选择那些他们预期会做好以及那些过去做得好的任务,而东亚人较少基于这样的预期和先前表现来选择任务(Oishi & Diener,2003)。动机上的差异也可以可靠地从这种认知差异上区分出来。欧美人倾向于为个人成就而奋斗,而东亚人则为群体目标而奋斗,或者将他们要实现的目标视为群体规范(见表5-3)。

表 5-3 独立型和依存型自我知觉之间的关键区别

对比的特征	独立	依存
定义	与社会情境分离	与社会情境关联
结构	有边界的、统一的、稳定的	灵活的、变化的
重要特征	内在的、私密的(能力、思想、感受)	外在的、公共的(地位、角色、关系)
任务	• 成为独特的人 • 表达自我 • 了解内在品质 • 促进个人目标 • 直截了当:说出自己的想法	• 归属、融入 • 找准自己的定位 • 举止恰当 • 促进他人目标 • 委婉含蓄:读懂他人所想
他人的角色	自我评价:在社会比较和反思性评价中与他人对比	自我定义:由特定情境中与他人的关系定义自我
自尊的基础	表达自我的能力,验证内在品质	调整和约束自我的能力,保持与社会情境的和谐

注:"尊重自我"可能主要是一种西方现象。自尊这个概念或许应该被"自我满足"或者反映一个人完成其文化规定任务的过程的一个术语所取代。

资料来源:Markus & Kitayama (1991). Copyright 1991 by the American Psychological Association. Reproduced with permission.

目标上的差异也会影响记忆(Woike,Gershkovich,Piorkowski,& Polo,1999)。欧裔美国人更可能会根据特定行为人和他们的个人品质去重构事件,而东亚人则更可能根据这些行为人的社会群体重构事件(Menon et al.,1999)。欧裔美国人在推断社会环境时更有可能忽略情境的作用,而那些进行依存型自我概念解读的人则关注自我或他人与社会情境的关系(Kühnen,Hannover,& Schubert,2001)。

这些区别延续到了情绪体验之中。那些独立型自我意识者经常会体验到以自我为中心的情绪,如对自己做得好感到骄傲,或因没有达到目标而沮丧(Mesquita,2001)。相反,具有依存型自我概念的文化倾向于体验以他人为中心的情绪,如日本人的**娇宠**(amae),即一种被娇惯的体验(Markus & Kitayama,1991)。

自我意识会影响自尊的基础。独立型自我意识者比依存型自我意识者在自尊量表上更倾向于同意"我觉得我是一个有价值的人"等题目（Markus & Kitayama，1991；Yik，Bond，& Paulhus，1998）。此外，自尊的重要性及其对生活满意度的影响在独立型文化和依存型文化中也存在差别。在 31 种文化中，自尊与生活满意度的关系在依存型文化中较弱，而在独立型文化中，高自尊个体报告了更高生活满意度（Diener & Diener，1995）。在依存型社会情境中，来自他人的对某一个体遵守社会规范的认同能更好地预测该个体的生活满意度。

建构自我的个体化和集体化过程会受到不同文化为其成员所提供的不同类型的环境的影响。美国文化鼓励自我提升（即以积极的方式看待和提升自己）。相反，日本文化更鼓励自我批评。例如，一名在日本学习的美国学生报告，排球在美国是一项轻松有趣的运动，让人们有机会在满场欢呼或嘘声中展示自己的实力或者表明自己完全不是那块料；而在日本，这项运动更具竞争性和严肃性，比赛以输赢为重，这容易引发自我批评和对他人表现不佳的含蓄指责（Kitayama，Markus，Matsumoto，& Norasakkunkit，1997）。

许多研究者现在质疑自尊的基本特点，特别是它是否具有任何跨文化意义。来自依存型文化的人，当其在针对西方人的自尊量表上得分高时，他的行为会与西方高自尊者表现一致，如对负面反馈做出自我保护反应。而且，来自依存型文化的人也会间接表现出自我提升倾向，如认为自己名字中的字符更有价值（Kitayama & Karasawa，1997）。

很明显，当前关于独立自我和依存自我的研究基本上是拿美国和日本民众做对比。在某些方面，两种文化都可能是这些维度上的极端值。欧裔美国人有极端的独立自我，而日本人则有极端的依存自我，极端例子往往会使对比更明显。我们对依存自我及其意义的认识有欠缺，一方面是由于学术界对依存型文化研究的广度和深度不够，另一方面是由于研究者只主要研究了一种依存类型。

自我提供信息以指导自我调节

在各个文化中，人们都需要与人交往，而自我调节可以帮助人们进行合作或找到归属（Hare，2017）。**自我调节**（self-regulation）指人们如何控制和引导自己的行为、情绪和思维，特别是如何制订和实现目标的一系列过程。许多自我调节都是没有觉察或没有意识性思维参与时自动发生的。环境中凸显的、与目标有关的线索可能会自动引导我们的行为（Lieberman et al.，2004）。但有时，我们会有意识地、主动地干预自己的思维、情绪和行为（Brandstätter & Frank，2002）。

影响自我调节的因素

自我调节活动受到多个因素影响。其中一个是自我调节的内容，即工作自我概念中的内容。情境性线索、社会角色、价值观和坚持的自我概念会影响在工作自我概念中自我占优势的那些方面（Verplanken & Holland，2002）。在课堂上，环境对我们行为的影响很可能都是与成绩相关的，但我们的行为也会受到"我们的个人目标是否优先于成绩"这一观念的影响。相应地，工作自我概念也取决于情境。在课堂上公开发言但给出了错误答案对于一个低成就目标的人来说，他可能觉得这个事件挺有意思；但对于一个重视成就目标的人来说，同样的事件会让他觉得尴尬，这个人可能会加倍努力，以便下一次做出正确回答（Crocker & Knight，2005；Ehrlinger & Dunning，2003）。

就像上面这个例子所展示的，工作自我概念有时会与稳定的自我概念相冲突（Arndt，Schimel，Greenberg，& Pyszczynski，2002）。在课堂上当着大家的面给出错误答案后，一个人可能会觉得自己笨、很尴尬，继而影响了自己的工作自我概念。但是，假设这种事情并不会经常发生，那么这种影响的持续时间就很短，不会影响长期的自我概念。如果这种事情经常发生，那么长期的自我概念就可能会改变。例如，作为一个社交达人，你可能会去参加聚会或在外面玩到很晚，而这种自我概念很可能在你有了孩子之后就会改变。工作自我概念可以解释自我的不同方面如何引导不同情境下的社会性行为，又如何通过这些情境的反馈进行调整，并最终影响到长期的自我概念。

行为接近与回避

自我调节包括个人决定接近或回避哪些人和情境。人有两个半独立的动机系统，帮助他们在不同情境中调节自己的行为：欲求系统（appetitive system），也被称为**行为激活系统**（behavioral activation system，BAS）；厌恶系统（aversive system），也被称为**行为抑制系统**（behavioral inhibition system，

BIS）。积极或接近动机的表达与左侧前额皮质激活相关，这与个体完成目标时，左侧前额皮质激活的研究结果一致（Harmon-Jones，Lueck，Fearn，& Harmon-Jones，2006）。当行为激活系统被激活时，人们倾向于接近环境中其他的人或有关的活动；当行为抑制系统被激活时，人们倾向于回避其他的人或有关的活动（Carver & White，1994；J. A. Gray，1990）。负面或回避动机与右侧前额皮质的激活有关（Harmon Jones et al.，2006）。

一系列因素会影响行为激活系统或行为抑制系统成为优势力量，从而随时影响行为。例如，日常经验会影响这些系统的激活。如果有好事发生，那么你更可能处于行为激活状态，而不是行为回避状态（Gable，Reis，& Elliot，2000）。如果事情的发展并不顺利，则行为抑制系统可以让你重组手头的事情。

行为激活系统和行为抑制系统也会反映个体差异（见表5-4）。一些人有较强的行为激活系统，关注奖励；而另一些人有较强的行为抑制系统，关注惩罚（Carver & White，1994）。行为激活系统倾向的人会体验更多的积极事件和积极情绪，而行为抑制系统倾向的人会体验更多的消极情绪（Updegraff et al.，2004）。

表 5-4　行为激活系统和行为抑制系统的自我报告总结

行为激活系统	行为抑制系统
由于追求想要的事情而激动	担心出错
好事情产生的影响大	关注批评
全力以赴实现想实现的目标	频繁焦虑
为自己的需要做有趣的事情	为可能发生的不愉快做好准备

资料来源：Authors' compilation from Carver & White (1994).

自我差异理论

在一个与激活－抑制的区分相关的理论中，E. Tory Higgins（1987）考察了自我差异如何引导情绪和应对性行为。有些差异反映了一个人的现实自我和理想自我之间的差距（激活了对奖励的追求），而有些差异反映了现实自我和应该自我之间的差距（因为害怕惩罚而抑制）。

Higgins 区分了两类**自我引导**（self-guide）。人们的不同之处在于，他们是被理想自我驱动的，还是被应该自我驱动的（Strauman，1996）。**理想自我**（ideal self）是一个人想成为的那个自己；而**应该自我**（ought self）是一个人觉得应该成为的那个自己。应该自我常常受到关于适合自己所做行为的看法（责任和义务）和他人期待的影响。在一项关键的研究中，研究者让大学生报告他们的自我知觉（Higgins, Klein, & Strauman, 1985），包括他们觉得理想的自己是什么样的和他们觉得自己应该成为什么样的人。随后，他们站在母亲、父亲和最亲密朋友的角度回答同样的问题，并且为这些个人品质对他们而言的意义打分。现实自我和理想自我之间的差异会产生与沮丧相关的情绪，还会降低自尊（Higgins, Shah, & Friedman, 1997），例如，未能如愿进入研究生院会引发失望和悲伤。一个人的现实自我（不擅长理科）和朋友或父母眼中的自我（成为医生）之间的差异会引发焦虑，但不会引发悲伤（见图5-3）。被试越重视某种个人品质，他体验到的情绪就越强烈（Higgins, 1987）；越关注自我，他体验到的情绪同样也越强烈（Higgins et al., 1997；Phillips & Silvia, 2005）。

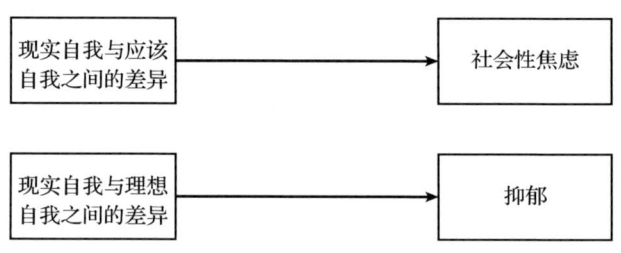

图 5-3　自我差异的情绪性后果

与理想自我的差异会促进人们实现那个理想的努力［服务于行为激活的**促进聚焦**（promotion focus）］，而努力满足他人的期望代表了抑制或**预防聚焦**（prevention focus；Förster, Higgins, & Idson, 1998）。或许因为预防聚焦是由焦虑推动的，所以相比与促进相关的目标，人们会更快地实现与预防相关的目标（Freitas, Liberman, Salovey, & Higgins, 2002；见图5-3）。人的这种"要么趋近（促进），要么回避（预防）"的倾向在一定程度上反映了其稳定的人格特质。外向性是趋近的典型，而神经质是回避的典型（Carver, Sutton, & Scheier, 2000）。

如果人们追求的目标和他们的调节性聚焦之间表现出**调节匹配**（regulatory fit），那么人们就会体验到更大的幸福感（Higgins, 2005）。也就是说，由理想自我驱动的人在觉得自己向自我标准靠近时会体验到幸福感，而由避免负面结果和满足他人期待的动机所驱动的人会在觉得自己达到了他人的要求时感到更幸福（Higgins，Idson，Freitas，Spiegel，& Molden，2003）。

　　社会化和文化会影响这些调节性聚焦哪一个占优势。一些家庭把他人的意见作为影响自我概念的主要因素，这种家庭通常存在以批评为主的教养方式；另一些家庭强调培养理想自我，这是一种有支持性氛围的家庭中更可能出现的导向。不同的调节性聚焦会发展出不同的自我和评价标准。文化差异同样也影响哪些方面的自我去管理自我调节行为。在推崇独立自我的环境中长大的个体很可能受到现实与理想自我之间差异（促进聚焦）的激励，而那些在推崇依存自我的文化中长大的个体更关注社会环境中他人所关心的人或物（预防聚焦）（Lee，Aaker，& Gardner，2000）。

　　促进和预防导向会引起不同的大脑激活模式。促进聚焦与左侧前额皮质激活相关，而预防聚焦则与右侧前额皮质激活相关。这种不对称性符合"促进聚焦的目标与接近理想的结果相关，而预防聚焦的目标与回避不理想的结果相关"这一理论假设（Amodio，Shah，Sigelman，Brazy，& Harmon-Jones，2004）。在一项研究中（M. K. Johnson et al.，2006），当人们考虑希望和愿景（促进）时，大脑以内侧前额皮质和前扣带回皮质的激活为主（与非自我相关思维相比），而当人们考虑责任和义务（预防）时，大脑以后扣带回皮质和楔前叶的激活为主。或许内侧前额皮质参与主体性自我思考，而后内侧前额皮质参与经验性自我思考。另外，内侧前额皮质激活可能指向一种对内聚焦，而后扣带回皮质激活指向一种对外聚焦或社会性聚焦（M. K. Johnson et al.，2006）。

自我效能感和个人控制感

　　其他影响自我调节的因素还包括自我效能感和个人控制感。**自我效能感**（self-efficacy）指我们对自己有能力完成特定任务的预期（Bandura，2006）。个体是否从事某项活动或努力达到特定目标，取决于他们是否相信自己能完成这些行动。例如，假设你在荷兰某所大学得到了一个很有声望的教学职位，但得知三年内你必须能够用荷兰语授课。虽然你可能非常想接受这个职位，但你对学习荷兰语的低自我效能感很可能导致你决定不接受这个职位。

　　除了对执行具体行为的特定控制能力的知觉（自我效能感），人们还有一种更具普遍意义的**个人控制感**（personal control）或掌控感，这使他们能够做出计划、应对挫折和追求自我调节性活动。有强烈控制感的人更可能为实现他们的目标而从事某些活动,而个人掌控或控制感低的人不太可能这样做。

在一项研究中,L. B. Pham、Taylor 和 Seeman(2001)对那些控制感高或控制感低的学生的大学生活环境的不可预测性、可预测性或中性特征进行操纵,使其变得凸显。处于不可预测条件中的学生被提醒他们很难进入自己选择的班级,而处于可预测条件中的学生被提醒考试时间和论文截止提交日期总是在开学时就公布。了解操纵条件之后,学生们列出了他们对大学的考虑和感受,研究者同时测量了学生们的心率和血压。处于可预测条件中的学生在他们对大学的考虑中更多提到了未来和个人目标,其血压和心率也低于那些处于中性和不可预测条件中的学生。长期个人控制感高的学生比长期个人控制感低的学生更乐观,也更愿意思考未来。对控制感的长期预期以及在某一特定情境下使获得或失去控制感凸显的因素会在认知、动机和生理层面影响自我调节活动。

自我关注

自我调节也会受到注意方向(包括注意直接指向自我和面向外部环境)的影响(Duval & Wicklund, 1972; Silvia & Duval, 2001)。当我们关注自己,即处于一种被称为**自我意识**(self-awareness, Wicklund & Frey, 1980)的状态时,我们会以某个标准去评价自己的行为,并且会尝试达到那个标准。例如,当你走过一个商店橱窗,看到玻璃里的自己时,你可能会注意到自己站姿不正,于是就挺胸抬头。

自我注意会使人把自己与各种标准做比较,包括学业表现、外貌、运动能力和道德操守。我们试图遵循某个标准,根据这个标准评估自己的行为,判断行为是否符合这个标准,并且持续调整和比较,直到我们达到或者放弃这个标准为止。这个反馈过程就是**自我调节的控制论**(cybernetic theory of self-regulation, Carver & Scheier, 1998; 见图5-4)。

这些论据中隐含的一个观点是,自我关注通常是一种令人厌恶的体验。人们不仅会寻找方法调整行为或个人品质,还会把注意力从自己身上转移开来(Flory, Räikkönen, Matthews, & Owens, 2000)。在度过糟糕的一天后,人们通常需要把注意力从个人事务或工作问题上转移开,因此可能会通过喝酒或看电视来减少自我关注(Moskalenko & Heine, 2003)。

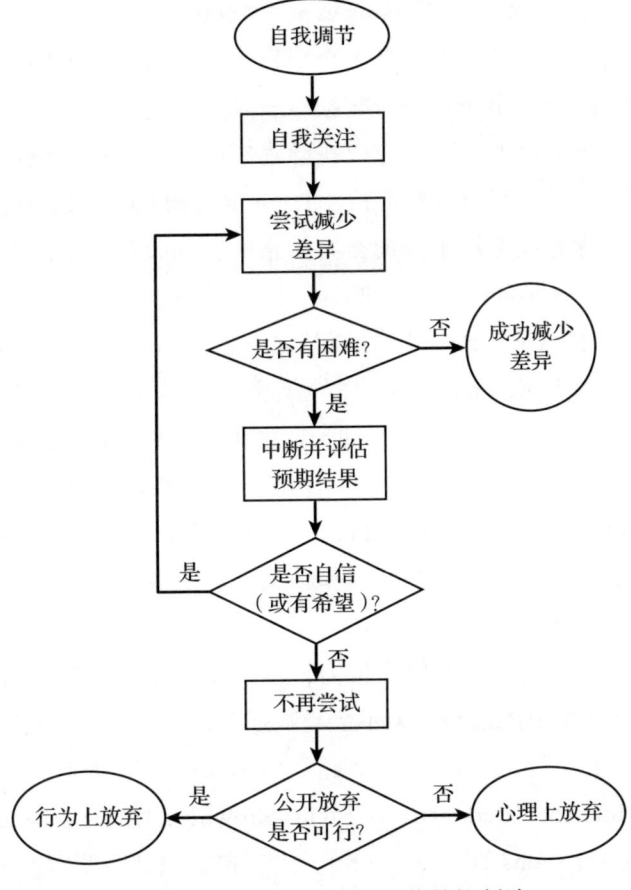

图 5-4 自我注意和自我调节的控制论

资料来源：After Carver (1979).

对自我调节的威胁

有些情况确实会损害自我调节能力，比如社会排斥。当个体被社会群体排斥时，他们会更难完成后续任务。被排斥者会更早放弃充满挫折感的任务、出勤更少以及表现出更低的自我控制感（Baumeister，DeWall，Ciarocco，& Twenge，2005）。在一个实验中，相比于那些没有体验到拒绝的被试，被告知其所在团队没有成员愿意和其组队工作的被试会吃更多的巧克力（Baumeister et al.，2005，研究 2）。被排斥者进入了一种防御状态，主要表现为嗜睡、时间意识差，以及回避有意义的思考、情绪和自我意识（Twenge，Catanese，& Baumeister，2003）。但是，没那么极端的自我调节威胁可以激发个体做出努力，以重新加入团队（K. D. Williams et al.，2000）。

涉及自我调节的许多情况实际上会引发有关自我控制的困境，即要求一个人在两个目标之间或付出短期代价与换取长期利益之间做出选择。例如，一个人可能需要接受不舒服的医疗检查以排除潜在的严重疾病。预期的短期代价会引发自我控制，以尽量减少这些代价（Trope & Fishbach，2000）。一个人可能会分散自己的注意力或专注于短期努力带来的长期收益，进而根据长期收益行事，而不是屈服于短期诱惑。

自我控制的困境是让理性与情绪对立，还是情绪会支持自我控制呢？尽管**享乐性情绪**（hedonic emotions）以短期视角为特征，但是**自我意识性情绪**（self-conscious emotions）则采取一种长期视角，可能有助于解决自我控制的困境（Giner-Sorolla，2001）。眶额皮质损伤的病人会表现出自我控制障碍（Beer，Heerey，Keltner，Scabini，& Knight，2003），而且他们不恰当的自我意识情绪（尴尬或内疚）会损害对行为的自我调节能力。自我调节明显受到理性反应和自我意识情绪反应的影响。

积极的自我调节需要个体付出努力，从事多任务时尤为如此。认知负荷会损害需要积极自我调节的活动，但不会影响那些只需要自动自我调节的活动。当自我调节资源被耗尽时，人的复杂思维能力会受到损害，但对简单任务的表现不会受到影响（Inzlicht，Berkman，& Elkins-Brown，2016；Schmeichel，Vohs，& Baumeister，2003；Vohs et al.，2005）。进行自我调节会暂时改变动机和注意，因此会损害后续的自我控制能力（Inzlicht & Schmeichel，2012）。

自我调节的神经基础

回顾一下对双加工的区分（参见第2章），我们可以得出结论：意识性自我调节和自动化自我调节涉及不同的大脑区域（Banfield，Wyland，Macrae，Münte，& Heatherton，2004）。前额皮质参与意识性自我调节：对低阶认知过程的高阶认知执行控制主要负责计划和行动部分⊖。具体来说，背外侧前额皮质与制订计划、加工新异信息、做出选择、控制记忆和工作记忆以及行使语言功

⊖ 低阶认知过程（lower-order process）一般指注意、知觉等相对自动化、信息加工时意识水平较低的认知过程，而高阶认知过程（higher-order process）则一般指包括执行功能在内的控制性加工。有学者（Fernyhough，1996）认为，高阶认知过程负责指导和执行低阶认知过程。——译者注

能有关（Banfield et al., 2004）。背外侧前额皮质还涉及针对行为的自我调节，特别是与选择和启动行为有关（S. A. Spence & Frith, 1999）。其他方面的证据也支持背外侧前额皮质行使这些功能：该区域损伤会导致冷漠和注意力水平下降，以及计划、判断和洞察力减弱（Dimitrov, Grafman, Soares, & Clark, 1999），表明执行功能变差。

前额皮质的另一个区域，腹内侧前额皮质与参与情绪加工的边缘结构相连（Pandya & Barnes, 1987），尤其与控制性行为、情绪输出和与他人的互动有关（Dolan, 1999）。眶额皮质是腹内侧前额皮质的一部分，在情绪加工、奖赏、决策、自我意识和策略调节等活动中会被激活（Banfield et al., 2004）。这一区域的损伤将导致行为模式发生极大变化，并且忽视行为的潜在负面后果（Bechara, Damasio, Damasio, & Anderson, 1994）。眶额皮质损伤也会损害人们调整行为以被他人接受或被他人认为具有道德的能力（E. Goldberg, 2001）。

前扣带回皮质与前额皮质交互作用，以监测和指导行为。前扣带回皮质与认知加工（该皮质前部）和情感性评价加工有关（Bush, Luu, & Posner, 2000）。前扣带回皮质及其与运动和认知系统的连接在将意图转化为行动时至关重要（Banfield et al., 2004）。前扣带回皮质在加工冲突性信息时也发挥作用，并且被认为是将自动化加工转为控制性加工的区域（Botvinick et al., 2004）。因此，如果一个人在运动方面具有自我图式，那么平时运动能力的突然减弱就会触发前扣带回皮质的活动，并启动前额皮质的控制性加工，以使个体理解对自我的意义并调节随后的行为（Lieberman et al., 2002）。

自我在自我调节中具有不同目的

自我调节取决于持续的与自我相关的关注，这些关注包括获得准确的自我意识的需要、自我一致感、不断完善的自我和对自我的积极感受。从社会性动机来看（参见第 1 章和第 2 章），准确性和一致性属于社会理解动机，而完善和维护积极自我意识是两种不同的自我提升方式。

准确性需要

为了使我们未来行为的结果可预测和可控，我们需要对我们的能力、观点、信念和情绪进行相对准确的评估（Trope，1975）。准确的自我评估使我们能够预测环境并控制未来的行为（Trope & Bassok，1982）。

当我们需要了解自己的能力时，Yaacov Trope 建议我们选择最能体现我们能力（即鉴别力）的任务。为了获得关于你的数学能力的准确反馈，一套 GRE 数学样题比一套儿童算术题或你在一个困扰数学家数十年的问题上的表现更具鉴别力。

如果没有客观任务可用来评价上述指标，那么与他人比较，即**社会比较**（social comparison）的结果也可以满足准确自我评估的需要（Festinger，1954）。例如，如果你被邀请参加一个正式的舞会，而你又不确定自己的舞跳得好不好，那么你既不太可能去参加儿童舞蹈训练班，也不太可能去参加交谊舞比赛来检验和提升自己的舞蹈水平。相反，你可以在一个能让你有机会和他人做比较的环境中（如俱乐部）了解你的舞蹈能力，从而决定是否需要参加舞蹈班，以使自己在舞会上表现不错。当对自己的个人能力不太清楚时，拥有准确的自我意识是重要的（Sorrentino & Roney，1986）。

如果人们预期一条消息是好消息，那么他们就特别喜欢寻求准确的自我相关信息，即使他们预期一条消息是坏消息，也希望经常进行自我评估（J. D. Brown，1990）。如果你认为自己完全没有舞蹈能力，那么你的自我评估可以证实这种信念，在舞会当天假装受伤了可能是一种谨慎的策略。

一致性需要

与准确的自我概念的需要相关的是，我们需要一致的自我概念，而不是因情况而改变的自我概念。我们需要相信我们有内在的品质和目标，而且这些品质和目标在时间的推移中会保持相对稳定（Swann，1983）。人们经常寻找一些情境，然后用能确认他们已有的自我概念的方式去解释自己在这些情境中的行为，人们还会抵制与他们的自我概念不一致的情境和反馈，这个过程叫**自我验证**（self-verification）。

例如，假设你刚开始研究生生活。你参加第一个社交活动时相对安静，而且没有主动与人说话。如果这时有一个同学走过来和你说"不要害羞，他们不吃人的"，你可能会有种被冒犯的感觉。也许你不怎么说话是因为你在观察情势，或者你只是身体不舒服，但你其实认为自己是一个相当外向的人。在下一次社交活动中，你可能会比平时更外向。这是一种让自己和他人相信你是一个一直很外向的人的处事方式（Swann & Read，1981）。

人们寻求验证自己的积极品质，但有时也会验证自己的消极品质，以了解自己的实际情况。准确而一致地看待自己的需要会影响我们的行为，我们选择和那些看待我们与我们自己看自己的方式比较类似的人交往（Swann, Stein-Seroussi, & Giesler, 1992）。例如，你可以想象一下你和那些既知道你的优点和缺点又爱你的人在一起时的轻松感受。尽管如此，我们还是喜欢那些积极看待我们的人，以及那些把我们看成和我们自己看自己同等重要的人。

大多数人不需要主动或有意识地努力就能保持自我观念。保持一致的自我意识是与家人、朋友和同事在熟悉环境中执行熟悉任务的互动过程的一部分。不一致的反馈将我们的注意力集中到对一致性自我概念的威胁上，我们要么试图排除不正确的自我观念，要么质疑是否要改变自我概念（Madon et al., 2001），从而从自动化加工转向控制性加工（参见第2章）。

关于社会认知的其他方面，人们对自我一致性的愿望因文化而异。在独立型文化中，人们寻求表达自己独特性的个人品质，而在依存型文化中，环境或社会规范会指导行为，因此人们可能在不同情境中表达关于自己的不一致信念（Madon et al., 2002）。例如，欧裔美国人可能认为自己在许多情境下有中等成就动机，而东亚人可能在某些情况下认为自己有相当高的成就动机，但在另一些情况下就不那么认为了。总的来说，东亚人在不同情况下对自己的看法更灵活，而欧裔美国人在不同情况下对自己的看法更一致（Suh, 2002）。

完善需要

除了获得准确性和一致性自我的需要，人们也有不断完善自我的需要（Kasser & Ryan, 1996）。对于用自我调节去完善自我的人，他们需要目标。这些目标来自很多方面，例如，可能自我（Markus & Wurf, 1987）包含了人们对自己未来的设想。通过设想未来可能的自我，一个人会去设定适当的目标，为实现这些目标而努力，并且掌控进展。

自我完善也可以通过**向上社会比较**（upward social comparison）来实现（S. E. Taylor & Lobel, 1989; J. V. Wood, 1989）。许多人认为，这就是人们需要一个导师的重要原因。那些表现出我们希望拥有的品质或技能的人可以激励我们，也可以提供有助于我们完善自我的具体信息。

自我完善也会由批评所激发。这些批评可能是来自他人的外显批评，也可能蕴含于自己表现不好的隐性反馈之中。虽然认为自己没有达到目标或没有实现重要他人的愿望可能会降低自尊，但这也可能有助于个体努力完善自我。对于东亚人来说，自我完善的愿望是特别重要的动机（Heine et al.，2001）。

并非所有自我完善的努力都是成功的，成功做出改变并维持这种改变是一个困难的过程。有时人们认为自己已经改善了，但事实上并没有（A. E. Wilson & Ross，2001）。例如，如果一个学生修读了学习技能课程，那么不管这个学生是否真的掌握了这些技能，他都很有可能在参加完课程之后认为自己的学习技能有所提高。这是因为人们自有一套关于自我稳定和变化的理论，而这些理论可能会扭曲他们对于目前水平以及过去水平的自我评价（Conway & Ross，1984；M. Ross，1989）。通过将自己之前的水平歪曲到比实际情况更差，一个人可能会认为他目前的技能水平有了进步（Libby，Eibach，& Gilovich，2005）。这样的见解也指向了我们下文将讲到的自我提升。

自我提升

除了需要关于自我准确性和一致性的信息，我们也需要感觉良好并维持自尊。西方文化展现了自尊对认知和动机的益处。高自尊个体对个人品质有清晰的认识，他们自我感觉良好、能够设定合适的目标、会运用有利于保持自尊的方式做出反馈、欣赏自己积极的体验，并且能很好地应对困境（K. L. Sommer & Baumeister，2002；J. V. Wood et al.，2003）。

总的来说，维持或创造积极自我意识的需要和努力被称为**自我提升**（self-enhancement）。自我提升的需要很重要，甚至在很多时候是首要的（Sedikides，1993）。在面对威胁、失败或自尊被打击时，自我提升的需要更是显得特别重要（Beauregard & Dunning，1998；Krueger，1998）。正如前面提到的社会计量器；概念所表明的（Leary & Baumeister，2000），对积极自我的渴望部分来自我们想要和他人建立联系并获得他人认可的需要。社会威胁会变成对自尊的威胁，而后者会激活重新获得支持和接受的需要。从这个观点来看，自我提升的需要是通过评估他人如何看待自己而被社会性动机激发的。

人们可以通过**积极错觉**（positive illusions）满足自我提升的需要。积极错觉指过于积极的，有时甚至是夸大真实能力、天赋和社会技能的自我知觉（S. E. Taylor & Brown，1988）。研究者提出，至少有三种类型的积极错觉：人们总是比真实情况更积极地看待自己；人们评估自己对周围事情的控制力往往高于实际控制力；人们对未来怀有不切实际的乐观。当学生判断积极和消极形容词是否准确描述自己时，大多数人评估自己比他人更受人喜欢（Suls, Lemos, & Stewart，2002）。我们会记住那些对自己积极的信息，而消极信息总是从记忆里一晃而过（Sedikides & Green，2000）。在时间有限的情况下，大多数人重构过去的失败会比重构过去的成功更困难（Story，1998）。我们相信自己比他人更可能做出无私、友善和慷慨的行为（Epley & Dunning，2000）。我们常常记得自己的表现优于实际情况（Crary，1966）。我们相信自己比大多数人都快乐（Klar & Giladi，1999）。我们总是认为那些奉承自己的人是可信的、有洞察力的（Vonk，2002）。我们通过在生活中的其他领域增强自我知觉（Boney-McCoy, Gibbons, & Gerrard，1999）以及通过与不幸他人进行**向下社会比较**（downward social comparisons；Wills，1981）来应对威胁。也许最令人心酸的是，我们觉得自己比他人更少出现偏向（Pronin, Gilovich, & Ross，2004）。人们通过认为自己比他人更好，或者认为自己比他人眼中的自己更好来提升自我（Kwan, John, Kenny, Bond, & Robins，2004）。

如果积极错觉蒙蔽了人们的视野，那么人们如何成功监控现实并保持他们对自己和这个世界的准确知觉呢？虽然绝对准确性可能会有所降低，但相对准确性似乎挺高的。当把人们对自己在各种特质上的自我评价和朋友对自己的评价做比较时，我们会发现，虽然人们看待自己比朋友看待自己更积极一些，但两者的打分高度相关（S. E. Taylor, Lerner, Sherman, Sage, & McDowell，2003）。

但是，在某些情况下，对自我、世界和未来的一些评估会变得更现实。当人们即将从别人那里得到反馈时，他们会变得更现实，甚至更悲观（K. M. Taylor & Shepperd，1998）。当人们必须在行动方案中做出选择或者设定个人目标时，他们对自己的评估会更准确，也更诚实（S. E. Taylor & Gollwitzer，1995）。当人们相信他人对自己有准确的信息时，当人们的自我描述很容易被验证时，当人们希望得到与自我相关的反馈时（Armor & Taylor，2003），或当人们的自我评价可能被否定时（Dunning, Meyerowitz, & Holzberg，1989），如即将完成一个可以测试某种能力的任务（Armor & Sackett，2006），他们在自我评价时会更谦虚。因此，随着问责性增加，自我知觉在绝对意义上会变得更加准确。自我提升在一个任务刚开始时更明显一些，这会激发我们付出努力，而在项目结束时，完成任务的不足之处可能会使人产生沮丧之感（Shepperd, Ouellette, & Fernandez, 1996）。

为什么大多数人自我知觉中的自我提升如此明显呢？而且，当这些自我提升性知觉和事实不符时，为什么它们还能持续保持呢？自我提升的积极错觉可能对心理健康具有适应性（S. E. Taylor & Brown, 1988; cf. Ackerman et al., 2012）。积极的自我知觉、对未来不切实际的乐观以及错误的个人控制感可能会让我们对自己感觉更好（Regan, Snyder, & Kassin, 1995），激励我们追逐目标（S. E. Taylor & Gollwitzer, 1995），并让我们在达到目标之前坚持更久（Armor & Taylor, 2003）。自我提升性知觉是成功的生活调整的基础：个人幸福感、对目标的坚持度以及从事创造性和富有成效工作的能力均有提升（J. D. Brown & Dutton, 1995）。合理的积极自我关注也能促进良好的社会关系（S. E. Taylor & Brown, 1988）。但是，这个影响的上限是，那些喜欢在公共场合提升自我并且可能疏远他人的人不会有这样的效果（Bonano, Field, Kovacevic, & Kaltman, 2002; Robins & Beer, 2001）。

此外，在自我受到威胁的情况下，自尊过高者会变得刻薄、令人厌恶和自大（Baumeister, Smart, & Boden, 1996）。这样的人会增加刻板印象、贬低别人，并喜欢向下比较（如 Heatherton & Vohs, 2000; 也见 Baumeister, Campbell, Krueger, & Vohs, 2003）。自我调节失败在自尊防御性高的人中比在高自尊中感觉安全的人中更常见（Lambird & Mann, 2006）。

尽管如此，自我提升经常会产生一个意想不到的好处。当人们自我感觉良好、不受有关自我价值的问题的持续威胁时，他们通常更容易接受负面反馈（Trope & Neter, 1994）。与不那么乐观的人相比，天生对未来更乐观的人在处理与个人相关的风险信息时更少采取防御性策略（Aspinwall & Brunhart, 1996）。当人们自我感觉良好时，他们对他人的知觉也会变得更积极（Ybarra, 1999）。**社会认可**（social validation）——从他人的角度接受我们是谁——会让人减少防御性策略的使用：当人们得知他们因内部品质而受到欢迎时，他们更容易接受潜在的威胁性信息（Schimel, Arndt, Pyszczynski, & Greenberg, 2001）。

支持积极自我意识有益的其他证据来自那些长期低自尊的个体。低自尊者存在一系列劣势：更不清晰的自我概念、把自己想象成更糟糕的人、常常选择不实际的目标或直接回避所有目标、对未来感到悲观、以更负面的方式记住过去经历、沉溺于消极情绪而不是做出自我调节以恢复积极情绪、面对消极反馈有更多不良情绪和行为反应、对自己更少做出积极反馈、进行导致消极自我评价的向上社会比较、更担心自己对他人的影响、遇到挫折或压力时更易出现抑郁和反刍式思维（J. D. Brown & Marshall，2001；Di Paula & Campbell，2002；Heatherton & Vohs，2000；Josephs，Bosson，& Jacobs，2003；Kernis，Paradise，Whitaker，Wheatman，& Goldman，2000；Leary，Tambor，Terdal，& Downs，1995；Setterlund & Niedenthal，1993；K. L. Sommer & Baumeister，2002）。

自我提升在应激时也能带来生理上的益处。压力会导致以下症状：心跳加快、血压升高、焦虑。那些能积极看待自己的人（甚至比他人看待自己更积极）在实验室压力任务中，皮质醇（应激激素）、心率和血压均处于更低水平（Creswell et al.，2005）。自我提升可以在压力情境中对人起到保护作用，而这些压力情境可能会对个人造成威胁，并对健康产生不利影响。对于年轻人，高自尊和内部控制点可以降低皮质醇对心理应激的反应，增加海马体积；对于老年人，它们可以减缓与年龄相关的认知功能衰退，改善皮质醇水平并减少脑容量下降（Pruessner et al.，2005）。

自我肯定

自我肯定（self-affirmation；Steele，1988）维持自我提升的需要，并帮助人们通过认同与自己无关的事情来解决对自我价值的威胁（D. K. Sherman & Cohen，2006)。当人们能够肯定自我有价值的方面时，就不太可能对威胁做出防御性反应。在一个实验中（D. K. Sherman，Nelson，& Steele，2000），一组被试思考重要的个人价值，另一组被试思考没那么重要的个人价值。然后，两组被试都观看一个关于艾滋病的教育视频。与思考没那么重要的个人价值组相比，思考重要个人价值组的被试更能认识到自己有感染艾滋病毒的风险，并采取了更多积极的健康行为（即购买避孕套和领取教育手册）。这些发现表明，自我肯定降低了对威胁性健康信息的防御性反应。这一结果与刚刚介绍的证据相符，即当人们对自我感觉良好时，他们更容易接受潜在的负面信息。对个人价值的肯定可以削弱对于威胁的知觉（D. K. Sherman & Cohen，2002），减少失败后产生反刍性思维的倾向（Koole，Smeets，van Knippenberg，& Dijksterhuis，1999），以及减弱对压力的生理反应（Creswell et al.，2005）。

从自我肯定理论中得到的一个启示是，自我提升是一种维持性动机。人们不会努力去获得最积极的自我评价，相反，他们会努力保持充分的自我尊重。事实上，一旦达到了一定程度的自尊水平，人们可能会避免那些可能进一步增强自尊的活动（Tesser，Crepaz，Collins，Cornell，& Beach，2000；Zuckerman & O'Loughlin，2006）。

自我评价维护

亚伯拉罕·泰瑟（1988）提出了一种社会性机制，即在处理拿亲密他人的表现与自己的表现做比较这样的问题时，人们会提升并保持积极的自我尊重。例如，约翰最好的朋友马克最近获得了一个著名的短篇小说奖，约翰会感到高兴，并急于告诉别人马克的成功吗？还是他会嫉妒马克的成功，并在被提醒自己是一个缺乏才华的作家时感到不快呢？Tesser的**自我评价维护理论**（self-evaluation maintenance theory）解答的就是这样的问题。

一般来说，从心理上讲，亲密他人的行为比疏远他人的行为更具有影响力。因此，亲密他人表现良好会引发评判性情境。约翰会为马克感到高兴还是嫉妒，关键取决于写作对约翰的自我概念有多重要。如果约翰也是一个想要出版作品的作家，那么马克的出色表现很可能是对他个人的威胁，导致他出现负面情绪，并在未来努力回避马克（比较效应）。然而，如果约翰是一名律师，不写短篇小说，那么他可能会为马克的成功感到高兴和自豪（反映效应）。因此，同样的因素（即个体与目标人物之间的亲密程度和目标人物的出色表现）可能会对个体的反应产生相反的影响。这种不同的影响取决于目标人物的表现是否与个体的自我定义相关（见图5-5）。

死亡恐惧管理理论

威胁可以激发自我提升，而且死亡应该是最具威胁性的刺激了（Gailliot，Schmeichel，& Baumeister，2006），**死亡恐惧管理理论**（terror management theory）的关注点就在于此（Greenberg，Pyszczynski，& Solomon，1986）。根据这一

理论，从生物学角度来说，人受自我保护的驱使，他们会在文化层面（通过形成提供意义和目的的世界观）和个人层面（通过自尊）两方面应对死亡威胁。人们形成的信仰体系赋予了他们的生活和他们的世界以持久的意义，这些观点帮助人们管理由脆弱感带来的死亡凸显性和焦虑（Greenberg, Pyszczynski, & Solomon, 1986）。在个人层面，人们努力保持积极的自我意识，这同样减少了与死亡相关的焦虑。与死亡焦虑相关的神经网络包括杏仁核、脑岛、前扣带回皮质和腹侧前额皮质（Quirin & Klackl, 2016）。

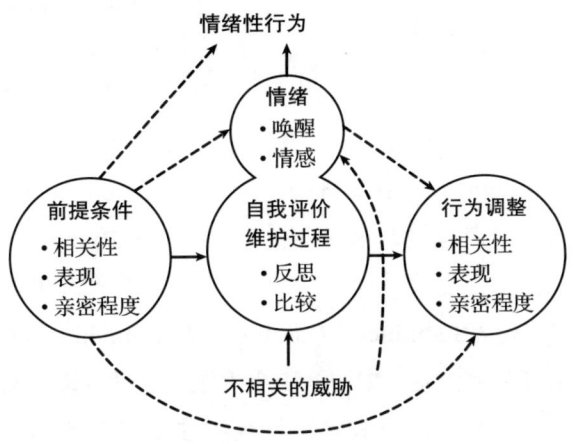

图 5-5　自我评价维护模型示意图

资料来源：After Tesser (1988).

该理论对文化世界观和自尊如何抵御死亡威胁做出了具体预测。一个得到了广泛支持的预测是，当死亡威胁变得凸显时，人们会抑制与死亡相关的想法（Greenberg, Arndt, Schimel, Pyszczynski, & Solomon, 2001；Schmeichel & Martens, 2005）。文化世界观对于减少死亡恐惧的重要性还预示着，当死亡变得凸显时，人们会尤其服从于其文化认可的标准。这样的行为能保护他们不受因脆弱性带来的死亡焦虑的影响（Greenberg, Porteus, Simon, Pyszczynski, & Solomon, 1995；H. McGregor et al., 1998）。因此，规范在本质上是令人安心的。

面对死亡，更加遵守社会规范也意味着人们会更严厉地评价那些违反规范的人。在一项研究中，实验者在操纵死亡凸显性后发现，人们更有可能责怪严重受伤的无辜受害者，而这显然是为了在一个可怕的环境中获得秩序感（Hirschberger, 2006）。同样，提升自尊的活动可以帮助人们通过重申自身内在的价值来管理对死亡的恐惧。死亡威胁需要人们进行积极的自我调节，以减少对死亡的不安想法（Gailliot et al.，2006）。

文化和自我提升

自我提升和相关的需要都代表了文化领域内关于自我的思考。这里描述的自我提升的特征更符合西方人（尤其是美国人），而不是其他国家的人（如东亚国家的人）。东亚人更加关注自我批评，更少做出自我服务归因（Heine & Renshaw，2002；参见第6章）。在东亚文化中，自损偏向比自我提升偏向更常见。在一项研究中，当日本学生表现好于其他学生时，他们会认为自己的成功是由于环境造成的，而当他们表现比别人差时，他们会认为是自己个人能力的问题（Takata，1987）。东亚人这种谦虚的自我知觉似乎是普遍的（Heine，Takata，& Lehman，2000；Oishi，Wyer，& Colcombe，2000）。

也许在西方文化中自我提升所满足的需要，在东方文化中以不同的形式得到满足了。例如，在依存型文化中，提高社会群体和个人在群体中的地位可能会满足自我提升的需要（Sedikides，Gaertner，& Toguchi，2003）。研究者比较了来自集体主义文化（新加坡、中国）和个人主义文化（以色列犹太人）的被试后发现，反映出个人控制感的自我提升特征和独立型自我概念解读相关，而集体特质的自我提升和依存型自我概念解读有关（Kurman，2001）。也许自我或社会群体的提升具有一定的普遍性，但它们会根据文化价值观的不同，呈现出不同的形式（Sedikides et al.，2003）。

协调那些指导自我调节的动机

以上描述的每一种动机——对准确性、一致性、自我完善和自我提升的需要——在不同情境下支配着我们的行为。在一个人的立场不稳定或不明确的情况下，对自我进行准确反馈是主要目标（Sorrentino & Roney，1986；Trope，1979）。当一个人明确自己的立场时，这个人对一致性信息的寻求是最强烈的，但反馈或环境总是会让他调整自我知觉（Pelham，1990）。一致的、确定的自我意识是那些在生活中采用预防聚焦的人更可能具备的特质（Leonardelli，Lakin，& Arkin，2007）。

自我提升的需要至少在西方文化中和受到威胁的情境下是盛行的。自我表现的需要也可能引发自我提升行为（Baumeister，Tice，& Hutton，1989）。对自我的认知会朝着一致性的方向偏离，而对自我的情感反应则会朝着改善的方向偏离。也就是说，不管是积极的还是消极的，我们都喜欢确定自己的品质，且当我们得到积极反馈时，我们最快乐（Swann，Pelham，& Krull，1989）。与那些采用预防聚焦的人相比，那些主要被促进聚焦（关注成长和培养）所驱动的人更关心自尊（Leonardelli et al.，2007）。

许多为自我提升（至少在西方文化中）或自我完善所进行的自我调节活动可以在人没有意识到的情况下自动发生。然而，寻求准确性或一致性反馈更可能是一个控制性过程，因为自动化过程很可能被针对自我知觉的挑战和关于自我知觉的模糊性所打断。同时满足这些动机的保底方法是人类思维的灵活性，它能够建构信息以适应各种动机。人们需要相信自己是一致的，哪怕这可能歪曲了事实（R. E. Wells & Iyengar，2005）。人们想要保持一种积极的自我意识，可以通过批评很久以前的自己来做到，从而产生一种自我完善的错觉（A. E. Wilson & Ross，2001）。

自我是一个参照点

自我概念不仅解释了人们如何知觉并调节自己，还为解释他人的品质和行为提供了一个视角。请记住，我们对自己的了解和对他人的间接了解是不对称的（Pronin，2008），我们对自己的了解比别人更多。就自我而言，这些了解来自内省，所以我们的真正自我是由思想和感受组成的。我们无法获取他人的内心体验，所以只能根据他们的行为进行判断。我们的自我是丰富的、复杂的、细致入微的，但对于其他人，在没有获取这些信息的情况下，我们只能是判断。通过这种方式，自我成了更深层次自我相关加工和推断他人内心状态的已知参照点。

自我参照

与自我相关的信息比其他类型的信息更具有记忆优势。早期的研究支持了对自我相关信息的**深度加工理论**（depth of processing，T. B. Rogers，Kuiper，& Kirker，1977）：与自我相关的信息会留下更丰富、更互相关联、更持久的记忆痕迹。社会认知神经科学的发展有助于解释这种效应的神经基础（Heatherton，Macrae，& Kelley，2004）。例如，研究者（W. M. Kelley et al.，2002）让被试判断特质形容词是描述自己的、描述乔治·布什⊖的，还是由大写字母组成的。语义加工任务通常会激活左侧前额皮质，因此在这三种实验条件下，该区域都有激活。在自我参照组中，内侧前额皮质出现激活，其活动水平与被试对那个词语的记忆程度相关，这表明内侧前额皮质有助于与自我相关记忆的形成（Macrae，Moran，Heatherton，Banfield，& Kelley，2004）。

模拟理论（simulation theory）描述了自我参照效应：人们推断他人心理状态的一种方法是想象自己在类似情境中的思维、情绪或行为。腹内侧前额皮质的一个区域与自我参照任务有关，个体在对相似他人进行评价时，该区域会出现激活，而对不相似他人进行评价则不会（Mitchell，Banaji，& Macrae，2005b）。对前额皮质损伤病人的研究得出了一致的结论（Stuss & Levine，2002）。这种损伤可能会影响人们对自我进行思考和反思的能力。记忆中的自我参照效应可能依赖于对自我进行思考的能力，而内侧前额皮质的神经活动可能是这种自我思考的基础（Heatherton et al.，2004）。

社会投射

自我在很大程度上以自己的形象积极建构社会世界。我们的信念和个人品质帮助我们形成对他人的评价。**社会投射**（social projection）指人们估计自己拥有的偏好、特质、问题、活动和态度同时也是他人拥有的，或者至少认为这些特征在他人身上比实际证据所显示的更明显（Mullen & Goethals，1990）。我们假设别人和我们有同样的特征、情绪和动机（Holmes，1978），而且我们会用描述自己特征的词去描述熟人（Shrauger & Patterson，1974）。即使人们有充足的时间去思考关于他们的评估（Krueger & Stanke，2001），但当他们收到准确的反馈（Krueger & Clement，1994）以及当他们有关于其他人的相关信息时（Alicke & Largo，1995；Kenny & Acitelli，2001），社会投射效应仍会发生。

我们把自己的态度、特征和价值观投射到别人身上，是因为我们有动机认为自己的特征是好的，还是因为自我提供了一套有用的认知启发式，我们可以

⊖ 指第43任美国总统小布什。——译者注

通过它迅速而自信地做出推断呢？两种原因似乎都有可能。几十年来，认知解释和动机解释的研究表明，这两种影响的来源很难区分。动机可能会通过对认知加工施加影响来影响判断（Dunning，1999；Kunda，1990）。

积极看待自我的愿望会影响各种社会投射过程。我们通过以下方式定义社会性概念：我们使用自我服务的方式去判断他人（Dunning，Perie，& Story，1991），使用自我概念中的核心特征去评价他人（Alicke，1985），与他人进行自我服务式的社会比较（Dunning & Hayes，1996），不由自主地拿他人和自己比较以判断他人（Mussweiler & Bodenhausen，2002），假设别人和我们有同样的缺点，但我们的优点是独一无二的（J. D. Campbell，1986；Mullen & Goethals，1990；Suls & Wan，1987），远离那些和我们有相同弱点的人（Schimel Pyszczynski，Greenberg，O'Mahen，& Arndt，2000）。

我们把积极品质投射到某个对象上并不是随机选择的。我们倾向于将自己的态度和品质投射到有吸引力的目标上（Granberg & Brent，1980；G. Marks & Miller，1982），而把自己不好的品质投射到不受欢迎或者不喜欢的目标上（Bramel，1963；Sherwood，1979）。在自尊受到威胁的情况下（如收到负面反馈或表现不佳时），两种类型的投射都会增加。相比之下，当一个人肯定自我或得到积极反馈时，社会投射和防御性社会投射就会被抑制（Dunning，2003；Kunda，1990）。举个例子（S. J. Sherman，Presson，& Chassin，1984），实验者向被试提供关于其任务表现的错误反馈，然后要求他们估计有多少学生完成得好，有多少学生完成得差。与只收到他人失败信息的被试相比，收到自己也明显失败反馈的被试会估计更多学生也会失败。抑郁的人同样表现出较少的社会投射，这表明他们抵抗针对自我的威胁的能力受损（Agostinelli，Sherman，Presson，& Chassin，1992；Tabachnik，Crocker，& Alloy，1983）。在社会生活中，人们把自我作为推断他人品质的标准，而且至少在一定程度上受到自我提升需要的引导。

投射在刻板印象的形成中也会指导人的判断。对自我形象的威胁无疑会增强负面的刻板印象。在一项研究中（Fein & Spencer，1997），被试在一个智力测试中收到了对他们表现的正面或负面反馈。随后，在一项表面上与上一个测试无关的研究中，被试需要根据求职者的资历和面试情况对求职者进行评估。求职者被描述为犹太人或非犹太人。如果求职者被贴上犹太人的标签，那么接受过负面反馈的被试对这些求职者的评价就会变差，而无论求职者背景如何，接受过正面反馈的被试给的评价都是一样的。研究者根据死亡恐惧管理理论提出了类似的观点：提醒人们他们自己的死亡会增加他们确认自我价值的需要，从而增强他们对其他人的刻板印象（Greenberg et al., 1990; Schimel et al., 1999）。

刻板印象还有助于我们否定那些消极评价我们的专业人士的意见。例如，在被批评后，一个人可能会用消极的刻板印象来诋毁评估者，并将批评中打击自我的部分最小化。学生对教授的评价很大程度上取决于他们期望得到的分数（L. Sinclair & Kunda, 2000）。当被别人奉承时，人们会放弃他们的成见，以积极的态度评价给自己积极反馈的人（L. Sinclair & Kunda, 1999）。因此，刻板印象可以达到自我提升的目的。

― 应用聚焦 ―

自我不是一颗保龄球，也不是一阵风。固定型心理定势帮助自我保持不变，成长型心理定势则帮助自我改变吗

作为一种认知建构，自我不是稳定的、单一的、不可改变的或固定的，但它也不是短暂的、任意的、不连贯的或可无限变化的。一个模型简要地提出了中间状态（Dweck & Leggett, 1988），即人们可能相信他们的性情是长期不变的。拥有这种固定型心理定势（fixed mindset）的人会倾向于相信人是不会改变的。例如，具有固定型心理定势的人会认为一个人的智力是固定的，他要么擅长数学，要么不擅长数学。相反，具有成长型心理定势的人相信人们可以通过努力、精力和资源而改变。

改变不是只需要动机，也不是只需要努力——还需要有策略的努力。设定合适的目标能让我们持之以恒并且建设性地利用反馈。例如，一个具有固定型心理定势的人设定成绩目标是为了发现自己某种固定的才能或不足；相反，一个具有成长型心理定势的人设定学习目标时并不会认为才能是一成不变的，自己要努力学习，并吃一堑长一智。为了验证这些观点，我们可以教人们一些特定的策略，例如，培养成长型心理定势可以让学生从成功和失败中学习。

总　　结

　　人们持有关于他们自己的复杂的且变化的表征，包括他们当前的品质和在未来能描述他们的那些品质。一个人的自我概念会随这个人所在情境的变化而变化，可以暂时改变工作自我概念，关系自我概念也代表了重要他人。对一个人当前和未来品质的信念可以作为设定目标和指导行为的参照点。自尊是对自我的外显和内隐评价。

　　自我概念和与之相关的认知、情绪及目标因文化背景而异。独立型自我是西方文化的特点，它反映了一种自我概念，即以自主和自我服务为主的自我；依存型自我则反映了一种与社会群体相互联系的自我概念，它在很大程度上受到其他标准的影响。这些差异会影响自我调节的动机和过程。

　　自我调节指人们控制自己的行为，在一定程度上受到个人促进聚焦或预防聚焦策略的影响。在向内关注自我或向外关注环境的注意中，自我关注通常会增加行为和凸显标准之间的关系。自我调节行为既可能是由自我意识激发的，也可能是自动出现的。

　　自我调节是由动机过程引导的，主要目标包括准确性需要、一致性需要、完善需要和自我提升。每种动机在不同的情境下影响着人们的行为。

　　自我信念影响我们如何判断他人。在中性条件下，一个人可能会使用个人信念和特点作为推断他人品质的基础。但是，个人受到威胁会增强社会投射过程，包括假设自己的弱点也是大家都有的，以及对脆弱的社会群体形成某种刻板印象。

延伸阅读

Beer, J. S. (2012). Self-evaluation and self-knowledge. In S. T. Fiske & C. N. Macrae (Eds.), *SAGE handbook of social cognition* (pp. 330-349). Thousand Oaks, CA: Sage.

Heatherton, T. F., Macrae, C. N., & Kelley, W. M. (2004). What the social brain sciences can tell us about the self. *Current Directions in Psychological Science,* 13, 190-193.

Higgins, E. T. (2005). Value from regulatory fit. *Current Directions in Psychological Science,* 14, 209-213.

Kunda, Z. (1990). The case for motivated reasoning. *Psychological Bulletin,* 108, 480-498.

Markus, H. R., & Kitayama, S. (1991). Culture and the self: Implications for cognition, emotion, and motivation. *Psychological Review,* 98, 224-253.

Morling, B., & Masuda, T. (2012). Social cognition in real worlds: Cultural psychology and social cognition. In S. T. Fiske & C. N. Macrae (Eds.), *SAGE handbook of social cognition* (pp. 429-450). Thousand Oaks, CA: Sage.

Sedikides, C., Gaertner, L., & Toguchi, Y. (2003). Pancultural self-enhancement. *Journal of Personality and Social Psychology,* 84, 60-79.

Swann, W. B., Jr., & Bosson, J. K. (2010). Self and identity. In S. T. Fiske, D. T. Gilbert, & G. Lindzey (Eds.), *Handbook of social psychology* (5th ed., Vol. 1, pp. 589-628). Hoboken, NJ: Wiley.

Swann, W. B., Jr., Pelham, B. W., & Krull, D. S. (1989). Agreeable fancy or disagreea-ble truth? Reconciling self-enhancement and self-verification. *Journal of Personality and Social Psychology,* 57, 782-791.

Taylor, S. E., & Brown, J. (1988). Illusion and well-being: A social psychological perspective on mental health. *Psychological Bulletin,* 103, 193-210.

SOCIAL
COGNITION

第 6 章

归因过程

- 归因旨在解释社会性经历
- 早期归因理论强调理性分析
- 归因涉及的一些认知过程
- 归因常常是带有偏向的

为什么我这个朋友这样见外呢?为什么这位教授无视我的评论呢?我们每天都会遇到这样需要解释的事情。归因是确定何种社会性因素会导致何种结果的过程,它既可以帮助我们解释人际事件,也对整体社会认知十分重要。

归因旨在解释社会性经历

归因(attribution)就是关注人怎么对自己或他人的行为和心理状态做出因果解释。

因果归因

归因过程旨在推理社会性事件发生的原因。假设你的两个朋友为庆祝新年应该去看一场冰球赛还是一场篮球赛而争论不休。表面看来，这样的冲突不值一提，但是这样的争论常常比你亲眼所见的场面表达了更多信息，可能会伤害感情，甚至导致彼此的疏远。那么，你该如何推理这个事件里究竟发生了什么呢？你可以根据每个朋友身上的一些你知道的品性，即他们各自的**性情**（disposition）考虑，比如他们经常争吵或者控制欲很强。你也可以根据他们的关系考虑，看一下是否其中一个或两个人都希望在他们的关系中占主导地位。你还可以考虑一下发生争执的环境，注意到每人都已经喝了几瓶啤酒，而酒精常常会引发一些过激行为。因果推理需要收集他人的品性和情境信息，从而推理一个事件的原因。

在20世纪70年代，持朴素科学家观念的学者认为因果推理是以复杂推理为基础的。这些分析给人的一种印象是，外显推理过程是相当耗时、普遍存在的，而且对其他推理过程和行为也很关键。然而，人们在多数时候都占用很多认知容量来进行因果推理的观点不太可能站得住脚。正如我们在第1和第2章所讨论的，认知容量是宝贵的，我们这些认知吝啬鬼在任何时候都只能把注意集中到很少的信息上。相比之下，长时记忆的容量几乎可以是无限的。因此，我们解决许多因果推理难题时，可能只需提取长时记忆中针对相关的人、情境或事件的记忆。许多我们对事件原因的了解都蕴含在我们关于特定生活事件的心理表征之中。听说一对情侣分手了，我们不需运用耗时费力的因果规则就分手原因做因果推理。我们知道情侣为什么分手：他们彼此厌倦对方了，他们是异地恋，他们经常争吵，其中一个人背叛了对方，或者上述原因中的几个加在一起了。这里的因果推理就只是一组数量有限的领域特异性原因中哪些适用于某个个案的问题了。

针对因果推理的数十年研究还获得了一些其他发现。就如同用于解释其他社会认知现象一样，双过程模型（参见第2章）也适用于解释因果推理。多数因果推理是迅速进行且几乎是自动化的，人们不必评估一整组证据来获取一个最优解释，而是抓取一个足够好的解释就行了。

在某些情况下，我们确实会中断自己的自动化信息加工过程，转而进行控制性加工，即外显地把注意力聚焦到回答"为什么会这样"的问题上。外显因果推理常发生于出现意外或负面事件的时候（Kanazawa，1992；P. T. P. Wong &

Weiner，1981）。如果一个结果是积极的和意料之中的（如享受一堂很受欢迎的选修课），那么你就不需要一个解释。于是，我们保留认知容量以备明显失败的情况出现，特别是那些意想不到的情况，即**异常状态**（abnormal condition；D. J. Hilton & Slugoski，1986）。我们把用于探寻因果关系的注意资源用在有趣的选修课变得无聊至极的情况之中，因为这种结果是不可预期的和负面的。

因果推理的基本原则

对儿童归因过程的研究突出了一些因果推理的基本原则，这些原则是人们在儿童期就学会了，并用于理解因果关系的（Kassin & Pryor，1985）。成人也会使用这些原则去推理因果关系，在模糊情境或信息不充分的条件中尤为如此（见表6-1）。

表 6-1　日常推理中关于因果关系的基本原则

原则	实例：关于癌症的非专业解释
原因出现于结果之前	病因的出现先于癌症发作
原因与结果之间具有时间上的接近性	最近发生的事件似乎比很久之前的事件更可能是原因
原因与结果之间具有空间上的接近性	针对癌症病灶的事件似乎更可能
知觉上凸显的刺激更可能是原因	可以注意到的原因（父母一方患有癌症）似乎比从小就喜欢晒太阳更可能导致癌症
原因与结果存在相似之处（如在量级上相似）	一个大的压力源可引起恶性肿瘤
结果归因于代表性原因	一个恶性的肿块可归因于外伤，因为其他类型的肿块是由外伤引起的

因果关系的一个基本原则是原因出现于结果之前（cause precedes effect；Kassin & Baron，1986）。儿童在3岁时就充分掌握了这个原则，而且在自发因果归因中几乎每次都运用它。同时，人们认识到原因与结果之间具有时间上的接近性（*temporal contiguity*），即一个离结果更近出现的原因比一个更远出现的原因更可能被认为是事件的原因。人们也采用空间上的接近性（*spatial contiguity*）来推理因果关系。例如，一个抢劫犯罪嫌疑人如果案发时在别的地方（即不在现场），那么他将基本被排除嫌疑。知觉上凸显的刺激（*perceptually salient stimuli*）比那些作为背景的刺激更有可能被知觉为原因（S. E. Taylor & Fiske，1975）。原因与结果存在相似之处（*causes resemble effects*），即人们通常假定，大的结果由大的原因所产生，而小的结果由小的原因产生（H. H. Kelley &

Michela，1980），例如，恶性肿瘤可以被归因于一个大的压力源（如离婚）。代表性原因（*representative cause*）也可被归因于结果（Tversky & Kahneman，1982），例如一个不熟悉癌症病因的病人可能会把恶性的肿块归因于外伤，因为其他肿块是由外伤引起的。

在具备不确定性或缺乏相关知识的条件下，成人也采用这些基本原则进行因果推理（Einhorn & Hogarth，1986；S. E. Taylor，1982）。那些对某一特定领域缺乏了解的人可能会使用这些规则；相反，那些对某一领域非常熟悉的人可能主要考虑具有领域相关性的因果信息。有研究者（S. E. Taylor，Lichtman，& Wood，1984）发现，癌症病人做出何种因果推理，取决于他们对癌症知识的了解程度。那些对癌症缺乏系统了解的人关注时空接近性，例如她们会推断乳腺癌是因被撞击而引起的；相反，那些对癌症有系统了解的人会把癌症归结为领域相关性原因，如饮食或遗传因素。

性情归因和心理知觉

许多因果推理聚焦于他人，以及这些人的特征、目标和这些人为什么要做他们正在做的事情，其中一些推理建立在**心理推测**（theory of mind）的基础上。按理说，人类在一定程度上是通过考虑他人的心理状态而进行自我教化的，即进化为社会性动物（Hare，2017）。儿童早期就发展了一些理解另一个人心理内容的能力。早在两岁的时候，儿童就已经发展出了一个推理他人心理内容的系统。到大约4岁，一个表征信念的系统发展出来了，且最常涉及颞上沟，特别是颞顶联合区等区域的功能（Saxe，Carey，& Kanwisher，2004）。孤独症⊖儿童因反常的社会认知导致其心理推测能力出现缺陷（Pellicano，2012），而且这种缺陷与共情是分离的（Happé et al.，2017）。

一个更广泛的概念，即**心理知觉**（mind perception），包含了日常的读心活动：推测另一个人的心理状态，包括信念、意图、愿望和感受（D. R. Ames & Mason，2012）。人们倾向于把自己的心理投射到与其相似的他人上，进而读取这个人的心理状态（参见第5章；D. R. Ames，2004）。也就是说，当某人的行

⊖ "autism" 也可译为 "自闭症"，国际疾病分类第十一版（ICD-11）认可 "孤独症" 和 "自闭症" 两种译法，但根据中国精神疾病分类第三版（CCMD-3），本书采用了 "孤独症" 的译法。——译者注

为模糊时，人们会根据一些孤立的相似性进行过度推理。正如我们在第 5 章所指出的，内侧前额皮质不同区域的激活对应着不同的任务，考虑与自己相似者的情况时，主要是更靠近腹侧的皮质出现激活，而考虑与自己不相似者的情况时，主要是更靠近背侧的皮质出现激活（Mitchell, Banaji, & Macrae, 2005b）。心理模拟（mentalizing）⊖，即心理知觉，所激活的大脑区域与机械化过程（即动作知觉）所激活的大脑区域是不同的（Spunt, Satpute, & Lieberman, 2011）。

人一般都是偏积极的心理知觉者（Epley & Waytz, 2010）。人会根据当前对能动性（自主性）的可获取能力，寻求解释的动机（效能）以及归属的动机（社会性），甚至在物体、动物和神上看到心理（Epley, Waytz, & Cacioppo, 2007; Gilbert, Brown, Pinel, & Wilson, 2000）。我们看到人们会与其所养的植物、宠物以及所使用的计算机和汽车对话，好像它们也有人性一样。人们也确实会将不同程度的能动性（做）和体验（感受）赋予其他实体，例如，成人似乎在能动性和体验方面都很擅长，儿童的体验能力似乎要强于能动性，而一个机器人的能动性似乎要强于体验（H. M. Gray, Gray, & Wegner, 2007）。

在把一种心理赋予实际的人时，社会性知觉者有时会根据一个人的暂时品质（如情绪、意图和欲望）来解释一个行为，但更常见的是根据稳定性情（如信念、特质和能力）对行为进行解释（Gilbert, 1998）。把性情类特性赋予其他人是一个相当迅速的过程，而且常常基于最微弱的线索就能完成。正如第 3 章所介绍的，人们会从生理属性（如面孔）对一个人做特质性推理。事实上，这个判断过程能在见到一个人的脸 100 毫秒后就完成（Willis & Todorov, 2006）。更令人惊讶的是，这些判断结果还与那些没有时间限制的相同判断高度相关。用一句话来说，人们通常只需 1/10 秒就足够从面孔做出具体的特质性推理，反映出这是一个迅速、直觉式和不费力的过程。

但是，这些判断重要吗？答案似乎是肯定的。在一项研究中，被试观看美国国会议员候选人的照片，并且只是根据议员的面孔来评价他们的能力。这些对议员能力的迅速评价实际上预测了美国国会选举的结果，而且那些从面孔上看特别有能力的人选举优势也更大（Todorov et al., 2005）。因此，大多数人的推理过程通常都不是理性和谨慎的，如他们投票支持某个国会议员的过程，迅

⊖ 指想象他人心理活动或感受的过程。——译者注

速且不费力的特质性推理则决定了究竟选谁。性情归因常常是一个迅速且实际上也是自动化的过程。

---研究聚焦---

当人们融入社交世界时，读心过程会怎样变化

不管是通过面孔做特质性推理还是通过行为做性情推理，归因都是一个内在的社会性过程。有点儿奇怪的是，大多数归因理论都假设归因者是单独考虑他人和他人的心理的。也就是说，他们在相当孤立地思考他人。虽然人们还是采用最常见的归因方法，但许多现实世界的归因都是发生于一个关系性情境（如工作）之中的（Gardner, Karam, Tribble, & Cogliser, 2019）。如果你和你的老板在谁搞砸了一个大机遇的问题上有不同归因，那么你可能就有许多关系修复工作要做了。归因一致（"你为什么要那样做？"）可以避免许多工作和生活中的误会。读心（mind-reading）就是去解释其他人的意图。做到这一点对我们来说是很重要的，因为在社交世界里，我们是彼此依赖的。

更进一步说，当你需要在一个时间段里同时理解多个人时，社会性归因会变得更困难。在一个群体中归因需要处理"多心理"问题（"many minds" problem; Cooney, Mastroianni, Abi-Esber, & Brooks, 2020）。也就是说，与两个人之间的读心相比，在一个群体中归因：①是基于对每个人更少的信息做出的（通话时间问题）；②协调更复杂且难以解决（话轮转换问题）；③是在对听者所做反应的信息了解更少的情况下做出的（反馈问题）。考虑到这些因素，你应该明白了为什么人不擅长预测对话进程。

人必须努力钻到另一个人的脑海里，去了解他人的意图、偏好和反应，而在群体中完成这些就更难了。推行你自己的观点这条捷径很可能会令每个人都感到失望。请看下面的研究。当17组被试（每组4人）来到哈佛大学决策科学实验室时，他们了解到每组被试中的3人将观看一段无聊视频，而另一人将观看一段特别精彩的视频。你可能会自然地认为，观看精彩视频的被试会有更好的感受，但在开始时，4人之间并没有差别。在看完视频后，当4个人彼此交谈时，那个看了精彩视频的被试感到被排斥了，因为另外3人想讨论他们的共同体验。这样一来，那个唯一看了精彩视频的被试反而比其他 3 人感受更差（Cooney，Gilbert，& Wilson，2014）。在后续研究中，研究者发现人们并不能预测自己作为被试（研究 2）或原研究中实际被试（研究 3）的反应。⊖这个多心理问题说明，在有群体互动的现实世界中进行归因分析非常具有挑战性。

推理他人的神经基础

正如我们在第 1 章所指出的，有几个脑区非常稳定地参与到推理他人的过程之中（Lieberman，2010）。心理推测研究发现了一个涉及前扣带回皮质（ACC）、位于颞顶联合区（TPJ）的颞上沟后部（pSTS）和颞极的脑网络（Gallagher & Frith，2003）。在社会认知中的许多方面，当个体加工自己的体验和推理他人的心理状态时，内侧前额皮质（mPFC）均会产生激活；背内侧前额皮质参与众多要求理解他人心理状态的任务；右侧 TPJ 选择性地参与对心理状态的理解，但不参与关于一个人其他社交信息的加工（Rilling，Sanfey，Aronson，Nystrom，& Cohen，2004；见图 6-1）。

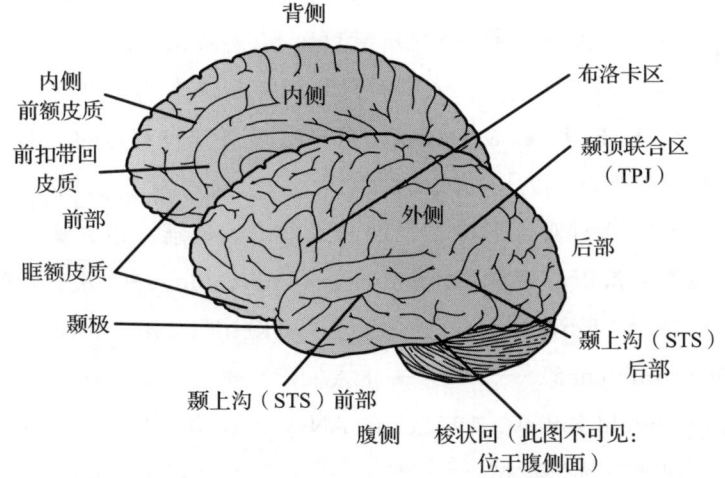

图 6-1　与各种心理状态（信念、愿望、知觉和情绪）归因相关的大脑区域

当人们进行实际的社会交往时，心理推测还会激活前旁扣带回皮质（anterior

⊖ 也就是说，不论是想象自己观看精彩视频还是预测原研究中实际被试观看精彩视频，人们都会认为他们自己或实际被试应该比观看无聊视频的被试感受更好，而不是更差。但这个预测与研究 1 的结果相矛盾。——译者注

paracingulate cortex；Gallagher，Jack，Roepstorff，& Frith，2002；McCabe，Houser，Ryan，Smith，& Trouard，2001），该区域也被称为内侧前额皮质。前旁扣带回皮质（pACC）和颞上沟后部在真人互动中比假想的同伴互动中似乎激活更强（Rilling et al.，2004）。一些明显只涉及推理他人心理的脑区可能在实际的社交任务中会表现出不同的激活水平。

早期归因理论强调理性分析

正如我们在其他章节所介绍的，归因推理在很大程度上是不费力的，而且基本上是自动化的，主要聚焦于推理他人的性情。因果推理在很大程度上是领域特异性的，并不是抽象和通用的。外显归因推理适用于解决场合性问题，尤其适用于意外和负面事件出现的情况。而且，像所有社会性推理一样，归因推理本质上是社会性的：当不知道如何解释一个事件时，我们会问某个人。然而，这些观察和思考并没有立即得到归因理论家的关注。

早期的归因理论主要关注更需认知努力的过程：社会性知觉者怎样运用一些具有领域普遍性的原则来收集和整合信息，以解释相关事件。归因理论和相关研究首先直接或间接地假设，人因有预测和控制未来的需要而进行归因分析（Heider，1958；E. E. Jones & Davis，1965）。支持这种观点的证据是，因果归因对实现目标是重要的，为了完成一件事情，人必须知道它为什么会发生。

研究者提出的六种观点形成了早期归因理论的基础。弗里茨·海德（Fritz Heider，1958）的**常识心理学**（commonsense psychology）（见第 1 章）强烈影响了爱德华·琼斯（Edward Jones）和戴维斯（Keith Davis，1965）的**对应推论**（correspondent inference）——一个关于人们怎样推理他人性情的理论，以及哈罗德·凯利（Harold Kelley，1972a）的 **ANOVA 模型**（ANOVA model），这是一个关于因果推理的标准模型。⊖其他一些归因理论主要关注自我归因，沙赫特

⊖ 在心理学和经济学中，标准模型（理论）关心一个问题应该怎样（即理论上应该怎样），从而强调最优解（例如，在平面上，两点之间的最短距离是直线距离）；惯例模型（prescriptive model）是一个与标准模型接近的概念，重视人应该怎样做而且能这样做；描述性模型或理论（descriptive model）关注一个人实际怎样做或已经怎样做了；过程模型（process model）关心一个问题应该怎样解决，强调机制和方法（例如，怎样从家里到学校，步行还是骑车）。——译者注

(Schachter, 1964)的**情绪易变理论**（emotional lability theory）和达里尔·贝姆（Daryl Bem, 1967, 1972）的**自我知觉理论**（self-perception theory）把归因原则分别扩展到了情绪和态度的自我知觉中。伯纳德·韦纳（Bernard Weiner, 1979, 1985）的**归因理论**（attributional theory）主要解释成就和帮助行为，提出了一个维度性结构来理解因果推理，并把归因推理扩展到预期、情绪和行为上。

正如这些相对广泛的理论起源所提示的，归因理论是一组共享某些基本原则或假设的理论模型。第一个假设，正如我们已经指出的，这些模型是普适性的（*generic*），也就说是，它们是相对无关乎内容的。其基本假设是，不论什么情境，人们都以大致相同的方式进行因果推理。因此，你用于了解你为什么会生病的那些原则大致也可用于了解为什么你所养的植物正在枯萎。第二个假设是最小决定论（*minimal determinism*）：一组相对简单的规则就能解释人们的因果推理过程。归因理论家提出的第三个假设是动机出发点（*motivational point of departure*），即人们必须有某种理由去探寻另一个人的行为原因。早期的理论几乎都假设，一旦动机启动了归因，探寻因果解释的过程就会以一种相对冷静、非动机性的方式进行。这样一来，归因理论倾向于做出一个标准的（理想的）假设：除了一些公认的偏向外，人本质上是理性的问题解决者，像一个朴素科学家一样加工信息（H. H. Kelley, 1972a）。

海德的常识心理学理论

有关归因的理论最早出自海德于1958年出版的著作《人际关系心理学》（*The Psychology of Interpersonal Relations*）。海德坚持认为，关于人理解社交世界的系统性知识可从常识心理学中得到启发，即人怎样从周围环境所发生的事件中思考和推理意义。早期关于个人知觉的论著主要考察人能否准确地知觉另一个人的各种品质。海德关于社会性知觉者的观点明显受到康德哲学的影响，即关注知觉者对知觉的贡献。这种常识心理学或**朴素认识论**（naive epistemology）能从人们描述他们日常经验的自然语言中被推理出来。并不是说人们能洞悉他们的推理过程，而是说他们的常识心理学能提供理解归因过程的证据。

海德特别考察了人怎样从其所观察的众多行为中提取**性情性特征**（dispositional property），即不变性（invariance）。海德认为，个体按他们应该的方式行事的关键在于，针对某一行为原因的关注点是位于个体内部（个人原因）还是个体外部

（非个人原因），或者二者兼有。与归因相关的个人原因包括完成这个行为的个人能力和动机，也就是"能"和"去做"的问题。如图 6-2 所示，个人能力结合环境因素会影响一个人完成一个行为的能力[○]；能力是关于个人能力以及环境中的促进或阻碍因素（如任务难度或机遇）的联合函数；动机是关于行动者意图（目标和计划）以及执行（努力）的联合函数。例如，我可以完成我的微积分作业，并且有足够的时间来完成，但如果我决定不做作业或不付出任何努力，那么我的作业就不会完成。一个人的行动意味着这个人具备完成任务的能力和动机；一个人能否成功取决于环境因素和个人能力的联合作用；一个人是否确实成功了也由意图和努力这样的动机性因素决定。

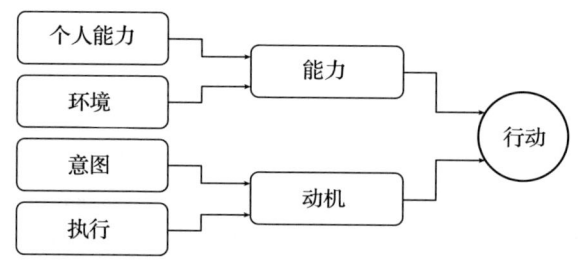

图 6-2　海德的归因理论

资料来源：From D. T. Gilbert (1998), p. 97.

由于海德的目标不只局限于归因理论，因此他对因果关系的理论发展没有太多后续研究。他对归因理论的主要贡献是定义了归因中的基本问题，使得后续研究者可以从其他角度做更系统性的探索。他特别指出，社会性知觉者会搜索环境中的不变性，也就是既能解释稳定性又能解释变化的那些因素。这一假设促进了琼斯和戴维斯的对应推论理论和凯利的归因理论发展。

琼斯和戴维斯的对应推论理论

琼斯和戴维斯（1965）的对应推论理论实际上是一个个人知觉理论：社会性知觉者旨在识别一个行为背后的意图，且以推理那些具有跨情境稳定性的性情性特征为主要目的。人总是寻求那些既稳定又具有指导性意义的解释。根据这个理论，如果他人的行为被判断为有意的，且由一个始终如一的内在意图引起，

○　这里的个人能力（ability）一般指天生或通过后天训练而获得的一种"能"的状态或品质，而能力（capacity）是指完成任务的水平，特别是上限。——译者注

而不是由一个因情境而变化的意图所引起，那么这个行为是最具指导性意义的。

某些用来推理他人性情的线索可产生迅速的因果推论，例如，一个结果的**社会赞许性**（social desirability）对社会性知觉者来说就是一个有价值的线索。低社会赞许性行为更多被归因到一个人的性情上，而高社会赞许性行为可能只是反映了社会规范而已。这样一来，某人的社会赞许性行为对于你判断其品性是没有多少指导意义的，因为它表明的是大多数人在相同情境下的行为模式。

其他有助于澄清某个行为的意义的条件包括一个人的行为是否是一个**社会角色**（social role）的一部分，以及其行为是否符合之前的预期。虽然一个受到某种社会角色约束的行为对推理这个行为发生的原因可能有指导意义，但是对推理这个行动者的内在性情却不是特别有指导价值。例如，当消防员扑灭大火时，我们不会认为他们是乐于助人的，而会认为这实际上是他们工作的一部分。

琼斯和戴维斯提出，社会性知觉者通过**非常见效应**（noncommon effects）（即独特性）分析，从而运用一个人行为的独特后果去推理性情（见图6-3）。社会性知觉者会问如下问题："哪些是这个行为会产生，而其他行为不会产生的后果？"通过比较所采取行为与未采取行为的后果，一个人可以从后果之间的差别推理出背后意图。例如，如果我有两个差不多的工作机会，但其中一个提供健身房，而我选择了提供健身房的那份工作，那么你可能会推测健身房对我特别重要。此外，如果许多相对负面的条件（如更低的工资或更小的办公室）也包含在我所选的工作中，那么你会推测我选择的区分性成分（即健身房）对我至关重要。考虑到所选和未选工作之间没有多少共性，你就能相当自信地推理出我的某种性情。

如图6-3所示，分析非常见效应是相当费时且复杂的。在复杂情境中，一个人需要推理现有信息不能支持的品质。人们是否和什么时候进行这种广泛的因果推理，也基本确定了你能否进行非常见效应分析。

一种情况是把一个人的行为看成性情使然，会随**个人利益相关性**⊖（hedonic relevance，即这个行为是妨碍还是促进知觉者自身的目标和利益）和**他人中心主义**（personalism）知觉（即知觉者对行动者打算惠及或伤害他的感知）增加而增加。正如我们即将看到的，对自我的意义会强烈地影响归因推理。

⊖ 一种归因偏向，指一个人把另一个人直接影响自己的行为归因于性情使然或故意，而不是环境。比如，你在排队时被某人踩了一脚，如果你认为此人很粗鲁或是故意的，就表现出了个人利益相关性。——译者注

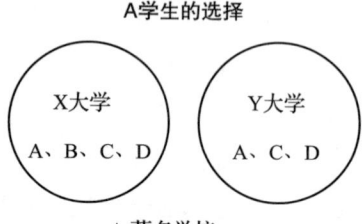

A学生的选择
X大学 A、B、C、D
Y大学 A、C、D

B学生的选择
W大学 A、B、C
Z大学 A、C、D

A.著名学校
B.临床医学专业
C.地理位置理想
D.毕业要求高

结果：学生选择了X大学。
结论：X大学具有一个临床医学专业的非常见效应。
推理：这个学生想接受临床医学培训。

A.著名学校
B.临床医学专业
C.地理位置理想
D.毕业要求高

结果：学生选择了W大学。
结论：这个学生既想接受临床医学培训，又不想做很多作业。
推理：由于没有非常见效应，因此推论尚不清晰。

图 6-3 选择一所研究生院的非常见效应分析

资料来源：After E. E. Jones & Davis (1965).

另一种可以推理行动者性情的可能情况是，行动者的行为是受到**情境约束的**（situationally constrained），还是行为出现是因行动者的选择决定的。例如，假设你被要求去参加一场班级辩论赛，而老师分配给你的立场是支持死刑判决。知道你是被安排到这边后，你的听众还推断你的陈述反映了你的真实信念将是不明智的。然而，如果实际上是你自己选择为死刑判决辩护，那么听众可能会恰当地做出结论，认为你的陈述确实反映了你心中的信念。

这个根据对应推论理论做出的预测（该理论认为性情归因通过相关情境信息来确认）只在一定程度上得到了实证检验，并最终引起了因果归因的一个重要发现：人们常常忽视约束一个行动者行为的情境信息，而直接从一个行动者的行为推断其性情。人们普遍认为，如果一个行动者进行一项活动（如反对死刑），那么即使有关情境信息也能解释这个行为，人们还是会认为这个行为就表明了这个人的内在信念（E. E. Jones & Harris，1967）。大量实证研究证明，即使情境信息是显著的，西方人还是会低估其对行为的影响（Gilbert & Malone，1995）。

小结一下，琼斯和戴维斯提出了一个颇具影响的"人为什么以及怎样推理他人性情"的理论，对个人知觉研究产生了数十年的影响。其中一个经典的研究结论是，人们（至少西方人）虽然希望推理他人的性情，但常因忽视相关的有效信息而出现偏向。另外，这个理论及后续研究开始关注"人们何时运用他们的认知资源去进行因果推理，而人们何时又只通过简单线索就做出推理"这样的问题。

凯利对归因理论的贡献

凯利的归因理论关注人们何时和怎样去验证他们的因果归因。人们对世界，特别是社交世界的了解常常是难以捉摸的或模糊的，尽管人们一般具有能在一个社会性水平上有效运转的足够信息（Thibaut & Kelley，1959），但在一些情况下，信息却是不够的。这可能出现在一个人的信念没有从他人那里得到多少支持时，问题超出一个人的能力时，信息不够或模糊不清时，一个人的观点被大家认为不正确或不恰当时，以及一个人的自尊受到削弱时，等等。在这些情况下，人们需要寻求附加信息，以确认一个临时的印象或者发展出一个解释。简而言之，不确定性增加因果分析。例如，如果你在大学本科阶段的学业没有问题，而到研究生阶段学业就不太好了，那么这个情况将会促使你去分析背后的原因。

协变模型

想象一个年轻男生与一个年轻女生一起去一个晚会，但这个女生把这个男生晾在一边而与其他几个男生调情的情况。男生可能想知道女生当初为什么愿意花时间与他一起出去，并且对此感到（至少有点儿）好奇。由于他没有足够的信息，因此他将通过如下方式验证自己的归因。

区分性（distinctiveness）：当实体（年轻女生）出现时效应出现了吗，当实体不出现时又会怎样呢？（例如，她是唯一这样对待他的女生吗，或者有没有其他女生之前也对他做过同样的事情？）

一贯性/跨模态一致性（consistency over time/modality）：不论交往形式如何，这个效应在实体每次出现时都会出现吗？（例如，她以前这样对待过他吗，或者除了晚会外其他场合也是这样吗？）

共识性（consensus）：其他人与实体交往时有相同经历吗？（例如，她对其他人也这样吗？）

凯利认为，个体在高区分性、高一贯性和高共识性信息条件下能做出颇具自信的针对实体的归因。在这个例子中，我们可以得出结论，如果只有她对这个可怜的男生这样（高区分性，即别的女生不会这样对他）；如果她过去总是这样对他（高一贯性，假设他笨到之前也带她出去过）；如果其他人与她在一起时也有相似经历（高共识性），那么该实体（这个年轻女生）就是一个轻佻之人。

其他信息组合也能产生有意义的因果推理。例如，假如我们了解到这个年轻女生之前从没有如此对待过约会（低共识性），她以前总是忽视与这个男生的约会（高一贯性）而且其他大多数女生也忽视与这个年轻男生约会（低区分性），你可能倾向于推测这个年轻男生有令人不适之处，如举止粗鲁或口气不清新。低区分性、高一贯性和低共识性的组合会较为稳定地产生这种个人归因（McArthur，1972）。

协变原则也能形成联合因果归因。假设我们了解到这个年轻男生在其他约会中从来不会被忽视（高区分性），这个年轻女生也不会忽视其他约会（低共识性），但她总是忽视与她一起出去的这个男生（高一贯性）。在这些条件下，我们倾向于把责任归因到二者身上，并得出结论，他们是不合适的组合，并且他们在一起是自作自受。表 6-2 列出了其他因果归因。

表 6-2　凯利对拉尔夫（个人）跳舞时为何踩到琼（实体）脚的 ANOVA 模型分析

区分性	高区分性				低区分性			
	拉尔夫几乎没有踩到过其他舞伴的脚				拉尔夫踩到过许多舞伴的脚			
一贯性	高一贯性		低一贯性		高一贯性		低一贯性	
	过去，拉尔夫几乎每次都踩到琼的脚		过去，拉尔夫几乎没有踩到过琼的脚		过去，拉尔夫几乎每次都踩到琼的脚		过去，拉尔夫几乎没有踩到过琼的脚	
共识性	高共识性	低共识性	高共识性	低共识性	高共识性	低共识性	高共识性	低共识性
	几乎每个与琼跳舞的其他人都踩到过她的脚	几乎每个与琼跳舞的其他人都没有踩到过她的脚	几乎每个与琼跳舞的其他人都踩到过她的脚	几乎每个与琼跳舞的其他人都没有踩到过她的脚	几乎每个与琼跳舞的其他人都踩到过她的脚	几乎每个与琼跳舞的其他人都没有踩到过她的脚	几乎每个与琼跳舞的其他人都踩到过她的脚	几乎每个与琼跳舞的其他人都没有踩到过她的脚
归因	琼没有配合好。这是她的错。你应该做出针对实体的归因	拉尔夫和琼共同对踩脚负责。双方是导致这一结果的必要条件。你应该做出个人-实体归因	拉尔夫通常可以克服琼配合差的问题，但今天不行。你应该做出一个情境归因	今天真倒霉。你应该做出一个情境归因	拉尔夫和琼共同对踩脚负责。任何一方的问题都足以产生这个结果。你做出个人-实体归因	拉尔夫没有配合好。这是他的错。你应该做出针对个人的归因	拉尔夫和琼都没有配合好。他们通常能克服这个问题，但今天不行。归因是模糊的	拉尔夫没有配合好。琼通常能克服这个问题，但今天不行。归因是模糊的

凯利提出，社会性知觉者会在一个维度上收集信息，而让其他维度保持不变，然后依次对每个维度都这样做一遍，最后关键是计算出一个 F 值（有点儿像在方差分析中，为了得到一个大的 F 值，希望分子的方差大，而分母的方差小）。也就是说，一个人会寻求那些高区分性，同时在跨时间、跨模态和个人之间具有小方差的条件。如果我每次带回一个朋友，我的室友都表现出冷淡和疏远，那么它就有一个高协变特征；如果我每次带回一个朋友，我的室友只是有时表现出冷淡和疏远，那么它就有一个更低的协变特征。

凯利的模型是一个关于推理的**标准模型**（normative model），也就是说，它是一个形式化、理想化的、用于验证归因的规则集。凯利不相信人们会在日常生活中经常计算 F 值。尽管如此，这个标准模型究竟在多大程度上描绘了因果推理呢？有关证据显示，社会性知觉者会在多个方面偏离凯利的标准模型，共识性、一贯性和区分性信息常常是无法同时获取的（Hewstone & Jaspers，1987）。当信息以这种形式给到人们时，他们能根据这些维度系统性地使用信息，并大致按照凯利提出的方式进行归因（McArthur，1972），但他们不会根据这些维度系统性地自行收集信息（Fiedler，Walther，& Nickel，1999）。通常，人们会利用任何可用的协变信息，以确定一个效应发生所需的充分必要条件（Hewstone & Jaspers，1987）。与琼斯和戴维斯的观点一致，运用凯利模型所进行的有关研究发现，人们表现出一种寻求和使用关于一个目标个体的信息的稳健趋势。也就是说，正如琼斯和戴维斯所假设的，人倾向于做出性情性归因。

而且，在做出一个因果判断时，社会性知觉者会使用最少的共识性信息。"其他人究竟怎么想"相比"我们认为其他人会怎么想"对我们的归因更不重要一些，部分原因是我们假设自己的个人意见会得到他人的普遍认可（J. M. Olson，Ellis，& Zanna，1983）。这种现象被称为**虚假共识效应**（false consensus effect；与第 5 章中关于自己信念的估计相关；Krueger & Clement，1994）。由于我们把自己的行为看成典型的或意料之中的，因此我们假定在同样的条件下，其他人应该以相同方式行事。因此，当进行因果推理时，我们不一定要知道别人是否相信，我们已经假定他们是相信的了（Mullen & Goethals，1990）。

神经成像技术使归因研究者能够定位进行不同类型归因时的特异性大脑区域，而且也支持了凯利的模型。正如前文已经指出的，研究者发现有三个区域一致涉及关于他人性情的推理，它们是内侧前额皮质、颞上沟和颞极前部（如

Frith & Frith，2001；Leslie，1994）。L. T. Harris 等人（2005）采用 McArthur（1972）的实验范式，向被试呈现关于一个行动者行为的共识性、区分性和一贯性相结合的信息，并把大脑激活作为这些不同信息组合的函数（见表 6-2）。正如研究者预测的，低共识性、低区分性和高一贯性的信息组合导致了个人归因，而且特异性地激活了颞上沟皮质。与其他条件相比，低区分性和高一贯性的组合（不论共识性如何）激活了内侧前额皮质，这一模式支持人们常常忽视共识性信息，并偏爱区分性和一贯性信息的行为实验结果。这些结果与关于心理推测研究的结果相似，但进一步发现了与特定归因类型相关的神经激活模式。

例如，因果归因会随要求解释的事件类型不同而变化。Kruglanski（1975）区分了**非主动性行为**（involuntary occurrence）和**主动性行动**（voluntary action）。尽管非主动性行为能由内在（个人）或外在（情境）因素引发，但是主动性行动总是由内在因素引发。他进一步提出，主动性行动又可分为两种类型：即**内源性行动**（endogenous act，服务于目的本身）和**外源性行动**（exogenous act，服务于其他目标）。例如，如果我因对某个主题感兴趣而读你的论文，则我的行动是内源性的；但如果因你是我的学生而读你的论文，则我的行动是外源性的。Kruglanski 的理论预测，外源性归因的行动似乎更少是自由选择的，产生的快乐也更少。

因果图式

凯利的因果图式模型在工作生活领域也很有影响。具体来说，他详细介绍了**多重必要因果图式**（multiple necessary causal schemas，即几个原因共同作用而引发一个结果）和**多重充分因果图式**（multiple sufficient causal schemas，即一个行为可能由多个原因中的任何一个引发）的概念。因此，要在一个困难任务上成功（如跑一场马拉松），既要求努力也要求能力（即多重必要条件），而在一个简单任务上成功（如在跳棋中打败一个儿童），只需要一点点能力或者一点点努力（多重充分条件）。

凯利（1972b）还通过提出**折扣原则**（discounting principle）而对因果归因研究做出了贡献。根据这一原则，人们在一个充分原因出现时，会相应降低对另一个原因的重要性。与之对应的是**扩大原则**（augmenting principle），即人们在没有其他备选原因时，会提高当前原因的价值。总的来说，相关研究更支持折扣原则（Van Overwalle & Van Rooy，2001），而扩大原则（其要求人们提供一些没有出现的信息）在归因中起次要作用。

凯利的归因理论引发了相当多的研究，而且持续影响着因果推理领域。其中一个贡献是，它确定了人们何时会试图验证他们的因果信念，以及提出了人们用于推理其归因是否有效的维度和方法。

我们将把主题转到关于自我归因的两个理论上。沙赫特的理论讨论了一个人情绪状态的归因问题，贝姆的理论则关注人们从他们的行为推理态度时所涉及的心理过程。

沙赫特的情绪易变理论

沙赫特的情绪易变理论（一个关注唤醒状态的归因理论）最初出自他关于社会比较的研究工作。沙赫特（1959）注意到，在压力条件下，人有时会选择与他人交往，以比较彼此的情绪状态。他推断，如果人们这样做，那么他们的情绪状态在某种程度上一定是易变的，而且可能会有对情绪状态的多种解释。

为了检验对唤醒的解释实际上是可变的，沙赫特和辛格（1962）开展了一项现已成为经典的实验。一组本科生被试接受肾上腺素注射：其中一半被告知其真实副作用（呼吸急促、脸发红及心跳变快），而另一半被告知注射会引发另一种副作用（如头晕、轻微头痛），但实际上这并不是肾上腺素会引发的副作用，控制组则没有接受任何药物注射。被试随后与一个假被试一起被安置到一个房间里，并填写一些问卷。在短暂一段时间后（这期间肾上腺素会生效），假被试开始以一种兴奋（做滑稽动作）或愤怒（撕碎问卷并跺脚）的方式做出反应。

沙赫特和辛格推测，如果一个人的生理性体验实际上是可以有多种解释的，那么那些发现自己的唤醒状态无法被解释的人应该会为他们的状态寻求解释。对这些被试来说，假被试的行为是作为解释他们唤醒状态的一个凸显线索。相反，那些被告知肾上腺素真实副作用的被试对他们的唤醒状态已经有了充分的解释，因而，他们能够被假被试的兴奋或愤怒状态所影响，但不会具有与假被试相同的情绪状态。控制组被试没有需要解释的唤醒状态，因此也不会有与假被试一样的情绪状态。总的来说，尽管效应相对较小，但沙赫特和辛格还是证实了这些假设。沙赫特和辛格的研究对了解情绪状态的本质以及关于唤醒的错误归因具有重要的启发意义。

沙赫特的工作引发了一个观点，即针对唤醒的归因在一定程度上是可变的。

这也表明，由威胁诱发的情绪反应有可能被重新归因到一个中性或具有更少威胁的信息源上，进而降低焦虑。为了研究这样的**错误归因效应**（misattribution effect；Valins，1966），有研究者提出，如果人们能通过被引导而把他们的唤醒重新归因到一些中性信息源（如安慰剂）上，那么某些由焦虑引发的疾病（如口吃、阳痿和失眠）发生的概率应该会降低。

虽然研究者在实验室研究中证实了关于错误归因的较小主效应（L. D. Ross, Rodin, & Zimbardo, 1969；Storms & Nisbett, 1970），但对于产生原先所期望的重要临床应用，错误归因效应既不足够稳定，也不足够有效。例如，当人们处于高焦虑或高唤醒状态时，他们常常会对引起这种状态的原因做全面考量（Maslach, 1979）。而且，人们更可能把唤醒归因于负面来源（如不适感或紧张），而不是正面或中性来源（Marshall & Zimbardo, 1979）。为了使错误归因效应出现，替代性来源必须是合理的、不模糊的和凸显的，唤醒的实际原因应该是不明显的，而且这个人必须相信错误归因来源对唤醒的作用比其实际产生的作用更大（J. M. Olson & Ross, 1988）。错误归因效应只能由一个小范围内的情绪诱发刺激引发（Parkinson, 1985），而且持续时间一般不长（Nisbett & Valins, 1972）。人们可以把唤醒从一个刺激归因于另一个刺激，当他们低估了无关唤醒所持续的时间或者当涉及错误归因的情境是短暂的和无关的时尤为如此。但是，当人们具有强烈动机并用多种方法去理解他们的情绪体验时，这些知识来源会否定错误归因。

贝姆的自我知觉理论

达里尔·贝姆于1967年提出了一个关于人们怎样推理自身态度的激进的行为主义理论。他坚持认为，人们推理自己的态度通常在很大程度上与推理他人态度是一样的，即通过观察自己的行为。他提出，关于偏好和信念的内部线索既不能直接提取，也并不是如一般认为的那样清晰，因此我们需要观察自己的行为（我听很多爵士乐）并推理自身喜好（我一定喜欢爵士乐）。

当我们之前的态度或内部线索脆弱时，自我知觉会起主要作用，但当我们具有定义清晰、易于提取的信念或强烈的情感喜好时，自我知觉就不怎么起作用了（D. J. Bem, 1972）。当行为与之前的态度一致时，自我知觉效应也会更强（Fazio, Zanna, & Cooper, 1977）。

贝姆的自我知觉理论最富成效的特点之一就是它关于动机的推理。他的理论预测，当人们试图理解他们为什么从事某些任务时，他们会考虑自己的行为是由外力控制的，还是由内在欲望驱动的。行为归因于外部因素（"我做这份工作是为了得到报酬"）会产生外归因，而做只得到最少奖励的同一份工作会形成内在兴趣的假设（"我做这份工作不是为了得到多少报酬，我必定是真的喜欢这份工作"）。由于内在兴趣可以或多或少凸显一点，外在兴趣也可以这样，因此这些发现表明，执行任务的**内在动机**（intrinsic motivation）与**外在动机**（extrinsic motivation）在一定程度上是灵活的，并且取决于人的注意以及哪些信息恰好是凸显的（如 Lepper, Greene, & Nisbett, 1973; Sansone & Harackiewicz, 2000）。

贝姆的自我知觉理论有如下几方面的贡献。第一，它是第一批探讨人如何推理自己行为原因的理论。第二，它提出了一个关于自我知觉的简单模型，尽管不是很全面，但它是了解人如何推理自己信念的其中一种方法。贝姆关于社会性知觉者思维过程的简洁模型实际上预示了另一个观点的出现，即明显复杂的推理工作可由包含最小复杂度的认知计算迅速完成。该理论隐含了社会性知觉者加工容量的有限性，以及运用捷径迅速解决问题的能力，这一点也被后续学者反复关注。

韦纳的动机性行为归因模型

韦纳（1985）的归因模型最初受到海德的理论启发，但与其他归因模型又不一样。当其他模型试图发现普适且不受内容影响的规则时，韦纳的模型是以特异性的动机性行为（也就是成就和帮助）作为基础的。

当一所名不见经传的、以西班牙裔学生为主的东洛杉矶地区高中在数学标准考试中明显超出其过往的表现，并遥遥领先于绝大多数其他美国中学时，每个人都想知道这是为什么。最终，这个有些令人意外的成绩提升被归功于一位特别有天赋的老师，但是在那时候，考试官员对结果是如此震惊，以至于他们要求学生再次进行考试（他们假定学生之前作弊了）。这个例子向我们展示了关于成就归因的几个问题。

第一，令人意外的结果才会引发因果归因。如果学生取得了预想的成绩，则没有人会想去解释有关结果。第二，控制源、稳定性和可控性维度可以帮助我们理解一个行为背后你认为的原因。让我们首先考虑控制源（locus）以及它对一个行为的潜在推动作用。能力（aptitude）既是稳定的，也是不可控制的，基本上由天生智力所决定。心境（mood）是不可控制的，也是不稳定的：一个人的心境会随情境变化而变化，但通常又不受自己控制。努力（effort）是可控制的，它可能稳定，也可能不稳定。人用于完成一项任务的一般性努力（如每晚学习三小时）是稳定的，用于完成一项特定任务的努力（如考前加倍学习）则是不稳定的。在外部因素中，客观任务难度（objective task difficulty）对个体来说是稳定的和不可控制的：任务是不能变化的；运气（luck）是既不稳定也不可控制的。然而，一些外部因素是可由别人控制的，例如某位老师对你具有的能力的信念是稳定的，也在个人可控范围内。另外，一个来自他人的罕见帮助是可控的，但是不稳定的，例如，一个朋友可能帮助你复习某次考试，但她下次不一定还会这样做。

小结一下，关于结果成败的因果归因可从三个维度来分析。**稳定性**（stability）维度表明原因是否会变化，并对后续成败做出预测；**控制源**（locus）维度关注个体是把成就归因于内部因素还是外部因素，并预测与自尊相关的情绪（如自豪与羞愧）；**可控性**（controllability）维度与一个人能否根据自己的意愿影响结果相关（见图6-4）。

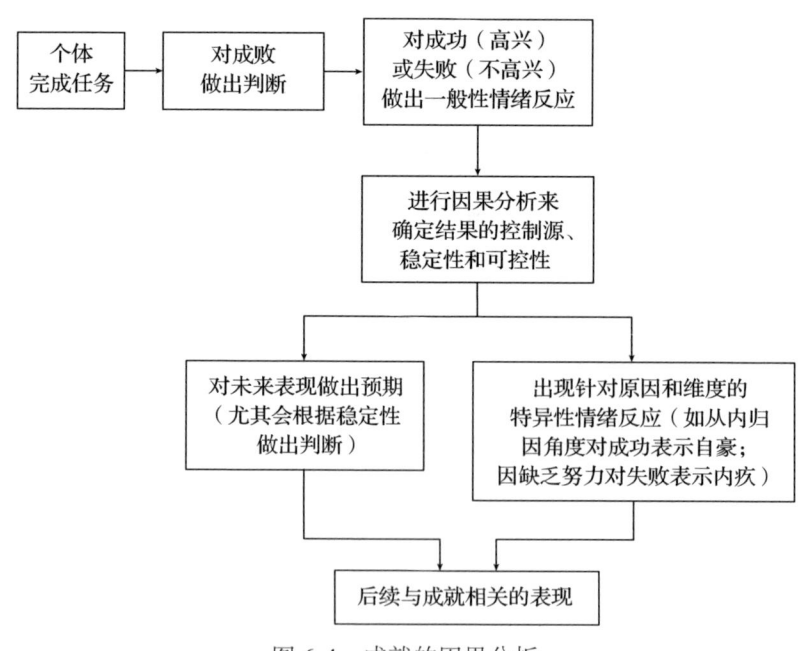

图 6-4　成就的因果分析

资料来源：After Weiner (1979).

该理论还预测归因的预期与情绪性后果。在一个典型的成就相关情境中，人们首先会确定他们是成功了还是失败了，并相应地感到高兴或不高兴。他们随后会对这个结果做出因果归因。这会进一步引发特异性情绪反应，例如，将一次失败归因于努力不足会导致内疚，而将一次成功归因于能力会感到自豪。然后，人们会对后续取得成功的概率做出预期，而这些预期也会引发相应的情绪反应，例如，把失败归因于能力低会导致对后续成功的低预期以及绝望感受，预期和情绪反应共同决定了后续表现。因此，韦纳的模型是一个动态模型，关注归因怎样调节预期、情绪和行为。

这种见解可以用来解释人们出现的帮助性行为（Weiner，1980）。潜在的帮助者会推理他人有某种需要的原因，在这里，个人控制是重要的。如果我们相信问题的原因在某人的控制之外，而不是其可控的情况，则我们更可能帮助这个人。例如，学生报告他们更可能把课堂笔记借给那些因遇到不可控遭遇（如家人去世）而缺课的同学，而不太愿意借给那些因可控原因（如前一晚喝多了）而缺课的同学（Weiner，1980）。归因还会影响我们对于他人需要（而产生）的情绪反应，我们会对不是因自己的过失而受苦的人表示同情和关切，而对那些要为自己的问题负责的人感到愤怒和鄙视（Weiner，1987）。

归因涉及的一些认知过程

早期的归因理论主要关注那些描述归因过程的逻辑原则，后来的研究者则主要聚焦于归因时的各种心理运算。也就是当对一个新室友做性情性推理或了解朋友之间长期争吵的源头时，一个人的大脑里究竟发生了什么（Gilbert，1998）。

20世纪70年代的认知革命显著影响了社会认知研究，当然也影响了归因过程研究。利用信息加工框架，归因研究者考察了归因过程的运算阶段。

归因过程的阶段模型

许多这方面的工作始于雅各布·特罗普（1986）关于归因过程的两阶段模型：个体对他人性情的判断源自个体对他人性情的自发鉴别阶段，以及有意识的推理阶段。对行为的**鉴别**（identification）是一个自动化的、几乎是瞬间发生的过程，而之后是一个受到更多控制的归因**推理**（inference）阶段（见图6-5）。鉴别阶段依据与行动者性情相关的类别来标记行动者的即时行为、情境以及任何之前关于行动者的信息。例如，知觉者可能把一个行为定义为攻击性的或非攻击性的，把一个情境归类为会促进或抑制攻击性行为，以及把行动者定义为过去是具有攻击性的还是无攻击性的。对每一信息线索的鉴别可能受到由他人产生的期望的影响。例如，表明某个情境会促进攻击性行为的信息可能使一个知觉者偏向于把一个模糊行为定义为具有攻击性的。

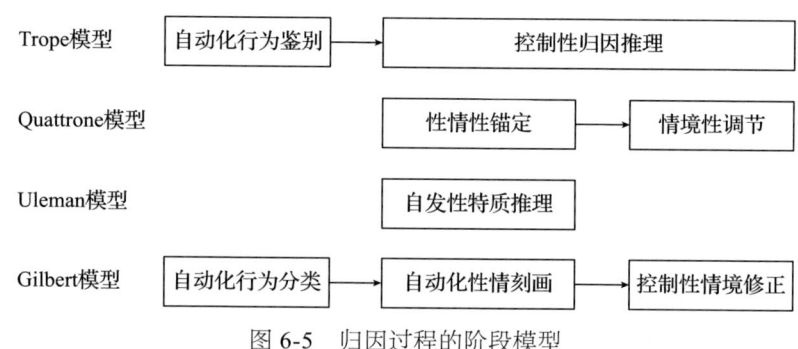

图6-5　归因过程的阶段模型

资料来源：From D. T. Gilbert (1998), p. 113.

不管是有偏向还是无偏向，鉴别过程都为后续关于行动者性情的推理提供了信息。在下一阶段，情境性预期会从被鉴别的行为所提示的性情成分中进行去除。通过**减法原则**（subtractive rule），抑制性情境会增加，而促进性情境会降低所鉴别的行为对于相应性情的判别值。例如，当情境会促进攻击性而不是抑制攻击性时，知觉者将更少地把攻击性行为看成个体具有攻击特质。一个即时行为的判别值加上关于行动者之前的信息将决定对行动者性情的实际判断。

这个两阶段模型指出，根据鉴别阶段利用情境信息、行为信息和之前信息的不同，这些信息对性情判断的影响可能反映也可能不反映它们在推理阶段的作用。情境信息就反映了这种逻辑，因为它在鉴别和推理阶段对性情性判断具有相反的作用。在鉴别阶段，情境信息可能会导致知觉者把行为分类到性情类别：一个被认为会促进攻击性行为的情境会增加所鉴别行为的攻击性程度。之后，把这个鉴别结果（攻击性行为）作为相应性情（攻击性个体）的证据也取决于情境，但方向相反。也就是说，一个会促进攻击性行为的情境使一个人的攻击性行为更不太可能被推理为这个人具有攻击性人格。

情境信息影响行为鉴别的一个决定因素是行为的模糊性（Trope，1986）。在一项研究中，被试观看针对积极或消极情绪情境的模糊或不模糊的面孔反应，任务是确定面孔表达了什么，或推理目标的情绪性特质（Trope，1986）。对不模糊表情的鉴别并不受挑衅情境的影响，但是正如减法原则所指出的，对于这些面孔中特质性愤怒的推理会因挑衅情境而减弱，与之相比，挑衅情境会把模糊面孔鉴别为表达了更多愤怒。然而，挑衅情境只是增加（不是减少）了把这种行为推理为特质性愤怒的比例。这些结果表明，模糊性允许情境扭曲行为鉴别过程，而后者又会反过来在推理阶段掩盖情境的减法作用。

这样一些思考与几个关于归因过程的阶段模型吻合。例如，Quattrone（1982）认为性情性推理主导归因过程，而且情境性调节只会在之后发生。类似地，Uleman和同事（Winter，Uleman，& Cunniff，1985）提出了迅速的**自发特质推理**（spontaneous trait inference）。在一项研究中，被试在完成数学问题的同时听一些暗示个人特质的干扰句。虽然这些特质并没有直接被说出来，而且被试也相信这些句子与数学任务无关，但是当之后把这些特质词呈现给被试时，这些特质实际上成了这些句子的记忆提取线索。很明显，被试在无意识条件下自发地生成了这些特质词。有大量证据支持个体会进行自动化的行为鉴别，而且很清楚的是，对人类行为的性情归因发生于知觉早期，至少是自发的，也可能是自动化的（Todorov & Uleman，2003）。

性情归因包括几个阶段，这几个阶段构成了一个整合模型。该模型得到了心理和神经科学证据的支持（Gilbert，1998）。根据这种观点，归因由三个阶段组成：**分类阶段**（categorization stage），即知觉有关的刺激；**性情刻画阶段**（characterization stage），即把性情类品质归因到行为上；**修正阶段**（correction phase），即运用情境和其他信息来抵消或增强开始确定的性情归因（见图6-5）。

对这个整合模型的验证基于如下假设：人的注意容量是有限的，而且容易出现超负荷现象。这样一来，**认知忙碌**（cognitive busyness）或负荷（可能涉及多任务或分心加工）将减少针对推理过程的注意资源。尽管认知负荷应该不会影响自动化过程，但它应该会干扰控制性过程，从而损害个体运用情境信息去修正他们自动化地刻画性情的能力。在一项研究中（Gilbert，Pelham，& Krull，1988），被试听某人读一段随机分配给这个人写的支持或反对人工流产的演讲词。那些在非忙碌条件下的被试只是简单地听那个人演讲，而那些在忙碌条件下的被试在听演讲词时，还知道其之后也要就某个主题写并读一段演讲词。你可以推测，后一种条件下的被试应该是认知忙碌的，因为当他们听其他人演讲时，势必也在考虑之后自己的演讲。被试的任务是判断演讲人关于人工流产的真实态度。不忙碌的被试会运用情境信息（即演讲人是被随机分配写出这段演讲词的）对演讲人在阐述这种观点时的真实态度打折扣。相反，忙碌的知觉者将不能运用这样的情境信息，而只是在评估时对演讲人的真实态度适当地打折扣。因此，认知忙碌者对演讲人的性情归因（即真实态度）主要依赖于演讲人的行为（即他们在演讲中的观点），而不会太考虑情境信息。

这项研究及其他一些类似的研究支持把性情归因看成一个相对自发和简单的过程，而运用情境信息去确认性情因素的作用是更复杂的，也需要更多的认知资源。一项重复研究（Gilbert，Krull，& Pelham，1988）证实，当人处于自我调节状态时（即监控他们自己的行为），他们的行为就如同认知忙碌者。也就是说，他们不太能运用有效的情境信息去修正对于一个目标的性情刻画。因此，社会交往（在这个过程中，人们既形成关于他人的印象，又进行自我调节）可能常常促使人们做出并没有得到情境信息确认的性情归因。

性情归因的神经基础

脑科学研究者给出了整合阶段理论的一个神经模型。Lieberman 和同事（2002）发现了分别代表自动化加工和控制性加工的神经网络：① **X 系统**（X system），即**反射性系统**（reflexive system），包括杏仁核、背侧前扣带回皮质、基底神经节、腹内侧前额皮质和外侧颞叶（这些区域参与自动化加工）；② **C 系统**（C system），即**反思性系统**（reflective system），包括外侧前额皮质、内侧前额皮质、吻侧前扣带回皮质、顶叶后部和内侧颞叶（这些区域均参与控制性加工；见图 2-1）。X 系统在事情顺利时发挥作用，处理指导性思维和行为（相对自动化地把行为归因于性情因素）。X 系统会偏向于问题或假设中出现的特征（人们试图回答的问题中所涉及的）。由于个人倾向于假设事件的原因是性情性的，因此正如理论所预测的，个体在加工早期阶段很可能做出性情归因。

反思性系统（C 系统）加工来自前扣带回皮质的信号，主要在冲突出现、目标受阻或者需要更多控制性加工来解释行为时发挥作用。控制性过程管理更复杂、更具备资格且整合了情境信息的归因。诸如个体需对推理承担责任或结果相依性⊖这样的条件会促使相关加工转移到 C 系统，或者当 X 系统未能澄清行为的意义时，C 系统将接管相关工作。当人们缺少动机或注意资源去进行全面加工时，他们可能会转而关注一个简单的假想性原因，评估所鉴别行为与这个原因之间的符合度，并否决备选原因。

归因常常是带有偏向的

因果归因离不开各种错误和偏向，我们在这里介绍几种最重要的归因偏向。

基本归因错误

在社会性知觉中最常见的偏向被称为**基本归因错误**（fundamental attribution error；Heider，1958；L. D. Ross，1977）或**对应偏向**（correspondence bias；E. E. Jones & Davis，1965）。这种偏向是指把一个人的行为过度归因于其性情。相比于了解外部因素，如社会规范或社会压力对行为的影响，社会性知觉者常常假设另一个人的行为表明其某些稳定品质。

那么，是什么导致了基本归因错误呢？一个原因可能是行为完全占据了你的视野（Heider，1958）。也就是说，当你观察另一个人时，你视野里充满的是这个人的行为，这个人走动、说话、从事各种活动，这些都会吸引观察者的注意，而背景因素可能就不那么突出了。结果导致，这个人的特征因知觉偏向而可能被过度评估为重要的行为原因（S. E. Taylor & Fiske，1975）。然而，关于性情归因的偏向不能只看知觉经验，例如，基本归因错误也出现于行为并没有占据视野的对他人行为的书面描述中（Winter & Uleman，1984）。其他不支持知觉性解释的证据包括，随着儿童长大成人，人们会更多把行为归因于性情（Rholes，Jones，& Wade，1988），以及对遥远未来行为的预测特别容易出现基本归因错误（Nussbaum，Trope，& Liberman，2003）。因此，基本归因错误在模式上是稳健的。

然而，基本归因错误是有条件的。它是领域特异性的，也就是说，在不同

⊖ 结果相依性指当需要完成某个目标时，人会试图扭曲对其周围环境和他人的判断，以使自己成功更令人信服的现象。例如，Ellen Berscheid 等人（1976）发现，被试在观看三个异性交谈的视频后，会把即将约会的陌生对象评定为更有吸引力的。——译者注

环境中的行为通过不同方式与性情对应起来。例如，友好行为与友好品性是线性相关的（一个人的行为越友好，这个人就越被认为是本性友善的），而其他一些行为（如道德性行为）就不是这样。虽然只需一个不诚实的行为就能表明不诚实的品性，但一个诚实的行为却不会有多大作用：大多数人，即使是不诚实的人，也在多数时候是表现诚实的（Reeder & Brewer，1979）。通过经验，人们确切地了解到不同类别的行为是怎样与性情联系起来的。

基本归因错误也是经常变化的。当社会性知觉者理解一个行为背后的意义时，他们会根据自己认为有效的情境信息去调整性情性推理（Weary，Reich，& Tobin，2001）。相反，在认知忙碌状态下，人们只关注一个情境中最突出或最有意义的特征，而忽视不那么突出的情境性因素（W. Y. Chun，Spiegel，& Kruglanski，2002），进而产生更强的性情归因。

人们处于良好心境状态时会增加对另一个人行为的性情归因（Forgas，1998），但当其要对这种对他人的判断负责（如 Tetlock，1985）或相信他人可能就某个行为有隐秘原因（Fein，Hilton，& Miller，1990）时，则会减少性情归因。例如，当你看到一个著名演员代言某一产品时，你会假定这个人收取了一笔可观的代言费用，因此不会对其做性情归因。同样，当一个人的行为受制于另一个人时，知觉者希望判断准确，因此会做更多仔细的思考。在结果相依性条件下，人们会寻求针对那个人的性情归因（Erber & Fiske，1984）。

我们更有可能调整对一个熟人的行为所做出的性情归因。当对一个人变得更熟悉时，我们会考虑更多的信息，如这个人的个人目标或世界观，而较少使用抽象特质来形成对这个人的印象（Idson & Mischel，2001）。随着对这个人了解的信息越来越多，人们会更多地依据情境来解释其行为（Reeder，Vonk，Ronk，Ham，& Lawrence，2004；Wellbourne，2001）。

那么，基本归因错误有多重要呢？表面看来，人们做性情归因时似乎忽视了重要的有效情境信息。但基本归因错误也是具有适应性的。当人们做性情归因时，他们可能并不是想表达研究者在研究特质归因时所确认的那些意思。例如，人们可能不会假设，如果一个行为被归因于某种特质，那么这个人在其他情境中就一定会表现出这种特质对应的行为。这是心理学家对性情的解释，普通人不是这样理解的。事实上，普通人寻求的是**局部准确性**（circumscribed accuracy；Swann，1984），他们会问："如果这个人下次面对相同情况，他会做同样的事情吗？"性情归因会产生一个对某人的预测，但情境性归因不会。如果一个知觉者的目标只是做局部预测（对某个人的行为做出预测），那么在一个知觉者和目标互动的环境中对某人的行为做性情归因可产生相对准确的归因。如果之后要求某人就反对人工流产而发表声明，那么考虑到其已经做过一次了，他这次应该还会这样做。因此，性情归因实现的是局部准确性目标，而不是全局准确性目标，从而使人对某人在类似情境中的行为预测充满信心。

基本归因错误的文化差异

基本归因错误在西方文化中要比在非西方文化中表现更强烈一些。在东亚国家中，人们运用情境因素对行为进行解释更加常见（Miyamoto & Kitayama, 2002；M. W. Morris & Peng, 1994）。虽然当给一个人更多时间、注意或动机时，西方人也会根据情境信息修正性情归因，但东亚人会自动化地根据情境信息进行修正（Knowles, Morris, Chiu, & Hong, 2001；Norenzayan, Choi, & Nisbett, 2002）。其中一个原因可能是，东亚文化更强调相互依存，人们能够根据情境规范更多地调整其行为。因此，一个东亚的社会性知觉者考虑更多情境信息可能反映了行为原因中的文化现实性（Kitayama, Duffy, Kawamura, & Larsen, 2003；Masuda & Nisbett, 2001）。相反，西方人相对独立，因而也更常表现出个性化行为，面对情境压力顾虑更少。因此，西方的社会性知觉者更有可能做出性情归因。

然而，西方和东亚的这种归因差异可能反映的是根本的认知差异，而不仅仅是这种个性差异。相比西方人，东亚人持更整体性的思维模式，因此东亚人在做一个归因决策时所考虑的信息量要超过西方人，而这一点也帮助东亚人做出更多情境性归因（Choi, Dalal, Kim-Prieto, & Park, 2003；A. P. Fiske, Kitayama, Markus, & Nisbett, 1998；Morling & Masuda, 2012）。

行动者-观察者效应

归因理论也揭示了相当稳定的自我相关偏向：当某个信息与自己相关时，我们会倾向于以与别人相关时不同的方式对其加工。回忆一下你上次见到的态度粗暴的店员，你可能会想："这真是一个对人充满敌意的人。"现在再想一下你上次厉声斥责某人的事，你会推理出自己也是一个充满敌意的人吗？很可能不会。你会觉得,毫无疑问,你只是当时心情不好。

行动者-观察者效应(actor-observer effect)指人们从性情因素解释他人的行为,而从情境因素解释自己的行为(E. E. Jones & Nisbett, 1972)。行动者-观察者效应某种程度上确认了在自我卷入情况下的基本归因错误。然而,一项针对172个研究的元分析表明(Malle, 2006),行动者-观察者效应主要出现在行动者似乎怪异或不平常时,个体自由做出反应(即开放式回答)而不是对设定项目打分时,以及采用假设性事件时。行动者和观察者确实会寻求不同类型行为的解释,但不是以该模型假设的方式进行。行动者想了解更多关于他们无意的和不可观察的行为,而观察者经常更想了解有意的和可观察的行为(Malle & Knobe, 1997)。而且,人们有时似乎会从一个观察者角度看待自己的行为。例如,相比考虑当前的行为,人们在考虑过去或未来的行为时,会做出更多关于自我的特质性描述。因此,当注意导向内部时,行动者-观察者效应会反转(Pronin & Ross, 2006)。

除此之外,个人-情境这种区分本身也是存在问题的。例如,知觉者很容易把性情和情境看成交互的,并可能做出推理,比如,那个学生在周中是一个严肃的人,但在周末却是一个夜店狂(Kammrath, Mendoza-Denton, & Mischel, 2005)。被试难以做出这种简单二分,而研究者在对被试反应进行编码时也面临难处。请看以下例子:"乔治小时候常遭人背叛,所以从他的行为来看,他像是一个多疑的人。"这样的归因反映了因果推理的一些复杂性,但并不是一个清晰的个人-情境的区分(Malle, Knobe, O'Laughlin, Pearce, & Nelson, 2000)。人们针对有意行为的通俗解释可能会从行为转到意图、原因和原因的产生背景上。

最重要的是,当一个事件是负面事件(相比正面)时,行动者-观察者效应更可能出现(Malle, 2006)。因此,在充满敌意的店员的例子中,你在解释行为时仍然保持了行动者-观察者的区分,是因为它涉及的是一个负面行为。在这种情况下,行动者-观察者效应似乎更像是一种自我服务偏向,而不是把自己的行为归因于情境因素的偏向。

自我服务偏向

在你干净利索地打败一位网球选手后,你有多少次能听到对方夸赞你说:"哇,你打得比我好多了,不是吗?"实际上,你常常听到对方说的是,今天运气真不好,他的发球不好,他还在改善反手技术,或者太阳有点儿刺眼。而当你刚刚惨败于对手时,对方洋洋得意的面孔以及一句带点儿优越感的"你运气不好"就会让你特别难受,因为你知道对方并不相信是你运气不好,他就是认为他比你打得更好。把成功归于自己而推卸失败责任的倾向被称为**自我服务归因偏向**(self-serving bias;D. T. Miller & Ross,1975)。

根据元分析的结果,人们确实愿意为成功(相比失败)承担更多责任(Arkin,Cooper, & Kolditz,1980),把自己的成功很大程度上归于内因,而把失败归于外因(Mullen & Riordan,1988),包括任务难或运气不好(Whitley & Frieze,1986)。总的来说,人们认为把成功归于自己的证据要比推卸失败责任的证据更有力。当人们能把失败归因于一些未来他们能控制的因素(如努力)时,他们有时会承担失败的责任。如果我把输球归咎于太阳刺眼,那么这样做并不会促使我提高自己的水平。但是,如果我了解到我的一发⊖几乎都失误了,那么我在后面的训练中就有了"需要改进一发"的目标。

自我服务偏向不仅可以解释自己的行为,还会影响对朋友和所在群体的看法。**群体服务偏向**(group-serving bias)指群体内成员把他们群体的积极行为归因于群体内品质,而把消极行为归因于外因的倾向,而且对群体外成员采用相反的归因倾向(M. B. Brewer & Brown,1998;Pettigrew,1979)。

虽然自我服务偏向对事实具有明显的双重标准倾向,但它可能也是具有功能的。把成功归因于自己的努力,特别是自己吃苦耐劳的品质,可能具有激励作用。例如,Schaufeli(1988)发现,在失业工人中,具有自我服务偏向的人更容易在劳务市场找到新工作,因为这些对自己的处境持自我服务偏向的人对其重新就业的机会更乐观,而且也更有动力去找新工作。保护自我以及积极表现自己的动机性需要也能很好地解释自我服务偏向(Reiss, Rosenfeld, Melburg, & Tedeschi,1981)。

当人们做出自我服务归因时,几个大脑区域会被激活,即左右外侧运动前区和小脑。这一结果表明,参与一般性目标导向性行为的大脑区域也参与自我

⊖ 网球比赛中,球员在发球局中对每一分都有两次发球机会,第一次发球机会叫一发。当一发成功时,比赛继续进行,球员也自动失去了第二次发球的机会。当一发失败(即球没有发到指定区域或发球违例)时,球员可以第二次发球,即二发。如果两次发球均失败,则称为双误,由接球方得一分。由于有两次发球机会,因此球员在一发时一般会选择更具攻击性,也更冒险的发球技术。——译者注

服务归因（Blackwood et al., 2003），这些区域通常参与想象性行为。当一个人模拟自己的意向性行为时，背侧运动前区会产生激活，因此，该区域可能特别参与把一个行为的责任归因于自己的加工。背侧纹状体似乎特别地参与自我服务偏向加工，因为一般来说，该区域与动机性活动有关。因而，把一个人自己的积极行为归于内因而把消极行为归于外因，与大脑中涉及奖赏的区域有关。自我服务偏向本身就可看成一种奖赏。

自我中心归因偏向

如果两名室友被要求评估每个人各自做了多少家务，那么他们都可能完全相信自己做得更多一点儿。**自我中心归因偏向**（self-centered attribution bias）指在共同完成的一项任务中，认为自己贡献更多的现象。研究者解释了造成这种偏向的一些可能原因（M. Ross & Sicoly, 1979）。第一，一个人更容易注意和回忆起自己的贡献，例如，我知道我什么时候在做家务，但可能并不知道室友什么时候也在做他的那份家务。第二，相信自己的贡献更大，有利于保护自尊。每个人都可能把自己想象成做得更多并且个人责任心更大的那类人。

朴素实在论

一种整合了这些自我相关偏向的偏向是**朴素实在论**（naive realism）：指我们认为他人，特别是那些不同意我们观点的人，会比我们更容易出现归因偏向的现象（R. J. Pronin, Gilovich, & Ross, 2004）。关键是，朴素实在论相信我们看到的世界就是世界本来的样子：如果其他人没有以同样的方式看它，那么他们必定是有偏向的。通过对我们自己的思考赋予更多信任，我们为自己提供了一个错误的信息基础，来支持自己的信念。朴素实在论还提出，我们相信我们对他人的了解比他人对我们的了解更多，这导致了一种不对称观察错觉（Pronin, Kruger, Savitsky, & Ross, 2001）。

朴素实在论解释了处于战争中的群体或国家在试图了解彼此优势时面临的一些问题。当一个人自己的观点很有道理时，这个人就很难以一种可能使另一个群体产生不同看法的方式去构建世界（R. J. Robinson, Keltner, Ward, & Ross, 1995）。而且，反对方常常高估他们观点之间的不同，认为自己的观点更开放，而对方的观点更保守（D. K. Sherman et al., 2003）。如果有一个调停人加入，则每一方都希望这个调停人能以自己的方式看这个世界。当调停人不偏不倚时，每一方都会拒绝他，认为其是有偏向的（见图6-6）。

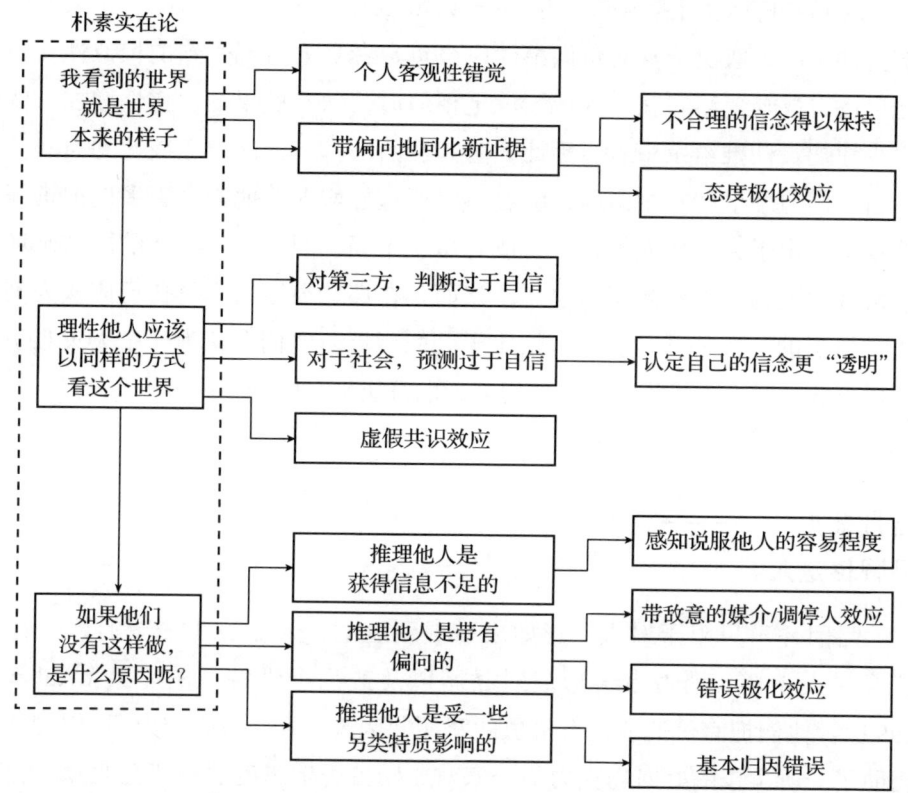

图6-6　朴素实在论信念与其造成的后果，以及与冲突和误解有关的现象

责任归因或责备

责任归因（attributions of responsibility）关注谁或什么应该为一个事件（尤其是负面事件）负责（K. G. Shaver，1985）。负面事件的发生往往会产生归因，这是一种某人本来应该预计到有关情境的信念，某人的行为未被证明合理性的信念，以及某人可自主做出决策的信念。例如，在卡特里娜飓风后，许多人指责布什总统没有对新奥尔良洪灾受难者做出必要反应，因为许多人认为他是负责人，而且本应该预计到这种情况。

一种与之相关的现象是**防御性归因**（defensive attribution），指人们倾向于认为应该对造成严重（相比于轻微）后果的行为承担更多责任的现象。例如，如果洪灾轻微，那么人们可能不会这么激动地指责总统，但破坏是如此普遍，而且广泛传播的事实增加了责任归因。

一项元分析证实了防御性归因偏向（Burger，1981），并且揭示了人们做出的防御性归因，取决于从对负面事件应该负责者身上所感受到的相似性。当人们把自己看成与肇事者在个人或情境上相似时，随着后果的严重性增加，他们会更少地把责任推给肇事者。因此，防御性归因基本上能避免威胁到自我。然而，当人们与肇事者不相似时，随着事件严重性增加，他们会更多地把责任推给肇事者。由于大多数人把自己看成与总统不同，因此这个事件的严重破坏性可以解释他们为什么强烈指责总统。然而，在那些很容易觉得自己应该为某个大灾难负责的一般公共官员中，相比于轻微后果，他们会认为一个大灾难引发的责任更低一些；不管怎么说，他们某天也可能坐在同一个位子上。

── 应用聚焦 ──
品牌也是人

归因并不只限于对人。正如之前提到过的，人是过于热情的读心者。就像对人一样，消费者会形成对品牌以及产品个性特征的印象（Aaker，1997）。他们把有价值或没有价值的意愿归因于公司（请比较为问题青少年赞助了一所学校的好时巧克力与一家对成瘾持否定态度的制药企业）。人们也关心企业制造可靠产品的能力（Kervyn，Fiske，& Malone，2012）。因此，人们也会把动机和能力归因到品牌上，因为根据支持工商业的总统候选人的话，"企业也是人"（Mitt Romney，2011）。

如果消费者能把某些产品背后的品质归因于公司以及消费的体验，那么他们也能对自己的判断做出错误归因。例如，他们可能错误地把体验到的某方面看成某产品引发的，而实际上，这个体验是由他们的心境造成的。如果一个产品的广告是在一场精彩的体育比赛（如超级碗⊖或世界杯）期间播放的，那么相比于那些在浏览器上跳出来的产品广告，人们可能发现该产品是更令人激动的。

⊖ super bowl 一般译为超级碗（因最初举行比赛的运动场地形似碗而得名），指美国职业橄榄球大联盟冠军赛，一般在每年1月底或2月初的星期天举行。——译者注

一项实验研究检验了这种关于产品吸引力的错误归因：在给被试尝一种新的混合饮料前，研究者通过给被试喝半杯水或 3 杯水而操控了 427 名被试的口渴程度（Haggag，Pope，Bryant-Lees，& Bos，2019）。被试在口渴时更喜欢这种饮料，即把他们的判断归因于饮料而不是口渴。

另一项研究记录了 9340 人自我报告对一个游乐园的喜欢程度。研究者发现，喜欢程度与被试自我报告的天气情况显著相关，客观的天气记录也显示了同样的归因偏向。人们评价的是游乐园和天气的综合体验，但他们只把自身反应归因于游乐园。在一项重复研究中，研究者发现，41 359 名客人选择再去这个游乐园是由他们第一次去游玩时的天气引起的。

无关的背景特征会影响判断，但是人们并不知道这一点。（在下一章，我们将看到各种其他的归因错误和偏向。）至于现在，我们想说的是，许多社会性归因过程也适用于诸如公司品牌和消费体验等非人实体。

总　　结

归因理论关注人们怎样推理因果关系以及推理他人的性情性特征。正如双加工理论所指出的，一些归因推理发生得很快，常常是毫秒级，而另一些则需要更多思考。人们常常会运用一些在儿童期学习到的因果推理的基本原则，如原因发生于结果之前，以及原因与结果之间具有时间或空间上的接近性。

归因的基本理论包括海德的常识心理学分析，琼斯和戴维斯的对应推论理论，凯利的归因理论，贝姆的自我知觉理论，沙赫特的情绪易变理论以及韦纳关于成就和帮助的归因理论。这些理论，特别是琼斯和戴维斯以及凯利的理论，关注控制性归因过程中涉及的逻辑原则，并详细介绍了做出归因的理想方式。这样一些标准模型概括了归因过程中的指导性原则。

之后，研究者对归因过程的研究主要关注人们在推理他人品质时涉及的心理运算。性情归因似乎是自发的和无意识的，甚至可能是自动化的（当我们了解某人的行为后）。运用情境因素去确认性情性推理似乎是第二个独立的、更少自发的和更多思维参与的过程，这个过程主要是修正开始的性情归因。除非情境信息是非常强烈的或凸显的，否则社会性知觉者可能从来都不会达到修正的第二阶段。此外，由于加工时间或修正性情归因的能力不足，情境信息对印象形成的影响甚至更少。

归因过程也受许多反复出现的偏向所影响。最广为人知的偏向包括：对一个人的行为做性情归因的倾向；做出自我服务和自我中心归因的倾向；朴素实在论（源于个体认为自己的解释是正确的），以及把严重负面事件的责任归于他人的防御性归因。

延伸阅读

Ames, D. R., & Mason, M. F. (2012). Mind perception. In S. T. Fiske & C. N. Macrae (Eds.), *SAGE handbook of social cognition* (pp. 115-137). Thousand Oaks, CA: Sage.

Epley, N., & Waytz, A. (2010). Mind perception. In S. T. Fiske, D. T. Gilbert, & G. Lindzey (Eds.), *Handbook of social psychology* (5th ed., Vol. 1, pp. 498-541). Hoboken, NJ: Wiley.

Gilbert, D. T. (1998). Ordinary personology. In D. T. Gilbert, S. T. Fiske, & G. Lindzey (Eds.), *The handbook of social psychology* (4th ed., Vol. 1, pp. 89-150). New York: McGraw-Hill.

Harris, L. T., Todorov, A., & Fiske, S. T. (2005). Attributions on the brain: Neuro-imaging dispositional inferences, beyond theory of mind. *NeuroImage,* 28, 763-769.

Malle, B. F. (2006). The actor-observer asymmetry in attribution: A (surprising) meta-analysis. *Psychological Bulletin*, 132, 895-919.

McArthur, L. Z. (1972). The how and what of why: Some determinants and consequences of causal attribution. *Journal of Personality and Social Psychology*, 22, 171-193.

Morling, B., & Masuda, T. (2012). Social cognition in real worlds: Cultural psychology and social cognition. In S. T. Fiske & C. N. Macrae (Eds.), *SAGE handbook of social cognition* (pp. 429-450). Thousand Oaks, CA: Sage.

Pellicano, E. (2012). Atypical social cognition. In S. T. Fiske & C. N. Macrae (Eds.), *SAGE handbook of social cognition* (pp. 411-428). Thousand Oaks, CA: Sage.

Schachter, S., & Singer, J. A. (1962). Cognitive, social, and physiological determinants of emotional state. *Psychological Review*, 69, 379-399.

第 7 章

启发式与捷径：推理与决策中的效率

- 启发式是一种在效率与准确性之间寻求折中的决策捷径
- 启发式的另一面：决策捷径常常引发错误和偏向
- 随着时间推移，判断会出现偏向

社会性知觉者经常在不确定条件下做出复杂判断。一名学生一定会想让拟完成的某一课程论文主题所需查阅的参考文献数量在一个可控范围内，而不是文献数量太少或者太多。一个人需要决定是否应该放弃一段安全且相对令人满意的恋情，而去追求一段新的、令人兴奋的、未来充满风险的浪漫关系。

经济学家假设，理性人会通过权衡利弊来做决策。**期望效用理论**（expected utility theory，EU）认为，行为决策可以被概念化为从可选方案中做出选择，而每个方案都有一个特定价值和发生概率。根据该模型，人们会评估可选方案的可能性和他们所预期结果的价值（即概率和价值），计算每个结果的效用（每个结果发生概率和价值的乘积），并选择效用最大化的选项。因此，理性人会做出他们认为最有可能提供他们所寻求利益的决定。

看似无限的信息可以影响人们的日常决策，但其中多数都是无用的。此外，如果对每个决策都进行全面评估，那么这些决策可能会占用人们一周的大部分时间，而其他事情将会无法完成。由于时间的限制、相关信息的复杂性或总量以及证据质量的不确定性等原因，社会性知觉者实际上无法穷尽所有策略来做判断。因而，在许多情况下，社会性知觉者只是做出适当推理和决策的**够好即安者**（satisficer），而不是一个能得到最佳结果的**最优选择者**（optimizer；March & Simon，1958）。

启发式是一种在效率与准确性之间寻求折中的决策捷径

在一系列事关领域变革的研究中，特沃斯基和卡尼曼（1974；Kahneman & Tversky，1973）详细说明了人们在不确定条件下做判断时使用的**启发式**（heuristics）。启发式是指为了满足环境的迫切需求，而将复杂问题转化为更简单的判断性操作的一些捷径。在讨论这一重要贡献之前，我们有必要依次做一些澄清。他们最初的研究描述了几个特定的通常用于解决推理问题的启发式。后续有文章暗示这些是人们使用的主要启发式，但这个结论是错误的。卡尼曼和特沃斯基选择介绍这些启发式，受到两方面因素的影响：一方面，这些确实是人们常用的启发式；另一方面，从更普遍意义上说，它们也是关于启发式加工的好例子。

人们使用多种启发式，其中一些是通用的，如心理模拟，另一些则是特异性的，如一名教授在短时间内写出一封长篇幅且看起来深思熟虑的推荐信的启发式。人们在日常生活中发展出各种启发式，以简化复杂的操作，如在忙碌时只阅读报纸标题，并根据这一有限信息来决定读什么文章。工人在他们的工作中使用启发式，以使一些耗时费力的活动降到相对不需付出太多精力的水平。简而言之，启发式在日常生活中大量存在（Monin，2003），有些是通用的，如卡尼曼和特沃斯基所提出的那些启发式，还有许多是更为特异性的。

对启发式研究的一个常见误解是假定启发式必然出错。其实它们并不会必然出错。使用启发式并不是因为它们通常会产生不正确的、有偏向的答案，而是因为它们通常会产生正确的答案。通过强调启发式加工的缺陷，卡尼曼和特沃斯基

（1973）战略性地说明了启发式是如何工作的。表 7-1 列出了一些启发式。

表 7-1　不确定性条件下进行判断的启发式策略

启发式	判断类型	描述	例子
代表性	概率判断	A 与 B 的相关性判断；高相关性产生关于 A 来源于 B 的高估计	你判断乔治（A）应该是一名工程师，因为他的外形和行为都跟你印象中的工程师（B）很像
可得性	频率或概率判断	基于联系或实例出现的容易或迅速程度，对给定实例或事件的发生频率或可能性做出估计	人们会根据自己能多快想到已离婚朋友的实例来估计离婚率
模拟	期望、因果归因、印象和情感体验	建构一个假设性场景的容易程度	一个令人沮丧的事件使人感到愤怒，是因为一个人很容易想象到它在其他情境下发生
调整与锚定	在一个维度上的位置估计	先选定某个初始值，然后对其进行调整，并将其应用到新实例上的估计过程	根据自己的生产力水平判断别人的生产力

资料来源：Adapted from Tversky & Kahneman (1973).

代表性启发式

代表性启发式（representativeness heuristic）能产生关于一个事件发生概率的推论（卡尼曼 & Tversky，1972，1973；Tversky & Kahneman，1982）。这里的关键步骤是，社会性知觉者将特定的例子与一般性类别进行匹配，以确定匹配的可能性。代表性启发式可以回答诸如下面的问题：某人或某事 A 属于类别 B 的可能性有多大（例如，乔治是足球运动员吗），或者某事 A 源于过程 B 吗（例如，抛硬币出现"正－正－反－反"的顺序是随机发生的吗）请看以下描述：

> 史蒂夫非常害羞且孤僻，他总是乐于助人，但对人或现实世界不感兴趣。他是一个温顺整洁的人，有追求秩序和结构的需要，而且对细节有热情（Tversky & Kahneman，1974，p. 1124）。

假设现在要你猜测史蒂夫的职业。那么，他会是农民、空中飞人演员、图书管理员、潜水打捞员还是外科医生呢？

有了这些职业在人群中的比例和个人特征的足够信息，我们就可以计算出温和的外科医生、害羞的空中飞人等职业的概率，并计算出史蒂夫从事这些职业的概率。然而，完成这项任务将需要较长时间，而且进行计算所需的有用信息肯定是不足的。在这种情况下，代表性启发式提供了一个迅速的解决方案。

人们可以估计史蒂夫在每个类别中代表或类似于这类人的平均程度，并据此判断他的职业。因此，人们可能会猜测史蒂夫是一个图书管理员，因为关于他的描述代表了图书管理员的典型特征。

代表性启发式基本上是一种关联性判断（A 的这些属性与类别 B 的匹配程度如何），并由此产生一个概率估计（A 是类别 B 的一个例子的可能性有多大）。使用这种启发式通常能得到相当好的答案（可能与对任务的可获得信息进行更详尽分析所得到的答案一样好），因为关联性通常是做出概率判断的一个好标准。然而，当使用代表性启发式时，一个人可能对其他独立于判断关联性的、影响实际发生概率的因素不敏感（Kahneman & Tversky，1973）。

其中一个这样的因素是结果的先验概率（即基础比率，关于这一点我们稍后再讨论）。如果史蒂夫生活在一个有很多鸡农和只有几个图书管理员的小镇上，对他是一个图书管理员的判断就应该因此而调整：他更可能是一个鸡农，而不是图书管理员。然而，人们有时会忽略先验概率，而仅仅基于相似性做出判断，例如，史蒂夫像一个图书管理员。

在代表性判断中，人们常常忽略的另一个因素是样本量。假设你在州博览会上经营一个摊位，你试着猜测那些付款人的职业。假设你的前 5 个客户中有 4 个人是图书管理员，并且你发现图书管理员大会正在这里举行，你对下一个排队付款的人也是图书管理员的判断有多大信心呢？如果你看到的前 20 个人中有 12 个人是图书管理员，你会更自信还是更不自信？大多数人在做判断时，对前 5 个人中有 4 个人是图书管理员比前 20 个人中有 12 个人是图书管理员会更有信心。但他们的自信实际上是错误的。抽样理论表明，从大样本得到的估计要比从小样本得到的估计更可靠。因此，尽管 4/5 看起来比 12/20 有更大可能性，但 12/20 是更好的指标，因为样本量更大。

基于代表性的判断也可能表现出对预测价值的不敏感性，即忽略用于预测某一结果的信息的相关性或质量。例如，如果把史蒂夫描述为一个温顺整洁的人，是他的幼儿园老师在他上了几周的课之后写的，那么它与史蒂夫的职业选择的相关性就很弱；如果它是史蒂夫的导师在他大学四年后写的，那么人们可能会更重视它。尽管如此，人们经常并不怎么调查信息来源就相信这些信息，而且他们可以不理会信息的预测价值就做出同样有力或自信的推断。这种有效性错觉尤其发生于信息与判断特别吻合的时候。例如，如果对史蒂夫的描述还包含"他是个书呆子，总是戴着眼镜专心致志地读书"，那么人们对史蒂夫是图书管理员的判断信心可能会大大增加。然而，在得知"他在业余时间潜水，而且曾是一个药物成瘾者"时，我们可能会放弃上述这个强有力的预测。无论这些信息是准确可靠的，还是过时的、不准确的以及基于传闻的，都可能对推理没有足够的影响，表面上的适合与否就足够让它被接受或被拒绝。

对随机性的误解也会使代表性判断出现偏向。人们对于随机事件应该是什么样子有相对成熟的想法。例如，在多次抛掷一枚硬币时，人们期望看到的是像"正－反－正－反－反－正"这样的序列，而不是像"反－反－反－正－正－正"这样看似有序的序列。当要求判断哪个序列更有可能时，许多人会错误地选择第一个序列，因为它看起来是随机的。但事实上，第二个序列在统计学上与第一个序列具有相同可能性。

代表性启发式是一种通过判断相关性来估计概率的迅速但有时会出错的方法。它可能也是最基本的启发式。正如我们在第 2 章和第 3 章所指出的，将人定义为某些类别的成员或为行为赋予意义是所有社会性推理的基础。"这是什么"的问题必须在完成其他认知任务之前得到回答。

可得性启发式

可得性启发式（availability heuristic）指根据实例在意识中出现的速度来评估事件的可能性（Tversky & Kahneman，1973，见表 7-2）。当例子或联系很容易获取时，人们就会夸大估计的可能性。例如，当一个人要判断人们是否经常更换工作时，这个人可能会考虑换过工作的朋友数量，并根据这些例子出现的频率或容易程度做出反应。与代表性启发式一样，完成这项任务不需要太多认知加工。如果一个人能毫不费力地想到人们换工作的例子，那么他就会估计有很多人会经常换工作，而如果需要想一段时间的话，就会降低估值。

通常，可得性启发式会产生正确的答案。毕竟，当你很容易想到一些例子时，通常它们的数量确实很多。然而，偏向因素可以改变某些类型的可得性，而不改变它们的总体数量。例如，如果一个人最近换了工作，那么他可能更容易注意到其他也换了工作的人。一个拥有易于检索实例的类别似乎比拥有不易于检索实例的、具有同样频率的类别更多一些（Gabrielcik & Fazio，1984）。搜索及提取偏向可以通过扭曲可获得实例的数量而扭曲一个人对实例出现的频率的估计,比如某些事件类别比其他类别更有助于搜索实例。例如,在招聘会上估计有多少人要换工作会比在办公室聚会上估计的人数要高。在不同的环境下,实例进入意识的容易程度会有很大不同。

表 7-2 可得性的早期调查

被试的任务	被试的反应	正确答案和理由
"在一个结构中寻找一条路径,将顶行中的一个元素与底行中的一个元素建立连接,并且每一行只通过一个元素。在这两个结构中,哪一个有更多路径?"		
1. 观察结构 A 和结构 B,如下所示 (A) ×××××××× ×××××××× ×××××××× (B) ×× ×× ×× ×× ×× ×× ×× ××	85% 选择 A	两者结果一致:$8^3=2^9=512$ A 中的路径更容易获得: ① A 有更多的列和容易发现的路径; ② A 的路径交叉列更加独特,不易混淆; ③ A 的路径更短,更容易可视化
2. 英语单词中的字母 R 更可能出现在单词的 • 第 1 位 • 第 3 位	69% 选择第 1 位	第 3 位更有可能。5 个辅音(K, L, N, R, V)出现在第 3 位的次数比出现在第 1 位的次数多,但出现在第 1 位更容易进入意识
3. 在起点和终点之间的路线上有 10 个车站,假设一辆行驶的公共汽车在这条路线上正好停了 r 个站。 起点 ＿＿＿＿＿＿ 终点 公共汽车可以有多少种停 r 个站的模式(r 为 2 ~ 8)?	当 r 增加,对不同停站模式数量的估计会下降:相比停 5 个或 8 个站,停 2 个站看起来有更多模式	停 5 个站有最多模式,即 252 种;停 2 个站和 8 个站最少

想象特定事件的容易程度会受到某些偏向的影响。例如,当人们猜测美国人的主要死亡原因时,他们认为更多的死亡是由意外、火灾、溺水或枪击等重大事件造成的,而忽视了真实的原因。与此同时,他们低估了脑卒中或心脏病等更常见的死亡因素。报纸和电视节目创造了丰富多样、容易想象、引人注目的事件,因此它们的形象或联想会很容易浮现在人们的脑海中,而因疾病导致的死亡很少

会出现在报纸的讣告页面上（Slovic, Fischhoff, & Lichtenstein, 1976）。

虽然大多数研究者都认为，回忆的容易程度是解释可得性影响判断的机制，但也有人认为，可能是回忆的内容对其产生了影响。如果你能够轻松想到一些例子，那么你的意识中可能应该有更多的例子，这实际上可能会引发与可得性相关的错误。要确定究竟是哪一种机制，需要操纵与一个实例相关的回忆量（Schwarz, Bless, Stracket al., 1991）。一些被试需要回忆 12 个确信（或不确信）行为的实例（一项困难的任务），而另一些被试则需要回忆 6 个确信（或不确信）行为的实例（一项简单的任务）。那些完成困难任务的人（回忆 12 个实例）分别认为自己更少确信或更少不确信，而那些完成简单任务的人（回忆 6 个实例）则分别认为自己更多确信或更多不确信。因此，自我评价只在容易回忆的情况下与回忆内容有关，而难以回忆的情况则不会出现这一现象。记忆的难易程度似乎是通过可得性启发式而不是记忆的整体内容影响信息对判断的作用。然而，当人们相信是某些人为规定的情景因素影响了回忆的容易程度时，他们反而不能注意到这其实是他们进行有关推理的基础（Schwarz, Bless, Strack et al., 1991）。实际上，回忆的容易程度的现象性体验似乎是推理的判断特征：人们不仅评估回忆的容易程度，而且有时会考虑一些在他们根据可得性进行判断时，可能人为夸大或弱化了回忆容易程度的因素。

提取实例的容易程度是通过可得性启发式估计频率的一种方法，联系强度则是另一种方法。联系强度通过重复实例得到增强（如第 4 章所述），所以联系强度确实可以表明某些事件发生的频率。然而，与提取实例的容易程度一样，联系强度可能会受到与实际数量无关因素的影响。例如，如果一个人住在亚利桑那州这样吸引退休人员的地区，那么他可能会比住在如洛杉矶这样城市的人更高估美国的老年人数量，因为洛杉矶到处都有做过整形手术的人，很容易掩盖真实年龄。

记忆的可获取性促进了可得性启发式（C. MacLeod & Campbell, 1992）。当特定类型的事件在记忆中可被获取时，人们估计未来发生类似事件的概率就会上升。例如，一场可怕的恐怖主义行动会大大增加人们认为会发生类似恐怖事件的概率。在高记忆负荷下（如一个人同时思考几件事），人们对可得性启发式的使用也会增加。社会环境通常蕴含巨量信息，因此它通常包含高记忆负荷情境，从而增加了启发式（如可得性启发式）的使用概率（Manis, Shedler,

Jonides, & Nelson, 1993; Rothman & Hardin, 1997)。

可得性启发式在社会心理学中颇具影响，它解释了包括刻板印象（D. L. Hamilton & Rose, 1980）和坚信不可信观念（L. D. Ross, Lepper, & Hubbard, 1975; L. D. Ross, Lepper, Strack, & Steinmetz, 1977; 参见 S. E. Taylor, 1982 的综述）在内的一系列社会现象，也被用来解释凸显性（S. E. Taylor, 1982）、责任判断（M. Ross & Sicoly, 1979）、预测（Carroll, 1978; Slovic et al., 1976）和因果归因（Pryor & Kriss, 1977）。然而，作为一种解释，可得性启发式可能明显被过度使用了，许多任务甚至不需要一点儿可得性启发式参与，而且频率判断很可能是通过其他过程发生的（Manis et al., 1993）。已经储存在记忆中的信息（如我们对熟知的事件或人的心理表征）意味着，如果我们能够获取正确的心理表征，则我们其实就已经知道许多推理的答案了。一种应用是，人们通常会利用代表性启发式来确定什么样的图式或类别适合提取信息，而不是利用可得性启发式来进行判断。

模拟启发式

为了解决问题，人们经常会建构一些设想的场景来估计事情会如何发生，也就是说，他们在大脑中按时间顺序对事件进行加工，以评估可能的结果。这种推理技术被称为**模拟启发式**（simulation heuristic; Kahneman & Tversky, 1982）。想想你该如何回答这个问题："如果你爸发现你把车撞坏了，他会怎么想？"你可能会想一想你对父亲的了解以及他对危机的反应，然后在脑海中梳理这些事件，并产生几种可能性。一个特定结局出现在脑海中的容易程度似乎预示了现实生活中可能发生的事情，你爸可能会拒绝支付你下学期的大学学费，或者他可能忽略这件事，但你最容易想象到的是，他会坚持让你找一份工作来付修车的钱。

模拟启发式处理各种任务，包括预测（琼会喜欢汤姆吗）和因果关系（地板的脏乱是该责备狗还是孩子呢），它与事情差点儿就发生的情况特别相关。例如（Kahneman & Tversky, 1982, p. 203）：

> 柯兰先生和蒂斯先生本来将在同一时间乘坐不同的航班离开机场。他们乘坐同一辆机场大巴从城里出发，遇上了交通堵塞，比预定起飞时间晚了30分钟才到达机场。

柯兰先生被告知他的航班已准时起飞。

蒂斯先生被告知，他的航班延误了，五分钟前刚刚起飞。

谁更难过？

是柯兰先生还是蒂斯先生呢？

几乎每个人都说是蒂斯先生。为什么？大抵来说，人们会认为柯兰先生不可能赶得上飞机，但蒂斯先生却是有可能的，只是因为那个漫长的红绿灯、慢吞吞的行李搬运工、违停车辆的阻碍或登机口的错误标识才让他赶不上飞机。因此，模拟启发式及其产生"要是……多好"情景的能力解释了"事情差点儿就发生了"的心理以及由此产生的沮丧、后悔、悲伤或愤慨等情绪（如Krueger，Wirtz，& Miller，2005；D. T. Miller，Visser，& Staub，2005；Seta，McElroy，& Seta，2001）。

反事实推理

反事实推理（counterfactual reasoning）是对事件"要是不发生"的心理模拟。它会影响许多判断：通过确定产生戏剧性结果的独特或不寻常的因素来评估因果关系（如G. L. Wells & Gavanski，1989）；通过提供如果事件向另一个方向发展的设想（如Seta et al.，2001）或者如果一个人采用了错误的行动方式会怎样（Krueger et al.，2005）等方式来影响对某一特定结果的情感反应。

具体来说，异常或例外的事件会使人们在脑中模拟那些正常的、与实际结果不同的替代方案（Kahneman & Miller，1986）。根据标准模型（参见第4章），对特殊情况与正常情况之间的这种对比会加剧对不寻常情况的情绪反应。在一项角色扮演研究中，被试要补偿那些经历了异常或正常命运的受害者（D. T. Miller & McFarland，1986），结果是异常情况下的受害者得到了更高的补偿金。例如，一名男子在离家很远的便利店购物时被抢劫犯枪击受伤，相较于事发在他常去的附近的便利店，被试分配给他的损失赔偿金更高。

反事实思维更容易使人做出向下改变（即用预期事件代替不寻常事件），而不是向上改变（即用不寻常事件代替正常事件；Kahneman & Miller，1986）。这预示着，人们形成一个不采取行动的反事实情景将比形成一个采取行动的反事实情景更容易（Gleicher et al.，1990；Landman，1988）。例如，人们更容易想象要不是因为修路挡了道,蒂斯先生是可以赶得上飞机的,而不容易想到如果城市有另一条可以更快到达机场的路,则蒂斯先生就能赶上飞机这一情景。

通过反事实模拟想象另一种选择,会影响预期、因果归因、印象和情绪。例如,如果一个人犯了一个错误(如把割草机扔在了外面,结果伤到了一个孩子),那么"如果事情没有发生"这种心理模拟就可能会引发后悔。如果一个人导致失败的行动或不行动与他的个人信念或取向不一致时,则这种后悔尤其可能出现(Seta et al., 2001)。因此,环境("事情出现另外一种情况"的凸显性和契合性)是可预测的,并遵循有关规则(将可能的和一致的元素融入模拟中,而不是将不可能的和不一致的元素融入模拟中)。

为什么人们会进行反事实推理呢?毕竟,当一些意想不到的或消极的事情发生时,想象它们的其他走势是很难改变现状的。反事实思维服务于几种动机(Schwarz & Clore, 1996),有时,反事实思维会让人们感觉更好。例如,当人们经历一个压力事件时,他们通常会想象它本来可能更糟糕的情况(S. E. Taylor, Wood, & Lichtman, 1983),一起汽车事故的受害者可能关注的不是她的车所受的损害,而是关注如果另一辆车撞到她驾驶座侧的门,她可能就会丧命。反事实思维也会通过发现好处和相信命运来为生命的关键事件赋予意义(见图7-1)(Kray et al., 2010)。

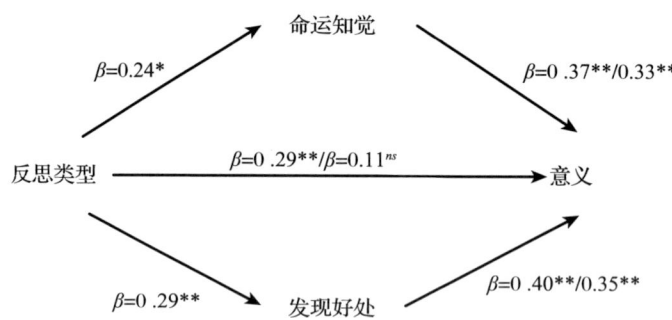

图7-1 命运知觉与发现好处在反思类型与转折点意义间的中介作用
注:斜杠左边的系数是直接效应,右边是中介效应。星号表示显著性:*$p<0.05$;**$p<0.01$。
资料来源:From Kray et al (2010). Reproduced with permission.

预期一个人在采取特定行动后的感受也会影响行为。例如,即使在多项选择题测试中更改答案可提高分数,许多人也避免这样做,他们预期,相比不采取行动而保留错误答案,采取错误行动会导致更多自责(Krueger et al., 2005)。

反事实思维会蔓延，使人们在随后的决策中出现后悔厌恶现象⊖（Raeva，van Dijk，& Zeelenberg，2011）。

在对未来的模拟中，想象假设的未来事件会让这些事件看起来更有可能发生（S. E. Taylor，Pham，Rivkin，& Armor，1998）。因此，如果一个情景是容易想象的，则它似乎就比难以想象的事件更有可能发生（C. A. Anderson，Lepper，& Ross，1980）。同样，仅仅想象自己决定执行或拒绝一种行为就会导致对自我期望的相应变化，而想象别人执行一种行为并不会增加自己将执行该行为的期望（C. A. Anderson，1983）。

反事实思维也可以为将来提供准备。如果你意识到你要是关了车灯，电池就不会耗尽，那么你可能就不会再犯这样的错误了。当想象你可以轻易避免问题产生消极影响时，你去改善问题的动机（一种情绪性提示）就会增加（McMullen & Markman，2000），当你在心理上无法做任何事情来改变结果或为未来做任何准备时，你可能会接受一个反事实的解释，来让自己保持良好的感受（"我可能真的考砸了，但至少我还学了一点"，Tetlock，1998）。

运用心理模拟

通过模拟事件可能发生的方式，人们可以预想未来的可能性，并制订能实现这些可能性的计划（S. E. Taylor et al.，1998），人们可以关注未来的不同方面，可以想象未来充满了丰富的可能性，有些人称之为一厢情愿或臆想（Oettingen & Mayer，2002）；或者，他们可以专注于自己需要采取的步骤，以实现一个渴望的未来。对未来哪种类型的心理模拟能够帮助人们实现他们的目标呢？

如果你非常喜欢阅读自助书籍，那么你就会知道，这种充满建议的书会鼓励人们积极想象他们希望在未来达到的状态。然而，研究表明这种观点是存在问题的。在一项检验此观点的研究中（L. B. Pham & Taylor，1999），大学生在为考试而学习的背景下，一组人预想他们获得好成绩时的满足感和庆祝场面（聚焦结果），而另一组人预想他们为了获得好成绩而学习的场景（聚焦过程）。与没有进行心理模拟的控制组相比，那些聚焦过程的学生成绩提高了，但那些聚焦自己所想结果的学生考试成绩却低于控制组。显然，如果你想使用心理模拟来

⊖ 指为了避免某一决策所引发的后悔而不做这一决策或选择另一种决策的现象。——译者注

实现你的目标，则最好不要沉溺于一厢情愿和臆想，而是要将你的模拟清楚地聚焦在你需要做什么才能达到目标上（Oettingen，Pak，& Schnetter，2001；S. E. Taylor et al.，1998）。

模拟增加了一个潜在结果的知觉概率，即**心理加法**（mental addition），而不是减少其知觉概率，即**心理减法**（mental subtraction）。这种不对称性的发生是因为人们特别重视一次特定心理模拟的各个特征，而这些特征会引发而不是抑制相关的结果。例如，当评估个人行动（如为考试而学习）的影响时，被试在加法框架下（"如果你学习，会多答对多少问题呢"）会比在减法框架下（"如果你不学习，会少答对多少问题呢"）知觉到更多的影响。这种效应既独立于事件的效价，也独立于模拟中的个人经验（Dunning & Parpal，1989）。

锚定

当在不确定情况下进行判断时，人们有时会从一个参照点或**锚定点**（anchor）开始，然后对它进行调整以得出最终结论，从而减少模糊性。例如，如果要你猜测最近有多少人观看了南加州大学和加州大学洛杉矶分校的橄榄球比赛⊖，而你对此完全不了解，那么上周在同一体育场的一场比赛吸引了 23 000 人观看这一事实会对你有所帮助。你可能会猜是 30 000 人，因为你认为南加州大学和加州大学洛杉矶分校的比赛会吸引更多观众。

我们已经讨论了实际上以锚定启发式为基础的几个现象。试着回想一下归因研究中把自我投射到他人身上以及错误共识这两种现象（参见第 4 章和第 5 章）。当要求估计有多少人会参加某项活动（如在校园里穿戴一幅夹板式广告牌）时，人们的估计在很大程度上受到他们自己是否会做出相似决定的影响。虽然我们在理智上知道不是每个人都会像我们一样行事，但我们对他人行为的估计并没有从我们自己的行为所提供的锚定点中做充分调整。正如这个例子所提示的，自我和我们所处的社会环境是我们评估或判断他人社会行为的重要锚定点（Fong & Markus，1982）。我们可以根据对害羞这种特质的自我评价来判断另一个人的害羞，或者通过调整自己的观点来接受他人的观点（Epley，Keysar，Van Boven，& Gilovich，2004），儿童也会这样做，但调整幅度比成人小（Epley，

⊖ 两校均位于美国加利福尼亚州洛杉矶市，是美式橄榄球赛的一对宿敌，他们之间的比赛通常吸引很多人观看。——译者注

Morewedge，& Keysar，2004）。内侧前额皮质的激活能解释把自我作为锚定点的观点（Tamir & Mitchell，2010）。

　　锚定点会包含一些无关的细节，而这些细节还是会给人提供一个起始参照点。例如，法官会习惯性地指示陪审团首先考虑最严厉的判决，然后这个判决可能在不经意间成为一个锚定点（Greenberg，Williams，& O'Brien，1986）。当参加模拟审判的被试被诱导先考虑最严厉的判决时，他们随后做出的判决明显比被指示先考虑宽大判决的被试所做的判决要严厉得多。同样，对他人态度进行归因时，你可能要注意他们表达态度时的约束条件（例如，一名记者需要写一篇支持战争的文章，因为主编要求这么做）；尽管如此，由于所表达的内容本身也是一个锚定点，因此你可能无法针对这些约束条件进行充分纠正（你进而推断作者确实支持战争）。这种在态度归因（参见第6章）中无法针对情境性约束条件进行纠正的稳健偏向被称为**关联偏向**（correspondence bias），它可用锚定和不充分调整进行解释（Quattrone，Finkel，& Andrus，1982）。

　　锚定效应背后的机制是什么？有关研究集中于两种可能的解释。第一种，人们在推理时先锚定在一个初始值上，随后做出不充分的调整（Epley & Gilovich，2001）。第二种，锚定效应是由锚定点的合理性以及人们对锚定点和目标的了解程度决定的。人们对目标的了解越少，就越有可能被一个锚定点所同化，从而做出不够充分的调整（Mussweiler & Strack，2000）。根据这种观点，锚定效应取决于关于锚定点的激活信息的适用性（Mussweiler & Strack，1999；Strack & Mussweiler，1997）。因此，从本质上讲，一个锚定点可以凸显那些人们在需要做出新判断时能够使用的知识。

　　锚定效应具有社会意义。例如，假设你想出售你那辆有些与众不同的定制汽车，而且它的转售价是不确定的。如果你正和一个感兴趣的买家谈判，那么你的开价应该要高，这将锚定这次谈判，并最终以更高价格成交。相反，如果你在拍卖平台（如 eBay）上出售汽车，那么你的起始报价应该要低，以便让尽可能多的人参与竞争，从而推高价格（Galinsky，Ku，& Mussweiler，2009）。

　　正是因为社会性行为是模糊且没有客观标准的，所以锚定和调整的例子在我们的生活中无处不在（Mussweiler，Strack，& Pfeiffer，2000）。当我们可以参考自身时，我们会将自己作为锚定点（Epley et al.，2004），但当我们自己这个参照点模糊时，我们会将他人作为锚定点，或者利用一个情境的一些无关细节来做锚定点。没有万无一失的方法可以避免锚定效应，但用对立面（如，"某个不像我的人会怎么做呢"）进行替代是减少锚定效应的一种策略（Mussweiler et al., 2000）。

启发式的另一面：决策捷径常常引发错误和偏向

除了卡尼曼－特沃斯基提出的启发式（即通过容易想到的东西来估计概率），人们还会使用其他有效的捷径进行决策。所有这些启发式和捷径都会为了效率而牺牲准确性，但往往会产生足够好的决策。

决策框架效应：来自前景理论的观点

判断受到最初的决策**框架设定**（framing，即对所选背景的描述）的影响（Kahneman & Tversky, 1984; Tversky & Kahneman, 1981）。人们常常不能认识到问题的底层结构是相似的，相反，他们总被问题呈现出来的表面特征分散了注意力。问题的呈现方式称为决策**框架**（frame）。这种表征中看似微小的差异可以对决策产生重大影响。

一种常见的框架是考虑一个决策描述了可能发生的收益还是损失（Kahneman & Tversky, 1982）。例如，当选项以损失的方式来描述时，人们会变得谨慎，但当选项在收益框架下描述时，人们可能变得更为冒险（如 Roney, Higgins, & Shah, 1995）。请看以下情景。

> 想象一下，美国正在为一种不寻常的疾病爆发做准备，这种疾病预计将导致 600 人死亡。人们提出了两种对抗这种疾病的备选方案，假设对这两种方案后果的准确科学估计如下：如果采用方案 A，则 200 人将获救；如果采用方案 B，则有 1/3 的可能性是 600 人都会获救，2/3 的可能性是没有人会获救。你更支持哪个方案？
>
> 现在请在上述相同情况下考虑以下两个备选方案：如果采用方案 C，则 400 人将会死亡；如果采用方案 D，则有 1/3 的概率没有人死亡，2/3 的概率有 600 人死亡。（Tversky & Kahneman, 1981）

特沃斯基和卡尼曼向大学生提出了以上问题。当以挽救生命为框架时，72% 的被试选择了结果更为确定的方案 A。然而，当这个问题以失去生命为框架来描述时，只有22%的人支持与方案A等价的方案C，与之前的情况的相反，他们倾向于结果更为不确定的方案。

这种关注点的变化代表了决策中一个稳健的原则，即存在**风险规避**（risk aversion），也就是人们在思考可能的收益（如挽救生命）时倾向于规避风险，也存在**风险寻求**（risk seeking），也就是人们在思考可能的损失（如失去生命）时倾向于寻求风险。当问题是以"挽救生命"来描述时，人们更愿意相信200条生命肯定会被挽救，而规避没有人会被挽救的风险选项。相比之下，当这个问题以"失去生命"来描述时，人们更喜欢没有人死亡的选项。当然，最重要的一点是，这两个问题是完全相同的，唯一的区别在于描述问题的措辞是"挽救生命"还是"失去生命"。

框架的影响无处不在（Dunning，2012），甚至对新手以及那些统计经验丰富的人都有影响。框架效应出现在多种情景中，包括裁员（Brockner，Wiesenfeld，& Martin，1995）、消费（I.P. Levin & Gaeth，1988）和医疗（I. P. Levin，Schnittjer，& Thee，1988；Rothman & Salovey，1997）等。

框架可以与个体性情交互作用，从而影响选择或决策。我们在第5章曾指出，有人注重提升，有人则注重预防。注重提升者更容易被收益框架说服，注重预防者则更容易被损失框架说服（Lee & Aaker，2004；D. K. Sherman，Mann，& Updegraff，2006）。例如，如果一个人长期有避免伤害的动机，那么一个宣传车祸高生还率的汽车广告可能比宣传时髦外观或强大引擎的汽车广告更有说服力。

前景理论

基于以上这些观察，**前景理论**（prospect theory；Kahneman & Tversky，1979；Tversky & Kahneman，1981）能描述人们在选项之间进行比较时所涉及的决策过程。这一理论具有两个重要成分：**参照框架**（frame of reference）和**主观价值函数**（subjective value function）。

根据前景理论，选择一个参照点是评估选项的关键。**参照点**（reference point）是人们用来比较一个选项客观价值的内部标准。人们可以根据参照点将该选项分类为正（即比参照点好）或负（即比参照点差）。正如我们所看到的，客观上相同的选项可以有正或负的参照框架，因此，在一种框架中被视为收益的选项可能在另一种框架中被视为损失。一个正框架下的选项会降低一个人所激活的参照点，而一个负框架下的相同信息会提高一个人所激活的参照点（Abelson & Levi，1985；Highhouse & Paese，1996）。在前面所介绍的关于疾病的例子中，正框架下的选项（200人获救）会激活没有人获救的参照点；然而，当同样的问题采用负框架（400人将死亡）被描述时，人们采用的参照点是假设没有生命损失，即没人死亡。这两种框架之间参照点的变化会使人们认为正框架下的医疗选项比负框架下的选项更具吸引力。也就是说，与失去所有生命相比，正框架产生了一种拯救200条生命的感觉，而与不失去生命相比，负框架产生了一种失去400条生命的感觉。

一个中性参照点可帮助设定一个典型的主观价值函数（见图7-2）。前景理论的主观价值函数表示的是相对于中性参照点的正偏差或负偏差（即收益或损失）。这种价值函数呈S型——收益为凹函数（反映风险厌恶），而损失为凸函数（反映风险寻求）。因此，随着收益的客观价值增加，收益的主观价值增加幅度会减少。例如，10美元和20美元之间的主观价值差要大于110美元和120美元之间的主观价值差。随着客观损失增加，主观价值的下降幅度也会减少，但它比收益变化更快。例如，损失10美元和损失20美元之间的主观价值差大于损失110美元和损失120美元之间的主观价值差。但同时，损失的曲线斜率比收益更陡峭（反映了损失厌恶现象），因此，损失20美元比获得20美元显得更突出。

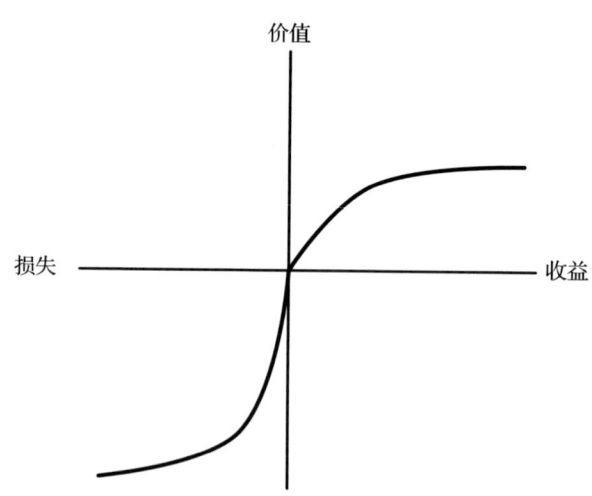

图 7-2　前景理论的主观价值函数

资料来源：From Kahneman & Tversky (1979). Copyright 1979 by The Econometric Society. Adapted with permission.

人对客观呈现信息的主观解释究竟为什么会根据收益或损失而变化，其原因尚不清楚，但其效应是稳健的。需要指出的是，参照框架效应表明相同的结果在正框架或负框架下会产生不同的主观价值。因此，同样水平的客观表现在正框架下会比在负框架下被认为更好。在一个大型晚会上，你邀请的客人中有70%出席比有30%不出席会更令你满意。

基础比率与个案记录

人们的客观参照点应该包括针对有关事件的总体频率，但人们往往必须在有限的背景知识下对未来的事件进行预测。例如，你可能需要根据你过去看过的戏剧样本来决定是否购买当地剧院的季票。或者，当你想为你的朋友找一个伴侣时，你可能会考虑他们之间的匹配程度，来判断他们是否是不错的一对。**贝叶斯定理**（Bayes' theorem），一种标准模型，规定了这些任务应该如何进行（见表 7-3）。然而，即使人们对总体特征（平均数、先验概率或比例）有很好的估计，他们也可能不会在决策中恰当地使用它们。

表 7-3　贝叶斯定理，一个进行最优统计学预测的标准模型

假设：有两袋筹码，每袋都由红色和蓝色筹码混合组成。

实际情况：A 袋装有 10 个蓝色筹码、20 个红色筹码；B 袋装有 20 个蓝色筹码、10 个红色筹码。

抽样：80% 的可能从 A 袋抽取筹码，20% 的可能从 B 袋抽取筹码。

任务：从一个袋子里抽出 3 个筹码，抽出筹码后看其颜色，判断是从哪个袋子里抽出来的。

例子：抽出 3 个筹码，其颜色为蓝－蓝－红。

常见假设：B 袋，因为 B 袋中有 2/3 的筹码是蓝色的。

正确优势比：从 A 袋（相比从 B 袋）中抽出的优势比为 2∶1（见计算过程）。

使用贝叶斯定理计算精确的优势比。

1. 从 A 袋而不是 B 袋中抽出的先验优势比是 4∶1，即从 A 袋中抽出筹码的概率为 80%。
2. 似然比：样本来自 A 袋的概率与来自 B 袋的概率之比。
（1）如果来自 A 袋，则抽出一个蓝色筹码的概率是 1/3，抽出一个红色筹码的概率是 2/3。因此，抽出蓝－蓝－红的概率是 1/3 × 1/3 × 2/3=2/27。
（2）如果来自 B 袋，则抽出蓝－蓝－红的概率是 2/3 × 2/3 × 1/3=4/27。
（3）将来自样本 A 的概率（2/27）与来自样本 B 的概率（4/27）相除，这样就产生了样本来自 A 袋而不是 B 袋的似然比，为 1∶2。
3. 将先验概率与似然比信息相结合。用先验概率（4∶1 或 4/1）乘以似然比（1/2），得到 2∶1。因此，结果倾向于支持这 3 个筹码实际上更可能来自 A 袋。

常人反应：让大多数人感到惊讶的是，这些筹码更有可能来自 A 袋（Glass & Holyoak，1986）。他们惊讶的原因是自己忽略了基础比率信息，即 A 袋中的筹码有 80% 的被选概率。

我们在第 6 章曾指出，人们在进行因果归因时并没有充分利用共识性信息。这种错误是一个更大的问题的一部分：人们倾向于忽略关于总体特征一般的、广泛的信息（即基础比率信息），而选择更容易的、更具体的、轶事性的但又不那么有效和可靠的信息。一些鲜活的例子就胜过更可靠但更抽象的基础比率信息（Bar-Hillel，1980；S. E. Taylor & Thompson，1982）。这种可靠的偏向之所以发生，很可能是因为丰富多彩的例子会引导个体用一些自己的理论假设来解释正在发生的事情，并且，正如我们之前所指出的，在无意识状态下，对事件先前的理论假设经常让人产生有偏向的判断。

在一项研究中（Hamill，Wilson，& Nisbett，1980），被试阅读如下一段新闻：一名妇女和她的好几个孩子多年来靠福利生活，但同时保持着相对富裕的生活方式。这种滥用福利的刻板案例由基础比率信息（表明福利享受者长期利用并享受福利）或其他统计指标（即一半的福利享受者只是短暂享受福利，暗示这一个案不具代表性）所框定。结果表明，虽然被试具有有效的基础比率信息，但是在两种框定条件下，他们的反应似乎都是说案例记录反映了福利接受者的典型情况（Hamill et al.，1980；S. E. Taylor & Thompson，1982）。

当人们具有更好的基础比率信息时，为什么还是经常被丰富多彩的实例所动摇呢？一种可能是，人们并不总是能看到基础比率信息与特定判断的关联性。洛杉矶的一座建筑在不到三年的时间里容纳了四家不同的餐厅，每一家都失败了，而这个信息应该会让未来任何一个餐厅的老板都停下来思考。尽管如此，随着每一个烹饪冒险者铩羽而归，一个热切的新餐馆老板就会来填补缺口，但再次失败。一般来说，每个理想主义的企业家都认为，他自己有能力使这个地方运作起来（一家爱尔兰酒吧、一家意大利面馆、汤馆或沙拉店）。似乎没有人听到基础比率信息在大声呼喊："没有人会来这里。"

当基础比率信息的关联性明确时，人们确实会使用这些信息。例如，如果基础比率信息是唯一可获得的信息（Hamill et al.，1980）或者它与判断的因果关系是凸显的（Ajzen，1977；Hewstone，Benn，& Wilson，1988；Tversky & Kahneman，1981），那么人们就会使用它。在一项研究中实验者告知被试，在一场深夜发生的车祸逃逸事故中，一位目击者认为肇事出租车可能是蓝色的。第一组被试随后了解到，在那个城市，85% 的出租车是绿色的，15% 是蓝色的。

虽然根据基础比率信息，被试应该得出结论，肇事出租车可能是绿色的，但很少有人会这样做，相反，大多数人都参考了目击者的报告，认为出租车可能是蓝色的。第二组被试了解到，该市 85% 的事故是由蓝色出租车造成的，15% 是由绿色出租车造成的，这些被试确实使用了基础比率信息来完成他们的推理。一般来说，人们认为事故率的统计数据与对事故的判断有因果关系（Ajzen，1977），但他们并不认为有关特定出租车的市场占有量信息也与判断有关，尽管它们实际上是相关的。因此，当人们认识到基础比率信息与一个判断有关联时，他们确实会使用它。

有几种理论可以解释基础比率谬误，至少有一些所谓的未使用基础比率的问题与实验程序有关。对话规则规定，人们主要交流那些告知并填补了接受者知识空白的信息（Grice，1975；Turnbull & Slugoski，1988）。因为实验强调个性化的案例信息而不是基础比率信息，因此被试可能会认为是个案信息，而不是基础比率信息与任务相关联。因此，过度使用个案信息可能仅仅是由携带意义的呈现条件所引起的（Schwarz，Strack，Hilton，& Naderer，1991）。当基础比率信息简短时，人们能使用那些较早出现的或在其他方面凸显的基础比率信息（W. Y. Chun & Kruglanski，2006）。

个案信息似乎比基础比率信息更能代表一个类别，因此更有可能引发人们做出相关假设（Kahneman & Tversky，1973）。当人们阅读某一个案记录时，他们会立即把它与更大的类别联系起来，从而过度使用这个案例来进行推理。除非基础比率信息的判断性价值得到强调，否则人们更容易看到个案信息的判断性价值（Ginossar & Trope，1980）。

如果采取另一种捷径，那么人们在推理中会常常忽略基础比率信息和其他统计性信息。当面对那些不那么有效，但更容易、更吸引人的、看起来相关的轶事时，人们仍然会忽略有关的基础比率信息（Bar-Hillel & Fischhoff，1981；Manis，Dovalina，Avis，& Cardoze，1980）。正如合取谬误所展示的，这种忽略基础比率信息的情况可能导致极端后果。

合取谬误

喜剧演员通过刻画一些有辨识度的人物形象来逗乐大家。"看看一个书呆子是什么样子。他面容苍白，住在一个小隔间里，穿着邋遢，对吧？他看起来是这样的吧？"然后，这个喜剧演员就模仿了一个书呆子。随着每一个细节动作出现，观众认可的笑声越来越多。然而，这个惟妙惟肖的书呆子形象的矛盾之处在于，每增加一个细节，辨识度就会增加，但发现长得像这样的人的概率会下降。人们很可能会在自己工作的办公室里找到一个书呆子，他可能脸色苍白，但他同时也驼背且穿着邋遢的概率并不高。任何两个或两个以上事件同时发生的概率（即它们的合取概率）是它们单独发生概率的乘积；因此，它们的合取概率不可能超过最小可能事件的概率。然而，人们对合取事件往往比对单一事件的发生概率做出更极端的预测，这种错误被称为**合取谬误**（conjunction fallacy；Abelson & Gross，1987；Tversky & Kahneman，1983）。

在一项研究中（Slovic，Fischhoff，& Lichtenstein，1977），被试了解到某人是一个善于交际且有文化的人。当被问及这个人是否有可能是工程专业的学生时，被试回答说："非常不可能。"然而，当被问及这个人先读工程学然后再读新闻学的可能性时，被试的评分要高得多。很显然，这是一个比仅读工程学专业的可能性要低得多的事件。一般来说，被试可以很容易地想象一个爱交际且文采好的人会如何判断新闻学专业适合他而工程学专业不适合，但他们无法想象这样的人如何继续做一名工程师。

个体偏好容易想象的合取解释是一种稳健的效应——无论是重要的还是琐碎的行动，一个人是有一个目标还是多个目标，以及所涉及的信息是合理的还是不合理的，都是如此（Leddo，Abelson，& Gross，1984）。训练人们了解合取谬误背后的统计原则可以降低，但不能消除这种效应（Crandall & Greenfield，1986；Morier & Borgida，1984）。

合取效应的产生有几个条件。当被试解释一个事件时，相比简单描述一下这个事件，他们更可能进行合取解释（Zuckerman，Eghrari，& Lambrecht，1986）。当行动者没有采取几个特定的行动时，合取效应就会消失，也就是说，人们不喜欢对不作为进行多种解释（Leddo et al.，1984；Read，1988）。

有几种机制可以解释合取效应。人们通常会从他人的个人目标角度来理解他人的行动（Leddo et al.，1984）。例如，一个人可以去一个艺术画廊放松一下，给自己放个假，去看一个特别令人兴奋的艺术家，去享受一个朋友的陪伴并收集艺术品，所有这些活动都可以同时发生。合取解释提供了关于目标的更详细的信息，因而被认为是信息丰富的。

合取解释似乎比单一解释更有可能，因为它们已经整合了对行为的替代性解释（Einhorn & Hogarth，1986）。在这种情况下，合取解释显然已排除了另外的解释，因此，人们没有动力去考虑另外一些解释。当你了解到一个朋友自己吃了一顿昂贵的晚餐是因为他和他的女朋友分手后很沮丧时，这实际上就排除了你考虑他是否得到了一笔工作奖金或一张礼券的可能。

代表性启发式（利用一个人对事件的已有观点）也可以解释合取效应（Tversky & Kahneman，1983）。随着信息加工越来越细致，关于人的形象会更加完善，而且这个形象看起来也变得更有可能。这时，这个形象为真的客观概率在下降，但它与真实人物的相似性却上升了：它更符合我们头脑中的一般假设。简而言之，当人们评估几个看似相关的事件共同发生的概率时，他们往往忽略它们组合在一起的客观概率，转而采用一条捷径，使多个事件共同发生的概率看起来是正确的。

整合信息

当人们将信息结合在一起并做出综合判断时，他们也会走捷径，但这种判断在根据标准模型进行评估时是有问题的。我们在这里考虑两个整合性任务。

评估协变性

协变性（covariation）判断，即两件事之间的关联有多强，对于许多推理任务都是至关重要的，无论这些推理任务是正式的还是非正式的。许多民间智慧都提示了这种相关性，如"金发者更快乐"。米奇·吉利⊖的观察——"女孩们在酒吧快关门时难道不是都更漂亮吗"（男生不也是这样吗）假设时间和知觉到的吸引力之间具有相关性（Pennebaker et al.，1979）。协变也是许多形式推理的基础：凯利关于归因的协变模型（参见第 6 章）假设社会性知觉者用至少说得过去的准确性去观察一个结果在时间、个人和实体之间的协变以形成一个归因。

⊖ 美国著名乡村歌手和词曲作家（1936—2022），都市牛仔风格的先锋人物，曾有包括 "Room full of roses" "Stand by me" 在内的 17 首歌曲在 Billboard 乡村音乐榜排名第一。"女孩们在酒吧快关门时难道不是都更漂亮吗"（*Don't the girls all get prettier at closing time*）是他演唱的一首歌曲，曾位列 Billboard 乡村音乐榜第一。——译者注

考虑到协变对判断的重要性，知觉者检测协变性的能力如何呢？答案是并不理想（Crocker，1981；Nisbett & Ross，1980），与评估协变性的标准统计模型相比尤其如此（Smedslund，1963；Ward & Jenkins，1965）。适合于计算协变的模型包括几个具体的步骤，而在每个步骤中都可能使用带有偏向的捷径（见图 7-3）。

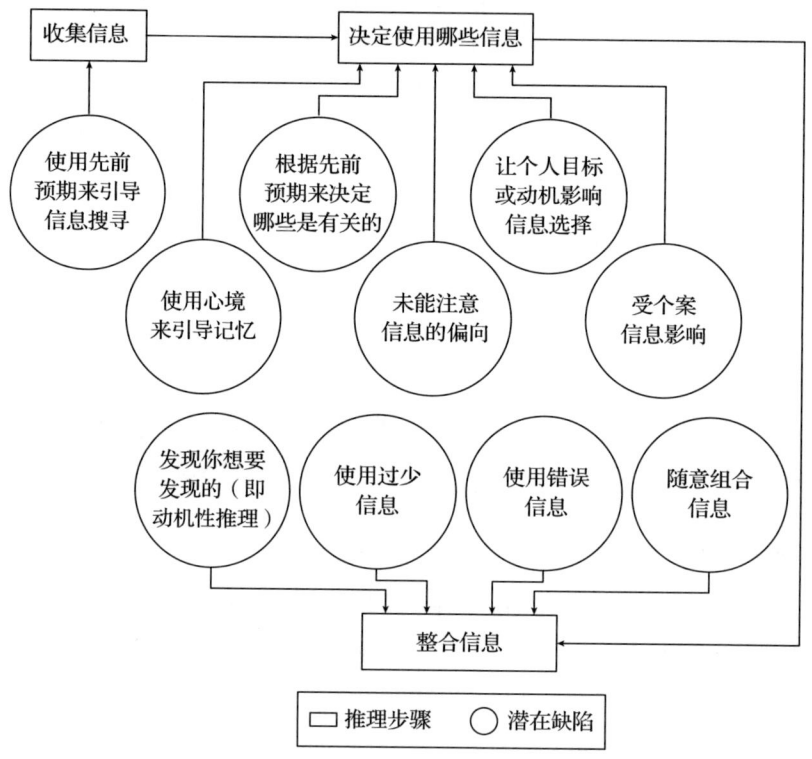

图 7-3　对协变性的评估及其缺陷：金发者真的更快乐吗

第一步，知觉者必须了解哪些数据与评估协变性相关联。例如，要检验"金发者更快乐"这个说法，人们需要知道快乐的金发者的数量，不快乐的金发者的数量，快乐的褐发者和红发者的数量，以及不快乐的褐发者和红发者的数量。绝大多数人并不认为所有四种证据都是有意义的，相反，他们主要关注快乐可爱的金发者，相信支持性证据最能评估真实值。事实上，社会性知觉者的这种普遍倾向也出现在其他错误之中：当检验一种观点的效度时，人们寻求的是证实的实例，而不是来自证实与否定两面的实例（Arkes & Harkness，1980）。

然而，协变的观点是比较性的（是全部还是大多数金发者，或者谁比谁更快乐），因此，所有四种类型的信息都是必要的。

第二步是抽样案例。如前所述，人是糟糕的抽样者，他们所考虑的接触范围肯定是有偏向的，但大多数人似乎没有意识到这一点（Crocker，1981）。人们也会过度使用小样本（Tversky & Kahneman，1974）。当结果与人们的直觉不一致时，他们可能会拒绝根据样本得出的结果，或者根本就没有发现二者之间的矛盾（Arkes & Harkness，1980；Crocker，1981）。

第三步，评估协变性需要根据证据的类型对实例进行分类。在这里，先前预期允许使用一些可能会成为阻碍的捷径。如果反面实例（即与所提议的关系相矛盾的例子）是模糊的，则可能会被错误地标记为正面的；如果反面实例不是模糊的，则可能会被视为随机的或非典型的。符合预期的正面实例会更快或更容易被识别，并纳入推理中（R. J. Harris，Teske，& Ginns，1975；Owens，Bower，& Black，1979）。某一事件不发生对人们来说尤其难以处理（Allison & Messick，1988）。

第四步，知觉者必须回忆证据，并估计每种类型的频率。记忆是容易出错的，人们特别倾向于记住那些证实的个案，但有时（参见第 4 章）也会记住强烈否定的个案。因此，非常快乐的金发者和极度快乐的黑发者可能会被记住，而满足三个条件的"灰棕色"头发者可能会被遗忘。

第五步，也是在前四个步骤之后，社会性知觉者才准备好将证据结合起来。这项任务完成得会有多成功呢？事实上，一旦所有的数据都组合完毕，社会性知觉者估计协变程度的能力似乎是相当好的。研究者经常将知觉相关性、抽样、分类和回忆的错误混淆为计算错误，从而低估了社会性知觉者的计算能力（Crocker，1981）。然而，这并不是说知觉者成功地计算了相关系数，也不是说他们对协变性的估计（无论用什么方法）通常都是准确的。知觉者对协变性的估计通常会参考实际的协变性（但常常低估），并假设其对两个变量之间的关系没有强预期（Jennings，Amabile，& Ross，1982）。

当人们确实对变量之间的关系有一个假设时，他们倾向于寻找证实该假设的证据，而不是以一种更公平的方式来评估证据（Klayman & Ha，1987）。搜索正面案例似乎是一种通用策略，适用于许多内容领域和许多类型的推理任务；当没有专门针对特定问题的策略或者当任务要求排除使用一个更具特异性的策略时，人们会把它作为解决问题的捷径。正面案例策略可能源自人的一种验证倾向，即验证那些预期具有感兴趣特征的案列，而对不具有感兴趣特征的案列予以忽视。这种捷径通常导致验证性偏向（但二者不是同一个概念）。

虽然人们通常检验正面案例（会导致验证性偏向），但有些情况会增加或减少对协变性的检测。例如，愉快心境会促进自上而下的信息加工，并减少人们对协变信息的关注，而悲伤心境实际上可能会提高对协变性的检测（Braverman，2005）。人们有时也会使用与证伪相关的信息。当信息是凸显的（根据环境来定义；Trope & Mackie，1987），在最近或经常被激活的（Ginossar & Trope，1987）时候，人们会使用关于替代假设的相关信息。

评估协变性的准确性取决于之前的期望和特定信息是收敛的还是发散的，而且在收敛条件下准确性更高。从这个角度来看，关联性判断中的错误可能源于一种普遍成功的推理策略。从长远看，这种策略通过基于单一的和潜在的异常接触这一通用原则，以最小限度改变关联性估计来保持准确性（Alloy & Tabachnik，1984）。

虚假相关

在预期两个变量之间的关系时，人们往往会高估其相关程度，或者在实际不存在的关系上强加关系。后一种现象被称为**虚假相关**（illusory correlation）。在一项早期的研究中（Chapman，1967），被试学习一些单词对，如狮子－老虎、狮子－鸡蛋和火腿－鸡蛋。然后，被试报告每个单词与其他单词配对的频率。事实上，所有单词之间的配对频率都是相等的，但是，被试报告意义相关的单词对（如火腿－鸡蛋）比那些意义不相关的单词对配对频率更高。

证据的结构特征有时会导致虚假相关。单词列表中，有两个词条要比其他单词长，特别是"花朵"（blossoms）和"笔记本"（notebook）。被试也推断这两个词配对更频繁，这明显是因为它们具有共同的、区分于其他词对的长度特征。查普曼认为，至少有两个因素可以产生虚假相关：**关联意义**（associative meaning），即因两个项目符合事前预期而被视为属于一组（如火腿－鸡蛋），和**配对区分性**（paired distinctiveness），即两个项目因共享一些不寻常的特性而被认为属于一组（如花朵－笔记本）。同样，如果两种偏态效应同时发生，那么人们就会知觉到一种虚假关联性（Fiedler & Freytag，2004）。如果老师发现某个班上的孩子攻击性很强，而且了解到其中绝大多数孩子都爱看电视，那么她可能会推断这两种现象是相关的，而实际上它们可能有关系，也可能没有关系。

虚假相关是刻板印象形成的基础之一（D. L. Hamilton & Gifford，1976；见表 7-4）。配对区分性可以解释对弱势群体成员的一些负面刻板印象。具体来说，强势群体成员与弱势群体成员的接触相对较少，而且负面行为也相对较少。强势群体成员可能会在这两个罕见事件之间建立一种虚假相关，并推断出少数群体成员更常从事负面行为。

表 7-4 刻板的意义关联产生虚假相关（Rose，1980），尽管每种特征类型出现的次数相同，但被试高估了意义关联匹配的次数（沿着表的对角线）

特征类型	会计 / 图书管理员	医生 / 空姐	男售货员 / 女服务员	中性
职业：				
会计 / 图书管理员	2.67	1.99	2.25	2.34
医生 / 空姐	2.21	2.66	2.41	2.10
男售货员 / 女服务员	1.94	2.12	2.94	2.31

根据元分析的结果，配对区分性的错觉相关效应是高度一致的，且具有中等效应量（Mullen & Johnson，1990），但当区分性行为是负面的或记忆负荷高时，这种相关效应会更强（Mullen & Johnson，1990）。处于唤醒状态的人会表现出更强的虚假相关效应，因为唤醒会增加对已有假设的依赖，并降低了更仔细考虑问题解决的能力（Kim & Baron，1988）。虚假相关在评估维度上似乎比在认知判断维度上更强（Klauer & Meiser，2000）。

关于个体的虚假相关与关于群体的虚假相关不同（Sanbonmatsu, Shavitt, & Gibson，1994）。关于个体的虚假相关来自基于现场印象的判断，而关于群体的虚假相关似乎是基于记忆的判断（Sanbonmatsu, Sherman, & Hamilton，1987）。也就是说，对于个人的印象来说，偏向出现在编码过程而不是判断过程之中（D. L. Hamilton, Dugan, & Trolier，1985），而关于群体的虚假相关发生于试图回忆群体属性的时候（Sanbonmatsu et al.，1987）。

协变性估计和虚假相关这两个相关主题是重要的，有以下几个原因。首先，作为一个复杂的操作过程，协变性估计会把社会性知觉者直觉策略中的许多错误和偏向关联起来，如检测与任务相关的信息、正确抽样和准确回忆等。人们可以通过走捷径而克服这种复杂性。其次，因为协变经常是其他更复杂推理依赖的过渡推理，协变性估计的缺陷对社会性知觉者描述和影响环境的准确性有更深远的负面影响。再次，协变性估计所出现的错误再次突出了推理过程对人们已经预期的结论具有保守偏向，人们关于社会环境的理论在指导推论中占主导地位。最后，协变性估计和虚假相关可以替代准确评估，然后会影响社会互动，并通过维持刻板印象而形成对现实的错误知觉。

我们什么时候使用启发式和其他捷径

启发式以及其他捷径是推理的基础，使迅速的信息加工成为可能。然而，社会性知觉者有时会变得更深思熟虑，从而较少依赖迅速和简单的策略，并可能做出更好的推论。社会性知觉者什么时候最有可能走捷径？

人们在他们有很多实践经验的领域中使用启发式和捷径，并发展了以前对他们效果良好的策略。当他们经历接近性情绪（即与恐惧或抑郁不同的良好心境）时，他们更有可能使用启发式（Bodenhausen, Kramer, & Süsser, 1994; Forgas, 1998; Ruder & Bless, 2003）。**接近性情绪**（approach emotion），如愤怒，会鼓励人们运用启发式策略（Tiedens, 2001）。人们使用启发式来解决不重要的任务，节省当前的认知能力以用于更重要的判断。当风险高时，当人们不信任所考虑的信息时（Schul, Mayo, & Burnstein, 2004），当人们需要对自己的推理负责时，以及当人们最近犯了错误、发现自己认知的优势或准确性值得怀疑时（Tiedens & Linton, 2001），他们会较少使用启发式。

在这两节中，我们介绍了各种启发式，包括代表性启发式，可得性启发式，模拟、锚定和调整，以及评估合取概率、协变性和相关性的捷径。在每种情况下，节省努力的策略都统一在一个共同机制下：面对困难的问题，人们常用简单的问题替代它们，并根据这些简单问题对之进行回答（Kahneman & Frederick, 2002）。代表性启发式通过将个别案例与刻板相似性匹配来进行概率判断；可得性启发式则通过回忆实例的容易程度来进行概率判断。基于回忆的容易程度，模拟会形成预期和情感；锚定和调整通过修改初始的基础值来估计判断。人们也简化了合取、协变和相关性。每一种策略都提示人们如何利用所记住的信息来建构判断（Weber & Johnson, 2006）。

──应用聚焦──
助推：政府能依靠人的启发式来节省开支吗

理财规划师建议人们一开始工作就为退休储蓄。由于复利①的奇迹，时间站在我们这边。人们开始得越早，退休时就越有可能自力更生。没有足够储蓄的人必须依靠家庭和政府，但政府可能会耗尽社会保障资金，家庭也可能存在负担能力的问题。因此，如何帮助人们做出正确的选择（他们说自己想做什么，以及专家建议每个人都做什么），似乎是一个合理的目标。

在一项研究中，没有退休储蓄计划的军人（806 861人）收到了随机发送的电子邮件，提醒他们参加退休储蓄（Benartzi et al., 2017）。这几封实验性的电子邮件遵循了各种启发式加工原则：

（1）一份列出了简化版参与步骤的清单；
（2）一个新开始的提醒，给人一种新机遇的感觉；
（3）将选择框架定义为积极的"是"（更有吸引力），而非"否"（不那么有吸引力）；
（4）让"不"的回应听起来像是需要做更多的工作；
（5）解释今天的小贡献是如何变成明天的大收入的；
（6）强调短期税收的好处；
（7）没有提醒（一切如旧）。

助推策略将注册人数从1.1%增加到了1.6%～2.1%。这看起来可能是个不大的变化，但有5200人注册了，并且他们在第一个月就存了一共130万美元。随着时间推移，这些数字还会增加。而且，这是一种经济实惠的干预措施，做这件事情只花费了5000美元，它旨在敦促人们做一些他们说他们想做的事情。相比之下，用税收优惠来激励退休储蓄会花费政府更多钱。

这项研究演示了当政府试图使健康的选择更具吸引力时，行为助推法和金钱激励法的成本效益比较。一篇综述重申了助推原则在四个领域的效果：退休储蓄、大学入学、节能和每年的流感疫苗注射。助推措施比直接付钱给人们更具效益（即成本低、效果好）。当人们太忙、太累或不堪重负以致无法以一种理性的古典经济学方式计算成本和收益时，助推的效果也不错。为

---

① 复利（compound interest），经济学术语，指一个人在投资一笔钱后，每年不取利息而将利息和本金合并继续投资的策略。——译者注

了鼓励大家在日常生活中做出健康的选择，助推和本章中所介绍的其他启发式可能是最好的。

随着时间推移，判断会出现偏向

── 研究聚焦 ──
人们对网络隐私感到迷茫

我们需要不断选择哪些可以在网上分享，哪些不可以在网上分享。有那么一瞬间，分享的冲动令人感觉很好，因为人们喜欢自我披露（Tamir & Mitchell，2012），但从长远来看，当然，后果可能是很可怕的。因为网络的默认设置通常是共享（直到我们主动取消共享），所以我们现在分享的东西比之前更多。在 2005 年，脸书用户与其他用户分享姓名、个人相片和性别。十年后，脸书用户与整个互联网分享这些项目，并加上爱好、朋友、社交网络和个人数据——包括基本的（背景）和扩展的（当前生活事件）信息（Acquisti，Brandimarte & Loewenstein，2015）。

人们这样做是因为分享是默认设置，而取消默认功能会带来麻烦。从隐私偏好的不断变化可以看出，保护隐私的偏好并不是最理性的选择：隐私选项是可变的，因为人们是多变的，并且受到来自环境的任意线索（如默认设置）的影响，而相关方可以根据其意志进行操纵。

例如，在一个实验中，实验者随机分配在线被试在一系列平台上做出自我披露选择：①一个专业的、正式的调查（登录页面上有大学名称和图标），②一个中性基线水平的调查（"学生行为调查"以灰色字体呈现在纯白色背景上），或③一个非专业的、非正式的调查（"你有多坏"，配有一张优雅的脸与两只魔鬼角）。尽管其他被试对哪个平台看起来安全，哪个看起来不完备达成了共识（John, Acquisti, & Loewenstein，2011），但学生们对不安全的调查透露了更多信息和更具破坏性的信息。

当隐私关注变得凸显时，环境也会驱动人们的隐私选择。在另一项研究中，一些先玩了"发现钓鱼邮件"的游戏，阅读钓鱼邮件的定义并确定实例的学生，会比控制组（阅读关于濒危鱼类的知识）披露更少的信息。人们的隐私选择是容易被操纵的，而且不仅是实验者（他们除了知识什么也得不到），其他人也可以。想象一下，如果你能以数百万美元的价格出售人们的信息，那么你就有操纵人们在线披露信息的动机了。我们生活在那样一个世界里，但我们的思维并不天生具备相关的抗拒机制。

如前所述，期望效用（EU）理论认为，选择由选项的概率和价值指导。**贴现效用模型**（discounted utility model，DU）提出了一个额外的观点，即任何给定选择的效用都会随着时间的推移而减少（Samuelson，1937）。最初，这个贴现率被认为是随时间变化而保持不变的。然而，过去几十年的研究表明，DU 的偏离现象和 EU 的偏离一样十分普遍（Frederick，Loewenstein，& O'Donoghue，2002）。长期的选择往往取决于人们对自己偏好的了解，以及这些偏好如何随着时间的推移而变化。例如，如果一个人可以在"今天得到 10 美元"与"一周后得到 11 美元"之间进行选择，那么大多数人会立即选择 10 美元。但如果是在"满一年时得到 10 美元"和"一年零一周得到 11 美元"之间选择，那么大多数人会选择 11 美元（Frederick et al.，2002）。

DU 还预测，贴现率在不同类型的选择中是恒定的。但是，由于人们对未来有着不同的态度，作为一个领域的函数，贴现率会随领域的变化而变化（Frederick et al.，2002）。例如，一个人可能出于健康原因而选择锻炼，但也可能通过每晚睡四个小时而对同样的目标做些折中；一个人可能会因一个江湖骗子的引诱而进行不明智投资，从而导致几十年的谨慎储蓄打了水漂。

小奖励比大奖励的折扣更大——今天的 10 美元看起来比一周后的 11 美元更好，但如果相应的数字是 1000 美元和 1100 美元，那么情况就会反转。此外，抽象的代表性特征支配着关于未来的决策，而对具体细节的考虑在对当前的判断中发挥着更强的作用。人们从货币价值、延迟和概率来推断效用。他们对效用而不是内在价值打折扣，通过将结果的内在效用与一个延迟的无效用相结合来做出决定（Killeen，2009；图 7-4）。

基于情感或"热"的结果会比基于认知或"冷"的结果经历更明显的时间折扣（Loewenstein，1996）。换句话说，一个事件越超前，认知结果的权重就越大，而情感结果的权重就越小。一个"热"但受教育程度低的约会对象在短期内看起来很棒，但对长远未来的冷静反思可能会让人怀疑这个伴侣是否会成为一个有智力回报的伴侣，以及能否在长期关系中展现他的经济实力。心态冷静的人无法准确地想象人们（包括他们自己）在热切心态中的行动情况，这种**共情差距**（empathy gap）误解了过去的"热"自我（饥饿是多么容易妨碍你品尝一顿美食；Nordgren，van der Pligt，& van Harreveld，2006）、未来的"热"自我（低估了尴尬对自身偏好和行为的影响；Van Boven，Loewenstein，Welch，& Dunning，2012），以及他人的"热"自我（如对因折磨导致痛苦的敏感；Nordgren，McDonnell，& Loewenstein，2011）。

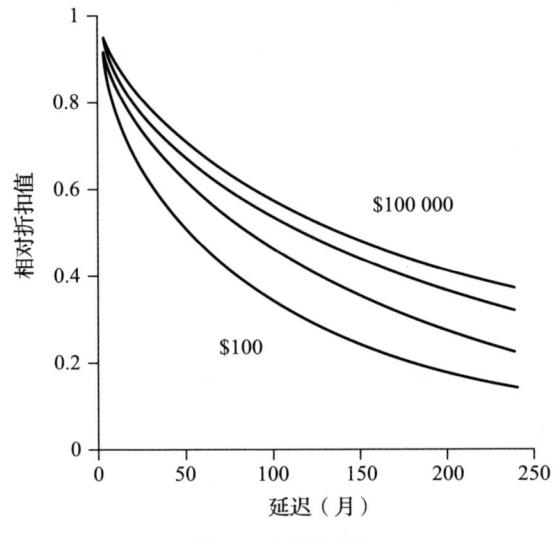

图 7-4　时间折扣

资料来源：From Killeen (2009). Copyright APA. Reproduced with permission.

时间解释

我们每天都在思考和计划未来发生的事件。与未来的时间距离不仅影响有关未来结果的价值，也影响人们在心理上表征事件的方式。如果让你想象自己四个月后在西班牙度假的情形，你会怎么想象呢？然后，再想象一下你明天要去西班牙度假的情形，你的想象会有什么不同吗？在第一种情况下，你可以想象深夜的浪漫晚餐，凝视令人兴奋的艺术品所带来的刺激感，或品尝不寻常食物的味道。如果你明天就出发，那么毫无疑问，你更关心的是为代你照看房子的人配一套钥匙，储备足够的狗粮，以及把注意力集中在马德里酒店的订单上。

这是**时间解释理论**（temporal construal theory）的核心假设（Trope & Liberman，

2003，2010；Shapira，Liberman，Trope，& Rim，2012）：离一个事件的时间距离越远，人们就越容易用抽象的术语思考这个事件所携带的核心信息。思考未来会发生的事件会引发高水平解释。人们会以抽象的方式考虑未来的奖励：简单的、结构化的、连贯的和与目标相关的奖励。这可能会引起一个人更深刻的洞察力和更具创造性的思维活动（Förster，Friedman，& Liberman，2004）。随着事件临近，人们会更关注具体的，甚至无关紧要的细节。与更直接的结果相关联的更低水平的解释往往是详细和复杂的，通常是非结构化的、不连贯的且严重依赖于它们的环境。一个人可能会被那些不重要的细节分心（Fujita，Eyal，Chaiken，Trope，& Liberman，2008；Ledgerwood，Trope，& Chaiken，2010）。从短期来看，抽象的目标似乎是无关紧要的，或者不如一些下级目标那么紧迫。

随着与活动的时间距离增加，高水平解释的价值就显得更重要了，而低水平解释在决定偏好方面的作用就更小了。例如，决定今天就去献血很可能取决于一个人是否有时间和有没有其他重要活动，而六个月后去献血的决定会基于更高水平的解释，如通过捐助帮助他人是一个好主意。换句话说，关于遥远的未来活动的决定更有可能是根据它们的可取程度做出的，而关于近期活动的决定更有可能是根据它们的可行性做出的。

为未来设想的事件被认为比专注于当下的事件更受个体欢迎。例如，这次西班牙之行的最初动力可能是与伴侣一起度过一个浪漫的长假，而一个立即要完成的子目标可能只是把度假前的一切安排好，以便准时到达机场。考虑到诸多混乱，人们可能会想，为什么有人会认为去度假是个好主意？

空间距离对判断的影响与时间距离相似（Henderson & Wakslak，2010）。例如，在空间上遥远的位置执行的行动似乎像是目的而不是手段，而且往往被抽象地而不是具体地描述（Fujita，Henderson，Eng，Trope，& Liberman，2006）。在一项研究中，当事件出现在空间上很遥远的地方时，与发生在近处的事件相比，知觉者更有可能采用广泛的行为单位和性情性归因（Henderson，Fujita，Trope，& Liberman，2006）。遥远的事件如果是典型的，则似乎更有可能发生，而非典型的则不太可能发生（Henderson et al.，2006）。简而言之，人们在推断遥远的事件时会表现出抽象的判断偏向（Eyal，Liberman，Trope，& Walther，2004；Fujita et al.，2008），因为远距离事件反映的是高水平而不是低水平的解释，所以时间或空间距离会改变判断。

从过去学习

"那些忽视过去的人注定要重温它。"这句格言意味着，如果我们小心翼翼地把注意转向过去，我们就会吸取重要的教训。虽然这句格言可能包含了真理的元素，但对事后偏向问题的研究质疑了我们究竟应该多么相信它。就像现在和未来一样，我们对过去的解释也是由自己已有的理论来指导的。每个人都很熟悉"事后诸葛亮"所形容的人，他凭借回顾过去的优势，知道应该做些什么来赢得上周末的比赛。这个人声称对手的移动是可以预料到的，主场球队应该预见到这些动作，而他提出的一个特定的策略显然会是成功的。

后见之明[⊖]（twenty-twenty hindsight）（Fischhoff，Slovic，& Lichtenstein，1977；Janoff-Bulman，Timko，& Carli，1985）表明人们很难忽略关于实际结果的知识，而产生关于可能或应该发生什么的无偏向推论。在回忆时，人们会夸大本可以预料到的事情。此外，在人们对未来事件的预测与对过去事件的事后分析进行比较时，他们会错误地回忆自己的预测，以与真实发生的事件相符（Fischhoff & Beyth，1975）。

社会性知觉者无处不在的理论生成能力是重构过去的重要基础（参见第5章）（M. Ross，1989）。即使是最随机的事件序列，也可以通过足够的思考而具有一个合乎逻辑的因果链。一旦原因的因果链到位，事件的发生似乎就不可避免了。此外，可能会使其他一些因果序列生效的干预措施似乎很引人注目，因为这些干预措施似乎特别合乎逻辑。严重影响事件实际发生的随机或情境性因素可能会被忽视。例如，在回顾过去时，对手在一场美式橄榄球比赛中的一系列动作似乎是一个整体计划的一部分，而实际上它利用了诸如受伤或接球失误等随机性事件。尽管如此，一旦被标记为一个计划，它很可能会被视为可预测的（"他们在田纳西那场比赛中做了同样的事情"），解决它的办法似乎显而易见（"我们应该转为快攻踢法"）。**事后偏向**（hindsight bias）更多的是由与为事件建构因果解释的能力相关的认知因素（而不是由动机因素，如回顾时表现正确的愿望）引起的（Christensen-Szalanski & Willham，1991）。

对122项研究的元分析（Christensen-Szalanski & Willham，1991）表明，事后偏向的效应偏小，但是很可靠。该效应对于已经发生的事件比没有发生的

⊖ "twenty-twenty hindsight"从20世纪40年代起用于表示事后偏向。20/20这个术语的原意是表示视力正常，分母小于20表示视力更好，而大于20表示更差。——译者注

事件更强。当人们在被调查的领域具有经验时，事后偏向会减少（Christensen-Szalanski & Willham，1991）。然而，所有年龄段的人都表现出了这种偏向。3～5岁的儿童把正确答案说成自己的答案，老年人则表现为忘记了自己的答案，转而回忆起一个更接近实际答案的答案（Bernstein，Erdfelder，Meltzoff，Peria，& Loftus，2011；见图7-5）。

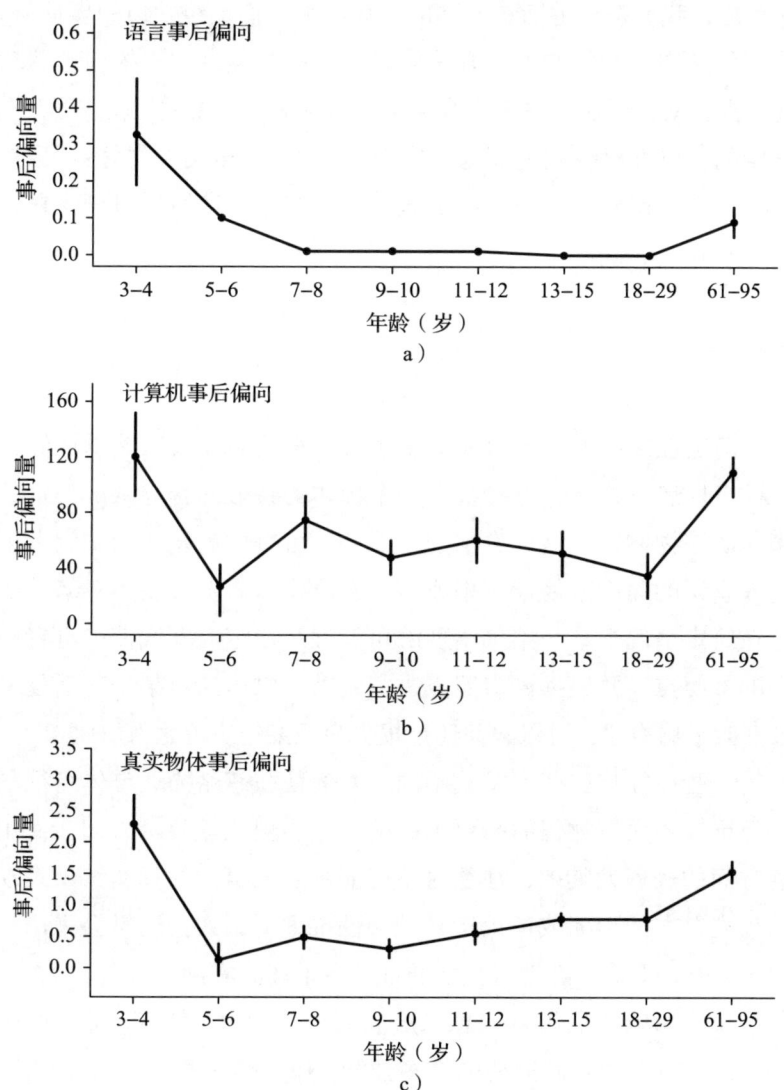

图 7-5　事后偏向与年龄的函数

资料来源：Bernstein, Erdfelder, Meltzoff, Peria, & Loftus (2011).

我们应该从过去学到些什么呢？很少能学到明确的历史教训，因为它们不可避免地带有事后偏向的优势。事件的参与者在这些事件发生之前并不知道它们全部的意义（Fischer，1970），因为人们很难估计应该预见到什么，更难评估环境和随机因素在造成已经发生的结果方面的作用，所以人们从历史中实际应该学到什么往往是不清楚的。

简而言之，我们是一种活在当下的生物，被我们已经知道的事情所束缚着。在其他推理任务中，我们的评估方法可以由先前或容易建构的理论驱动，而不是由客观数据驱动。最后，答案本身（即我们应该从过去的经验中学到什么）也都是不确定的。也许巴鲁克·菲施霍夫⊖自己的一句格言说得好："虽然过去的经验可以很好地提供娱乐、助力和扩展，但只有通过精妙的引导，它才能给我们启示。"（1980，p. 80）

总　　结

针对不确定性条件的判断研究揭示了人们采用启发式策略迅速做出推理的重要性。代表性启发式指知觉者根据一个物体的特征是否与某一类别的核心特征相似来判断该物体属于这一类别的可能性。可得性启发式指知觉者根据实例或联系进入意识的速度来估计频率或可能性。模拟启发式使用对事件的心理排练来确定在给定情况下某一结果出现的可能性。锚定启发式使知觉者能够使用已经存在的参照点，并根据该参照点进行调整，以达到对某一新问题答案的估计。决策框架影响推理，对以收益还是损失为框架的决策尤为如此。

其他的一些捷径与这些启发式不同。人们往往忽略描述整体特征的基础比率信息，而选择不太可靠但似乎更相关的个案历史或轶事。人们在使用和整合概率信息方面的表现尤其差，往往对不可能发生的事件的真实结果表现出极大信心。当预先存在的预期或理论指导社会性推理时，人们通常会采用一种验证正面案例的策略，即选择性地寻找能验证预期推理的实例。

一些错误会影响我们组合信息以形成判断的能力。协变（即对两个事件之间关联程度的估计）把前面描述的许多技能（如检测关联性、抽样和组合信息）

⊖ 卡耐基梅隆大学教授，判断与决策研究专家，美国国家科学院院士。——译者注

连接起来。当数据已经收集完成并得到清晰总结时,当指导语清晰时,当与统计模型的关联性清楚时,以及当没有关于协变程度的先前理论存在时,社会性知觉者在估计协变性方面会完成得相当好。然而,在没有这些因素的情况下,协变性估计会受到先前预期的严重负面影响。

时间因素明显也会指导推理过程。例如,当前奖励通常比更大但更遥远的奖励更有价值。此外,抽象的代表性特征支配着未来的决策,而对具体细节的考虑对当前判断发挥着更强的作用。对于从过去的行为或错误中吸取教训的情况,人们通常会高估其预见性。

延伸阅读

Crocker, J. (1981). Judgment of covariation by social perceivers. *Psychological Bulletin,* 90, 272-292.

Dunning, D. (2012). Judgment and decision-making. In S. T. Fiske & C. N. Macrae (Eds.), *SAGE handbook of social cognition* (pp. 251-272). Thousand Oaks, CA: Sage.

Kahneman, D. (2011). *Thinking, fast and slow*. New York: Farrar, Straus & Giroux.

Nordgren, L. F., McDonnell, M.-H. M., & Loewenstein, G. (2011). What constitutes torture? Psychological impediments to an objective evaluation of enhanced interrogation tactics. *Psychological Science,* 22, 689-694.

Shapira, O., Liberman, N., Trope, Y., & Rim, S. Y. (2012). Levels of mental construal. In S. T. Fiske & C. N. Macrae (Eds.), *SAGE handbook of social cognition* (pp. 229-250). Thousand Oaks, CA: Sage.

Tversky, A., & Kahneman, D. (1974). Judgment under uncertainty: Heuristics and biases. *Science,* 185, 1124-1131.

SOCIAL
COGNITION

第 8 章

社会性推理的准确性和效率

- 为什么要做理性假设
- 社会性推理何时会给出错误答案
- 错误和偏向导致负面后果：改进推理过程
- 错误和偏向是附带产品：也许它们并不重要
- 迅速判断有时会比深思熟虑更好吗
- 神经经济学：展望未来

早期社会认知研究中，研究者普遍认为人们的推理过程是有意识的、理性的、彻底的、有逻辑的和准确的。尽管有相当多的证据表明这种假设是错误的，但这种信念在某些行为科学中仍然在一定程度上存在。这一章主要探讨理性假设为什么如此重要，社会性推理在什么时候很可能是错误的，这些错误和偏向是否会产生后果，迅速判断有时是否会比深思熟虑更好，以及对于神经经济学的一些思考。

为什么要做理性假设

为什么说理性假设是社会认知研究的基石？一个原因是，对推理的研究通常或明或暗地假设推理是目标导向性的，也就是说，这些推理旨在实现某种目的。一个人在行动之前可能需要做出一个决定，从几个选项之间做出选择或者理解当前情境。如果目标主导推理过程，那么某些实现目标的方法很明显就比其他方法更好，因为它们更全面、更不容易出错。因此，社会性知觉者似乎应该运用这些方法。

理性假设的另一个原因更加务实。为了理解社会性知觉者所使用的策略，有一个能进行比较的参照点是有帮助的。标准模型（即利用信息得出推论的最佳方法）就提供了这样的参照点。即使当研究人员很清楚社会性推理并不符合标准模型时，将朴素推理和标准模型进行比较，也有助于揭示一般用于社会性推理的策略。做出判断和选择的标准模型统称为行为决策理论，而社会性推理通常与行为决策理论的原则相违背（Dunning，2012；Einhorn & Hogarth，1981；Hastie & Dawes，2001）。

用于评估人类推理的首要模型是期望效用理论（参见第 7 章），其他经常用于比较社会性推理的标准模型还包括统计知识，如相关性计算或大数定律（即大样本比小样本更可靠）。下面几节将涉及所有这些内容。然而，一个更大的问题是，标准模型是否为理解人类的推理过程提供了描述性优势。

我们在第 7 章对社会性推理与标准模型进行了比较，发现推理策略往往无法匹配其所规定的标准。我们从这些比较中得出的一个结论是，启发式和捷径并没有很好地服务于我们。有关证据表明，就像谚语里所说的初入爱河的青少年一样，他们可以很快进入恋爱状态，但并不擅长谈恋爱。然而，这个结论也可能把我们引入歧途。

推理适当地偏离标准模型可以被认为是为了满足替代目标。例如，社会性知觉者可能不会被准确性所驱动，而是得出具有个人激励或奖励意义的推论。我们在本章稍后会对此有所讨论，而且在第 5 章关于自我研究的介绍中也已有所提及。因此，在其他一些因素中，情感考虑显然指导了社会性推理过程。

社会性推理往往无法与标准模型匹配的一个原因是，社会性知觉者不仅面临准确性的压力，还面临效率的压力，从而要保证在一个具有多重需求、快速变化的环境中迅速做出推理。因此，许多推理都是参照先前预期或理论㊀做出的，而不是对手头的数据进行周密考虑做出的。尽管为老板准备一次晚宴的材料会让某人在购买每一物品时都花费相当多的心思，但如果只是为了去超市买点日常用品，他就可能会以"越便宜越好"的思想为指导，以便从一系列商品中迅速抉择。由于需要迅速处理大量信息，因此人们的信息处理策略可能倾向于效率而不是周密。效率作为标准并没有被系统地纳入关于推理的标准模型中，而且标准模型往往可能不会考虑通常影响到社会性知觉者的一些最重要的压力。

推理过程经常偏离标准模型的另一个原因是短时记忆的容量限制。也就是说，如第 2～4 章所述，人即时处理信息的能力受到了限制。至少，推理过程需要采用迅速推动信息而不是通篇浏览的策略。"认知吝啬鬼"模型用来解释现实中分配于加工刺激的注意力和加工时间须节省的原则（S. E. Taylor，1981b）。然而，长时记忆是相当充分的，这一点很容易通过你思考所有你知道的歌曲或你可以通过视觉识别的人脸来说明。如此大的存储空间的优势在于，先前信息、信念和推理能够以知识结构的形式存储。当需要做出新推理时，它们随时可以被提取出来。有限的即时容量和大量的存储知识，这些因素是如何影响社会性推理的呢？

长时记忆是期望和理论之源。正如我们所看到的，社会性推理在很大程度上是受理论驱动的。使用先前理论很可能是一个形成判断和做出决策的有效策略，因为它代表了先前学习对后续信息加工的影响。利用我们对熟悉情境、事件和人物的存储表征去解释新颖和相似的情境、事件和人物是有效率和有效果的。因此，偏离推理过程的标准模型将倾向于支持已经持有的期望或理论，并反对从数据中检测偏向和错误。从这一观点中得出的结论是，推理过程通常是保守的，避免新颖或违反直觉的信念。

与支持先前理论和保守推理的偏向相关的，是一种主要查看支持预期的证据，而不是全面考虑当前所有可用证据的倾向。正如之前所介绍的，这种验证偏向是众多偏离现象（即当与标准模型比较时，直觉推理所展现出的偏离现象）的原因。所有这些特征都预示社会性知觉者最常偏离的那些情境。

㊀ 原文为"theory"，指个体关于某一事件或人物的既有看法或假设，与一般意义上的科学或哲学理论不太一样，下同。——译者注

──研究聚焦──────
人们相信自己是理性经济人，但框架效应显示他们不是

我们已经看到，人们通常并非准确或理性的决策者。这一章介绍了一长串错误和偏向，除了反映我们判断和决策能力的有限性外，这些错误和偏向之间彼此没有太多联系。在前面的章节中，我们已经看到人们通过自动化加工、关注显著或可接近的线索、分类、以自我为参照点、简化进行性情推理的归因等途径来走捷径。无论是更加定性（如归因）还是定量（如回归均值）的分析，所有这些错误和偏向都会产生社会认知后果。但人们依然如故。

然而，正如前面提到的，观察者希望自己和他人都是理性的行动者。例如，人们预期他人都是追求自身利益的，这是经典经济学理论的一个假设（Miller，1999）。如果人们总是以自己的利益为导向，那么帮助别人的机会就会减少。这样，纯粹的利他主义就不会存在，因为人们总是有自己的动机，主要根据"对我有什么好处"来行动。不幸的是，相信每个人都是利己主义将是自我实现式的：利己主义会损害亲社会行为，因为当其他人都自私时，没有人想成为傻瓜（唯一的亲社会者）。

对社会来说，幸运的是，当可以选择是否帮助他人时，仅仅因为这个选择被描述为一次理性经济交换的奖励，人们更有可能做出亲社会行为。也就是说，设定框架能让人们更利他。人们更喜欢买一个东西，然后将这次购买的钱捐给慈善机构，而不是直接向慈善机构捐款，并收到礼物（Zlatev & Miller，2016）。从慈善机构买东西是一种标准的经济交易，并且可以获得很好的副产品（例如女童子军饼干）；向慈善机构捐款然后收到礼物看起来像被玷污的利他主义（例如公共电台）。人们显然更喜欢获得慈善的副产品。

近300名线上被试更倾向于购买一罐混合坚果，然后把这笔钱捐给联合慈善基金会（45%），而不是直接向联合慈善基金会捐款，然后获得一罐混合坚果作为礼物（30%）。以普通购买作为参照点然后把慈善当作奖励，比以利他行为作为参照点然后给予礼物（从而可能破坏利他行为）更具有吸引力。

研究者通过七项研究（$N=1364$）在不同情境下以不同礼物重复了这个结果，之后他们把虚拟币换成了真钱。实验者先给近150名被试一定额度的酬劳，然后再给他们另外的钱，让他们从慈善机构购买物品（慈善机构受益）或直接捐赠（然后收到一个礼物）。更多人选择在购买框架下买东西以使慈善机构获益（39%），而不是选择捐赠框架（27%）。简而言之，人们希望把事情做好（做成），如果能够做好事（行善），当然就更好了。

社会性推理何时会给出错误答案

因为启发式是经验法则，而不是推理的标准模型，所以在一些我们可预测的条件下，社会性知觉者的推理会出现不足。本节将回顾其中一些条件。如前所述，社会性知觉者所采用的启发式过程通常使用先前理论或直觉来指导思考和解释信息。在没有先前理论的条件下，社会性知觉者可能会使用在推理过程早期遇到的数据来提出一个理论，并从那时起，就使用这种理论指导的推理策略。简单地说，社会性知觉者往往倾向于看到他们期望看到的东西（见图8-1）。

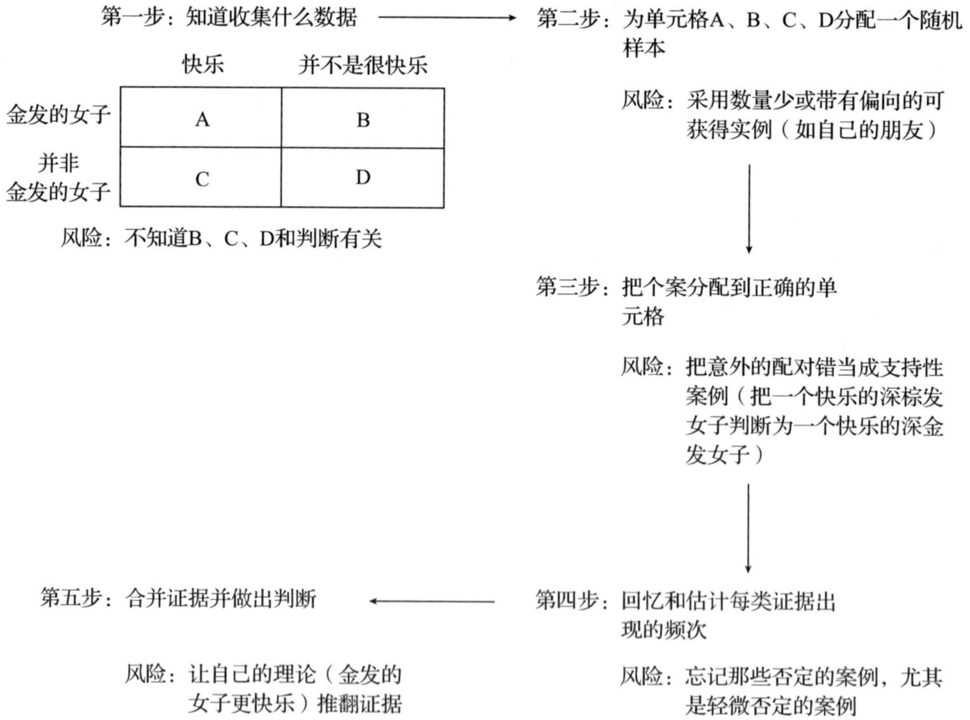

第一步：知道收集什么数据 ⟶ 第二步：为单元格A、B、C、D分配一个随机样本

	快乐	并不是很快乐
金发的女子	A	B
并非金发的女子	C	D

风险：不知道B、C、D和判断有关

风险：采用数量少或带有偏向的可获得实例（如自己的朋友）

第三步：把个案分配到正确的单元格

风险：把意外的配对错当成支持性案例（把一个快乐的深棕发女子判断为一个快乐的深金发女子）

第五步：合并证据并做出判断 ⟵ 第四步：回忆和估计每类证据出现的频次

风险：让自己的理论（金发的女子更快乐）推翻证据

风险：忘记那些否定的案例，尤其是轻微否定的案例

图8-1 社会性推理及其风险

收集信息

即使最简单的推理或判断,也是从决定哪些信息相关并抽取可用信息的这一过程开始的。根据标准模型,社会性知觉者应该接收所有相关信息。但事实上,效率压力往往会妨碍这种全盘考虑的策略。这就产生了一个可靠的捷径,即根据已有理论收集信息。

在许多情况下,根据已有的期望或理论选择数据是非常合适的(Nisbett & Ross,1980)。只有糟糕的医生才会对每一个新病例从零开始进行诊断,根据特定疾病的发生频率、病人特征、对疾病的了解以及类似信息来解释症状是一种更好的策略。一个矮胖的青春期女孩偶尔会晕厥,可能是因为她患有脑瘤,但更可能的是她正在节食,吃得不够。

尽管如此,在许多情况下,基于先前理论来描述信息是不明智的。Nisbett & Ross(1980)描述了三种这样的情况。第一,理论本身是错误的或值得怀疑的。例如,如果医生得出的结论是这个晕厥的女孩被恶魔附身,那么她的父母可能至少想要听听其他医生的意见。第二,如果个体根据某一理论来描述数据,但又相信其推理是客观地以原始数据为基础的,那么这就会出现问题。医生在对女孩进行了粗略检查并要求她吃了一顿丰盛晚餐后,就把她送回了家,他很可能忽略了其他一些(尽管可能性较低)导致晕厥的原因(如糖尿病或癫痫),但医生认为自己的检查已经够彻底了。第三,当理论否决所有的数据时,理论指导的推理也会产生问题。如果医生在检查这个女孩之前不认为她是一个过度节食者,那么这个医生就会为其过错和重大疏忽而感到内疚。

让理论指导关于某一推理的抽样往往会导致考虑的信息太少。如果一个社会性知觉者很早就发现所考虑的初步证据与指导该数据抽样的理论一致,那么他很可能不会考虑进一步抽样。这个知觉者可能没有理解这样一个事实,即理论首先引导了对数据的考虑,然后又用这些数据增强我们对该理论的信心。

抽样信息

当一个社会性知觉者决定了什么信息与一个推理相关,而这个过程又可能会被先前存在的理论所影响时，我们就需要抽取一部分数据进行分析。例如，如果你想知道你班上的学生是否喜欢这门课，那么你必须决定去问谁以及问多少人。当人们从所提供的样本中获取信息时，只要没有先前理论或预期的影响，那么他们对频次、比例或均值的估计都能相当准确。因此，如果你有学生的课程评估分数，那么你可以很容易地估计出他们的平均分数是多少。但是，当先前理论或预期存在时，我们对数据的描述就会受到理论或样本特殊性的影响（Nisbett & Ross，1980）。

当一个样本很难获取时，抽样和根据样本进行推理的过程就会出现潜在风险。样本估计会被样本中的极端样例所干扰。在一项研究中（Rothbart，Fulero，Jensen，Howard，& Birrell，1978），被试需要了解两个群体的成员，其中一些成员是罪犯。第一个群体中的一些成员只涉及中度犯罪；第二个群体包括少量令人发指的极端罪犯。尽管两组人的犯罪频率是一样的，但被试似乎采用了锚定和调整启发式，错误地相信第二个群体中有更多罪犯。这可能是因为极端样例提高了这一群体和犯罪的关联度。当然，这也可以用配对信息的显著性导致虚假相关的现象来解释。

根据样本进行推理时，一个社会性知觉者对样本大小的关注往往不够。小样本对总体特征的估计较差，而大样本则更可靠，这一原则被称为**大数定律**（law of large numbers）。然而，在明显违反这个定律的情况下，人们经常根据一个不具代表性的小样本进行过度归纳（Nisbett & Ross，1980；Tversky & Kahneman，1974）。例如，在看到某人做出了某种行为后，社会性知觉者往往会对这个人未来的行为做出颇具自信的预测。作者一位早年几乎一直生活在曼哈顿的朋友透露，他在25岁之前一直认为皇后区只不过是纽约市的墓地。在那段时间里，他唯一进入皇后区的机会就是到肯尼迪机场和拉瓜迪亚机场，而在路上可以看到一块接一块的墓地。我们可以预测，如果他对皇后区的街道进行更好的抽样调查，那么他将发现这个地区更多的特色。

人们确实对大数定律的某些含义有直观认识，但也不是对所有含义都清楚（Kunda & Nisbett，1986）。社会性知觉者在相信用全体预测单一事件比用单一事件来预测全体更有把握时会表现出一定程度的不对称性。因此，人们会认为，相比于用简版智力测验分数去预测完整版分数，用完整版智力测验分数可以更好地预测简版测验分数（Kahneman，2011；Kahneman & Tversky，1973）。事实上，这种看法是错误的，因为从单一事件（简版）去预测全体（完整版）与从全体去预测单一事件是完全相同的。这种效应之所以出现，似乎是因为人们的直觉让他们相信，针对某一事件的预测变量的样本量增加可以提高可预测性，而被预测变量的样本量增加则不会（Kunda & Nisbett，1986）。

除了样本量之外，人们有时对样本中的偏向也不够关注。在收集自己的样本时，一个人可能会问身边的朋友或熟人的看法，而忘记了自己的朋友这种样本几乎不是随机的。通常，人们交朋友或与某些人熟悉，正是因为他们在某些方面是相似的，因此，他们的意见可能与自己的意见（至少在某些方面）是相似的。

即使给出了关于一个样本典型性的信息，人们有时也不会利用。在一个研究中（Hamill et al.，1980），被试观看了一段对一名狱警访谈的录像。该狱警被描述为大多数狱警中的典型或非典型形象，或者没有提供典型性信息。在录像中，这名狱警要么是一个有同情心、关心他人的人，要么是一个不人道、大男子主义、残忍的人。被试随后回答有关刑事司法系统的问题，包括有关监狱看守的问题。尽管被试记住了最初的典型性信息，但对比那些看到了不人道狱警访谈的被试，看到了仁慈狱警访谈的被试对狱警的态度更积极。

当人们做出推理时，抽样规则和抽样特征并不是人们没有充分利用的唯一信息。涉及数据与推理相关性的其他特征同样也避开了社会性知觉者的认知加工。一个例子就是回归效应。

向均值回归

回归与根据概率性信息做出的预测有关，而大多数人都对之理解得很差。**向均值回归**（regression to the mean）指平均来说，极端事件会在另一次测量时变得没有那么极端的现象。回归意味着，当一个人必须根据有限和不可靠的信息做出推理时，如果这个人做出比初始信息更不极端的预测，那么这个预测可能更准确。你在第一次去一个餐厅时可能会觉得其食物很美味，但另一次你把你朋友带过去时可能就没那么好吃了，哪怕你去之前还对它赞不绝口。虽然经验如此，但实验证据和日常观察都表明，当人们遇到预测变量的极端值时，他们会对随后的行为做出极端推理（Jennings et al.，1982；见表 8-1）。

表 8-1　向均值回归：参加两次研究生入学考试（GRE）

因为四个学生（A、B、C、D）能力相同，所以 GRE 得分应该都是 600	但是随机因素参与进来，提高或降低了他们的分数	第一次考试实际得分	结论
第一次			
A：600	−10（睡得不好）	590	B 和 D 似乎更优秀，A 和 C 稍弱
B：600	+15（复习到与考题类似的题目）	615	
C：600	−17（嚼口香糖导致分心）	583	
D：600	+12（在考场有个好位置）	612	
四个学生再次考试	不同的随机因素出现，提高或降低了分数	第二次考试实际得分	结论
第二次			
A：600	+12（早餐吃得好）	612	A 和 C 似乎更优秀，B 和 D 比第一次差
B：600	−10（座位靠窗）	590	
C：600	−4（有轻微的感冒）	596	
D：600	+5（那天状态好）	605	

　　当人们没有理解回归时，他们有时会学到一些并不适合的规则。在一项研究中（Schaffner，1985），一群本科生使用表扬和批评来提高两名学生的及时出勤率，这两名学生的到校时间实际上是随机的。尽管被试相信表扬对于纠正学生的行为是有效的，但他们认为批评是更有效的，因为迟到实际上是一个偏离平均水平的极端现象，会随机回归到按时出勤。

　　在极少数情况下，回归或类似的方法是会被认可的。例如，文学评论家对一个作家轰动一时的首部小说做评论时往往会选择留些余地，热情赞美的同时用谨慎的语言呼吁读者等待下一部作品：先前经验已经表明第二部小说常常没有第一部精彩。然而，你很可能会问，保守估计就是对回归的理解吗？虽然很少有这种情况，但更多的时候是某个理论，而不是随机错误，会被认为是第二次表现不佳的原因。有人说，作者在第一部小说中已经"把自己耗尽"或者"把话说尽"，没有留下任何材料进行第二次创作；也有人认为作者是被第一次的成功束缚或阻碍了。这些观点里面可能有真的事实，但仅仅回归本身就足够说明这种第二部书效应。然而，又有多少人会读到关于第二部书表现平平的评论：第二部书很一般其实是一个随机事件。

　　人们对回归现象的不恰当判断可能代表了某些错误或对一个正常有效判断策略的误用。当世界稳定时，人们对事件的预测应该会反映出对回归的重视；

但当世界变化的时候，根据相关信息做出极端预测可能是合适的。极端反应可能是随机的，也可能代表数据中的某些变化。例如，假设一个制造公司公开了自己的巨大亏损。如果这些亏损被看作合理记录中的一个随机波动，那么人们应该预测利润将很快回到平均水平。然而，如果大量亏损表明制造业正在向海外转移，那么更极端的预测也是有道理的。因此，人们从他们的环境中学会了极端波动代表情况改变的信号。也就是说，他们不理解回归现象在一个变化的环境中有一定的适应性。但是，当稳定环境中出现极端事件时，这种对变化的敏感性可能会使个体忽视回归现象。

稀释效应

假设告诉你，我们有一个朋友朱迪，她今年 35 岁，未婚，和一个同性室友在一起住了 5 年，而且她与这个室友最近一起买了房。你可能会下结论，这个朱迪大概率是个女同性恋者。但是，如果我们还告诉你，她是一个律师的专职助手，在夜校上小说写作课程，有一辆蓝色丰田汽车，与兄弟姐妹联系密切。你可能会怀疑她是不是一个同性恋者，而不会一开始就假设她是。为什么？前四条信息可以被认作关于朱迪是不是同性恋者的判断，因为有固定女性伴侣的未婚女性常被认为是女同性恋者。然而，关于她的工作、汽车和休闲活动这些额外的非判断性信息冲淡了判断性信息：这些非判断性信息只是一些中性信息，不会让你得出她是同性恋者还是异性恋者的结论。简而言之，我们通过丰富她的性格特点，将她塑造成一个活生生的人，从而降低了她与女同性恋者刻板印象的相似度，所以你对她做出极端推理的信心可能会因此降低。当判断性信息被非判断性信息削弱时，推理就不会那么极端，这种现象被称为**稀释效应**（dilution effect; Nisbett, Zukier, & Lemley, 1981）。

有几种情况可以引起这种稀释效应。当关于初始信息含义的先前理论不强时，稀释效应就不存在了（S. T. Fiske & Neuberg, 1990; Higgins & Bargh, 1987; Ruble & Stangor, 1986）。稀释效应也似乎只适用于新出现的非判断信息是比较典型的，而不是极端例子的情况（Zukier & Jennings, 1983-84）。

心理学家已经开发出了一些训练技术来减少判断错误，但讽刺的是，至少其中一些努力实际上提高了稀释效应。例如，有一种可以引导人们更复杂地处理社会信息、减少理论引导推理的可能性及过度自信判断的方法就是利用**对他人评判合理化的需要（accountability），即向他人解释和证明自己判断的合理性的需要。在一项研究中（Tetlock & Boettger，1989），相比于那些对自己的推理不用做解释的被试，那些期望自己预测正确的被试在判断任务中会对非判断信息有更多稀释。如果需要对自己的判断负责，人们会使用更广泛的信息去做判断，但这并不一定会提高他们对信息有用程度的区分能力。

错误和偏向导致负面后果：改进推理过程

总的来说，我们应该用警惕、困惑还是尊重的态度来看待社会性推理过程中的错误和偏向呢？至少有三种观点解释了这个难题（见表8-2）。第一种观点认为，在社会性推理过程中出现的错误和偏向得到了相当多的验证，并经常导致判断和政策上的重要失误，因此必须采取一些努力来改进推理过程。第二种观点认为，推理过程中的错误和偏向比实际情况有所夸大。在现实世界中，人们实际上可以很好地完成推理任务。此外，尽管社会性知觉者在他们的推理中倾向于出现某些系统性错误和偏向，但现实世界的各种限制条件会保护和检查推理过程，因此一些偏向就会变得无关紧要或可以自我纠正。第三种观点是最晚出现的，它认为在某些情况下，基于启发式迅速形成的判断可能优于基于更仔细思考的判断。我们将在本节中从后果的视角出发，一一考虑这三种观点。

表 8-2　关于推理错误和偏向所引发后果的三种观点

观点	逻辑	启示
以后果为导向，真实情况	大量研究证据	干预、教育、检查
实验室副产品	人们的日常功能	信任背景、社会制衡
启发式的优越性	适应性证据	不必全盘分析

在某些情况下，错误的推理策略确实会产生严重的后果。推理错误对形成和维持带有贬义刻板印象的影响就是一个典型例子（参见第11～12章）。群体决策在收集信息和感知自己与他人的观点方面表现出明显的偏向，说明严重错误可以突出一个社会性推理自然发生的条件（Janis，1989）。判断失误对政治（Jervis，1976）、临床决策（D. C. Turk & Salovey，1986）和教育（H. A. Simon，

1980)等不同领域都有令人不安的影响。简而言之，推理过程中的偏向往往很重要，因此，我们需要开发检测和纠正推理偏向的方法。

如果一个人致力于改善社会性知觉者的推理过程，那么其首先可能需要提醒知觉者注意问题，并指导他们在未来注意有关的推理错误。这种指导的前提是，人们至少对他们所采用的推理过程有一定的意识，而且他们可以随时利用这种意识。

在一篇有争议的论文中，Nisbett 和 Wilson（1977）主张人们很少或根本没有通过**内省可获取性**（introspective access）来了解其认知过程。来自心理学研究的大量轶事性证据表明，许多被试并不知道实验中影响他们行为的因素。Nisbett 和 Wilson 以这些观察结果为出发点，进行了一系列实验（Nisbett & Wilson，1977；T. D. Wilson，2011）来系统操纵影响被试行为的因素，然后要求被试报告是什么因素引发了他们的行为。例如，在一项声称调查消费者偏好的研究中，被试需要查看摆在桌子上的四件睡袍，并表明他们会选择哪一件。实际上，一个明显的序列位置效应决定了这种类型的任务的结果，如人们通常更喜欢最右边的物体（造成这种位置偏好的原因尚未完全清楚）。被试在实验中确实出现了明显的序列位置效应，但当被问及为什么会做出这种选择时，他们给出的解释都集中在所选衣服的品质上。当告知被试物体的位置顺序可能会影响他们的决定时，他们表示非常怀疑。

人们认为自己做出某种行为的原因（"我喜欢粉色，而睡衣是粉色的"）和他们做出这种行为的实际原因（粉色睡衣在右边）之间的分歧，很大程度上源于经常被注意到的先前理论对判断的影响：我们相信我们因自己知道的原因而做出行为；如果行为不符合我们的理论，那么我们往往不知道或不相信那些影响我们行为的因素。

我们不应该从前面的讨论中推理出人们关于其行为原因的理论总是错误的。事实上，在许多甚至大多数情况下，人们都是正确的。如果有人问你为什么哭，你可能回答"因为我男朋友离开了我"，而你的分析很可能是正确的。然而，一个理论是正确的或它正确地适用于一个特定的例子，并不意味着它的持有者就了解自己的认知过程（T. D. Wilson，Hull，& Johnson，1981）。社会认知研究检验了非形式化理论的有效性，并推动了有效的干预措施，如帮助人们整理自己的故事（T. D. Wilson，2011）。

我们应该把推理交给计算机吗

在面对相同信息时，人的推理缺陷在和计算机对比时会很好地显现出来。计算机总是做得很好，甚至更好（Dawes, Faust, & Meehl, 1989）。我们怎么证明这个事实呢？首先，找一个判断任务，其中每种情况包含大致相同的信息；其次，使用决策整合信息为每一种情况下一个判断。这类判断任务相对比较常见：商店必须在考虑需求和当前库存后再补充库存；医生必须根据对患者的临床观察、症状和检测结果进行诊断和治疗；教授以考试成绩、平均绩点、工作经历和推荐信等作为标准，来决定是否录取某个研究生。

一般来说，完成这类任务的恰当方法是考察每个个案（如学生），将与判断相关的每一个信息（如绩点、推荐信、GRE 成绩）乘以每个信息的权重（如将 GRE 成绩计算为绩点的 2 倍，绩点计算为推荐信的 1/2），将其加起来得到个案总分数，并将这个个案的分数与其他个案的分数进行比较，以选出最好的个案。这个过程采用线性模型法（linear model），之所以称为线性模型，是因为总体印象是可用信息组合之和。这一任务可以由一个有合适编程的计算机有效地完成。各种非线性组合的信息也可以帮助我们做出有效决策：“将绩点的权重提高到推荐信的两倍。但是，如果绩点低于 3.0，则它与推荐信的权重相等。”这些规则的非线性性质在计算机上也可以编程，而且计算机比人类决策者更可靠。

不幸的是，人类决策者往往夸大了自己完成推理任务的能力，以至于让计算机来完成推理任务的想法遭到了强烈反对。人们认为临床直觉将被死板的数字公式所取代，而不寻常病例或特殊情况将被遗漏。任何曾经参与过招生或招聘并目睹过手术中临床直觉的人可能都知道，这个过程经常是随机的、不一致的，充满了明显的刻板印象、毫无根据的偏袒和非理性的厌恶。

Dawes（1980）在几所著名大学对这一过程提出了一套特别有趣的解释系统。一种招生过程中特有的俚语迅速发展起来了。"匹诺曹"是指申请人除了一个特点（如成熟或独立）以外，推荐人在其他方面都对其给出了很高评价，因此，他们的文档概述上有一个长长的锯齿或鼻子形状的评价。学校应该避免录取这种学生，因为任何一个专门请人写推荐信，却在某一属性上得到如此低评价的人，肯定是非常糟糕的。"超短文"指申请人提供的个人陈述太短。"外地人"指的是会增加地理多样性的学生，比如夏威夷人申请美国东海岸的学校。每个人似乎都在寻找众所周知的"邻居家的孩子"。通常情况下，人们会拿某个学生与自己曾经遇到过的一个明显相似的学生做比较,"啊哈,另一个斯梅德利。他聪明、努力,但没啥创造力"(Abelson,1981)。通常,这些类比都基于最小相似性,比如在体育以外的其他方面都很优秀。

尽管存在这些问题,但这一过程还是得到了大量支持。它的支持者认为,一般来说,决策者确实使用了合适的算法,偏离模型的人要么是大器晚成者,要么是浪子回头的人。然而,集体做出的决定会有一些独特的错误(Janis,1972;Shaw,1971),训练有素的统计学家和其他专家有时和外行一样容易犯推理错误(Kahneman & Tversky,1973;Tversky & Kahneman,1974)。表 8-3 分别从线性决策规则、非线性决策规则和直觉式的人类决策者三个角度对两个虚构的研究生录取个案给出了假设性解释(Burgess,1941;L. R. Goldberg,1968,1970)。

表 8-3　线性模型、非线性模型和人类决策者的比较:
史丁奇和克拉布谁会被研究生院录取

	个案 1:杰拉德·史丁奇	个案 2:阿曼达·克拉布
	GRE:650(词汇)、710(数学)	GRE:620(词汇)、590(数学)
	绩点:3.8	绩点:2.9
	推荐信:学习努力,勤奋	推荐信:有点儿像梦想家,还没进入自己的状态
线性模型(应用于计算机)	分数 =2(GRE)+1(绩点)+0.5(推荐信)	
决策	录取	不录取
非线性模型(应用于计算机)	分数 =2(GRE)+1(绩点)+0.5(推荐信)。如果绩点低于 3.0,则分数 =3(GRE)+1(推荐信)	
决策	录取	不录取
人类决策者	啊哈,另一个斯梅德利。他根本就没有创造力	啊哈,另一个伍德利?她是一个伟大的理论家,虽然起步很晚
决策	不录取	录取
根据可靠和有效的录取标准得到的可能结果	史丁奇表现比较好	克拉布表现没那么好

两项广泛的研究分析了医生的临床判断与计算机或其他机械辅助设备的能力差异(Meehl,1954;J. Sawyer,1966),两项研究得出了相同的结论,即计算机或其他机械辅助设备与医生的临床判断做得一样好,甚至更好。计算机做了什么?为什么它做得这么好?计算机只是更一致性地做人类决策者认为他们

在做的事情。它使用人们建立的标准，但始终如一地使用这些标准，可靠地权衡利弊，准确地综合信息，并做出判断。

人类决策者做错了什么呢？人们通常认为他们使用了更多线索，做出了比实际更复杂的判断。一位教授在阅读了这项研究后，将自己对拟录学生的排名与几个录取标准做了关联。让她尴尬和惊讶的是，她发现 GRE 分数实际上是她做出决定的唯一依据。人们使用的线索没有他们认为的那么多，他们也没有像自己想象的那样去权衡这些线索。尽管对医生临床决策的支持还存在争议，但是很显然，对于使用固定决策规则的决定，计算机的表现要优于人。当然，医生的临床决策必须选择影响决策的变量。然而，在整合信息以做出决定时，最好将人排除在过程之外（Dawes et al., 1989）。

──应用聚焦──
自动化决策中的效率、可解释性、公平性和准确性

越来越多的算法替我们做选择。有人可能会说（Dawes et al., 1989），如果我们知道自己的决策标准（如对于大学本科或研究生录取，需要参考绩点、考试成绩、推荐信），那么一个简单的线性方程可能会在应用我们自己的决策标准时获得更高的效率、一致性和透明度。正如文中所指出的，人们最初反对这种想法。

让我们从 1990 年快进 30 年。从足够多的输入和决策中，机器学习现在可以推理出人们的决策标准（如它们是否包括工作经验），并根据它们自己之前的决策分配权重，以预测未来的决策。无论它们报告它们正在做什么，这种方法都是有效的。因此，这种方法在效率、可解释性和一致性方面是有保障的。给计算机足够多的例子，它就能学会这些模式。它模仿人类的决策，但可以做得更好。

然而，由于人类经常是有偏向的，因此让我们假设机器在有偏向的数据集上训练。这个问题也确实发生了（Caliskan et al., 2017）：算法正确地检测到昆虫和武器是坏的（与花和仪器相比）。但同时检测到非裔美国人的名字是不好的，老年人的名字也是不好的；白皮肤和年轻是好的。性别与某些名字和某些工作匹配。因此，一个庞大的数据集可能会使机器学会偏爱年轻

白人男性，让这些成为决定性的输入信息。如果性别有很大影响，那么考虑性别将比考虑所有因素更简单。"显然，在某些工作岗位上，我们更喜欢男性，所以告诉机器，把所有女性都排除掉。"

现代社会会反对这种逻辑。虽然这样肯定会更有效率，但不公平。一种解决方法是"改进算法，因为这比改进人更容易"（Kleinberg & Mullainathan，2019）。但忽视人类决策者对偏向的责任似乎也是错误的（一种流行的解释，见 O'Neil，2016）。

教人推理

把问题交给计算机处理并不总是现实的。改进推理过程有一种潜在方法是教育，即在正规教育课程中教授推理方式。Nisbett 和他的同事探索了教人推理的价值，他们想看解决特定问题的学习规则是否以及何时可以推广去解决一系列问题。在一项研究中（Fong，Krantz，& Nisbett，1986），第一组被试接受了大数定律的训练，第二组被试学习了如何将该定律应用于几个具体的实例，第三组被试接受了上述两种类型的训练，第四组被试没有接受训练。接受规则训练或实例训练的人比没有接受训练的人更有可能进行统计推理；做出了最好的统计推理的人是那些既接受了抽象规则训练又接受了实例训练的人。更重要的是，使用实例学习的方法，即**引导归纳法**（guided induction），推广了训练效果：被试在没有经过明确训练的领域和在经过训练的领域取得的进步一样多。人们显然拥有归纳抽象推理规则的能力，他们可以通过引导归纳法进行练习，以扩展和提高他们在各种情况下对这些规则的使用（Cheng，Holyoak，Nisbett，& Oliver，1986）。

与这些结论一致的是，研究生教育也显著影响推理策略（Lehman，Lempert，& Nisbett，1988）：对四个学科的研究生（心理学、医学、法学和化学）在入学时和两年后进行比较，看看研究生教育是否对各种统计和方法学的推理任务有影响（见表 8-4）。结果比较一致，心理学学生和医学生（提高水平略少）提高了推理能力，可能是因为这两个专业都需要解释概率性数据。然而，对于化学专业的学生来说，作为一门几乎只研究确定性原因的科学，人们没有期望或发现任何改变。同样，法律教育对统计和方法推理能力的影响甚微，但法律经常遇到的条件推理问题是个例外。

表 8-4　日常生活中的统计推理、方法策略推理和权限情境中的条件推理

日常生活中的统计推理

在职业棒球大联盟某个赛季的前两周后，报纸开始刊登前十名的击球率。不出所料，两周后，领先的击球手的平均得分约为 0.45。然而，大联盟历史上还没有一个击球手在赛季末的场均击球率达到 0.45。你认为这是为什么

1. 球员在赛季开始时平均分高可能只是运气好
2. 一名击球手在赛季开始时取得了如此傲人的成绩，但他要维持自己的成绩水平，必须承受很大压力，这种压力会对他的表现产生不利影响
3. 投手们在赛季中往往会变得更好，因为他们的状态越来越好。随着投手的进步，他们更有可能将击球手三振出局，所以击球手的平均水平下降了
4. 当击球手是一名高平均分的球手时，投手向他投球时就会更用力
5. 当击球手是一名高平均分的球手时，他就不会遇到很好击球的机会。相反，投手们会向垒板的角落投球，因为他们不介意让他直接上垒

日常生活中的方法策略推理

米德尔波利斯市的警察局长不受欢迎已经有一年半了。他在被任命时是市长的亲信，但几乎没有警察管理经验。市长最近公开为局长辩护，宣布自从局长上任以来，犯罪率下降了 12%。下列哪一项证据最能回击市长声称他的局长有能力的说法

1. 距离米德尔波利斯最近的两个在地理和规模上相似的城市，其犯罪率在同期下降了 18%
2. 一项对米德尔波利斯市民的独立调查显示，调查对象报告的犯罪比警方记录中报告的多 40%
3. 常识表明，警察局长在降低犯罪率方面几乎无能为力，这在很大程度上是社会和经济状况造成的，官员一般无能为力
4. 警察局长被发现与已知参与有组织犯罪的人有往来

权限情境中的条件推理

假设你是菲律宾首都马尼拉国际机场的公共卫生官员，你的职责之一是检查每一个入境旅客（而不是在机场中转的旅客）是否接种了霍乱疫苗。每一个旅客须携带健康申报表，表格的一面显示旅客是入境还是过境，另一面列出其过去两个月内接种过的疫苗。以下哪一份表格你需要翻过来检查？只标注你需要检查的表格即可

过境	入境	接种：霍乱和肝炎	接种：伤寒
框 1	框 2	框 3	框 4

a) 框 2 和框 3
b) 只有框 1
c) 框 2、框 3、框 4
d) 框 2 和框 4
e) 只有框 3

正确答案是 1、1、d

资料来源：Lehman, Lempert, & Nisbett (1988).

因此，结论是，人们能够使用抽象的统计概念，而且他们确实会自发地使用这些概念，但在相关情境下并不总是完全正确的。规则训练和实例训练都能提高人们对统计概念适用情景的了解和恰当使用它们的能力，而在其他的情况下，计算机可能干得更好。

错误和偏向是附带产品：也许它们并不重要

关于社会性推理错误和偏向的一种观点指出，这些错误可能比实际情况夸大了。这种观点提出了两点结论（Funder，1987，1995；McArthur & Baron，1983；Swann，1984）。首先，记录错误和偏向的实验研究并没有建构出人们在现实世界中通常做出判断的条件，因而使人在进行推理任务时看起来比实际情况更糟糕。根据这一立场，社会性知觉者的朴素推理策略适合于推理所必需的生态和人际条件，而有利于使用标准模型的实验任务在现实世界的判断和决策情境中几乎不存在。

其次，实验研究中所采用的判断任务往往与直觉推理策略相违背（Fischhoff，1982；Funder，1987；Kahneman & Tversky，1982；McArthur & Baron，1983）。例如，实验任务可能是不熟悉或不公平的（如心算相关性），或者被试可能误解实验任务，又或者信息可能以有利于利用标准模型的形式出现，而不包含有助于使用有效直觉策略的细节线索。实验证据中的这种方法偏向可能会对我们的推理能力造成比原本更负面的影响。

一个相似的观点是，标准模型可能是评价直觉推理的糟糕标准。满足标准模型的条件在现实世界中很少出现，通常情况下，信息既不是可靠和无偏向的，也不是完整的。即使上述条件符合要求，信息也可能不会以清晰或可用的方式出现。有时信息是无效的。即使信息有效，使用标准模型也可能会非常耗时耗力。

将标准模型应用于大多数日常推理的一个问题是，标准模型忽略了支持一个决策正式结构的内容和背景。例如，在标准模型下，既然三个选项都以相同的系统性方式相互变化，那么从三种品牌中选购一种鸡蛋和从三个人中选一个人结婚就是相同的决策。然而，针对这两种决策的直觉过程可能会有不同的变化，而事实也确实如此。在一个固定的决策环境下（即其他条件相同），这个标准模型生成相应的推理标准。但是，决策和推理是在动态环境下做出的，所以在静态环境中进行预测可能不适合不断变化的条件。

此外，某些条件会建议我们使用与标准模型不同的模型。例如，一个无经验的求职者在晚餐时把水杯打翻了，把羊排掉到了邻座的大腿上，胳膊肘也搁在了黄油上（Nisbett，Krantz，Jepson，& Fong，1982）。他确实很紧张，而且他的紧张显然是因情境因素，而不是性格因素造成的。此外，这只是他行为的一个不太典型的样本，很可能无法预测他未来的行为。一般来说，人们应该对这些事情不以为意。但从招聘者的角度考虑，情况就不一样了，他们必须选择一个能在压力条件下持续表现良好的候选人。难道你愿意让一个把黄油涂在西装上的人来推销你的产品吗？总之，统计标准模型只是适用于社会性判断的一种模型，直接参与做出判断的人所持有的替代模型可能会产生其他有用的标准，而这些标准在本质上与标准模型产生的标准相冲突。

此外，评估一个人的推理是否准确以及何时准确比人们想象的要复杂得多。人们可以确定一个判断是否符合某些标准（Hastie & Dawes，2001）；是否与他人共享（Funder，1987），或它是不是适应的、实用的、有用的（Swann，1984）。但是，许多社会性判断缺乏客观的参照物，因而没有判断实际准确性的标准。此外，我们很快会看到，推理通常服务于需求而不是准确性，如保护或增强自我和一个人所在的社会群体。

我们确实知道，一个判断的重要性和个人参与度等因素会促使我们考虑更多的信息，使用更复杂的判断策略，甚至在某些情况下会提高准确性（Harkness，DeBono，& Borgida，1985）。如前所述，对他人评判合理化的需要也会增强认知活动，产生比不这样做更复杂的加工策略（Tetlock & Boettger，1989）。除了这些观察外，判断社会性知觉者在现实世界中是否比在实验室中更准确是困难的。而且，没有严格的标准定义什么是一个"自然的"情境。就社会性知觉者通常使用的推理策略而言，许多现实世界的情况本身就相当不自然（Kruglanski，1989）。

推理错误是无关紧要的还是自我纠正的

由有缺陷的推理过程所产生的一些错误是无关紧要的。例如，如果一个人的偏见不会影响这个人未来的行为，即使他对见过一次的人形成了错误的第一印象，那么这种错误也是不会有什么后果的。事实上，人们对推理和行为之间的对应关系知之甚少，如果对应关系弱，那么推理错误可能就无关紧要；如果偏向随时间推移而保持不变，那么它们可能也无关紧要。例如，如果一个人认为自己的老板很粗暴，而他只是在老板的角色下才粗暴，那么就无关紧要，毕竟这是唯一一个需要与他进行互动的情况，即以老板的角色交流（Swann，1984）。

推理不是选择。后者一旦做出，就会使一个人不可避免地陷入认知或行为过程。相反，推理可能是一种试探性尝试，需要在它所引起反应的基础上加以修改。正常沟通会对一个人的推理进行现实检验，并且经常对那些有重大影响且明显错误的结论进行纠正。例如，如果一个人坚持各做各的家务活，但其配偶却强烈反对，那么这个观点很可能会被改变。

当备选方案的决策价值几乎相等时，偏向可能无关紧要。在普林斯顿大学和耶鲁大学之间做选择的学生可能会根据一个朋友的经历做出最终决定。但抛开刻板印象和偏见来说，学生在一个地方接受教育可能会比在另一个地方接受教育更好一点儿。此外，我们的偏向可能对我们的策略影响不大。考虑一下研究生招生过程，假设某个研究生将来会非常优秀。如果一所学校录取了五名经历很普通的学生，而拒绝了五名经历同样也很普通的学生，那么即使这个录取决定实际上是用有缺陷的方法做出的，你也不会发现自己在决策过程中有什么明显错误。但是，如果五名被拒绝的学生中有一名未来表现出色，那么招生委员会可能会发现这名学生被误判了，然后期待这位学生应该被录取。尽管如此，1/10 的错误率并不是很严重。这种推理很显然是错误的，但它强调了这样一个事实：我们的许多加工错误并没有产生明显不好的结果，因此加工过程可能看起来完全恰当。

有些直观策略对于某些错误来说是相对稳健的，而在另一些情况下，一个缺陷可能抵消另一个缺陷所导致的后果（Nisbett & Ross，1980）。例如，稀释效应可以防止错误解读向均值回归现象。

有些错误会通过反复出现而得到自我纠正。例如，如果你的几个朋友最近离婚了，那么你对离婚率的估计可能会通过可得性启发式暂时夸大。但是，假设你的朋友们不会不停地离婚，则你对离婚率的估计最终会与客观数据一致。

简而言之，尽管实验室推理任务往往能生动描述人的错误和偏向倾向，但现实世界中的错误和偏向可能对我们影响不大。人们的启发式策略通常接近统计和其他标准模型（Griffiths & Tenenbaum，2006），而直觉式策略可能并不总会导致一些研究强调的戏剧性失败。此外，现实世界中许多情况只要求人们足够聪明，而不是绝顶聪明。直觉模型包含了待解决问题的内容。对于无关紧要的事情，人们可能会做出草率的选择和决定，但对于重要的决定，他们可能会更加周全和谨慎。也就是说,直觉式策略适用于务实的考虑。在一定条件下,推理错误可以通过与他人沟通而获得的证据来纠正(Hirst & Echterhoff, 2012)。因此,对于"如果我们如此不擅长判断任务,我们是怎么做得这么好的呢"这个问题的一种回答是,迅速产生一个与标准(理想)策略近似的策略能使我们以一种足够好的方式来保持与这个世界的联系。

迅速判断有时会比深思熟虑更好吗

早期的社会认知研究认为启发式推理是有缺陷的,但通过观察我们发现,为了满足效率压力,有时对标准模型的粗略近似可能足以满足准确性的要求,并在满足效率需求方面远优于标准模型。目前,一种更为激进的观点正被人们所接受,也就是说,至少在某些情况下,快速启发式的判断可能比深思熟虑的有意识努力能产生更好的推理结果。

马尔科姆·格拉德威尔(Malcolm Gladwell)(2005)所著的《眨眼之间》(Blink)一书非常受欢迎。他在书中引用了许多社会心理学的典型例子来说明,对于许多复杂的决定或选择,大脑会进行一系列快速计算,从而产生即时且通常正确的评估。例如,一些知识渊博的艺术史学家在鉴定一尊公元前6世纪希腊人雕刻的圆顶雕像时,尽管没有人能说清楚原因,但他们一眼就看出这尊雕像是假的。

社会心理学家还记录了许多其他的例子。例如,通过观看教师几秒钟的教学录像,推理出学生给教师的课堂评分(Ambady & Rosenthal, 1993)。从这样的**行为短片段**(thin slices of behavior)中得出的推理表明,我们的大脑可以从复杂的刺激中提取信息,在几秒钟内做出明显复杂的判断(N. A. Murphy, 2012; Nosek et al., 2012; Payne, 2012)。在另一个例子中,实验者让陌生人观察大学生寝室,然后判断每个寝室成员是否健谈、周到、内向和无私;他们的印象与评估寝室成员的责任心、情绪稳定性和经验开放性的结果惊人地吻合。所有这些判断都是在评估者从未见过当事人的情况下做出的(Gosling, Ko, Mannarelli, & Morris, 2002;见图8-2)。

当然,并不是所有即时判断都是正确的,《眨眼之间》也没有提供更多指导,指出哪些判断是正确的,哪些判断是完全错误的。研究表明,一些条件可以促进迅速和准确的推理。当人们拥有某一领域的专业知识，并在此之前看过很多例子时，他们更有可能做出非常迅速准确的判断；因此，经验丰富的专家可以判断哪些雕塑是假的，而经验丰富的学生可以估计老师的课堂教学评分。迅速整合不同信息、同时使用多个判断信息片段或提取有效线索的能力可能是这种专业技能的核心成分。

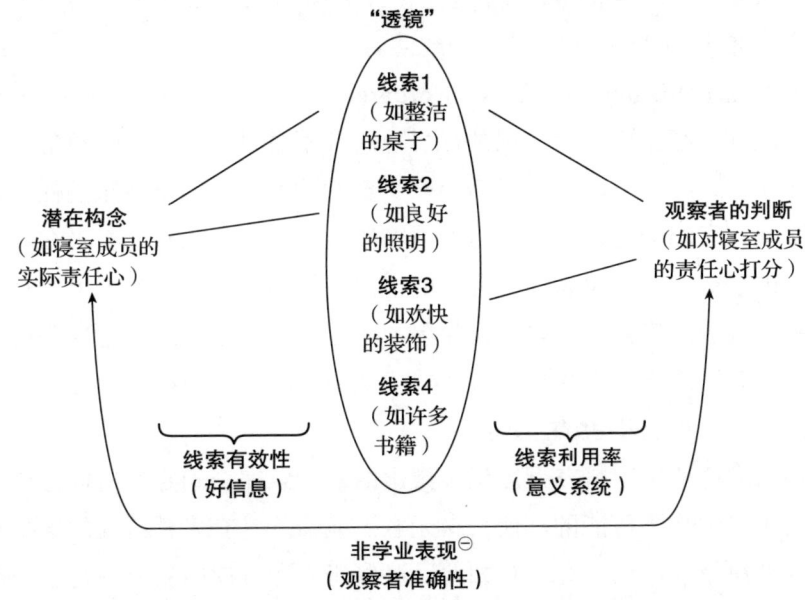

图 8-2　布伦斯维克透镜模型描述了观察者如何从"有一条线索的寝室"推理出寝室成员的责任心

资料来源：Gosling, Ko, Mannarelli, & Morris (2002).

研究者也从另一个角度看待这个问题，发现当人们积极思考他们的选择或决定时，他们有时会做出更糟糕的选择。例如，如果一个人试图决定是接受某一份暑期工作还是选择修读某一个专业，一个明显的策略可能是评估这个决定的各个方面，并分析每个选择的利弊。尽管这种策略表面上很有吸引力，但它实际上减少了推理和选择之间的关联。反思一个人喜欢或不喜欢某些客体的原因会破坏这个人对该客体的印象，并减少这些印象对随后决定的影响。从本质

⊖ 非学业表现（functional achievement）是与学业表现（academic achievement）相对的概念，指学业以外的技能或活动表现，通常包括学生在校期间的日常活动（如衣着、整洁或社交技巧）表现。——译者注

上说，分析一个人推理背后的原因（即硬找原因）实际上会改变他的推理，至少会暂时改变（T. D. Wilson, Hodges, & LaFleur, 1995）。

这种情况发生的原因可能是人们通常不会对他们的推理思考太多，当他们被诱导这样做时，他们会专注于推理的主观方面，使这些方面变得更加凸显。在这样做时，他们可能无法区分重要的和不重要的信息，或者不能正确感知特定信息的意义，结果导致决策质量变差（Tordesillas & Chaiken, 1999）。因此，反思会增加推理影响其他判断的不一致性。

一组研究（Dijksterhuis, Bos, Nordgren, & van Baaren, 2006）发现，在做出选择之前进行全面、有意识的深思熟虑并不总是有利的。简单的选择，如选择烤箱手套，经过有意识思考后会产生更好的效果，但更复杂的任务，如选择一套房子，可能会通过无意识思考得到改善。在四项调查消费者在实验室和现场选择的研究中，在没有仔细考虑的情况下做出的决定，消费者对复杂产品的购买有更高满意度；相比之下，简单的决定能在经过深思熟虑后获得更高满意度。当无意识思维占据主导地位时，记忆中更清晰、更极化、更完整的选择形式会出现，从而带来更好的决策。

正是因为这些决定是在无意识中做出的，所以完全确定哪些捷径或启发式过程参与了决策是不可能的。让大脑无意识地筛选具有多种特征的选择是否总能改善复杂决策尚不明确。尽管如此，这些研究和早期的研究支持了一个重要结论：理性的深思熟虑总会带来更好的选择，而"只有在效率压力下才应该抛弃深思熟虑"这种观点是有问题的。在许多时候，人们已经进化出了在涉及复杂推理选择和决策的情况下能很好地为其服务的启发式和捷径。

推理背后的动机

至少在某些情况下，人类推理过程中的明显错误实际上可能代表某种优势。这源于推理的目的并非只是准确性和效率，它们也要满足动机的需要。我们在第 5 章曾提到，人对个人特征、世界的可控性和有序性以及美好未来的许多推理是为了减少焦虑，满足自尊的需要，或者通常服务于我们解释世界如何运作的理论。因此，我们有时会歪曲关于这个世界的信息，以使它符合我们的理论。

人们会积极建构关于为什么积极和消极事件会降临到他们身上的理论，并增强积极事件发生在他们身上的知觉概率（Kunda，1987）。例如，当得知第一次婚姻的离婚率是40%时，大多数人预测他们不会是那40%，而是会与他们的配偶终生保持婚姻关系。他们通过强调与稳定婚姻有关的个人特质以及淡化或积极反驳可能暗示婚姻脆弱的信息来说服自己。因此，一个人可能会指出，他的父母有50年的婚姻，他的童年期有亲密的家庭生活，自己的高中恋情持续了整整四年，这些都是预示一段稳定婚姻的证据。有人的丈夫是离过一次婚的（这是一个预测第二次离婚的因素），这个事实也可被解释为一个不会再离婚的保护因素，而不是导致离婚的因素（"他不希望这次婚姻像上一次那么失败，所以他特别努力维持我们之间的亲密关系"）。我们有能力在自己的优点和好事之间建立看似合理的联系，并反驳自己的某些属性和坏事之间的关联，这有助于我们保持自己想在世界中看到的相关性。

人们公然持有错误信念的一个原因是这种信念可能具有激励作用。每天，许多人都会列出他们希望在当天完成的活动清单。但这样的清单总是过于乐观。人在一天结束时会有许多未完成的任务，然后这些任务又被转移到第二天。正常来说，人们的行为应该朝着只列出他们能够合理完成的任务数量的方向改变。然而，尽管反复完不成计划，过度乐观的行为每天都在持续（Buehler, Griffin, & Ross，1994）。

这种强大的推理偏向之所以持续存在，可能是因为它们成功地让人们完成了更多的事情，而不是让人们对自己可能取得的成就的评估更现实。例如，不切实际的乐观主义和夸大的个人控制感等偏向，会激发人们实现看似不可能的目标和欲望，并帮助人们在困难重重时坚持下去（Armor & Taylor，2003；S. E. Taylor & Brown，1988）。

某些强大的推理偏向可能会持续存在，不仅因为它们激发了积极情绪并提升了自尊，还因为它们将知觉到的风险最小化。一位朋友曾向她的会计咨询，她应该采取哪些措施让自己的财务状况更可预测、更可靠。会计的回答是："别做任何事，也别去任何地方。"如果我们客观地认识到所有人都容易遭受的风险，那么这种认识很可能会使我们丧失行动能力。尽管人们常常高估自己对低概率风险所表现出的脆弱性，但人们的推理也经常低估常见风险（S. E. Taylor & Gollwitzer，1995），尤其是低估累计风险（Knäuper, Kornik, Atkinson, Guberman, & Aydin，2005；见图8-3）。一些推理的偏向可能会防止风险值上升，否则风险值上升可能会让人完全不敢采取行动。

思想开放的	0—1—2—3—4—5—6—7—8—9—⑩
善解人意的	0—1—2—3—4—5—6—7—8—⑨—10
忠诚的	0—1—2—3—4—5—6—7—8—⑨—10
关心他人的	0—1—2—3—4—5—6—7—8—9—⑩
在困难时刻帮助伴侣	0—1—2—3—4—5—6—7—8—9—⑩

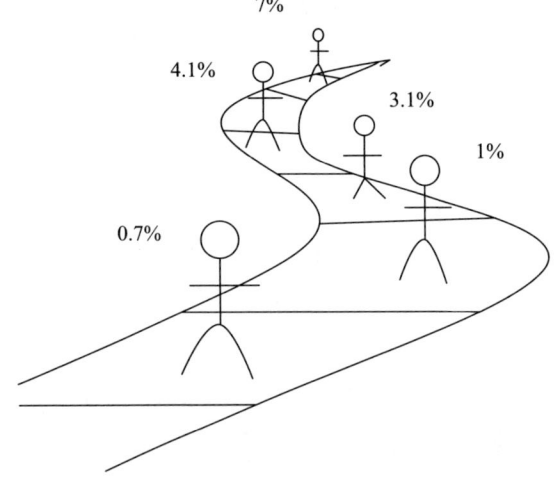

图 8-3　通过人格特质、照片和其以前伴侣的性病风险史来评估从一个潜在性伴侣那里感染性病的累计风险：人们过分依赖与风险无关的信息进行评估，从而低估了潜在伴侣的累计风险（人格特质和照片未在图中展示）
资料来源：Knäuper, Kornik, Atkinson, Guberman, & Aydin (2005).

许多心理学家试图让人们认识到他们所带来的风险，如伤害健康的行为。由于对现实主义的重视，在这里提出推理策略的一个潜在好处是最小化风险似乎有违直觉。确实，有些风险需要识别出来并加以处理，如系安全带、使用避孕套和按期体检的必要性。维持或恢复积极情绪的推理偏向可能主要作用于情绪，但就影响行为的程度而言，它们可能是有问题的。然而，请回顾一下第 5 章，当人们对自己和自己的处境感觉良好时（即他们受到的威胁更少），他们反而更容易接受个人风险相关信息的行为暗示。

总的来说，我们对社会性推理动机进行更全面的考虑就会发现，一般意义上不正确的推理仍然可能有助于实现个人目标、保持动机和坚持不懈，使人们对自己的未来以及自我感觉保持良好。

神经经济学：展望未来

人们如何以及应该怎么做出判断和决定不仅是社会认知研究的核心，认知心理学、经济学和神经科学对之也很重视。学术界最近出现的一个跨学科方向有可能整合这些不同的研究方向，即**神经经济学**（neuroeconomics）。它汇集了来自经济学、神经科学和心理学的见解（Glimcher & Rustichini，2004），以探究准确性－效率权衡和动机在推理中的作用。

粗略来说，其核心观点是运用在经济学中占主导地位的期望效用（expected utility，EU）模型来进行以下工作：预测推理应该如何进行，以及涉及哪些大脑区域；将这些想法与通过推理怎样确定可能参与这个过程的其他神经子系统（如涉及情感输入或自动化加工的大脑区域）的研究相结合；使用功能磁共振成像（fMRI）等源自神经科学的观点和方法来验证这些综合预测，并观察这些预期的大脑区域是否在推理过程中确实得到了激活（Sanfey Loewenstein，McClure，& Cohen，2006）。尽管神经经济学家采用期望效用理论作为其出发点（考虑前文介绍的有关研究，可以说这一立场似乎并不明智），但它确实通过结合社会认知研究关于判断和决策的描述性理论所带来的思考证实了这些预测。

神经经济学对社会认知的有用之处在于，它提供了一个统一的理论视角来探讨大脑如何协调不同神经系统执行复杂推理任务的动态过程。从这个观点来看，人类的行为不是由单个过程（如效用的计算）产生的，而是若干子系统之间交互作用的结果，因此这些子系统可能对同一信息产生不同反应。正如我们所看到的，推理通常是为了实现目标，而不是为了最大化效用。因此，从神经经济学的角度来看，人类推理的特点是不同子系统之间的交互作用，这些子系统可能倾向基于目标而不是最大化效用来进行决策。这些替代目标可能与效率有关，因此涉及自动化加工的大脑区域；或者它们可能需要动机支持，如对自我感觉良好的渴望，因此涉及与奖赏有关的大脑区域。

期望效用理论实际上是一个标准模型，为预测和解释社会性推理任务中不同大脑区域的激活给出了指引。期望效用在其价值功能中预示一种奖赏作用。已有大量研究探索了大脑中与奖赏和惩罚相关的区域。针对多巴胺能神经元和通常来自眶额皮质、腹侧纹状体、后扣带回皮质神经元的单细胞记录显示，这些区域的神经元活动和奖赏大小有关（McClure，Daw，& Montague，2003；

Padoa-Schioppa & Assad，2006；Sanfey et al.，2006；见图 8-4）。中脑多巴胺系统可能对价值评估至关重要，并提示关于奖赏预测的错误，产生学习信号，更新目标状态和工作记忆的注意焦点（Sanfey et al.，2006）。去甲肾上腺素系统也参与了这种调节活动，特别是在从特定奖赏中最大化效用和寻找新的潜在奖赏源之间寻求平衡方面发生作用。

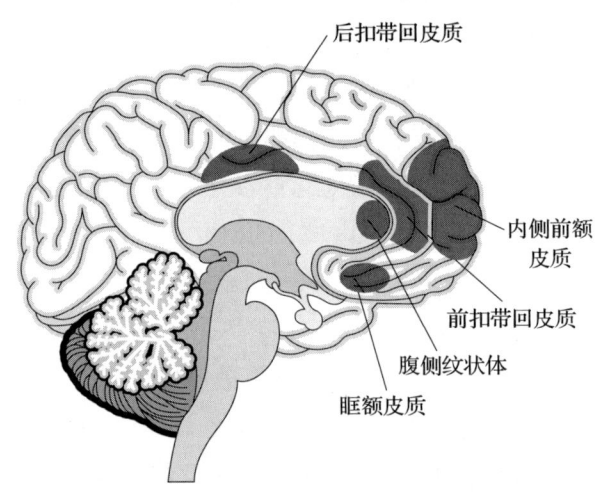

图 8-4　经济决策中涉及的大脑区域

期望效用模型还有助于识别与消极效用有关的神经活动。例如，前扣带回皮质会对潜在的行为代价（如反应冲突、错误和负面反馈）做出反应（Sanfey et al.，2006）。有关前景理论（参见第 7 章）的研究表明，这些大脑区域对相对得失可能比对绝对奖赏或惩罚水平更敏感。

至于概率估计（效用计算中涉及的另一成分），研究者很少发现泛化现象。内侧前额皮质的活动似乎与获得金钱奖励的概率成反比（Knutson，Taylor，Kaufman，Peterson，& Glover，2005）。

外侧顶内沟和额皮质的活动与效用计算有关，即与整合不同选项的价值和概率的信息有关（Sanfey et al.，2006）。关于外侧顶内沟功能的发现是重要的，因为该区域与运动准备相关，为我们提供了思维和行为之间的潜在联系。纹状体奖赏区的活动也与期望效用相关。

如前所述，由于信息缺失、不完整或其他方面的混乱，人的许多决策都带有相当大的不确定性和模糊性。当选择不确定时，杏仁核和眶皮质的激活会增加，纹状体系统的激活会减少（该系统通常与预期回报成正相关）。因此，神经环路可能会对不确定性的程度做出反应（Hsu，Bhatt，Adolphs，Tranel，& Camerer，2005）。这一点很重要，因为标准模型表明，对决策选择的计算不受不确定性或模糊性的影响，但这项研究清楚地表明，它们受到了影响。

神经经济学怎样整合来自社会认知研究的预测呢？我们这里举自动化加工和控制性加工之间存在重要区别这个例子。自动化过程是迅速和高效的，而控制性过程是灵活的，但比较缓慢，而且容量有限（参见第 2 章）。标准经济学理论明显与控制性加工更切合。控制性加工涉及外侧前额皮质、内侧前额皮质、前扣带回皮质吻侧、后顶叶和内侧颞叶。如第 2 章所述，自动化加工涉及杏仁核、背侧前扣带回皮质、基底神经节、腹内侧前额叶、外侧颞叶和其他一些大脑区域。预测某一判断任务中的推理活动涉及自动化加工还是控制性加工为预测可能的大脑激活区域提供了基础。

由社会认知研究产生的其他证据充分说明促使人类决策偏离期望效用模型的因素还包括情绪输入。当情绪内容对判断行为至关重要时，我们可以在边缘系统的脑干奖赏加工区观察到激活（Camerer，2003）：中脑和所投射的皮质区域，包括伏隔核、腹内侧额叶、眶额皮质和前扣带回皮质，以及杏仁核和脑岛皮质（Sanfey，Rilling，Aronson，Nystrom，& Cohen，2003）。通过分析来自这些区域的输入，我们可以解释包括非线性概率权重或损失厌恶在内的标准模型偏差。

可预测的大脑系统会参与到自动化与控制性评价（好－坏）和非评价性（过去－现在）判断中（W. A. Cunningham，Johnson，Gatenby，Gore，& Banaji，2003）。不管判断是评价性的还是非评价性的，负效价材料会比正效价材料在杏仁核中引发更大激活。评价性判断会比非评价性判断产生更大的内侧和腹外侧前额皮质激活。引发矛盾心理的判断与更大的外侧前额皮质激活有关。自动化判断可能对效价特别敏感，控制性加工则倾向于处理复杂判断任务。这类研究有助于明确预测社会认知研究中自动化加工与控制性加工和评价所引发的神经活动。

来自情绪调节系统的输入可能也有助于解释与贴现效用模型偏离的现象。人们重视现在，并大幅低估未来机会的价值（参见第 7 章）。与此观点一致的是，涉及即时奖赏的选择会激活腹侧纹状体、内侧和眶额皮质，这些区域富含多巴胺能神经元，并与对奖赏的评价有关。然而，额顶区的活动与延迟但优渥的奖赏相关，这表明该区域的活动可能更少受到奖赏中即时性偏向的影响（Sanfey et al., 2006）。

整合这些不同层次的分析增加了目前指导判断和决策研究的经济模型的范围。虽然复杂决策和社会性推理并不符合最优策略（如期望效用），但是简单机制（如启发式）可能近似于最优策略。通过参考这些输入的心理过程和神经基础，我们能更容易解释这些偏离标准模型的行为（Sanfey et al., 2006）。情感因素在决策中的作用以及来自控制性和自动化加工的多种输入是社会认知研究的两个方向，在这些研究中，涉及价值和可预测性的神经通路被相当清晰地鉴别出来了。

神经经济学研究强调了决策是如何让具有不同参数，甚至由不同原则控制的多个子系统交互作用的，它同时也提供了解释这些子系统是什么，以及哪些参数和原则可能指导它们的总体方法。运用神经影像等技术追踪效应计算能否对复杂决策任务提供思路还有待观察。但这些努力是值得的，因为我们能根据标准和描述性模型以及测试它们的总体方法给出明确预测。如果在所有这些学科之间进行交流，那么我们对社会认知的理解不仅很有可能在参考神经经济学研究结论时得到改善，也很有可能影响神经科学家和经济学家正在研究的模型。

总　　结

社会认知通常是根据标准模型来进行评估的，这些评估揭示了人类推理的几个显著特质：在一个复杂且经常迅速变化的环境中使用捷径或启发式来做出判断和决定；情感和动机在推理过程及结果中会产生作用；先前理论和期望对指导推理搜索与结果具有重要意义。

尽管每一条捷径都能得出与标准模型相似的推理结果，但每一条都容易受到潜在偏向的影响：决定哪些数据与判断相关通常是由先前预期或理论所定义的；抽样往往是有偏向的，而现有样本中的偏向往往会被忽略；强有力的推理往往是从小而不可靠的样本中得出的；回归（即极端事件再次被观察时平均而言将不再那么极端的事实），往往被人理解得很差，而极端事件经常被用来预测未来的极端事件。

社会判断过程有多大的缺陷呢？关于这个问题，学术界有三种观点。第一种观点认为，至少在某些情况下，判断错误和偏向可能会产生严重歪曲，因此应当找到改善推理过程的方法。可以纠正常见偏向或错误的决策方法包括使用统计学方法和计算机辅助判断。此外，通过训练推理技巧，也可以提高人的推理能力。

第二种观点认为，实验研究让人们看起来比实际情况更糟糕一些，而直觉推理策略在现实世界中实际上相当有效。根据这一观点，直觉推理策略通常对我们很有帮助，因为它们考虑了效率压力、某个推理问题的具体内容和背景，以及环境变化的概率。此外，有些错误可能并不产生行为后果，有些错误会相互抵消，还有一些错误可以通过交流沟通而得以发现。

一种相对较新的关于人类推理的观点是，至少在某些情况下，基于启发式的判断实际上比深思熟虑更好。例如，专家们可以迅速利用大量的无意识知识，做出比通过有意识的深思熟虑更准确的判断。对于许多日常任务，我们的大脑能够从大量的刺激中整合或提取信息，从而在几秒甚至几十毫秒的时间内做出复杂的判断。而且，至少在某些情况下，对我们的推理信念进行有意识的反思可能会损害推理过程。

社会性推理的研究将走向何方？来自社会认知的见解与来自经济学和神经科学的想法越来越多地结合，而这种结合的成果之一就是诞生了神经经济学。神经经济学利用预期效应标准模型、社会认知的描述性研究以及神经科学的视角和方法来准确识别特定类型的推理任务中所涉及的神经递质和大脑区域。指导这一探索的假设源于这样一个事实：尽管标准模型并没有描述人类推理，但推理捷径所产生的结果可以近似于标准模型的结果。这不仅有助于发现在标准计算中可能涉及的神经机制，还有助于确定自动化的、理论驱动的以及人们经常使用的基于情感的捷径。这一综合学科的前景是，有关研究将通过神经科学的方法来检验标准和描述性研究的假设，从而识别由不同参数和不同原则控制的多个神经子系统之间的交互作用。

延伸阅读

Dunning, D. (2012). Judgment and decision-making. In S. T. Fiske & C. N. Macrae (Eds.), *SAGE handbook of social cognition* (pp. 251-272). Thousand Oaks, CA: Sage.

Funder, D. C. (1995). On the accuracy of personality judgment: A realistic approach. *Psychological Review*, 102, 652-670.

Murphy, N. A. (2012). Nonverbal perception. In S. T. Fiske & C. N. Macrae (Eds.), *SAGE handbook of social cognition* (pp. 191-210). Thousand Oaks, CA: Sage.

Nisbett, R. E., & Ross, L. D. (1980). *Human inference: Strategies and shortcomings of social judgment.* Englewood Cliffs, NJ: Prentice-Hall.

Nosek, B. A., Hawkins, C. B., & Frazier, R. S. (2012). Implicit social cognition. In S. T. Fiske & C. N. Macrae (Eds.), *SAGE handbook of social cognition* (pp. 31-53). Thousand Oaks, CA: Sage.

Payne, B. K. (2012). Control, awareness, and other things we might learn to live without. In S. T. Fiske & C. N. Macrae (Eds.), *SAGE handbook of social cognition* (pp. 12-30). Thousand Oaks, CA: Sage.

Wilson, T. D. (2011). *Redirect: The surprising new science of psychological change.* New York: Little, Brown.

SOCIAL COGNITION

第三部分

理解社会

当人们考虑他们所处的社会背景时,他们关于相关问题的态度以及对各种社会群体的反应都与他们所感受到的社会位置有关。人们根据自己的态度迅速或仔细地评价每个人周围那些有关联的物体,这些态度服务于几个适应性功能,以指导相关反应。刻板印象是对社会群体的态度,偏见则驱动着对这些群体的情绪性反应。

SOCIAL
COGNITION

第 9 章

态度的认知结构

- 新框架源于早期探索
- 两种一致性理论预测的认知表征
- 表征可以是离散式的,也可以是分布式的
- 人们对态度改变持有常人理论
- 态度的功能维度

　　假设一位高中同学周末来访,你想策划一个小型聚会,而你的这位同学是同性恋者,你想知道你现在的朋友(大部分是异性恋者)发现了这件事情之后会有什么反应。为了避免任何可能的尴尬,在邀请你的朋友之前,了解他们的态度可能会更好。但是,如何才能最好地了解呢?你的大多数朋友可能从未谈论过同性恋话题。当然,你可以直接问,但你可能不会得到诚实的答案,因为你的一些朋友会掩盖其反同性恋的偏见。

　　你朋友的态度很重要,因为这可以预测他们的行为,但态度又是无法被直接观察到的。因为态度必须从一个人对某些刺激的公开反应中推断出来,所以它被认为是一个**假设性中介变量**(hypothetical mediating variable)。也就是说,

心理学家认为，态度介入了可观察的刺激（S）和可观察的反应（R）之间，从而为二者提供了必要的联系。正如我们在第1章所指出的，即使在刺激-反应行为主义主导心理学的时代，态度仍然是社会心理学中不可或缺的概念。

即使不同的研究者对**态度**（attitude）的定义不尽相同，但这一假设变量的核心定义是评价（Ajzen, 2001; Albarracín, Johnson, & Zanna, 2005; Crano & Prislin, 2006; Eagly & Chaiken, 2007; S. T. Fiske, 2010）。态度根据评价性维度而对刺激进行分类，因此，态度使人根据他们的认知、情感和行为反应的推理而做出积极或消极的反应。

新框架源于早期探索

20世纪初，戈登·奥尔波特（1935）宣称，态度是"当代美国社会心理学中最独特和不可或缺的概念"。这个领域的兴起源于第二次世界大战所激发的各种态度研究：宣传和说服（Hovland, Janis, & Kelley, 1953）、反犹太主义和反民主主义偏见（Adorno, Frenkel-Brunswik, Levinson, & Sanford, 1950），以及军队满意度和剥夺（Stouffer, Suchman, DeVinney, Star, & Williams, 1949）。这些早期研究基本上把态度既作为测量指标，又作为理论变量。社会心理学在最初几十年主要关注如何测量和定义态度。从那时起，态度就已经渗透到了社会心理学的每一个主题之中。本书的重点是态度的认知因素，本章探讨认知结构，下一章关注认知过程，而第15章考虑态度与行为的关系。

由于态度研究可以追溯到社会心理学创立之时，因此传统主义者起初认为新式的关于态度的社会认知研究似乎没有必要。社会认知对态度研究的最初贡献是涉及态度形成和改变机制（如注意、记忆）的细粒度分析。传统变量（如沟通者特征或信息特征）可以用新的方法来研究，而且这有助于彰显认知取向的优势。社会认知研究者通过关注这一中心议题，向早期的怀疑论者展示了社会认知取向的独特之处。现在，态度和社会认知研究组成了社会心理学旗舰杂志《人格与社会心理学杂志》（*Journal of Personality and Social Psychology*）的第一部分，而且态度研究通过以下3点充分完善了社会认知视角：①揭示了那些具有较少评价性的认知（如启发式）和那些具有较多评价性的认知（如态度）之间的共同认知过程；②拓宽了一些核心的社会认知主题（如刻板印象、偏见）的理论广度；③强调了情感（至少是评价）和行为的作用。

尽管社会认知研究丰富了当前的态度研究，但是认知的元素也出现于早期的态度理论之中。态度研究中最有影响的理论之一是**认知一致性理论**（cognitive consistency theory；Abelson et al., 1968），这一理论在20世纪60年代的社会心理学杂志上占主导地位。其基本假设是，认知之间、情感之间或认知与情感之间的不一致会导致态度改变。正如我们即将看到的，认知**失调理论**（dissonance theory）（Festinger, 1957）和**平衡理论**（balance theory）（Heider, 1958）就是例证。其他主要的态度理论也保留了认知在其中的重要作用（Fishbein, 1963；Insko & Cialdini, 1969；Kiesler, 1971；Osgood & Tannenbaum, 1955；M. J. Rosenberg, 1956）。尽管我们只能简要介绍这些数量巨大的态度研究文献，但关键的一点是，认知在几乎所有态度理论中都起着重要作用；当然，或许要排除经典条件反射关于态度的理论（Staats & Staats, 1958）和纯粹接触效应这两种情况（Zajonc, 1980b；参见第14章）。然而，直到认知革命之前，态度理论都无法借鉴认知心理学、社会认知以及更近期的人类神经科学的有关进展。

比较关于态度的新旧认知理论

在一些关键的方面，关于态度的新认知框架是在旧态度理论的基础上建立起来的，许多关键变量是相同的。一些研究策略在很久以前便已被采用，并且继续成为有关研究范式的基础。例如，当代研究者有时会重新采用一些旧的实验设计，只是在之前的基础上加一些对中间认知过程的详细分析而已。早期研究的一个遗留问题是，当前的许多理论问题其实是早期问题的变式。此外，正如刚才所介绍的，许多早期的理论都带有很强的认知性。

但是，新旧理论之间又有不同。第一，两者之间存在着所谓的**元理论**（metatheoretical）区别，也就是说，主要的概念差异将大多数一致性理论的总体框架与关于态度的社会认知取向背后的总体框架区分开来。大多数"认知"一致性理论都假设人的一致性具有强烈的动机基础，一致性理论背后的元理论通常是减少内部差异的驱动力。而且，一致性理论通常不是关于认知系统根据其非动机性原则运行的理论。传统的一致性理论可能认为，人们解决差异是为了避免持有两个相互冲突的信念所带来的不舒服感受。与此相反，认知理论是基于目前对认知系统的理解而提出的。例如，当前的认知理论可能认为，人们解决不一致性，主要是为了提高记忆存储的效率。

第二，一些具体的理论差异区分了新旧框架。新框架明确借鉴了早期还没有的认知理论，这些理论可以提供一些精确的框架，而这些框架详细说明了说服过程中信息的组织和加工过程，从而允许对与态度改变有关的认知过程进行更细致的分析。

第三，许多研究态度改变的新方法都是从认知心理学借鉴而来的。态度理论很久之前就提出了对内部结构的假设（Zajonc，1968b）。但是，随着测量技术的进步，研究者在态度研究中对认知组织和动态结构（认知心理学的典型特征）的更细粒度分析已经成为可能。在20世纪70年代，基于元理论、理论和方法学的发展，关于态度的信息加工研究开始向几个方向扩展。

一个关于说服的早期框架（Lasswell，1948提出，由 Hovland，Janis，& Kelley，1953进一步阐释）仍然长期出现在关于态度的新框架之中：谁通过什么渠道，对谁说了什么，而达到了什么效果。这一研究倾向于关注沟通者、信息、受众、沟通形式以及态度改变的持久效果（见表9-1）。当前的许多认知研究只是继续解释由经典研究最初发现的那些效应。

表9-1 说服框架

概念	谁说的	说了什么	说给谁	通过什么渠道	有什么效果
变量	沟通者	信息	受众	沟通形式	态度改变
例子	可信的演说者	论据强度	专家	书面/口头	短期效果
	吸引力	表面上有力的证据	偏向	迅速输出	长期效果
	相似性	冗余度	卷入程度高的人	图像	内隐改变

资料来源：Proposed by Lasswell (1948), elaborated by Hovland, Janis, & Kelley (1953).

这一章的重点是态度的认知表征。在内容上，我们首先讨论两种传统的态度理论，即失调理论和平衡理论的一些更严格的认知特征，并对当代社会认知研究做出展望。接着，我们将会介绍三种以人们对态度的常人理论为基础的认知框架：受众关于沟通者作为一个普通人的归因、人们关于群体中信息交流的有关概念，以及人们关于自己态度改变的观点。然后，我们会讨论当今关于态度的认知表征理论。在最后一节中，认知导向的态度研究将全面解决激发早期态度研究者兴趣的动机问题。

两种一致性理论预测的认知表征

研究者于20世纪50年代末提出的态度一致性理论预测了态度和认知表征之间的相互作用。对于每一种情况，我们首先简要介绍与之最相关的一致性理论，然后讨论当前的认知解释。失调理论解释态度的选择性知觉和选择性学习，平衡理论则解释对他人信息的选择性回忆（Zajonc，1968b）。

失调理论预测选择性知觉

失调理论（dissonance theory；Festinger，1957）通过分析认知之间的不一致性来描述信念和行为如何改变态度。这种观点认为，不一致会导致一种失调的动机状态。如果你相信吸烟会导致癌症（一种认知），但你还是吸了（一种关于行为的冲突性认知），那么你就会让自己陷入认知失调状态。失调实际上会引起一种令人厌恶的唤起状态（Elliot & Devine，1994；Losch & Cacioppo，1990；Fazio & Cooper，1983），降低这种唤起（不适）的驱动力会使你重新建构自己的认知，以减少失调。尽管理论上一个人可以通过改变自己的行为来减少认知不一致性，但大多数失调研究都关注不一致认知何时更有可能改变。这或许是一种研究认知过程**本身**的实验策略。另外，行为受到现实约束（即它通常是公开的），所以它比一个人的认知或态度更难改变。

大多数提高一致性的方法是重新建构认知表征。假设你吸烟，而且你有几种与该行为相关的认知。你可能有两个与自己吸烟行为相一致的认知（味道好、让人很放松）以及几个与吸烟行为不一致的认知（导致癌症、烟很贵、产生难闻的气味、其他人不喜欢）。因为不一致认知的数量超过了一致认知的数量，所以这种差异会产生认知不一致性，而且你可能会经历一种失调状态。为了减少这种失调，你可以通过各种方法改变自己的认知：增加或减少认知（即改变你的信念）来提高一致性认知与不一致性认知的比例（如增加吸烟会使体重下降的观点，并去掉吸烟会产生难闻的气味和费用高这两个想法），或减少不一致性认知的重要性（如"我迟早会因某种原因而死，为什么要担心癌症呢"）。这里并没有穷尽所有可能减轻认知失调的方法（Cooper，Blackman，& Keller，2015；Petty & Wegener，1998）。

选择性知觉

一致性理论者（Abelson et al.，1968）通常认为人们通过搜寻、注意和解释数据来强化他们的态度。失调理论尤其预测人们会避免那些增加失调性的信息，也就是说，人们更偏爱那些与他们的态度和行为一致的信息。失调对**选择性知觉**（selective perception）的影响可以分为**选择性接触**（selective exposure；寻求尚未出现的一致性信息）、**选择性注意**（selective attention；一旦出现一致性信息，就立即注意它）和**选择性解释**（selective interpretation；将模糊信息解释为一致性信息）三部分（见表 9-2）。

表 9-2　一致性理论对加工态度偏好性信息的预测

现象	定义	证据强度
选择性知觉		
选择性接触	寻求一致性信息	只支持事实上的选择性接触
选择性注意	注意一致性信息	某些时间对某些人起作用
选择性解释	将模糊信息解释为一致性信息	强证据支持
选择性学习	保留一致性信息	在特定条件下
选择性回忆	不用线索提示，便主动回忆起一致性信息	平衡的三角关系更容易被回忆

选择性接触是一个理应正确的原则（McGuire，1969），但不幸的是，最初的相关研究证据是不一致的（Freedman & Sears，1965；J. Mills，1968；Wicklund & Brehm，1976）。理智上的诚实和公平有时会促使人们寻求与他们的态度不一致的信息（Sears，1965）。在确定暴露时，信息的实用性和新颖性可优先于失调原则（Brock, Albert, & Becker，1970）。然而，事实上的选择性接触是很清晰的：我们大多数人所生活的环境偏向于支持我们的观点（Sears，1968）。人们倾向于选择那些与他们态度相一致的朋友、博客、电影和电视，而这些赞同他们的他人或物反过来又会强化其态度（Coman & Hirst，2012）。

对选择性接触的后续研究表明，某些提高失调水平的因素也会增加选择性接触：明确选择或公开承诺（Frey，1986）；对个人重要的态度（Holbrook, Berent, Krosnick, Visser, & Boninger，2005）；在信息一个接一个出现时增加承诺（Jonas, Schulz-Hardt, Frey, & Thelen，2001）；有限的搜索选择，并假定支持性信息就是最好的（Fischer, Jonas, Frey, & Schulz-Hardt，2005）；当提醒人们生命短暂之后，他们会更加关注相关的和重要的态度（Jonas, Greenberg, & Frey，2003）。因此，在特定条件下，针对态度一致性信息的选择性接触确实会出现。选择性知觉的这一特点涉及一个重要的认知过程，即信息寻求过程，并为选择性知觉的其他两个方面（注意和解释）做了铺垫。

选择性注意显然是人们对一致性所带来的压力而做出的反应。人们看一致性证据的时间往往比看不一致性证据的时间更长（Brock & Balloun, 1967; A. R. Cohen, Brehm, & Latané, 1959; Jecker, 1964）。例如，一项研究（J. M. Olson & Zanna, 1979）将被试分为抑制者（倾向于回避威胁性刺激的人）和敏感者（倾向于分析威胁性刺激的人），让两组被试报告他们对一些画作的态度。然后，实验者允许他们选择两幅画作保留下来，包括一幅他们喜欢的画和一幅他们不喜欢的画。做完决定后，被试观看他们选择的那两幅画。失调理论预测，被试会关注他们所做选择的积极方面，也就是在所选的两幅画中关注他们喜欢的那幅画。结果只有抑制者（回避者）的行为符合预测，与对照组相比，被试观看与他们态度一致的画的时间更长，而且他们回避观看与他们态度不一致的画。因此，一致性的信息只引发了抑制者的选择性注意。

像抑制者一样，长期乐观主义者也会回避威胁性刺激（Isaacowitz, 2005）。并且，可能由于信息加工资源的限制，应激会增加选择性注意（Chajut & Algom, 2003）。因此，选择性注意在某些时间对某些人起作用，也在某些时间对某些刺激起作用，例如，人们会选择性注意那些他们容易反驳的反对论据（Kleinhesselink & Edwards, 1975）。

除了选择性接触和注意以外，人们还通过选择性解释来保护他们的态度。人们的态度可以改变他们对所见人或事的解释（Vidmar & Rokeach, 1974）。例如，个体对总统候选人的态度会影响对他们辩论表现的评价（Fazio & Williams, 1986; Holbrook et al., 2005）；对巴以冲突的态度会影响对新闻报道公正性的判断（Vallone, Ross, & Lepper, 1985）；对外群体的态度会影响对该群体行为的归因（Pettigrew, 1979）；对引进欧元的预期会影响德国人对价格上涨的判断（Traut-Mattausch, Schulz-Hardt, Greitemeyer, & Frey, 2004）。尽管这些例子并不总是完全基于失调理论对选择性解释的预测，但它们能适用于这个理论，且其背后的框架也更明确地源自社会认知。

文化和选择性知觉

认知失调在不同文化背景下运作方式不同。我们这里举一个回溯性知觉引起失调减少的例子。欧洲人和欧裔美国人通常通过重新解释他们所选的方案，即强调其优点，淡化其缺点，来证明他们的选择是正确的，而对未选的方案采取相反做法。这个过程减少了由未选方案的优点和所选方案的缺点所造成的失调。研究者很早就在这些人群中发现了这种**敝帚自珍**（spreading the alternatives）的现象（Brehm，1956）。

然而，东亚人不一定会为他们的决定辩护（Heine & Lehman，1997）。为了与相对依存性的文化特点保持一致，他们只有在意识到与自我相关的他人会对自己的选择做出评价（Kitayama，Snibbe，Markus，& Suzuki，2004）或在为朋友做选择时（Hoshino-Brownee et al.，2005）才会为自己进行辩护。因此，决策后的失调减少以及失调对选择性注意和解释的影响是依赖于文化背景的（Morling & Masuda，2012）。

失调理论预测选择性学习

失调理论和其他一致性理论预测了个体对态度一致性信息的选择性学习和记忆。不只有失调理论者做出了这种预测，事实上，针对态度一致性的选择性记忆是最早得到研究的态度问题之一（Levine & Murphy，1943；W. S. Watson & Hartmann，1939）。早期和后来的一些理论都预测：如果一对情侣为究竟是在佛蒙特州还是加勒比海度过冬季假期而争吵，那么滑雪爱好者将永远不会知道浮潜之旅的各种优惠细节，而阳光崇拜者将永远不会知道滑雪套餐的具体情况。遗憾的是，关于选择性学习的证据是"尚无明确定论的"（Greaves，1972）。一位评论者得出结论，已发表的支持选择性学习的证据一定都是侥幸得到的，因为如此多的其他研究都没有发现这样的证据（Greenwald，1975）。此外，这些证据往往是有缺陷的。最近的部分研究基于认知心理学角度，揭示了这些错误出现的原因。例如，许多研究混淆了论据的熟悉性和统一性（Zanna & Olson，1982）。一点儿也不奇怪的是，由于滑雪爱好者对支持滑雪论据的思考更频繁，因此这个人对支持滑雪论据的回忆要比对支持日光浴论据的回忆更好。熟悉的论据会更容易被回忆起来，因为个体不需要假设任何基于失调的动机来忘记不一致的论据（Schmidt & Sherman，1984）。

对态度一致性信息的选择性学习和保持确实可在特定条件下发生，这些条件部分是由信息处理的不确定因素决定的。伴随学习，而不是有意学习，为选择性学习效应提供了更明确的支持（Malpass，1969）。也就是说，当人们不知道他们稍后要完成针对这些材料的测试时,他们更有可能进行选择性学习。一个经常需要介绍游轮和滑雪旅游套餐细节的旅行社经理,不管其自身是什么态度,都会记住支持两个套餐的论据。

重要的态度尤其会加强与态度相关的记忆(Holbrook et al., 2005),这些强烈的态度促使人们去反驳那些不一致性信息,他们也因此会记住这些信息(Eagly, Kulesa, Brannon, Shaw-Barnes, & Hutson-Comeaux, 2000);强烈的态度促使人们记住一致性论据,也是因为它们令人满意。而且,一致性对某些人来说比对另一些人更重要,因此这些人更容易表现出选择性学习(Kruglanski & Sheveland, 2012)。总的来说,元分析表明,因为人们会积极反驳不一致的信息,所以态度不一定会促进态度一致性记忆(Eagly, Chen, Chaiken, & Shaw-Barnes, 1999)。

当选择性学习确实发生时,一致性过程可能会自动执行,即使是记忆损伤病人(遗忘症病人)以及处于认知负荷状态的人,也会表现出减少失调的态度转变(Lieberman, Ochsner, Gilbert, & Schacter, 2001),这表明记忆的作用并不一定是外显的和有意识的。

平衡理论预测选择性回忆

当青少年与父母争吵时,他们对这些争吵的看法受到他们与父母依恋关系(如安全型依恋或矛盾型依恋)的影响。随着时间推移,他们的记忆会更多地反映他们的关系风格(Feeney & Cassidy, 2003),另一个一致性理论,即平衡理论(Heider, 1958)可以解释这一点。像失调理论一样,平衡理论也激发了关于学习和保持作为一致性的函数的研究(N. B. Cottrell, Ingraham, & Monfort, 1971; Picek, Sherman, & Shiffrin, 1975; ajonc & Burnstein, 1965)。平衡理论与失调理论的不同之处在于,从本质上讲,它关注人与人之间的关系。

根据平衡理论,知觉者头脑中的结构代表了知觉者(P)、另一个人(O)和共同态度对象(X;见图9-1)。例如,你(P)可能对你的室友(O)有一种态度,对他那辆旧车(X)有一种态度,你也可能知觉到他对他的车有某种态度。你对你、室友和那辆旧车三者之间每一种关系的知觉可能是积极的或消极的,喜欢、拥有或属于是一种积极关系(+);不喜欢或不属于是一种消极关系(-)。

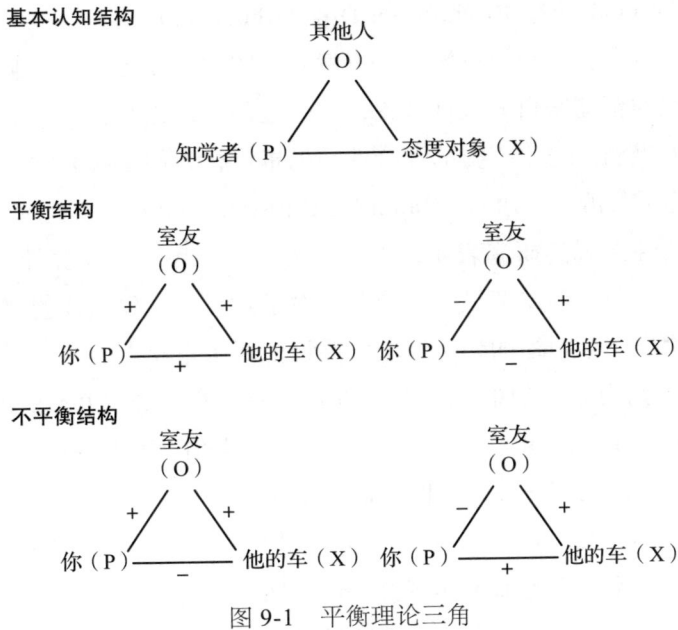

图 9-1 平衡理论三角

综合来看，三者之间的关系可能是平衡的，也可能是不平衡的。关键是，如果你们是持赞成态度的朋友或持反对态度的敌人，那么这些关系就是平衡的。假设你喜欢你的室友（P-O 为 +），而他喜欢他的车（O-X 为 +），那么，如果你喜欢他的车（P-X 为 +），你们三者之间就是"平衡"的。

现在考虑这样一种可能性：你喜欢你的室友（+），他非常喜欢他的车（+），而你不能忍受他的车（-）。这种不平衡的关系将会带来麻烦，或者至少会带来一些转向平衡变化的压力。这就是该理论预测态度改变的原理，为了创造平衡，你对这三种关系中任何一种的知觉都有可能会改变。例如，人们可能把他们喜欢别人（P-O 为 +）解释为喜欢他们所喜欢的东西（P-X 为 +，所以 O-X 为 +），而不喜欢他们所不喜欢的东西（P-X 为 -，所以 O-X 为 -）。大多数人认为亲密朋友和支持的政治候选人三者之间会有比实际情况更相同的态度（Ottati, Fishbein, & Middlestadt, 1988），这种虚假兼容性甚至可能是具有适应性的（Levinger & Breedlove, 1966）。例如，当人们建立浪漫关系时，他们的态度就会趋于一致（Davis & Rusbult, 2001）。人们对与喜欢的人有不一致的态度感到不舒服，他们会因此经历强烈的矛盾心态（Priester & Petty, 2001）。事实上，社会群体的引导使人们的态度与这个群体相适应，就好像他们正准备与这个群体相处一样（Kawakami，Dovidio，& Dijksterhuis，2003）。

平衡理论表明了认知约束塑造与态度有关的学习和记忆的机制。对平衡关系更容易回忆的预测来自一致性理论，并通过图式理论得到了发展。例如，传统的平衡研究表明，与不平衡的社会性结构相比，人们更容易学习和产生平衡的社会性结构（Feather，1969；Zajonc & Burnstein，1965）。

有关社会性图式的研究表明，平衡的关系作为单一单元存储于记忆之中。人们更容易记住两个朋友意见一致或两个对手意见不一致这样的事件，这两个事件都可以构成一个压缩的记忆组块。要记住两个室友中的一个喜欢巧克力而另一个讨厌巧克力以及他们谁喜欢或谁讨厌是比较难的（Picek et al.，1975；Sentis & Burnstein，1979）。在一项研究中，人们最初学习一些不平衡的三角关系，随后，他们提取某一关系的时间取决于实验者提供的对关系进行回忆的线索数量（P-O，O-X，X-P）。结果表明，给出的三角不平衡关系的线索越多，人们对该三角关系进行提取的速度就越快。然而，对于平衡关系，实验者提供的信息数量并不重要，无论回忆线索数量如何，提取整个三角关系的时间都是一样的。这就意味着，平衡的三角关系是一个单一的认知单位，必须一次性提取出来，不平衡的三角关系则不是（Sentis & Burnstein，1979）。

态度组织记忆

受一致性理论启发，研究者发现了一个关于态度的一般性原则：态度经常组织记忆。具体来说，做出一个态度性判断可以提高对态度相关证据的回忆，并形成态度一致性的推论。这一原则也能解释有关人类知觉的研究结果（Ostrom，Lingle，Pryor，& Geva，1980）。因此，如果你判断一个人适合做飞行员，那么你将会回忆起他的超强视力，并推断他有良好的空间能力；如果你判断一个人适合做喜剧演员，那么你会想起他富有感染力的笑声，并推断他有舞台表现力（Lingle，Geva，Ostrom，Leippe，& Baumgardner，1979）。这种效应似乎受到对所形成的态度本身的回忆的中介作用，而不受到提取和重新合成所有单独的证据碎片影响。一旦你形成了对某人适合做飞行员而不是喜剧演员的态度，那么这种态度就会对随后的判断进行组织，包括对做出判断所依据数据的回忆。整体态度比它的支持性证据更容易被回忆起来（Lingle & Ostrom，1979；Loken，1984）。

最近的研究为态度的这种记忆组织角色增加了一个新内容。当人们的态度改变时，他们在记忆中同时保留了新旧两种态度，但旧的态度似乎转入了意识之下。**双重态度**（dual attitudes）包括旧的且自动化的态度和新的且外显可获取的态度（T. D. Wilson, Lindsey, & Schooler, 2000）。哪一种态度占主导地位取决于表达的方法，当一个人自动化地或在认知负荷情况下做出反应时，旧的态度可能会不经意地跳进意识层面。这些并存的态度会制造难以察觉的矛盾（Petty et al., 2006），从而削弱信心，扩大人们对利弊的考虑，并在时间压力下创造一种自动化的中立性。

认知在一致性理论中的作用总结

经典的一致性理论是最早预测态度如何影响选择性知觉、学习和记忆的理论框架之一。该理论既预见到了各种社会认知框架，也最终被它们所发展。失调理论认为人们会尽量避免与他们态度不一致的信息。虽然针对选择性接触的证据并不均衡，但支持选择性注意和选择性解释的证据却比较清晰。失调理论者和其他理论者也假设了对态度上认同的论据的选择性学习，这一预测在某些情况下对某些人的某些态度的研究中得到了支持。与此类似，平衡的三角关系（具有共同态度对象的一致性人际关系对）更容易学习和记忆，这明显是因为它们在记忆中形成了一个压缩的记忆组块。最后，人们的态度会在更普遍的意义上对记忆进行组织。所有这些效应都取决于人们认为态度相关认知具有一致性的常人理论。

表征可以是离散式的，也可以是分布式的

一位著名的一致性理论家向本书一位作者吐露，表征各种态度相关认知之间关系的研究并不令人满意，但好在当今的社会认知研究最终开辟了研究此问题的新方法。态度表征仍然向我们提供了具有挑战性的研究机会。有关态度结构的竞争性观点与更广义的有关社会性记忆的竞争性观点相呼应：离散式、陈述性表征在与态度相关的分类、推理和决策的序列过程中起作用，而分布式、程序性表征在态度产生和反应的平行过程中起作用（Ferguson & Fukukura, 2012）。

分布式态度表征不仅是表征，还包含有关的态度过程，特别是产生态度的过程。请回忆第 4 章中时间和温度显示牌灯泡（或一个计算机屏幕中的像素）的比喻，小单元（如像素或神经元）协同激活的模式代表一种态度。这种连接主义模型把态度看作分布式系统的一种状态，是低水平单元之间联系强度的函数（Conrey & Smith，2007；Van Overwalle & Siebler，2005）。联系性过程能够轻松描述态度激活的原始情感过程，以及可能是间接和内隐的态度（Gawronski & Bodenhausen，2007；Strack & Deutsch，2004）。对该网络的联系和输入决定评价结果。

更传统的离散式、陈述性和命题式框架出色地解释了关于态度的高水平思维（Dietrich & Markman，2003；Strack & Deutsch，2004）。与情感－联系性的分布式表征不同，这些表征包含一些真值很重要的命题。信念可以为真或假，但情感没有这样的真假值。正如在态度的**联系性－命题性评价模型**（associative-propositional evaluation model）中所提出的机制一样，到最后，这两种表征似乎都发挥了作用（Gawronski & Bodenhausen，2007）。认知一致性在命题表征中会起到一定的作用。

人们对态度改变持有常人理论

现在我们介绍人们对于态度为什么会改变（和不会改变）的日常社会理论。第一种框架是考察人们对沟通者社会背景的看法，因为社会背景会影响人们知觉到的信息有效性。第二种框架是考察一个团体在讨论一个问题时所产生的信息和争论。第三种框架是考察人们单独考虑其自身态度并将其关于态度改变的理论到相应场景中时的特点。这三种框架都认可人们相信态度能否改变的重要性，而且它们与其他认知框架一样，强调人们对所提供信息的解释。

对沟通者及其所给信息的归因分析

电视广告制作者都很清楚，由具吸引力的模特、受人尊敬的英雄或知名的百万富翁传递的信息能产生最大的影响。增加信息影响力的方法还包括用与普通人明显相似的沟通者传递信息，就像研究者在"隐藏式摄像机"节目中对证词所做的处理那样。Hovland 等人（1953）首次证明了沟通者的吸引力、可信度、权力和与受众相似性的重要性。从那时起，这些变量便引发了大量研究（参见第 10 章）。

社会认知研究影响态度研究的一个早期例子是对沟通者可信度进行的归因研究（Eagly & Chaiken，1984）。例如，说服在一定程度上取决于接受者对沟通者为何主张某一立场的分析，接受者在了解沟通者的一些性情和情境因素后，会试图确定说服性信息的有效性（见图 9-2）。当绿色和平组织主席在当地绿色和平组织分会发言时，你知道他自己的观点（性情因素）和听众的观点（情境因素）都促使他主张严格控制汽车排放所带来的环境性优势。如果这是一个事实，那么它的有效性和说服力就会比完全独立于这种性情和情境压力所给出的信息要差。受情境或沟通者制约的信息可能会，也可能不会有效地代表事实，所以它们并不特别具有影响力。演讲者的高谈阔论显然反映了一种（环保主义者）取悦听众的偏向或他自己的偏向，他可能愿意在公共场合说的话中（报告偏向）或在他知道的事情上（知识偏向）有偏向（Eagly，Wood，& Chaiken，1978）。相比之下，如果像英国石油公司这样的大石油公司的总裁向同行业的领袖提出同样的环保主义观点，那么他的信息实际上就要可信和有说服力得多。

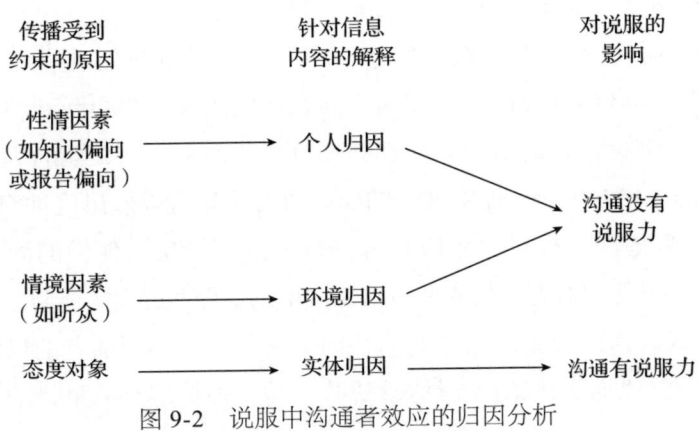

图 9-2 说服中沟通者效应的归因分析

这些关于沟通者可信度的预测是根据 H. H. Kelley（1972b）的多重充分原因分析而做出的。从几个给定的原因中，说服力较弱的原因会被排除（参见第 6 章）。如果这个演讲是个人特质因素（他是一位环保主义者）和环境因素（绿色和平组织的听众）共同作用的结果，那么备选的原因，即各种事实，便无须对此做出解释。对这一模型的逐步测试表明,对沟通者背景的知觉(如他持有强烈的意见)会导致所预测的归因(如,他是有偏向的);让可信度陷入质疑的归因会减少意见改变(W. Wood & Eagly, 1981)。因此,这种框架关注的是沟通者与信息之间的交互作用。

从归因角度看,沟通者的吸引力也能促进沟通。一项研究(Eagly & Chaiken, 1975)检验了一种观点:有吸引力的沟通者不仅在一般情况下更有说服力(一个公认的发现),而且如果他们主张一个不受欢迎的立场,他们也特别有说服力。因为人们预期有吸引力的人会倡导有吸引力的立场,所以有吸引力的人倡导一个不受欢迎的立场一定是因为这个立场是合理的。被试遇到了一个可能喜欢,也可能不喜欢大学本科生的沟通者,后者发表了一些乐观或悲观的言论,如关于大学毕业生的就业机会或关于性病在未来的传播情况。在主张不理想(悲观)的立场时,有吸引力的沟通者比没有吸引力的沟通者更有说服力(Wachtler & Counselman, 1981)。考虑到沟通者的性情和传播环境,那些出乎意料的信息比那些根据谁在说它们而完全可以预测的信息更具说服力(Eagly & Chaiken, 1984; Goethals, 1976)。考虑到沟通者的自身利益,出乎意料的立场增加了可以知觉到的信任度和准确性,所以减少了信息加工,进而导致启发式的同意(Petty, Fleming, Priester, & Feinstein, 2001)。

归因理论也解释了相似性和同意效应。那些同意我们的人看起来是客观的,是根据事实做出反应的,而那些不同意我们的人似乎会受到他们自身价值观的影响而出现偏向,这两种倾向都会被自我和他人之间其他的不相似性所夸大(Goethals, 1976)。根据 Kelley 的归因协变模型可以做出这种归因解释(参见第 6 章):考虑两个人讨论不吸烟者的权利这一情况。他们的同意意味着共识,而高度共识促进对态度对象(即正在讨论的话题)进行实体归因。在我们的例子中,达成共识的两个人把他们的共同态度归结为不吸烟者的权利具有正当性。然而,由态度不相似的人所达成的共识是一种特别有信息量的共识性信息(Goethals, 1976),共识越清晰,就越有可能是由有关实体(话题),而不是由特殊的人或情境引起的。因此,如果这两个人一个是吸烟者,另一个是不吸烟者,而且他们确实能达成一致,那么每个人都尤其容易被说服,因为原因是公正的,是一种实体归因。

相反,低共识或另一个人不同意将会让个体倾向于个人或情境性归因。当两个人意见不一致时,每个人都认为对方没有对事实进行客观判断,而是被情感上的偏向所影响。鉴于双方所处的情境相同,因此造成低共识的原因必然是对方性情所致。如果一方是一个受到批评的吸烟者,另一方是一个愤怒的不吸烟者,而不是两个相似的人,那么争论双方更有可能认为对方有偏向(即进行性情归因)。因此,不相似的人夸大了分歧的影响,也夸大了一致的影响,群体间的文化差异就是这样开始的(D. T. Miller & Prentice,1999)。

人们不仅相信一个大家认同的信息源是可信的,他们还把大家认同的立场误认为信息来源可信(Fragale & Heath,2004)。启发式暗示我们,坚定的信念必定来源可信。一般来说,人们会在一个有说服力的信息、它的来源和它的有效性之间建立一种匹配性:熟悉的人是有说服力的(Weisbuch, Mackie, & Garcia-Marques,2003),符合我们关注焦点的合理信息是有说服力的(Cesario, Grant, & Higgins,2004;Evans & Petty,2003),而且与事件不相关的情绪会转而影响信息源的可信度(Dunn & Schweitzer,2005)。所有这些都表明了参与说服的各元素之间要匹配,而这也与归因分析以及平衡理论相一致。

同样,人们对态度各成分之间应该如何匹配也持有一些常人理论。归因分析澄清了与信息和情境变量交互作用的各种沟通者变量。

群体极化:社会认知的解释

你愿意由委员会讨论还是由大家独立投票决定你的下一次晋升呢?许多人认为,团体代表着理性和折中,由委员会经讨论做出的决定应该比个人做出的决定更安全,但对团体决定的仔细观察发现情况完全不是这样。对态度的一种认知分析考察了群体层面的态度表征,这种认知分析关注人们如何根据他们自己与其他群体成员相比所处的位置而对社会互动提供的信息做出反应。

关于群体层面的态度研究源自20世纪60年代初关于群体决策的研究。其中一个研究领域特别关注群体和个人决策的相对风险性(Wallach, Kogan, & Bem,1962)。研究生们要在不同群体内外做出决定(见表9-3),在大多数情况下,学生在参与了群体讨论后要比他们参与讨论前更倾向于做出冒险的选择。因此,群体决策比个人决策的平均风险更大,这一现象被称为风险转移(risky shift),或通常叫作**群体极化**(group polarization)。

表 9-3　群体讨论后，检验群体极化的场景举例

1. 一个电气工程师可能继续目前的工作，拿着不高但足够生活的薪水，也可能接受一份薪水高不少的新工作，但没有长期保障
2. 一个中等收入的男性可能将他最近继承的一笔钱投资于安全但回报率低的"蓝筹股"，或投资于可能获得大收益但风险也更高的证券
3. 一个大学足球队的队长，在与该校传统对手比赛的最后几秒钟，可能会选择一个几乎肯定会产生平局的战术，也可能选择一个更冒险的战术，如果成功肯定胜利，不成功则肯定失败
4. 一家准备扩张的美国公司，其总裁可能会在美国建立一个新工厂，收到中等投资回报，也可能决定在政局不稳定的国家建立工厂，但那里的投资回报将会非常高
5. 一个计划在化学领域读研究生的大学四年级学生毕业后可能会进入 X 大学（由于那里的标准严格，因此只有一小部分研究生能够获得博士学位），也可能进入 Y 大学（那里声誉较差，但几乎每个研究生都能获得博士学位）
6. 一个具有相当音乐天赋的大学四年级学生必须在进入医学院并成为一名内科医生的安全事业或走上职业钢琴家生涯的风险事业之间做出选择
7. 第二次世界大战中的一名美国战俘必须在冒着被抓后遭到处决风险的越狱行为和留在条件很差的集中营生活之间做出选择
8. 一个物理学家刚在一所大学开始一份聘期五年的工作，他可能会把时间花在一系列短期问题上，而且他有能力解决这些问题，但这些问题的重要性较低，他也可能会把时间花在一个非常重要但非常困难的问题上，但有可能经过五年的努力一无所获
9. 一对订婚的情侣必须决定在面对最近一些尖锐的意见分歧之下，他们是否应该结婚。与婚姻顾问的讨论表明，一段幸福的婚姻虽有可能，但并没有十足把握

资料来源：Wallach, Kogan, & Bem (1962), p. 86.

这一反直觉的结果引发了大量研究（Rajecki，1982）。一些解释关注传统的变量，如规范和价值观，即**规范性影响**（normative influence），但也有一种针对群体互动的认知解释，即**信息性影响**（informational influence）。作为规范性解释的一个例子，我们这里考虑群体规范的可能影响。有研究者提出，处于有凝聚力群体中的人会感到被保护，免受其风险决策负面后果的影响，他们可以躲在群体后面。然而，这种"责任扩散"假说在人们发现群体态度并不仅仅在群体感觉有凝聚力时发生变化时就不受欢迎了；相反，群体内部进行某种相关的讨论似乎是必要的（Pruitt & Teger，1969）。

一种规范性解释是，人们更重视风险而不重视谨慎。当人们聚集在一起比较他们的意见时，大多数人会发现，至少有一些人的立场比他们更冒险。因为风险被重视，所以这个论点认为，群体会走向风险更大的一端。当研究者发现许多群体在讨论后转向更谨慎的一端时，这种社会性比较和"更重视风险"的解释就失效了（McCauley, Stitt, Woods, & Lipton, 1973）。这种朝向谨慎的转变也削弱了责任扩散假说的意义。为什么一个团体需要为更谨慎的决定去分散责任呢？

这些规范性解释与一些信息性解释形成了对比，而后者得到了实证支持。**说服性论据理论**（persuasive arguments theory；Burnstein & Vinokur，1973；Isenberg，1986）提出，当人们接触到新信息时，群体的态度会转向相对极端的（谨慎或冒险）替代方案。假设对任一态度都有一个可能的论据库。当群体成员讨论他们的立场时，他们会接收到其他人的论据，而这些论据是他们作为个体没有想到的。群体态度的改变取决于每个人是否已经知道类似的论据。在这种情况下，群体成员不会接触到太多新信息。群体态度的改变还取决于有多少潜在的论据可以支持某一立场。一个有很多论据支持的态度比一个没多少论据支持的态度能使这些论据具有更高的曝光率。

一项经典研究检验了说服性论据理论，在这项研究中，学生可能有如下情况：①接触到他人的意见，并有时间思考这些意见；②接触到他人的意见，但没有时间思考这些意见；③没有接触到他人的意见，但有时间思考这个话题（Burnstein & Vinokur，1975）。只有一些学生的态度发生了改变，就是那些知道别人的意见，并有时间为其提供支持性论据的学生。在其他支持性研究中，信息是在实际讨论中得到交换的（Rajecki，1982）。论据的数量和说服力都会影响群体极化（Hinsz & Davis，1984），这种影响可能仅限于强调合理性和深思熟虑的辩论环境（McLachlan，1986）。

社会比较理论（social comparison theory；参见第 5 章）对群体极化效应提供了另一种信息性解释。在某些情况下，选择转移可以简单地由关于他人立场的信息引发（Teger & Pruitt，1967）。当人们了解到相对于其他人的意见，他们自己并不像他们想象的那样有风险时，他们显然会改变观点。当人们知道其他人的与风险有关的人格特征时（因为这样为社会比较过程建立了基础），这种比较过程运行得最强烈（Goethals & Zanna，1979）。

社会比较理论的一个变式结合了信息和规范的影响，即从社会认同理论（social identification）和自我分类理论（self-categorization theories）解释群体态度极化现象（Turner，1987）。我们将在第 11 章说明人们将自己和他人归类于不同的社会群体。因此，人们对内群体和外群体的成员都有刻板印象，也对自己有刻板印象。与该理论相一致的是，当人们把其他人归类为一个群体并期望加入这个群体时，他们认为该群体的规范比其他的更极端（Mackie，1986）。群体成员使用该群体与众不同的、一致的立场来表明他们的身份（Postmes，Spears，

Lee, & Novak, 2005）。群体发展出了一种理想立场的原型，它可能比成员立场的均值更极端（Turner, Wetherell, & Hogg, 1989）。当群体间的社会环境显著不同时，个人的态度会极化（Hogg, Turner, & Davidson, 1990；Turner et al., 1989）。群体在群体规范的方向上出现极化，当成员被去个体化（Turner, 1985）且不能被单独识别时尤为如此（Postmes, Haslam, & Swaab, 2005）。围绕共同身份形成的群体，通过自上而下的身份演绎推理获得共识；围绕独立个体之间的关系形成的群体，则通过自下而上的成员贡献归纳推理而获得共识。

因此，群体极化效应取决于人们是否将自己归类为提出论据群体的一员。例如，当个体无意中听到的一个讨论被认为出自一个自己期望加入的群体时，该个体会知觉到这个群体有更极端的态度，而自己的态度也会转变为与那些刻板态度一致（Mackie, 1986）。显然，人们在群体分类过程中借助了态度（Hymes, 1986）。

关于群体活动中的态度问题，一种新兴的框架使用了计算机模拟来表示具有各种态度、知识、目标和其他特征的个体分布，个体之间都以具有自主性的行动者身份互动（E. R. Smith & Conrey, 2007）。**基于行动者的建模分析**（agent-based modeling）适用于特定情境下的各种社会过程，被认为可描述社会影响的网络结构（W. A. Mason, Conrey, & Smith, 2007）。

接触到有说服力的论据、社会比较信息或典型的内群体意见作为态度极化的影响因素，为说服提供了信息基础。这些还只是一些可能的解释，而且只是群体中态度改变的一种类型。然而，它们说明了认知取向在理解群体某些方面的价值。人们关于自身态度的社会背景的日常观念会影响他们对基于信息的说服过程所做出的反应。

关于态度稳定和改变的内隐理论

人们与态度有关的常人理论⊖也重视社会情境的一个方面——自我。最初，自我知觉理论（D. J. Bem, 1972；参见第6章）认为，当对自己的态度不确定时，人们会从自己的行为中推断出自己的态度。一个结果是，人们可能会歪曲他们自己之前的态度。在成功地被说服之后，人们会很容易地认为他们的态度根本不曾

⊖ 作者在本章交替使用 everyday theory（日常理论）和 lay theory（常人理论），均译为常人理论。关于理论这个词，在本书实际上有两种含义。其中一种含义是指科学理论，即基于科学方法而做出的关于事实的解释和预测；另一种含义是指任何人对于任何事情的事先或事后看法，常人理论和下文提到的内隐理论就是指的这个意思。——译者注

改变（D. J. Bem & McConnell，1970）。如果一个人在说服前的态度不突出，那么这个人就会从当前的行为中推理出新态度。因此，人们倾向于错误回忆他们的态度，使态度与他们当前的行为一致（Fazio et al.，1977；Wixon & Laird，1976）。

一种最近提出的框架是更明确地基于人们对自己态度改变的**内隐理论**（implicit theory）㊀来阐述一个人知觉到的有关态度的稳定性和改变。五年前你对宗教的态度是什么？与你现在的态度很相似吗？大多数人认为他们的态度一直是相当稳定的，而且在大多数情况下他们也是对的。然而，也许你有过皈依经历，在这种情况下，你会回答说你对宗教的态度发生了很大改变。通常我们的态度是保持不变的，但有时也会发生改变，有时我们知觉到了稳定，有时却没有；有时我们知觉到了改变，有时却没有。

有一个理论（M. Ross，1989）描述了人们建构他们个人历史的各种内隐理论。该理论认为人们对稳定和改变的知觉取决于他们对自己何时改变以及何时不改变的内隐理论。该理论提出了一个两阶段过程，即人们以他们当前的态度为起点，然后运用他们的理论来决定他们在过去是否会有不同的态度。与关于稳定的内隐理论相一致，人们往往不认为自己的态度已经改变，而实际上他们确实改变了。那些不易察觉的劝说就有这种效果，人们知觉到他们最初的态度与他们当前（实际上已改变）的态度相似，并且他们宣称并没有改变（D. J. Bem & McConnell，1970；Goethals & Reckman，1973；M. Ross & Shulman，1973），甚至当改变随着时间或关系的发展而自发出现时，人们也不认为他们的态度已经改变（McFarland & Ross，1987）。此外，由于人们通常认为他们的态度是一致的，因此他们会基于当前的态度去回忆过去的行为。内隐理论的可能机制如下：①一个人的行为与其态度一致；②态度是稳定的；③他当前的态度是解释过去行为的可靠指南。同样，不易察觉的劝说可以改变人们的态度，同时人们也会歪曲对过去行为的回忆，以适应当前的态度（M. Ross，McFarland，Conway，& Zanna，1983）。当被试正好在改变态度后回忆过去的行为时，他们对新态度会更加坚定（Lydon，Zanna，& Ross，1988；M. Ross et al.，1983）。在其他条件相同的情况下，我们期望我们的态度是稳定的，并据此做出推理。

但其他条件并不总是相同的：人们会改变信仰、参加减肥计划、接受治疗、离婚、搬家到新地方、升职或被解雇、经历战争、成为受害者、变老，等等。人

㊀ 指个体针对对象（包括人类）的各种特征的先前信念（Plaks，2017）。——译者注

们期望一些事件能改变他们，所以他们具有"事件能改变人"的内隐理论。你有没有听说过有人在接受了大量治疗后仍认为自己的看法、理解或情绪没有发生任何变化？如前所述，人们期望在一个学习技能的项目中得到改善，所以他们误认为自己最初的情况比实际要差，并误认为自己的最终成绩比实际要好。这两个过程都使他们认为自己有进步，而这与他们的内隐理论是一致的（Conway & Ross，1984）。人们期望这样的事件能够促进改变（而且也确实常常如此）。同样地，一些属性也有望改变（M. Ross，1989）。例如，人们对一般社会类别的态度预期在整个生命周期内是稳定的，但对自己的年龄组及其典型活动的态度预期会随着年龄的增长而改变（人们并不希望对滑板的态度在整个生命周期内是稳定的）。

　　大量的证据表明，人们对自己过去的重构是由他们关于稳定和改变的内隐理论所指导的。尽管这些证据主要是关于态度稳定和改变的知觉，但该理论也适用于解释人们对自己之前的特质和感受的建构（M. Ross，1989）。根据时间自我评价理论（temporal self-appraisal theory），人们会与过去的消极自我保持距离，并减少与过去的积极自我的距离，当人们拥有高自尊时尤为如此（M. Ross & Wilson，2002；见表9-4）。一般来说，人们会贬低自己很久以前的特性，赞扬靠近现在的过去的自己，相信自己"从笨蛋到冠军"已有很大进步（A. E. Wilson & Ross，2001）。在态度领域，人们认可他们当前的态度，并且通常认为态度是相对稳定的，至少在不远的过去一段时间是这样的，从而增强了他们的自我肯定。

表 9-4　针对过去的自己的态度

请评价高中最后一年的自己并打分（1～7分）：
受欢迎 / 不受欢迎_____
社交技能丰富 / 缺乏社交技能_____
接纳 / 拒绝_____
冷静 / 不冷静_____
很多朋友 / 几乎没有朋友_____
友好 / 不友好_____
善于社交 / 不善社交_____
孤独 / 不孤独_____
深受喜爱 / 不被喜爱_____
请通过在下面的线段上做标记来评价高中时的自己与当前自己的主观距离

感觉与过去的自己非常接近	感觉与过去的自己非常遥远
过去的自我感觉很近	过去的自我感觉很遥远

资料来源：M. Ross & Wilson (2002).

态度的常人理论总结

我们已经讨论了从人们对态度改变的自身看法角度研究态度改变的三种框架。第一种是考察沟通者的动机，以推理所给信息的可信度。第二种是考察人们对他们从群体中所接收信息的看法，包括他人立场与自身立场的对比，以及关于主题的信息。第三种考察人们对于自己态度改变过程的朴素理论。所有这三种框架都涉及人们使用他们自己的社会理论来反思其态度所处的社会环境。

态度的功能维度

有一种框架以不同方式考察态度与自我的关系。本章前面讨论了两个态度一致性理论（失调理论和平衡理论）的认知特征。这些经典的认知一致性理论都有一个动机基础：不一致被认为是令人厌恶的，从而促使人们通过各种手段（包括改变态度）解决这些不一致性。正如我们所看到的，后来的态度理论倾向于关注认知的动态过程，如归因分析、群体中的说服性论据理论和自我的内隐理论。

一些经典的理论区分了态度和态度改变的动机功能，**顺从**（compliance）是为了获得奖励和避免惩罚，**认同**（identification）和从众是为了增强对有价值群体的归属感，**内化**（internalization）是为了储存与态度相关的知识（Kelman, 1958）。最近提出的框架再次考虑到了动机的作用，强调态度服务于人的功能。具体来说，这些功能性框架中有一些侧重于坚信、强度和重要性，当然也肯定有动机成分，其他框架则具体说明了特定的态度功能。

坚信、强度和重要性

有些态度与动机关系很大，因为人们对这些态度是坚信的。这些态度往往是稳定的，而且人们也知道它们是稳定的。**坚信**（conviction）包括情感承诺（Abelson, 1988），人们坚信的态度是这样一类态度：认为它们是绝对正确的，从来没想过能改变它们，体会到对它们的道德感和承诺感。坚信也涉及自我专注：人们经常思考有关的问题，坚持自己的观点并保持关切。此外，坚信还涉及认知精细加工，这意味着人们对此观点已经持有了一段时间，将此观点与其他问题相联系，看到了它的广泛影响，对它有很多了解，并且能够轻松做出解释。大多数人只有一个或两个这样的态度。坚信的态度是稳定的，是自我的核心。

一个相关的概念，态度**强度**（strength），进一步对问题做出了阐释（Eagly & Chaiken，1998）。态度强度包括各种相互关联的成分（Bassili & Krosnick，2000），例如，重要性和确定性都能预测试图说服他人的努力程度（Visser, Krosnick, & Simmons，2003）。态度强度在中年之前会增加，然后下降，这意味着年轻人和老年人最容易改变想法，因为他们不觉得态度有那么重要和确定（Visser & Krosnick，1998）。

就其本身而言，态度的**重要性**（importance），即一个人对某种态度的兴趣或关注（Krosnick，1988a），可以预测信息寻求行为（Visser et al.，2003）。态度的重要性与**价值关联卷入**（value-relevant involvement）最为相似，一项元分析研究发现，它通常会抑制说服的影响（B. T. Johnson & Eagly，1989）。同样，重要的态度是稳定的、可获取的，并且允许人们在相关的对象之间做出区分（Krosnick，1989）。例如，个人重要的政策态度（如对福利、堕胎、移民的态度）在评价政治候选人时是可以获取的，与那些态度对其不重要的人相比，我们可以更好地区分他们在该问题上的差异。因此，重要的态度比不重要的态度更能预测总统候选人的偏好（Krosnick，1988b）。其他人也会意识到态度重要性的影响，当某人说一个问题很重要时，观察者会推断出这个人对这个问题持有极端态度（Mackie & Gastardo-Conaco，1988）。

重要的态度也显示出彼此间更大的一致性，如果一个人持有两种重要的态度，那么它们不太可能相互矛盾（Judd & Krosnick，1982）。同样，如果相关态度对专家可能很重要，那么他们也会在各种态度上表现出相当高的一致性。对政治了解很多的人会说他们对政治感兴趣或者关注政治新闻（Judd & Krosnick，1989）。重要的态度是容易被记起的（Bizer & Krosnick，2001），能保持长久，可以预测其他选择，并与其他的态度相联系（Judd & Krosnick，1989）。

这样的态度在人的价值观中具有中心地位（即二者紧密相连），因此，要改变人们重要的态度似乎很困难。一种有趣的策略似乎可以改变人们高度确定的态度（即重要态度）。沟通者给出比人们自己的态度更极端的表述，并鼓励人们采信这种态度，而对自己的态度非常确定的人意识到了这种明显的操纵，不愿意使自己变得更极端，为此，他们会偏离自己之前的立场，改变态度。这种自相矛盾的策略（Swann, Pelham, & Chidester, 1988）只对那些对自己的态度确定的人有效。具有确定性的态度有助于组织一个人的经历和自我意识，因此，人们会试图进行自我验证（参见第 5 章），并通过偏离这些态度而拒绝过于极端的立场。

— 研 究 聚 焦 —————
什么对你是重要的，你如何以不同方式思考这个问题

人们最关心与他们的社会认同相关的态度。社会认同作为一个参照群，是关于人们共同信念的指南针（Howe & Krosnick, 2017）。例如，如果人们的民族或种族群体成员支持一名候选人，那么他们更有可能相信候选人对他们来说是很重要的。重要的态度有优先权，所以它们更具有激励性，在情感上也更有力量（Visser, Krosnick, & Norris, 2016）。态度的重要性与确定性、极端性、可获取性或精细加工特征不同，它是一个人重要的主观反应。对于重要的态度，人们有动力去收集支持性的信息并反驳矛盾性的信息。当人们不得不去听一场支持另一方的颇具说服力的政治演讲时，他们会产生负面情绪。

在一系列相关研究中（Visser et al., 2003），一个具有全美代表性的被试样本参与一项电话调查，对当前 5 个问题的态度、个人确定性以及重要性进行了评分：联邦政府在社会服务、国防、对黑人的援助、堕胎和环境保护上的开支。被试还对两个主要政党的总统候选人在这些问题上的态度进行了评分。重要性预测了被试了解这个问题的优先性以及他们去投票的行为；而确定性并没有产生这些影响。因此，态度的重要性明显推动了信息的寻求和表达。

态度的功能

态度的功能可以通过几种方式来划分，我们在这里把态度功能分为知识性、价值性和社会性（见表 9-5）。这些较新的框架明确纳入了动机，并重新审视了传统的态度动机功能理论（如 D. Katz, 1960; M. B. Smith, Bruner, & White, 1956），但加入了新的认知内容。

表 9-5　态度的功能

1. 对象评价功能包括：①认知性知识功能；②功利性、工具性或目标性功能
①从根本上说，**知识功能**是认知的和适应性的，使世界有意义
- 理解动机是为了认识世界
- 相关的：基于知识的态度内化过程

②工具性功能也是适应性的，帮助人们避免痛苦以及获得奖赏
- 与结果相关的卷入是由获得理想结果的能力所激发的
- 在特定情境下，反应卷入会使奖赏最大化
- 任务卷入只关注特定反应的后果
- 相关的：服从是对奖励和惩罚的反应

2. 价值表达功能展示并保持长期的标准和方向
- 价值关联卷入是由长期价值观所驱动的
- 自我提升动机保护和改善自我概念（这里指原则性的自我概念）
- 相关的：态度的重要性和坚信

3. 针对自我的社会调节功能在人际优先事项、对他人的敏感性和与人相处方面发挥作用
- 印象关联卷入涉及归属感需要、对认可的敏感性和对自我表现的意识
- 归属动机的目的是融入一个群体
- 相关的：态度认同和对重视群体表现出从众行为

4. 多种重要性：
- 自我卷入、问题卷入、个人卷入和既得利益都暗含个人的相关性或意义，尤其对个人认同的核心信念具有内在重要性

知识功能

态度最基本的功能是**对象评价功能**（object-appraisal function），主要包括认知性的知识功能和功利性、工具性或目标性功能（Eagly & Chaiken，1998；Pratkanis & Greenwald，1989）。从根本上说，态度的**知识功能**（knowledge function）是认知的和适应性的。态度帮助人们理解世界、制定秩序以及组织世界。此外，态度可能具有**工具性**（instrumental）和适应性功能，帮助人们避免痛苦以及获得奖赏。态度的对象评价功能可能是以启发式发挥作用的（Pratkanis，1988），是问题解决的简单评价策略。例如，态度将与态度一致的信息定义为真实信息；喜欢的人被认为具有好的品质，而不喜欢的人具有坏的品质。态度影响一系列与知识相关的问题解决活动：解释说明、推理、对说服的反应、判断、知觉到的共识、对事实和错误的识别以及预测。

态度的知识功能也可能起到图式作用，塑造与态度相关的记忆。这些态度可能有一个双极结构，位于两端的材料最容易被判断和回忆（Judd & Kulik，1980）。这些态度也可能有一个单极结构，充分准备的材料支持一方，而另一方

的材料很少或没有（Eagly & Chaiken，1998；Pratkanis & Greenwald，1989）。

一系列旨在提高人的认知清晰度和结构需要的研究也对知识功能的动机方面进行了考察（Jamieson & Zanna，1989）。回顾第 2 章，对结构的需要（Kruglanski & Sheveland，2012）促使人们缩短他们的信息寻求时间，从而导致他们更多依赖于业已形成的图式和态度。人们对结构的需要可以通过将他们置于时间压力、应激或增强的唤醒水平中来得到提升。在这些条件下，人们会形成结构更简单的态度，而且他们更依赖已经形成的态度。我们也可以从现实中领导人的言论中观察到类似的效应（人们在压力下具有更简单的态度；Tetlock，1985）。态度的知识功能与各种态度加工有关。

价值表达功能

态度的**价值表达功能**（value-expressive function）描述了对人们展示和保持其长期标准和取向的重要性。这与 B. T. Johnson 和 Eagly（1989）的价值关联卷入相似，后者会抑制仅有论证强度的说服行为。刚刚回顾过，价值表达功能也与态度重要性和坚信有关。人们似乎特别坚持有价值表达功能的态度，当他们因持有这些态度而遭受痛苦或承担代价时尤为如此（Lydon & Zanna，1990）。

态度的价值表达功能实际上存在个体差异。例如，低自我监控者（self-monitors）是指那些不根据社会情境调整自己，而是严重依赖自己的内在想法和感受来指导自身行为的人（M. Snyder，1974；参见第 15 章）。因此，对他们来说，自己的态度比社会规范或他们朋友的态度更重要。这样的人应该有比其他人更强的价值表达动机（M. Snyder & DeBono，1985）。事实上，低自我监控者特别有可能选择性地诉诸他们的长期价值观来证明他们态度的合理性（Kristiansen & Zanna，1988）。低自我监控者更依赖对重要价值观的诉求（DeBono，1987），他们也特别关注专家来源的信息，因为这些专家通常会提供可靠的、与价值观相关的信息（DeBono & Harnish，1988）。

人们可能对一个态度对象有相互冲突的价值观，而这可能会在他们用态度来表达自己的价值观时产生一些问题。例如，美国白人常常对美国黑人持有矛盾的态度，这种态度一方面激发了与人道主义和平等主义价值观有关的核心价值观，另一方面激发了与基督教新教伦理价值观有关的核心价值观（I. Katz & Hass，1988）。白人的态度是积极还是消极取决于启动了哪种价值观（相关观点见 Dovidio & Gaertner，1986）。

当态度涉及冲突性的核心价值观时，它们可能会在认知上更加复杂（Tetlock，1986）。也就是说，假设价值表达很重要，人们就会尽量调和重要的价值观冲突，权衡取舍，进而使态度和思想观念更加复杂。一个思想立场，如自由主义，可能会因为强调多样性而带来（至少在表面上）核心价值观的冲突，这种试图调和价值观冲突的努力可能会产生更复杂的推理方式（Tetlock，1986），而这不仅仅是语言措辞能解决的（Tetlock，Hannum，& Micheletti，1984；Sidanius，1988）。在美苏达成重大协议之前，双方内部的复杂性一般都会上升，而在重大的军事政治干预之前则会下降（Tetlock，1988）。价值表达甚至可以产生全球性的影响。

人们的思想观念通过一套相关的态度来表达价值观，这些态度定义了他们偏好的社会和政治解决办法（Kay & Eibach，2012）。思想观念既规定了资源的公平分配（如不平等、社会安全网络），也规定了道德权威（如惯例、禁令）。思想观念是价值表达功能的终极形态，这就是为什么双方在思想观念上妥协是不可想象的。

社会功能

态度也为自我提供重要的**社会调节功能**（social-adjustive functions）。有时，态度体现了人际优先事项、对他人的敏感性以及与他人的相处方式。这一功能类似于 B.T. Johnson 和 Eagly（1989）提出的**印象关联卷入**（impression-relevant involvement）。该功能倾向于抑制基于论据强度的说服行为，但论据强度可能不是影响社会调节性态度最重要的因素。社会调节性态度在那些具有高归属感需要、对认同具有高敏感性和针对他人的自我表现有相当好意识的人中最为突出（Herek，1986）。针对自我监控的个体差异研究表明，由于对人际环境的适应性强，因此，高自我监控者比低自我监控者更可能采取社会调节性态度。高自我监控者会仔细加工高人际吸引力者发出的信息（DeBono & Harnish，1988），关注消费产品展现的形象（M. Snyder & DeBono，1985），并明显依赖共识性信息（DeBono，1987）。

一直以来，针对功能理论的中心实证问题都是事先确定针对某些个体、某些态度所起的作用。正如我们所看到的，一种框架是考察个体可能持有的不同态度类型的个体差异（即自我监控），另一种有趣的框架是假设某些态度对象很可能引发服务于不同功能的各种态度（Shavitt，1989）。也就是说，高社会地位服装的社会调节功能比空调的社会调节功能更明显。此外，人们在他们的态度、价值观甚至财产的功能上表现出了一些跨领域的一致性（Prentice，1987），而在某些态度和情境下，某些人持有针对不同的功能原因的态度。

— 应 用 聚 焦 —
利用大数据促进投票率

态度的社会功能鼓励人们根据他们的态度采取行动——当他们的朋友这样做时，他们也更可能这样做。在美国，公民需要表达他们的意愿，否则就没有参与自治。然而，只有一小部分（大约1/3）的美国选民会行使他们的权利和责任，来选择他们的政府，在非大选年（只需选举国会，而不选举总统）时尤为如此。因此，一个鼓励6100万脸书（Facebook）用户去投票的选举日实验成就了一项关于社会影响的里程碑式研究（Bond et al.，2012）。

在三个随机分配的实验条件中，第一个条件（即社会性信息条件）是：在选举日，6000万脸书用户的新闻动态栏中出现了一个投票地址链接和一个"我已投票"点击框，底下显示了6个已经投票的脸书好友头像和名字，以及目前为止脸书用户的投票总数；第二个只提供一般信息的条件是：除了"6个已投票脸书好友"这个信息没有显示外，实验者向6万名脸书用户提供了所有其他的信息（投票地址链接、"我已投票"点击框和投票总数）；第三个条件（即控制条件）是：另外6万名用户没有收到任何选举信息。

在收到社会性信息的人中，约有20%的人点击了"我已投票"，这意味着他们是选民；而在只收到一般信息的人中，18%的人点击了"我已投票"。同样，收到社会性信息的人点击投票地址链接的可能性也稍微高一些。最令人印象深刻的是，研究者也考察了不同条件下人们实际投票的记录，与其他两个条件相比，社会性信息确实增加了实际投票率，只收到一般信息的那组用户和控制组投票率相同。

虽然这些结果的影响不大，但结果是可靠且稳定的，并且用户与随机选择的6个朋友之前的互动越多，影响就越大。因此，联系弱的关系几乎没有影响，但联系强的关系会产生更一致的影响，即使是这个小的影响也多产生了 6 万名投了票的选民。考虑到社会传染现象（即朋友影响朋友），由于社交网络的影响，便会有另外 34 万人投票。两年后，研究者在总统选举年重复了这个影响（J. J. Jones et al., 2017）。投票的社会功能预测了根据一个人的态度而产生的实际行动。

总　　结

　　态度是一种假设性中介变量，会介入刺激和反应之间。态度至少涉及对态度对象的评价，而且许多定义还包括认知以及行为倾向。社会认知对这一领域的贡献始于元理论取向，重视对涉及态度形成和改变的认知过程的细粒度分析。态度研究也从社会认知研究中借鉴了某些理论和方法。

　　两种传统的认知一致性理论已经受益于后起的社会认知见解。失调理论中支持个人态度的选择性知觉的长期假设包括选择性接触（寻求态度一致的信息）、选择性注意（注意态度一致的信息）和选择性解释（将模糊的信息视为态度一致）。虽然选择性接触的证据主要来自实际接触而不是刻意接触的研究，但选择性注意和选择性解释的证据完全支持失调理论的有关假设。此外，失调理论还关注了对态度相关信息的选择性学习和记忆。对态度一致性信息的伴随学习显示了选择性的特点，但有意学习和高动机水平会消除这种选择性。具有高自尊、内部控制点或倾向于压抑不愉快经历的人会表现出更大的选择性，这与失调理论的预测是一致的。

　　另一种一致性框架，即平衡理论，也认为人们会选择性地回忆关于自我和他人态度的信息。人们最容易记住的是朋友们的赞同意见（也许还有敌人的反对意见）。由两个对某些态度对象有相同感受的朋友组成的平衡三角体会变成一个压缩的认知单元，这个认知单元更容易想象、理解和记忆。不平衡的三角体更难完成上述加工，而且似乎是以单独的片段存储的。一般来说，态度会组织对相关信息的记忆，以至于人们可能难以记住他们的态度所依据的相关证据。

　　一些社会认知框架强调人们关于说服的常人理论。例如，对某一沟通者传递某一信息的归因分析会影响说服力。如果一个沟通者因为听众或其他情境因素而传递了一个特定的信息，那么这个信息就是可疑的。同样地，如果一个沟通者在知识或报告动机方面有明显的倾向性，那么该沟通者所给出的信息就会被认为是不可信的。另一种常人理论框架把群体中的态度极化看作群体成员提出的有说服力的论据、社会比较信息或群体认同的函数。

关于稳定和改变的内隐理论促使人们认识或错误地认识他们自己的态度和其他性情的稳定和改变。人们通常不认为自己的态度会发生改变，所以，即使他们的态度已经通过不易察觉的方式得到了改变，他们还是会错误地知觉到态度的稳定性。此外，人们会错误地回忆他们之前的行为，以适应当前的态度。当然，这也符合人们的普遍信念：态度是稳定的，所以行为也应该是这样的。然而，根据内隐理论，当人们认为应该改变时，他们也会在皈依、自助计划、治疗之类的事情上后知觉或错误地知觉到改变（注：这种改变有可能是真实存在的，也有可能是不存在的）。

人们的态度在一些对社会认知很重要的维度上变化。坚信涉及与一个人态度的重要性有关的几个成分：情感承诺、自我专注和认知阐述。坚信的一个相关概念是价值观关联卷入，而另一个相关概念是强度。无论其名称如何，这些重要的态度是很少出现的（对大多数人来说），并且抵制改变。这样的态度是稳定的、可获取的、在态度对象之间可区分的，并与其他态度保持一致，它们只可能通过一些矛盾手法进行改变。

人们的态度具有与知识、价值观和社会性相关的几种功能。首先，人们的态度具有知识功能，为迅速反应提供启发式方法，为组织知识提供图式。随着人们对结构的需要的增加，他们更有可能依赖于自己现有的态度或迅速建构的简单态度。其次，态度也可以起到价值表达的自我功能，使人们能够表达出他们珍视的标准和取向。低自我监控者的态度尤其可能起到价值表达的功能。当人们持有相冲突的核心价值观时，他们的相关态度会随着整合这些价值观的需要而变得更加复杂。最后，态度也可以为社会调节的自我功能服务，帮助人们与其他人相适应，来展示人际关系的协调性。面向社会环境的高自我监控者更可能持有社会调节性态度。除了个体差异外，一些态度对象可能通常会产生具有特定功能类型的态度。

态度研究的各种认知框架——那些阐述传统理论和那些提出全新过程的框架、那些强调深思熟虑或更自动化过程的框架，以及那些完全关注认知或者更积极考虑动机因素的框架——正如下一章将会提到的，对群体间的刻板印象和偏见、情感以及认知和行为之间的关系都有不同的意义。

延伸阅读

Albarracín, D., & Vargas, P. (2010). Attitudes and persuasion: From biology to social responses to persuasive intent. In S. T. Fiske, D. T. Gilbert, & G. Lindzey (Eds.), *Handbook of social psychology* (5th ed., Vol. 1, pp. 394-427). Hoboken, NJ: Wiley.

Conrey, F. R., & Smith, E. R. (2007). Attitude representation: Attitudes as patterns in a distributed, connectionist representational system. *Social Cognition*, 25(5), 718-735.

Crano, W. D., & Prislin, R. (2006). Attitudes and persuasion. *Annual Review of Psychology*, 57, 345-374.

Eagly, A. H., & Chaiken, S. (2005). Attitude research in the 21st century: The current state of knowledge. In D. Albarracín, B. T. Johnson, & M. P. Zanna (Eds.), *The handbook of attitudes* (pp. 743-767). Mahwah, NJ: Erlbaum.

Ferguson, M. J., & Fukukura, J. (2012). Likes and dislikes: A social cognitive perspective on attitudes. In S. T. Fiske & C. N. Macrae (Eds.), *SAGE handbook of social cognition* (pp. 165-190). Thousand Oaks, CA: Sage.

Kay, A. C., & Eibach, R. P. (2012). Ideological processes. In S. T. Fiske & C. N. Macrae (Eds.), *SAGE handbook of social cognition* (pp. 495-516). Thousand Oaks, CA: Sage.

Kruglanski, A. W., & Sheveland, A. (2012). Thinkers' personalities: On individual differences in the processes of sense making. In S. T. Fiske & C. N. Macrae (Eds.), *SAGE handbook of social cognition* (pp. 474-494). Thousand Oaks, CA: Sage.

Morling, B., & Masuda, T. (2012). Social cognition in real worlds: Cultural psychology and social cognition. In S. T. Fiske & C. N. Macrae (Eds.), *SAGE handbook of social cognition* (pp. 429-450). Thousand Oaks, CA: Sage.

SOCIAL
COGNITION

第 10 章

态度的认知加工

- 启发式 – 系统性模型预测双过程框架
- 说服的外周线路和中心线路：精细加工可能性模型
- 动机和机遇决定态度过程：MODE 模型
- 内隐联系侧重于相对自动化加工
- 具身态度绕过认知吗
- 态度的神经关联决定不同的认知框架

　　上一章我们详细阐述了几种经典态度理论的认知特点，重点关注了态度的结构和功能，这一章我们将重点关注态度的认知过程。

　　一种早期的态度过程理论提出了一个明确的序列信息加工模型，预示了认知加工框架在当代态度中的前景。还记得我们在第 1 章介绍的早期信息加工模型吗？它把心理运算分成按顺序相继发生的多个阶段。McGuire（1969）的**认知反应链**（chain of cognitive responses）概述了说服性沟通影响行为的必要条件，其中许多都属于认知条件，这些阶段包括接触、注意、理解、让步、保持、提取、决策和行为（见表 10-1）。以政治竞选信息为例，为了达到效果，竞选经理不仅需要让选民了解这些信息，如在社交媒体上发布信息，还必须确保信息能够吸引选民的注意，并向他们传递可令人理解并让人信服的信息。同时，选民需保持他们的（假设是积极的）新态度，提取他们的新态度，并用它来决定关键行为：投票给斯迈德，而不是选斯迈利作为捕狗员。从理论上讲，精心计划的系列认知步骤会引导行为发生。因此，该理论预测了更近期的以认知为导向的态度研究结果。此外，McGuire 提出的几个阶段仍然很重要（Eagly & Chaiken，1984）。

表 10-1 认知反应链：说服性沟通影响行为的必要条件

阶段	政治竞选的例子	阻碍
接触	在社交媒体上接触到信息	信息被更新的帖子取代
注意	注意到信息	用户忽略了信息；信息无聊
理解	容易理解	沟通太困难；字号太小
让步	令人信服	论据弱；没有前测
保持	观点令人难忘	意见消退
提取	记起支持性观点	太不重要了，记不住捕狗员
决策	根据态度选择候选人	因为不感兴趣而没有动机采取行动
行为	能够按照意愿行动	来自猫的竞争性要求阻止了预期行动

资料来源：McGuire (1969).

更普遍来看，态度加工理论是以认知导向为基础的，要对态度作一个全面综述是很困难的，因此本章主要考察建立在社会认知概念上的认知导向理论。每一个理论都根据认知原则定义了不同的态度加工模式。正如我们在第 2 章提到的，前三节重点关注态度加工的双过程模型，特别是态度形成、改变以及以相对深思熟虑或更自动化方式加工的程度。在自动化反应之后，我们简要介绍内隐联系。最后两种理论关注态度和身体的交互作用：具身态度和态度的神经基础。

启发式 - 系统性模型预测双过程框架

许多经典的态度理论认为，态度的形成和改变基于对与问题相关信息的深思熟虑。例如，McGuire（1969）的认知反应链就假设，人们在沟通时会处理和评估对方提供的信息，然后相应地同意或不同意对方的观点。同样地，在差不多 20 年的时间里，研究态度的主要框架是**耶鲁说服性沟通框架**（Yale persuasive communications approach；Hovland et al.，1953），它强调人们在沟通时学习信息内容以及人们有意识地接收或拒绝这些信息。态度和行为最全面的理论之一，**理性行动理论**（theory of reasoned action；Fishbein & Ajzen，1974），后来发展成了**计划行为理论**（theory of planned behavior；Ajzen，1987），阐述了态度的重要基础是人们对态度对象的认知信念（参见第 15 章）。虽然这一理论并不是专门的认知过程理论，但它确实强调了深思熟虑的加工过程，即评估一个人特定信念的强弱，评估这些信念对一个人态度的系统性影响，最终，连同知觉到的社会规范和控制，就可以评估这些信念对一个人行为的影响。这些传统理论本质上侧重于以相对控制性或系统化的形式形成和改变态度。

启发式 - 系统性模型（heuristic-systematic model；Chaiken，1980）提出，人们只在有足够动机和能力的情况下才会进行这种深思熟虑的加工（见表 10-2）。当人们处于相对有动机的状态时进入一种深思熟虑的、努力的模式，被称为**系统性加工**（systematic processing），包括评估论据的利弊。例如，系统性加工会随着各种加强动机因素的参与而增加：接收关于个人相关度高的话题信息，做出会有重要后果的态度决策，独自负责信息评估，以及发现自己不同意多数人的立场（Eagly & Chaiken，1993）。系统性加工对一些论据敏感，包括信息的效价和质量、与问题相关的想法、容易回忆的观点和相对持久的态度（Axsom，Yates，& Chaiken，1987；Mackie，1987；McFarland，Ross，& Conway，1984）。

表 10-2　启发式 - 系统性模型

模式	过程	调节因素
系统性加工	考虑信息的效价和质量 与问题相关的思考 回忆论据 持久性变化	个人兴趣 个人得失 个人责任 缺乏一致的意见
启发式加工	使用迅速、不费力的非形式化规则 信息：内容更长，论据更强 传播者：漂亮者更可信 传播者：专家更可信	低认知容量 低动机

与强调对态度相关信息进行相对深思熟虑的加工策略相反，人们常常采用更迅速、更容易的**启发式加工**（heuristic processing）。根据 Chaiken 的理论，人们会学习一些特定的说服启发式或规则（如在辩论中，内容更长就是更强有力

的证据；在沟通交往中，漂亮的人更令人信服，专家的话更值得信任）。这些自动加工避免了人们对实际信息的费力处理。根据经验，这些规则往往足够准确，而且启发式加工对认知容量的需求相对较小。当人们缺乏认知资源进行更系统性的加工时，他们显然会使用启发式策略。当认知容量降低时，人们不太可能进行系统性加工，而更有可能进行启发式加工（Mackie & Worth，1989；W. Wood，Kallgren，& Preisler，1985）。

在说服中，启发式加工与系统性加工的区别就在于人们会不会仔细地处理信息。人们有时会依靠自动化加工，有时会进行更全面、更分析性和更系统性的加工。使用哪一种加工策略取决于不同的动机。例如，准确性动机、防御动机和印象管理动机都可能影响采用启发式加工或系统性加工的程度（Chaiken，Liberman，& Eagly，1989）。这些动机类型类似于第2章中讨论的动机，通常鼓励更多的自动化或控制性过程。例如，当人们希望被同伴接受时，他们会使用"委屈求全"启发式，以表达与同伴意见一致的态度（S. Chen, Shechter, & Chaiken，1996）。

— 应用聚焦 —

为什么要信任网红？运用启发式－系统性模型解释，兼谈与精细加工可能性模型的差异

对于两个主要的双过程模型，即启发式－系统性模型（HSM）和精细加工可能性模型（ELM），你可能会有一个疑问，它们是不是同一种东西？在实际情况中，我们可以发现，这两个模型还是存在一些差异的。假设你想决定与网红接洽，为你的手织船袜新品牌代言，选择哪个网红将会是最有效的呢？HSM 和 ELM 将怎样帮助你做决定呢？

这两个模型都是全面的、灵活的，并得到了大量证据支持。两个模型都设计了一个更自动化的加工过程（HSM：启发式；ELM：外周线路）和一个更深思熟虑的加工过程（HSM：系统性加工；ELM：中心线路）。因此，这两个模型都要求你决定，你的目标客户对网红推广你的船袜产品会做更表面的思考还是更深入的思考。

正如本章所述，ELM 引起了更多的研究关注，但并非在所有情况下都更有用。精细加工可能性模型往往出现在评估加工深度的研究中。这些研究对比了人们以更外周的、表面的加工线索和以更中心的、深思熟虑的加工线索处理信息的情况。任何一种加工都可能出现许多线索：既可以是外周的（网红让你感觉良好，因此相关产品看起来很有吸引力），也可以是中心的（网红让你更难进行思考）。也许袜子就是那些最不需要思考的产品之一，也就是外周线路。

HSM经常假设启发式加工和系统性加工可以同时发生，并且可以通过以下三种方式之一联系起来：即衰减（attenuation）、叠加（additivity）或偏向（bias；Chaiken & Maheswaran, 1994）。在衰减时，系统性加工倾向于抑制启发式加工，仔细想想这个名人是否真的是专家，会削弱其表面的吸引力。在叠加时，表面吸引力启发式会叠加到对名人提升销售论据的系统性评价上，从而产生了一个综合效应。在偏向时，有吸引力的名人会严重改变系统性思维关于他们的推荐对一个人态度的意义（这里表现为积极方向）。关键是在HSM中，这两种模式可以同时交互作用。在ELM中，态度过程要么是外周线路，要么是中心线路，二者不会同时加工。因此，HSM可以利用名人的启发式吸引力（利用人们对网红时尚的迷恋）和系统性论据（船袜不会露出在鞋子外）。

正如文中所指出的，这两个模型的不同之处在于，HSM把启发式定义为捷径，而解释范围更广的ELM在外周线路中包括了任何表面加工（当然也包括启发式）。利用HSM，研究者（Xiao, Wang, & Chan-Olmsted, 2018）询问了关于网红的各种问题，以探讨究竟哪些可作为启发式或系统性因素来解释网络名人效应。其中启发式线索包括信息来源可信度线索（感知到的专家水平、可信赖性、喜爱度和相似性），除此之外，视频平台本身可能也是针对可信度的启发式线索，因为它允许同行关注和名人互动（如评论）。系统性的因素包括论据质量、个人卷入度和先前知识，所有这些都会促进更深刻的思考。

近500名在网络上招募的被试参与了这项研究。他们每周至少观看一次网红的视频（每周平均观看时间为5.66小时），然后对自己喜欢的网红进行排名。

四种信息来源可信度的线索（专家水平、可信赖性、喜爱度和相似性）

的启发式判断和两个平台特征（同行关注、网红互动）预测了网红的可信度，而可信度又预测了人们对视频和品牌的态度。对论据质量的判断和个人卷入（更系统性的因素）也提高了可信度，可信度进而也预测了视频和品牌的排名。先前知识没有影响，专家和新手都无法抵抗网红代言。启发式和系统性线索对网红的可信度都很重要。

公平地说，通过 ELM 所预测的结果很可能是一样的，信息来源和平台的可信度和个人卷入度会激发中心线路，即针对鞋袜类产品的名人代言和论据质量进行深度认知加工。在当前背景下，两个模型都演示了与态度相关的认知加工。

说服的外周线路和中心线路：精细加工可能性模型

一个认知倾向的说服模型也提出了态度改变的两条线路（Petty & Cacioppo，1986；Petty & Wegener，1998）。根据精细加工可能性模型，中心线路涉及对论据的真正优点进行积极和仔细思考的加工。在这个意义上，它类似于 Chaiken 的启发式-系统模型中的系统性模型。说服的外周线路包括任何未经深思熟虑或精细加工而发生的态度变化。因此，这条线路包括了 Chaiken 的启发式加工以及其他类型的表面态度改变。例如，**纯粹接触（重复）效应**（mere exposure effect）对评价的影响（参见第 14 章）是说服的外周线路模式，但不是启发式加工。

精细加工可能性模型的一个基本假设是，人们希望保持正确态度。在充分的动机和信息加工能力的支持下，人们对论据质量做出反应。人们对论据进行有利、不利和中性的考量后达成的某种平衡，决定了由中心线路处理的积极或消极态度改变，而且这种改变被认为是相对持久的。认知的精化加工（对问题相关信息进行思考）的量和类型取决于个体和情境因素。精细加工包括建立相关联系，如审查论据、推断它们的价值并评估整体信息。

方法

研究者对精细加工开发了多种评估方法（Petty & Cacioppo，1986）。我们可以直接询问他人在加工信息上投入了多少努力，但他们不能或不总会给出准确的回答。两种方法在评估精细加工程度上很成功。第一种是**认知反应分析**（cognitive response analysis），检查接收者在收到信息后的认知反应（特别是反对意见；Brock，1967），接收者对说服的认知反应好感度与态度改变程度直接相关（Greenwald，1968）。精细加工可能性理论建立在早期认知反应技术的基础上，精确概念化了反对和支持论点导致态度变化的过程。

认知反应技术本身就是一种简单而精巧的测量认知中介的方法。一般来说，认知中介（cognitive mediation）指的是某一刺激因素会引起某一认知反应，而后者又引起外显的行为反应（参见第3章）。在说服性沟通中，认知中介就包括引起一个认知中介反应（反对的强弱）的刺激（论据质量的高低），而这个认知中介反应又会引起外显的行为反应（态度改变）。在认知反应研究中，被试不仅会对手头的话题发表意见，而且会在沟通时或沟通后列出自己的考虑。根据支持和反对的反应，认知反应被赋予不同分数，从而认为这些认知反应中介了态度改变。当研究者采用认知反应方法解释精细加工可能性模型时，他们发现态度的改变往往是由个体对信息的反应引起的（见图10-1）。

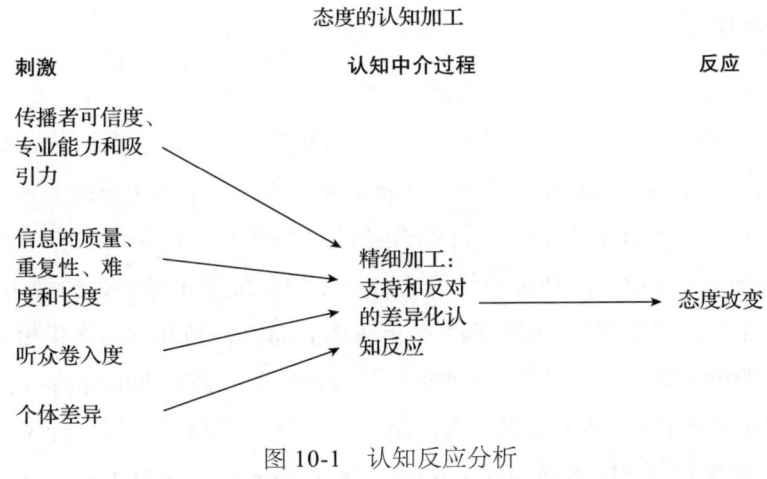

图 10-1 认知反应分析

认知反应分析是一种方法，而不是一种理论。作为一种方法，认知反应分析被各种态度理论采用（Petty，Ostrom，& Brock，1981）。作为一种研究方法，它本身并不能保证理论的先进性。认知反应分析已被应用于研究传播者、信息和个体因素。

第二种评估精细加工的方法涉及实验操纵，而不是把认知精细加工作为一个中介变量来测量。通过操纵信息质量，我们可以看到被试对强或弱论据的反应是否不同。如果他们对论据质量很敏感，那么他们大概会思考收到了什么信息，因此他们会遵循中心线路，精细加工这个信息。如果他们对论据质量不敏感，那么他们就不会做多少精细加工，转而采取外周线路来加工信息。许多精细加工可能性模型研究都操纵论据质量和一些被认为影响精细加工的情境变量，然后再测量认知反应和态度变化。

有了这些方法，特别是认知反应分析和对论据强度的操纵，精细加工可能性模型涉及了说服中的许多基本过程（Petty & Cacioppo，1986；Petty & Wegener，1998）。它强调通过思维的程度和效价（方向）来预测态度变化。最近，人们对自己思维的信心也已成为一个重要的预测变量（Petty, Briñol, & Tormala, 2002）。接下来的几个部分我们将阐述对传播者、信息和听众的精细加工可能性分析。正如我们将看到的，许多标准的态度改变效应都取决于听众（即被试）对说服性信息的卷入程度。特别需要指出的是，结果卷入、价值卷入和印象卷入会有不同的效果（B. T. Johnson & Eagly，1989）。

传播者效应

谁说的（即信息来源）很大程度上会影响说服的过程和结果。外周线路常常处理关于传播者专业知识和吸引力的简单线索。例如，学生们被告知，一个专家（来自卡内基高等教育委员会）或非专家（来自一个高中班级）提出了一种针对所有大学四年级学生的强制性综合考试。当这个问题与学生有关时——因为它将在下一年在他们所在的学校设立——正如精细加工可能性模型所预测的，学生对所提出的论据质量（强或弱）会更敏感。而且，当问题与学生相关时，专家来源的影响并不大。然而，当问题不那么相关时（强制性的综合考试将在其他地方或更晚进行），学生不怎么关心结果，不管论据质量如何，专家来源基本上决定了学生的态度（Petty，Cacioppo，& Goldman，1981）。在低**结果卷入**（outcome involvement）的情况下，专家来源作为说服的外周线路线索，绕过了对加工论据质量的需要。吸引力或著名信息源也能获得类似的效果（Chaiken，1979；Pallak，1983；Petty，Cacioppo，& Schumann，1983）。需要注意的是，所有说服变量都可能有多重影响。在适当条件下，专家信息来源可以使人更加注意并更仔细地加工信息（Petty & Wegener，1998）。

总的来说，传播者效应通常在与结果无关的接收者身上最明显。与结果无关的接收者最有可能对表面的专家意见做出反应。当然，所谓的专家意见并不足以让人完全同意某个论点，但它是一个方便的捷径。很多关于传播者线索的研究可能只包括了那些加工水平相当浅的接收者。为了支持这一观点，研究者发现，与结果高相关的被试表达了更多以信息为导向的思考（Chaiken，1980）。认知反应分析区分了对信息做出表面反应的人和认真思考信息的人，因此，它可以帮助我们区分与结果相关和与结果无关的被试对传播者线索的使用情况。

信息效应

说了什么（即信息）也会影响说服，但并不总是以明显的方式产生影响。精细加工可能性模型适用于解释信息的各种特征：重复次数、难度、论据数、修辞问题、信息源数和环境的干扰程度。对于每一特征，精细加工可能性模型都强调了接收者思维的作用。

对信息重复的研究区分了两种刺激：非语言刺激（如可口可乐标志）和语言刺激（如说服性语言信息）。认知反应分析表明，这两种刺激会引发人们不同的思维数量和效价（即支持或反对；A. Sawyer，1981）。

研究者很早就知道，反复接触非语言刺激通常会增强喜爱感，这被称为纯粹接触效应（参见第14章；R. F. Bornstein，1989；Stang，1974；Zajonc，1968a）。产生纯粹接触效应的两个主要条件是人们对所给刺激一开始是不熟悉的，以及人们对刺激的初始反应是中性或积极的（Grush，1976；Harrison，1977）。当人们对刺激的初始反应为负面的时，纯粹接触效应不会出现，甚至会发生逆转。

与精细加工可能性模型关于外周线路加工的预测一致，针对非语言刺激的纯粹接触效应在接收者基本不思考问题时最为明显，也就是说，他们不能对刺激产生个人反应（赞成或反对）。因此，你越频繁看到可口可乐标志，你就越喜欢它，前提是你不去多想它。顺便说一句，可口可乐标志在美国就像美国国旗一样为人熟知。甚至动物也会表现出纯粹接触效应。人们在最少的认知加工条件下，或者像 McGuire（1969）所说的，当人们表现得懒散随意时，重复效应会非常明显。相应地，说服的外周线路加工非常好地描述了非语言刺激下的信息重复效应。

非语言刺激有力证明了无意识的纯粹接触对偏好的影响。作为说服的一条外周线路，纯粹接触与精细加工可能性模型的中心线路形成了鲜明对比。我们将在第14章综述一些支持无意识中介的纯粹接触研究（以及Zajonc关于情感和认知分别由不同系统加工的理论；Moreland & Zajonc，1977；W. R. Wilson，1979）。那些甚至认不出熟悉刺激的被试仍然表现出了纯粹接触对偏好的影响（Zajonc，1980b）。因此，对于非语言刺激而言，纯粹接触效应是无意识的，人们没有识别出刺激、没有意识到刺激或对刺激没有思考，就表现出了这种效应。因为对非语言刺激的信息重复效应似乎不受意识性的认知反应调节，所以它们是外周线路加工的典型例子。

关于信息重复研究的另一种刺激是语言刺激，即说服信息本身。这类材料确实会引发思考，正如精细加工可能性模型所预测的，支持和反对的思考程度似乎决定了是否会发生针对语言刺激的纯粹接触效应（Petty & Cacioppo，1986）。早期关于信息重复与后来使用认知反应分析的研究之间所出现的差异正好说明了这一点。在认知反应分析研究之前的一项研究中，W. R. Wilson和Miller（1968）最初在散文段落中发现了针对说服的重复效应。在这个研究中，这篇散文涉及一场针对损害赔偿的诉讼。学生们扮演陪审团成员，并听律师就赔偿展开一次或三次辩护。学生接触律师的次数越多，他们也就越认同律师的观点。重复也显著提高了被试对论据的记忆（一周后的三次组的记忆好于一次组）。由于人们对信息的记忆和态度变化呈中度相关，因此Wilson和Miller得出结论，至少部分的重复效应是由记忆增强引起的。

——研究聚焦——

不是所有的事情都是真的，但不断重复会使它看起来是真的。每个人都会落入虚假真相效应的陷阱吗

某些肆意漠视真相的政客只会简单地重复谎言，好像这样就能让谎言成真。事实上，如果他们只关心说服民众的话，那么他们这样做是没有错的。当人们因已经听过的信息而相信它时，就可能出现虚假真相效应（illusory truth effect；Hasher, Goldstein, & Toppino，1977；参见Dechêne, Stahl, Hansen, & Wänke，2010的元分析）。这种效应是稳健的，但它似乎太明显，因此肯定没有人（或至少不是所有人）会被这种愚蠢的技巧所蒙蔽。

如果有什么人会抵制纯粹接触效应，那么喜欢思考的人应该就是这种人。精细加工可能性模型中介绍过的一些个体差异似乎是合理的：包括认知能力、认知完整性需要和认知风格（De Keersmaecker et al., 2020）。由于人的认知容量有限，喜欢一个确定答案（任何答案）而不是开放式的、不确定的答案并且凭直觉行动的听众会更容易受到重复策略的影响。但是，那些聪明、善于分析、能适应未解问题的人当然应该会抵制。至少我们愿意这样想。

七项研究共招募了2000多名线上和线下被试，并首先测试了他们的认知能力、认知风格和认知完整性需要。在第一阶段，研究者向被试呈现一系列注重细节的故事，如"《奥赛罗》(Othello)是威尔第的最后一部歌剧"；而有一项研究使用了带有党派色彩的标题。实验者告知被试有些信息是真的，有些则是假的。真实情况是，一半材料的信息是真的，一半材料的信息是假的。在第二阶段中，被试对同样的陈述和一些新的陈述的真假进行判断。总的来说，有一半陈述是真实的。

在每项研究中，重复信息比新信息更容易被认为是真的。虚假真相效应每次都出现，且不受与认知相关的个体差异限制。虚假真相和各种认知优势之间的平均相关约等于零。

这样的结果大致可以说明我们为什么要相信科学：即使那些看起来应该为真的效应（例如，因为我们经常听到它）也可能被证明不是真的，即使我们当中最优秀的思想家也会成为基于重复而产生的虚假真相效应的牺牲品。我们需要数据来提醒自己，直觉常常是错误的。

在上述研究十年后，Cacioppo和Petty（1979）还解决了是什么影响了信息重复效应的问题。在认知反应分析的帮助下，研究者在被试听到论据后立即抓取他们针对交流的差异化认知反应，被试需要回忆他们听这段对话时的想法，并指出每个想法是支持（+）、反对（-）还是中立的（0）。在另一项测试中，被试需要回忆信息的论据。结果发现，被试对信息的认同与回忆完全无关，但与正面和负面的想法高度相关。不相关想法的数量与对信息的认同不相关。认知反应的支持和反对，而不是回忆，中介重复对说服的影响。

精细加工可能性模型是一种与强调回忆作为中介过程有所不同的认知过程模型。认知反应分析着眼于个体对内容的差异性反应，而不是简单地记住给定论据的能力。认知反应分析成功阐明了纯粹接触与对信息认同之间的中介过程，与精细加工可能性模型的中心线路假设一致。

随着精细加工可能性模型关于信息重复效应研究的深入，研究者进一步明确了这一中介认知过程的确切特性。人们对重复信息的认知反应支持一个两阶段模型，在这个模型中，不确定性减少和冗长厌倦相互抵消（Berlyne，1970；Cacioppo & Petty，1979）。例如，刚开始你的朋友不停地向你解释他的论文（假设他的论点是有说服力的），重复促进理解并且让你相信他的论文不错。但在那之后，这件事就会变得令人厌烦了，你可能会纯粹出于任性而开始反驳。在Cacioppo和Petty的研究中，随着被试理解和深入思考信息，初始认同感会随着接触量的增加而增加。然后，大概是因为厌倦了，认同感会逐渐减少。支持和反对的认知反应与我们认同一个事件遵循同样的模式——积极在前，消极在后，这实际上支持了两因素模型。当然，这个模型假设被试遵循中心线路（也就是说，他们会深入思考信息论据），这就假设至少有一些对结果的考量参与其中，不关心结果的被试不会总是在一开始同意，然后不同意（A. Sawyer，1981）。

从概念上讲，信息重复效应向我们展示了精细加工可能性模型的几个关键点：接收者是否积极思考，如果思考，这些思考是支持还是反对；通过外周线路进行无意识中介调节的概率与通过中心线路进行有意识中介调节的概率不同；精细加工可能性模型作为一种以新方式解决旧难题的详细理论所发挥的作用（Crano & Prislin，2006；Petty & Wegener，1998）。从应用的角度来看，信息重复效应可能会推荐广告商在晚间电视节目中多次播放同一个广告，研究表明，结果因情况而不同，他们这样做既是对的，也是错的。

与重复一样，精细加工可能性模型揭示了信息难度效应也受到结果卷入的影响。如果信息是难以理解的，那么人们产生的支持论点和反对论点的数量就是这种结果卷入的函数。用理解一节很难的统计学课举例。一个讨厌课程内容、不太关心期末成绩且已经放弃学习有关材料的学生很可能会不听课而是去想别的事情。作为一个结果无关且慵懒的个体，不管信息能否理解，这个人都不会费心去理解它。在结果卷入的中间水平上，信息难度应该具有最大的影响力，因为增加一点儿难度就可以让人们在理解和放弃之间产生关键区别。大多数学统计学的学生大概都在这个中间水平，他们对信息难度很敏感。在高水平的结果卷入中，信息难度对理解影响不大，因为无论如何，人们都有动力去克服信息难度（当然，能力也有帮助）。一个新的助教以前从未听过这些材料，但不管这些材料有多难，他都会尽一切努力去理解讲课内容。

那么，信息难度是如何导致态度改变的呢？通过认知反应分析，一项研究揭示了认知反应的数量和效价是中介变量。这一点儿也不奇怪，如果论据本身是充分的，那么深入理解有关信息会更容易被说服（Eagly，1974；Eagly & Himmelfarb，1978）。如果你不理解一条信息，那么你就不能很容易地对自己重复这条信息，也不能整合有关的支持性论据。人们自身独特的支持性认知反应可以加强所争论的观点，但前提是人们理解了信息。信息越容易理解，学生就越能积极地思考统计学教授所讲的内容（假设论据本身是强有力的）。因此，他们越理解有关课堂内容的那些有力论据，就越会认同这位教授（W. Wood & Eagly，1981）。综上所述，正如认知反应证据所表明的，信息难度效应可以是以认知为中介的（即中心线路），但不一定总是这样（即也可以通过外周线路加工）。

单纯的论据数量可以作为说服的表面线索，启发式-系统性加工模型（Chaiken et al.，1989）和精细加工可能性模型都支持这一观点（Tormala，Petty & Briñol，2002）。在低个人相关性（即低结果卷入度）条件下，无论论据的质量如何，论据的数量都可作为说服的外周线路线索；在高个人相关性条件下，论据质量和数量共同决定通过中心线路进行精细加工的说服过程（Petty & Cacioppo，1984）。

除了信息重复、信息难度和论据数量外，认知反应还解释了信息的许多特征，如反问句的使用（Petty，Rennier，& Cacioppo，1987）、多信息源（Harkins & Petty，1981）和环境干扰（Petty，Wells，& Brock，1976）。在任何情况下，影响说服的关键因素都是接收者针对支持和反对进行积极主动的精细加工量（Petty，Wegener，& Fabrigar，1997）。为了产生支持性的认知反应并最大限度地具有说服力，一条信息应该具有强有力的论据、应该重复几次但又不要太多、应该是可以理解的，并且应该在不受干扰的气氛中传递。如果一条信息的论据薄弱（因此可能会产生许多反对论据），那么分心和一次纯粹接触都将抑制那些消极的认知反应，从而增强说服力。

总的来说，信息效应取决于个体的结果卷入度。如果论据是有说服力的，那么结果卷入会增强针对中度重复和可理解信息的认知活动以及后续的态度改变。论据数量、反问句、信息源数量和环境干扰也会导致相关的导致信息效应。

听众卷入

在讨论精细加工可能性模型时，听众卷入会整合许多其他变量的作用，特别是传播者和信息效应。因此，在中心线路的每一步中，认知反应的数量和效价都决定了听众卷入效应。由于认知反应需要接收者进行积极思考，因此听众卷入影响了每种效应。

然而，不同类型的卷入具有不同的效应。早期的研究以各种方式定义卷入类型，但没有达成共识。例如，学生可能会收到一条关于调整其所在学校或其他学校宿舍探访时间的信息（Petty & Cacioppo，1979），或者，他们可能被告知，大学政策将在一年或十年内发生某一变化（Petty, Ostrom, & Brock，1981）。通常的实验操纵包括某种形式的个人相关性和未来后果。卷入的一个变式是操纵个人责任，而不是相关性，被试被告知，他们对评估信息负有唯一责任（Brickner, Harkins, & Ostrom, 1985；Petty, Harkins, & Williams, 1980）。

个人重要性或与自我概念的相关性似乎抓住了卷入的一般概念性意义（Greenwald & Leavitt, 1984；B. T. Johnson & Eagly, 1989），但研究者已经确定了不同类型的卷入（见表9-5）。**自我卷入**（ego involvement；M. Sherif & Hovland，1961）、**问题卷入**（issue involvement；Kiesler, Collins, & Miller, 1969）、**个人卷入**（personal involvement；Apsler & Sears, 1968；C. W. Sherif, Kelly, Rodgers, Sarup, & Tittler, 1973）和**既得利益**（vested interest；Sivacek & Crano, 1982）都暗示一个问题具有个人相关性或个人意义，特别是对于个人认同的核心信念而言，具有内在价值。这些术语与**任务卷入**（task involvement；M. Sherif & Hovland, 1961）形成了对比。在任务卷入中，个体只关心特定反应的后果。如果一个人对在给定情况下的奖励最大化感兴趣，那么就是**反应卷入**（response involvement；Zimbardo, 1960）。不同类型的卷入说明了存在多种因素可能会使人们对个人重要的说服任务进行或多或少的深入考虑（Chaiken & Stangor，1987）。

一项元分析（B. T. Johnson & Eagly, 1989）发现，针对精细加工可能性的卷入效应最适用于结果卷入，表明人们获得期望利益的能力。高卷入被试更容易被强有力的论据说服，这与精细加工可能性模型的预测一致。与精细加工可能性模型的预测相反，弱论据也不总是没有说服力。其他两种类型的卷入不能获得论据强度效应：价值卷入（value involvement；指一个人所坚持的原则）一般会抵制说服，而印象卷入（impression involvement；指关心别人对自己的看法）在一定程度上也是如此。精细加工可能性模型的支持者更喜欢将结果卷入和价值观卷入纳入一个类别（Petty & Cacioppo，1990），这促使精细加工可能性模型提出，（价值观）卷入被试因其先前知识、强烈态度或自信心而以一种有偏向的方式进行信息加工（Petty & Cacioppo，1986；关于不同意见，请参见B. T. Johnson & Eagly，1990）。就当前的情况来看，结果卷入、价值观卷入和印象卷入之间的区别是很重要的。

结果卷入影响信息加工。不管具体的实验操纵是什么，结果卷入都会刺激思考，根据认知反应的不同，思考将增加或减少说服力，而认知反应又取决于论据的强度和接收者先前的态度。不同程度的结果卷入会产生不同类型的加工，而后者又使人们更多或更少地依赖于沟通的表面特征。

总的来说，考虑结果卷入对认知反应和说服影响的一个解释是，低结果卷入的人似乎是"自动"反应的，很少会进行意识性思考（Chaiken，1980；Petty & Cacioppo，1984；参见第2章）。高结果卷入者在一个相对控制的模式下加工信息，有更多的认知活动，并产生更多对接收到的信息更加敏感的认知反应：结果卷入的接收者会仔细区分强和弱的论据以及赞成和反对有关态度的论据（Petty & Cacioppo，1979；Petty, Cacioppo, & Goldman，1981）。给出一个严密的或支持态度的信息，低结果卷入的接收者不会费心反驳，但高结果卷入的人会反驳弱的论据或与其态度相反的信息。此外，不管信息怎么样，一个低结果卷入的人可能不会产生多少认知，因为不卷入结果的人只是表面地关心。结果卷入者使用系统性的、基于内容的加工策略来评估论据质量。低结果卷入者依赖外周策略，如利用信息来源的受欢迎度评估信息。结果卷入调节了传播者效应、信息效应（正如我们所看到的）以及态度改变的持久性（Hennigan, Cook, & Gruder，1982）。

然而，结果卷入者不一定会更客观或准确地思考，他们只是思考得更多，有时甚至以一种更有偏向性的方式思考（Howard-Pitney, Borgida, & Omoto，1986）。来自结果卷入的动机使他们更加努力地思考，但他们的动机也使他们对所加工信息的解释出现偏向（H. C. Chen Reardon, Rea, & Moore, 1992; Liberman & Chaiken, 1992）。

其他类型的卷入表现出了其他的影响。一项元分析发现（B. T. Johnson & Eagly, 1989），当问题涉及一个人的核心价值观时，这个人通常很难被说服。我们在第9章详细考察了价值卷入，并将在稍后介绍另一种类型的卷入，即印象相关性（指人们对自我表现的关注）。

认知反应与说服中的个体差异

到目前为止，我们已经考察了在说服性沟通中决定人们思考程度的情境性因素。正如已经介绍的，大多数情境因素都与一个接收者变量（即卷入）交互作用，来决定认知反应的思考程度。然而，一个更具一般性的性情因素也决定了认知反应的程度。表10-3显示了量表的一些条目。**认知需求**（need for cognition; Cacioppo & Petty, 1982; Cacioppo, Petty, Feinstein, & Jarvis, 1996）指人们为了对说服性信息这样的外部刺激做出反应，而进行长时间思考的需求。对于说服性传播，高认知需求者会产生更多的认知反应，既有支持也有反对。因此，根据信息的不同，他们也可能会更多或更少地被说服。低认知需求者更有可能启发式地加工沟通信息（Chaiken, 1987）。第一个个体差异变量是认知需求，专门解决外部刺激和态度变化之间的中介过程（认知反应）。

表 10-3　认知需求子量表

1. 我很喜欢那种需要引入新方法来解决问题的任务
2. 我更愿意选择需要动脑的、难度大且重要的任务，而不愿意选择有一定重要性但不需要太多思考的任务
3. 学习以新方式思考问题并不使我很兴奋*
4. 依靠思考变得优秀的想法对我没有吸引力*
5. 我只在必要时才努力思考*
6. 我喜欢那些一旦我学会了就不需要多少思考的任务*
7. 我更愿意思考一些日常小计划，而不愿意思考长期计划*
8. 我更愿意做一些基本不需要思考的事情，而不愿意做那些肯定会挑战自己思考能力的事情*
9. 我对深入及长时间的思考没有什么满足感*
10. 我不喜欢负责一个需要大量思考的场景*

注：完整测验包含34个条目；*该条目反向计分。
资料来源：From Cacioppo & Petty (1982). Copyright 1982 by the American Psychological Association. Reproduced with permission.

第二个个体差异变量，即**不确定性取向**（uncertainty orientation；Sorrentino，Bobocel，Gitta，Olson，& Hewitt，1988），也会影响说服。确定性取向者喜欢熟悉和可预测的东西，避免威胁到他们对当前世界的理解，不确定性取向者则寻求意义，试图理解他们所处的环境并探索新异情境。例如，东亚人在与其文化所强调的确定性匹配时表现最好，西方人则相反（Sorrentino et al.，2008）。标准的精细加工可能性效应（即个人相关性或结果卷入导致中心线路加工）只适用于不确定性取向者。与精细加工可能性模型的预测相反，确定性取向者在高相关性的情况下更多使用启发式策略。不确定性取向与认知需求的差异在于，认知需求测量的是人们思考的动机，而不确定性取向测量的是人们在增加确定性和维持开放式不确定性的情况下，何时以及怎样思考。

第三个个体差异变量，即**评价需求**（need to evaluate；Jarvis & Petty，1996；见表10-4），指人们对说服性信息持有更多态度，并进行更多支持或反对的思考。人们只是思考普普通通的一天，评价需求就可以预测他们的思考。与通过记忆寻找证据的人相比，这个维度的高分者会自发评价信息，瞬间形成态度（Tormala & Petty，2001）。评价需求可以预测政治影响：对候选人评价性信念的数量，对候选人情绪反应的强度，使用政党认同和议题来决定候选人的偏好，通过新闻媒体收集信息，参与政治活动，投票或打算投票（Bizer et al.，2004）。评价需求与更一般性的认知需求具有中等相关，所以两者有些重叠。

表 10-4 评价需求子量表

1. 我对一切都有自己的看法
2. 我通常愿意对复杂议题保持中立 *
3. 我非常喜欢或不喜欢新事物
4. 有很多东西我都不喜欢 *
5. 保持中立使我感到不安
6. 即使与我个人无关，我也喜欢提出尖锐的意见
7. 我比一般人有更多意见
8. 我宁愿有尖锐意见，也不愿什么意见都没有

注：完整测验包含16个条目；* 该条目反向计分。

资料来源：From Jarvis & Petty (1996). Copyright 1996 by the American Psychological Association. Reproduced with permission.

关于精细加工可能性模型的结论

在充分讨论了精细加工可能性模型后，我们也应该注意到它的局限性（Eagly & Chaiken，1993；参见 Petty，Cacioppo，Kasmer，& Haugtvedt，1987；Petty，Kasmer，Haugtvedt，& Cacioppo，1987 和 Stiff，1986；Stiff & Boster，1987 之间的争论）。第一，尽管它提出人们的思考调节态度改变，但没有解释人

们为什么会支持或反对他们所遇到的事情。从这个意义上说，它依赖于其他关于人们为什么同意或不同意沟通的理论来解释态度改变。

第二，它把人们描绘成更倾向于确认他们的态度，而不是他们可能是什么态度。正如有关不确定性取向的研究所指出的，人们不仅想要准确，而且想要有安全感。Petty 和 Cacioppo 指出，人们往往只是主观上正确的。尽管人们想在理性上也是正确的，甚至努力尝试变为正确的，但他们也不总是至高无上的。（我们的一个朋友坚持他有权利喜欢某辆车，而开那样的车让他看起来有些蠢。）就像社会认知的其他领域一样，人们或多或少希望准确。未来的研究将解释态度中的准确性动机是何时以及如何产生的。

同样地，在该模型的框架内，人们何时和怎样因先前态度、知识、价值观卷入或者印象卷入而出现偏向是一个仍在研究的问题。尽管该模型允许对有偏向的信息进行加工，但人们希望保持正确态度的假设限制了它对封闭保守条件的初始考虑。针对准确性动机和实际偏向的开拓性研究是朴素偏向理论，人和情境的变化造成的识别与修正知觉偏向的能力有所不同。灵活修正模型（flexible correction model；Wegener & Petty，1995）假设人们在克服偏向时比未能克服偏向时需要更多的动机和认知资源。此外，修正的方向取决于一个人指定偏向方向的朴素理论。

第三，说服变量有多重作用，所以做出预测并不简单。一些变量从倾向于中心线路的"客观"加工转向中心但有偏向的加工。卷入效应的大小取决于卷入水平（更高水平导致更多偏向）和卷入类型（B. T. Johnson & Eagly，1989）。类似地，一些变量既可以作为外周线路线索，也可以作为中心信息加工的辅助工具（Petty & Wegener，1998），论据数量就是这样一个变量（Petty & Cacioppo，1986）。正如本章所述，研究者已经确定了一些影响其他变量所产生效应的调节变量。然而，具有多重效应和多重功能的变量使模型难以被证伪，削弱了其预测力（Eagly & Chaiken，1984）。未来的工作将继续研究调节变量，以确定一个变量将显示哪一种效应。

第四，一些人质疑，认知反应是真的导致态度改变，还是仅仅与态度改变相关（Romer，1979）。如果态度是因为其他原因（如强化）而改变，那么人们可能会用支持或反对的认知反应来合理化这种改变，但那只有在事实发生之后才出现。这种观点认为，认知反应不会引起态度改变；它们只是和态度一起改变，合理化这种改变，或者作为说服的另一种测量指标（Eagly & Chaiken，1984）。与之相关的是，一些人认为对论据质量的标准操纵（对中心线路的敏感性）也会操纵论据的效价（Areni & Lutz，1988）。

第五，正如其支持者所承认的，精细加工可能性模型和认知反应分析并不适合分析由非认知或无意识过程调节的态度改变。例如，认知反应分析并不能解释人们仅仅基于针对非语言刺激的纯粹接触或基于令人沮丧信息所带来的负面情感而被说服的现象。一般来说，精细加工可能性模型并没有详细描述说服的外周线路加工过程。

总之，尽管存在不可避免的局限性，但精细加工可能性模型和认知反应分析是强有力的理论和方法工具。从方法论上讲，认知反应分析提供了一种方法，让人们在说服性沟通期间或之后列出自己支持和反对的思考内容，这种认知反应可能会调节传统的传播者、信息和听众变量对态度改变的影响。从理论上讲，精细加工可能性模型建立在认知反应分析的基础上，提出人的差异性认知反应的数量和方向通过中心或外周线路改变态度，精细加工可能性模型总结了传播者、信息和听众对认知反应与说服的影响。除了这些情境变量之外，认知需求、不确定性取向和评价需求上的个体差异会影响人们在说服性沟通中投入多少思考。总的来说，认知反应分析和精细加工可能性模型对态度研究中一些历史悠久议题的细粒度理解具有重要作用。

动机和机遇决定态度过程：MODE 模型

到目前为止，我们已经考察了两种关注两类不同说服的态度加工模型：启发式－系统性模型和外周－中心线路模型。第三种双过程模型更具体地考察了态度加工更自动化的一面。**MODE 模型**，即动机和机遇作为态度决定因素模型（Motivation and Opportunity as DEterminants model，MODE）并没有解释说服（即态度是如何形成或改变的），相反，它解释了态度一旦形成后是如何工作的，它专注于态度的自动化激活。

这种态度可获取性模型将人们记忆中的某一对象与其评价之间的联系视为态度（Fazio，1990）。态度对象与其评价之间的联系程度会变化，联系越强，就越可获取一个人的态度。测量态度可获取性最常用的方法是测量人们对态度对象做出评价性反应的速度（反应时）。例如，如果人们首先看到"癌症"这个启动词，则他们随后会更快识别出刺激词"犯罪"（相比"糖果"），因为癌症和犯罪这个两个词都具有负性效价。

在一项代表性研究中（Fazio，Jackson，Dunton，& Williams，1995），学生们看到来自不同种族群体学生的彩色照片（这些照片作为积极和消极的启动刺激）。在看到其他种族的照片后，这些学生会在一定程度上产生偏见。在看完每张照片后，他们会看到一个（与种族无关的）积极或消极形容词，然后根据其效价，说出这个形容词是"好的"还是"坏的"。当被照片启动时，与效价不匹配的照片相比，学生在看效价匹配的照片时反应更快。在种族偏见启动后，他们的偏见促进了评价性的匹配反应。这类研究表明，一些态度（评价）仅仅在观察到态度对象（不同种族面孔）后就会被激活。

有几个因素会影响一种态度的可获取性，同时，我们可以预测，这些相同的因素也影响任何一个构念的可获取性（参见第3章）。最近以及反复的态度表达可以使这个态度在之后更迅速地被激活（Fazio，Chen，McDonel，& Sherman，1982）。回顾一个人先前与态度一致的行为并推断相应的态度也可使这个态度更容易被获取（Fazio，Herr，& Olney，1984），这实际上也是自我知觉理论所假设的一个过程（参见第5章）。除了这些促进可获取性的情境性因素外，个体差异也重要。低自我监控者——那些行为与他们的态度更一致的人（参见第9章和第15章），可能比其他人具有更容易获取的态度（Kardes，Sanbonmatsu，Voss，& Fazio，1986）。

态度的可获取性具有一些实际意义。可获取的态度会影响人们对态度对象的知觉，促进人们对相关信息做出态度一致性的判断，比如一个你青睐的候选人在辩论中似乎表现出色（Fazio & Williams，1986），或者自己支持的某个议题有了高质量的科学证据（Houston & Fazio，1989）。可获取的态度可抵御内心冲突，因此能长久保持（Houston & Fazio，1989；Wu & Shaffer，1987）。此外，可获取的态度会掩饰一个态度对象的轻微变化，使人对其评价时保持态度稳健（Fazio，Ledbetter，& Towles-Schwen，2000）。正如我们将在第15章中看到的，人们会按照其可获取的态度更一致地采取行动。

仅仅是某一个与可获取态度联系的对象出现，似乎就可以触发一个自动化过程，由此可激活一种强烈的评价性联系（Fazio，1990）。例如，在一组经典的研究中，研究者在给出一个评价性形容词之前，立即用一个积极或消极的态度对象对被试进行启动。被试的任务是通过按一个标有"好"或"坏"的键对形容词的评价性内容做出反应（预先已经评估，这些形容词并不存在歧义）。当态度启动刺激与形容词在评价上一致时，被试对形容词的反应更快。当他们的态度具有高可获取性（即之前已经产生了快速反应）或刚刚被重复表达时，这种效应最强。

研究者在这些研究中观察到的反应促进效应可能是相对自动化的。第一，人们对形容词的反应（不到一秒）似乎排除了控制性加工的作用，也就是说，由评价一致的、高可获取态度对象对形容词所引起的促进效应是瞬时的。第二，当态度启动和形容词刺激相距整整一秒而不是成功启动条件下的 300 毫秒时，促进效应就会消失。因此，只有当反应刺激出现在启动刺激后的几分之一秒之内时，启动刺激的评价一致性才会促进反应。启动刺激的有效性转瞬即逝表明这一过程是自动化的。第三，实验者要求被试专注于识别形容词的积极或消极效价，而不是专注于与主要目标无关的态度对象。因此，在没有目的的情况下，促进效应明显出现了，这也是相对自动化过程的一个特征。

态度的促进效应量取决于纯粹的可获取性（以对初始态度对象的反应速度为指标），这一观点存在一些争议（Bargh，Chaiken，Govender，& Pratto，1992；Fazio & Olson，2003）。这种效应可以推广到多种情境下的多种态度上。尽管存在这样的复杂性，但是至少一些态度对象——那些在态度对象和评价之间存在强关联的对象——显然会自动化地产生相应的评价（Ferguson & Zayas，2009）。这一观点得到了一些基于分类的自动化反应研究结果（如由图式触发的情绪研究；参见第 13 章及 S.T. Fiske，1982；Sanbonmatsu & Fazio，1990）的支持（参见第 2 章和第 11 章）。虽然促进效应的精确边界仍在确定之中，但这项工作确定了态度加工的一种相对自动化的形式（见表 10-5）。

表 10-5 MODE 模型

可获取性的决定因素	中介变量	反应
近期激活	态度效价的自动化激活	与态度保持一致的解释
激活频率		降低不一致性的作用
回顾与态度一致的行为		反对态度改变
低自我监控		与态度一致的行为

内隐联系侧重于相对自动化加工

假设你走进一个实验室，实验者让你做一个简单的分类任务（见图10-2）：每当你看到一个词与老年人或与不愉快相关时，就按下左键；每当你看到一个词与年轻人或与愉快相关时，就按下右键。你做了几十个这样简单的分类配对任务，然后实验者让你切换反应模式：按左键表示年长或愉快，而按右键表示年轻或不愉快。你会发现，这个任务突然变得困难了。假设你认为这些任务的顺序本来并不重要（即先做第二个任务再做第一个任务）。搜索"内隐"这个词，你可以在网上找到这个任务试试。结果发现，在你对老年人和年轻人的态度中，第一个"一致性"的任务更容易。那么，这意味着什么呢？

人会同时进行评价性联系是另一种理论和测量方法的基础，即**内隐联系测验**（implicit association test，IAT；Greenwald et al.，2002）。与平衡理论的观点一致，如果人们喜欢自己并将自己与某一内群体联系起来，那么他们就会喜欢这个内群体。内隐联系测验假设，这种积极联系在内隐测验中是强烈的。内隐测验指对那些正常外显意识性反应之外的反应进行的测验。大多数人会根据性别、种族、年龄、宗教、国籍等常见社会分类（Rudman，Greenwald，Mellott，& Schwartz，1999），以及根据最小的、随机分类的群体成员身份（Ashburn-Nardo，Voils，& Monteith，2001）而表现出相对自动化的内群体偏私性评价，即使4岁孩子也能对通常认为是好（花）或坏（昆虫）的物体这么做（Cvencek，Greenwald，& Meltzoff，2011）。

内隐联系测验在短时间内引发了数量惊人的研究以及相当多的争议。虽然有类似的技术比内隐联系测验早（如MODE模型和其他模型；Fazio & Olson，2003），但内隐联系测验研究颇具争议性地提出，内隐联系（即对评价性的相关项目在几分之一秒内做出反应）揭示了一种无意识的偏见。由内隐联系测验测量出来的**内隐态度**（implicit attitude）对判断、选择、行为和生理反应等合理的标准具有相当好的预测效度（Greenwald，Poehlman，Uhlmann，& Banaji，2009）。而且，内隐联系测验对评估刻板印象和偏见等社会敏感问题尤其有效。外显自我报告确实预测了没有争议的政治和消费决策。很显然，对于这些议题，人们一般也没有什么要隐瞒的。在人们愿意外显报告其偏见（种族偏见）的情况下，内隐测验与外显偏见之间存在相关（Wittenbrink，Judd，& Park，1997）。

```
（1）阅读这个词表，
   如果是老年人的名字，则点击左键；如果是年轻人的名字，则点击右键
                    罗布
                  米尔德丽德
                   珍妮弗
                   杰茜卡
                   埃德娜
                   布伦丹
                   唐纳德
                    露丝
（2）阅读这个词表，
   如果是令人不愉快的词，则点击左键；如果是令人愉快的词，则点击右键
                    真实
                    邪恶
                    袭击
                    胜利
                    荣耀
                    残忍
                    天赋
                    痛苦
（3）现在结合两个任务，如果是令人不愉快的词或老年人的名字，
   则点击左键；如果是令人愉快的词或年轻人的名字，则点击右键
                    温迪
                    健康
                   德里克
                    钻石
                   斯坦利
                    邪恶
                   阿尔文
                    胜利
                    伊桑
                    残忍
（4）现在切换另一个词表，如果是令人不愉快的词或年轻人的名字，
   则点击左键；如果是令人愉快的词或老年人的名字，则点击右键
                   哈罗德
                    痛苦
                    扎克
                    家庭
                   杰茜卡
                    恶臭
                    杰夫
                    折磨
                   瓦尔特
                    和平
```

图 10-2　内隐联系测验示例

注：任务（4）（不一致的评价性配对）应该比任务（3）（一致的评价性配对）反应慢。任务（4）和（3）的完成顺序［即（4）和（3）哪个先做］并不改变基本的结果。这个示例并不是完整的，你可访问内隐测验网站完成在线演示任务。

根据一项元分析的结果（Hofmann, Gawronski, Gschwendner, Le, & Schmitt, 2005），内隐测验和外显测验之间存在小到中等的相关。当外显自我报告更自发以及当两种测量在概念上更相似时，内隐测验与外显测验之间的相关会增加。总的来说，内隐联系测验可能对发现人们不愿外显报告的态度特别有用。

内隐联系测验对外显行为的预测特别有助于说服那些批评者，而且其效度与外显测验一样好，在某些问题（如黑人-白人跨种族反应）上甚至更好（Greenwald et al., 2009）。内隐联系测验在预测自发的和非言语的（如语调）行为上表现最好（Dovidio, Kawakami, & Gaertner, 2002；Rydell & McConnell, 2006），而外显测验更能预测外显行为（如言语内容）。例如，欧洲裔美国人的内隐联系预测了他们能更快检测出黑人面孔的威胁性面部表情，但对白人面孔就不是这样（Hugenberg & Bodenhausen, 2003）。内隐联系测验还预测了经济上的歧视行为（任务是把钱分配给内群体和外群体；Rudman & Ashmore, 2007）。内隐联系测验显示了符合惯例的测量一致性、稳定性和聚合效度（W. A. Cunningham, Preacher & Banaji, 2001）。

争论的核心在于，我们是否应把内隐联系作为态度的测量指标。按理说，如果内隐联系测验（很明显它是针对评价性联系的测量）可以预测相关的情感、认知和行为，那么它所测量的东西就应该像一种态度。事实上，它确实可靠地预测了人的人际情感、判断和行为（Greenwald et al., 2009）。而且，内隐联系测验让人明显感到对某些配对（如带偏见的）的反应比其他配对更容易（Ashburn-Nardo et al., 2001）。最起码，它可让我们在课堂上向学生展示，人们对有偏见的联系比那些无偏见的联系更容易做出反应。

作为回应，许多人提出，内隐联系测验仅仅评估了文化信仰，而不是个人态度（Arkes & Tetlock, 2004；Karpinski & Hilton, 2001；Kihlstrom, 2004；M. A. Olson & Fazio, 2004；Uhlmann, Brescoll, & Paluck, 2006）。虽然人不一定认同某种文化，但他们的态度确实部分来自这种更大的文化，因此，内隐联系测验应该在这种情况下检测出差异（Banaji, Nosek, & Greenwald, 2004；Lowery, Hardin, & Sinclair, 2001）。这种文化和个人联系的内在混合激发了个性化内隐联系测验的设想，这种测验与针对态度和行为意图的外显测验更相关（M. A. Olson & Fazio, 2004）。个性化内隐联系测验没有使用一般的愉快和不愉快的词，而是使用了"我喜欢"和"我不喜欢"，并与两个差异明显的社会群体相关的词进行匹配。

对内隐性联想测验的一个批评是它的延展性。如果人们真的能控制自己的反应或者态度会随环境而变化，那么这种态度究竟有多内隐呢？例如，种族内隐联系测验结果的差异取决于人们相信内隐联系测验是在评估种族偏见，还是在完成一个非判断性的预测试（Frantz, Cuddy, Bumett, Ray, & Hart, 2004）。而且，人们在内隐联系测验中的评价性偏见在接触各种缓和性刺激后会降低。这些刺激包括少数群体的积极榜样和多数群体的消极榜样（Dasgupta & Greenwald, 2001）、多样化训练（Rudman, Ashmore, & Gary, 2001）、反刻板的印象（Blair, Ma, & Lenton, 2001; Wittenbrink, Judd & Park, 2001b）、社会影响（Lowery et al., 2001）和反偏见的目标（Blair & Banaji, 1996）。不过，伪装是可以检测到的（Cvencek, Greenwald, Brown, Snowden, & Gray, 2010）。

内隐联系测验有多新颖呢？它的结果与许多传统的社会心理学发现一致，但在几个方面又有所不同。内隐联系测验的同时配对和MODE模型中的序列启动存在一个区别，在内隐联系测验中，尽管人们难以控制自己的反应时间，但他们可能会意识到测验中所涉及的态度（Dasgupta, McGhee, Greenwald, & Banaji, 2000）；而在MODE模型中的序列启动条件下，人们可能不会意识到启动刺激，更不用说对后续刺激的促进效应了。另一个区别是，内隐联系测验实际上是一系列的分类判断，而启动更多是对所选择的单个刺激做出反应（Fazio & Olson, 2003）。

基于态度对象和评价之间的反复配对，内隐态度通常是由一个简单且学习进度慢的（但保持久且不易遗忘的）联系性记忆系统形成的，而且对所有过程，人都是无法进行自我反思或自我报告的。相比之下，外显态度更多是由一个学习进度快的（但灵活和对环境敏感的）命题记忆系统所形成的，个体在主观上对其判断为真，并对公开的目标做出反应（DeCoster, Banner, Smith, & Semin, 2006; Gawronski & Bodenhausen, 2006; Rydell & McConnell, 2006）。与许多外显态度不一样，内隐态度还可能源于前言语期的经验、情感经验、文化联系和认知一致性的需要（Rudman, 2004; S. Sinclair, Dunn, & Lowery, 2005）。由于内隐评价性联系的特殊性，它对个人和态度领域的影响是不可否认的。

具身态度绕过认知吗

发现自动化的（或至少可称内隐的）态度的方法可避免自我口头报告所存在的一些问题，例如，人们常常因担心自己的形象而扭曲自我报告，也就是出现社会赞许性现象（social desirability）。正如前文简要提到的（参见第4章），态度的具身化表达为我们提供了一条路径：几十年前，实验者要求被试做出手臂动作来推或拉一系列消极和积极刺激（如"聪明""愚蠢"；"美味""腐烂"），被试能更快做出相容性动作，如更快地拉积极刺激以及更快地推消极刺激（Solarz，1960）。后续研究证实并扩展了这一结果：随着手臂的弯曲和伸展，人们对新物体的评价逐渐变得越来越积极或消极（Cacioppo et al.，1993）。这种具身性效价对新态度对象的影响大于对熟悉态度对象的影响（Priester，Cacioppo，& Petty，1996）。即使没有一个有意识的评价目标，具身表达也会出现（M. Chen & Bargh，1999），简单地与新（但其具有效价）刺激接触会促进相容性动作（Duckworth，Bargh，Garcia，& Chaiken，2002）。积极和消极刺激分别产生趋近（拉）和回避（推）反应（Neumann & Strack，2000），反过来，动作本身也会促进相容性评价（Centerbar & Clore，2006）。

其他身体动作也可以反映和强化效价。正如前文提到的（参见第4章），当一个人正被别人用有力的论据说服时，要求这个人点头会比摇头表现出对说服的更多同意（Briñol & Petty，2003）。但是，如果论据不有力，点头反而招致反抗，表现出更多不同意。在这种具身认知的例子中，这些动作增加了人们对自己想法（支持或反对）的信心，自我确认了态度。回到手臂弯曲/伸展的那个研究，这些动作只影响态度（评价），而不影响其他类型的判断（Cacioppo et al.，1993）。

人们的面部表情也会影响他们的评价（Laird，1984）。在一个代表性范式中，实验者指导被试采用特定的面部表情（如微笑、皱眉），而不告诉他们这些是什么表情。例如，在一项实验中，实验者指导被试依次进行相关的肌肉收缩和舒张，同时进行肌电图记录，直到他们不经意地表现出了一个表情为止（参见第4章；Laird，1974；Strack，Martin，& Stepper，1988）。结果发现，引导性微笑会促进积极反应。其他研究人员也发现了类似的效应（如Coan，Allen，& Harmon-Jones，2001；Cupchik & Leventhal，1974；Duncan & Laird，1977；Lanzetta，Cartwright-Smith，& Kleck，1976；Rhodewalt & Comer，1979；

Zuckerman, Klorman, Larrance, & Spiegel, 1981）。有关具身态度的问题我们就介绍到这里。

态度的神经关联决定不同的认知框架

如果态度是具身化的，那么它们也应该在大脑中存在一些特征（Lieberman, 2007）。我们离从大脑的激活模式解读人的评价性反应这一目标并不是很遥远。当人们外显地表达他们的态度时，他们说的并不总是与他们大脑表现的一致。神经模式可能反映了态度的内隐反应，而不是态度的外显表达。例如，通过皮质电极记录技术，研究者发现迅速的态度反应不同于深思熟虑的态度反应（Crites, Cacioppo, Gardner, & Berntson, 1995）。再如，尽管有关注意研究的文献表明，人们更关注消极信息，但是相比于积极信息，他们并没有报告更注意消极信息（参见第 3 章）。类似地，相比于强度相当的极端积极刺激，消极刺激所引发的即时效应会显示更大的大脑事件相关电位（Ito et al., 1998）。脑电图能灵敏地测量神经元活动的时间序列变化。正如脑电图数据显示的，人们对效价刺激的反应非常迅速（参见第 3 章）。

脑成像技术比脑电图能对大脑进行更好的空间定位。这里以内隐反应为例：内隐神经反应通常涉及杏仁核的激活，而这种激活与动机相关的、特别是负面的态度对象有关（W. A. Cunningham et al., 2003; Hart et al., 2000; M. E. Wheeler & Fiske, 2005）。例如，白人在看黑人面孔时的杏仁核激活程度与内隐联系测验得到的偏见分数相关，这似乎表明了白人对黑人的一种否定态度（Phelps et al., 2000）。当面孔在阈下呈现时，种族－杏仁核效应更强。

杏仁核也会对情绪上非常积极的线索做出反应，看自己孩子的照片（与看别人的孩子相比）就是如此（Leibenluft, Gobbini, Harrison, & Haxby, 2004; Zald, 2003）。非裔美国人对黑人面孔表现出更强的杏仁核激活（Lieberman, Hariri, Jarcho, Eisenberger, & Bookheimer, 2005），这似乎表明了一种更喜欢黑人的内隐动机，同时，非裔美国人也对黑人面孔表现出了更积极的外显态度（Nosek, Banaji, & Greenwald, 2002）。因此，杏仁核的活动似乎不表明消极态度或情绪本身，而表明更一般的情绪意义，涉及警觉。当然，警觉对消极刺激做出反应以及有时对高积极刺激（如对自己的孩子或内群体）做出反应通常都是必需的。与这种解释一致的是，外显的情绪强度评价与杏仁核对社会性概念的反应相关，这些社会性概念有些是消极的，但也有一些（如幸福）是积极的（W. A. Cunningham，Raye，& Johnson，2004）。

一个大脑系统可以提供比纯粹评价性/情感强度更清晰的效价指标（见图10-3）。这个系统的一部分是脑岛，在内隐态度中，右侧脑岛与消极效价评估相关（W. A. Cunningham et al.，2004）。在这个态度研究以及有关的神经经济学研究中，效价（如奖赏和损失）与另一个脑区，即眶额皮质相关。该系统还包括腹内侧前额皮质，涉及态度的内隐激活（Knutson et al.，2005；McClure et al.，2004；Milne & Grafman，2001）。

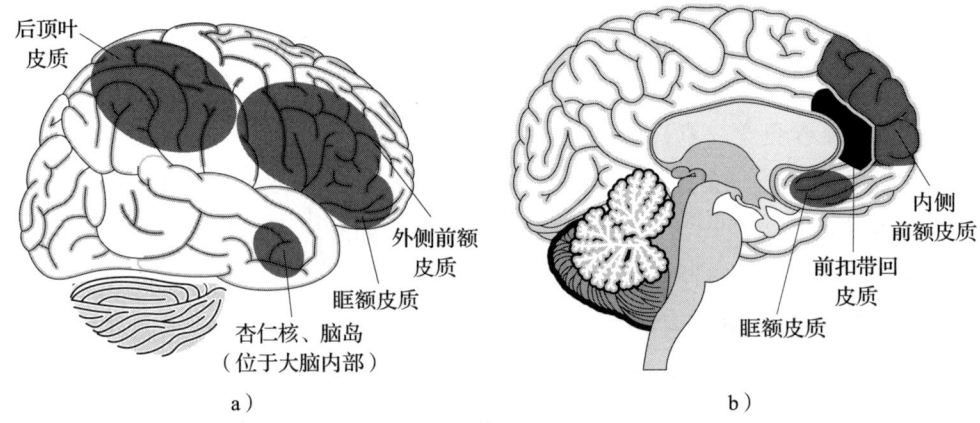

图10-3　参与内隐与外显态度加工的大脑区域

外显态度涉及参与更多控制性加工的神经系统，包括内侧前额皮质、外侧前额皮质和顶叶。人们在表达不具有社会敏感性话题的态度时，更有可能表达出与他们的内隐态度相符的外显态度，包括那些由神经活动揭示的态度。例如，与社会相关但不敏感的话题，包括福利（W. A. Cunningham et al.，2004）、政治人物和城市（Zysset，Huber，Ferstl，& von Cramon，2002）、崇拜和厌恶的著名人物姓名（W. A. Cunningham et al.，2003）、新颖的抽象图形（Jacobsen，Schubotz，Hofel，& Cramon，2006），以及具象画和抽象画（Vartanian & Goel，2004）等。

在调节社会敏感性态度（如对种族的态度）时，一种更明显的控制性反应首先涉及背侧前扣带回皮质的活动（Amodio，Harmoni-Jones，et al.，2004），而这一区域通常参与差异检测（Botvinick et al.，2004）。然后，可能是按照先后顺序，当人们试图控制态度表达时，与之前的研究一致，右侧前额皮质就会被激活（W. A. Cunningham et al., 2004; Richeson et al., 2003）。右外侧前额皮质的激活明显抑制了杏仁核的反应。

努力控制甚至可以抑制看似自动化的杏仁核反应。杏仁核对消极情绪刺激的反应并不一定与态度有关。例如，当人们不得不说出一个人的种族类别时（Lieberman et al., 2005），或者当他们必须推断出这个人的食物偏好时（M. E. Wheeler & Fiske, 2005），种族－杏仁核效应就消失了。而且，杏仁核效应与右侧腹外侧前额皮质的活动增加呈负相关，这与它参与控制性情绪反应的观点是一致的。

跨过程和跨文化的成功说服所调用的神经区域网络也广泛涉及社会认知加工脑区：包括背内侧前额皮质、颞上沟和颞极（Falk, Rameson et al., 2010）。这是有道理的，正如前两章所述，说服是一个基本的社会认知过程。

总　　结

关于态度过程的观点——启发式－系统性模型、精细加工可能性模型、MODE 模型、内隐联系测验、具身态度和态度的神经关联——整合了传统态度研究与来自社会认知和社会神经科学的新见解，因此，它们至少代表了"第二代"框架（S. J. Sherman, 1987）。在传统框架中，如果说服成功了，则接收者必须学习和思考论据信息，并且当他们的行为受到态度影响时，他们会有意识地考虑自己的态度。与此相反，新框架坚持态度形成、改变和产生影响都不是完全理性的。这种传统的理性观点至少在三个方面有所欠缺。首先，人们不需要学习和回忆信息就可以被说服，他们可能一收到信息就做出反应，然后根据反应而不是给定的信息论据形成态度。其次，人们可以被在认知上更经济的方法说服，包括说服中的启发式加工或其他外周线路加工。最后，有关认知（反应时）、身体（动作）和神经（激活）的数据显示，人们能以相对自动化的方式获取他们的态度。

更近期一些的态度理论大量借鉴了社会认知的理论和方法。一些新理论考察了不同类型的态度加工，其中一些是相对思考性和分析性的，另一些则是相对迅速和自动化的。启发式－系统性模型假设，态度常被认知捷径或启发式所改变，这些捷径或启发式以简单的说服规则处理信息，从而避开了对信息内容的加工。态度也可以通过对信息论据进行更系统的处理而改变。相当多的研究支持了这些观点。

精细加工可能性模型也假设，态度可以通过两条线路而改变，自动化的外周线路包括各种表面策略，所有这些策略都不怎么关注信息的质量。相反，说服的中心线路，常见于动机强的接收者，涉及对论据价值的全面考量。为了对信息论据做出反应，人们会进行或多或少的认知精细加工，即正面或反面的差异性反应。经认知反应分析测量出来的指标可以通过中心线路预测态度改变。传统的态度变量，如传播者特征（可信度、专家技能和吸引力）、信息（质量、重复、难度和长度）和听众（结果卷入、认知需要、不确定性取向和评价需要），所有这些都影响认知精细加工的程度和方向，以及由此产生的态度改变。这种框架引发了大量研究，研究者也通过新的理论和设计解决了老问题。

MODE 模型基于与态度对象的纯粹接触，专注于态度对象的自动激活。当你最近或过去频繁激活态度，或者当你刚刚回顾与态度相关的行为时，态度更容易被激活。对以自己态度为导向的低自我监控者来说，他们的态度似乎也更容易获取。容易激活的态度对态度相关信息的判断会产生更显著的影响，能够抵抗与态度不符的信息，持续时间更长，并会更直接地影响行为。这个过程似乎是相对自动化的。很明显，一些态度在接收者知觉到相关的态度对象后可以立即被激活。

内隐联系具有很多态度的特征，可以预测行为。态度对象的类别与积极或消极词汇之间的联系显示了较好的信效度。内隐联系最能预测竞争或敏感领域中的态度，而更传统的自我报告最能预测普通领域的态度。

其他考察相对自发或内隐态度的新框架包括具身态度。这些内隐态度与手臂弯曲或伸展、点头或摇头及面部肌肉操控相关。激活的神经模式表明了杏仁核与态度的强度有关，其他脑区则与态度的评价有关。

延伸阅读

Albarracín, D., & Vargas, P. (2010). Attitudes and persuasion: From biology to social responses to persuasive intent. In S. T. Fiske, D. T. Gilbert, & G. Lindzey (Eds.), *Handbook of social psychology* (5th ed., Vol. 1, pp. 394-427). Hoboken, NJ: Wiley.

Crano, W. D., & Prislin, R. (2006). Attitudes and persuasion. *Annual Review of Psychology*, 57, 345-374.

Eagly, A. H., & Chaiken, S. (2005). Attitude research in the 21st century: The current state of knowledge. In D. Albarracín, B. T. Johnson, & M. P. Zanna (Eds.), *The handbook of attitudes* (pp. 743-767). Mahwah, NJ: Erlbaum.

Fazio, R. H., & Olson, M. A. (2003). Implicit measures in social cognition research: Their meaning and use. *Annual Review of Psychology*, 54, 297-327.

Ferguson, M. J., & Fukukura, J. (2012). Likes and dislikes: A social cognitive perspective on attitudes. In S. T. Fiske & C. N. Macrae (Eds.), *SAGE handbook of social cognition* (pp. 165-190). Thousand Oaks, CA: Sage.

Kay, A. C., & Eibach, R. P. (2012). Ideological processes. In S. T. Fiske & C. N. Macrae (Eds.), *SAGE handbook of social cognition* (pp. 495-515). Thousand Oaks, CA: Sage.

Nosek, B. A., Hawkins, C. B., & Frazier, R. S. (2012). Implicit social cognition. In S. T. Fiske & C. N. Macrae (Eds.), *SAGE handbook of social cognition* (pp. 31-53). Thousand Oaks, CA: Sage.

SOCIAL
COGNITION

第 11 章

刻板印象：认知与偏向

- 公然刻板印象是外显的、刻意的但也是少见的
- 隐蔽刻板印象是内隐的、自动化的但也是常见的
- 偏向对弱势群体和强势群体都有影响

即使是在这个新的世纪，甚至在开明的高等学府中，不经意的偏向（bias）还是随处可见。请看下面的例子。

- 一位来自南亚的女士刚从大学毕业。一天，她开着一辆很普通的新车去上班，却被一名当地警察拦停了。他盘问这辆车是否真是她的。这位女士把相关证件交给他查看后，询问为什么将她拦停。他承认她刚刚并没有超速，但又阴阳怪气地说道："我会盯着你的。"女士在震惊中驶离了。
- 另一位刚从大学毕业的黑人女士，不久前到了她入读的研究生院。在一个讨论会上，当她试图挤过人群找个座位时，有人嘟囔了一句

"平权行动……㊀"。
- 一名怀孕的研究生终于拿到了梦寐以求的奖学金，但一名男性教员却问她能否完成学业。
- 一个白人大学新生刚刚搬进他的新宿舍，却意外发现他寝室的门没有把手。一个白人维修工前来维修，并说："一定是他们干的！"这里的"他们"指那些刚刚完成了暑期项目的、来自经费不足的公立学校的学生。

这些日常小事累积起来足以令人寒心。长期来看，日常的偏向会对目标对象造成身体和心理上的伤害（Major & O'Brien，2005；Schnittker & McLeod，2005）。事实上，偏向最终可以杀人，只不过不像仇恨性犯罪那么迅速和直接罢了。

无论是对平常的偏向（如日常群际纠纷），还是对不平常的偏向（如仇恨性犯罪），社会认知都给出了诸多解释。本章和下一章将分别介绍群际偏向的认知层面，即**刻板印象**（stereotypes），和情感层面，即**偏见**（prejudice）。二者虽然常常被联系在一起，却包含不同过程。

在当今美国，最常见的群体划分有性别、种族、年龄、移民身份和性取向。多数关于偏向的社会心理学研究侧重于种族和性别，并且假设相应的机制能够拓展到其他社会分类。正如我们将在接下来的两章看到的，这既对也不对。社会认知研究侧重于跨社会群体之间刻板印象的形成过程，但实际上，当涉及不同群体时，刻板印象的内容和具体的情感反应会有不同。

关于偏向的研究非常之多，甚至可以被称为社会认知领域的一个主要关注点，因此，我们目前对它的认识已经很充分了（如 Bodenhausen, Kang, & Peery，2012；R. J. Brown & Gaertner，2001；Dovidio & Gaertner，2010；S. T. Fiske，1998，2002）。群际偏向的产生也遵循社会认知的一般过程：既包含自动化过程，也包含控制性过程。过去几十年关于偏向研究最重要的发现就是，日常的偏向经常是隐蔽的、自动化的和无意的，这与人们关于偏向是显而易见的这一常识性直觉相反。但今天这种隐蔽的偏向与 20 世纪那种公然的偏向是不同的。

㊀ 平权行动（affirmative action）指为了防止根据"性别、种族出身"等对弱势群体歧视，美国一些政府或组织给予这些群体优待，从而实现某种形式的平等。例如，为了避免黑人女性入读研究生院人数太少而给她们一些特别的名额就是一种平权行动。这个嘟囔了一句的人暗指该女士是通过平权行动而进入研究生院的。——译者注

本章首先讨论**公然偏向**（blatant bias）的认知特点，它很大程度上源自个体知觉到的群际威胁（包括经济和价值观威胁）。接下来，我们讨论**隐蔽偏向**（subtle bias），它是自动化的、模糊的和矛盾的，而且源自内心的冲突。最后，我们将讨论偏向的后果，特别关注被偏向的目标对象，但也会讨论对偏向持有者的影响。

需要先说明的是，区分公然、有意的偏向和隐蔽且可能无意的偏向具有重要的现实和理论意义。普通人和法庭都认为有意歧视远比无意歧视更加严重且应受到更大的惩罚（S. T. Fiske，1989；Swim, Scott, Sechrist, Campbell, & Stangor，2003），有人甚至认为，在法律上，人们不应为无意歧视负责，而且无意歧视是不可避免的（S. T. Fiske & Borgida，2008；Krieger & Fiske，2006）。我们将考察这些问题的相关证据。不过，我们将从相对少见的极端偏向开始。

公然刻板印象是外显的、刻意的但也是少见的

据估计，在西方国家中，只有10%的人持有极端且公然的刻板印象。但正是这危险的10%，塑造了公众对于群际偏向的一般认识。大多数人认为公然偏向源于与资源稀缺有关的现实冲突，而这种冲突确实能够产生偏向。事实上，群际冲突这个研究领域就始于这种基本观点。在一项经典研究中，夏令营成员被随机分配到不同的小屋中，研究者让不同小屋的成员为了待遇和特权相互竞争，结果冲突和偏向很快就产生了（M. Sherif & Sherif，1953）。还有研究发现，经济衰退和运用私刑存在关联（Hovland & Sears，1940）。**现实群体冲突**（realistic group conflict）包括对各种实际资源，如声誉、金钱、军事权力的争夺（D. T. Campbell，1965）。无论是在现实生活中（Blake & Mouton，1961；Bobo，1983；Rabbie & Horwitz，1969），还是在实验室里（Worchel, Axsom, Ferris, Samaha, & Schweitzer，1978），人们对实际资源的竞争都会产生偏向。不过，人们必须知觉到资源竞争产生的冲突，而当事人知觉到的现实状况比旁观者定义的现实状况更加重要（Green, Glaser, & Rich，1998；Kinder & Sears，1981）。在现实生活和实验室中，主观知觉明显是冲突产生的基础（R. J. Brown, Maras, Masser, Vivian, & Hewstone，2001；Duckitt & Mphuthing，1998；Hennessy & West，1999；Huddy & Sears，1995），而且，主观知觉也是社会认知的一部分。

社会身份认同、自我分类以及其他身份认同理论

人们只有将自我和他人知觉为不同群体的成员才会产生群际冲突。尽管这是一种取决于情境的主观判断，但人们的确经常这样做。本节将介绍四种群体认同理论，以及它们对群际误解的后果预测。

社会身份认同理论

群际竞争比人际竞争更激烈（Schopler et al., 2001），并且只需要两个人就可以产生竞争：两个人既可以作为两个个体竞争，也可以作为两个群体的成员竞争。两个人既可以作为两个个体进行互动，也可以作为两个不同群体的成员进行互动，这就是**社会身份认同理论**（social identity theory，SIT）的核心观点。这种理论认为，任何互动（包括两个人之间的互动）都可以分为人际互动和群际互动（Tajfel，1981；Tajfel & Turner，1979）。社会身份认同理论提出，人们通过寻求积极的社会身份来维持自尊。社会身份反映了一个人在内群体中的成员身份，而相比于外群体，在某些其主观认为重要的维度上，个体对该内群体持有积极看法。根据这种观点，即使是在社会上被贬低的群体，其成员也会通过强调他们群体的某些相对优势来保持一个积极的社会身份认同。

除了自尊假设之外，社会身份认同理论最重要的认知特征是它规定了社会身份认同是由个体、社会和当前情境共同定义的。所以，它依赖于信念，而信念是认知的。进一步说，内群体和外群体的划分减少了个体知觉到的类别内差异，同时增加了知觉到的类别间差异。也就是说，任何形式的分类都会夸大类别间的差异（我们和他们不同）和类别内的相似性（他们都是一样的，而且在某些重要的方面，我们也是一样的）。

社会身份认同理论与群体冲突理论不同，强调个体分类的纯粹认知过程。该理论的最初目的是找到一个**最简群体范式**（minimal group paradigm），即个体在一个群体中体验到归属感的基本条件，然后逐步增加现实条件，直至偏向出现为止。让亨利·塔菲尔（Henri Tajfel）大感意外的是，即便是在实验室中明显人为安排的群体，当分配有限的资源时，相比于外群体，人们也会更加偏爱内群体（见表 11-1）。仅仅群体分类就导致了偏向出现。因此，对这一现象的研究成了一代人的事业（M. B. Brewer & Brown，1998；Hogg & Abrams，2003；Yzerbyt & Demoulin，2010）。即便是五岁的孩子也能表现出最简群体归属现

象（Dunham，Baron，& Carey，2011），而一岁的孩子就可以区分不同种族（Hailey & Olson，2013）。个体并不需要太多的知识就能做这些事情。在计算机模拟中，即便总体是同质的，自由的行动者也会自发地形成不同群体，并且产生群体内的互惠和交换，以提升效益（K. Gray et al.，2014）。

表 11-1　Tajfel 实验中内群体和外群体的奖赏矩阵

内群体	7	8	9	10	11	12	13	14	15	16	17	18	19
外群体	1	3	5	7	9	11	13	15	17	19	21	23	25

被试需要选取一列数字，分别作为给内群体和外群体的奖赏。区别对待内外群体（如 7-1=6，内群体奖赏比外群体多 6）与公平分配（内外群体奖赏均为 13）、整体收益最大化（19+25=44，但是内群体收益小于外群体）及内群体收益最大化（内群体收益最大为 19，但是此时外群体的收益也更高，为 25）进行对比。每一个 Tajfel 收益矩阵的得失平衡会有所变化

随着社会身份认同理论的发展，自尊假说不再受青睐。一个容易想到的朴素假设是，人们通过歧视他人来使自己获得优越感，但事实并非完全如此。歧视的确会提升**状态性自尊**（state self-esteem），即暂时的自我评价，但是无法改变**特质性自尊**（trait self-esteem），即个体对自己的长期评价（Oakes & Turner，1980；Rubin & Hewstone，1998）。此外，与常识相反，低自尊并不会直接导致歧视行为（Aberson，Healy，& Romero，2000；Hewstone，Rubin，& Willis，2002）。虽然为了应对社会变化，暂时降低高度认同其内群体的成员自尊确实可能导致歧视行为（Turner & Reynolds，2001），但是自尊假设的主要观点并没有得到实证支持。

自我分类理论（self-categorization theory，SCT）拓展了社会身份认同理论，并且不再对自尊进行预测（Turner，1985）。该理论旨在预测实际行为，而不仅仅是知觉到的差异。该理论提出，个体一旦将自己归类到某个群体，其行为就会变得与该群体成员的行为更相似。从认知的视角看，自我分类理论认为自我并非一成不变，而是会随着凸显的群际背景而变化：某人可能认为自己是一个学生（相比于教授）、一名女性（相比于男性）、一个白人（相比于少数族裔）、一名心理学专业学生（相比于其他专业学生），等等。具体的群体归类取决于与情境的适合度。**相对适合度**（comparative fit）是指通过群体间差异和群体内差异的对比，求得**元对比率**（meta-contrast ratio）。（用统计学术语来说，这相当于 F 检验或 t 检验，即用组间均数之差除以组内方差）。根据自我分类理论，

人们知觉到的最大差异决定了相应的类别。例如，当示威者面对警察时，其他的身份暂时就不重要了。

自我分类也取决于**标准适合度**（normative fit），即以社会性共识定义内外群体这两种类别。关于群体间典型差异的社会性共识定义了相应的内群体－外群体分类。例如，学生在参观养老院时更可能根据年龄进行自我分类，而在参观一所与他们学校有竞争关系的学校时则更倾向于根据学校进行自我分类。自我分类强调心理上的群体成员身份（Turner & Reynolds，2001）。

最优区分性理论（optimal distinctiveness theory，ODT；M. B. Brewer，1991）与上述理论完全兼容。该理论认为，人们会在保持个体自主性和区分性与归属于某一合适的群体之间寻求平衡，以产生自我肯定的、令人满意的身份认同感。个体既重视他们的群体成员身份，也重视他们的个性，因此需要在二者之间寻求一个舒适的平衡点。这种现象出现于西方文化和非西方文化（Vignoles，Chryssochoou，& Breakwell，2000）、青少年（Eckes，Trautner，& Behrendt，2005）以及大学本科生和成年人之中（Hornsey & Jetten，2004）。人们通过调整内群体身份认同的区分性来做到既保持个性，又具有内群归属感。

群体区分性也能减缓不确定性带来的紧张感。**主观不确定性降低理论**（subjective uncertainty reduction theory；Hogg，2001）提出，内群体标准可以减少焦虑，人们在对自己相关的领域感到不确定时尤为如此。采用内群体价值观与标准能够创造确定性，因为人们会融入群体的原型之中，使自己去个性化，并且降低不确定性。与社会身份认同理论、自我分类理论和最优区分性理论类似，该理论也强调一般归类过程的认知基础。但该理论的关键特征是，自我占据了这两种类别中的一个。

内群体偏私

正如社会身份认同理论的最简群体范式所证明的，当群体成员身份是唯一已知信息时，人们会偏好内群体。人们会表现出更多的对"我们"的偏好，而不是公开宣称对"他们"的厌恶。当然，外群体成员常常因被排斥而处于劣势地位（M. B. Brewer，1999；Hewstone et al.，2002；Mullen，Brown，& Smith，1992）。事实上，**内群体偏私**（ingroup favoritism）就是指个体倾向于增加内群体对于外群体的相对优势，人们甚至会牺牲自己和内群体的绝对利益来维持内群体的相对优势。例如，在分配奖赏时，人们更愿意选择给内群体成员 7 点奖赏并给外群体成员 1 点奖赏，而不是同时给双方 13 点奖赏（绝对公平）或给内群体成员 19 点奖赏而给外群体成员 25 点奖赏（内群体收益最大化；Tajfel，Billig，Bundy，& Flament，1971）。又如，即使内群体成员都因缺乏资源而无法给彼此奖赏，人们也依然更加看重内群体（Rabbie & Horwitz，1969）。内群体偏私（即区别对待内外群体）尤其容易产生在有利于内群体的维度上，在面对冲突、社会崩溃和对内群体具有重要意义的情况时，内群体偏私会增强，而当内群体偏私特别重要时，它会降低主观不确定性（Hogg，1993）。

人们偏好内群体，是因为内群体对他们有吸引力，正是这种吸引力将群体成员凝聚在一起（Hogg，1993）。"依恋激素"催产素增强了人们对内群体的袒护（以及对外群体的敌视；De Dreu et al.，2010）。对于那些身份认同遭受威胁的人来说，内群体偏私会自动出现，并且随着内群体身份认同的增强而增强（Branscombe & Wann，1994；Perreault & Bourhis，1999），包括处境艰难的弱势群体（Mullen et al.，1992；Otten，Mummendey，& Blanz，1996）、与众不同的群体（Jetten，Spears，& Manstead，1998），以及缺乏安全感的高地位群体（Bettencourt，Charlton，Dorr，& Hume，2001）。遵守内群体标准所带来的安全感也可以解释社会身份认同理论、自我分类理论以及其他相关理论的一个认知特点，即知觉到的群体同质性。

群体同质性

正如之前提到的，归类能够减少个体知觉到的群体内差异："他们"都是一样的（Linville et al.，1989；Messick & Mackie，1989；Mullen & Hu，1989）。**群体同质性**（group homogeneity）包含对一般外群体成员的刻板印象，也包括知觉到的外群体成员所有可能属性的离散性和相似性（Ostrom & Sedikides，1992；Park & Judd，1990）。外群体同质性尤其适用于那些真实存在但人们不熟悉的、抽象的群体，如从未接触过的民族或种族群体（M. B. Brewer & Brown，1998；R. J. Brown，2000；Devos，Comby，& Deschamps，1996；Linville et al.，1989；Ostrom & Sedikides，1992；Park，Ryan，& Judd，1992）。人们认为其他人对外群体成员的偏向比他们自己要更严重（Judd，Park，Yzerbyt，Gordijn，& Muller，2005），因此人们预期群际知觉是存在偏向的，双方都认为对方是同质的。

不过，人们有时也会认为"我们"都是一样的。人数占少数的群体会认为他们是相对同质的，在那些与身份认同有关的维度上尤为如此（Kelly，1989；Mullen & Hu，1989；B. Simon，1992）。对内群体特别认同的人会知觉到更多内群体同质性（Castano & Yzerbyt，1998）。一个普遍性的原则是，当群体间的差异因为威胁或者冲突而变得凸显时，内群体和外群体都会被看作更同质的。而且，当群体身份认同对个体来说十分重要时，人们往往倾向于服从，因此知觉到同质性有时是有一些道理的。

身份认同理论小结

身份认同理论最关键的贡献是：仅仅进行群体分类就足以导致偏向产生。内群体偏私虽然可能包含自动化成分，但很大程度上是意识性的和外显的，至少通常的测量结果是这样的。无论如何，群际偏向都有认知基础。威胁会放大这些基于类别的偏向，而且威胁本身就是由认知决定的。下面的理论将讨论两种主要的威胁：知觉到的经济威胁和知觉到的价值观威胁。

群际思想观念

公然偏向常常依赖于动机性的社会认知。各种政治思想观念都是为了解释知觉到的对内群体的威胁（Kay & Eibach，2012）。以下这些思想观念和理论将社会上不团结的群际关系视为必然、合理且正当的：社会支配理论、右翼威权主义、死亡恐惧管理理论、系统合理化理论以及本质主义理论（见表11-2）。

表 11-2　群际思想观念作为认知解释以使偏向正当化

框架	核心信念	对内群体的威胁	外群体举例
社会支配理论	群体分级不可避免	零和资源竞争	竞争对手
右翼威权主义	危险世界	价值观崩溃	异类
死亡恐惧管理理论	自身世界观延续	人类必然死亡	外来者
系统合理化理论	现有地位正当化	社会不稳定	抗拒者
本质主义	生物学特性定义各种群体	社会建构	种族、性别

社会支配理论

群体间为资源而竞争，并因此产生了群体层级。**社会支配理论**（social dominance theory，SDT）认为，从狩猎-采集时代开始，人类群体层级就是普遍存在的，并且是具有适应性的。总有一些群体不可避免地支配其他群体，而稳定的层级能够调控并无多大意义的冲突（但大部分受压迫的群体可能并不这么想）。不同的社会、群体和个体对社会支配的接受度是不同的（Sidanius & Pratto, 1999）。随社会支配取向出现的是**正当化谎言**（legitimizing myths），即支持现状的复杂认知（信念和价值观）。这些认知主要就是让各个群体保持在现有位置上的刻板印象。

社会支配取向（social dominance orientation, SDO）上的个体差异与很多公然偏向有关（Amiot & Bourhis, 2005; Sidanius & Pratto, 2003）。在群际背景下，社会支配通过多种方式强化整个系统：高社会支配取向可以预测更高的内群体偏私。这对于有权者来说并不奇怪，但是对那些无权者来说，将社会层级视为合理也表现出了高内群体偏私（S. Levin, Federico, Sidanius, & Rabinowitz, 2002）。高社会支配取向的个体倾向于选择能够强化现有社会支配层级的职业（如警察、商人和检察官），而低社会支配取向的个体倾向于选择弱化社会层级的职业（如社会工作者、教师、公设辩护人）。一旦选择了与自身社会支配取向匹配的职业，这些个体就能够在各自的岗位上表现优异（Kemmelmeier, Danielson, & Basten, 2005; Pratto, Stallworth, Sidanius, & Siers, 1997）。

关于社会支配理论的争议主要在于其认为社会支配是必然的。例如，男性的社会支配取向平均得分总是高于女性，这似乎能解释在发达社会中为什么男性的政治权力高于女性这一普遍现象（Sidanius, Pratto, & Bobo, 1994）。对此，社会身份认同理论的解释是，个体的性别认同导致社会支配取向的不同（Dambrun, Duarte, & Guimond, 2004; M. S. Wilson & Liu, 2003），可能是性别认同影响社会支配取向，而不是反过来。人们越认同自己的性别群体，就越需要将性别群体在社会层级中的固定位置正当化。类似地，社会支配取向得分可能反映的是在某种背景下（即使是暂时的特权地位）所凸显出的不平等，而不是社会支配取向造成的不平等（Schmitt, Branscombe, & Kappen, 2003）。总的来说，群体社会化模型认为支配地位（享有特权）会激发社会支配取向的态度，进而增加偏见（Guimond, Dambrun, Michinov, & Duarte, 2003）。

社会支配理论认为，长期的权力差异（不管是基于性别、社会阶层还是种族）导致了社会建构的群体之间不同的群际取向（Sidanius & Pratto, 1999）。社会支配的思想观念以最为凸显的群体为目标，而这些群体定义了在某一社会中最为明显的权力层级。社会支配取向使得现有群际关系正当化并得以维持。

从认知的角度看，社会支配取向强调在一个层级系统中人们所持有信念的作用，这些信念往往有利于巩固他们所属群体的地位。高社会支配取向与强硬的世界观有关，这种世界观认为世界就是个残酷的竞技场（Duckitt，2001）。它起源于缺乏情感的教养方式，这种教养方式强调人们必须照顾好自己，而更强的群体必然会支配较弱的群体。竞争威胁激发了有关社会支配的信念。

死亡恐惧管理理论

当人们面对威胁（关于重大负性结果的高不确定性）时，他们倾向于寻求确定性。当人们面对死亡时，也会出现这种认知－动机性混合现象。这是因为，死亡虽然是确定的，但死亡时间是不确定的。**死亡凸显**（mortality salience）的关键就是不确定性（K. van den Bos，Poortvliet，Maas，Miedema，& van den Ham，2005），它使得人们珍视那些会比自己存在更久的世界观（即一种替代性永生；Greenberg，Solomon，& Pyszczynski，1997）。当面临死亡威胁时，人们会更加认可他们凸显的群体认同的思想观念（Halloran & Kashima，2004）。面对威胁时，保守的人变得更保守，激进的人变得更激进（Greenberg，Simon，Pyszczynski，Solomon，& Chatel，1992）。在死亡凸显情况下，人们会追随更加强势的领导者，这种领导者可以减少显而易见的不确定性（Landau et al.，2004）。

死亡恐惧管理理论（terror management theory，TMT）解决了人们如何应对与死亡意识相关的恐惧的问题。与此最为相关的是，人们会通过认同内群体来寻求对死亡的超越，因为内群体会比个人活得更长（Castano & Dechesne，2005）。当自我受到威胁时，人们会保护熟悉的事物，这也包括对抗外群体（Burris & Rempel，2004）。当死亡凸显时，人们会对异常的外群体做出严厉反应（Castano，2004；Greenberg et al.，1990；I. McGregor，Zanna，Holmes，& Spencer，2001；Schimel et al.，1999）。当世界充满危险和威胁时，人们对基本价值观的遵守变得尤为重要，这种倾向往往促使人们对外群体进行惩罚。

系统合理化理论

上述理论（SIT/SCT、SDT、RWA以及TMT）讨论了自我保护性动机如何外显地影响群际认知。一种类似的理论提出，思想观念也可以缓解消极反应（如焦虑、不确定性、不适），但又与上述理论强调自我保护的动机不同。**系统合理化理论**（system justification theory，SJT）提出，人们会试图使现状正当化（Jost & Banaji，1994）。与社会支配理论不同，系统合理化理论不仅认为优势个体会寻求现状正当化，而且比较激进地提出劣势群体也会如此。根据这一理论，自我合理化甚至群体合理化都需要给系统合理化让路，因为系统合理化具有缓和效应。维持系统稳定比个人和群体利益更重要的观点得到了不同程度的证据支持。至少，劣势群体有时会接受他们的现有地位，觉得自己没有资格争取更多权益，支持更高地位的群体，并且维持系统稳定，而不是寻求自身利益最大化（Jost，Banaji，& Nosek，2004）。但是，毫无疑问，在某些情况下，低地位群体也会反抗现状。

对于高地位群体来说，现状合理化显然是对他们有利的。但是，对每个人来说，知觉到的地位与知觉到的好处之间的关系在不同文化中都是令人惊讶地高度相关（Cuddy et al.，2009）。刻板印象通常是支持现状的。例如，当学生得知自己学校学生的成就比另一所学校更高（或更低）时，他们会觉得自己学校的学生比另一所学校的学生竞争力更强（或更弱；Haines & Jost，2000）。人们可能倾向于认为高权力的人是当之无愧的，以此来使系统合理化，但他们仅仅在无法改变现状时会如此行事（Dépret & Fiske，1999；Pepitone，1950）。当某人所处的群体是被贬损的但其又无法逾越群体边界（无法离开该群体）时，在长期或极端情况下，这个人会将这种劣势内化（Ellemers，Spears，& Doosje，2002）。

政治保守主义（支持维持现状的思潮）属于动机性社会认知的一种形式，它是一系列符合各种需要的信念。（自由主义也是如此，但它在某种程度上与上述分析刚好相反。）对88项研究的元分析发现（Jost，Glaser，Kruglanski，& Sulloway，2003），保守主义思想观念与死亡意识（支持死亡恐惧管理理论）、对损失的担忧（支持社会支配理论）、知觉到的系统不稳定性（支持系统合理化理论）、对模糊性的不容忍、对新体验的厌恶、对不确定性的不容忍，以及对秩序、结构和封闭性的偏好等因素有关。最后几个动机支持所有的理论。这些理论都强调保守的认知结构，而这类结构能够在面对威胁或服务于群际政治时消除模糊性。

实体性理论及其后续理论

最让人安心的群体表征（那些最能消除模糊性、不确定性、不稳定性和焦虑的表征）让类别显得客观真实。社会类别看起来真实的原因是它首先被知觉为一个实体，即格式塔意义上的一个单元（参见第3章）。一旦被分类，群体看起来就具有了**实体性**（entitativity；D. T. Campbell，1958），即作为真实事物的属性。具有实体性的内群体似乎是浑然一体的，使人觉得有效，能满足一个人的需要，并且激发一个人的群体身份认同（Yzerbyt, Castano, Leyens, & Paladino，2000）。实体性会让群体间的关系极化（Castano, Sacchi, & Gries，2003），加强某些信念系统，包括本质主义、多元文化主义、低人性化和去人性化。

本质主义

具有实体性的群体通常被赋予某种**本质**（essence；Rothbart & Taylor，1992；Yzerbyt, Corneille, & Estrada，2001），它包含一种根本性的核心实质，通常表现为共同的基因、血统或天性。人们知觉到的本质通常依赖于生物学解释，并且人们往往认为生物学特性是固定不变的（相比之下，生物学家认为这些特性会与环境交互作用）。人们常常认为群体分类是真实的生物学现象（实体），而不是随历史与文化而变化的社会建构现象。

本质主义（essentialism）会强化刻板印象。给某一社会类别赋予本质的人也会对这个本质持有相应的刻板印象（Bastian & Haslam，2006；Keller，2005），刻板印象帮助人们将本质化群体的特征解释为一种具有启发意义的格式塔（Yzerbyt & Demoulin，2010）。

群体本质主义确实会随情境而变化。西方文化和东亚文化都更倾向于将本质和实体性赋予个体而不是群体（Kashima et al.，2005），因为个人看起来比群体更加一致和连贯。但是，当群体看起来有非常明显的本质主义特征时（如在东亚），人们会为这些本质主义群体赋予更多能动性。也就是说，他们认为群体更有能力采取行动。本书的作者之一想起了一些海外新闻报道，这些新闻将能动性赋予国家（如"韩国打算……"），而不是政府中的个体（"总统宣布他打算……"）（Menon et al.，1999）。

对于强势群体成员来说，弱势群体的能动性可能会威胁他们的地位；对于弱势群体成员来说，他们知觉到的内群体本质和能动性可以保护他们自己的尊严。事实确实如此：对荷兰的强势群体青少年而言，本质主义的信念与抵制多元文化主义相关（Verkuyten & Brug，2004）；相反，对于弱势群体的青少年来说，对群体本质持有的信念与对多元文化的包容相关。这可能是因为，让他们陷入困境的群体认同反而让他们感到自豪。

多元文化主义

多元文化主义（multiculturalism）认为不同群体在本质上是不同的，并且呼吁各个组织尊重这些本质上的差异。极端的多元文化主义认为不同群体存在生物学上的本质差异，而温和的多元文化主义认为这只是长期的社会差异。与多元文化主义相反，**忽视人种肤色**（colorblind）理论否认一切差异，认为每个人无论其背景如何，都应该被同等对待。多元文化主义与社会认知所强调的群体归类的观点是一致的。实际上，相比那些被忽视人种肤色理论启动的学生，被多元文化主义启动的学生会表现出更多的刻板印象，对个体有更多的基于类别的评价（Wolsko，Park，Judd，& Wittenbrink，2000），但他们也能更准确地判断群体之间的统计学差异。知觉到群体的差异不一定会导致偏向，反而可能让人们认识到多元文化的差异（Park & Judd，2005）。

低人性化和去人性化

人最终极的生物学本质是人类。人们更多地把人类的本质[○]赋予自己的群体，而不是其他群体（Demoulin et al.，2004；Leyens et al.，2003）。人类声称自己具有区别于动物的智力、语言以及隐蔽情绪。就情绪来说，人们倾向于认为原始的**初级情绪**（primary emotions；如愤怒、快乐）是所有人群都具有的，而动物也具有这些情绪。但是，人们把**次级情绪**（secondary emotions；如后悔、骄傲）归于内群体。主观本质主义是对外群体情绪**低人性化**（infrahuman；即低于人类的）的机制，它让人们较少同情那些被低人性化的群体。当某个偏远地区的群体遭受毁灭性的飓风或地震等灾害时，人们对那个群体失去家园和家人的悲痛似乎没有我们自己的群体面对类似损失时强烈，因此人们对他们的帮助

○ 人类的本质（human essence），也就是人性（humanity），即人区别于动物的那些特性。——译者注

也相应更少（Cuddy, Rock, & Norton, 2007）。

人们经常以两种主要的**去人性化**（dehumanization）形式贬低他人的人性（Haslam, 2006；见表11-3）。首先，人们可能把他人当作动物对待，否认他们具有**人类独特性**（uniquely human）的文化、道德、逻辑、成熟和教养。这种动物性的非人化主要被用于基于种族、移民身份和身心残疾而形成的外群体。其次，人们可能把外群体成员当作机械性的物体，否认他们具有**典型人性**（typical human nature），如热情、情绪反应性、能动性、好奇心和思想深度等。机械性的去人性化主要针对的是接受某些治疗的病人和被物化的女性（Haslam, Bain, Douge, Lee, & Bastian, 2005）。根据动物性和机械性这两种类型的分类，一项研究表明，艺术家被认为是好奇的、爱玩的、情绪化的（偏动物属性），商人则被认为是有条理的、狠心的、肤浅的（偏机械属性；Loughnan & Haslam, 2007）。

表 11-3 去人性化信念

被否认的特性	举例	导致的刻板印象	外群体举例
人类独特性	文化、道德、逻辑、成熟、教养	兽性、原始的	种族、残疾、移民身份、艺术家
典型人性	热情、情绪反应性、能动性、好奇心、思想深度	机械性、机器人	临床病人、被物化的女性、商人

人们在人性赋予上的差异并非仅限于群体之间，他们也会为自己赋予比他人更多的人性（Haslam et al., 2005）。但群际去人性化是一些最严重的大规模反人类罪行的根源。去人性化会助长群际暴力（杀死被你当作动物或机械的人更容易），内群体对外群体的暴力也会加剧对外群体的去人性化（Castano & Giner-Sorolla, 2006）。

隐蔽刻板印象是内隐的、自动化的但也是常见的

在关于可接受信念的标准发生巨大变化后，20世纪后期出现了隐蔽刻板印象。**无干扰测量**（unobtrusive measures）让我们看到，即使外显态度有所改善，偏见仍然存在（Crosby, Bromley, & Saxe, 1980；Saucier, Miller, & Doucet, 2005）。就像人们不再对着别人吐烟圈一样，人们也不再在公司这样的礼貌环境

里对他人表达一些侮辱性的刻板印象。研究者使用新的、成熟的方法揭示了这些自动化的、模糊的和矛盾的现代版刻板印象。

自动化刻板印象

认知联系与人们的群际表征有关。这些刻板印象的组织以及它们的效价都表现出自动化过程的特点，而这些自动化过程使得刻板印象更容易被获取。我们在第 12 章会着重讨论更外显的情绪偏见，但本章涉及的认知信念也包含效价，所以它们与偏见有关。当然，本章会沿着更多的评价性方向，而不是外显的情绪方面展开。一些相对自动化的认知过程包括类别混淆、反感性种族主义联系、间接种族启动、内隐联系和认知负荷。这些过程都是自发的，但也都受到一定的动机性控制。

类别混淆

人们会迅速识别对方的性别、种族和年龄，并用这些类别来给人分类。因此，人们往往会混淆属于同一类别的其他人，忘记是哪个女人、哪个拉丁裔或哪个老人提出了建议。在**"谁说了什么"**（who-said-what）实验范式中，人们的自发记忆错误更多表现为混淆类别内的人，而不是类别间的人（S. E. Taylor, Fiske, Etcoff, & Ruderman, 1978）。这种混淆根据性别、种族、年龄、性取向、态度、吸引力、肤色、口音和关系类型而发生于类别内（Maddox & Gray, 2002; Rakić, Steffens, & Mummendey, 2011; 见 S. T. Fiske, 1998, pp. 371-372）。即使控制了相关的认知过程（如猜测），特别是当人们需要迅速反应（Klauer & Wegener, 1998）以及涉及人数上处于劣势的少数群体时（Klauer, Wegener, & Ehrenberg, 2002），**类别混淆**（category confusion）就会发生。在没有明显的意图、努力或控制的情况下，个体会出现这样的记忆错误，提示这些错误是相对自动化的。这些混淆会助长刻板印象（S. E. Taylor et al., 1978）。

反感性种族主义

在第一批识别纯粹自动化偏向的实验中，种族启动实验（参见第 10 章）揭示了社会身份认同理论所描述的"我们-他们"分类，这种分类是即刻完成的。当以"白人"（相比"黑人"）为启动刺激时，白人被试会更迅速地识别如"聪明"

这样的积极特质（Dovidio, Evans, & Tyler, 1986; Gaertner & McLaughlin, 1983; Perdue et al., 1990）。用"我们"和"他们"代替种族标签也会出现同样的反应模式。人们自动产生的积极内群联系会随时间推移而反复出现（Kawakami & Dovidio, 2001），并预测跨种族互动中的非言语行为（Dovidio, Kawakami, & Gaertner, 2002）。（外显的态度预测外显的言语行为。）内群体积极性比外群体消极性更明显。

当然，内群体积极性会通过排斥而忽略外群体。在零和情境中（如招聘），即使外显的偏向得到改善，隐蔽偏向仍然存在，在模糊的情况下尤为如此（Dovidio & Gaertner, 2000）。当然，也有极少数例外，即隐蔽偏向得到了改善（Kawakami, Dovidio, & van Kamp, 2005）。这些针对内群体的即时积极联系产生了一种舒服的感受，所以属于内群体的职位申请人看起来适应得更好。

根据元分析的结果，当白人可以将他们的决定合理化为与种族无关时，他们会减少对黑人的帮助：例如，当助人行为会有更大的风险、需要更长的时间、面临更大的困难、更费劲或更遥远时（Saucier et al., 2005），他们就不愿意帮助黑人。**反感性种族主义**（aversive racism）认为大多数白人是善意的，并拒绝他们自己的种族主义信念（Gaertner & Dovidio, 1986）。他们只有在有明显的非种族主义理由（借口）时（如信息模糊时），才会表达他们的内群体偏私联系。因此，抑制这种联系的方法之一是消除模糊性。不幸的是，生活本身就是模糊的。

一个更现实的选择是利用"我们－他们"效应，但要把"我们"的范围扩大到包括以前的"他们"。例如，在2001年9月11日的恐怖袭击之后，许多美国人注意到种族之间的关系得到了改善，这是因为人们的国家认同压倒了种族认同。意识到"袭击是针对所有美国人的"这一事实，减少了白人对黑人的偏见（Dovidio et al., 2004）。这种**共同内群身份认同模型**（common ingroup identity model; Gaertner & Dovidio, 2005）运行良好。这一结果显然是通过增加换位思考和对不公正的认识（Dovidio et al., 2004），并加上共同的互动和共同的命运（Gaertner, Sedikides, & Graetz, 1999）而实现的。

间接种族态度

一个早期借用认知范式研究刻板印象的范式是**间接启动**（indirect priming）技术（Fazio et al., 1995）。与针对反感性种族主义的测量一样，该技术评估人们在评价一个启动和一个刺激匹配时，对该刺激的反应速度（参见第10章）。

这两种任务（见表11-4）在启动之后呈现的刺激和所要求的反应方面均存在不同。在反感性种族主义范式中，内群体或外群体启动刺激先于一个与种族有关的积极词、消极词或一个无意义字母串出现。人们需要做一个**词汇判断**（lexical decision），即这个字母串是词还是非词。这一判断会因内群体或外群体种族启动刺激与刻板印象相关词的效价之间的匹配而得到促进。在间接启动中，最初的种族启动刺激（可是一个词或一张照片）先于一个与种族无关的积极词或消极词出现，而被试针对该积极词或消极词回答好或坏（而不是词或非词）。反感性种族主义技术采用了更多概念性过程（因为单词的意义很重要），间接启动技术则分离了评价性内容（因为只有效价起作用）。概念性与评价性的启动确实存在不同（Wittenbrink，Judd，& Park，2001a）。例如，概念性过程更多与刻板印象、判断和印象相关，而评价性过程更多与情感、偏好和社交距离相关（Amodio & Devine，2006）。然而，在这两种情况下，一个关于外群体的启动刺激出现后，一些人对消极或刻板术语的促进反应（加速）实际上提供了一个被试关于种族态度的间接指标。由于出现了这种认知上的促进作用，因此这一测量技术与其他测量技术一起被用于评估隐蔽偏向。

表11-4　三种隐蔽偏向测量方法比较

范式	时间顺序	启动刺激	刺激	任务	测量
反感性种族主义	序列	群组名称：黑人/白人	刻板印象相关词或非词：hostile（敌对）/dsdjklfj	词？（是/否）	速度

预测："黑人"会促进识别"敌对"这个词；"白人"会促进识别"聪明"这个词。非词（字母串）没有任何促进效应

范式	时间顺序	启动刺激	刺激	任务	测量
间接启动	序列	群组名称：黑人/白人	不相关的消极词/积极词：垃圾/钻石	效价？（好/坏）	速度

预测："黑人"会促进判断"垃圾"为坏；"白人"会促进判断"钻石"为好

范式	时间顺序	启动刺激	刺激	任务	测量
内隐联系	配对	群组名称：黑人/白人	不相关的消极词/积极词：垃圾/钻石	匹配侧（左/右）	速度

预测：与反向配对相比，人们将"黑人"和"垃圾"归类在同一侧以及将"白人"和"钻石"归类在另一侧的速度更快

注：任务描述见正文；内隐联系测验也可见图10-2（3）和（4）。

间接启动测量确实可以预测跨种族互动的非言语行为、对一个外群体成

员所写文章的评价、对外群体成员的情绪反应以及其他相关的态度（Fazio & Olson，2003）。通过这种方式测量的刻板印象和评价是不是"真的"态度并不重要，重要的是这些处于上游的、相对自动化的指标确实与处于下游的、更外显的态度和行为存在相关。

与本章对刻板印象本身的关注一致，自动激活的种族态度与白人对黑人的特质推理相关（Graham & Lowery，2004）。但是，我们还有弥补的余地，即使是这些相对自动化的反应也可以减弱，这取决于个人避免偏见的动机（Towles-Schwen & Fazio，2003）。

内隐联系测验

我们在第10章介绍了内隐联系测验（IAT；Nosek，Hawkins，& Frazier，2012）。像刚才讨论的反感性种族主义和间接启动测验一样，它既可做评价性测量，也可更具体地评估刻板印象。在这里，我们关注如何测量刻板印象本身，而不是评价性的联系（态度）和复杂的情感反应（情绪）。基本的 IAT 范式利用了内群体（往往是强势群体）和积极态度对象之间的联系，以及外群体（往往是弱势群体）和消极态度对象之间的联系。

在种族偏向中，内隐刻板印象和内隐评价可能涉及针对语义记忆和情感记忆的不同神经系统（Amodio & Devine，2006）。评价一个非裔美国作家的白人被试表现出较少热情和结交倾向，而这可作为他们的 IAT 评价性偏向的指标。相反，他们的 IAT 刻板偏向（在运动、节奏感和不聪明等老生常谈的形象上）预测了他们其他的刻板评价（懒惰、不诚实、不值得信任）。白人对潜在的黑人伙伴的评分也显示出类似的对应关系。评价性 IAT 预测了他们坐得有多靠近，即他们的情感偏向，而刻板印象 IAT 预测了他们对伙伴在任务表现上的预期，即更多的认知偏向（Neumann & Seibt，2001）。

虽然研究者大多关注 IAT 对评价性态度的测量，但 IAT 也揭示了与性别有关的刻板印象，包括体型（如娇小）、活动（如橄榄球）、物品（如花）、职业（如机械师）和角色（如老爷；Blair & Banaji，1996）。性别和强烈性别认同与男性擅长数学的刻板印象相结合，促使女性远离数学，男性则对数学有内隐偏好。另一个例子是，女性和男性均会内隐地将各自的性别与有利的特质性刻板印象联系起来（Rudman，Greenwald，& McGhee，2001）。

刻板印象和认知负荷

类别激活（category activation）和**类别运用**（category application）均取决于认知负荷（参见第4章，Gilbert & Hixon，1991）。在激活和运用阶段之后，随后的判断也取决于认知负荷。但是，认知负荷在每个阶段起着不同的作用（见表11-5）。

表11-5　认知负荷效应因阶段而异

阶段	偏好	认知负荷的影响
激活	相关的、可获取的类别优于个人身份	类别可能不会被激活
解释	与刻板印象不一致的线索，旨在解释或同化	忽视与刻板印象一致线索的最初运用
回忆	因为注意到它们，所以会偏好与刻板印象不一致的线索	可能不会改变刻板印象
后期判断	所存储的刻板印象	形成更多的刻板印象

面孔比个人身份能更快地引发类别激活（如性别；Macrae et al., 2005；参见第3章）。虽然是相对自动化的过程，但是类别激活会随认知负荷、任务和情境的变化而变化。仅仅接触一个目标并不一定会导致分类过程（Macrae, Bodenhausen, Milne, Thorn, & Castelli, 1997），人们显然会注意与多个备选类别（如性别和年龄）相关的线索，但只会激活与当前最相关的类别（K. A. Quinn & Macrae, 2005）。此外，在多个备选类别中，人们会激活更容易获取的类别（L. Castelli, Macrae, Zogmaister, & Arcuri, 2004）。类别激活也取决于情境，例如，在一次家庭野餐或某个教堂里的一个非裔美国人（与在一个城市街角或帮派中的同一个人相比）会向白人表现出不同的自动化反应（Wittenbrink, Judd, & Park, 2001b）。类别激活是**条件性自动化的**（conditionally automatic），即它取决于目标和其他情境因素（参见第2章）。

一旦某一类别被激活，与刻板印象一致的意义就很容易被接受，而不需要太多认知容量。因此，当认知资源匮乏时，人们会选择性地将注意分配给与刻板印象不一致的信息。如对之有偏见，则他们会特别注意与刻板印象不一致的信息，并试图解释它（J. W. Sherman, Stroessner, Conrey, & Azam, 2005）。在刻板印象运用的早期阶段，人们优先考虑那些合乎逻辑的印象，所以他们会关注不一致的地方，然后，他们会记住那些需要认知工作来同化的不一致信息。

然而，在被解释或被同化之后，不一致信息很可能并不会破坏人们的刻板印象。

在随后的运用阶段，特别是在认知负荷条件下，人们在做判断时会更多地依赖储存的刻板印象（Bodenhausen & Wyer，1985；Macrae，Hewstone，& Griffiths，1993；van Knippenberg，Dijksterhuis，& Vermeulen，1999）。运用刻板印象可以解放心理能力（Macrae，Milne，& Bodenhausen，1994）。而且，那些需要高度节省认知资源的人特别有可能进行群体分类（Stangor & Thompson，2002）。因此，尽管有些复杂，但刻板印象激活、运用和判断均需要一定认知负荷的事实支持刻板印象持续发挥高效率的作用。

刻板印象过程和动机性控制

如果刻板印象过程经常是自动化的，那么人们如何克服它们呢？如果刻板印象是有条件的自动化过程，那么只要有足够的动机、能力和信息，人们就应该可以阻止刻板印象的影响。当人们有足够的动机和时间时，他们确实更容易避免相对自动化的刻板联系（Blair & Banaji，1996；Macrae，Bodenhausen，Milne，& Ford，1997）。练习有助于减少对某一外群体的自动化刻板联系（Kawakami，Dovidio，Moll，Hermsen，& Russin，2000）。换位思考（Galinsky & Moskowitz，2000）、内疚（Hing，Li，& Zanna，2002）和自我关注（Dijksterhuis & van Knippenberg，2000）也会产生这样的效果。考虑到归属动机（S. Sinclair，Lowery，Hardin，& Colangelo，2005），一个来自弱势群体的实验者会产生不一样的社会影响（Lowery et al.，2001）。人们会激活自我的外群体相关部分，就像为和谐的互动做准备一样（Kawakami et al.，2012）。总的来说，目标和能力允许个性化，从而越过最容易使用的类别信息（S. T. Fiske et al.，1999）。

然而，仅仅压制刻板印象，而不增加替代信息可能会适得其反。如果人们只是试图避免刻板印象，那么当他们放松警惕后，他们可能会经历**反弹**（rebound），即随后加倍地出现刻板印象联系（Macrae，Bodenhausen，Milne，& Jetten，1994；Wegner，1994）。动机和能力也影响反弹效应（Monteith，Sherman，& Devine，1998；N. A. Wyer，Sherman，& Stroessner，2000）。偏见和目标共同预测压抑后的反弹效应（Monteith，Spicer，& Tooman，1998）。

控制刻板印象会消耗执行控制力，而这可以解释反弹效应。在跨种族互动中，当白人特别担心出现偏见时，他们会抑制自己的行为，从而在他们的黑人伙伴面前表现很好。不幸的是，对白人来说，他们自己并不那么喜欢这类互动（Shelton，2003），而且有关的认知和神经测评表明，他们的执行控制力在事后被消耗了（Richeson et al，2003；Richeson & Shelton，2003）。对于试图抵制一个白人伙伴偏见的黑人来说，他们在互动中的自我体验和事后的执行控制都会受到类似的损害（Shelton & Richeson，2006）。

模糊刻板印象过程

隐蔽刻板印象的特征是它的自动化，这建立在基本的分类和快速联系过程的基础上。现代刻板印象的隐蔽之处不仅在于它迅速的特点，还在于它的模糊性。这在很大程度上取决于解释：人们自动化地加工明显的刻板印象或反刻板印象信息，但人们也会对模糊信息进行解释，以确认自己的预期。在一个经典实验中，被黑人刻板词汇阈下启动的白人被试随后对那些模糊的、未指明种族的行为解释为更具敌意（Devine，1989）。正如我们在第 3 章所述（Graham & Lowery，2004），研究者要求被黑人刻板词汇阈下启动的警察和假释官阅读一些关于入店行窃和袭击的未指明种族的小故事。他们随后对罪犯的敌意和鲁莽、罪责、预期再犯和应得的惩罚进行了更负面的评分。刻板印象性解释并不局限于种族，被与强奸相关的词汇阈下启动的女大学生阅读一段关于一个男人和一个女大学生之间有些模糊的挑衅性接触后，会对这个女生进行更负面的判断，对于那些持有公正世界信念⊖的被试尤为如此，大概是因为她们更有可能把这种模糊的接触归咎于她（Murray，Spadafore，& McIntosh，2005）。

对信息的刻板解释也不仅仅是前意识的：人们在一张脸上看到了相同模糊程度的悲愤表情（通过头发和服饰来改变性别），然后被试会根据关于情绪的性别刻板印象，把男性的表情解释为愤怒，而把女性的表情解释为悲伤（Plant，Kling，& Smith，2004）。人们把一个建筑工人打某人解释为打人，但打一个家庭主妇解释为打屁股⊖（Kunda & Sherman-Williams，1993）。这种情况甚至发生在人们没有被问及他们的解释这种情况中。他们后来会错误地把一个推理

⊖ 公正世界信念（just world belief）是指个体对自己的命运具有直接控制，而且他们认为生活中的得失都是理所应当的这样一种信念。这种信念既适用于自己也适用于他人。这种信念实际上是一种认知偏向，最早由 Melvin Lerner 和 Carolyn Simmons（1966）发现。——译者注

⊖ 此处指一种助性行为（英文为 spanking）。——译者注

再认为熟悉的（如一个修女与一个摇滚乐手对晚会上所提供酒量的不同反应[⊖]；Dunning & Sherman，1997）。这些解释发生在编码阶段，因此它们成为人们对对方印象的组成部分。

人们不仅解释模糊信息的内容，而且解释其因果意义。正如我们在第6章所指出的，内群体的主动行动必然反映我们固有的能力或善良，但外群体相同的主动行动必须反映机会或情境。但对负面行动则是相反的情况。这种效应被称为**终极归因错误**（ultimate attribution error，UAE；Pettigrew，1979），经常出现在种族间归因（Hewstone，1990）和跨性别归因（Deaux & Emswiller，1974；Swim & Sanna，1996）之中。终极归因错误是隐蔽且模糊的，取决于对外群体行为背后原因的解释。这产生了一个实际后果：那些认为非裔美国人一般都是肇事者的陪审员更容易将种族间纠纷解释为他们的过错，而将非裔美国人视为受害者的陪审员则更会将白人视为有罪（Wittenbrink，Gist，& Hilton，1997）。性情性归因会巩固对外群体的消极刻板印象和对内群体的积极刻板印象，而情境性归因降低了其对立面的稳定性（J. W. Sherman，Klein，Laskey，& Wyer，1998）。所谓的**实体论者**（entity theorist）赞成这种针对负面刻板印象的固定的、实体的归因；**渐变论者**（incremental theorist）则采取一种更相对的观点（S. R. Levy，Plaks，Hong，Chiu，& Dweck，2001）。

对模糊信息的主观判断并不总是支持主导群体。比如，因为**摇摆标准**（shifting standards），所以一个女性会（从女人的角度）被认为成绩好并得到称赞。对一个男性来说，成绩必须更好才能得到同样的赞美，因为对他们的评价标准更高。然而，赞美是廉价的。在分配稀缺资源时，两种性别必须竞争，然后刻板印象就会导致有利于男性的偏向（Biernat & Vescio，2002）。理解摇摆标准的一个方法是对比主观判断（将人认定为"聪明"）和明显客观一些的判断（对你认识的那些最聪明的人进行排名；见表11-6）。这些影响出现在不同情境之中，如体育比赛（Biernat & Vescio，2002）、军衔晋升（Biernat，Crandall，Young，Kobrynowicz，& Halpin，1998）和招聘决定中（Biernat & Fuegen，2001）。

⊖ The (nun/rock musician) was unhappy about the amount of liquor being served at the party（那位修女/摇滚乐手对晚会上所提供的酒量不高兴）。这里的刻板印象是，人们会认为修女的不高兴是因为酒太多了，而摇滚乐手不高兴则是因为酒太少了。结果表明，相比不一致的陈述（15%），那些与刻板印象一致的陈述（35%）后来更有可能被错误地再认（Dunning & Sherman，1997）。——译者注

表 11-6 摇摆标准

组别	预期或标准	实际表现	主观判断	客观判断	结果
从属者（女性，弱势群体）	低	中等	"对于一个从属者来说，算好了"	对于所有人来说属于中等排名，但与男性相比不是最快的	只表扬
例子	跑得慢	中等	"对一个女性来说，算快了"		
主导者（男性，强势群体）	高	中等	"对于一个主导者来说，只能说还可以"	对于所有人来说排名更高，比女性更快	只奖励
例子	跑得快	中等	"对一个男性来说，算慢了"		

刻板印象利用了所给信息的模糊性，所以刻板印象本身的影响是隐蔽的、没有被审查的。人们对自己和他人都会隐瞒其刻板印象解释。例如，人们在评估求职者时，会根据他们希望决策结果的不同而对求职者资质赋予不同权重（Norton，Vandello，& Darley，2004）。他们在一个决定中所重视的东西会延续到随后的决定之中。

当情境产生了模糊性时——如果偏见只是一个决定的可能原因之一，但非偏见的原因可能会成为行动的借口——决定本身对于偏见也是模糊的。在反感性种族主义中，在**现代种族主义**（modern racism）测量上得分高的白人（见表 11-7）所持有的各种政治观点恰好都是对弱势群体不利的。他们也不太可能帮助一个黑人，只有当其他人也在场时，他们才会因分散援助责任的需要而施以援手（Gaertner & Dovidio，1986）。当有非种族的借口时，人的攻击行为也类似，白人被试对黑人目标的攻击比对白人目标的攻击少。但如果他们有被目标羞辱的借口时，他们对黑人的攻击就比白人多（R. W. Rogers & Prentice-Dunn，1981）。同样地，那些已经证明了自己具有无偏见的**道德凭证**（moral credentials）的人随后会更自由地表达刻板印象和偏见（Monin & Miller，2001）。所有这些研究都有一个共同点，就是表达基于类别的认知偏向具有模糊性。

表 11-7 现代种族主义量表（2000）

否认持续的种族歧视
几代人的奴隶制和歧视造成了黑人难以摆脱处于社会下层的困境 *
对黑人的歧视在美国已不再是一个问题

（续）

黑人应该更努力工作
这其实是一些人不够努力的问题；如果黑人足够努力，那么他们就可以和白人过得一样好
爱尔兰人、意大利人、犹太人和其他许多弱势群体都克服了偏见并努力向上实现了阶层跨越，黑人也应该这样做，而不需要任何特殊的援助

对特殊援助的要求
黑人对社会其他成员的要求太多
黑人一般不会对他们在社会中的处境提出应有的抱怨*
你认为今天美国存在的种族紧张局势有多少是由黑人造成的？全部、大部分，或者根本不是

不应有的结果
在过去的几年里，黑人在经济上得到的东西比他们应得的多
黑人从政府得到的关注比他们应得的多得多，还是得到差不多正常的关注、较少关注或太少关注

注：*表示反向计分的条目。完整量表比这里列出的量表多一倍的题目。
资料来源：Sears & Henry (2003). Reproduced with permission.

矛盾刻板印象

除了自动化和模糊性之外，刻板印象还可以在矛盾性方面表现得不易察觉。自动化只有在更明显的控制性的偏向消退时才变得明显，而人们也通过模糊性来掩饰其反感性刻板印象。矛盾性与自动化和模糊性均不同，矛盾性并不新鲜。早在美国人的刻板印象首次被系统地测量时，一些群体就引发了完全负面的刻板印象（如土耳其人被认为是残忍和奸诈的），而其他一些群体则引发了完全正面的印象（如英国人被认为是聪明和擅长运动的）。但其他许多群体得到的刻板印象则是混合的：非裔美国人被认为懒惰但有音乐细胞，而犹太人勤奋但很市侩（D. Katz & Braly，1933）。对黑人和犹太人的刻板印象在能力和热情方面似乎是相反的，每一群体都在一个方面高，但在另一个方面低（Allport，1954）。随着时间推移，**矛盾刻板印象**（ambivalent stereotyping）被证明是刻板印象内容的一般原则（Bergsieker，Leslie，Constantine，& Fiske，2012）。鉴于不断完善的反偏见规范，人们越来越多只提及矛盾性刻板印象的积极一面，而省略其消极一面。实际上，省略也可以是一个刻板印象过程。例如，在评估求职者时，评审人会说，"嗯，她真的是一个好人……"。这种暗讽对听众来说并不陌生，他们会推理出被省略的负面信息（Kervyn，Bergsieker，& Fiske，2012）。对自我介绍者来说也是如此，他们在听到这样的评价后会采取相应的行动（Holoien &

Fiske, 2013; Swencionis & Fiske, 2016)。

根据**刻板印象内容模型**（stereotype content model, SCM），当人们遇到一个不熟悉的群体时，他们必须立即回答两个问题。第一，正如对一个哨兵所要求的，"对方是朋友还是敌人？"这表明他们想知道另一个团体是善意的还是恶意的（他们是竞争和剥削的还是无伤害的，甚至是合作的呢）。竞争意图预示着不善交际、冷漠和不值得信任的刻板印象。第二，人们想知道，"能还是不能？"这回答了该团体能否实现他们的意图（他们有必要的资源吗）。高地位预示着对所知觉到的胜任力和个人能力的刻板印象（S. T. Fiske, Cuddy, & Glick, 2007）。

这个热情与能力交互作用矩阵描述了两种矛盾的组合和两种不矛盾的组合（见图 11-1）。我们首先来看不矛盾的组合：在当今美国，中产阶级、基督教徒或异性恋者看起来既热情又能干。相反，无家可归者、吸毒者或穷人（不分种族）则被认为既不热情也不能干。矛盾的组合反映了因热情而受欢迎但又因无能而不受尊重的群体（老年人、残疾人）或因不热情而不受欢迎但有因能干而受

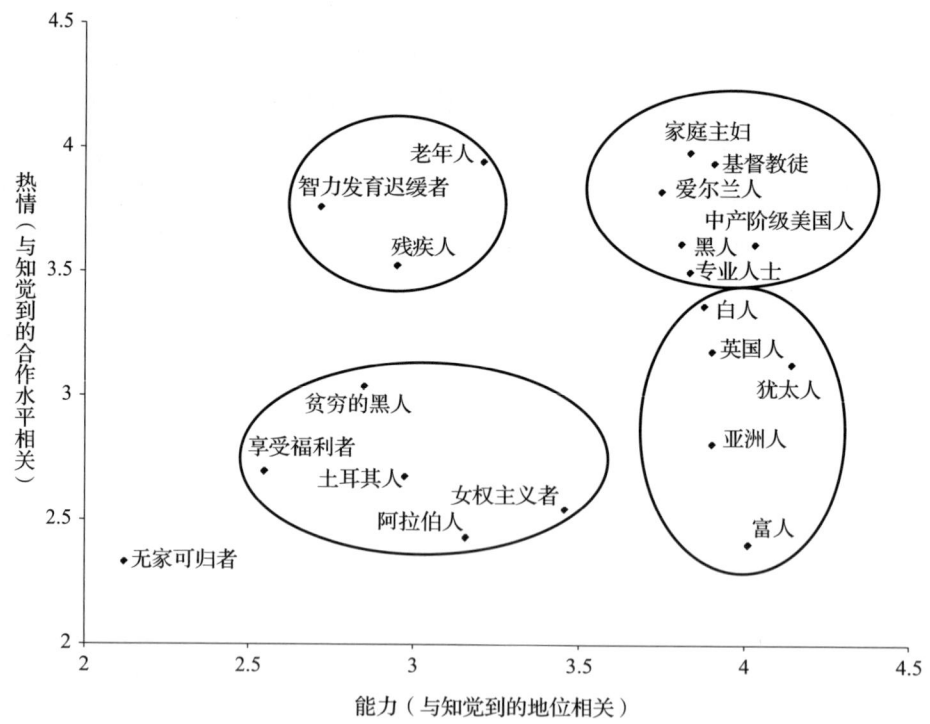

图 11-1　刻板印象内容模型。来自美国代表性样本的数据
资料来源：Cuddy, Fiske, & Glick (2007).

尊重的群体（不论种族或性别的犹太人、亚洲人、富人或专业人士；S. T. Fiske, Cuddy, Glick, & Xu, 2002）。研究者在具有代表性的美国、欧洲、拉丁美洲、非洲和亚洲样本（尽管在亚洲，对热情但又能干的参考群体的刻板印象不是那么强烈；Cuddy, Fiske, & Glick, 2007; Cuddy et al., 2009; Durante et al., 2013）中发现了这四种组合的刻板印象。

在更大的类别中，这四种群体也有不同的亚型：男女亚型、男同性恋亚型、特殊心理疾病亚型、在黑人社区内部的黑人亚型（Eckes, 2002; Clausell & Fiske, 2005; S. T. Fiske, 2012; S. T. Fiske, Bergsieker, Russell, & Williams, 2009）。由于动物和企业品牌似乎也有意图和能力，因此我们也可以根据热情和能力维度对它们进行区分（动物：Sevillano & Fiske, 2016; 企业品牌：Kervyn, Fiske, & Malone, 2012）。热情与能力交互作用的刻板印象可预测特定的情绪偏见和歧视行为（参见第12章；Cuddy, Fiske, & Glick, 2007; S. T. Fiske et al., 2002）。

刻板印象内容模型的热情与能力交互作用矩阵适用于针对个人和群体目标的众多社会知觉加工（S. T. Fiske et al., 2007）。相关理论框架还描述了两个类似的刻板印象维度：即从能力或能动性角度考虑自我利益，以及从道德/社会性或共生性角度考虑他人利益（Abele & Wojciszke, 2007; Peeters, 1983）。有能力至少需要在最初关注自我，而成为热情和值得信赖的人需要以他人为导向。在重视内群体时，对与自己互动最多的内群体成员，人们最关心其道德水平（Leach, Ellemers, & Barreto, 2007）。整个自我和他人利益框架可用于解释对国家（Phalet & Poppe, 1997）和价值观的刻板印象（Wojciszke, 1997）。**敌人形象理论**（enemy images theory; Alexander, Brewer, & Hermann, 1999）在一个包括能力和热情维度再加权力维度的框架中重新解释了针对国家的刻板印象。这里的核心观点是，刻板印象至少有两个维度，群体可以在一个维度上被视为积极的，而在另一个维度上被视为消极的，从而使评价性认知变得自相矛盾。

刻板印象经常在这种欢迎和尊重之间引发一种紧张。**种族矛盾态度**（racial ambivalence; I. Katz & Hass, 1988）反映的是白人自由主义者对跨种族目标的复杂反应，既有赞成也有反对。他们认为黑人是因外部障碍（如歧视）或者因内部障碍（如价值观和动机）而处于不利地位。**矛盾性别偏见与歧视**（ambivalent sexism；Glick & Fiske，1996，2001）就反映了两个因素的作用：一方面，持**敌意性别偏见与歧视**（hostile sexism）观点的人怨恨追求非传统角色的女性，对她们尊重但没有感情；另一方面，主观上持**善意性别偏见与歧视**（benevolent sexism）观点的人爱护那些保持传统性别角色的女性，保护她们但又不尊重她们（Glick，Diebold，Bailey-Werner，& Zhu，1997）。这种模式也不是最近才有的，在不同的文化中都是如此（Glick et al.，2000；Glick & Fiske，2001）。

一种互补性的矛盾刻板印象把富人描绘成不诚实的人，而把穷人描绘成诚实的人（Kay & Jost，2003）。生活在这种刻板印象中的人会更加认可现有制度。在相关的维度上表扬赢家（富人是勤奋和聪明的）可以合理化现有制度；而在不相关的维度上表扬输家（诚实、快乐）可以补偿受害者，却不损害现有制度（Kay，Jost，& Young，2005）。根据这种观点，每个人都至少可以在某些方面从现有制度中获益（Jost & Kay，2005）。矛盾刻板印象在不平等的社会中特别有用，在这样的社会中，人们总是需要很多解释（Durante et al.，2013）。

—— 研究聚焦 ——

刻板印象的维度是什么？一组竞争对手求同存异

正如正文中的刻板印象内容模型（S. T. Fiske et al.，2002）以及相关模型（如 Abele & Wojciszke，2007；Alexander et al.，1999；Peeters，1983）所介绍的，当两个主要维度（即热情和能力）定义这个矩阵且一些群体处于高热情－低能力条件或低热情－高能力条件时，矛盾刻板印象就会出现。从两个基本维度得出的聚合性结论提示，研究者根据独立提出的相似观点来解释相似议题是恰当的。

如果出现一个合理但采用不同维度的模型（Koch et al.，2016）来描述刻板印象，情况又会怎样呢？ABC 模型要求被试对 40～80 个群体的（不）相似性进行评分。具体方法是，被试把各组的标签移到处于屏幕不同位置的相似集群中，或者对所有可能配对之间的相似性进行评分。随后，这组被试或者一组新被试来观察这个集群，并为这个维度命名。像其他模型一样，他们确实发现了一个能力－地位维度。但交叉的维度是思想观念，即从保守立场变为自由立场，而热情只是一个间接维度。人们对与自己相似群体的评价更热情（如保守派信任保守派）。由于极端的例子被抵消了，因此只有在地位和思想观念上处于平均水平的中间群体才会以热情形式（即共生性）出现。

因为所有参与的研究者都信任和尊重对方的领域，所以他们面临一个困境。标准对抗过程会激发人们相互批评，直到消亡。这种零和范式也使其他试图决定使用哪种模型的研究者感到困惑。

采用与之不同的方法，首先，五个竞争对手同意在研究中进行对抗性合作（Kahneman，2003b），在两人或三人小组中，对手就可以采用哪些问题来测试模型以及如何最好地设计研究达成了一致。这促成了几项研究（论文正在评审中）。其次，这些对手同意对理论进行对抗性对齐。也就是说，确定一致、重叠和兼容的领域，以及分歧和不妥协的地方。这需要周密的基本规则和谨慎的交际手段（Ellemers et al., 2020）。我们把自己关在阿姆斯特丹的一家酒店里一个星期，而且也确实写出了一篇整合大家意见的理论论文（Abele et al., 2020）。根据对过去和未来研究的总结，我们确定了一个可持续的计划（Koch et al., 2021）。而且，我们也获得了大家对启动和分享我们的联合研究想法的支持（S. T. Fiske，2020）。总之，科学又进了一步。

偏向对弱势群体和强势群体都有影响

无论是公然的还是隐蔽的（自动化的、模糊的、矛盾的），刻板印象过程最好放在人与人之间的互动中进行研究。刻板印象研究强调白人对黑人的知觉，而忽略了黑人自己的种族态度以及这些态度如何影响跨种族接触（Hebl & Dovidio，2005；Vorauer，2006）。关于预期的双向互动是社会交往的内容。我们将在第15章介绍对于行为的诸多工作，但本节，我们考察刻板预期和它对双方的影响。被刻板印象者（刻板印象的目标人物）和刻板印象者都容易受到压力的影响（Page-Gould & Danyluck, 2016）。被刻板印象者可有多种应对选择（C. T. Miller & Kaiser, 2001），而刻板印象者也是如此。

归因模糊性

正是因为很多刻板印象是隐蔽的，所以目标人物常常不确定这些负面反应是针对他们个人的（即他们作为一个独特个体），还是从集体的角度把他们看成一个可以互换的群体成员。这种**归因模糊性**（attributional ambiguity）反映了目标对象所面临的困境（Crocker & Major，1989）。就像所有的负面事件一样，体会到偏向会使人对威胁进行评估，并进行应对。当群体间互动出现问题时，目标对象有时会通过指责偏见，而不是指责他们自己的行为来进行应对，从而保护他们的自尊（Major, Quinton, & McCoy, 2002）。

然而，由于需要付出社会性和个人代价，因此目标对象并不愿意把负面结果归咎于偏见。从社会的角度看，把负面结果归因于歧视的那些人有可能被贴上爱抱怨的人、麻烦制造者或更糟的标签（Kaiser & Miller，2001b；Swim & Hyers，1999），高偏见者尤为如此（Czopp & Monteith，2003）。当有人打出偏见牌时，一个互动就被不可逆转地改变了。人们希望属于他们的群体（无论是工作还是社会群体），但歧视会破坏归属感，因此，对归属感具有高需要的人不太可能把结果归因于歧视（Carvallo & Pelham，2006）。

就个人而言，归因于歧视也会破坏目标对象的控制感。虽然把负面结果归因于歧视可以缓冲自尊，但把正面结果归因于歧视会损害自尊（自己很努力，但最后的成就是因歧视而形成的），因为这个人不能从成功中体会到自己的价值（Crocker, Voelkl, Testa, & Major，1991）。不断把结果归因于歧视会损害自尊（Major, Testa, & Blysma，1991）。而且，把个人经历知觉为普遍歧视的一个实例会令人感到抑郁（Schmitt, Branscombe, & Postmes，2003）。

夸大的**污名意识**（stigma consciousness），即与外群体成员互动时会提高警惕，可以建构一个消极的反馈循环：预期偏见导致消极行为，而这些行为反过来又引起预期的消极体验（Pinel，1999）。这种偏执的观点增强了自我意识、邪恶的归因以及对他人态度的负面知觉（Santuzzi & Ruscher，2002）。这些都不是成功互动的秘诀。然而，污名意识也会表现出明显的个体差异。

有时，对歧视的预期反映了现实状况，而这就是目标对象所面临的困境。通过打歧视牌，人和情境随归因模糊性的解决程度不同而改变，而且这种模式与常识是不一致的。认可个人努力和新教伦理的低地位者（女性、弱势群体）不太可能把结果归因于歧视（Major, Gramzow et al.，2002）。而持有同样信念的高地位者（男性、白人）更有可能将自己的负面结果归因于对自己的歧视。相比男性和强势群体，女性和弱势群体实际上更不可能将其归因于歧视，也许是因为他们的地位正当性更少，所以更熟悉挫折和失望。同样，由于权利和指责具有不同文化思想观念，因此超重的人不太可能将结果归因于歧视。可能的原因是，文化伦理要求人们可以，而且应该控制自己的体重（Crocker, Cornwell, & Major, 1993）。对歧视行为的归因与对谁该为负面结果负责和谁有权获得好结果的预期相互影响。

刻板印象威胁

对群体表现的预期（成功或失败）会驱动**刻板印象威胁**（stereotype threat）。如上所述，群体刻板印象普遍包括知觉到的能力或无能的层面。刻板印象针对特定群体的特定领域：如女性在数学上（Spencer, Steele, & Quinn, 1999），非裔美国人在标准化测试上（Steele & Aronson, 1995），欧裔美国人在体育上（Stone, Lynch, Sjomeling, & Darley, 1999），男性在情绪敏感性上（Koenig & Eagly, 2005; Leyens, Désert, Croizet, & Darcis, 2000），白人在种族主义上（Goff, Steele, & Davies, 2008），拉美人在数学上（Gónzales, Blanton, & Williams, 2002），老年人在记忆上（Chasteen, Bhattacharyya, Horhota, Tam, & Hasher, 2005），以前患有精神病的人在智力表现上（D. M. Quinn, Kahng, & Crocker, 2004），以及低收入群体在能力测试上（Croizet & Claire, 1998）。

在相关领域，如果表现是对一个人能力的判断指标，那么刻板印象带来的威胁就会超出与高压力表现相关的正常威胁（Major & O'Brien, 2005; Steele, 1997）。如果一个人失败了，那么他不仅会遭受个人失败的羞辱，而且会因为证实了对内群体内在能力的刻板印象而感到羞愧。只要一个人的相关类别是凸显的，领域是相关的，测试据称是区分性的，并且这个人又在意这些东西，那么刻板印象威胁就会出现（Steele, Spencer, & Aronson, 2002；见表 11-8）。

表 11-8 刻板印象威胁过程

前提条件
- 相关类别是凸显的
- 自我相关领域
- 被认为是区分性测验
- 对上述情况在意

接触
- 环境中的刻板印象（"传言中"）
- 成绩要求

（续）

在认知上和动机上做出反应
- 警惕性和压力
- 唤醒与对该唤醒的归因相结合
- 焦虑
- 消极思维
- 工作记忆受损
- 沮丧

结果：相对于能力而言成绩不佳

解决办法
- 不要试图压制刻板印象（这会使得它们不断被激活）
- 认识到智力不是固定的，而是可塑的（因此依赖于环境并且可改进）
- 使自己个性化
- 确认一个独特的有价值的属性
- 反复训练
- 分化自己的身份
- 了解刻板印象威胁并将自己的焦虑归因于刻板印象

人们有时通过脱离该领域来应对刻板印象威胁。非裔美国人认为智力测试是有偏向的，不适合评估重要的智力种类，所以他们的自尊在长期或短期内都不随这种表现而变化（Major，Spencer，Schmader，Wolfe，& Crocker，1998）。老年人（和其他人）可能会否认某种形式的无能是重要的（von Hippel et al.，2005）。这种对表现的**去认同化**（disidentification）解释了为什么一些群体成员放弃了别人预期他们不擅长的领域。去认同化包括对整个（学术）领域的贬低和对具体表现（这个测试）的低估（Forbes，Schmader，& Allen，2008）。这并不完全是一个自我实现预言，因为①去认同化的人完全否认或回避这个领域，所以他们实际上并没有表现不佳，而是拒绝表现；②他们实际上并不一定要遇到一个有偏见的人才会如此。刻板印象威胁描述的是环境中刻板印象的影响，也就是"想象中"的刻板印象，而不一定是在与某个特定的偏见者相遇时的刻板印象。

当人们在区分性领域容易受到凸显的、重要的负面比较的影响时，他们就会感受到刻板印象威胁带来的痛苦。每个人都可能成为这种情况的牺牲品，甚至同一群体会在一种比较环境中表现不佳，而在另一种环境中表现很好。当亚裔女性认定自己为亚裔时，她们的数学成绩更好，而当她们认定自己为女性时，她们的数学成绩就更差（Shih，Pittinsky，& Ambady，1999）。白人男性在与亚洲人的比较中数学表现不佳，但在与白人女性的比较中却表现出色（Aronson et al.，1999）。

学生运动员的表现取决于哪种身份是与成绩相关的（Yopyk & Prentice，2005）。

认知和动机一起破坏了表现（S. C. Wheeler & Petty，2001）。刻板印象威胁出现于刚才提到的特定环境中（表现刻板印象、身份凸显、区分性测验、领域重要性），这种环境不经意中提高了人的警惕性和压力（Steele et al.，2002）。例如，唤醒与对唤醒的归因相结合而破坏个体的表现（Ben-Zeev, Fein, & Inzlicht，2005）。无论是通过生理和非言语指标测量，还是通过自我报告来测量，焦虑都是隐蔽的（Bosson, Haymovitz, & Pinel，2004；Croizet et al.，2004）。消极思维和激活的刻板印象可能是与动机相互作用的一种认知机制（Cadinu, Maass, Rosabianca, & Kiesner，2005；Kray, Galinsky, & Thompson，2002；Seibt & Förster，2004；Stangor, Carr, & Kiang，1998；S. C. Wheeler, Jarvis, & Petty，2001）。正是因为压制会使刻板印象被激活，所以试图压制刻板印象并不奏效（Steele et al.，2002）。在认知层面，工作记忆容量受到损害（Schmader & Johns，2003），但在动机层面，沮丧也会出现（Keller & Dauenheimer，2003）。这种混合的潜在损害令人头疼。

幸运的是，有几种方法是有效的。例如，个人意识到智力不是固定的，而是可塑的，因此它是依赖于环境并可改进的（Aronson, Fried, & Good，2002）。其他补救措施包括使自己个性化（Ambady, Paik, Steele, Owen-Smith, & Mitchell，2004），确认一个独特的有价值的属性（Martens, Johns, Greenberg, & Schimel，2006），反复训练（Forbes & Schmader，2010）或分化自己的身份（Pronin, Steele, & Ross，2004）。了解刻板印象威胁并将自己的焦虑归因于刻板印象可以提高成绩（Johns, Schmader, & Martens，2005）。

结构性补救措施（即有关机构可以做些什么）包括在测试前不要求提供人口统计信息，维持公平或以群体差异不敏感的方式呈现测验，强调组织对多样化的承诺，模糊群体界限并建立身份安全感（Davies, Spencer, & Steele，2005；O'Brien & Crandall，2003；H. E. Rosenthal & Crisp，2006）。鉴于这些个人和结构性补救措施，刻板印象不会威胁人们的表现，但只有当人们知道这一现象时才可以奏效。

弱势群体身份和幸福感

刻板印象威胁和归因模糊性有助于解释刻板印象的目标对象在面临困难时

如何避免被击垮。刻板印象的目标对象可以重新解释或忽略公众所反馈信息的意义。而且，人们关于公众对其所在群体态度的看法，事实上并不能预测非裔美国人的自尊（Rowley，Sellers，Chavous，& Smith，1998），也不能预测非裔美国人对自己所属群体的个人看法，但对亚裔能够进行预测（Crocker，Luhtanen，Blaine，& Broadnax，1994）。**集体自尊**（collective self-esteem）的某些方面（见表 11-9），也就是对一个人所属群体的个人看法和自己作为群体成员的价值感（符合群体形象），确实可以预测心理幸福感（如生活满意度和抑郁）。幸福感与集体自尊的个人特征密切相关（Crocker & Luhtanen，1990）。

表 11-9　集体自尊量表条目举例

成员
我是我所属社会群体中一个有价值的成员
我觉得我对我所属的社会群体没有多少贡献*
个人
我经常为我属于某些社会群体而感到后悔*
总的来说，我很高兴能成为我所属社会群体的成员
公众
总的来说，我所属的社会群体被别人认为是好的
大多数人认为我所属的社会群体，平均而言，比其他社会群体更没有能力*
身份认同
总的来说，我的群体成员身份与我对自己的感受几乎没有关系*
我所属的社会群体是"我是谁"的一个重要反映

注：*表示反向计分条目。全量表共包括 16 个条目。
资料来源：Luhtanen & Crocker (1992). Reproduced with permission.

依赖他人来验证自我的感受通常是不健康的（参见第 5 章；如 Crocker & Park，2004）。例如，把学术成就与自我价值关联会使人依赖成就来获得自尊，但当他们真的失败时，这会使他们特别脆弱，在他们认为智力是固定不变的而不是可塑的时尤为如此（Niiya，Crocker，& Bartmess，2004）。所有这些都会导致进一步的学术甚至财务问题（Crocker & Luhtanen，2003），以及放弃自己的专业（Crocker，Karpinski，Quinn，& Chase，2003）。

在一个完全不同的领域，即性别满意度这个问题上，将一个人的自尊建立在别人对这个人的性别一致性[⊖]的认可上也会破坏相关的体验（Sanchez，

⊖　性别一致性是指性别认同、性别表达和生理上的性别从社会规范的角度来看相匹配的情况。——译者注

Crocker, & Boike, 2005)。对男性和女性来说，把自我投资到性别理想⊖中通常是个坏主意（Sanchez & Crocker, 2005）。把自尊投资到别人对自己外表的认可上也对自己的健康不利，这与酗酒相关（Luhtanen & Crocker, 2005）。对于身体超重者和穷人来说，也许是因为文化将他们的状况归咎于自身，所以他们的自尊会受到损害（C. T. Miller & Downey, 1999; Rudman, Feinberg, & Fairchild, 2002）。

在各种与身份有关的概念中，对身份的个人看法似乎比依靠公众看法更有适应性。例如，在面临学业困难的非裔美国高中生中，对黑人的个人看法加上父亲的支持会减少学生对酒精的使用（Caldwell, Sellers, Bernat, & Zimmerman, 2004）。在非裔美国大学生和高中生中，一般来说，对黑人的个人看法加上一个人关于其种族身份的中心性⊜可以维护其自尊（Rowley et al., 1998）。个人看法与母亲支持相关，而且二者结合可以缓冲个体知觉到的压力，减少焦虑和抑郁（Caldwell, Zimmerman, Bernat, Sellers, & Notaro, 2002）。

身份认同也会影响知觉到的歧视。一些弱势群体成员比其他人对歧视的适应性更强。例如，那些把种族看成其中心自我概念的黑人，那些持民族主义思想观念⊜的黑人，以及认为公众对内群体成员通常持负面看法的黑人更有可能知觉到歧视，但也更能从负面的心理健康后果中恢复过来（Sellers, Rowley, Chavous, Shelton, & Smith, 1997）。族裔身份认同可以使人对歧视更敏感（Operario & Fiske, 2001; Sellers & Shelton, 2003），但它取决于身份认同、歧视和后果的类型。

平均而言，非裔美国人比欧裔美国人更容易发现隐蔽的非言语偏见。例如，一个黑人可以更准确地判断一个白人的内隐和外显偏见（Richeson & Shelton, 2005）。监控一次互动中的偏见并使其产生积极结果可能是一种耗费注意的行为。他们越是表现出内群体偏私（可能与对内群体的个人看法相当），非裔美国人在跨种族互动后就越会经受注意资源损失（Richeson, Trawalter, & Shelton, 2005）。优先考虑内群体的非裔美国人更可能去监控各种跨种族互动，而这

⊖ 性别理想是指社会和文化对男女性别行为的普遍期待。——译者注
⊜ 种族中心性是指个体把种族成员身份整合到自我概念中的程度。——译者注
⊜ 民族主义思想观念强调其所属种族的独特性，并且以全体成员互相支持和喜欢其种族内的社会环境为特征。——译者注

种监控是耗费注意资源的。预期另一个人有偏见会破坏二者的互动（Shelton, Richeson, & Salvatore, 2005）。然而，有适度偏见同时又试图监控其偏见的强势群体成员显然可以表现出一种补偿行为：他们会更多地融入互动。这样一来，那个带有偏见的互动成员反而可能更受欢迎，至少在短期内会如此（Shelton, Richeson, Salvatore, & Trawalter, 2005）。

知觉到歧视会经历多个过程，即"问－答－说（ask-answer-announce）"三个阶段（Stangor et al., 2003）。第一，目标对象必须意识到一个相关的歧视是针对他的。与主导群体的直觉相反，所有被歧视的人并不总是想到歧视。情境因素和个体差异都会或多或少影响一个人知觉到歧视的概率。第二，如果个体提出了是否被歧视的问题，那么他必须给出一个回答。判断一种行为是否为歧视又取决于情境因素（如伤害的强度和意图）、情感的作用、控制的需要和保护自尊（Sechrist, Swim, & Stangor, 2004；Swim et al., 2003）。第三，即使得出确有歧视发生的结论，个体可能会，也可能不会说出来。如前所述，这样做的成本很高，因此人们往往避免公开说出这样的结论。

当歧视来自高地位个体时，低地位（通常是弱势群体）的群体成员最有可能做出与自我相关的评价（Vorauer, 2006）。他们可能会将负面行为个人化，并感到不适。低地位群体成员可以通过避开互动来应对（从而破坏他们所给出的印象；Kaiser & Miller, 2001a），或者通过在互动中过度补偿来应对（从而改善他们所留下的印象；Shelton, Richeson, & Salvatore, 2005）。

强势群体的关注点

群际互动具有两面性。地位更高的群体（通常是强势群体）也担心他们给人的印象（Shelton & Richeson, 2006；Vorauer, 2006）。白人学生报告说，他们希望与黑人同伴有更多互动，但担心被拒绝，所以他们没有主动联系。他们还把黑人同伴对互动明显缺乏兴趣视为拒绝。比较讽刺的是，黑人学生对他们的白人同伴也进行了同样的归因过程（Shelton & Richeson, 2005）。双方都不理解对方。这种**人众无知**（pluralistic ignorance）阻碍了交流。当群际互动发生时，低偏见的强势群体成员会放大他们的姿态，以充分表明他们的兴趣，而高偏见者（事实上他们不太感兴趣）倾向于淡化他们所表达的兴趣（Vorauer, 2005）。当主导群体的成员特别担心出现偏见时，如果他们是低偏见的，那么他们可能会在压力下感到无话可说。相反，如果他们是高偏见的，他们增强的评价性关注会让他们大放异彩——即表现出热情和友好（Vorauer & Turpie，2004）。讽刺的是，弱势群体成员可能更愿意与高偏见的主导群体成员互动。如上所述，至少在弱势群体成员有意愿行动时，他们在短期内会愿意互动。

具有善意而低偏见的人之所以会令人讨厌，部分原因是他们的自我陶醉。对他人针对自我的刻板印象的专注，被称为**元刻板印象**（meta-stereotypes），会导致强势群体成员关注他们自己以及他们如何被他人看待（Vorauer，Hunter，Main，& Roy，2000）。如前所述，这种面向公众的自我意识在互动过程中和之后会消耗强势群体成员的执行功能（Richeson et al.，2003；Richeson & Shelton，2003；Richeson & Trawalter，2005），所以陌生人之间的跨种族互动对每个人来说都是很费力的。

── 应用聚焦 ──

如何克服刻板印象：是通过认知训练还是通过激发内疚和羞愧的动机性自我调节

强势群体（或历史上享有特权的群体）和弱势群体（或历史上处于不利地位的群体）在减少刻板印象方面都是利益攸关的。对于现代国家中的特权阶层来说，多数人都是善意的，但正因为他们的偏向是隐蔽的（它们是相对自动化的、模糊的和矛盾的），所以他们往往没有意识到这些偏向。如果特权者（往往控制着其他人的结局）能克服他们的刻板印象，那么他们的行为就能更有效，并造成更少的伤害。对于那些当今或历史上的弱势群体来说，他们显然可以从少受刻板印象的影响和更多地作为个人被对待当中受益。当然，弱势群体也可以对强势群体形成刻板印象，但是他们的偏向影响较小（因为他们地位低，控制的资源也少）。因此，研究者倾向于关注如何克服主要由强势群体持有的那些刻板印象。

刻板印象是认知结构，所以一种策略是通过反复的认知训练克服它们，例如，重复反刻板印象的信息或联系，以消除因文化浸染而形成的认知内容。如果刻板印象部分源自体验，那么改变体验就应该有效。反刻板印象训练确实抑制了刻板联系，至少内隐联系测验的结果表明了这样的效果

（Burns，Monteith，& Parker，2017）。将外群体标签与不一致的刻板印象线索配对，可以抑制刻板印象的激活。(作者之一发现，通过重复"黑人是美丽的，黑人是美丽的"玩内隐联系测验游戏，她会获得一个对一般白人来说并不典型的无偏分数。当然，如果不这样做，她仍然会像大多数强势群体成员一样出现内隐偏向。)

通过三项线上研究（Burns et al.，2017），研究者操控了被试是否接受反复认知训练。接受训练的被试观看了480个试次，每个试次都显示一张黑人或白人男性面孔（从一组12张面孔中随机抽取一个）。在每个试次中，他们会看到两个特质，一个是刻板印象的，而另一个是反刻板印象的。他们每次都必须点击反刻板印象的那个特质。这使得那个积极且反刻板印象的选项凸显出来了。对于黑人面孔，积极的反刻板印象是：成功者、雄心勃勃的、受过良好教育的、聪明的、有动力的、多产的、负责任的、可靠的、机灵的和富裕的。对于白人面孔，负面的反刻板印象词包括：爱发牢骚者、死气沉沉的、笨拙的、愚蠢的、懒惰的、可悲的、不可靠的、失败、贫穷、失业。实验者要求被试尽可能快和准确地做出反应。相对于控制条件，这种反刻板印象训练每次都能降低隐蔽偏向（通过内隐联系测验结果反映出来）。尽管改变了这些有偏向的联系（即刻板印象激活），但是这种认知训练并不一定能减少外显的偏向（刻板印象运用）。这表现在训练并未能改变被试对黑人男性照片的刻板推理，也未能减轻他们对种族主义笑话的反应这两方面上。显然，纯粹的认知方法有其局限性。

刻板印象不仅仅是为了认知上的方便。对处于优势地位的强势群体来说，刻板印象具有合理化他们自身地位的功能，而这是一个不那么认知，但更多受情感驱动的过程。然而，通过结合动机和情绪来诱发情感，可以让人通过改变他们的刻板印象运用来进行自我调节，即不要按照他们的偏向行事。为了诱发情绪，研究者在两项研究中对"应该"（should）和"将会"（would）之间的差异进行了启动，结果是，我们大多数人都没有达到我们的理想行为（应该），并表现得低于我们自身的标准（将会）。被试完成了一个关于他们应该如何做的评分表，然后描述自己将会在一系列跨种族接触中做出怎样的反应。例如，白人被试相信他们应该，但不一定将会以无偏见的方式行事。

提醒人们这种差异可以使人感到内疚和羞愧。自我导向的负面情绪增加确实反映在对"无助、羞愧、对自己生气、尴尬、对自己厌恶、自我批评、内疚和后悔"感受的综合评分上。而且，人们长期不做出偏见反应是出于内部原因（"这有违我的价值观"）还是外部原因（"别人会怎么看我"）有所不同。在面对他们的"应该"和"将会"之间的差异后，那些因内在动机做出无偏见反应的人（有很高的个人理想）会对自己感到特别失望。这种动机和情感的结合确实减少了刻板印象运用（更少的刻板推理）。

总　　结

刻板印象过程属于偏向的认知方面。研究者对性别、种族和年龄的刻板印象开展了最多的研究，它有公然和隐蔽两种形式，这种区分在实践和理论方面都具有重要意义。

公然刻板印象可以从现实的群体间对有形资源的竞争开始，但即使在这些情况下，人的知觉也很重要。人们必须知觉到冲突，而且他们也必须首先知觉到他们属于不同的群体。社会身份认同理论描述了人们如何将自己归入内群体，将他人归入外群体，并最大化内外群体之间的差异和最小化外群体内部差异这样的过程。歧视会提升短期（状态）自尊，但不会提升长期（特质）自尊。自我分类理论舍弃了自尊假说，专注于相对适合度，旨在描述群体间的行为差异和群体内的行为相似性。标准适合度包含群体的形象。最优区分性理论探讨了自主性和归属感之间的平衡。主观不确定性降低理论（Hogg，2001）认为确认内群体标准可以降低焦虑。这些理论中最具有认知性的特征是内群体偏私（相对于外群体而言，奖励内群体）和知觉到的同质性（即认为大多数时候外群体成员是相似的，而且内群体受到威胁时，外群体成员也是相似的）。

几个关于思想观念、刻板印象和偏见的理论都讨论了威胁的问题。社会优势理论解释了人们在知觉到对内群体经济威胁的情况下会认可群体层级制度。死亡恐惧管理理论描述了在死亡凸显情况下，人会坚持那些能延续自己生命的文化观。系统合理化理论提出，由于考虑到稳定性可能更重要，因此人们甚至可以牺牲个人利益来维护层级制度。本质主义从生物学基础的角度来解释社会建构的群体，保留我们的人性，减少他人的人性。所有这些理论都强调在群际政治的背景下,当面临威胁时,人怎样去解决模糊性的认知过程。

　　随着公然偏向形式成为禁忌,以及研究者在认知心理学的基础上开发出更成熟的测量技术,隐蔽刻板印象也更常被观察到了。隐蔽刻板印象是自动化的、模糊的和矛盾的。在相对自动化的方面,人们会无意地把类别内的其他人混淆,而这些混淆预示刻板印象。我们通过反应时数据可以检测反感性种族主义(即对自己的偏向感到厌恶)。在这种范式中,相比于外群体,人们会立即对内群体做出更赞成的反应,并产生积极的刻板印象。当一个有偏见的人可以建构一个非种族性借口时,反感性种族主义也可出现于歧视之中。间接启动也使用反应时技术,但这种技术侧重于一个外群体和明确的积极词或消极词之间的效价匹配。内隐联系测验包括一个评价性成分(参见第10章)和一个概念性成分(刻板印象),而后者与其他刻板印象过程相关。所有这些反应时技术所测得的反应时都尤其与非语言的和其他一些隐蔽的、未受监测的行为相关。

　　隐蔽刻板印象也是模糊的,因为人们会对信息进行解释,以符合他们的预期,并对自己和他人隐瞒这些解释。最后,隐蔽刻板印象是矛盾的。许多群体是受欢迎但不被尊重的,或者得到尊重但又不受欢迎。所有这些隐蔽刻板印象都是由形成刻板印象的冲动与反刻板印象的个人和社会制裁之间的内部冲突造成的。

　　偏向对主导群体和弱势群体成员都有影响。当反馈反映的是自己以及对自己群体成员的偏向时,归因的模糊性就可以解决这种理解的困境。刻板印象威胁描述的是,在一个自己所属群体被刻板地认为表现不好的领域中,自己面临表现不好既反映自己不行也反映群体不行的双重困境。因此,当任务具有区分性和重要性,而且一个人的相关社会类别又凸显时,人们可能会不认同该领域或者可能表现不佳。作为刻板偏向的后果,弱势群体的自尊往往会与对其内群体的公众看法发生脱离,转而注重个人看法,从而缓冲了持续偏向的不良影响。尽管对偏向敏感,但由于社会和个人代价的原因,低权力群体很少报告偏向。

　　主导群体成员担心他们如何被弱势群体评价,因此他们会在互动中变得更具自我意识和自我陶醉。当强势和弱势群体成员都努力克服偏见时,这种努力会在互动中和互动后消耗个体的执行控制力。尽管如此,互动往往可以得到改善。

延伸阅读

Bodenhausen, G. V., Kang, S. K., & Peery, D. (2012). Social categorization and the perception of social groups. In S. T. Fiske & C. N. Macrae (Eds.), *SAGE handbook of social cognition* (pp. 311-329). Thousand Oaks, CA: Sage.

Dovidio, J. F., & Gaertner, S. L. (2010). Intergroup bias. In S. T. Fiske, D. T. Gilbert, & G. Lindzey (Eds.), *Handbook of social psychology* (5th ed., Vol. 2, pp. 1084-1121). Hoboken, NJ: Wiley.

Hewstone, M., Rubin, M., & Willis, H. (2002). Intergroup bias. *Annual Review of Psychology*, 53, 575-604.

Kay, A. C., & Eibach, R. P. (2012). Ideological processes. In S. T. Fiske & C. N. Macrae (Eds.), *SAGE handbook of social cognition* (pp. 495-515). Thousand Oaks, CA: Sage.

Nosek, B. A., Hawkins, C. B., & Frazier, R. S. (2012). Implicit social cognition. In S. T. Fiske & C. N. Macrae (Eds.), *SAGE handbook of social cognition* (pp. 31-53). Thousand Oaks, CA: Sage.

Yzerbyt, V., & Demoulin, S. (2010). Intergroup relations. In S. T. Fiske, D. T. Gilbert, & G. Lindzey (Eds.), *Handbook of social psychology* (5th ed., Vol. 2, pp. 1024-1083). Hoboken, NJ: Wiley.

SOCIAL
COGNITION

第 12 章

偏见：认知和情绪偏向的交互作用

- 群际认知预测情绪偏见
- 种族偏见在情绪上很复杂
- 性别偏见存在内在的矛盾
- 年龄偏见等着我们所有人
- 性取向偏见存在争议

人的直觉驱动行为，但二者都与认知有交互作用。我们大脑负责情绪的部分是最先进化的，甚至在今天也常常是最先对刺激做出反应的（参见第13、14章）。群际关系尤其能展示情绪偏见的力量，当人们做出极端的歧视行为（如仇恨性犯罪、虐待囚犯、种族灭绝和恐怖主义）时，强烈的情绪是引发这些行为的基础（Glaser, Dixit, & Green, 2002; Pettigrew & Meertens, 1995）。即使在日常生活中，情绪偏见也比认知刻板印象更能引发歧视行为（Dovidio, Brigham, Johnson, & Gaertner, 1996; Talaska, Fiske, & Chaiken, 2008; Tropp & Pettigrew, 2005a）。刻板印象并非不重要，事实上，它是群际关系研究的主要内容。刻板印象确实与情绪偏见相关，并预测群际行为，但情绪偏见是更强的预测因素。因此，本章主要介绍由认知偏向导致的情绪偏见以及它们之间的交互作用。

情绪偏见（emotional prejudice）不只限于简单的积极－消极评价（即态度；参见第9、10章），还包括一些彼此间存在实质差别的情绪，如恐惧、厌恶、羡慕、怜悯、焦虑和怨恨。这些特定的情绪针对特定的群体，并激发特定的行为，所以从实际的角度看它们很重要。它们在理论上也同样重要。不同的情绪偏见不仅描述这个世界，而且预测和解释这个世界（Giner-Sorolla, Mackie, & Smith, 2007）。需要指出的是，传统观点并不认为群际情绪是造成偏见的原因，而是更关注偏见与态度的关系。本章将为其他章节关于认知在情绪和行为中作用的介绍做一些铺垫。

在社会认知中，看待这些情绪偏向的角度是它们与认知的交互作用。本章的第一节将探讨群际认知和情绪的几种理论，在每种情况中，一种认知模式都会产生一种情绪和行为的模式。本章的其他部分将认真探讨一种观点，即不同的情绪偏见引起了对不同外群体的反应。之后小节依次讨论社会心理学家最关注的类别问题：种族和族群、性别、年龄和性取向。

群际认知预测情绪偏见

为什么挡你路的烦人司机似乎总是老年人、移民或来自其他群体的人呢？情绪、刻板印象和偏见在这些接触中会互相影响。与特定外群体无关的伴随情感（路怒症）可能会影响这种接触的后果。虽然一个人可能认为情绪不好的人会增加对别人的刻板印象（这是一个直接的效价假设），但实际上不同的情绪有不同的影响。与常识一致，愤怒确实会让人增加刻板印象。但是，虽然悲伤的情绪也是负面的，但由于它促使人们更努力地思考，因此它实际上会使人减少刻板印象（Bodenhausen, Sheppard, & Kramer, 1994）。而且，与中性情绪相比，快乐情绪会使人增加刻板印象，因为快乐者不会费力去思考（Bodenhausen, Kramer, & Süsser, 1994）。我们会在第14章回到情绪对认知更普遍的影响这个主题上。

群体也会产生情绪，而后者被群体成员是谁（这是显然的）以及他们出现在什么情境所影响。根据一些理论，与伴随情绪相比，不同群体会触发不同的情绪组合，来作为某次接触的一个整体特征。

刻板印象内容模型

我们可以用两个基本维度来描述社会性知觉：即热情/信赖和能力/能动性（Asch，1946；S. T. Fiske et al.，2007；S. Rosenberg & Sedlak，1972；Wojciszke，2005）。群际知觉也不例外（参见第11章）：热情和能力是区分社会群体的两个维度。根据**刻板印象内容模型**（stereotype content model），这两个维度上的刻板印象是由群体间的结构关系引起的（S. T. Fiske et al.，2002；见表12-1）。人们对社会资源的竞争性知觉可以预测刻板印象的热情维度，合作的内部人员和盟友是热情和真诚的，而涉嫌利用别人的外部人员是冷漠和不可信赖的。人们对社会地位的知觉可以预测刻板印象的能力维度，富人被认为是有能力的，穷人则没有多少能力。

表 12-1 刻板印象内容模型：实例

刻板印象：热情（由合作预测）		刻板印象：能力（由社会地位预测）	
		低	高
高	群体	残疾人、老年人	中产阶层、平民
	偏见	怜悯	自豪
	歧视	主动帮助、被动伤害	主动帮助、被动支持
低	群体	穷人、无家可归者	富人、亚洲人、犹太人
	偏见	厌恶	羡慕
	歧视	主动伤害、被动伤害	主动伤害、被动支持

资料来源：After Cuddy, Fiske, & Glick (2007); S. T. Fiske, Cuddy, Glick, & Xu (2002).

如果社会结构变量可以预测刻板印象，那么刻板印象就会受移民、历史和地理环境这些因素影响。群体在社会中的地位会随时间和条件而改变，刻板印象也会随之改变。例如（Cuddy et al.，2009），许多文化认为富有创业精神的外来者是有能力但不够热情的人（犹太人和华人在各自的移民社群中经常被这样看待）。再如，在许多文化中，老年人都被认为是没有能力但热情的人。在迄今为止所有被研究的文化中，无家可归者（难民、非法移民、罗姆人/吉卜赛人[①]、贝都因人[②]）被认为是既不聪明也不友善的人。

[①] 罗姆人/吉卜赛人（Roma/gypsies），指原生活在印度北部，如今主要生活在欧洲，并分布于世界各地的一个少数民族。他们一般自称罗姆人，但外人多称他们为吉卜赛人（罗姆人认为这一称呼带贬义）。——译者注

[②] 贝都因人（Bedouins），指生活于中东沙漠地区（特别是北非和阿拉伯半岛）的一个游牧民族。——译者注

这些刻板印象内容模型中的刻板印象与群际情绪（S. T. Fiske et al., 2002）和群际行为（Cuddy, Fiske, & Glick, 2007）相关。源自**群际情感的行为与刻板印象地图**（Behaviors from Intergroup Affect and Stereotypes map, BIAS map）描述基于刻板印象且直接预测群际行为的情绪集。让我们来看看那些作为外来者的企业家（通常是城里人，并且被认为是富人或至少是唯利是图者）是怎样一种情况。这些人会引发一种羡慕和嫉妒混合的情绪，即"你们拥有我们想要而且我们应该拥有的东西；如果可以的话，我们就会拿走它"（S. T. Fiske, 2011; Salovey, 1991; R. H. Smith, 2000）。羡慕会滋生一种不稳定的行为模式：①在社会秩序稳定时勉强和睦相处；②在社会秩序崩溃时主动攻击。种族灭绝通常遵循这种模式（Staub, 1999）。这种情况再次说明，人们对社会结构（有竞争力、高地位）的认知是刻板印象（不热情但有能力）的基础。这些刻板印象反过来又会引发情绪（羡慕、怨恨）和行为（被动适应但条件允许时主动伤害）。

一种不稳定的情绪组合针对老年人和那些有精神或身体障碍的人。这些人都被认为是没有能力但热情又值得信赖的人。他们会获得怜悯（这是一种复合情绪），即"你们的情况比我们更糟糕，但只要这不是你们的错，我们就会对此感到难过"。怜悯会激发时而帮助时而忽视这一令人困惑的行为模式。怜悯是带有贬低意味的，因为它涉及不平等地位，并且会削弱被怜悯者的自我控制能力（R. H. Smith, 2000; Weiner, 2005）。许多这一类的群体都是缺乏自理能力的。对待这些群体的典型行为结合了帮助和抛弃，再次传达出了复合情绪的信息。与之前介绍的一样，对社会结构的认知开启了这一反应链：对一些人产生没有竞争力和低地位的知觉让人认为这些人是热情和没有能力的，从而引发情绪（怜悯、同情）和相应的行为（主动帮助，但又社会性地忽视他们）。

刻板印象内容模型解释的外群体有一种最极端的组合，情绪混合更少，但毫无疑问更糟糕。无家可归者——而且通常都是穷人——被刻板地认为一无是处（既不热情也没有能力），吸毒成瘾者更是如此。这些群体受到蔑视甚至厌恶，而厌恶通常是针对事物而非人类的情绪。神经成像数据也证实了这种对极端外群体的厌恶和相对非人化的反应。当人们看到无家可归者或吸毒成瘾者的照片时，正常的社会神经反应（内侧前额皮质激活）会显著地下降到基线水平以下，而脑岛（与厌恶有关）被激活（L. T. Harris & Fiske, 2006）。这些发现提示，极端的外群体似乎不太被看作人。蔑视和厌恶都涉及轻视，怜悯也是如此，但前两者不包含任何积极情绪。厌恶会引起回避、驱逐和对沾上这些人气息的恐惧（Rozin & Fallon, 1987），而且蔑视也是一种让人保持距离的情绪（R. H. Smith, 2000）。它们会导致主动攻击和被动忽视。

与嫉妒、怜悯和厌恶的外群体情绪不同，内群体/盟友/参照群体的情绪是自豪和钦佩。自豪会把对方同化为自我的一部分，钦佩则把对方置于自我之上，但仍然是一种同化过程（R. H. Smith, 2000）。自豪和钦佩会激励被动交往（和睦相处）和主动帮助。当然，成为一个自豪或钦佩的对象怎么说都是好的，而这种好源于对社会结构（高地位、非竞争性）和特质（有能力、热情）的认知，从而产生主动和被动两方面的促进。

刻板印象内容模型及其行为上的拓展，即群际情感的行为与刻板印象地图，都特别关注一些特别的群际情绪。这些情绪偏见最终都是由对一个社会的结构性特征的认知所引起的：谁与谁竞争，谁比谁地位高。刻板印象将知觉到的社会结构与预期的情绪和行为联系起来。在强调社会结构方面，这些模型很符合下面即将介绍的一个理论，该理论关注"对我们有利"还是"对我们不利"的评价。

群际情绪理论

人的自我意识会延伸到自己的群体成员身份上（参见第 5 章和第 11 章）。**群际情绪理论**（intergroup emotions theory，IET）则更进一步，假设人们将群体纳入了自我表征之中（E. R. Smith, Seger, & Mackie, 2007）。这种社会扩展的自我表征意味着，与不匹配相比，人们对与自我概念和内群体概念相匹配的特质会做出更快、更准确的反应；外群体与自我概念匹配与否并不会出现这些效应（E. R. Smith & Henry, 1996）。群际情绪理论认为，在一定程度上，人们以对待自己的方式对待内群体，因此他们相应的情绪反应也应该是相似的。

对自我来说，**情绪评价理论**（appraisal theories of emtions）提出人们分两步产生情绪，先评价刺激对自己有利还是不利，形成初步的积极-消极反应。经过初步评价后，人们会进一步分析原因、确定性以及其他一些情况，从而产生更复杂的情绪（参见第 13 章）。在群际条件下，评价是刻板的，涉及知觉到的责任、公平和确定性。例如，人们对移民的刻板印象可能是，他们向内群体索取资源（如税款）。群际评价把外群体需求看成与内群体动机不一致的：它们是不公平的、确定的、有意的，但不那么强大。由此产生的情绪偏见是愤怒的，而相应的行为倾向（歧视）将是积极反对外群体。另一个例子是，假设进行了类似的评价（动机不一致、不公平的、确定的、有意的），但外群体更强大（如一些机构不公平地夺取了你的资产）。那么，人们可能会感受到群际恐惧。情绪评价理论还会对群际厌恶、蔑视（不喜欢）和嫉妒做出预测（见表12-2）。

表 12-2　群际情绪理论：评价－情绪－行动关系举例

	评价（所有都是动机不一致的）	情绪	行为倾向	群体
确定性	低	恐惧	回避	低地位群体针对高地位群体
原因	他人或条件			
其他	知觉者弱			
确定性	高	厌恶	回避	高地位群体针对低地位群体
原因	他人或条件			
其他	违反规范			
确定性	高	蔑视	反对	任何地位群体
原因	他人的意图			
其他	知觉者弱，不公平			
确定性	高	愤怒	反对	高地位群体针对要求多的低地位群体
原因	他人的意图			
其他	知觉者强，不公平			

资料来源：Adapted from E. R. Smith (1993).

IET将偏见概念化为一种特定的群际情绪。它由特定的评价（刻板印象）引起，并产生特定的情绪性行为倾向（歧视）。IET关注群际细节，而不是一些概括性的东西。也就是说，它分析特定的群际体验，而不是一般的社会维度。因此，它采用的是解决群际表征的基于样例的框架（Mackie & Smith, 1998；参见第4章）。根据这一框架，人们将彼此视为特定情境下遇到的特定群体成员。

在一项研究中，人们将自己归类为支持或反对同性婚姻，接着了解到与他们态度接近的内群体在几个报纸报道上都得到了强烈或微弱的支持。然后，研究者测量了被试的愤怒和恐惧情绪，以及攻击或回避这个外群体（同性恋者）的倾向。在这些情况下，内群体弱会导致个体感到恐惧和出现回避倾向，但内群体强会导致愤怒和出现反对倾向（Mackie, Devos, & Smith, 2000）。群际情绪受到人们先前的群际体验和群际思想观念的影响。

在特定的群际环境中，群际情绪也会触发防御和攻击行为倾向（Devos,

Silver, Mackie, & Smith, 2002）。群际情绪具有调节行为的功能。当行为被阻止时，群际情绪会被强化，一旦行为完成，群际情绪就会终止（Maitner, Mackie, & Smith, 2006）。

形象理论

敌人形象理论（enemy images theory）识别由知觉到的民族间背景和行为意图产生的民族形象（Alexander et al., 1999）。这些形象源于、解释并证明了内群体民族对另一个民族群体的情感和行为取向。对另一个民族的评价是与目标相容的还是与目标不相容的，与知觉到的地位以及力量相关。在许多可能的组合中，五种重复出现的形象（见表 12-3）是值得关注的，包括两种两种对等的形象——盟友（*ally*；目标相容、平等）和敌人（*enemy*；目标不相容、平等），以及三种不对等的形象——依赖者（*dependent*；知觉者目标独立、地位低、力量弱）、帝国主义者（*imperialist*；对方目标独立、地位高、力量强）和野蛮人（*barbarian*；目标不相容、地位低但力量强）。

表 12-3 形象理论：实例

目标	对方的地位		
	平等	更低	更高
对等相容	盟友		
对等不相容	敌人		
对方依赖，知觉者独立		依赖者（力量弱）	
对方独立，知觉者依赖			帝国主义者
对方是目标不相容的		野蛮人（力量强）	

资料来源：Adapted from Alexander et al. (1999).

情绪从两个方面融入这个理论。首先，在适当的诱发条件下，高唤醒容易引起与唤醒相关的形象（如野蛮人；Alexander et al., 1999）。其次，与 IET 和 SCM 一致的是，特定的关系模式会鼓励特定的群际情绪。盟友激发钦佩和信任，鼓励合作。敌人唤起愤怒，促进遏制或攻击。依赖者会引起厌恶和蔑视，从而促进利用或专制。帝国主义者引起嫉妒和怨恨，促进抵抗和反叛。野蛮人唤起恐惧和胁迫，促进防御性保护（Alexander et al., 1999）。

在之前进行的一次群际情绪预测的测试中（Alexander, Brewer, & Livingston, 2005），城市白人高中生报告说，他们对白人感到更多钦佩（信任和尊重），对黑人感到更多恐惧和胁迫。这与他们认为其他白人是盟友，而黑人是敌人和野蛮人的形象一致。相反，黑人学生报告说，他们对黑人感到更多钦佩，对白人感到更多怨恨（愤怒和厌恶）。这与他们认为其他黑人是盟友，而白人是敌人和帝国主义者的形象一致。总的来说，形象理论补充了 SCM 和 IET 的观点，它们共同考察了群际结构关系、刻板印象、情绪偏见和歧视性行为倾向。

生物文化取向

像前面的理论一样，**生物文化取向**（biocultural approach）认为，不同的群际情绪源于不同的群际关系，并预测不同的群际行为（C. A. Cottrell & Neuberg，2005）。起点既不是社会认同（如 IET 的观点）也不是社会结构关系（如 SCM 和形象理论的主张），而是从社会功能进化角度来看待群际威胁。这种生物文化取向强调人类的相互依存、有效的群体合作以及个体对群体生活优势和风险的适应。

针对内群体尊严的外群体威胁可以预测不同的情绪和动机。例如，某一外群体引发的问题（如威胁内群体的财产、自由和协调能力）会引发内群体愤怒，并努力消除该外群体；一个被视为致污物（如威胁到内群体健康或价值观）的外群体会导致内群体的厌恶和防范；来自外群体的危险会导致恐惧和保护等。与这些预测一致的是，不同的外群体会唤起性质不同的威胁和情绪（C. A. Cottrell & Neuberg，2005），因此对不同族群和社会群体的反应会有所不同。

其他的社会进化取向强化了生物文化论的内在作用，如强调社会环境中的利己主义。具有适应性的、自我促进的社会进化策略包括：双人合作，因社会交换需要而寻求可靠的伙伴；联合利用现有资源，将他人从内群体中排除并使外群体处于不利地位；避开寄生体，即那些可能携带病原体的外群体（Kurzban & Leary，2001）。污名化的进化起源是平衡的，一方面，它具有针对社会化的适应性，帮助选择合适的伙伴；另一方面，它将社会化的优势只为己所用。

焦虑：整合威胁理论

对内群体威胁的研究还使研究者提出了**整合威胁理论**（integrated threat theory，ITT；W. G. Stephan & Renfro，2002）。ITT 综合了以前理论的许多变量，但专注于一种主要的情绪——焦虑。ITT 是一个广域的、通用的和综合性的预测与焦虑相关的态度模型（见表 12-4）。前因变量包括群际关系（如冲突、地位不平等）、个体差异（如内群认同、接触经历）、文化维度（如集体主义）和直接情境（如情境中的少数与多数）。

表 12-4 整合威胁理论

前因变量	中介威胁	结果
群际关系	现实威胁	心理反应（认知和情绪）
个体差异	象征性威胁	行为反应
文化维度		
直接情境		

资料来源：Adapted from W. G. Stephan & Renfro (2002).

威胁在这些前因变量和群际焦虑之间起中介作用。威胁主要分为现实威胁和象征性威胁。现实威胁是指个体知觉到的对内群体资源的有形损害，特别是潜在经济威胁（就业竞争、税收支出）。象征性威胁是对群体理念（如价值观、宗教信仰、身份和语言）的抽象伤害。此外，威胁是一种认知评价（同群际情绪理论），而刻板印象是一种认知反应（同刻板印象内容模型）；焦虑是一种情绪反应。

这一理论的主要主张如下。首先，它关注的是焦虑，而焦虑是应对不确定性威胁时所产生的一种负面情绪。焦虑会促进个体使用刻板印象（Wilder，1993）。通过唤醒和自我关注，焦虑会削弱个体区分外群体成员的能力。注意力分散会加剧焦虑的影响，焦虑的人尤其会忽视外群体的内部差异，增加其知觉到的同质性。ITT 将群际前因变量及其后果也考虑到了这个前提条件之中。

其次，ITT 适用于解释一系列令人震惊的群际状况，包括对移民（W. G. Stephan，Renfro，Esses，Stephan，& Martin，2005）、艾滋病和癌症病人（Berrenberg，Finlay，Stephan，& Stephan，2002）、黑人和白人（W. G. Stephan et al.，2002）、加拿大印第安人（Corenblum & Stephan，2001）、墨西哥人和美国人（W. G. Stephan，Diaz-Loving，& Duran，2000），以及女性眼中的男性（C. W. Stephan，Stephan，Demitrakis，Yamada，& Clason，2000）的态度。

再次，ITT 提出了一个简单的因果链：前因变量预测威胁（象征性威胁和现实威胁）以及焦虑和刻板印象，而刻板印象又预测带偏见的态度。对调查数据的路径分析支持威胁作为前因变量影响态度的中介变量这一假设（Corenblum &

Stephan, 2001; W. G. Stephan et al., 2000; W. G. Stephan et al., 2002), 而且有关实验进一步支持了威胁的因果重要性（W. G. Stephan et al., 2005）。

最后，ITT 提出了一种听起来简单的干预措施，即通过共情来克服焦虑和知觉到的群际威胁。当然，对外群体的共情说起来容易做起来难，但共情确实改善了黑人和白人之间的关系（Finlay & Stephan, 2000）。共情可以通过认知（换位思考）或情绪（W. G. Stephan & Finlay, 1999）上的操纵来减少威胁和焦虑。

内疚：各种理论

内疚是一种有用的情绪，因为当你做了一些你希望自己没有做的事情时，它会告诉你，并且鼓励你改变自己未来的行为，如果可能的话做出弥补。作为一种核心的群际情绪，内疚是很重要的，至少对于被视为压制弱势或少数群体的强势或多数群体来说如此。我们在第 11 章指出了压制刻板印象的困难，即使有动机和能力去这么做也如此（Monteith, Sherman, & Devine, 1998）。所以，内疚并不容易改善群际反应。

内疚感取决于偏见的程度（Monteith, 1993, 1996）。来自多数群体的低偏见受访者对自己的跨种族行为有很高的内化标准，但当他们确实违反了这些标准时，会感到矛盾和内疚。应该做什么和可能会做什么之间的差异让低偏见者感到内疚（Voils, Ashburn-Nardo, & Monteith, 2002）。例如，这种内疚会相应地缓和他们对种族主义笑话的反应（Monteith & Voils, 1998）。对于那些确实经历过与偏见相关冲突的人来说，内疚与种族矛盾心理有关（参见第 11 章）。

来自多数群体的高偏见受访者有更低、更外化的标准。当他们违反这些标准时，他们会感到愤怒（Zuwerink, Devine, Monteith, & Cook, 1996）。然而，一些高偏见者的标准确实取决于维护机会平等的道德义务（Monteith & Walters, 1998）。在任何一种情况下，对差异的意识都会抑制行为，引发内疚并催化回顾性思考。随着时间的推移，差异与内疚联系起来，因此它建立了针对控制的线索，如行为抑制和提前思考，这些都是潜在的控制策略（Monteith, Ashburn-Nardo, Voils, & Czopp, 2002）。即使有关机制并不简单，但内疚确实是有用的。

并非所有标准都是内在的，激活反对偏见的社会规范可以降低由外部诱因引起的偏见反应（Monteith, Deneen, & Tooman, 1996）。社会规范和教育通过诱发内疚来改变人们。例如，理解白人特权和全社会性的反黑人歧视会导致内疚，而这反过来会鼓励白人支持平权行动，以作为补救措施（Swim & Miller，1999）。许多白人淡化白人的特权，因为特权削弱了他们自己的个人价值感（Lowery，Knowles，& Unzueta，2007）。根据主导群体优势（而不是少数群体劣势）去建构不平等，会使白人感到更内疚以及更容易接受平权行动等补救措施（Iyer，Leach，& Crosby，2003）。相反，那些反平权行动者往往是出于保护内群体而不是直接敌视外群体的考虑而做这些事情（Lowery，Unzueta，Knowles，& Goff，2006）。

然而，内群体保护并不是平权行动中充满内疚态度的全部原因，因为内疚的影响因目标群体而异。例如，一般来说，白人群体面临的种族威胁明显超出男性群体面临的性别威胁。从绝对人数的角度来看，如果只有内群体保护能起作用，那么相比反对让50%的人口（女性）受益的平权行动，反对让13%的少数族裔（非裔美国人）受益的平权行动就没有多少意义了。所以，这里发生的不仅仅是内群体保护，内疚习性也是一个可能的答案。也许人们对女性的弱势地位感到更内疚，因为他们感到与女性有更直接的联系。

—— 应用聚焦 ——
多样化会使人感觉糟糕？还是他们习惯了

随着全球化和移民增多，几乎每个国家都变得更加多样化（Ramos，Bennett，Massey，& Hewstone，2019）。不幸的是，相似相吸、警惕差异和进化趋同的原则表明，人们喜欢自己周围的每个人都是同质的（相同的种族、语言等）。事实上，20多年来对100多个国家和地区的调查中，在每个有人类居住的大陆上，人们报告说，当宗教多样性增加时，生活质量就会下降，对他人的信任度也较低。但随着时间推移，人们还是会习惯彼此。生活质量和信任在4～8年后恢复。这种对多样化的适应显然是群际接触的结果。因此，在社会学层面上，多样化确实预测了负面感受，但仅限于开始阶段。

一系列的研究解释了这些宏观发现（看起来像习惯化过程）背后的社会认知过程。如本章和前一章所示（见图11-1和表12-1），刻板印象内容模型（Fiske et al., 2002）通常可以对不同社会群体根据热情－能力地图予以区分。但这些地图会根据一个地区的多样性而发生变化（Bai, Ramos, & Fiske, 2020）。三个研究测量了刻板印象的分化度（见图11-1）和聚集度，并把它们作为人们接触多样性的函数。

随着多样性的增加，人们有了更多接触（可能是更多联络）。显然，有了接触，他们意识到群体之间的重叠如此之多，那些差异反而不值一提了。例如，在夏威夷和纽约这两个最具多样性的州，受访者对不同种族热情和能力的评价都同样高（"Aloha"精神⊖？每个人都是纽约人？）。相比之下，怀俄明和佛蒙特这两个同质化程度最高的州（95%以上是白人）产生的分化度最高，人们对从未谋面的人（佛蒙特州的墨西哥人）带有明显的刻板印象。多样性越高，分化度就越小。这一结果看似是矛盾的，但它在对各个国家和地区之间、美国各州之间以及入读多元化程度高和低大学的个体之间都得到了验证。而且，多样化与幸福感呈正相关。

种族偏见在情绪上很复杂

美国社会心理学家最常研究白人对黑人的种族偏见。这可能与美国在种族问题上的特殊历史有关。非裔美国人的经历是非常坎坷的：两个世纪的奴役（但奇迹般地存活了约3/5的人口）；围绕解放和重建所经历的政治动荡；《吉姆·克劳法》（Jim Crow laws）的实行导致的一个世纪的合法种族隔离；上一代的人权运动；正在进行的种族冲突；持续的种族隔离，高比例的监禁和群体劣势。（更详细的讨论超出了本书的范围，可参阅如 Fredrickson, 2002; J. M. Jones, 1997; Sears, 1998）⊖。

鉴于种族偏见这个问题的重要性，早期社会心理学研究立即着手测量种族

⊖ Aloha，夏威夷语，意指爱、和平、热情、仁慈以及一种共存的力量，常用于见面和告别时，有问候祝福之意。Aloha精神常指一种关心和接纳的夏威夷文化。——译者注

⊖ 注：非裔美国人可以说是美国历史上最受虐待的少数民族之一。这样说并不是要刻意贬低对亚裔、拉丁裔、犹太人或印第安人偏见的关注。这些偏见在不同程度上导致了拘留、排他性移民政策、就业歧视和种族灭绝等行为。一般的社会心理学家，特别是社会认知研究者对这些形式的种族偏见研究较少（但最近也开始受到关注，如 Echebarria-Echabe & Fernández-Guede, 2006; Lin, Kwan, Cheung, & Fiske, 2005; van Laar, Levin, Sinclair, & Sidanius, 2005）。

和族群态度（Bogardus，1933；D. Katz & Braly，1933；Thurstone，1928；参见 Allport，1935 年的早期综述）。从那时起，白人和黑人的种族问题就一直存在于有关偏见的文献之中。这可能是因为种族偏见在心理方面有几个特殊性：①这种特殊的种族组合继续引发强烈情绪；②大多数持有这种偏见的人都厌恶这种偏见；③它本身似乎不是一种进化的偏见，充分的证据表明是社会建构出来的；④种族间仍然高度隔离，进一步加深了当今普通群际互动的分裂。我们即将看到，这些特征中没有一个是其他偏见形式的显著特征，但认知过程影响了每一种偏见。

反黑人种族主义会引发情绪反应

前一节探讨了白人对种族主义的内疚感。接下来让我们看看反黑人种族主义的强烈情绪唤起，以及它与内疚的关系。内疚是一种以他人为导向的道德情绪，表现出对自己的行为伤害他人的担忧（Tangney，Stuewig，& Mashek，2007）。关于种族主义，白人的内疚反映了一种信念，即自己的群体伤害了另一个群体，至少过去白人通常对此深信不疑。种族内疚可能是大多数白人学生不强烈认同自己种族的一个原因（尽管身为多数群体本身肯定也会造成他们缺乏白人种族认同感）。

大多数白人的情绪反应可能最好被描述为羞愧，而不是内疚。羞愧是一种自我导向的道德情绪，担忧他人的评价（Tangney et al.，2007）。在跨种族交往中，许多多数群体成员都以自我为中心，因此这种情绪更符合羞愧而不是内疚的定义。相反，许多少数群体成员既关注自己又关注他人（Shelton & Richeson，2006；Vorauer et al.，2000）。许多白人可能会担心他们是如何被评价的，因为他们认为黑人预期他们是种族主义者。避免羞愧是当代种族关系中情感－认知关系矩阵的一部分。

而且，正如我们所看到的，白人普遍熟悉关于黑人的负面文化刻板印象，而这些刻板印象的元素是具有情绪威胁性的。美国文化对黑人的刻板印象包括敌意和犯罪的元素（Devine，1989）。这些文化刻板印象使白人保持警惕（Phelps et al.，2000），导致互动时会充满情绪。

更糟糕的是，种族刻板印象和随之而来的情绪偏见给黑人带来了生死攸关的后果。例如，种族会影响警察对嫌疑人瞬间射击或不射击的决定；种族偏见降低了枪杀手无寸铁的黑人的门槛（Correll，Park，Judd，& M. E. Wittenbrink，2002；见图 12-1）。文化刻板印象和情绪偏见对神经反应的影响在 200 毫秒内就会出现，而这反过来又加剧了射击者的偏向（Correll，Urland，& Ito，2006）。更具体地说，黑人面孔激活了与犯罪相关的联系。学生和警察在看到黑人面孔后均能更早检测到武器。反过来，刻板联系也能促进对黑人面孔的检测，对那些典型非洲人面孔尤其如此（Eberhardt et al.，2004）。文化刻板印象和视觉加工之间交互作用的生死攸关后果还不止瞬间扣扳机的决定，甚至会延伸到死刑判决中。嫌疑人因谋杀白人而被判处死刑的概率更高，这实际上就是有些不公正地惩罚了那些碰巧有更多刻板黑人特征的被告（控制了多种因素后的结果，包括犯罪严重程度；Eberhardt et al.，2006）。尽管种族与犯罪的联系毫无疑问被社会阶层、性别和年龄这些线索所取代，但这种联系仍然存在。大多数黑人家庭都会和十几岁的儿子"讨论"遇到警察时该做什么（和不该做什么）。即使在与犯罪无关的跨种族互动中，这些问题也会加剧情绪紧张（部分原因在于文化联系是自动产生的）。

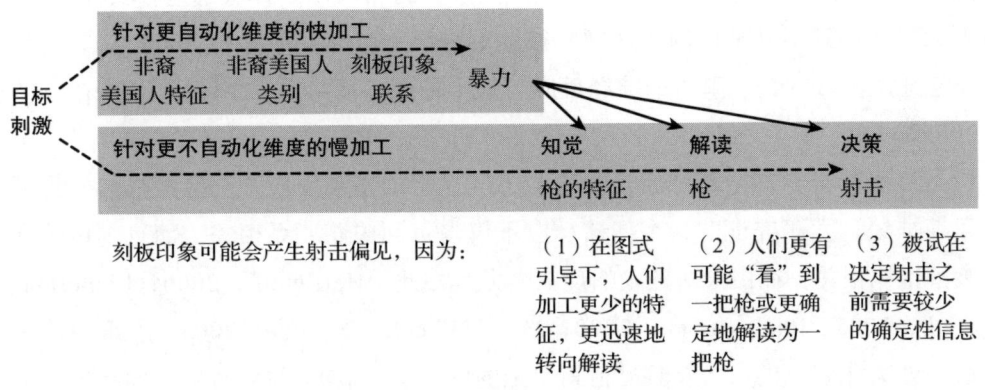

图 12-1　射击/不射击决策过程

注：在不相关的种族维度上更快、更自动化的加工可能导致被试对目标的知觉、对目标的解读或射击反应所需的确定性标准均产生偏向。

资料来源：Correll et al. (2002). Copyright American Psychological Association. Reproduced with permission.

自动的跨种族反应往往反映了充满情绪的文化联系，即使人们本身并不赞同这些联系。正如 Devine（1989）的**分离模型**（dissociation model）和内隐联系测验（参见第 10、11 章）所显示的，人们具有自动化的、难以控制的刻板印象思维。白人为实现平等主义而做的努力被广泛认同，所以大多数白人都试图避免表达他们那些自动化的联想。当然，人们**避免偏见的动机**（motivation to avoid prejudice）是不同的。这种避免偏见的价值观可以追溯到童年经历和父母的价值观（Towles-Schwer & Fazio, 2001）。凸显的社会规范也促使白人抑制偏见，承认歧视，并抵制带有敌意的笑话（Crandall, Eshleman, & O'Brien, 2002）。事实上，在担心自己出现种族主义的压力下，那些刻意注意的白人实际上看起来比不那么注意的白人会表现出更强的刻板威胁效应（Frantz et al., 2004; Vorauer & Turpie, 2004），而且他们对种族主义感到更焦虑或内疚（Fazio & Hilden, 2001）。难怪许多白人会感到不确定和焦虑，在非结构化的跨种族互动中更是如此（Towles-Schwen & Fazio, 2003）。

这种情绪不适的速度出奇地快。正如前面提到的，人们通常在100毫秒内就能评估对方的可信度（Willis & Todorov, 2006），而对被认为不值得信任的人，杏仁核和右侧脑岛在这个时间内就会做出反应（Winston et al., 2002）。正如态度研究（参见第10章）所指出的，杏仁核反应显示了一个刺激（特别是负面刺激）在情绪上的显著性，而右侧脑岛反应通常表明个体厌恶这种负面刺激。人们也在不到100毫秒内迅速判断彼此的种族（Ito & Urland, 2003）。与这种反应速度一致的是，瞬时的神经反应与基于种族的情绪反应相匹配（Eberhardt, 2005）。

为了进一步支持跨种族互动中会出现显著的情绪反应，一些最具启发性的早期神经科学研究证明，杏仁核反应不仅与负面内隐联系相关，而且与警觉和唤醒指标相关，在白人对黑人的反应中尤其如此（Hart et al., 2000; Lieberman et al., 2005; Phelps et al., 2000; M. E. Wheeler & Fiske, 2005）。那些从内心深处关注偏见的白人（即控制其偏见的内在动机高），他们对黑人面孔的瞬时惊吓眨眼反射（唤醒指标）更低，表明唤醒和警觉更少；他们也表现出更少的延迟惊吓眨眼反射，表明负面情绪更少（Amodio, Harmon-Jones, & Devine, 2003）。人们能在半秒或更短时间内区分内外群体，并做出相应评价（Ito, Thompson, & Cacioppo, 2004）。

与警觉控制系统相关的神经活动也会在无意识地做出种族偏见反应的白人身上出现，对那些能成功控制这种反应的人更是这样（Amodio, Harmon-Jones, et al., 2004; Lieberman et al., 2005; Richeson et al., 2003）。因此，白人可能会立即对黑人做出情绪上显著的、可能消极的反应，但他们也会相当迅速地激活控制性过程。简而言之，神经指标表明了种族线索瞬时的情绪意义。

其他的生理学证据也提供了多方支持，证明跨种族接触（尤其是白人接触其他人）的瞬时情绪反应。面部肌肉活动（肉眼不可见的细微表情动作可通过肌电图追踪）显示了不易察觉的种族偏见（Vanman, Paul, Ito, & Miller, 1997）。白人与黑人交往时表现出与威胁一致的心血管反应，在他们的跨种族交往经验有限时尤为如此（Blascovich, Mendes, Hunter, Lickel, & Kowai-Bell, 2001）。白人在随后的认知任务中表现也很差，这与其他证据一致，即对偏见反应的执行控制需要消耗心理资源（Richeson & Shelton, 2003）。反之亦然，特别偏爱自己群体的黑人在跨种族互动后会产生认知成本（Richeson et al., 2005）。

考虑到情绪上的这些复杂性，也许人们从一开始避免跨种族互动就不足为奇了。对面孔敏感的梭状回对跨种族面孔的激活要少于对同种族面孔的激活，而这与人们是否记得这些面孔有关（Golby, Gabrieli, Chiao, & Eberhardt, 2001）。实际上，这是一种知觉回避。而且，人们也刻意避免互动，认为其他群体会拒绝他们。总之，对白人来说，与种族关系有关的情绪反应很大一部分是羞愧和焦虑。而且，正如认知、社会和神经科学证据所示，它们基于自动化的和更刻意的反应，而这些会给黑人带来生死攸关的后果。

大多数种族主义是令人反感的

有意控制的作用是什么？种族在这方面又有何不同呢？当有人"打出种族牌"时，人们需要注意自己的行为。种族牌是一种表达方式，表示有人将一个令人担忧和禁忌的话题带入了一个本已有争议的语境，从而以这种令人不快的方式增加了大家的风险。白人关注他们的行为，因为被称为种族主义者对大多数白人来说是一种严重的人际威胁。这对少数公然的种族主义者来说不是一个问题（参见第 11 章），这些人会体验简单但强烈的蔑视和厌恶情绪，但幸运的是，这些在现代社会相对少见。有意控制他们的种族态度并不是公然的种族主义者最关心的事情。

大多数日常生活中的种族主义关注的是内部和外部控制，甚至是回避。**反感性种族主义**（aversive racism）反映了一种矛盾心理，包括负面感受和信念，以及家长式的同情和对负面态度的否认（Gaertner & Dovidio, 1986）。反感性种族主义白人对黑人群体有各种各样的消极情绪，而对白人群体有更多的积极情绪，如同情和钦佩（Dovidio, Esses, Beach, & Gaertner, 2002）。欧洲人对其新移民也存在这种不易察觉的歧视形式（Pettigrew & Meertens, 1995）。种族主义在两种意义上是令人反感的：①反感性种族主义者拒绝它出现在自己身上；②它导致的跨种族交往令人反感，因此他们避免这种交往。

在情绪偏见方面，反感性种族主义者表现出焦虑、烦扰、厌恶和恐惧。这些情绪来源于一系列积极的内群体评价和消极的外群体评价（参见第10、11章；Gaertner & Dovidio, 1986）。Stephan对焦虑的研究证实了这一预测，而针对非语言指标引起烦扰的研究也证实了这一预测（Word, Zanna, & Cooper, 1974）。

白人的种族态度中具有情绪评价性且相对自动化的成分可以预测他们的行为，尤其是避免主动的跨种族接触（Dovidio, Kawakami, & Gaertner, 2002）和表现出令人感到不舒服的非语言行为（参见第10、11章；Dovidio, Kawakami, & Gaertner, 2002；见图12-2）。相反，更认知的成分预测言语行为和政策偏好。例如，保守的思想意识预测了关于理所应当的刻板印象，而这又预测了反对针对黑人的平权行动，而不是针对其他群体，如女性（Reyna, Henry, Korfmacher, & Tucker, 2006）。

外显偏见（通常是认知通路）→言语行为→对跨种族互动的自我知觉

内隐偏见（通常是情绪/评价通路）→非言语行为→同伴/观察者对跨种族互动中行为的知觉

图12-2　跨种族互动中白人内隐偏见和外显偏见之间的分离现象

注：这些独立的通路表现了Devine's（1989）和Dovidio, Kawakami, & Gaertner（2002）的理论模型和数据。

作为反感性种族主义的针对目标，当黑人面对跨种族接触时，尽管对潜在歧视的最关心之处会因人和环境而异，但他们仍然会担心被以种族主义的方式对待（Hyers & Swim, 1998; Operario & Fiske, 2001; Sellers & Shelton, 2003）。不信任源自历史和现实环境，而且与白人相比，黑人更普遍相信歧视是确实存在的（Dovidio, Gaertner, Kawakami, & Hodson, 2002）。

总之，除了情绪反应之外，白人的反感性种族主义和黑人的不信任加到了基于种族的情绪偏见的特征之中，反映了认知-情感的交互作用。接下来，我们会谈谈关于生物学和种族的认识。

种族偏见并不是进化而来的

知觉到的生物学基础是本质主义刻板印象的一部分（参见第 11 章）。与许多形式的偏见相比，人们固执地相信种族偏见具有其生物学基础。事实上，人们明显夸大了种族差异的生物学特征。尽管尚缺乏根据遗传信息来确定从社会角度定义的现有种族群体的生物学证据，以及缺乏人具有对种族进行自动编码的进化特征的证据，但是这种本质主义思想仍然长期存在。关于其他社会性类别（性别、年龄）的偏见确实具有生物学基础，也符合迅速检测的进化解释。那么，为什么人们在种族的生物学上存在如此大的分歧呢？

因为这似乎对人来说是再明显不过的事情了，所以让我们从有关种族遗传的生物学证据开始吧。令人惊讶的是，种族间的遗传差异其实是微不足道的。种族内部的遗传差异大约是种族间遗传差异的十倍（Lewontin, 1972; Nei & Roychoudhury, 1993）。而且，即使考察种族间的差异，研究者也没有发现一些可靠的遗传模式可以将人们划分为那些从社会角度定义的种族类别（Graves, 2001; Hirschfeld, 1996; J. Marks, 1995）。肤色甚至也不能确定共同的遗传基础（Parra et al., 2003）。简而言之，种族的遗传标记并不支持关于种族的常识性观点。

我们根据从社会角度定义的线索组合将人们划分为不同的种族。美国人对种族的定义起源于为奴隶制辩护的有关律法实践。你可以想想，为什么对奴隶制时代的白人来说，把父母一方是黑人、一方是白人的人定义为黑人从社会和经济角度看都是很方便的事情？甚至美国不同的州对种族的定义也不一样。一个人的种族有时会成为其他荒谬诉讼的悲剧根源：曾祖父或曾祖母的头发质地能决定后代是否属于跨种族婚姻，并因此判定不合法（Banks & Eberhardt, 1998）。从法律到日常行为，人们都不相信种族类别不是自然的种类（就像物种一样）。

有人可能会问，种族的社会结构和夸大的种族生物学是如何与种族和健康的相关关系相匹配的。总体健康差距的主要原因是财富差距（M. D. Wong, Shapiro, Boscardin, & Ettner, 2002）。当然，种族和收入是相关的。因此，其中一个因素的影响可被错误地归结为另一个因素的作用。更仔细的分析表明，社会阶层的影响要大于种族类别。不考虑阶层因素，某些关于健康的种族效应源自歧视以及由歧视带来的压力（Mays, Cochran, & Barnes, 2007）。更具体且众所周知的种族与健康相关的例子包括非洲人的镰状细胞贫血、欧洲人的囊胞性纤维症和德系犹太人的黑蒙性家族痴呆症。然而，这些疾病非常罕见（该人口中的大多数人没有这种疾病），而且并不是所有患有这种疾病的人都属于该群体（Kittles & Weiss，2003）。疾病发病率的变化与生物学因素、行为和环境有关，而所有这些因素都与从社会角度定义的种族相关。因此，即使从社会角度定义的种族并不是造成结果的原因，它也可能与其他因素，如习惯和环境一起，作为确定特定疾病相对风险的一个线索。但相比其他原因，人们更容易想到种族。

关于种族和生物学基础一个要探讨的问题是进化。也就是说，常识认为种族偏见是对外来社会群体的一种与生俱来的适应性反应。然而，进一步观察，将其他人区分为种族内群体或种族外群体并没有一个合理的进化论解释（Cosmides，Tooby，& Kurzban，2003）。远古时代，人们生活在种族单一的群体中，而且活动也是在步行距离内。同时，即使遇到敌对群体，人们也不会跨越种族边界。相比之下，人们要自动检测的那些更重要（生物）的类别应该包括性别和生命阶段。

如果种族检测不是进化模块的一部分，那么它可能是另一种适应的副产物，例如，是对自然物种进行本质主义编码的产物。对植物或动物物种的本质主义编码具有进化意义，因此编码系统可以很容易地适应于检测自然物种，而这些物种在知觉上和内在的共同属性上都存在差异。这种编码系统似乎可以被用来回应那些从社会角度定义为种族差异的人类生理差异，仿佛它们是自然种类一样（Cosmides et al.，2003）。

种族检测也可能是对不同社会群体及其联盟敏感的副产品（Kurzban & Leary，2001；Kurzban，Tooby，& Cosmides，2001）。狩猎采集者生活在小群体中，经常与其他群体发生冲突，因此追踪谁属于谁这样一种机制对生存有帮助。内群体协调行动，因此有关预测个体内群体成员身份的线索就变得重要了。这些线索可能包括任何专属特征上，如服装、装饰或方言。赋予这些特征社会性意义的机制可能也会转而运用到其他专属特征上，如肤色或头发质地。因此，这种机制可能是具有适应意义的和自动化的，但适用于在特定历史和社会背景下具有意义的那些特征。例如，在有长期宗派冲突历史的地方，关于宗教的线索就应该和种族线索有相似的性质。种族编码不是强制性的，但从社会角度建构的联盟线索（内群体和外群体）可能是强制性的。

与一般理解的对种族的生物学和进化解释的薄弱相比，种族的社会建构证据是强有力的。其中大部分来自面孔识别研究，表明种族分类受到社会背景而不是固定的面部特征影响。例如，欧裔美国人识别白人面孔比识别黑人面孔更准确（Malpass & Kravitz，1969），梭状回面孔区对这些跨种族面孔的激活更少（Golby et al.，2001）。非裔美国人识别白人面孔要比欧裔美国人识别黑人面孔表现好，原因可能是作为少数裔，他们需要更经常区分白人面孔。但仅靠接触并不能产生这一效应。显然，人们根据种族类别加工外群体面孔，然后注意到相关线索，但不会将内群体面孔编码为一个种族，而是注意到个性化线索（D. Levin，2000）。白人的跨种族编码缺陷并非不可避免，例如，球迷可将球队置于种族之上，不考虑种族而将球队成员个性化（Cosmides et al.，2003）。社会背景的重要性还体现在非裔美国人和非洲人对黑人和白人面孔的编码上存在差异。

从社会角度建构的证据也体现在种族判断标准不断变化以及存在与典型种族特征相关的偏向这些现象中。人们进行种族判断有各种途径，但都是从社会角度建构的（Maddox，2004）。通过分类途径，一个人的外貌[**表现型（phenotype）**]决定了种族类别。这个过程可以通过某一标签完成：例如，研究者通过技术把一些面孔变为一半黑和一半白而成为种族模糊面孔；被试判断这些面孔为更"黑"或更"白"取决于研究者所贴的"黑人"或"白人"标签。这种现象在那些相信不变特质的实体论者身上更为明显（Eberhardt，Dasgupta，& Banaszynski，2003）。分类也可以主要通过一个单一特征（如肤色），再结合相关线索（如与种族相关的讨论）而实现（Maddox & Gray，2002）。分类当然还可以通过对种族相关特征进行不同组合来完成（Blair，Judd，Sadler，& Jenkins，2002；Livingston & Brewer，2002），而不仅仅是通过一套固定的定义性特征——由此来看就不依赖什么生物学标记了。

种族分类也可以直接根据与刻板特征（Blair et al.，2002）或评价（Livingston & Brewer，2002）相关的个体种族相关特征而完成。例如，特别喜欢看电视新闻的人在看到一个肤色更深的黑人罪犯的新闻报道后（相比看到一个肤色较浅的罪犯被指控同样罪行）会产生更多情绪不适（Dixon & Maddox，2005）。考虑到个体特征的重要性，即使一个通常被视为白人的人也可能有一些非洲人的典型面部特征，而这些特征可能引发与种族无关的刻板印象或情绪联系（Blair et al.，2002）。与特定特征可能产生重大后果的观点一致，具有更多非洲人典型特征的黑人被告比没有这些特征的黑人被告更有可能被判死刑（Eberhardt et al.，2006）。

这些种族分类途径与概念性信息相互作用。概念性信息包括与明和暗的语义联系、常人理论、文化信仰和个人经历，而所有这些都可帮助一个人设定社会背景（Maddox，2004）。例如，有种族偏见的人更关心准确地对种族模糊者进行分类（Blascovich，Wyer，Swart，& Kibler，1997）。种族模糊的人有多少次听到"你到底是什么（种族的）"这样的问题呢？（我们知道有人把这句话印到了T恤衫上。）

尽管对种族差异的生物学解释或种族认知的进化解释尚缺乏明确证据，同时有清晰的证据表明种族是一个从社会认知角度建构的概念，但人们仍然坚持种族是自然种类的观点。随着更多的人将自己和他人定义为多种族，这种情况可能会随着时间推移而最终消失（Bodenhausen & Peery，2009）。与此同时，种族知觉的生物学基础与相反证据之间的冲突在种族偏见中占有显著地位。在许多人的心目中，生物学意义意味着决定论，而这种决定论思想使他们把这些独特的种族特征作为一种分类方案。

种族隔离

到目前为止，我们已经看到，因为种族偏见独特的情绪反应、令自己反感的特点、（被否认的）社会性建构，也因为导致认知和情绪偏向的现代社会的结构性特征，所以它从心理上看并不是一种常见的态度。美国社会比在种族隔离制度下的南非种族隔离程度更高（Massey，Rothwell，& Domina，2009）。尽管对中产阶级黑人来说没有那么常见，但这种隔离在所有收入阶层都存在。在美国，种族隔离不仅仅是关于社会阶层的问题，更是关于种族的问题。它不仅与少数群体的地位有关，更与肤色有关。作为肤色偏见的一个例子，拉丁裔黑人比拉丁裔白人更容易受到隔离。与其他移民群体相比，美国黑人受到的种族隔离程度更严重，而且隔离的持续时间也比其他任何移民群体更长，大多数其他移民群体在第一代时受到一定程度的隔离，但在两代之后逐渐减少。为什么种族隔离对种族的社会认知如此重要呢？

非裔美国人并不喜欢种族隔离，他们比普通的欧裔美国人更喜欢种族更加平衡的社区。社区隔离是通过租赁中介和房地产中介完成的。他们引导和排斥那些适合和不适合某一社区的人。集中的贫困及其导致的所有弊端造成了种族隔离和黑人社区高比例的贫困。学校教育、就业前景、医疗保健、经常经受社会混乱和社交网络受限都是人口层面的关键不利因素。

这些对社会认知和种族偏见的影响是多方面的。在社会心理学层面，主要的影响之一是有限的跨种族接触。这对少数族裔和多数群体的影响是不同的。一般来说，平等的**群际接触**（intergroup contact）有效减少了不同群体之间的偏见：包括性取向、身体残疾、种族和族群、智力障碍和年龄群体（Pettigrew & Tropp，2006；见表12-5）。显然，因果关系是：接触带来偏见减少，而不仅仅是低偏见者更愿意接触。接触环境越符合Allport（1954）所指的最优条件（平等地位、共同目标、群际合作和官方许可），它就越能有效减少偏见。考虑到目前关注情绪偏见的大背景，接触主要通过增强外群体友谊和群际紧密关系来发生作用。这些动态过程比刻板印象或信念等认知偏向更能减少情绪偏向（Tropp & Pettigrew，2005a）。

表 12-5 群际接触对不同目标群体的影响

外群体类型	群际接触和偏见的相关系数
性取向	−0.27
身体残疾	−0.24
种族和族群	−0.21
智力障碍	−0.21
心理疾病	−0.18
老年群体	−0.18

注：绝对值越大表明偏见的减少程度越大。与同性恋者接触会大大减少反同的偏见，而与老年人接触减少偏见的程度少一些。

资料来源：Adapted from Pettigrew & Tropp (2006).

考虑到白人与黑人各自的多数－少数族裔地位，对偏见的接触效应尤其适用于让美国白人接触美国黑人，而不是相反（Tropp & Pettigrew，2005b）。少数族裔成员很清楚群际的情境、双方各自的关注点以及出现偏见的可能性。多数族裔成员不太可能反思自己的地位、群体身份或偏见问题。此外，考虑到相对数量，少数族裔成员更可能有与多数族裔成员接触的经验，反之则不然。因此，群际接触对多数族裔成员来说比少数族裔更新奇，也许对情绪和认知系统有更大的冲击，并产生更大的影响。由于过去经历过偏见，因此少数族裔更有可能对是否真正满足了接触条件（如平等地位）不做判断。例如，少数族裔和多数族裔对外显地提及群体成员身份的反应是不同的。多数族裔会感到不舒服，尤其是当一个外群体成员提起它时，他们会因此有负面的接触体验（Tropp & Bianchi, 2006）。对于少数族裔来说，提及群体成员身份并不会打破任何禁忌，但它会根据谁这么做以及如何做而被解读为积极或消极体验。特别是，如果这导致他们预见到会出现偏见，那么就会损害对对方的信任和接受程度（Tropp, Stout Boatswain, Wright, & Pettigrew, 2006）。暴露在偏见之下的人会感到焦虑和敌意（Branscombe, Schmitt, & Harvey, 1999; Dion & Earn, 1975; Tropp, 2003）。每个群体对对方偏见的预期取决于群体成员的凸显性以及一个人是否被视为典型成员（Tropp & Pettigrew, 2005b）。

无论如何，与性别、年龄偏见或歧视相比，在跨种族偏见中接触会产生一些更让人意想不到的问题，因为人们被种族而不是性别或年龄隔离得更严重。在下一节中，我们将讨论这些类别的显著特征。

── 研究聚焦 ──
如果类别不存在了会怎么样？这会改变人们对自我和他人的看法吗

正如我们在刻板印象那一章所指出的，像其他人一样，心理学家倾向于对种族、性别、年龄和性取向进行分类。离散类别（如男/女；白人/黑人/亚洲人）推动了对从婴儿开始的知觉者的偏见研究（Dunham & Olson, 2016）。最近，研究者和普通人都开始认识到这些非此即彼的类别概念正在发生变化。

在奥巴马时代，公众对话使人觉得美国可能会成为后种族主义国家。当然，这并没有发生，但人们越来越意识到，对种族进行分类是有问题的。例如，多种族组合可能是一个连续体，从黑人到多种族再到白人。但即使是这个连续体也可能无法让我们充分了解人们是如何看待种族的，因为这些方法都采用了多项迫选范式。如果有机会进行自发反应，则人们可能会将一个多种族者定义为阿拉伯人、西班牙人或克里奥尔人。这些新兴类别不只是更大类别的一个稀释版本（Nicolas，Skinner，& Dickter，2019）。这类研究的结果提示，人们以复杂的方式知觉他人的种族和族群。除了给一个人贴上更复杂的标签外，他们对这个人可能会有复杂的感受，因为类别及其变式会产生关于自己和他人的情绪。

和种族一样，性别分类也存在同样的模糊性（Hyde，Bigler，Joel，Tate，& van Anders，2019）。不仅是传统的二元分类，即男/女系统不够充分，因为人们可能沿着一个连续体识别别人和被别人识别（双性同体在心理上处于中间，雌雄间性在生理上处于中间），而且也有一些人不符合这种分级维度，如有人把自己定义为酷儿（queer）。当人们定义自己的性别时，无论已有什么样的性别认同，他们都可能做出改变，因为之前的性别是别人指定的。这个转变身份的过程既是心理上的，也可能是生理上的。这里，我们关注心理过程，特别是与改变、不匹配或对出生时指定性别进行探索相关的感受。对许多心理学家来说，过去与自己出生性别的差异足以使人被贴上"性别认同障碍"的标签。那些让自己、他人或社会习俗感到困惑的人想必不快乐。按照这个逻辑，你必须有一个类别，来让你了解自己的感受。

在这种性别扭曲的背景下，人们产生了这样一种想法：只要重要他人支持他们，那些反对性别二元化的人可能会适应得很好，和其他人一样快乐。对跨性别儿童的研究证明就是这样。艰难地招募统计意义上足够量的跨性别儿童及其家庭样本是一项需要持续多年的工作，但研究者最终找到了32名5～12岁的孩子。他们一直以非出生性别生活（Olson，Durwood，DeMeules，& McLaughlin，2016）。这些孩子并没有烦躁不安。事实上，他们在情绪上与那些顺性别的孩子（即出生性别和自我呈现性别相同的孩子）是相似的。超越原有类别可以改善公平感和幸福感。

性别偏见存在内在的矛盾

与种族主义相反，性别偏见或歧视直到后来很久才引发社会心理学家的兴趣（Deaux & LaFrance，1998；J. T. Spence，Deaux，& Helmreich，1985）。这几十年的性别研究思考了美国文化的三种特殊性：性别两极分化，即分类别而不是重叠的连续体；男性中心主义，即男性作为中性规范；生物本质主义，即关注遗传倾向多于社会化（S. L. Bem, 1993）。虽然所有这些特征也出现在种族中，但它们在性别偏见中表现为不同的形式。性别偏见的显著特征与认知交互作用，因此本节将按照如下顺序介绍：从异性之间的相互依赖与男性在社会中的权力二者之间的两性独特结构关系，到由此产生的混合的、惯例性的刻板印象和带有矛盾性的偏见，再到性别偏见的生物学和社会基础。

密切的相互依赖和男性地位

与跨种族之间的大量隔离相比，男女之间肯定有很多接触，而且最可能有亲密的接触。据我们所知，没有人建议通过增加群际接触来克服性别偏见或歧视。当然，只有群际地位平等的接触才能减少偏见，而性别通常不会有这种情况。性别作为群际界限的一个特殊特征是，每个内群体比其他任何社会群体更需要另一个外群体。我们不能用经典的 Bogardus（1933）社会距离量表很好地测量这种奇怪的内外群体关系。[1]根据 Bogardus 的观点，允许某一群体成员进入一个国家属于比较表面的接纳，而允许群体成员通过婚姻进入一个家庭则属于亲密接纳。当然，男女都会支持所有层次的社会交往。从这个角度看，男女完全接受对方。也就是说，男女相互依赖是生活中一个奇妙的事实。

与此同时，每一种文化都显示出男性的地位，在整个社会中，男性主导女性，在商界和政府中拥有更多权力，在教育、卫生和读写能力等发展指数上得分更高（United Nations Entity, 2012）。在美国，女性收入仍然远低于同类男性（相当于男性收入中位数的 82%；[2]United States of Labor, 2012）。在双职工夫妇中，女性处于一种两班倒模式（即正常的工作时间和比男性更长的家务工作时间；Business and Professional Women's Foundation, 2005; Crosby, 1991; F. M. Deutsch, 1999）。女性为户主的家庭（即使没有孩子）比类似的男性为户主的家庭更有可能陷入贫困。女性被男性伤害和杀害的比例远多于相反的情

---

[1] 美国社会学家埃默里·博加德斯（Emory Bogardus, 1882—1973）最初于 1924 年开发了"社会距离量表"（Bogardus Social Distance Scale），这是一种目前仍在使用的态度量表，旨在测量人的偏见程度，特别是针对个体与任何社会群体、种族或族群之间的热情、亲密、冷漠或敌意程度。——译者注

[2] 根据美国劳工部的相关数据，美国全职女性 2012 年第一季度周收入中位数为 697 美元，而全职男性为 848 美元。——译者注

况。女性胎儿更经常被流产，而女性婴儿出生时更可能被杀害。就社会认知来说，值得注意的是，密切关系与不平等地位相结合创造了针对性别偏见的认知背景。

当典型的等级体系发生逆转时（如女性在传统的男性领域担任领导角色），对男性地位的期待和维持异性密切关系之间就会发生冲突。女性领导者为我们提供了从认知和情绪上考虑性别角色冲突的研究案例。领导者和女性的期待角色不一致表明：①女性成为领导者将会面临更多挑战，而作为潜在领导者也会被更负面地看待；②当女性成为领导者时，同样的领导行为将比男性受到更负面的评价（Eagly & Karau，2002）。

一系列引人注目的元分析支持这个**角色一致性理论**（role congruity theory）。领导力传统上是男性的领域（Koenig，Eagly，Mitchell，& Ristikari，2011；见表12-6），而性别角色当然也表现在行为上（Eagly & Carli，2007）。在领导者的涌现过程中，实验室和职场中都是男性更经常领导最初无领导的团队（Eagly & Karau，1991），在不需要复杂社会互动的任务中尤为如此。然而，与其性别角色一致，女性更多地涌现为社会领袖。与刻板印象相反，当女性领导一个组织时，她们在完成任务和人际关系方面的表现与男性并无不同。但是，她们的领导方式确实比男性更民主、更倾向于参与式、更少表现出独裁或指令性（Eagly & Johnson，1990）。此外，她们和男性一样有效率，只是在扮演男性角色和在男性主导的环境中不那么有效率（Eagly，Karau，& Makhijani，1995）。与女性领导和男性一样有效率的证据一致的是，当女性以典型的男性风格（尤其是指令式或独裁式）或以一种男性主导的角色来领导大家时，她们会得到更负面的评价，从男性评价者那里得到的评价尤为负面（Eagly，Makhijani，& Klonsky，1992）。尽管存在这些障碍，但女性几乎具有和男性一样的动力去完成管理（Eagly，Karau，Miner，& Johnson，1994）。一项研究发现，内隐和外显性别信念（将男性与高权威联系在一起，以及将女性与低权威联系在一起）分别与对女性权威的内隐和外显偏见相关（Rudman & Kilianski，2000）。因此，人们对性别的预期在一定程度上反映了统计平均值的结果（即更多男性领导），但这些预期既没有考虑到围绕这些均值的变异性，也不承认领导风格的细微差别以及性别、行为和对角色不一致行为的负面评价之间的交互作用。

表 12-6　从三种范式的元分析中得出领导者刻板印象中的男性气质

范式	数据库	结果
想到管理者就想到男性范式，比较性别和领导者刻板印象（Schein，1973）	40 项研究，51 个效应	领导者－女性相似性 =0.25 领导者－男性相似性 =0.62
能动－共生范式，比较领导者的能动性和共生性刻板印象（Powell & Butterfield，1979）	22 项研究，47 个效应	能动＞共生
男性气质－女性气质范式，对领导者相关职业的刻板印象（Shinar，1975）	7 项研究，101 个效应	男性气质更多

对性别预期和工作角色预期之间的不一致无疑也发生在领导者之外。女性和男性被划分为家庭主妇和员工角色，而这会导致性别刻板印象（Eagly & Steffen，1984），维持密切的相互依赖关系和男性地位。在就业方面，职业刻板印象适用性别和威望两个维度（Glick，Wilk & Perreault，1995），而且这些形象反映了关于就业的实际性别隔离（Cejka & Eagly，1999）。从事非传统工作的女性可能面临与女性领导者类似的偏见：难以进入工作岗位且难以得到公正评价。总的来说，性别问题涉及认知因素，如角色期望、刻板印象和不一致性，并且对态度（评价）和更复杂的情绪反应也有影响。

混合情绪的、惯例性的刻板印象和矛盾性偏见

针对那些不遵从性别刻板印象的男性和女性的强烈反对表明，人们把性别偏见视为针对他们个人的威胁，这些信念和情绪会打中他们的要害。例如，当女性进行自我提升时，她们可能获得了相应的能力，但同时也失去了相应的社会吸引力（和可雇用性），而后者就是一个明显的负面后果（Rudman，1998）。当男性或女性以非典型性别方式取得成功时，竞争对手就会刻意阻碍他们（Rudman & Fairchild，2004）。这些过程维持了一个人的文化刻板印象和个人价值观。

因此，女性必须用"女性化"[**共生**（communal）]的热情来平衡她们"男性化"[**能动**（agentic）]⊖的一面（Rudman & Glick，1999，2001）。安·霍普金

⊖ 共生是一种关系导向的特质，与社会关系的建立和维持相关，强调友谊、助人和公平，而能动是一种自我导向的特质，与目标完成相关，强调魄力、能力和坚持。这一对概念由大卫·巴坎（1966）首先提出，其中共生被称为女性原则，而能动被称为男性原则。——译者注

斯（Ann Hopkins）⊖在一家大型会计公司经历了艰难的过程才学会了这一点。在她打到美国最高法院的案子中，社会认知心理学（对人分类和刻板印象）帮助解释了其中的原因（S. T. Fiske, Bersoff, Borgida, Deaux, & Heilman, 1991）。对女性群体的惯例性认识被认为强化了这一现状（Jackman, 1994; Ridgeway, 2001）。重视女性热情源于男性在性关系和家务上依赖女性，而这些需要一个充满爱且道德纯洁的伴侣（Glick & Fiske, 2001）。人们对女性的刻板印象是，她们性格上多愁善感、迷信而且情绪化；热情这一特征符合人们关于女性的**惯例性刻板印象**（prescriptive stereotype），而多愁善感仅仅是一种**描述性刻板印象**（descriptive stereotype; Ruble & Ruble, 1982）。针对女性的刻板特征没有多少经济价值，却构成了密切的相互依赖关系的重要组成部分。根据有关研究，不符合惯例性女性形象的女性会危及异性互相依赖这一特点。女性可能会理所应当地认为，过于男性化的行为方式会使她们丧失那种异性的浪漫（Rudman & Heppen, 2003）。

相反，因为女性在传统上为了经济安全和社会地位名望而依赖于男性，所以刻板的男性特质具有更多经济价值（如能动性、能力），并强化了男性地位。在不同的文化中，典型的男性形象都是冒险的、独立的、强壮的和主动的，这种描述性刻板印象也符合对完美男性的惯例性定位（Ruble & Ruble, 1982）。惯例性的刻板印象强化了异性之间的相互依赖现象以及男性的社会主导地位（Rudman & Glick, 2008）。

密切的相互依赖关系和男性地位共同引起了**矛盾性别偏见与歧视**（ambivalent sexism），包括对违反性别惯例的女性表示敌意和对支持性别惯例的女性予以宽容（Glick & Fiske, 2001；参见第 11 章）。这就好比，善意性别偏见与歧视是文化胡萝卜，而敌意性别偏见与歧视则是文化大棒。善意性别偏见与歧视约定了在传统性别角色中女性的可爱之处但又具有家长式作风的刻板印象，喜欢但不尊重，而敌意性别偏见与歧视针对那些具有非传统性别角色的女性，尊重但不喜欢。与这些对矛盾性别偏见与歧视的分析一致的是，研究者对 19 个国家和地区的研究表明，男性比女性更支持敌意性别偏见与歧视（Glick

---

⊖ 安·霍普金斯（1945—2018）是一名商务经理，她在美国最高法院打赢了一场涉及工作场所歧视的官司。这一案例对美国后续出台相应反性别歧视法案产生了重大影响。——译者注

et al., 2000）。尽管两性之间差距缩小，但总体上男性也更支持善意性别偏见与歧视。当然，在某些性别偏见或歧视最严重的国家和地区，女性比男性更支持善意性别偏见与歧视。（在最糟糕的情况下，尽管有些限制，但善意性别偏见与歧视基本上是受到认可的。）

所有这些模式都符合一种观点，即男性从禁止女性扮演非传统角色（敌意性别偏见与歧视）的文化中获益要比女性多，因为这有助于维持他们传统上更强势的地位。相反，女性支持她们扮演传统角色这一惯例（善意性别偏见与歧视）比支持敌意性别偏见与歧视损失更小。善意性别偏见与歧视具有一些优点（如表现为对女性彬彬有礼的骑士精神），女性也并不总是把它视为性别偏见或歧视（Barreto & Ellemers，2005；Kilianski & Rudman，1998），但这确实限制了她们的表现（Dardenne，Dumont，& Bollier，2007）。敌意和善意性别偏见与歧视是相互关联的，但它们有不同的含义。善意性别偏见与歧视预测传统女性正面的刻板印象（如令人喜爱的、有道德的），而敌意性别偏见与歧视预测非传统女性负面的刻板印象（如冷漠的、不值得信任的）。这两种情况反映了一种非常基本的矛盾心理。

作为一种认知信念系统，矛盾性别偏见与歧视会产生一些后果。女性和男性在一定程度上都会有这两种形式的性别偏见与歧视。矛盾性别偏见与歧视的国家或地区平均水平预测了联合国各国和地区性别不平等指数。对于男性的偏见也预测了各国和地区之间的性别不平等情况（Glick et al.，2004）。其中可能的原因是，人们刻板地认为男性不如女性讨人喜欢，但又比女性更有权势；事实上，男性被刻板地设定为具有支配地位。对于男性和女性来说，性别偏见不是一种简单的反感，而是一种根本的矛盾和混合情绪。

性别偏见不仅与国家或地区范围内的性别不平等（如收入、教育、健康）有关，还会对人际关系产生影响。例如，性别偏见会在日常生活中制造诸多麻烦。在一项日记研究中，女大学生每周报告一到两起性别偏见或歧视事件（包括刻板印象、偏见、侮辱性言论、性物化），而这些事件损害了她们的幸福感（Swim，Hyers，Cohen，& Ferguson，2001）。虽然大多数女性不会直接回应，但她们私下里会对此感到不安（Swim & Hyers，1999），这种挥之不去的顾虑可能会对身体和心理健康造成压力。

性别偏见的生物学和社会基础

除了对两性相互依赖和男性地位的社会结构性知觉，以及由此产生的矛盾性偏见外，研究者还对性别信念和感受之间的交互作用给出了生物-进化论以及文化的解释。特别是，人类在行为和择偶偏好上的性别差异吸引了社会认知理论去关注它们为什么发生，以及它们如何转化为刻板印象和偏见这些问题。以下是一些由性别差异元分析支持的常识性但又具挑衅性的事实：女孩在自我控制（抑制和知觉敏感性）方面表现更努力，男孩则更主动和激烈（Else-Quest，Hyde，Goldsmith，& Van Hulle，2006）；男性比女性更具生理攻击性，而女性比男性更具社交攻击性（Eagly & Steffen，1986）；男性比女性更敢于冒险助人，女性则以更长期和体贴的方式帮助别人（Eagly & Crowley，1986）。前文提到，男性更有可能成为任务导向型群体的领导者，女性则更有可能成为社会领袖（Eagly & Karau，1991）。女性比男性更可能追求地位高和赚钱能力强的年长伴侣，男性更追求外表迷人但也善于家务和厨艺的年轻伴侣（Buss，1989）。研究者和其他人一样，喜欢对性别进行对比（Eagly & Wood，1991）。

一些人喜欢从进化角度来解释这种性别差异。特别是，根据**亲代投资模型**（parental investment model），由于怀孕和哺乳，因此女性总是不得不在生育上投入更多，男性所需的生物学投资则微不足道（Trivers，1985）。男性追求更多可生育的伴侣以最大限度地利用他们的繁殖能力，女性则追求有资源的伴侣以确保繁殖成功（Buss & Schmitt，1993）。女性确实比男性更看重对方的社会地位和抱负，而男性比女性更看重对方的吸引力（Feingold，1992）。进化论的解释因其简单性和明显的生物学导向而颇具吸引力，但要验证它们却是非常复杂的（Buss & Kenrick，1998）。此外，人们可以很容易地理解，远古时代的生存条件会使自动知觉性别具有适应性（Cosmides et al.，2003）。

其他研究者倾向于从社会文化角度来解释这种差异。**社会角色理论**（social role theory）也探讨社会行为中的性别差异。根据这一理论，性别差异始于男女之间的劳动分工。劳动分工指导对性别角色的预期以及与性别对应的技能和信念，二者共同导致行为上的性别差异（Eagly & Wood，1999）。例如，择偶偏好中的跨文化差异与社会结构中的文化差异（即性别不平等）相关。**生物社会取向**（biosocial approach）承认在平均体型和亲代投资上的生物学差异，以及几乎普适但又受到文化调节的劳动分工。与许多进化理论不同的是，生物社会取向认为社会性力量可以解释大多数的变异。这一取向还突出了男性和女性为抚养孩子和赚钱而尽量协同工作的现象（W. Wood & Eagly, 2002）。

对性别认知和偏见的最全面解释将需要采用一条结合生物学和社会现实的综合取向。性别相似性大于差异，而且大多数差异其实都是很小的（Hyde, 2005）。例如，关于择偶偏好，37种文化中的每个人都首先列举了未来配偶的善良、智力和社交技能（Buss, 1989）。生物学因素和文化因素都影响着行为上的性别差异，而且它们都是性别刻板印象和偏见的基础。

年龄偏见等着我们所有人

这一节探讨对老年人的偏见。（年龄偏见也包括对儿童的偏见，但很少有研究涉及这个话题。）尽管有许多负面的形容词描述对老年人的刻板印象（Kite & Johnson, 1988），但就像性别一样，年龄污名化也会产生混合效果（Richeson & Shelton, 2006）。如果形容女人软弱但迷人，男人花心但简单直接，那么根据普遍的刻板印象，老年人是迟钝但可爱的。一般来说，针对老年人的偏见主要是怜悯和同情（Cuddy, Norton, & Fiske, 2005）。这种家长式作风只适用于那些不是他们的错却产生负面后果的群体（S. T. Fiske et al., 2002）。一般来说，人们对老年人的看法是一种既傲慢又同情的矛盾组合。在一些文化中，老年人受到尊重［如非裔美国人（Bergsieker et al., 2012）；印第安人（Burkley, Durante, Fiske, Burkley, & Andrade, in press）］，但是在一些西方和东方文化中，老年人属于怜悯对象（Cuddy et al., 2009），而且在西方通常不是很受尊重（North & Fiske, 2015）。

然而，老年人有各种各样的形象。一种主要的分类是：低龄老年人（55～75岁）和高龄老年人（75岁以上），偏见会从后者蔓延到前者（Neugarten, 1974; North & Fiske, 2013b）。就像种族和性别类别一样，一些更容易理解的亚群分别代表相对受尊重、不受欢迎和不会引起不快的老年人亚群（M. B. Brewer, Dull, & Lui, 1981; Hummert, Garstka, Shaner, & Strahm, 1994）。不同的形象在效价、活力和成熟度上都有不同（Hummert et al., 1994; Knox,

Gekoski, & Kelly, 1995), 而这些形象是由外貌所引起的 (Hummert, 1994), 并且相对自动化地出现 (Hummert, Garstka, O'Brien, Greenwald, & Mellott, 2002)。与性别和种族一样, 年龄也是知觉他人最快的三个特征之一 (S. T. Fiske, 1998)。

年龄偏见或歧视在几个方面具有独特性。像性别一样, 在家庭中, 我们可以根据年龄对成员分类, 但又像种族一样, 不同年龄群体生活在分开的环境中。与种族或性别不同, 年龄偏见或歧视针对的是一种可变化的群际界限, 大多数人在一生中都预期会跨越这一界限, 但同时人们又担心这意味着死亡。人, 尤其是年轻人, 对老年人的反应中带有一些对资源的担忧 (即合适的继承、共享的消费和单独的身份), 这也是惯例性刻板印象的结果 (North & Fiske, 2012b, 2013a)。

可变化的界限

与性别和种族不同, 人们抵制自己的老年人身份。当然, 不同之处在于, 性别和种族通常是在出生时就决定了, 而一个人是逐渐变老的。随着年龄的增长, 人们并不一定会内化它的一些负面刻板印象 (参见 Zebrowitz, 2003)。老年人被认为在社交、认知和生理上都不怎么行 (Nelson, 2002; North & Fiske, 2012b; Pasupathi, Carstensen, & Tsai, 1995; Richeson & Shelton, 2006), 所以人们并不急于相信自己"老了"。事实上, 尽管人们承认自己的实际年龄, 但会将"老年"视为一个移动的目标。当人们接近目标的界限时, 这个目标就会后移 (Seccombe & Ishii-Kuntz, 1991)。当人们拒绝加入老年人这个外群体时, 这个可变化的界限就会不断被重置。老年人把自己和年轻的刻板术语联系在一起的速度要比和年老的刻板术语联系在一起的速度快 (Hummert et al., 2002)。

因为年轻的身份与良好的身心, 甚至与多几年的寿命息息相关, 所以老年人知道要重置和抵制这一变化的年龄界限 (Hummert et al., 2002; B. R. Levy et al., 2002; Tuckman & Lavell, 1957)。积极性和健康之间可能是一种双向因果关系, 但启动效应研究表明, 刻板印象本身会损害一个人的健康和表现。例如, 即使是阈下启动老年人关于老年的刻板印象, 也会增加他们在完成数学和语言任务时出现的短期压力 (以心血管和皮肤电反应为指标; B. R. Levy,

Hausdorff, Hencke, & Wei, 2000)。对老年化的负面自我刻板印象会损害老年人的记忆成绩、自我效能感甚至生存意愿（B. Levy, Ashman, & Dror, 1999-2000），其不良影响不仅仅是启动老年行为本身所造成的，因为这些启动对年轻人没有影响，而且，关于老年化的积极刻板印象也不会损害老年人的形象。

在美国主流文化中，政治正确并不像性别偏见或歧视，尤其是种族歧视那样适用于年龄偏见或歧视（B. R. Levy & Banaji, 2002），所以人们不会像其他类型的歧视那样抑制他们的年龄刻板印象。因此，当人们最终进入被贬抑的类别时，他们没有多少认知防御来缓冲相关损害。

死亡和恐惧管理

由于老年化的刻板印象与死亡有着独特的关联，因此老年人需要缓冲。年轻人可能通过对老年人的负面刻板印象来疏远他们并保护自己（M. Snyder & Miene, 1994）。死亡恐惧管理理论（TMT；参见第 11 章）关注人们怎样应对自己终将死亡的事实，所以它很适用于解释年龄刻板印象和死亡凸显现象（Greenberg, Schimel, & Martens, 2002）。TMT 提出，人们相信自己的文化世界观会比他们自己更长久，从而缓解了自己终将死亡这一事实所带来的威胁。人们希望自己所在群体的价值观会经久不衰。因为外群体持有不同的、具有挑战性的价值观，所以他们会破坏这种缓冲。因此，根据 TMT，被提醒自己死亡的那些人会贬抑外群体。人们可能会认为老年人是这一趋势的一个例外，因为他们在外群体中是独一无二的，这恰恰代表了大多数文化中这些令人欣慰的、熟悉的、传统的世界观。然而，如果老年人的传统世界观显得过时并妨碍他人，那么它们可能会构成威胁。无论如何，老年人构成的更根本威胁就是他们的存在——提醒人们自己未来的衰老。

TMT 提出了各种防御措施，以应对由老年人构成的死亡凸显现象：身体隔离（如在机构中）确切地描述了许多高龄老年人居所的特征，心理隔离则通过绰号和刻板印象实现。当这些疏远老年人的努力失败时，与老年人接触可能会引发 TMT 所预测的过程：补偿性的自尊建构、认同自己一直坚持的世界观、外群贬抑以及内群体偏私。TMT 的机制实质上是情绪偏见，但这方面仍有待于更清楚地通过与年龄偏见或歧视有关的实证研究来证明。

性取向偏见存在争议

对男女同性恋者的偏见，被称为异性恋主义、恐同症和性取向偏见。它至少在四个方面不同于其他偏见。第一，性取向不像种族、性别和年龄那样公开交流，因此人们往往控制着他们透露自己性取向的程度。第二，在迄今为止所描述的偏见中，这种偏见属于最普遍的那一类。第三，在种族、性别和年龄方面，"生物学基础即命运"的信念往往与偏见相关，而在当前的美国社会结构中，认为同性恋是由生物学基础决定的信念往往与宽容相关（Hegarty，2002）。第四，异性恋主义比性别偏见或歧视更容易引发争议。对异性恋主义的定义也还没有达成共识（Bailey，Vasey，Diamond，Breedlove，Vilain，& Epprecht，2016；Savin-Williams，2016）。在某种程度上是因为这一点，以及因为关于这一主题的社会心理学研究才刚刚开始（Herek，2000），所以我们对这些问题的讨论相对简短。

最早的一些关于反同性恋偏见的研究利用了同性恋不公开、可隐藏身份这一特点。早期的研究会告诉被试，另一个被试是同性恋，并记录自我报告和非语言反应（Farina，Allen，& Saul，1968）。反应都是负面的。因此，许多早期工作记录了男女同性恋者管理自己身份的策略（Goffiman，1963）。一个人可以自由操纵其明显的性取向认同，以及同性恋主要涉及该目标的污名化管理问题，以上这两种假设都引发了伦理问题。（把一个异性恋者安排为同性恋者，我们真的可以对两种角色进行比较吗？我们可以在研究中把一个异性恋者贴上同性恋标签，或者把一个同性恋者贴上异性恋标签吗？性取向偏见真的主要是关于偏见对象的污名化管理问题吗，还是因为持这种态度者眼中的偏向？）最近的研究通过使用调查来记录人们的态度，从而避免了这些伦理复杂性。

反同性恋态度是最负面的偏见之一（Herek & McLemore，2013；Yang，1997），而且大多数成年美国人都报告了这类态度（Herek & Capitanio，1997）。女性比男性更少受到歧视，女同性恋比男同性恋更少成为偏见对象（Herek，2002）。在主要的几种偏见中，非常特别的是，性取向偏见最集中引发的情绪是厌恶，而厌恶是一种针对人和非人物体的情绪（Herek & Capitanio，1999）。

针对 1/5 女同性恋者和 1/4 男同性恋者的仇恨犯罪导致这些同性恋者出现抑郁、愤怒、焦虑和压力，超过了其他受到同等程度侵害的受害者（Herek，

Gillis, & Cogan, 1999）。与针对异性恋女性和老年人的暴力犯罪相比，性取向偏见会导致更明确的针对同性恋的仇恨犯罪和暴力。异性恋女性和老年人也面临虐待和暴力，但这明显不是由于他们的社会类别本身造成的，而更有可能是有复杂原因的亲近者暴力。和所有普通的外群体一样，男女同性恋者每天也会经历因偏见带来的困扰，而这会损害他们的身心健康（Swim, Pearson, & Johnston, 2006）。

总　　结

本章介绍了情绪偏见与它们所依据的认知之间的交互作用。最近的一些理论根据知觉者对特定外群体的信念，描述了针对特定外群体的特定情绪。刻板印象内容模型预测了基于刻板印象的不同情绪偏见，而刻板印象本身是由地位和竞争的群际关系导致的；群际情绪理论从知觉者对每个外群体所构成威胁的评价中预测不同的情绪偏见；形象理论考察了群际结构关系，并提出外群体形象的类型和相关的情绪；生物文化取向预测了对群体尊严的不同威胁以及为保护群体而进化出的情绪反应。所有这些理论都假设群际行为源于对外群体的情绪偏见。其他理论则侧重群际接触中焦虑和内疚这样的特定情绪。

考虑到特定的内群体－外群体偏见反映了不同群体的独特情况，本章考察了四种特定的偏见。反黑人种族偏见是特殊的，因为在当今社会，它比性别、年龄偏见或歧视更容易引发情绪反应。种族偏见也比其他种类的偏见更令人反感，人们甚至对自己否认他们也持有这些态度。尽管人们急于用生物学的观点来解释种族问题，但很多证据支持社会认知建构是这种偏见的基础。美国黑人与社会其他群体的隔离程度比其他任何外群体都要高，因此接触受到限制，消除种族偏见的前景令人气馁。

性别偏见独特地将一个群体的高地位与两个群体之间的相互依赖结合在一起，结果是矛盾的惯例性刻板印象。这种刻板印象混合了积极和消极的情绪，而这两类情绪会共同维持现状。生物进化解释和社会角色理论都可以解释这些强化现有安排的偏见。

因为人们既预期也害怕加入老年人类别，所以年龄偏见或歧视涉及一个移动的目标。因而，年龄偏见或歧视引发了死亡和情绪距离问题，以及由于代际相互依赖而产生的惯例性刻板印象。性取向偏见针对的是一种可隐藏的污名化现象，但它是广泛的，同时也是有争议的，引起了各方的强烈反应。我们接下来转向关于情绪-认知交互作用的更通用的理论。

延伸阅读

Bodenhausen, G. V., & Peery, D. (2009). Social categorization and stereotyping in vivo: The VUCA challenge. *Social and Personality Psychology Compass,* 3(2), 133-151.

Dovidio, J. F., & Gaertner, S. L. (2010). Intergroup bias. In S. T. Fiske, D. T. Gilbert, & G. Lindzey (Eds.), *Handbook of social psychology* (5th ed., Vol. 2, pp. 1084-1121). Hoboken, NJ: Wiley.

Eagly, A. H., & Carli, L. L. (2007). *Through the labyrinth: The truth about how women become leaders.* Boston, MA: Harvard Business School Press.

Fiske, S. T. (2011). *Envy up, scorn down: How status divides us.* New York: Russell Sage Foundation.

Herek, G. M., & McLemore, K. (2013). Sexual prejudice. *Annual Review of Psychology,* 64, 309-333.

North, M. S., & Fiske, S. T. (2012b). An inconvenienced youth: Ageism and its potential intergenerational roots. *Psychological Bulletin,* 138(5), 982-997.

Ziv, T., & Banaji, M. R. (2012). Perceptions and preferences of social groups in the early years of life. In S. T. Fiske & C. N. Macrae (Eds.), *SAGE handbook of social cognition* (pp. 372-389). Thousand Oaks, CA: Sage.

SOCIAL COGNITION

第四部分

认知之外：情感和行为

社会认知和情感（偏好、评价、心境和情绪）会彼此影响，并共同产生一些令人困惑的科学问题。情感与认知的交互作用指导着行为，而行为能服务于目标、管理印象和验证假设，掌控我们的社会世界。

SOCIAL
COGNITION

第 13 章

从社会认知到情感

- 区分情感、偏好、评价、心境和情绪
- 为生理学与认知假说奠定基础的早期理论
- 生理学理论解释不同的情绪
- 不同情绪的社会认知基础

情绪研究一直致力于揭示认知过程在情感中的作用（Barrett, Lewis, & Haviland-Jones, 2016; Cacioppo & Gardner, 1999; M. S. Clark & Fiske, 1982; V. Hamilton, Bower, & Frijda, 1988; Mesquita, Marinetti, & Delvaux, 2012; P. Shaver, 1984; Zajonc, 1998）。学术界尤其关心两个问题，即认知对情感的影响与情感对认知的影响。当然，前提是这两个概念可以有效地分离开来。然而，这种分离实际上是难以达到的。例如，且不说神经科学的证据，人们在日常生活中的体会就是，情感与认知常常是混在一起的。为了便于分析，本章和下一章会将情感和认知分开，考察它们之间的相互影响。但需要指出的是，这种分离在某种程度上只是假设性的。

最后要提醒的是，情感领域以及情感和认知领域已经产生了一系列百科全书式的理论，有些已经得到了相关数据的检验，有些还没有。这不可避免地为各个理论制造了相当不均衡的科学地位，但也为有进取心的研究者提供了机会。此外，所有新手（甚至经验丰富的情感研究专家）都面临大量彼此不相关理论的挑战。我们尽可能组织并比较了各种理论，但需要读者注意的是，对理论的综述会不可避免地罗列许多彼此不相关且常常未经检验的解释。

区分情感、偏好、评价、心境和情绪

情感和相关概念

对术语给出定义可促使人们深入思考在日常语言中那些随意使用的情感词所表示的具体含义（Mayer，1986）。**情感**（affect）是一个泛指各种偏好、评价、心境和情绪的术语。**偏好**（preference）包括那些实质上可以是愉快的也可以是不愉快的，但相对轻微的主观反应。社会心理学家最常研究的偏好是人际**评价**（evaluation），即针对他人某些特性（如吸引力、喜欢程度和偏见）简单地做出积极或消极的反应。这些积极和消极评价在社会交往中有着显而易见的重要性，告诉我们应该趋近谁，回避谁。这些评价也适用于物体，我们已经在态度那部分对其进行了探讨。

偏好和评价与那些指向一个不那么具体的对象的情感，也就是**心境**（mood），是有所不同的。一个人可以对某人做出评价性反应，但通常不会对这个人直接怀有某种心境。心境影响各种类型的社会认知和行为。像偏好和评价一样，心境也可以简单分为积极心境和消极心境。偏好、评价和心境通常不是转瞬即逝的体验，而有一定的持续时间。

简单的积极反应和消极反应并不能体现情感的所有强度和复杂性。设想一下，如果我们只能说，"我现在感觉很好（或不好）"或"我对你感觉很好（或不好）"，那么我们的世界将是多么局限。我们可以使用更灵活的术语区分"兴高采烈"与"心满意足"，区分"悲伤"和"愤怒"。例如，我们认识的一个人坚持用十几个词语来表达情绪低落的不同状态：疲倦、身心交瘁、困倦、枯竭、累趴、精疲力尽、损耗、精力耗尽、虚弱、无力、茫然、麻木、昏昏沉沉、空虚。不是所有人都能如此精细地用词，但我们大多数人都需要用超过三或四个术语来描述自己的情感反应。**情绪**（emotion）指的是这种复杂情感的组合，而不只是指简单的好与坏的感受，包括喜悦、平静、愤怒、悲伤、恐惧等。情绪也可以通过生理表现（如生理唤醒）来显示强烈的感受。情绪可以持续较短时间，也可以持续较长时间，但它们通常不会像偏好和评价那样持续很长的时间。

区分积极反应和消极反应

如何描述丰富多样的情感反应是心理学中长期存在的问题（Barrett, 2009; Cacioppo & Gardner, 1999; Davitz, 1970; Ekman, 1984; Green, Salovey, & Truax, 1999; Plutchik, 1980; Schlosberg, 1954; Wundt, 1897）。情感可以通过情绪的结构分析中两种常用方式中的任意一种来进行描述。其中一种结构强调**双极**（bipolar；即积极 - 消极）评价与唤醒度交叉。这种双极结构最贴近趋近性行为反应（如去消费）或回避性行为反应（如躲避威胁；Cacioppo & Gardner, 1999）。通常，从生理上看，行为反应很大程度上要么是积极的，要么是消极的。

双极结构有时出现在口头报告和情绪分类中。图 13-1 中的实线表示两个常见的维度：愉快/不愉快，以及高/低唤醒度（即卷入度；Russell, 2003）。当人们描述他们当前的感受或者根据相似度对情绪词进行分类时，我们可以稳定地发现这两个维度。一个人可能会报告感到满意、快乐和高兴，但他不太可能在同一时刻说自己感到忧郁、不满和孤独，因为这些词位于一个维度的两端。同样，一个人还可以单独报告感到兴奋、震惊和惊讶，但不能同时又感到平静、安静和镇静。显然，人们关于"情绪"的常识性理论基于人们在任意给定时间点的感受。在这种短期框架下，一个人越多感觉良好，就越少感到糟糕，当情绪强烈（Diener & Iran-Nejad, 1986）或简单时尤为如此。但是，一个人情绪唤醒度的高低则是另一件事情。不论一个人高兴与否，他都可能处于兴奋或缄默（唤醒度低）的状态。如上所述，行为反应尤其反映了积极 - 消极这一双极性（Cacioppo & Gardner, 1999）。

假设你问人们在一段时间内的情绪体验，例如，他们的总体生活满意度、过去一年的感受、一段时间内对亲密关系的感受和他们在整个竞选过程中对各总统候选人的情绪反应（Abelson, Kinder, Peters, & Fiske, 1982; Bradburn & Caplovitz, 1965; Marcus & Mackuen, 1999; 相关评论见 Barrett, Mesquita,

Ochsner, & Gross, 2007; Cacioppo & Gardner, 1999; Diener, 1984; Izard, 2009; Keltner & Lerner, 2010; Mesquita et al., 2012; Niedenthal & Brauer, 2012; D. Watson & Tellegen, 1985）。令人有些惊讶的是，在这种更长期的框架下，人们对积极情感和消极情感的报告是独立的。也就是说，随着时间流逝，一个人是否感到痛苦、恐惧或敌意，与其是否在其他时间感到狂喜、热切和激动无关（Diener & Emmons, 1984）。随着时间的推移，对于不那么强烈或更复合的情绪，如果将图 13-1 顺时针旋转 45°，将"充满积极情感"放在顶部，那么你可以观察到一种同样明显的情感结构。在某些情况下，一个人可能会感受到很多或很少的"纯粹"积极情感，而这与其是否也会感受到很多或很少的"纯粹"消极情感几乎没有关系。简而言之，在某些情况下，尤其是回顾复杂经历时，人们既能感到快乐又能感到悲伤（Larsen, McGraw, & Cacioppo, 2001），这被称为**双效价**（bivalent）结构（两个独立效价）。

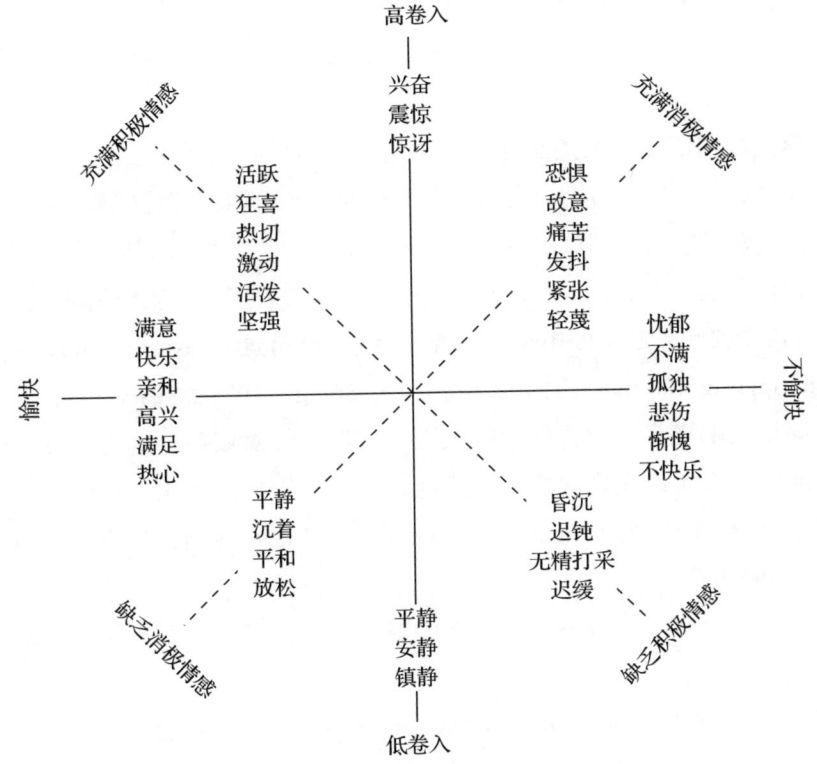

图 13-1　描述情感结构的双因素模型

资料来源：D. Watson & Tellegen (1985).

而且，双效价结构（独立不相关的积极维度和消极维度）能提供比自我报告的长期体验更多的信息。其背后的心理生理学机制恰好反映了这种积极系统和消极系统是独立的（Cacioppo & Berntson，1999；参见介绍这些理论的小节）。

人可以根据很多信息来源做出情绪报告，这些来源包括体验性知识、情节记忆、情境特异性信念和身份相关信念（M. D. Robinson & Clore，2002a）。人们会对这些信息源的优先级排序，并偏好最具特异性的信息源。人们也会分别采用不同过程来报告当前或近期的情绪与全部过去的情绪模式（M. D. Robinson & Clore，2002b）。

时间框架、强度和复合性似乎共同决定这两种结构（双极与双效价）中哪一种最能捕捉人们的情感体验。强烈、简单和短期的情绪在"愉快-不愉快"之间呈负相关关系（即反比关系），因此这些情绪表现出一种积极-消极的双极结构。但对那些更长期、复杂且可能不那么强烈的情绪体验进行分析后发现，积极情绪和消极情绪之间并不相关，因此这些情绪表现出一种双效价或双变量结构。然而，在这两种情况下，二维结构最能概括对情绪结构的一致理解。

积极情绪和消极情绪的工作机制不同。积极情绪的数量相对有限，但频繁出现。因此，负面信息特别容易吸引人的注意，部分原因是它们非常罕见（参见第3章）。人们通常预期并经历稍微积极的结果，所以他们的基线也是偏稍微积极的。心理中值点不是零，而是略微大于零。这代表了一种**积极偏移**（positivity offset）、**波丽安娜效应**（Pollyanna effect）或**积极偏向**（positivity bias）（分别对应：Cacioppo & Gardner，1999；Matlin & Stang，1978；Sears，1983）。消极结果会吸引人的更多注意，使人投入更多资源来应对威胁。这代表了一种消极偏向。此时人们可以振奋起来迎接挑战，将消极影响最小化，然后恢复心理上适度偏向积极的平衡（Cacioppo & Gardner，1999；S. T. Fiske，1980；S. E. Taylor，1991）。

积极情绪和消极情绪不仅在工作机制上不同，二者在复杂性上也不同。如果分别分析积极情绪与消极情绪，我们会发现消极情绪似乎比积极情绪有更复杂的维度结构（Averill，1980；Ellsworth & Smith，1988a，1988b）。想想愤怒、悲伤、恐惧、厌恶、焦虑、羞愧和仇恨（消极情绪）之间的差异，相比之下，爱、宁静、自豪和喜悦（积极情绪）之间似乎更相似。消极情绪随人的主体性⊖和对情境的控制感变化而变化。例如，当行动主体是自己而非他人时，个体会感到更内疚（个体认为自己的责任越大，体会到的内疚感就越强）；而愤怒正好相反（认为自己的责任越大，个体就越不生别人的气；Ellsworth & Smith，1988a）。相比于积极情绪，消极情绪会随确定性、注意和预期努力的变化而产生更多变化。积极情绪确实也有其维度结构，但是其结构通常更简单一些（Argyle & Crossland，1987；Ellsworth & Smith，1988b）。

基本情绪

情绪的维度分析是非常有用的，但我们如何判断什么是情绪，什么不是情绪呢？疼痛是一种情绪吗？疏远、敬畏、挑战或惊愕算情绪吗？没有一个简单的公式可以定义基本情绪，甚至可能根本不存在基本情绪（Barrett et al.，2007；Ortony & Turner，1990；Russell，2003）。因此，理论家们更多地采用另一种方式来定义情绪。如果不将情绪作为一个具有充分必要特征的典型概念，那么判断什么是情绪、什么不是情绪就要容易得多。根据类别的原型观（参见第4章），某个成员属于某一类别是一个程度问题，而不是一个"是或不是"的问题。有些状态是比较明显的情绪（如快乐、愤怒、悲伤、爱、恐惧、恨）——当列举情绪时，它们很容易浮现在脑海中，因此，它们很可能是可被命名的情绪，而且能像其他情绪一样在相同情境中均出现（"他被……所征服"）。此外，更好的情绪实例会与其他的原型类别成员共享许多特征（如心率加快、流汗、过分担忧、流泪；Fehr & Russell，1984）。

原型也可以帮助定义特定情绪的意义，而这是那些严格的情绪定义并不能完全概括的。爱、愤怒或恐惧究竟是什么样的呢？根据原型观，人们对特定表情（如愤怒和恐惧）的分类反映的是匹配程度，而不是一个"是或不是"的判断（Russell & Bullock，1985）。尽管存在争议（比较 Ekman & O'Sullivan，1988 与 Russell & Fehr，1987，1988 的观点），但是这种原型加工可以主要用于识别情绪，而关于情绪概念的常人理论可以帮助人们推理情绪（Clore & Ortony，1991）。

⊖ 考虑到本章部分表达的中文习惯，将"agency"译为"主体性"，但在本书其他章节中多译为"能动性"。"agency"指采取行动或行使权利的能力、条件或状态，有主动、控制之意。——译者注

通过提出一些核心情绪（爱、喜悦、愤怒、悲伤和恐惧），人们可以确定原型性情绪事件——以**脚本**（scripts）表示。脚本从评估诱发情绪的事件开始，由表情、动作倾向、主观感受和生理状态组成（P. Shaver, Schwartz, Kirson, & O'Connor, 1987；见图 13-2）。这里的重点是，当人们设想一个喜悦的原型时，一个好的例子会包含以上所有要素，而那些不太好的例子只会包含更少要素，但仍可能被归类到喜悦。研究者对情绪原型的深度分析聚焦于爱和承诺（Fehr, 1988）以及**孤独**（Cacioppo & Patrick, 2008；Horowitz, de Sales French, & Anderson, 1982）。

概念： 评估事件	→	情绪	→	表情、动作倾向、主观感受和生理状态
实例： 理想的结果、一项成就或尊重、表扬	→	喜悦的原型	→	笑；表达热情，追求他人；感到积极；精力充沛、激动的和活跃的

图 13-2　情绪脚本

人们对于特定情绪下出现的典型生理变化通常都具有相应的图式，而且这些图式在不同文化中是相似的（Rimé, Philippot, & Cisamolo, 1990）。人们也有猜测他人情感反应的一套规则（Karniol, 1986）。从现有研究来看，研究者尚无法确定是个体的共同经历产生了共同的情绪原型，还是文化将特定的体验定义为特定的情绪，然后个体就表现出了特定情绪。也就是说，个体的情绪原型与文化预期之间的因果关系方向尚不清楚。

有一种支持文化决定情绪的观点认为，情绪基本上由文化所定义。这种情绪的**社会建构主义观**（social constructionist view）把各种情绪看成一个文化中各成员认可的各种暂时社会角色，并围绕一个中心主题（原型）产生各种变化（如 Averill, 1983；见表 13-1）。因此，情绪包含一套连贯的、有组织的反应特征（Averill, 1990b；参见 de Rivera & Grinkis, 1986）。也就是说，正如依据原型特征识别特定情况下的情绪或一般情绪一样，个体从相关反应的某一模糊集中提取出能识别某种情绪的一整套特征反应。在心理层面，人们通过情绪性的元体验建构自己的情绪（Russell, 2003）。也就是说，人们会融合感觉、愉悦、唤醒、行为、认知以及对情绪目标的评价等意识性经验的各种特征。这样，个体就会形成一种有名称的情绪，但这个名称是可变的，而且对某一种情绪（如愤怒）来说，只有很少几个这样的纯粹实例。有些特征出现了，有些没有出现，而人们根据连贯性和累积的特征对情绪进行命名。

表 13-1　情绪的社会建构主义观

情绪
（1）是由在文化脚本中预先设定好的社会规则建构的
（2）是重要的人际交往现象，与其他行动者互动，从而构成更大"活动"的一部分
（3）情绪是赋予它们（即各种情绪）意义的一个文化故事或"情节"的一部分
（4）涉及行动者的选择
（5）需要训练以达到熟练
（6）需要角色认同，以便体验情绪的强度
（7）当放到更大的社会环境中时，能对角色做出解读

资料来源：Averill（1990c）.

我们在将所有这些定义应用到本章其余部分时需要注意的是，这一领域的工作者对许多这样的区分尚未达成共识。事实上，有些讽刺的是，一些最好的情感实证研究与最好的情感分类学研究几乎没有相关性。

──研 究 聚 焦──
情绪有多少种？它们是如何彼此关联的

要科学研究任何一样东西，对其有个分类都是有帮助的。至今为止，一些分类方案提出了几种基本情绪，其类型由认知结构（如图式、脚本、原型、基于情境的结构）所定义。与之相反的是之前提到的维度。最常见的是两维度分类，比如当前体验的效价与唤醒水平，或者一段时间内体验的彼此独立的积极和消极向量。

为了支持效价-唤醒的瞬时情绪体验观，一些神经科学研究关注与效价有可靠相关的一个区域。无论信息来自何种感觉通道，眶额皮质（OFC，位于眼球后方）都负责记录有关好或坏的判断。也就是说，闻垃圾和看一具尸体会激活相同的 OFC 区域（Chikazoe, Lee, Kriegeskorte, & Anderson, 2014）。从情绪维度的角度看，这一结果支持效价可作为一个不同于唤醒的可靠维度。

情感神经科学研究支持两个独立维度（即积极与消极）的观点。对反映

态度冲突的评分研究（同时感受积极与消极情绪）也支持这种观点。但是，目前学术界还未就此达成共识。

进入大数据时代，研究者提出情绪既可根据类型（类型不止几种，可能有几十种之多）来定义，也可以根据维度来定义（但不只是二维那么简单）。为了找出这些类型与维度，研究者收集了2185个引发情绪的视频，线上被试报告了他们的情绪。研究者发现了大致27种类型，包括爱慕、惊喜、愉悦、愤怒、赞美、敬畏、难堪和焦虑等。这些情绪类别是呈梯度排列的，如从焦虑到恐惧到恐怖再到厌恶，而且，这些类别也可用维度，如效价与唤醒度（占主要地位）来定义。

分析被试的语气词（如"哦""哦？""嗷""呦"）所携带的情绪，也重复了这一结果。这个结果与上一研究相比，有24种情绪是一致的（Cowen, Elfenbein, Laukka, & Keltner, 2019），这表明研究者在如何划分情绪这一科学谜团上取得了重要进展。

为生理学与认知假说奠定基础的早期理论

情感与认知之间的关系是一个存在已久的问题。一个世纪以前，威廉·詹姆斯提出对自主性反馈（如心率、胃收缩）及肌肉反馈（如姿势、表情）的感受本身就是情绪。卡尔·兰格（Carl Lange, 1885/1922）同时提出了一个与詹姆斯的观点相似的理论。根据詹姆斯-兰格理论，每种情绪特有的生理模式揭示了我们的感受。詹姆斯提出，当我们在森林里看到一只熊时，因为我们身体发抖并且逃跑，所以我们会害怕，即相应的生理反应引发了情绪。詹姆斯-兰格的情绪理论淡化了认知或心理活动作为情绪唯一基础的作用。查尔斯·达尔文（Charles Darwin, 1872）也持类似观点，并提出相关肌肉活动能加强或抑制情绪。

几十年后，詹姆斯-兰格理论因沃尔特·坎农（Walter Cannon, 1927）的反驳而有所削弱。坎农提出，内脏感觉过于扩散，以致无法解释所有不同的情绪，并且自主神经系统反应太慢，以致无法解释情绪反应的快速现象。根据这一批评，许多心理学家假设，生理对情绪的贡献仅限于扩散性的唤醒，并不包含一些具体的躯体感觉模式。即使我们认可这种某一时刻唤醒无区分的观点，一个基本问题仍然存在：如果唤醒是扩散性的，而且只是从高到低变化，那么我们如何用它来解释丰富多彩的情绪体验呢？一种回答是从生理上进行解释，而另一种则是从认知上进行解释。

生理学理论解释不同的情绪

生理学假说可以帮助我们解释丰富多彩的情绪体验。一些非认知的情绪理论提出了与认知理论相反的观点。

面孔反馈假说

最初的**面孔反馈假说**（facial feedback hypothesis）认为，情绪事件会直接触发某些内在的肌肉构型，我们只需通过面孔反馈就可以意识到情绪（Tomkins，1962；参见 Gellhorn，1964）。请注意，这一观点与詹姆斯-兰格理论是非常一致的，而且不必假设唤醒是迅速且差异化的，只需要假设面部反应是不同的即可。根据面孔反馈假说，发育和教养约束了人的表情范围以及人能感受到的情绪范围（Izard，1977）。随着时间推移，人们在面部肌肉活动的基础上建立了一个情绪库，这些肌肉活动模式是根据社会规范所允许的情绪表达方式而建立的。虽然该理论存在各种变式，但核心的假设是来自表情的反馈影响情绪体验和行为（Buck，1980；Winton，1986）。

遗憾的是，支持这个有趣想法的证据仅限于愉快与不愉快的体验，也许还有唤醒。表情反映情绪两个基本维度（即愉悦度和强度）的变化（Schlosberg，1954）。而且，表情与情绪中的其他生理反应相关。一个人表情所反映的愉悦度（以一个人观看情绪唤醒图片时观察者的评分表示）与其心率直接相关（极愉快与心率变快相关，而极不愉快与心率变慢相关；Winton, Putnam, & Krauss, 1984）。而且，对表情的评估强度与**皮肤电导**（skin conductance；即出汗程度的微小差异）存在相关。作为生理反应的整个体系的一部分（Ekman, Levenson, & Friesen, 1983；McCaul, Holmes, & Solomon, 1982；Zuckerman et al., 1981），表情伴随的内脏反应、心率和皮肤电导，与情绪的基本维度相关（Winton et al., 1984）。事实上，即使观察者观察不到一个人明显的表情，这个人面孔的变化仍然反映其情绪的愉悦和强度。也就是说，放置在面孔上的电极可以检测到难以察觉的极细微或短暂的肌肉活动（肌电图或 EMG），而这种活动与明显的表情所引发的肌肉活动是同步的，反映了情绪的两个基本维度的变化（Cacioppo，Petty，Losch，& Kim，1986）。例如，微笑时收缩的下颊肌群 [**颧大肌**（zygomaticus major）] 和皱眉时收缩的眉毛间肌肉，即**皱眉肌**（corrugator supercilii）分别表示对情绪图片、声音和文字的积极反应或消极反应（Larsen，Norris，& Cacioppo，2003）。

表情确实会直接影响个体报告的心境、情绪和评价（Laird，1984）。在一个典型的实验范式中，被试被诱导表现出积极表情或消极表情（如微笑或皱眉），而又不需对这些表情给出名称。例如，在一项研究中，实验者要求被试一一收缩并保持相关肌肉动作，以进行所谓的 EMG 记录，到他们无意中做出了某种情绪表达就停止（Laird，1974）。另一项实验称，为了研究残疾人的身体应对策略，要求被试不使用嘴唇而只用牙齿咬住一支笔，从而模拟出微笑（Strack，Martin，& Stepper，1988）。如上所述，被试随后对卡通图片的趣味程度进行评分。结果表明，相比抑制微笑，当被试人为保持微笑表情时，能发现卡通图片更幽默（亦参见 Flack，2006；Ito，Chiao，Devine，Lorig，& Cacioppo，2006；Lanzetta et al.，1976；Rhodewalt & Comer，1979；Zuckerman et al.，1981）。

单纯来说，面孔反馈假说是存在争议的。一个争议是，综合各研究的效应量似乎不大（Matsumoto，1987），而且，一些研究者没有重复出表情改变情绪的结果（Buck，1980；Ellsworth & Tourangeau，1981；Tourangeau & Ellsworth，1979；Hager & Ekman，1981；Izard，1981；Tomkins，1981）。也许告诉人们简单夸大一下他们的自发表情确实会改变情绪，但严格操控的表情只是偶尔才会使情绪产生变化，而且产生这种变化的具体条件尚不清楚。

另一个争议是面孔反馈效应是否由认知中介。一些学者坚持认为，就像关于态度的自我归因一样，面孔反馈对情绪的影响也是由认知中介的（Laird，1974）；另一些学者则认为，效应是直接的，不需通过认知中介（Gellhorn，1964；Izard，1977；Plutchik，1962；Tomkins，1962）。此外，在所有的面孔反馈研究中，即使实验控制极端严格的那些研究也还是存在让人诟病之处。例如，被试知道他们的表情被操纵了，因此会根据实验要求进行反应。然而，面孔反馈假说以及来自其他非语言渠道的相关反馈研究的证据（Kellerman，Lewis，& Laird，1989），可能为各种令人困惑且复杂的情绪提供了生理学上的线索。这可能最符合建构主义的观点，即面孔反馈主要提供了效价线索。面孔反馈也为具身情绪提供了启示（Niedenthal & Brauer，2012）。

兴奋转移

情感可以在不区分唤醒水平的条件下分化为各种不同的情绪。也就是说，面部表情可以提示情绪体验的模式，而唤醒只是一个扩散增强器。如果是这样，那么唤醒是如何产生和影响情绪的？

唤醒（即交感神经系统的情绪性兴奋）既可源于自动化反应，也可源于习得反应（Zillmann，1988），例如，人对突发噪声的惊吓反应是无条件的，对坐飞机的恐惧则是条件反射。唤醒是习得还是非习得的，在理论上取决于三个最初的独立因素：性情、兴奋和经验（见表13-2）。这个理论的核心在于：①唤醒是非特异性的且消退缓慢；②人们难以区分导致唤醒的来源；③人们从认知上解释他们的唤醒。因此，从之前情境中遗留下来的唤醒可以与新情境中的唤醒结合，从而加强一个人的情绪反应。这种想法并非没有实际意义。虽然让约会对象喝酒是一种传统的吸引约会对象的方式，但从理论上讲，请其喝咖啡或让其在篮球比赛中助威可能会有更好的效果，跳舞其实也不错。

表 13-2 兴奋转移

瞬时情绪唤醒
（1）性情成分：习得与非习得的骨骼运动反应（如惊恐反应、无法控制的面部反应和不自主的情绪性手势）
（2）兴奋成分：习得和非习得的唤醒反应（如使机体充满活力）
随后的反应
（3）经验层面：对初始反应的评价及对情境的解读（能调节一个人的行为）

资料来源：Zilimann（1988）。

事实上，正如Dutton和Aron（1974）的一项经典研究所揭示的，来自其他不相关来源的唤醒可以加强对一个看似无关人士的情感。男士们或者冒险穿过一座可怕的吊桥，或者穿过附近一座相对坚固的木桥后，与一位漂亮的女士见面。然后实验者要求每位男士根据一张模糊的年轻女人照片讲述一个故事。正如所预测的，相比通过木桥的男士，那些通过吊桥的、高唤醒的男士的故事中包含更多浪漫的内容。而且，与通过木桥的男士相比，他们更可能在实验后给那位漂亮女性实验者打电话（W. G. Stephan, Berscheid, & Walster，1971）。

从而，最初由恐惧引起的唤醒会转移到浪漫关系或性吸引上。

并非只有恐惧和性吸引这两种情绪可以产生这种效应。当一个人被激怒，然后接触色情故事、裸照或一个有吸引力的同伴时，这个人常常报告其性唤醒有所增强（Barclay & Haber，1965）。反过来说，先前的性唤醒也会增加攻击的可能性（Zillmann，1971）。对许多男人来说，女性同伴在看血腥恐怖电影时所产生的痛苦会使他们更享受（Zillmann, Weaver, Mundorf, & Aust，1986）。厌恶可以增强幽默（J. R. Cantor, Bryant, & Zillmann，1974）或对音乐的欣赏（J. R. Cantor & Zillmann，1973），后一项发现可解释某些音乐视频的吸引力。这些发现的启发之处在于，先前经验的效价与后续事件是不相关的，只有唤醒会转移（参见 R. A. Baron，1977；Branscombe，1985 关于此观点的不同意见）。

简单的生理唤醒就可以增强愤怒或性吸引力。例如，刚锻炼过的人在被激怒时的反应比之前没有被唤醒的人更具有攻击性或表现得更愤怒（Zillmann & Bryant，1974）。唤醒会增强性吸引力（G. L. White, Fishbein, & Rutstein，1981），甚至会提升人们对母校的评价（M. S. Clark，1982），强化一个人自满的归因（Gollwitzer, Earle, & Stephan，1982），以及增加反驳有说服力沟通的概率（Cacioppo，1979）。所有这些研究都支持兴奋从一个来源转移到另一个来源并增强后续情感的观点。这一发现的意义是广泛的。即使人们无法在兴奋转移的当下立即采取行动，但也可能在兴奋时下决心，以在未来采取行动（如复仇），所以兴奋转移效应在唤醒消退后仍能持续较长时间（Bryant & Zillmann，1979）。因此，唤醒会使积极反应和消极反应两极化（Stangor，1990）。

对社会认知来说特别有趣的一个问题是，唤醒效应是否取决于对它的意识。人甚至可能在没有完全意识到刺激的情况下就对情感性刺激产生情绪化的反应或被唤醒（Corteen & Wood，1972；Niedenthal & Cantor，1986；Robles et al.，1987；Spielman, Pratto, & Bargh，1988）。兴奋转移理论认为，即使人们没有意识到被唤醒（但此时生理指标表明他们确实被唤醒了），唤醒也会影响情绪。

请注意，这与 Schachter 和 Singer（1962）的情绪理论（参见第 6 章）及其衍生理论不同。Schachter 等人提出，只有当人们命名、解释和识别他们当前尚无其他解释的生理唤醒时，情绪才会产生。Schachter 的理论暗示，因为生理唤醒已经被个体有意识地感知到了，因此需要对它做出解释。来自脊髓损伤病人的证据表明，并不像 Schachter 的理论所假设的，对唤醒的知觉可以不是情绪体验所必需的（Chwalisz，Diener，& Gallagher，1988）。这两种理论的一个重要区别是，Schachter 的理论原来只适用于最初的唤醒来源不明确的情况（Kenrick & Cialdini，1977），而这与 Zillmann 的理论是不同的。然而，这两种理论都描述了对当前的唤醒来源不明确时唤醒的作用。

情感神经科学

情绪的维度显然包括积极和消极以及强度和唤醒度。神经科学研究支持这些基本特征，甚至暗示其中可能存在更大差别（当然还只是初步的证据）。

一些早期的情感神经科学研究使用脑电图来确定积极或消极情绪反应的时间进程和大致的大脑区域。左、右侧额叶中部的激活一般分别对应积极和消极情绪反应，大多数情况下，这也与趋近或回避行为倾向一致（Coan & Allen，2004；Davidson & Irwin，1999）。尽管这些区域比当前大多数的情感神经科学结果更早被发现，但考虑到情绪过程的复杂性，情感不对称这样一个过于简单化的观点还是存在问题的。但是，两种更广泛的动机系统——积极（趋近、奖励、机遇）和消极（回避、惩罚、威胁）——之间的对比是令人印象深刻的。当然，一般化的神经模式掩盖了更多的复杂性。例如，愤怒是一种消极但与趋近相关的情绪。

最近更多的神经科学研究使用了神经成像技术。它在测量时间进程方面表现更差，但在定位特定神经区域方面表现更好（参见第 9、10 章；见图 13-3）；例如，杏仁核可能和脑岛参与那些令人情绪紧张的态度加工，在消极态度的形成上尤为如此。情绪研究者还强调了杏仁核在态度之外的强烈情绪体验加工中的作用。作为包括眶额皮质在内的更大系统的一部分，杏仁核尤其与识别恐惧和其他强烈的情绪表达有关（Adolphs，2002）。研究者较为一致地发现，杏仁核参与恐惧条件反射，并更广泛地参与强烈的情绪体验（F. C. Murphy，Nimmo-Smith，& Lawrence，2003；Phan，Wager，Taylor，& Liberzon，2002；Phelps，2006）。

脑岛至少涉及对厌恶的加工（F. C. Murphy et al.，2003；Phan et al.，2002）。与脑岛在态度加工中的作用一样，这明显支持"消极效价与脑岛有关"的观点。除了杏仁核和脑岛之外，这两项元分析的其他结论并不一致，但也给出了一些提示：悲伤可能与前扣带回皮质有关，而后者也与注意和差异检测有关（参见第 3 章）。

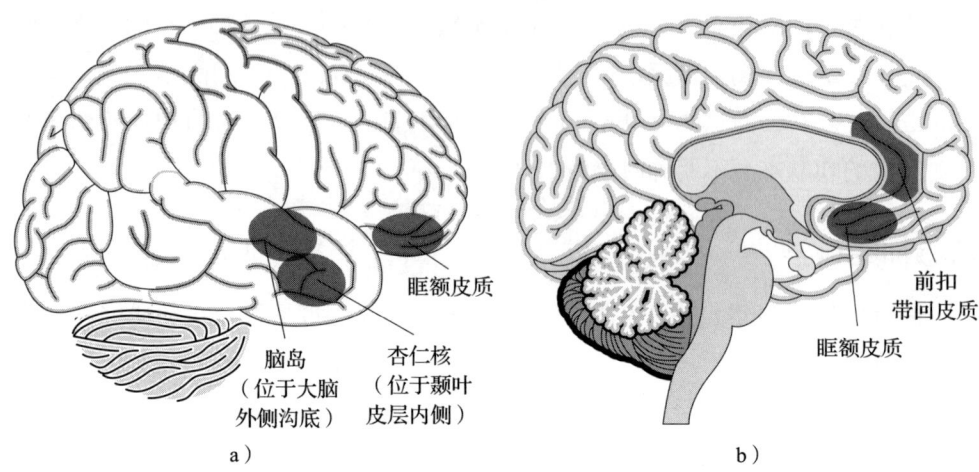

图 13-3　一些参与情绪加工的神经区域

到目前为止，关于其他基本情绪的研究结果并不一致。缺乏共识导致一些学者拒绝使用神经成像数据来探测情感的本质（Barrett & Wager，2006），但这种脱节可能反映了有关研究所关注问题的不同：一些研究关注自我报告的情绪体验，而大多数脑成像研究关注的是诱发情绪的刺激。

在社会认知与情感研究领域，即使存在可能，我们也还远未实现确定不同的"大脑情绪区域"这一目标。事实上，一位研究者将这种追求视为情感神经科学研究的"七宗罪"之一（Davidson，2003；见表13-3）。进展迅速的情感神经科学研究将继续为社会认知研究提供更多信息（Cacioppo et al.，2007；Phelps，2006）。

表 13-3　针对情感神经科学研究"七宗罪"的补救办法

1. 认识到情感和认知神经环路是混合在一起的
2. 承认情感涉及参与思维的大脑皮质以及更古老的皮质下结构
3. 认识到情绪与可测量的身体反应相对应，而不只是与心理结构相对应
4. 整合那些有依据的关于神经环路的知识到情绪心理学之中
5. 了解到情绪会随年龄增长而变化
6. 避免在大脑中针对不同情绪寻找不同的区域
7. 把无意识反应作为情绪系统的一部分

资料来源：Davidson（2003）.

相比我们下面将介绍的理论，上面讨论的这些理论都忽略了认知在情绪反应中的作用，但这些理论的支持者也越来越认识到情绪包括以下成分：意识、

无意识、认知、情感、社会因素、外周神经系统、皮质下结构以及皮质结构。大脑并不像心理学系分门别类，可划分为相对独立的社会、认知和情感领域。相反，它的组织形式和功能是相互交织的。

在继续讨论之前，我们需要指出的是，一个明显错误的假设促使研究者提出了上文提及的一些理论和接下来将要介绍的一些理论。这个错误假设是，一些对情绪的面部起源研究、一些最初的兴奋转移理论以及随后的唤醒加认知理论都是基于Cannon的一个观点，即唤醒因太过扩散以致无法解释情绪的分化。但是，相反证据表明，这一结论下得为时过早了，不同的情绪确实可以有不同的唤醒模式（如Ax，1953；Derryberry & Rothbart，1988；Lacey & Lacey，1970；G. E. Schwartz, Weinberger, & Singer, 1981；Tourangeau & Ellsworth，1979；Winton et al.，1984）。然而，我们还要指出的是，Cannon（1927）和Schachter（1964）把这些唤醒模式描述为"在经验水平上是不易区分的"这一论断很可能是对的；这个问题仍然悬而未决。然而，有些讽刺的是，通过解决一个最终可能不需要解决的问题，反而对情绪理论的一些重要进步起到了促进作用。

不同情绪的社会认知基础

回到之前的问题：如果生理唤醒不能被区分，那么情绪如何能被区分呢？显然，生理和神经反应系统的结合促成了情绪的多样性。然而，生理反应系统绝不是情绪的全部。在社会心理学中，人们的观念是唤醒不足以区分和解释情绪多样性，这促使研究者同时去研究认知如何解释情绪的复杂性，这些想法基本上没有参考生理学的有关理论。

在考虑这些关于认知如何导致情绪的观点时，需要注意的是，许多社会心理学家假设认知是情感反应的主要基础：例如，在研究刻板印象作为偏见的起源（Allport，1954）时，在提出认知不一致作为引发唤醒的原因时（唤醒导致态度改变；Cooper, Zanna, & Taves, 1978），在考察自我概念差异导致不同情感产生时（Higgins，1987），以及其他许多方面都是如此。由于社会心理学的传统是对情感和认知的关系进行广泛论述，因此我们接下来必然要进行选择性论述。我们在表13-4中整理了四类理论。

表 13-4 关于认知结构与情感关联的理论

理论及理论提出者	认知结构	情感影响
中断理论		
Schachter	未解释的唤醒加认知解读	可被命名的情绪
Mandler	图式（知觉的）或目标导向性活动的中断	合适则为积极，表现为促进 不合适则为消极，表现为阻碍
Berscheid	中断的相互依存的目标序列	同上
匹配理论		
Keltner	对于权力关系的预期	高权力自我则积极；低权力自我则消极
Fiske	图式或类别的运用	联合情感[①]
Linville	表征的复杂性	情感的调节效应[②]
Tesser	通过思考阐述图式	情感的极端性
结果		
Weiner	结果归因（关注点、稳定性）	不同情绪
Kahneman & Miller	将当前结果与标准比较	如果异常则放大情绪
管理		
Simon	根据环境改变目标优先级	情绪是一种警觉机制
Oatley & Johnson-Laird	根据成功的概率改变目标优先级	同上
Carver & Scheier	当前状态与标准的差异	情绪提示努力或退缩

[①] 关于图式触发情感的态度性促进，请参阅第 10 章 Fazio 的 MODE 模型和 Greenwald 等人的内隐联系测验。
[②] 关于这些明显矛盾的理论之间的协调，请参阅正文。

情绪是唤醒加认知：中断理论

我们大多数人都认为自己喜欢他人，是因为他们独特的人格与我们自己独特的人格在某些重要方面（如果不是命中注定的话）相契合。我们忽略了一些看似偶然的因素，如距离（住在同一个院子里）、时机（离婚够久了，准备开始一段新恋情）、便利性（工作时间表相同）或者不相关的唤醒源（在高强度锻炼后见面）。然而，所有这些因素都可以帮助两个人建立亲密关系。而且，正如 Schachter 的情绪易变理论（参见第 6 章）所提出的，当人们被唤醒时，他们会根据之前的经验、社会化信息和情境来解释自己的唤醒（Schachter & Singer，1962）。因此，一个被唤醒的人会将此解读为性吸引力（Dutton & Aron，1974），而对方理解为一见钟情，即爱情（Berscheid & Walster，1978）。毫无疑问，这种误解是造成许多个人悲剧的原因。

Schachter 的双因素理论假设，扩散的生理唤醒会催化认知性解读，所以情绪受到认知活动中介。请注意，这与之前更直接关注非中介的生理反应的观点（如面孔反馈假说的某些版本）不同。尽管存在诸多争议（Reisenzein，1983），但 Schachter 的理论仍对关于情绪的社会心理的思考产生了相当大的影响（参见第 6 章）。而且，最近的理论进一步推进了唤醒加认知的观点。

情绪中的认知与唤醒

唤醒加认知理论（arousal-plus-mind theory；Mandler，1975）与 Schachter 的理论类似，即生理唤醒结合评价性认知从而产生情绪。内脏激活让人们感受到体验的强度和体验带来的特定情绪"感受"，而评价性认知让人们知晓不同情感体验的性质。

与 Schachter 的理论不同，这一理论为唤醒确定了一个心理来源：差异与**中断**（interruption）导致唤醒。根据这种观点，大多数唤醒源自知觉或认知上的差异，或者源自当前活动中断或受到阻碍。让我们来看一下有关机制：根据定义，干扰会违反预期，从而阻止个体对先前图式的轻松运用或对当前目标导向性活动的顺利进行。知觉 - 认知中断的例子包括偏离预期的音乐或视觉模式，出现不符合预期的转折的故事情节，基于人的预期而产生的笑话，等等。同样，中断目标导向活动会干扰所计划活动的复杂顺序。（试想一下上一次你正在为了在截止期前完成一项任务努力工作，但同时又被要求去倒垃圾的例子）。所中断活动的复杂程度与个体感受到的唤醒度对应：如果你试图开门进入房间时钥匙突然掉到了地上，那么这只是中断了一个简单的目标，因而这一中断行为也只会引起一点点唤醒。如果你在试图给梦中情人留下深刻印象时掉了钥匙，那么中断可能会妨碍一个更复杂的目标，因而也会引起更多唤醒。与其他理论一样，唤醒会加强情绪。

唤醒也会引发认知解读。根据被扰乱预期的类型及对它的解读不同，这种中断既可被理解为积极的，也可被理解为消极的。由于动作序列是复杂的，因此你既可以认为这种中断妨碍了你的目标，也可以认为中断出乎意料地促进了目标的完成。不同的理解会产生或积极或消极的情绪。也就是说，如果你对掉钥匙事件的解读是，你是一个无可救药的、笨拙的傻瓜，那么你可能会感到羞愧和恼怒。而如果约会对象认为你的紧张其实挺可爱的，那么你可能觉得这一意外让你离自己的目标反而更近了一步，你当然会感到高兴。认知解读不仅塑造一个人瞬时情感的性质，而且还塑造一个人对该事件的持久心理表征。

知觉－认知图式的中断效应比目标导向性动作序列的中断效应更不容易被察觉。知觉－认知中断的程度（以及因此产生的唤醒）更直接决定反应的积极程度，并且不需要复杂的解释（Gaver & Mandler，1987）。对知觉图式的否定（如对音乐、视觉艺术和食物表现出惊讶）范围可从 0（完全熟悉）到最大（完全混乱及不和谐）。总的来说，①熟悉是令人愉快的，但唤醒度不高；②有一点新意是好的，因为它需要轻微的同化，并且在对熟悉物体的愉快再认上再提高一点唤醒水平；③如果可以用熟悉的术语重新解读，那么新意越多越好（因为所需的调整会提升更多的唤醒强度；④完全不一致（同化不成功）导致强烈的消极情感。本书的作者之一在一场正式音乐会上发现了这种运作方式：弦乐四重奏将预期的古典音乐和爵士乐结合在一起，导致了相当多的听众中途离场。这其中的原因可能是，这个表演与他们脑海中习惯了的、感到舒服的知觉－认知图式不匹配。如果被问及，他们将毫不犹豫地说不喜欢这个音乐。中断及其带来的决策不需要人们完全在意识水平上完成。不管怎么样，有一点新意是一件好事（Berlyne，1970；D. W. Fiske & Maddi，1961），但太多新意又会让人吃不消。

亲密关系中的预期、目标以及情绪

Berscheid 令人信服地运用 Mandler 的理论来解释亲密关系中的情绪状态（Berscheid，1983；Berscheid & Ammazzalorso，2001）。两人关系越密切，他们各自目标的实现就越依赖于彼此（H. H. Kelley et al.，1983）。彼此间依赖的频率、强度、多样性和持续时间定义了这段关系的亲密程度：两人之间的日常与长期目标越交织在一起，就越能严重干扰到对方。中断既可产生在人意料之外的促进作用，让人感到轻松、喜悦及兴奋，也可产生在人意料之外的妨碍作用，让人感到灰心、失望及愤怒。相互依赖的目标可包括从简单（如一起洗衣物）到复杂（如一起带孩子、合作完成工作任务）的行为序列。行为序列越复杂，当行为受到干扰时，个体所产生的情绪就越强烈。彼此越依赖，如果一方离开、退出或死亡，那么另一方就越有可能体验到消极情绪。同样，如果一方突然变得有求必应、体贴以及对另一方和双方共同的目标提供帮助，那么另一方就更有可能产生积极情绪。如果相互交织的序列运作如常，那么活动就不会有中断，也几乎没有情绪产生。正如 Berscheid 所指出的，困惑在于，只是因为亲密关系发展太顺利了，所以最亲密、最投入和最相互依存的关系可能像疏远、毫无交集和不投入的关系一样，几乎不产生什么情绪。一段亲密关系是由引发情绪强度的潜力（但不一定要体验这种情绪）所定义的，而情绪强度源自相互依赖的目标。

这个理论做了一个有趣的预测，即在一段关系中所体验到绝对情绪量与这段感情的维持时间呈负相关，长期关系更少可能展现出很多情绪，不管是积极的还是消极的。研究者证实了这一预测（Berscheid，Snyder，& Omoto，1989）。考虑一下一段长期亲密关系的正常进程。一开始，当两人愉快地发现他们所有的共同之处以及悲哀地发现所有那些能使他们分手的事情时，他们情绪很高（既有积极情绪也有消极情绪）。随着他们越来越了解对方，愉快或者不愉快的意外（中断）就越来越少。当新鲜感耗尽之后，少有强烈起伏的情绪，剩下的便是自满或无聊。最初的强烈感受消退，是否意味着情绪出现的可能性降低了呢？不，恰恰相反。如果关系破裂，则情绪强度将会达到极致。只有当长期关系运作顺利时，情绪才会看上去平缓而稳定。讽刺之处在于，人们往往只能在终止或中断一段感情时才能衡量一段长期关系的强度。

认知结构和情感：匹配理论

认知结构（图式、目标和关系预期）的中断可以提示情感。其他理论强调匹配关于世界的知识，即通过考察认知结构，如社会图式、对所得结果及想象的结果的解释来进行匹配。甚至在没有中断的情况下，情绪和目标之间有广泛的交互作用，在没有干扰的情况下也是如此。关于下一类理论需要注意的是：这里的图式这个术语表示关于概念的知识（参见第 4 章），而不是人们关于情绪的一般概念或者特定情绪概念的图式。这些更普遍的图式包括另外的内容，而这些另外的内容通过各种过程与情感相联系（见表 13-4）。

权力关系中的预期、动机和情绪

一个理论考察了社会关系中情绪和认知的交互作用，特别是**权力不对称**（power asymmetries）的问题（Keltner，Gruenfeld，& Anderson，2003）。高权力的人体验到一个由他们掌控着资源的世界（S. T. Fiske，1993），所以他们预期会有回报和行动自由。低权力的人体验到一个由他人掌控着资源的世界，所以他们预期更少的积极结果，且担心出现消极结果。

从权力方程的两边来看，这些认知（经历和预期）会影响人的情绪。高权力与趋近情绪及行为相关，从而与积极情感相关，并且与左侧额叶活动及多巴胺（一种与奖励有关的神经递质）释放相关。与高权力相关的情绪包括欲望、热情及自豪。在极端的情况下，高权力导致狂躁。高权力者的注意是灵活的，而且信息加工是自动化的，行为是相对外向的，不那么拘束，更容易冲动（Keltner et al., 2003）。高权力的人会按照自己的目标行事（Guinote, 2007）。

相反，低权力与回避、抑制性情绪和行为有关，因此与消极情感有关，同时与右侧额叶活动及去甲肾上腺素、皮质醇的释放和神经内分泌系统的应激相关反应有关。与低权力相关的情绪包括恐惧、羞愧、内疚、尴尬，以及敬畏与感激。在极端的情况下，低权力导致焦虑与抑郁。低权力者的注意是警觉的，而且信息加工是专注的，行为相对更加克制和规范。低权力者与高权力者在认知、情绪和行为之间的对比从理论上看是极端的，实际的反应更加细微与隐蔽。

研究者在相关性研究中发现了情感、认知和行为之间的预期联系，例如，宿舍同学所提名的高权力个体确实报告了更高的基线心境状态（Keltner et al., 2003）。同样，自我报告的社交能力、支配地位、自信及领导力也与积极心境相关（D. Watson & Clark, 1997）。实验研究结果也表明权力确实能产生这种预测的效应（Keltner et al., 2003）。而且，这个理论与其他揭示社会期望（认知）对情绪影响的研究结果一致。例如，由于高地位者在人际关系中拥有更多控制权，因此他们也倾向于表达更多的愤怒，而人们预期低地位者会表达更多的内疚与悲伤（Tiedens, Ellsworth, & Mesquita, 2000）。

图式触发的情感

充满情感的图式能成功引发情绪产生。也就是说，有些人（如某个孩子的幼儿园老师、一个令人害怕的老板、审判人员、不请自来的外群体成员）和情境（在一大群听众前演讲、接到老朋友的电话）可在不中断任何目标的情况下激发情绪。研究者最初称之为**图式触发情感**（schema-triggered affect；S. T. Fiske, 1982）。这个观点之后被整合到**基于类别的反应**（category-based responses）和**基于属性的反应**（attribute-based responses）的更广泛的区分框架中（如 S. T.

Fiske & Neuberg，1990；参见第 2 章）。这里的关键点是基于先前经验的图式能携带立即出现的情感标签。当一个新的例子与图式匹配时，不仅先前的知识会起作用，而且先前的情感也可能会起作用。这种匹配效应在各种个人图式中得到了证实：旧情人、政客、校园刻板印象（如体育健将、书呆子、艺术家及同性恋者）、大学专业（如医学预科、工科和戏剧）、职业（如医生、宾馆服务员、艺术家和放高利贷者）及潜在的被污名化者（如精神分裂症病人、瘫痪病人）（S. T. Fiske et al.，1987；Neuberg & Fiske，1987；Pavelchak，1989）。近来，刻板印象内容模型（参见第 11 章）描述了特定的外群体如何触发情绪上的偏见（如老年人提示同情、富人提示羡慕、贫穷提示蔑视、内群体提示自豪）。

这种旧图式匹配新的人与情境，并激发由先前经验所遗留感受的观点，也契合心理疗法文献中关于移情的说法（J. L. Singer，1988；Westen，1988）。在亲密关系中，当一个新人与自己生命中的重要他人相似时，个体容易出现对这个新人的**移情**（affective transference；Andersen & Chen，2002；Andersen，Saribay，& Przybylinski，2012）。相比于与一个自己之前不喜欢的人匹配，当一个新人与一个自己之前喜欢的人匹配时，会表达更多的积极情感。强行配在一起的控制组没有表现出这种差异（实验者给控制组被试匹配的是其他人之前喜欢或不喜欢的人），所以只有独特的匹配（即匹配到自己喜欢或不喜欢的人）才会产生效果（Berk & Andersen，2000）。图式触发的情感也会出现在面部表情中（Andersen，Reznik，& Manzella，1996）。而且，这种移情现象也可以出现在阈下情境之中（Glassman & Andersen，1999）。

图式触发的情感甚至描述了人们对熟悉样式的消费产品（Sujan，1985）以及棘手政治问题的情感反应（Sears，Huddie，& Schaffer，1986）。所以据推测，任何带有情感的类别都可以成为一个线索。事实上，与情感相关的原型比那些与情感不相关的原型更容易习得（Mayer & Bower，1986）。

图式复杂性及情感极端性

有一组框架关注图式自身的特征及它们对于情感反应的影响。**复杂性－极端性假说**（complexity-extremity hypothesis）关注信息复杂性的情感后果（Linville，1982；Linville, Fischer, & Salovey，1989；Linville & Jones，1980；参见第 4、11 章）。在其他条件相同的情况下，相较于内群体成员（高复杂性），人们会更极端地评价外群体成员（低复杂性）。更普遍地说，这个理论预测，一个图式越复杂，它所引发的情感就越温和。例如，如果你知道决定一个足球队成功的因素有十几个，那么你对任何一支队伍的评价都会包括许多的优点和缺点。如果我一下只能想到两三个评价因素，那么关于一支队伍的一点点信息就足以将我的观点推到一个极端或另一个极端。这种分析也适用于有简单自我概念的人（参见第 5 章）。相比于有更复杂自我概念的人，有简单自我概念的人的情绪波动幅度更大（Linville，1985）。不同的人在分析不同领域时，对它们复杂性的认识有相当大的不同，而且在思考他人时，对他们复杂性的认识也存在相当大的差异（Sommers，1981），但都会产生相似的结果。

一个关于知识结构与评价之间如何联系的观点认为，对于那些拥有思维对象图式的人，思维通过对目标属性进行更严密的组织，使其感受出现极化现象（Tesser，1978；参见第 3 章）。对认知一致性的普遍偏好预测，你越认为自己球队可能获得联赛冠军，就越会把自己球队的所有属性看作恒常有利的或者恒常不利的。随着时间推移，人们可以自己想出一个例子来匹配图式。所以，当属性变得越来越有组织时，评价会变得越来越极端。Tesser 认为，我对你的团队有再多的思考，也不会使我对它的评价走向极端。这是因为根据 Tesser 的观点，我没有足够的先前知识来重新组织图式，而根据 Linville 的说法，这是因为我的观点已经相当极端了（因此更容易受到随机因素的影响）。

Linville 的复杂性 – 极端性假说和 Tesser 的**思维极化假说**（thought-polarization hypothesis）看似可能得出相反的预测。Linville 提出复杂性会使评价更温和，而 Tesser 认为思考（让图式更复杂的思考）会使评价出现极化现象。两个假说有一些差别。首先，Tesser 的理论认为思考可以使图式更加有组织，使图式更具内部一致性，且在评价上更统一，所以思考实际上使图式（在评价性上）更简明，因此也更极化，这与 Linville 的理论预测是一致的。其次，复杂性 – 极端性假说所提及的初始评价是在某个时间点的即时评价，而思维极化假说探讨的是随时间变化的评价（Linville，1982）。再次，思维极化效应会出现在人们最初向大众公开承诺他们评价的情境之中（这可能是因为在保持一致的压力下，个体更有动力变得极化），复杂性 – 极端性效应则是在没有这种承诺的情况下发生的（Millar & Tesser，1986b）。最后，因为图式的结构是更加具有内部一致性的，所以思维极化效应发生于图式的维度之间存在实质相关的情况中（即在一个维度上的得分可以预测其他维度的得分；Millar & Tesser，1986b）。知觉到的相关取决于一个人对于某个群体的熟悉程度（Linville，Fischer，& Yoon，1996）。因此，这些思维极化和极端效应更可能出现在不熟悉的外群体上。

所获结果和情感

图式理论强调对事件先前预期的匹配，但其他一些理论关注对事件的事后解释（见表 13-4）。对结果的认知是许多常见情绪体验的基础。

对所获结果的归因

Weiner 的成就动机归因理论（Weiner，1985）描述了人们用来理解他们的成功与失败的基本维度：内控制点或外控制点、随时间的稳定性及可控性（参见第 6 章）。这些维度继而会激发基本情绪以及对未来结果的预期。情绪与预期共同引导行为。

特定的情绪源自特定的因果归因（Benesh & Weiner，1982；见表 13-5）。控制点与可控性决定了情绪的性质，稳定性则倾向于放大情绪。这个框架被相当成功地应用于解释追求成就情境下的认知和情绪的作用（Weiner，1985）。简单区分一个人是否需要为某个坏结果负责任（即责任判断）决定了是愤怒还是同情，而这反过来又决定了是采取攻击行为还是帮助行为（Rudolph, Roesch, Greitemeyer, & Weiner，2004）。

表 13-5　Weiner 的控制点维度归因与（可控的）积极结果和消极结果举例

	自己的消极结果	自己的积极结果
归因于自己且可控	内疚	自豪
归因于他人且可控	愤怒	感激

注：这个例子省略了不可控的结果，以及结果的稳定性和他人的结果。

人们内隐地理解了这些归因和情绪规则，因此用它们去控制他人的情绪。当为人际关系的失败提供某些借口时，人们将他们的行为归因为由外部的、不可控的和意外因素所致（"这只狗把我的文件吃了""我的车抛锚了"）。即使真实的原因是内部的、可控的、有意的（"我不喜欢做这件事"）或无意的（"我忘了"），人们也不会给出玩忽职守的真实原因。人们内隐地知道哪些借口会激发愤怒，而哪些又可平息愤怒。对借口的因果维度进行实验操纵的结果也表明人们是对的（Folkes, 1982; Weiner, Amirkhan, Folkes, & Verette, 1987）。当人们希望得到他人的帮助时，他们也试图控制他人的情绪。当导致一个人陷入困境的因素可控时，这个人得到的很可能只是别人的愤怒，但如果这个原因被认为是不可控的，那么这个人更可能得到别人的怜悯和帮助（Meyer & Mulherin, 1980; Reisenzein, 1986; Weiner, 1980）。归因-情绪-行为关系的一般原则在5岁儿童的朴素心理学理论中就出现了（Weiner & Handel, 1985）。

这种分析延伸到了一些污名化的情况（如艾滋病、精神病、酗酒和肢体残疾）之中。身体污名化被看作稳定的和不可控的，因此会激发同情和帮助行为，但是心理和行为污名化被看作不稳定的（即可反转的）和可控的，因此会引发愤怒和忽视（Weiner, Perry, & Magnusson, 1988; cf. Brickman et al., 1982）。人们针对污名内隐归因的冲突无疑会引发许多伤心事，例如，抑郁的人有时认为他们的状况是无法控制的，并期望别人的怜悯，但他们身边的人常常认为这是可控的，并感到愤怒（Weiner, 1987）。照顾HIV阳性者或艾滋病人的一个主要问题是其他人对病人感染疾病这一过程中感染者自身控制程度的看法，人们所认为的感染者应负的责任，是影响其能否得到帮助的因素之一。对Weiner的归因-情绪-行为理论的实证检验及其明确的适用范围表明，作为一种从认知角度解释情绪的观点（即情绪来自对所获结果的认知或归因），这个理论是有价值的。

假设的结果和情感

一些研究情绪的心理学家专注于对可能已经发生或可能尚未发生的结果的认知过程。本节讨论两个这样的理论，都涉及人们想象当前现实的替代方案时的情感影响。

一个在概念上和实践中都得到很好发展的理论以模拟启发式为基础（参见第7章）：想象替代结果的难易程度会影响对结果出现概率的事后推断（Kahneman & Tversky, 1982）。当一个人可以轻松想象到事件可能并非如此时，事件的实际状况就会更像是一种侥幸。相反，当更难以想象事情会如何不同于它们本来的样子时，当前的状况就似乎是不可避免的。这些事后推理的情绪意义是清楚的：回想一下第7章的例子，比较某人恰好错过某个朋友或航班与早早地错过朋友或航班，你觉得哪种情况更让人感到沮丧呢？回想起来更容易在心理上反转的事件会引起更强烈的情绪。相比相对正常地死于高风险工作或高风险生活习惯，一个人丧命于一场意外车祸看上去更加有悲剧色彩。

常态理论（norm theory）将这些以及相关的想法扩展成了一个理论，即人们如何判断什么是正常的，以及除了正常情况之外，什么是令人惊讶的，从而产生情绪（参见第 7 章；Kahneman & Miller，1986）。异常事件容易让人想象替代结果，这些替代结果可以是建构出来的，或是记忆中的替代场景。无论哪种情况，许多可能的选择都会使实际事件令人惊讶。我们来看一下这种观点与关于预期效应的观点之间的相似之处。也就是说，与一个人的内隐常态不一致的事件在回想起来时被认为是不可能的；与预期不一致的事件被认为是在未来不太可能发生的。图式理论和期望理论关注人们的事前推理（可以称为预期思维），而常态理论关注人们在事后的推理（可以称为反向思维）。

常态理论与情感的关系主要在于其情绪放大假说，即当导致某一事件的原因异常时，该事件会引发更强烈的情绪。这在不幸事件中表现尤其明显。如刚刚错过的飞机和意外事故就特别令人沮丧。同样，一个在开奖前几分钟买彩票并中奖的人（相比几周前就买好了）会倍感幸运和开心（D. T. Miller, Turnbull, & McFarland，1990），同时可能也更令人羡慕。异常也会影响人们对他人的情绪反应，人们更同情那些意外受伤的受害人（D. T. Miller & McFarland，1986）。同样，越容易想象与事实相反的场景，个体体验到的情绪就越强烈。

情绪作为目标的管理者

一组框架提出，情绪实际上管理人们的优先事项（见表 13-4）。这个观点始于如下观察：正如 Mandler 和 Berscheid 的理论所指出的，当一个计划的行为被中断时，许多情绪就会由之而生；或者如 Kahneman 和 Miller 的理论所预测的，当一个计划的行为本来应该已经被中断了时，相应情绪也会出现。然而，我们不仅可以考察中断是如何引发情绪的，就像在以上这些理论中那样，而且可以反过来考察情绪是如何引起中断的。

情绪可以控制认知，提醒人们注意重要目标。根据这种观点，情绪是由中断和唤醒组成的警报信号。当目标的重要性增加时，情绪会使人们从一个目标转向另一个目标（H. A. Simon，1967）。这种观点成立的前提是，人是容量有限的信息处理器。也就是说，人基本上一次只能追求一个目标。无论是听一场讲座，思考一个绝妙的问题，计划晚餐吃什么，玩网络游戏，还是看一眼附近那个有魅力的人，都是如此。信息处理器在处理多目标任务时，通常是根据目标的相对重要性进行排序，并在方便时依次完成每个目标。如果这样一个有些强迫特质的机器人只专注于一个接一个地去工作，而不专注于整体目标，那么它可能早就崩溃了。生存取决于机体能否在环境中其他突发事件需要时，中断其正在进行的目标。情绪（如一辆飞驰而来的面包车所引发的恐惧）可以促使人们关注紧急目标。这样一些应优先考虑的项目包括提示潜在危险的环境刺激（如产生恐惧），需要补充能量的生理刺激（如产生饥饿感或睡意），以及激发未得到满足的心理需求的内部认知刺激（如产生常见的消极情绪）。根据这种观点，伴随情绪的生理唤醒源自中断本身。请注意，情绪的中断作用是改变目标，而不是扰乱一个人的反应。情绪只是表明不同目标具有不同的重要性（也可参见 Oatley & Johnson-Laird，1987）。

强烈的情绪确实会打断那些精心计划的、正在进行的认知活动。例如，阈下呈现情绪性凸显的材料会迅速引起意识性注意（Nielsen & Sarason，1981）。那些充满情绪的事件尤其令人难忘（R. Brown & Kulik，1977），而且占据人们大部分的日常思维（Klinger et al.，1980）。因此，情绪可充分干扰注意与记忆。

自我注意的控制理论也与情绪中断有关（Carver & Scheier，1982；参见第5章）。该理论提出，自我关注者会注意到他们当前状态与某些目标或标准之间的差异。当人们注意到这种差异时，他们会试图调整自己的行为，以减少这种差异。这个人成功完成一件事情后会转向另一个目标。如果这个人失败了，则该理论认为这个人可能会不断尝试。因此，该理论必须为人们放弃和改变目标提供依据。否则，它将把人类描绘成不知道自己被打败了，从而走进死胡同（Scheier, Carver, & Gibbons，1981）。一个情感反馈系统可以感觉和调节机体实现目标的进程（Carver & Scheier，1990）。情绪会打断正在进行的行为，使个体对自身成功的可能性进行重新评估，然后让个体加倍努力或退出。因此，情绪通常会产生自我关注式的注意（Salovey & Rodin，1985）。愉快的感受表明个体在追求目标的道路上取得了意想不到的进展，而此时个体可以心安地关注其他一些东西（Carver，2003）。

评价理论

其他理论也有将认知和情绪联系起来，但较少关注信息加工的细节。相反，它们强调对自身含义的解读。当我们走进一个满是人的房间时，大多数人会环视整个房间，看看都有谁（我们高兴看到的人、我们不高兴看到的人或者我们不认识的人），看看为我们和其他参与者准备了什么（如房间装饰、饮食、座位）。实际上，我们评估情境是为了了解它对我们的意义。一套早期的以认知为导向的情绪理论就围绕着这样一种环境评估的概念展开。它们的共同前提是，我们会评估环境对我们可能产生的影响。第一个发展**评价**（appraisal）这个概念的学者是玛格达·阿诺德（Magda Arnold，1945），她认为，我们把迅速并自动评价我们所遇到的一切作为一种基本的知觉行为，并引发行动的倾向。评价的一个基础是对过去类似经历以及与之相关情感的记忆，而行动计划的一个重要元素是对我们行动后果的预期。所有这些评价过程通常都是迅速的、直觉式的和与生俱来的。虽然没有参考近期关于认知的一些理论，但阿诺德的理论预见了更新的一些理论框架。

个人意义

评价框架的后续支持者 Lazarus[⊖]（Lazarus & Smith，1988）把评价看成人们根据给定刺激对其福祉的个人意义对其做出评估。对个人意义的确定被视为一种认知过程，但这一过程不一定是意识性的、言语的、深思熟虑的或理性的。评价将一个人的目标和信念与客观环境联系起来。

这个过程从**初级评价**（primary appraisals）开始。此时人们评估一个刺激的个人相关性（对我来说什么是危险的）。初级评价决定了动机相关性（是否与个体的目标和关注点有关）和动机一致性（刺激是促进还是阻碍了个体的目标）。初级评估的情绪后果是相对原始的，分别为简单回避潜在伤害或趋近潜在利益。

次级评价（secondary appraisal）的结果是更具体的情绪。人们据此考虑如何应对（我能做什么？我的选择是什么）。两种主要的次级评价包括**聚焦问题的应对**（problem-focused coping），即试图改变人与环境之间的关系；以及如果此策略失败，则采用**聚焦情绪的应对**（emotion-focused coping），即试图通过回避注意的策略或改变威胁的意义来调整一个人的反应。次级评价过程的例子包括对过去责任的归因（赞扬或指责）和对未来的所知觉到动机一致性的预期（也

⊖ 理查德·拉扎勒斯 Richard Lazarus，1922—2002），生前为加州大学伯克利分校心理学教授，提出了情绪的认知中介理论。——译者注

许乌云背后尚有一线希望）。最有效的次级评价应对策略取决于个体对威胁的实际控制程度和威胁所处的阶段（如信息收集是否仍然有用，能否实际改变有关状况，或者是否现在做任何事情都为时已晚）。其核心观点是，评价引发不同的应对方式（包括改变注意、意义和实际条件），从而改变人与环境的关系，进而产生不同的情绪（Folkman & Lazarus，1988）。Lazarus 的评价理论主要促进了压力和应对的研究（Lazarus，2000），特别是在健康心理学领域，同时也为 E. Smith 和 Mackie 的群际情绪理论提供了借鉴（参见第 12 章）。

认知评价

有些评价理论更明确关注人们对所处环境的认识，以及这些认知评价如何使情绪产生（C. A. Smith & Ellsworth，1985）。不同于之前理论更具体地关注个人动机的意义（Lazarus & Smith，1988），这样的理论更明显是认知的。认知评价理论的核心思想是人们对情境的各个维度进行评价，而这些维度决定了人们具体的情绪反应。一旦人们评价了情景的愉悦感，更具体的情绪就会从评价主体性（即自我、他人和环境的责任或控制程度，以及一个环境有多公平）、不确定性（一个人有多确定，以及一个人对问题或情境理解了多少）和注意（留心、思考）等方面产生。

人们的确能够记住经历过的特定情绪，并能描述与情绪相伴的评价，反之亦然。人们也能报告当前的情绪和与之相伴的评价（见表 13-6）。在消极情绪中（Ellsworth & Smith，1988a），自我主体性伴随羞愧和内疚；他人主体性伴随愤怒、轻蔑和厌恶；环境主体性所激发的典型情绪是悲伤（参见之前介绍的 Weiner 理论）。因此，当一个人对令人不愉快的状况负有责任时，如由于自己的轻率而无意中破坏了一场晚宴，这个人会感到羞愧或内疚。然而，当别人以同样的方式导致了不愉快的情境时，个体会感到愤怒、轻蔑和厌恶。而当环境需要为这种不愉快的结果负责任时，人们会感到悲伤，如当天气毁了一场精心准备的户外活动时就是如此。其他维度也很重要，例如，由于一个人在不可预测和个人无法控制的情况下（聚会上，一些人喝醉后变得很暴力）会感到最强烈的恐惧，因此不确定性会导致恐惧。因为注意水平低意味着无聊和厌恶，而高度注意往往意味着挫败，所以注意和思考维度也很重要。（我们这里考虑个体在聚会上对一个没完没了的倾诉者的注意力的变化。如果个体只是感觉无聊或讨厌，那么他就会忽略这个独占谈话权的人，但如果他觉得对方让他没有机会讲述自己的故事而有挫败感，那么他就会专心致志地听，以抓住任何可能的机会来插话。）

表 13-6　通过评价成分定位情绪

情绪	成分					
	愉悦性①	责任/控制②	确定性③	注意④	努力⑤	情境控制⑥
快乐	1.46		0.46			
悲伤	−0.87					1.15
愤怒	−0.85	−0.94			0.53	−0.96
无聊				−1.27	−1.19	
挑战		0.44		0.52	1.19	
希望	0.50		−0.46			
恐惧	−0.44		−0.73		0.63	0.59
兴趣	1.05			0.70		0.41
轻蔑	−0.89	−0.50		0.80		−0.63
厌恶		−0.50		−0.96		
挫败	−0.88			0.60	0.48	
惊讶	1.35	−0.94	−0.73	0.40	−0.66	0.15
自豪	1.25	0.81				−0.46
羞愧	−0.73	1.31				
内疚	−0.60	1.31				

注：标准化分数，低于0.40的分数予以省略。
①愉悦性：高分表示高愉悦性。
②责任/控制：高分表示高自我责任感/控制感。
③确定性：高分表示高确定性。
④注意：高分表示高注意力。
⑤努力：高分表示提升的预期努力。
⑥情境控制：高分表示提升的情境控制状况。
资料来源：C. A. Smith & Ellsworth (1985).

人们对积极情绪的区分不那么明显（Ellsworth & Smith, 1988b），正如前面提到的，相比令人愉快，一种情境可以从很多维度令人不愉快。令人愉快的情况只会让人更宽泛地感到快乐。尽管如此，人还是可以区分出一些具体的维度：惊讶与不确定性和外部主体性有关；感兴趣与注意吻合；希望与知觉到的障碍和预期的努力有关；镇静伴随着确定性、没有障碍和无须努力；爱与重要性、他人主体性、无须努力或没有障碍有关。此外，特定的评价会影响情绪伴随的生理反应；具体来说，预期需要的努力会影响心率，而知觉到的障碍会影响皱眉（C. A. Smith，1989）。

仔细考虑的话，你会发现各种各样的评价理论给我们提供了令人生畏的多样性，但它们也确实有一些共同的主题（Frijda，1988）。特别是，针对特定情绪评价的分类在被认为对区分情绪也同样重要的那些维度上有相当大的重叠（Roseman，1984；Wallbott & Scherer，1988）。在所有这些认知评价理论中，一些中心维度包括：①愉悦性、动机一致性和效价；②主体性和责任；③确定性、概率和控制；④注意、兴趣和新颖性。因此，这些兼容的认知评价理论为彼此提供了概念上（有时是实证上）的支持，提示评价理论家在产生不同情绪的关键认知维度上保持着一致。

情感预判

有理论提出了一种自上而下的情感决定因素。人们对自己的感受（如对一部电影）有预期。如果实际体验符合一个人的预期，那么其情感反应会更快；如果体验与预期略有差异，那么这个人仍然可以把其等同为符合预期。当体验与预期相当不一致并被这个人所注意时，则其更难以形成偏好（T. D. Wilson, Dunn, Kraft, & Lisle，1989）。这种类型的情感预期补充了之前对情感图式和认知评价的研究。

让我们进一步讨论一下情感预期。一项研究表明，人们会对自己即将到来的情绪做出执迷不悟的极端的**情感预判**（affective forecasting；T. D. Wilson & Gilbert，2005）。人们通常会高估负面事件（如负面反馈、糟糕的办公室分配、恋人分手、不利的选举结果、未被聘用或未得到终身教职）的影响（Gilbert, Pinel, Wilson, Blumberg, & Wheatley，1998；T. D. Wilson, Wheatley, Meyers, Gilbert, & Axsom，2000）。当预期的事件能激发强烈情绪时，人们尤其容易受到伤害（Gilbert et al.，2004）。

有几种认知机制对这一现象起到作用。人们没有考虑到他们拥有的**心理免疫系统**（psychological immune system；即自我保护机制）。这一系统使他们能够克服生活中的各种挫折。人们做预测时会过于关注可能发生的负面事件，而没有考虑到未来同时发生的其他冲淡这些负面事件影响的事件。人们可能会被他们对过去一些充满情感但又非典型事件的回忆所误导（Morewedge, Gilbert, & Wilson，2005）。人们也会高估过去事件对他们的影响（T. D. Wilson, Meyers, & Gilbert,

2003）。因此，人们成为**持续偏向**（durability bias）的牺牲品，预期负面事件对自身的影响时间会比实际影响时间更长。

显然，人们从经验中学到的教训很有限（T. D. Wilson, Meyers, & Gilbert, 2001）。更重要的是，当人们处理事情很好时，他们并不把这归功于自己的心理免疫系统，而通常更倾向于把其归功于强大的外部力量，如拥有更高权力的人（Gilbert, Brown, Pinel, & Wilson, 2000）。显然，各种类型的认知对情感反应有广泛而明显的影响，而且没有一种解释能涵盖所有类型的情感。

— 应用聚焦 —
认知和语言疏远如何调节情绪，从而提高幸福感

在这里的综述中，我们看到认知通过多种方式（从情感的认知表征到将生理反应标记为情感）塑造情感。当然，正如刚才所看到的，情绪源于认知结构（如目标、图式）的中断（如被体验、匹配经验、解释结果或管理结果所中断）。

具体来说，情绪管理让人们可以通过使他们的情感体验更具认知性来进行自我调节。也就是说，通过将情绪描述得很遥远，来让自身与感受疏远。从语言学上讲，人们可能会避免使用个人代词（"这个家伙爱他的妻子"，而不是"我爱你"）或使用过去式（"我从那时起就爱你"）又或抽象地说（"爱你的伴侣是件好事"；Pennebaker, Mehl, & Niederhoffer, 2003）。不带个人色彩的、过去的和抽象的表达可以通过疏远感来降低情感强度。

心理距离有几种存在重叠的形式：物理距离、时间距离和社会距离。这三种距离都会下调情绪强度（Nook, Schleider, & Somerville, 2017）。一项实验检验了自我调节是否会让人自发使用这些疏远策略。被试在观看一系列消极图片的同时要么被动坐着，要么调节自身的感受。自我调节组书面描述图片时使用了更多的社会和时间疏远性语言，而且这样做了的人也能更好地管理了他们的感受。在另一项研究中，那些被要求书写疏远词语（物理、时间或社会距离）的被试减少了他们的情绪反应。因此，自我调节能预测自我疏远，而疏远也能预测调节。有效调节负面情绪可以提高幸福感（S. E. Taylor et al., 2000）和生活的意义感（King & Hicks, 2021）。

总 结

情感和认知研究正同时向许多不同的方向发展。一些关注生理反应，一些关注认知结构影响情感的方式（无论认知结构被中断，还是被成功运用，都会影响情感）。其中一些理论得到了比其他理论更多的实证支持。也有一些核心概念为指导研究和理论进展应运而生。

情感是一个包含各种评价、心境和情绪的通用术语。偏好包括相对温和的，且实质上可愉快也可不愉快的主观反应。心境通常没有一个特定的目标，可被简单地分为积极或消极两类，并有一定的持续时间。情绪更为复杂和分化，通常包括生理反应，而且持续时间相对短一些。区分不同情绪的两种最常用方法是根据愉悦和唤醒这两个维度，或者根据积极情绪和消极情绪这两个独立的维度进行区分。经过独立分析可以发现，积极情绪在结构上要比消极情绪简单。原型和社会角色理论描述了人们在文化上共有的对特定情绪和普遍情绪概念的分类。

早期的情绪理论探讨了生理反应是先于（James & Lange）还是紧随于（Cannon）不同的情绪体验。随后，许多关于情绪的生理学理论假设自主的唤醒反应是没有区别的，所以必然有其他机制来解释情绪体验的复杂性。面孔反馈假说认为，面孔复杂和隐蔽的肌肉系统提供了具体的反馈模式，而这些模式是不同情绪的基础，尤其反映了情绪的效价和强度。

兴奋转移理论提出，由情绪或运动产生的自主性唤醒消退缓慢，而且人们往往无法区分唤醒的来源。因此，先前的兴奋可以溢出而加强新的情感反应，甚至对那些不同效价的情感反应也是如此。这些生理学理论不重视认知在情绪产生中的作用。

认知是如何影响情感的？一些理论以 Schachter 的情绪双因素理论为基础，考察唤醒和认知之间的相互作用（参见第 6 章；未得到解释的唤醒使人们在他们的环境中搜寻其情绪的认知标签）。Mandler 的认知和情绪理论扩展了这一分析：生理唤醒源于知觉图式或复杂目标序列的中断。一个知觉图式的不确定程度决定了人体验到的愉悦感。一个目标序列的中断也会促进一个人决定所经历情绪具有何种特性的认知解读。Berscheid 关于亲密关系的情绪理论将这种分析扩展到了复杂的目标序列。在这些目标序列中，人们是相互依赖的：关系越亲密，彼此越依赖，中断的可能性越大，越会导致更强烈的情绪。

其他的社会认知理论关注认知结构如何影响情感。Keltner 的理论指出，高权力会产生积极情感。Fiske 的图式触发情感理论提出，情感存储于图式的顶层。一旦一个实例被归类为与这个图式匹配，个体就可以立即获取情感。Linville 分析了信息复杂性如何影响情感，更复杂的知识结构往往调节情感，而简单的知识结构容易促进更极端的情感。根据 Tesser 的分析，如果个体通过思考组织了相关的图式，如果这个图式包含了相关的维度，以及如果这个人公开承诺了最初的情感反应，那么随着时间推移，思维会使情感出现极化现象。

其他理论探究了对自己或他人所获结果的情绪反应。Weiner 的归因维度理论提出不同的归因维度——内/外归因、稳定性和可控性——会产生特定的情绪和行为反应。

除了已经获得的结果外，一些理论还强调备选结果，即可能已经是什么或可能还会是什么。Kahneman 和 Miller 的常态理论描述了对一个结果的意外程度与其他想象结果的容易程度进行比较，以及随之产生的不同情绪反应的强度。因此，中断可以从多方面引发情绪。

情绪也会导致中断。情绪可对目标的优先级进行管理，中断提示优先级的改变。在 Simon 以及 Oatley 和 Johnson-Laird 的理论中，情绪是一种警示信号。个体在实现另一个目标时，情绪导致的唤醒和中断可以提醒机体转而关注一个紧急性增加的且尚未满足的需求。Carver 和 Scheier 的控制论模型提出了一个调节机体完成目标速率的情感反馈系统。

最后，根据 Arnold 和 Lazarus 的研究，认知通过评价产生情感，即人们如何评估环境以确定其对他们关注的物体或人的意义。对个人意义的评价涉及对个人相关性以及应对选项的前意识和意识性认知评估。认知评价就是评估当前情境的特定维度，并决定特定的情绪反应。其他理论也发现了引发情绪的类似评价维度，特别是愉悦性、主体性、确定性和注意。人们对未来的情感预测往往会倾向于高估生活事件的情感影响。

延伸阅读

Andersen, S. M., Saribay, S. A., & Przybylinski, E. (2012). Social cognition in close relationships. In S. T. Fiske & C. N. Macrae (Eds.), *SAGE handbook of social cognition* (pp. 350-371).

Thousand Oaks, CA: Sage.

Barrett, L. F., Lewis, M., & Haviland-Jones, J. M. (Eds.) (2016). *Handbook of emotions* (4th ed.). New York: Guilford Press.

Barrett, L. F., Mesquita, B., Ochsner, K. N., & Gross, J. J. (2007). The experience of emotion. *Annual Review of Psychology,* 58, 373-403.

Hostetter, A. B., Alibali, M. W., & Niedenthal, P. M. (2012). Embodied social thought: Linking social concepts, emotion, and gesture. In S. T. Fiske & C. N. Macrae (Eds.), *SAGE handbook of social cognition* (pp. 211-228). Thousand Oaks, CA: Sage.

Izard, C. E. (2009). Emotion theory and research: Highlights, unanswered questions, and emerging issues. *Annual Review of Psychology,* 60, 1-25.

Keltner, D., & Lerner, J. S. (2010). Emotion. In S. T. Fiske, D. T. Gilbert, & G. Lindzey (Eds.), *Handbook of social psychology* (5th ed., Vol. 1, pp. 317-352). Hoboken, NJ: Wiley.

Mesquita, B., Marinetti, C., & Delvaux, E. (2012). The social psychology of emotion. In S. T. Fiske & C. N. Macrae (Eds.), *SAGE handbook of social cognition* (pp. 290-310). Thousand Oaks, CA: Sage.

Niedenthal, P. M., & Brauer, M. (2012). Social functionality of human emotion. *Annual Review of Psychology,* 63, 259-285.

SOCIAL
COGNITION

第 14 章

从情感到社会认知

- 情感影响认知
- 情感与认知

经济学家（至少古典经济学家）愿意相信，人们在权衡成本和收益后会做出理性选择。近期关于启发式的研究结果（参见第 7 章；Kahneman，2011）削弱了人的决策没有认知偏向这种观点的影响，而近期从情绪研究中获得的发现也削弱了决策首先以认知为主要基础这一观点。在本章中，我们将看到情感会影响所有思维、记忆、信念和选择。我们也会看到，人们受到情感影响的程度各不相同。正如我们将要介绍的，一些研究者认为情感和认知应该被视为完全不同的两个系统。确实，情感和认知有其各自独特的运行机制。

情感影响认知

一个女人在发现自己体重减轻后马上对她的狗更好了；一个人在疲惫时几乎对任何事情都说"不"；还有一个人，仅仅因为清洁工意外地洗了她的咖啡杯，就觉得自己一整天都过得不错。我们会发现，当感到高兴时，我们的各种想法会层出不穷。这些例子和相关现象说明了情感对行为、记忆、判断、决策和说服力的诸多影响。

在详细探讨这块研究领域之前，我们先介绍一些背景知识。首先，大多数研究考察了心境对认知和社会性行为的影响，强烈的情绪在这类研究中并没有起到很大作用。其次，与此相关的，检验这些影响的实验通常运用相对轻微的心境操纵，如在地上找到一枚硬币，而不是像中一百万美元彩票那种重大生活事件。不需要经历惊天动地的情绪事件，我们的行为、思维、决策和创造力也会受到情绪影响。

最后，人的知觉和期望具有积极偏向。人们通常会适度积极地评价他人和自己的生活（参见第2、3和13章；Parducci，1968；Sears，1983）。波丽安娜效应指人的信息加工往往偏向于积极内容的现象（Matlin & Stang，1978）。人们会做出偏积极的判断，因此在其他条件相同的情况下大多数人都会适度乐观。由于积极心境更符合人们的日常状态以及通常对事物表示偏好时的状态，因此这意味着积极心境和消极心境并不是简单地按相等比例分布的。这种不对称性会产生重要后果。

积极心境会产生比消极心境更明显的影响。许多研究都发现，积极心境比消极心境的影响更具预测性、一致性和可解释性。几个原因可以解释消极心境的这种不平衡效应。正如刚才提到的，由于积极情感比消极情感更常见，因此消极情感是一个相对于基线水平的更大变化，当然也更能起到干扰和分心的作用。而且，消极心境会提示幸福感受到了威胁（参见第13章），因此也再次表明它们更具破坏性。从消极情感和积极情感的结构可以看出（参见第13章），消极情绪通常比积极情绪更多样化。因此，愤怒心境和悲伤心境的影响可能不如喜悦心境和兴奋心境的影响相似。此外，消极心境是令人反感的，因此相较于积极感受，人们会更努力地去管理他们的消极感受。所有这些都意味着消极心境会比积极心境产生更多变的影响。

心境与帮助

好的心境会鼓励人们做出帮助性行为（正如我们刚才提到的朋友一样，仅仅是因为她发现自己瘦了，就对她的狗更加关照）。研究者发现人们能从以下小事中体会到快乐：在一项小任务上取得成功、找到一枚硬币、获得免费样品、收到饼干或糖果、观看令人愉快的幻灯片、听舒缓的音乐、被告知某个人乐于助人、体验好天气以及回忆起过去的积极事件（Forgas，1995；Isen，1987；Penner Dovidio，Piliavin，& Schroeder，2005）。即使是烘焙咖啡或饼干的香味也能让人们更愿意在购物中心给陌生人换零钱或帮忙捡起一支掉落的笔（R.A. Baron，1997）。这些小小的幸福都有益于让世界变得更美好：收件人寄回投错的信件，帮助他人捡起掉落的纸张、包裹或书籍，为慈善事业捐款或自己去募捐，做志愿者，献血，给予他人更积极的建议或给陌生人打电话。更重要的是，这种影响会跨越年龄、阶层和种族（Penner et al.，2005）。

研究者提出了一些假说来解释这些影响。在一项研究中，Carlson、Charlin 和 Miller（1988）发现了针对四种机制的有力证据。所有这四种机制都与一个原则有关，即快乐个体对与正强化有关的信息特别敏感。如果一个情境能凸显人们对奖励的需要并强调帮助的回报，那么拥有积极心境的人将会实施帮助（见表 14-1）。

表 14-1　心境如何影响帮助行为的机制

机制	过程	区分	引文案例
注意	关注自己或他人	好心情来自自己的幸福→帮助 好心情来自他人的幸福→不帮助	Rosenhan, Salovey, & Hargis, 1981
不同过程	关注请求	强调奖励→帮助 强调内疚→不帮助	M. R. Cunningham, Steinberg, & Grey, 1980; Gueguen & DeGail, 2003; Perlow & Weeks, 2002
社会观念	关注事件	人性善良，社会仁慈→帮助 非人性原因→不帮助	Holloway, Tucker, & Hornstein, 1977
心情维持	关注影响	维持心境→帮助 破坏情绪→不帮助	Forest, Clark, Mills, & Isen, 1979; Isen & Simmonds, 1978

第一种假设认为，心境可以改变一个人的注意焦点，使这个人主要考虑自己或他人。关注自身幸福所带来的良好心境会促进对他人的善意，但关注他人的幸福不会增加帮助行为，反而可能引发嫉妒（Rosenhan，Salovey，& Hargis，1981）。

第二种假设，根据不同过程观，如果一个请求强调对个体帮助行为的奖励（而不是因内疚引发的责任感而去帮助），那么处于积极心境的人很可能会向他人提供帮助（M. R. Cunningham, Steinberg, & Grey, 1980; Gueguen & DeGail, 2003; Perlow & Weeks, 2002）。

第三种假设认为，人们可以通过改善他们的社会观念来从好心境中获益（Holloway, Tucker, & Hornstein, 1977）。当人们被人际事件所鼓舞时，他们更有可能为他人提供帮助，因为他们关注了人性的善良或社会的仁慈。社会观念的改善提升了亲社会行为的价值。

第四种假设认为，人们关心心境维持。因此，如果帮助他人会破坏自己的好心境，那么快乐的人就不太可能去帮助别人（Forest, Clark, Mills & Isen, 1979; Isen & Simmonds, 1978）。然而，这并不意味着人们仅仅是为了提升或维持他们的心境而提供帮助。人们可能出于各种原因而帮助他人。快乐的人可以纯粹对负面情感敏感，并且想要避免这些情感而做出助人行为（Isen, 1987）。当快乐的人关注帮助别人而获得的奖励且这种奖励很明确的时候，他们会提供帮助。 ⊖

与此相关的是，快乐的人更善于交际：他们主动进行互动，表达喜好，自我表露更多，给出建议，更少攻击他人，以及更多与他人合作，而且这些现象似乎并不是因为人们通常在快乐时更顺从而出现的（M.R.Cunningham, 1988; Isen, 1987）。快乐的人在谈判时甚至变得更乐于合作，使用较少有争议的策略并更考虑共同利益（Carnevale & Isen, 1986; Forgas, 1998）。快乐的人通常不仅对别人更友好，而且对自己也更友好。他们奖励自己并寻求积极反馈，而这不仅仅是因为快乐的时候自我控制力会下降（Isen, 1987）。心境的积极效应也体现在工作场所中的各种良好公民行为上（Brief & Weiss, 2002; Forgas & George, 2001）。随着情绪-帮助相关研究的进展，人们可能越来越关注特定的积极情绪，如感恩（Bartlett & DeSteno, 2006）。

那么心情不好的人会怎样呢？心情不好的人有时比心情平淡的人更愿意提供帮助，但这种现象只出现在特殊情况下（Carlson & Miller, 1987）。实际

⊖ 伴随假说（concomitance hypothesis）认为，快乐的人向他人提供帮助并不是为了保持他们的心境，而是一种快乐状态的副产物，如对他人喜欢程度的提升或乐观主义的加强（Manucia、Baumann & Cialdini, 1984）。这一假说与社会观念假设和其他假说有相当大的重叠，因此很难对其进行单独评估，当情绪维持问题也很明显时尤为如此（Carlson et al., 1988）。

上，能促进帮助行为的消极心境条件强调内疚而不是愤怒。也就是说，根据责任/**客观自我意识**（objective self-awareness）理论，当亲社会规范凸显时，那些认为是自己导致了负面事件（如损坏了实验者的设备或被告知应对自己的坏心情负责）的不快乐者是愿意提供帮助的（M. Rogers, Miller, Mayer & Duval, 1982）。

相比之下，根据注意理论，持自我关注视角的脾气暴躁者面对消极事件时（如想象他们自己对一个死于癌症的朋友的反应），更少提供帮助（Thompson, Cowan, & Rosenhan, 1980）。注意理论适用于解释由积极和消极情绪激发的帮助行为。当帮助行为使个体将注意从其个人心境上移开时，其心境会弱化，但是当帮助行为使个体将注意集中于产生其个人心境的条件上时，其个人心境会得到加强（Millar, Millar, & Tesser, 1988）。

关于坏心境促进帮助行为的一种解释具有争议性。根据**消极状态缓解假说**（negative-state relief hypothesis），不快乐的人会为了消除他们的消极情绪而帮助他人（Schaller & Cialdini, 1988）。即使是儿童，也意识到了帮助行为是对个人有益的（Cialdini & Kenrick, 1976; Perry, Perry & Weiss, 1986）。显然，人们试图调节自己的心境（Baumgardner & Arkin, 1988; Mayer & Gaschke, 1988），所以这个假说的某一版本很可能是成立的。然而，研究者对这些结果的解释并未达成一致（Carlson & Miller, 1987; Schroeder, Dovidio, Sibicky, Matthews, & Allen, 1988）。

心境与记忆

你是否曾收到过一条好消息，并发现自己在内心回顾了自己过去其他几次能干、善良和可爱的经历呢？当前的心境会影响对过去经历的记忆。心境和记忆研究重点关注两种关键现象：**心境一致性记忆**（mood-congruent memory）和**心境状态依赖性记忆**（mood state-dependent memory）。

心境一致性记忆

在许多情况下，人们更容易记起效价与他们当前情绪状态相符的材料（Blaney, 1986; Forgas, 1995; Isen, 1987; Mayer, 1986）。数十项研究通过让被试经历催眠、体验成功和失败、阅读心境相关的句子（Velten范式）、听情感丰富的音乐、关注相关的过去经历或呈现积极和消极的面部表情（Blaney，1986）等实验范式来诱发不同心境状态。在一项研究中，研究者采用令人愉快的气味（如杏仁油）和令人不愉快的气味（如煤焦油）来诱发心境（Ehrlichman & Halpern, 1988）。在证明心境一致性记忆的各种实验范式中，人们在积极心境中回忆积极材料，有时在消极心境中回忆消极材料（Bower, Gilligan, & Monteiro, 1981; Isen Shalker, Clark, & Karp, 1978; Salovey & Singer, 1988; Teasdale & Russell, 1983）。

部分研究者认为这种效应主要来源于记忆的提取过程（Blaney, 1986; Isen, 1987），但大多数研究者认为这种效应更多源自学习过程（Bower, 1987; J.D.Brown & Taylor, 1986; Fiedler, Nickel, Muehlfriedel, & Unkelbach, 2001; Nasby & Yando, 1982; J.A. Singer & Salovey, 1988）。支持后一种观点的证据是，人们更容易知觉情绪一致性刺激（Niedenthal & Setterlund, 1994）。多数理论都假设，心境一致性效应是相当自动化的，但是也有一些心境一致性效应涉及控制性的、动机性的过程（Blaney, 1986）。

综合性的**情感注入模型**（affect infusion model，AIM）提出，根据加工模式的不同，情感影响可以是自动化的、控制性的或不存在的（Forgas, 1995；见表14-2）。也就是说，在启发式加工中，情感影响快速判断（如果我感觉不错，那么我一定喜欢它），这以可用**情感即信息**（affect-as-information）的观点来解释（Schwarz, Bless, & Bohner, 1991）。在更实质性的加工（通常是控制性加工）中，情感通过选择性注意、编码、提取和联系来启动判断，这一加工可用更传统的记忆模型解释（Bower, 1991）。然而，情感在下述两种情况下可能几乎没有影响：当人们可以直接获取有用的先前判断时，或者当他们为了一个之前已经设定的目标而进行动机性加工时。在后一种情况下，记忆、决策和行为已经按照某种模式被引导，因此它们更少受到情感偏向的影响。在涉及心境和记忆的情境中，AIM描述了对请求的反应如何表现出心境一致性偏向。一项在图书馆进行的研究中，学生先看到引发积极情绪（有趣的卡通图片）或消极情绪（车祸）的图片，然后，他们会接到另一名学生礼貌或不礼貌地借一些纸张的请求。消极心境使人对请求更加挑剔，并且不太可能同意。当然，对于不礼貌的请求更是如此。一个不礼貌的请求更令人难忘，这表明被试采用了一种实质性加工的路径（Forgas, 1998）。

表 14-2 情感注入模型（AIM）

加工模式	情感影响	案例
启发式（自动化）视角	情感影响快速判断（如果我感觉不错，那么我一定喜欢它）	心境即信息（如 Schwarz, Bless, & Bohner, 1991）
实质性加工（控制性）	情感启动判断（心境一致性注意、编码、提取、联系）	传统记忆模型（如 Bower, 1991）
直接获取先前判断结果	几乎没有影响	记忆、决策和行为已经按照某种模式被引导
动机性加工	几乎没有影响	记忆、决策和行为已经按照某种模式被引导

资料来源：After Forgas (1995).

大多数心境一致性研究发现消极心境下的效应并不稳定，这可能是因为动机性的、控制性的过程存在差异。也就是说，人们试图修复消极心境，因此诱发心境的操控便不太起作用（M.S.Clark & Isen，1982；J. A. Singer & Salovey，1988）。或者，负面情绪效应不强可能是因为消极材料在记忆中的存储范围小、整合程度低，所以消极心境可能无法作为回忆消极材料的有效线索（Isen，1987）。此外，如果消极材料的组织较为混乱，那么从本质上讲，这些材料可能更难学习，因此很难将消极刺激和积极刺激等同起来。消极心境效应不强也可能是各消极心境（悲伤、愤怒、恐惧）之间的异质性比积极心境（幸福）之间更大而造成的。如果心境一致性不仅仅取决于一般性的情绪效价匹配，更取决于与特定情绪的匹配，那么消极心境状态就不会那么容易得到匹配。而且，它们中任何一种情绪与其他相似情绪的联系都比快乐之间的联系要少（Laird et al., 1989）。

消极心境一致性效应确实会在一种重要的情况下稳定地出现。这种情况是，对于抑郁者来说，消极事件可以说与他们是心境一致的，因此令人记忆深刻（Blaney, 1986; M. H. Johnson & Magaro, 1987）。例如，当抑郁者和非抑郁者经历一系列由实验者控制的成功和失败事件时，相较于控制组，抑郁组会低估自己成功的可能性（Craighead, Hickey, & DeMonbreun, 1979）。这种效应更可能是一种提取偏向，而不是编码缺陷，也就是说，他们注意到了成功，但并不容易回忆起来。另外一个例子是，抑郁者（与对照组相比）会记不起积极的单词和短语，或者过度回忆消极的单词和短语（Ingram, Smith, & Brehm, 1983）。只有当人们关注材料与自己的相关性时，这些消极情绪一致性效应才可能出现（Bargh & Tota, 1988），但除此之外，获得这些效应的实验条件是多种多样的。抑郁被试可能会通过故意关注负面材料来驳回它，从而提升自己或确认自我形象，因此这些效应可能是自动化的，也可能不是自动化的（自动化是无意的、无意识的和迅速的反应；参见第 2 章）。

除了特殊的抑郁个体外，高神经质水平者也会夸大消极心境记忆效应（Rusting，1999）。而高外倾水平者会增强积极心境记忆效应。这两个过程中的任何一个都可以解释人格与心境的交互作用（Rusting，1998）。心境可以调节人格对认知的影响（即存在交互作用）。或者说，心境可以调节人格和认知加工之间的关系。在这种情况下，具有某些人格特质倾向的人容易出现某些心境状态，这些心境进而影响认知。众多研究都发现了这两个过程。

总之，有相当多的证据支持心境和记忆材料之间的一致性促进效应。然而，也有研究者报告了几个心境不一致使记忆增强的例子，使得通常所关注的心境一致性效应变得复杂了（Fiedler, Pampe, & Scherf, 1986; Forgas, Burnham, & Trimboli, 1988; Mackie et al., 1989; Parrott & Sabini, 1990; Rusting & DeHart, 2000）。如前所述，人们通过重构过去的消极事件或提取积极记忆以抵御坏心境的方式来调节消极心境，从而导致了针对消极心境的心境不一致效应。此外，当人们考虑自己的心境时，他们倾向于回忆与心境不一致的事件（McFarland & Buehler, 1998）。

关于心境和记忆的研究并非完美无缺：被试内实验设计可能会暗示被试根据实验的需求性特征做出反应（如透露实验假设），而且一些研究未能包括中性心境控制组（M. S. Clark & Williamson, 1989; J. A. Singer & Salovey, 1988）。尽管如此，一些研究通过在被试意识不到的情况下操控其面部表情，而不是更外显地诱发自我心境状态来防止被试按照实验要求进行反应，而且这些研究也揭示了心境一致性记忆（Laird, Wagener, Halal, & Szegda, 1982）。具身认知研究解决了离线认知中的类似问题，即在原始目标不出现的情况下重构相关知觉（参见第 4 章；Niedenthal et al., 2005）。

此外，现实生活中的心境一致性效应是特别稳健的：临床抑郁病人表现出了相当稳定的心境一致性效应，而且现实生活中的事件比实验者提供的事件表现出了更强的心境一致性效应（Mayer, McCormick, & Strong, 1995; Ucros, 1989）。总的来说，发现心境一致性效应的研究似乎比未发现这种效应的研究更多。

心境状态依赖性记忆

心境与记忆相关的现象涉及学习和提取材料时的心境一致性。也就是说，如果一个人在悲伤心境下学习备考，而且也在悲伤心境下参加考试，则这个人可能会更好地回忆起备考内容。心境状态依赖性记忆会忽略材料本身的效价，只关注两种情境之间心境的匹配。

很明显，状态依赖性记忆也会出现于药物诱导出的状态之中（Eich，1980）；例如，喝醉状态下学到的东西在喝醉状态中比在清醒状态中更容易记起来。（我们这里并不是建议那些不记得在喝醉时做了什么的人仅仅为了找到答案而通过喝酒重新进入醉酒状态。）药物诱导的状态依赖性记忆的高稳定性促使研究者在心境状态中寻找类似的现象。也许不管材料的具体内容如何，快乐时所学的内容在快乐时最容易被回想起来。

虽然这一效应理应是真实的，但相关证据却缺乏足够说服力（Blaney，1986；Bower & Mayer，1989；Isen，1987）。研究者在将一半材料与一种心境（如快乐）联系起来，将另一半材料与另一种心境（如悲伤）联系起来的研究中更频繁地发现了这种效应。这些被试内设计依赖于测试阶段不同类型项目之间的干扰。然而，系统性地操控干扰并不能稳定地产生这种效应（Bower & Mayer，1989），而且，因为所有被试都经历了两种心境，所以被试可能会察觉一个显而易见的假设以及实验的要求（Blaney，1986；J. A. Singer & Salovey，1988；Ucros 1989）。因此，有人认为应该考察自然出现的，而不是实验者诱导的心境，从而尽量将实验要求的问题最小化。然而，在自然出现的心境中，心境依赖性效应并不一定会出现（Hasher Rose，Zacks，Sanft，& Doren，1985；Mayer & Bremer，1985）。

还有一个问题也许可以在这里得到澄清。如前所述，尽管心境不一定会产生心境状态依赖性效应，但药物确实会产生心境状态依赖性效应。一种可能的解释是，药物的状态依赖性效应机制更像唤醒依赖性记忆，而这种效应似乎是相当稳定的（M. S. Clark，Milberg，& Ross，1983）。也就是说，可能并不是效价的匹配（如学习和测试时的快乐心境），而是唤醒度的匹配（如学习和测试时的兴奋程度）引起了特定形式的心境一致性效应。情感唤醒度可以通过传递事件的重要性来改善记忆（Storbeck & Clore，2008）。

心境与记忆网络模型

最初解释关于记忆的心境效应的理论是一个网络模型（参见第 4 章；J. A. Singer & Salovey，1988）。根据该理论，情绪与任何其他线索一样，也只是一种提取线索。这意味着与特定情绪同时出现在意识中的记忆或事件和该情绪相关联，从而（间接地）和其他情绪一致的记忆或事件相关联。由于情绪为该记忆项目提供了额外的线索，因此心境一致性记忆具有优势。根据这种观点，心境一致性记忆根据与心境关联的相似情感和被回忆项目的内在效价而表现出提取优势。心境状态依赖性记忆依赖于学习和提取时与项目相关的相似情感。

随后有研究者试图支持心境对相似材料知觉（Bower，1987）和状态依赖性提取的促进作用，但结果令人失望。此外，在记忆网络中，概念和情绪上的相关性存在复合效应的说法也没有得到很好的证据支持（E. J. Johnson & Tversky，1983）。总体而言，心境与记忆网络模型"表现不佳，只有少许成功，但有一些明显失败"（Bower，1987，p. 454），这意味着需要新的框架来解释这些情况。

总的来说，之前发现的很强的心境状态依赖性记忆效应更可能是因为实验要求的影响：被试很可能准确知觉并响应了研究者的假设。研究者发现在以下几种情况下效应会更强：①早期的研究可能涉及不太严格的实验程序以及更热情的实验者；②研究涉及更长的实验时间；③年龄较大且可能更老练的被试参与研究；④被试是为了报酬，而不是为了课程学分或自愿来参与实验；⑤研究涉及的被试样本量太小以及更强烈的心境诱导（Ucros，1989；见表 14-3）。对心境和记忆结果整体模式的一种解释是，当诱发的心境强度更高时，研究结果更好（Ucros，1989）；当根据心境诱导的敏感性来选择被试或同时采用自然出现的心境和现实生活事件时，研究结果也会更好。

表 14-3　心境状态依赖性记忆的调节变量

效应更强的情况	可能原因
早期研究	不那么严格控制的实验程序和更热情的实验者
更久的实验时长	更强烈心境的诱导和再现，更久的遗忘时间
年龄更大的被试	更老练？更容易遗忘？
付酬被试	更有动力
更小的样本量	更强烈的心境诱导

资料来源：Adapted from Ucros (1989).

心境和记忆研究小结

关于心境一致性记忆的支持证据强而有力，而关于心境状态依赖性记忆的支持证据相对薄弱。尽管研究者一般都对心境一致性和心境状态依赖性做了区分（如本节所述），但在现实生活中，这种区别并不总是特别清晰（Blaney, 1986; Ucros, 1989）。积极的材料通常是当一个人处于积极的心境中时，或当一个人从积极的情境中采取积极解释时而被学习的。因此，这种情况会混淆学习时的心境与待学习材料的效价。尽管如此，但两者至少在概念上是有区别的，并且心境一致性效应比心境状态依赖性效应要稳定得多。

心境和判断

面带微笑的政客可以让观众保持良好心境，而这会转化为对该政客的好感；那些哭泣、尖叫或皱眉的人可能会导致观众产生与心境一致的消极反应（Glaser & Salovey, 1998）。法律决策也受情绪影响（B. H. Bornstein & Wiener, 2006）。心境研究文献中最明显的效应之一是，高兴的人看一切事物都更好：他们自己、他们的健康状态、他们的汽车、他人、未来，甚至政治和刑事被告（Bodenhausen, Kramer, & Süsser, 1994; Crano & Prislin, 2006; Forgas, 1995; Petty et al., 1997; Schwarz & Clore, 1996; Zajonc, 1998）。举一个人际关系的例子：在重温社交互动中自己的行为时，人们在快乐时对自己的评价更积极（Forgas, Bower, & Krantz, 1984）。这种效应为人们在晚会后对自己行为的形象性回忆提供了新的视角。人们对自己行为的解释显然取决于他们进行这种自我评估的时间和外部条件。

各种基于愉悦心境的善行效应使研究者提出了一种观点，即个体根据当前的心境而表现出不同人格特点（Bower, 1990; Epstein, 1990b）。但是，这种现象有一定的局限性。例如，高兴的人不会高估罪犯和没有吸引力的人（Forgas & Moylan, 1987; White et al., 1981），而且高度的个人卷入可能会调节心境一致性效应（Branscombe & Cohen, 1990）。

那么，这个规律反过来是否正确呢？不快乐的人什么都不喜欢吗？有时是的，但证据更加复杂，原因与关于消极心境和记忆的研究大致相同（M. S. Clark & Williamson, 1989）。因此，包含中性对照组的研究比仅仅比较了积极和消极心境的研究能提供更有用的信息。也就是说，如果一个研究者只比较积极和消极心境并发现差异，那么其并不能从中知道哪个心境相对于基线出现了变化。通常情况下，消极心境效应与中性心境效应没有区别。有时，由于人们试图修复他们的消极心境，因此消极心境的影响甚至等同于积极心境的影响。所以，为了检测消极心境效应，设置一个中性心境对照组是很关键的。研究者也从消极心境研究中发现了一些效应，例如，消极心境会增加对未来消极事件的知觉概率（E. J. Johnson & Tversky, 1983）。相比中性心境，人们在暂时抑郁时会更多地根据可利用的负面特征来评判他人（Erber, 1991）。同样地，暂时性抑郁和长期消极观念都会导致人们知觉到更少的社会支持（L. H. Cohen, Towbes, & floco, 1988; Vinokur, Schul, & Caplan, 1987）。

研究者对于心境一致性判断还有一些其他有趣的问题。例如，不仅积极（有时是消极）心境会在判断中表现出一致性效应，而且心境的唤醒水平也会表现出判断一致性效应（M. S. Clark, Milberg, & Erber, 1984; Stangor, 1990）。也就是说，当人们在生理上被唤醒（如通过运动）时，他们会做出唤醒一致性判断，将他人模糊的积极面部表情视为高兴而不是平静，并将一个模棱两可的陈述（"请看那晚霞"）解释为惊叹而不是满意。

心境研究者正从关注效价和唤醒转向研究复合情绪。例如，愤怒和恐惧这两种消极且唤醒度可能较高的情绪对判断就有不同的影响（Lerner & Keltner, 2001）。恐惧会增加对恐怖袭击风险的知觉，而愤怒会降低知觉到的概率（Fischhoff Gonzalez, Lerner, & Small, 2005）。当涉及自身的选择时，恐惧的人会感到悲观并看到更多风险，恐惧会让人产生一种预防或回避性倾向。相反，与其趋近性倾向一致，愤怒使人乐观并寻求冒险。但是，愤怒只有在人们评估未来而不是评估过去时会产生趋近性判断（Lerner & Tiedens, 2006）。

当从个体的角度看待他人时，愤怒的人可以是一种威胁，悲伤的人则可能会是更谨慎和周全的。愤怒会助长自动化的偏见，而悲伤会中和群际偏向（DeSteno, Dasgupta, Bartlett, & Cajdric, 2004; Bodenhausen, Sheppard, & Kramer, 1994）。愤怒来源于群体间的竞争，因此会助长偏见。同样地，愤怒和悲伤的沟通方式分别更能说服愤怒和悲伤的听众（DeSteno, Petty, Rucker, Wegener, & Braverman, 2004）。悲伤和愤怒的心境分别会导致对知觉到悲伤和愤怒事件的概率出现偏向（DeSteno, Petty, Wegener, & Rucker, 2000）。如果心境与信息、事件或接收者相匹配，那么情感认知效应就会表现强烈。

特定的情绪会影响特定类型的判断。例如，许多道德判断会受厌恶的影响。一项研究通过如下操控诱导被试产生厌恶情绪：一部分被试坐在旧椅子上，椅子的垫子又脏又破，面前的桌子又脏又粘，一支笔也被咬坏了，一杯奶昔干得只剩点渣渣，而旁边是一只堆满油腻的比萨盒和脏兮兮纸巾的垃圾桶；另一部分被试则处在一个崭新、干净的环境中。然后，所有人都做出道德判断，报告各种情绪，并完成**个人身体意识**（private body consciousness，PBC）量表（如对自己身体饥饿、疾病、心境的生理性感觉；见表14-4；L. C. Miller, Murphy, & Buss, 1981）。对于个人身体意识水平高的人来说，厌恶会导致更严厉的道德判断（Schnall, Haidt, Clore, & Jordan, 2008）。通过催眠引起厌恶也有同样的效果（Wheatley & Haidt, 2005）。人们对不同范畴（如食物、害虫、排泄物和死亡）的厌恶敏感度不同（Haidt, McCauley, & Rozin, 1994）。在不同文化中，厌恶在道德判断中的作用不同。例如，用美国国旗擦拭抽水马桶可能会被美国名牌大学学生视为一种大学习俗，但在其他一些美国人和巴西成年人看来，这实际上是令人厌恶且不道德的（Haidt, Koller, & Dias, 1993）。政治上保守的人有一个可由厌恶预测的涉及很多方面的道德列表。自由主义者的道德列表更短，强调个体知觉到的对自主性的威胁（如对他人的伤害程度），而不是对社会或神权的威胁（Haidt & Hersh, 2001）。所有这些道德判断都依赖于**直觉**（intuition），包括突然的、意识性的、情绪化的反应，而且人们没有意识到这些判断已经经过了大脑事先的计算加工（Haidt, 2001）。

表 14-4 个人身体意识和公共身体意识检查：条目举例

个人身体意识
当我的嘴或喉咙发干时，我马上就会知道
我经常能感受到自己的心跳
公共身体意识
皮肤看起来很好对我来说是重要的
我想确保我的头发看起来不错

资料来源：L. C. Miller, Murphy, & Buss (1981).

情绪通常会影响人们多方面的判断，比传统的决策研究所认为的更多。用一位道德判断理论家的话来说："道德情绪和道德直觉驱动道德推理的确定性，就像狗会摇尾巴一样。"（Haidt, 2001, p. 830）

悬而未决的问题仍然存在。有趣的是，儿童并不总是表现出与成年人一样的积极和消极心境效应（Forgas et al., 1988; Masters & Furman, 1976），而其中的原因目前还不清楚。是因为唤醒的作用超过了效价吗？是因为他们的联想网络不够发达吗？还是因为他们没有很好地融入文化中共享的心境效应中呢？

这些都还有待观察。

心境和判断研究所面临的一个挑战是如何明确心境不一致刺激的影响。例如，心境不一致刺激可能会干扰信息加工，使人们通过捷径评价他人（Mackie et al., 1989）。同样，心境本身可能也会干扰人们的精细化加工（Asuncion & Lam, 1995）。当然，一些将情绪视为干扰的理论（参见第 13 章）认为，无论情感是否一致，它都可能是具有破坏性的。心境一致或不一致对判断的干扰作用目前尚未得到充分研究。而且，尽管我们还没有看到明确的证据，但有了与判断对象形成反差的心境，我们有理由预期心境不一致判断效应应该有一定的发生率。

未来研究的方向之一是确定决策中情绪的神经基础（见图 14-1）。在一个模型中（Naqvi, Shiv, & Bechara, 2006），杏仁核在涉及奖赏和惩罚的感觉体验中被激活了，而这与其在重要情绪性事件中起到警觉作用的发现一致。引发积极和消极体验的行为选择（即内部表征）涉及腹内侧前额皮质（vmPFC）的功能。在随后的决策过程中，vmPFC 和背外侧前额皮质（dorsolateral PFC）重建了这些表征。在决策过程中，这些情绪–身体状态的映射激活了脑岛皮质。例如，当被试评估另一个被试出价的公平性时，这个区域就会被激活（Sanfey et al., 2003；参见第 8 章）。这种类型的脑岛激活可能是本能反应或"直觉"选择的基础。中脑边缘系统与决策过程中的无意识情绪偏向有关。神经影像学证据表明，道德决策可能特别容易受到情绪影响（Greene, Somerville, Nystrom, Darley, & Cohen, 2001；Valdesolo & DeSteno, 2006）。

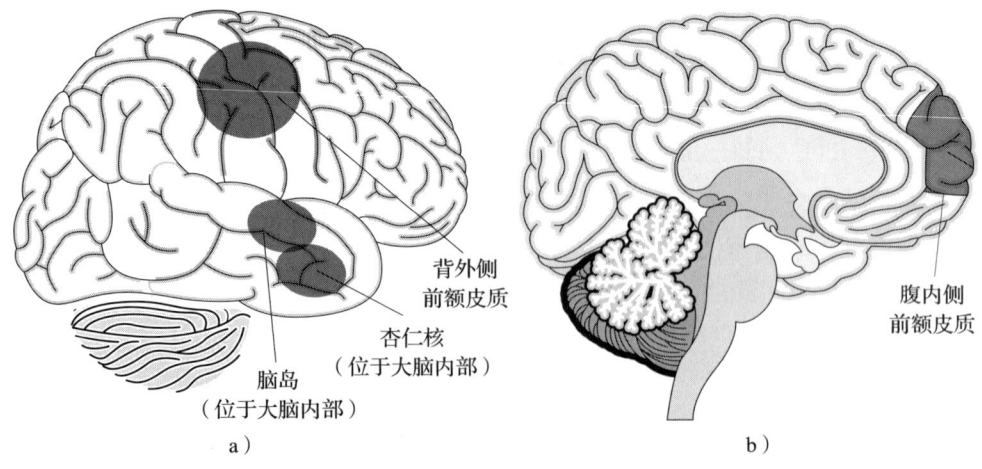

图 14-1　与选择相关的大脑区域

此外，有些人会比其他人更情绪化。例如，充满压力的早期家庭环境（如严苛的教养方式）会抑制后续杏仁核对恐惧和愤怒面孔的典型反应（S. E. Taylor, Eisenberger, Saxbe, Lehman, & Lieberman, 2006）。更重要的是，当人们标记自己的情绪时，杏仁核的激活通常受到右腹外侧前额皮质（rvlPFC）的调节，但这种调节并不出现在来自风险家庭的成年人身上。因此，早期经历塑造了对情绪刺激的神经反应，而认知过程（标记）可以调节（或无法调节）这些反应。这些假设的机制仍有待完善，它们正在引起积极的关注，而这将有助于阐明情绪与决策的交互作用。

心境和决策风格

心境不仅会影响我们所记起的内容以及我们如何积极评价我们的世界，还会影响我们做出判断的方式（请参阅 Fiedler, 1988；Forgas, 1995；Isen, 1987 的相关综述）。早期的研究表明，高兴的人更加豁达和包容，并表现出一定水平的冲动性，他们决策迅速（Isen & Means, 1983），可以迅速完成简单的任务（Mayer & Bremer, 1985），将更多不同的事物归为同类（Isen & Daubman, 1984），能看到事物之间更多不寻常的联系（Isen, Johnson, Mertz, & Robinson, 1985），往往具有更不严密、缺乏条理的联想（Fiedler, 1988），与积极词汇有更多联系（Mayer, Mamberg, & Volanth, 1988），如果可能的损失较小，则他们更愿意冒险（Isen Geva, 1987），但是损失对他们来说也会显得更大一些（Isen, Nygren, & Ashby, 1988）。总之，积极的心境显然与促进创造力的因素相关，而且人们可能会将某件事情的失败归因于不良心境（Baumgardner, Lake, & Arkin, 1985）。

后续的研究还表明，快乐心境者做决策时显得尤其灵活。一种可能是，快乐心境者并不是不愿意或不能谨慎加工各种信息，而是他们将自己的心境理解为事情进展顺利的信号（lslell, 200）。这与**情感即信息**（affect as information）框架的描述一致（Schwar, Bess & Bohner, 1991）。诚然，他们通常满足于迅速、启发式的判断（包括刻板印象），但是如果经过适当激发，则他们完全有能力进行更基于细节的控制性加工。然而，他们迅速做出决定的倾向可能会导致偏离本意，即更容易错信不实信息（Forgas, Laham, Vargas 2005），更容易出现基本归因错误（Forgas, 1998），也更易出现因猜测而导致的识别错误（Bless et al，1996）。当事不关己时，快乐的人更可能冲动性地歧视他人，但是如果与其个人有关，则他们也能进行更为严谨的思考（Forgas & Fiedler，1996）。

悲伤的人更可能小心谨慎，而且在做决策时也更可能再三考虑。例如，当事情出现差错时，悲伤的人会变得警觉，因此，他们会纠正刻板印象（Lambert，Khan, Lickel, & Fricke，1997）。内疚也会让人们重新思考基于刻板印象的判断（参见第 1 章）。悲伤的人特别注重细节，而往往忽视全局（Gasper & Clore，200）。悲伤的人会更加在意细节，比如自己是否礼貌（Forgas，1998），这种对细节的在意使他们面对细节信息时更容易对消极部分进行心境一致性加工，并因此产生歧视行为（Forgas & Fiedler，1996）。

心境与说服力

由于快乐的人具有豁达、包容以及善待他人的特点，因此他们更容易接受说服性沟通，而愤怒或感到不舒服的人通常不太容易接受这类沟通。积极心境可以解释赠送免费样品、播放舒缓音乐和开善意的小玩笑对营销的积极效果。所有这些行为都加强了积极心境，因此增强了说服力。（但奇怪的是，愤怒似乎无法阻止不依不饶想要说服你的慈善募捐电话。）

许多针对心境与说服力关系的研究最初是在**经典条件反射**（classical conditioning）范式下进行的，但后续研究表明，认知过程也有一定的作用。例如，并不是所有形式的说服都会自动地被积极心境所促进，也许只有在较低卷入度和较低认知活动的情况下，积极心境才会促进说服（Petty，Cacioppo，Sedikides, & Strathman，1988）。积极心境本身也会分散注意力并降低认知能力，导致被试进行表面但仍以认知为中介的信息加工（Mackie & Worth，1989）。然而，在中等卷入度的情况下，由于情感的唤醒和注意力的影响，情感可能会促进思维。在高卷入度的情况下，心境可以提供关于个体可能反应的信息，或者它可以扭曲相关支持信息的提取（Petty et al.，1988）。作为关于自身和环境状态的一类信息，情感受到个体进行某次沟通的能力和动机的影响（Albarracín & Kumkale，2003）。这种影响可能是曲线式的，低水平的加工会使情感不被注意，而高水平的加工会使情感被认为是不相关的。中等水平的情感会被注意到，但不会被认为是无关紧要的，因此会产生影响（见图 14-2）。

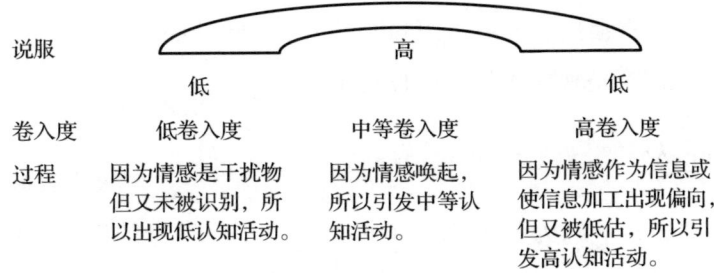

图 14-2　积极情感对说服的预期曲线效应

随着这项工作的推进，更多的研究将很可能关注各种不同的情绪，而不仅仅是关注一般的心境。特定的情绪状态提示了对匹配该情绪的对应事件的预期。因此，能够与情绪相匹配的说服应该是最有效的（DeSteno et al., 2004）。不过，到目前为止，大部分研究重点都还是关注积极或消极心境。

心境影响态度要经过多个过程（Petty et al., 1997）。心境可以作为一种伴随的、外围的线索，但也能使人对一个论点的精细加工出现偏向，甚至影响信息加工强度。因此，心境具有多重作用，对记忆、判断、决策风格和说服力均有影响。

心境与幸福

正如我们所看到的，快乐的人有很多优点。这些优点最终引起了生活中常见的各种结果：快乐可以改善健康、友谊、婚姻、收入和表现（Lyubomirsky, King, & Diener, 2005）。相关的证据包括从横向研究中获得的结果（幸福与成功相关的另一种解释是成功带来幸福），以及从纵向研究（幸福先于成功）和实验操纵研究（操纵的幸福感导致成功）中获得的结果。频繁出现积极情感是由气质的遗传设定点、生活环境和特定的活动这些因素决定的（Lyubomirsky, Sheldon, & Schkade, 2005）。一般认为，一个人对自己的活动、习惯和实践拥有最大的控制权，因此这些也提供了最佳的干预路径。积极情感尤其会激励人们努力实现积极和主动的行为目标（Custers & Aarts, 2005），因此这种认知－情感机制可能很好地解释了幸福感的积极意义。

情感与认知

我们已经考察了情绪反应的认知基础（上一章）和情感（心境）对认知的影响（本章）。本章最后一节将更明确地讨论情感和认知之间的关系。我们将从"它们在很大程度上是独立的"这一假说开始。

独立系统理论

尽管科学和常识认为我们思考事物是为了了解自身的感受，但也有情感先于认知的情况（Zajonc，1980b）。事实上，我们中的一些人经常惊讶于生活中自己能够在没有相关认知数据的指导下，会根据情绪偏好做出重大人生决策。（想想你第一次认认真真的恋爱或你最早的一份职业，我们中的一些人在这些选择中没有一丝理性的认知分析。）根据这种观点，情感过程可独立于认知过程。需要指出的是，该观点尚存争议，至少它取决于人们对情感和认知这两个术语的定义。在详细解释有关反对意见之前，我们先看 Zajonc 的观点及其依据。

独立系统理论（separate-systems view）认为，至少在某些情况下，情感和认知过程是平行运行的，彼此不会产生太大影响。情感过程在以下几个方面被认为比认知过程发生在更为基础的层面上（Zajonc，1980b）。

- 情感反应是首要的。人们会先做出评价，然后证明其合理性；决策更多基于偏好，而非计算。（浪漫关系就是不根据对各项利弊的权衡进行选择的典型例子。）
- 情感是最基本的。评价是几乎所有知觉或意义的主要和普遍的组成部分，不进行评价就很难理解某事。（比如一个孤独的人在寻找配偶，这个人在不评估一个人有多大潜在可能性的情况下是不可能找到配偶的。）
- 情感反应是不可避免的。它以一种简单知识无法企及的方式强力地展现出来。（吸引力比职业规划更难被忽视。）
- 与认知判断相反，情感反应往往是不可逆转的。一个人的感受不会错，但信念可能会错，因此，情感比认知更不容易被说服。（正如青少年的父母经常发现的那样，他人对爱和愤怒的感受不容易因反驳而改变。）

- 情感涉及自我。认知判断依赖于物体固有的特征，而情感判断说明了自己对物体的反应。(一个人对另一个人的情感反应与他们之间的关系有关，但一个人对另一个人的了解并不必然依赖于他们的关系。)
- 情感判断难以用语言表达。许多情感反应是通过非语言信息传递的，表达情感反应的词似乎总是差点意思。(描述所爱之人的表面特征很容易，但传达一个人的真实爱意甚至会难倒浪漫的诗人。)
- 情感反应可以不依赖于认知。人们用来辨别一个刺激所依据的特征，可能与其决定是否喜欢一个刺激时所依据的特征不同。(把恋人的优点和缺点加在一起并不一定能预测对恋人的情感。)
- 情感反应可以独立于内容性知识。一个人有时会记得自己对另一个人的感受，但记不起之前在何处或如何遇到此人的细节。(人们可能会对某人产生强烈的感受，而记不住产生这种感受的任何原因。)

总的来说，这些令人振奋的论点是存在争议的，所以我们接下来会讨论一些相关的支持证据，然后介绍一些反对意见。

来自纯粹接触研究的证据

情感反应可以不依赖于认知，而且可以独立于内容性知识这一论点促使研究者试图证明人们可以在识别一个物体之前就知道自己对它的感受。收音机中播放的一首经典老歌的前奏就足以让我们知道这是否是自己喜欢的经典金曲，但多数人无法立即确认这是哪首歌，甚至无法完全确定以前是否听过。许多研究记录了这种现象：你有一种温馨的熟悉感，同时又完全不能确认这是什么。更普遍的是，人们越频繁地遇到最初不令人反感的刺激，就会越喜欢它，这就是纯粹接触效应（Zajonc，1968a；参见第 10 章）。

在纯粹接触研究中，实验者通常要求被试看一系列无意义的单词串、汉字或年鉴照片。有时是看很多次，而有时是只看几次。人们接触某刺激的次数越多，就会越喜欢它，而且这种效应能稳定地重复出现（R. F. Bornstein，1989；Kunst-Wilson & Zajonc，1980）。相较于不怎么频繁出现的刺激，人们更喜欢那些频繁出现的刺激，即使他们只能在随机水平对这些刺激进行识别。一项研究发现，仅仅接触日文汉字就会影响情感，而不需要识别这些文字（Moreland &

Zajonc，1977；参见 Birnbaum & Mellers，1979a，1979b；Moreland & Zajonc，1979 的争论）。人们喜欢反复听到的音调是稳定的，即使人们基本不会对这些音调感到更加熟悉（W. R. Wilson，1979）。一项采用**双耳分听任务**（dichotic listening task）的研究提供了进一步的证据。实验者向被试的一只耳朵播放一个音调，但让被试集中注意于播放给另一只耳朵的句子上。通过这一操控，被试几乎不能识别这个音调，但相应的情感反应可以保持完整（见图14-3）。研究者采用一些更有趣的刺激（如个人照片和个人兴趣爱好）也获得了类似的结果（Moreland & Zajonc，1982）。这种效应在有意义的单词（包括姓名）、多边形和照片中通常是最显著的，而对于绘画、素描和矩阵等材料就不是很显著了（R. F. Bornstein，1989）。此外，阈下呈现刺激比阈上呈现刺激的效应要更强（R. F. Bornstein & D'Agostino，1992；Janiszewski，1993；S. T. Murphy et al.，1995）。

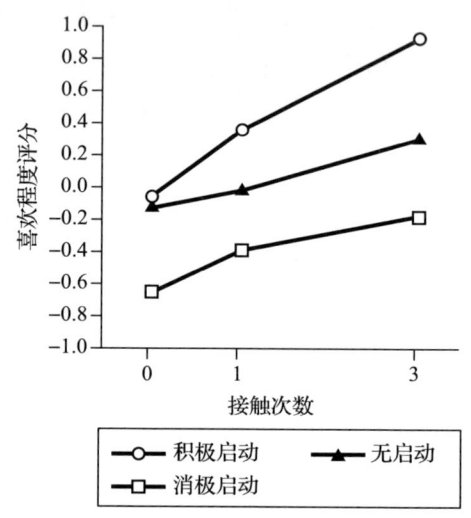

图 14-3 喜欢程度作为非完美情感启动和接触次数的函数

资料来源：From S. T. Murphy et al. (1995). Copyright 1995 by the American Psychological Association. Reproduced with permission.

显然，情感过程比认知过程更能作为纯粹接触效应的机制。然而，一种不同的观点认为，短时间重复接触会激活一个简单的图式，而这个图式会影响对熟悉度和喜欢程度的判断，同时也会影响对亮度、暗度或其他任何与刺激相关的判断（Mandler，Nakamura，& Van Zandt，1987）；这种观点否定了纯粹接触效应的非认知说法。

与这种观点相关的是**知觉流畅性**（perceptual fluency）的解释。也就是说，刺激在初次呈现后更容易被加工，而且人们有时会将这种加工易化正确归因于之前确实见过刺激物（Koriat，Goldsmith，& Pansky，2000）。但人们有时只是因为流畅性而对刺激有一种熟悉感，并没有明确意识到之前见过该刺激。在这种情况下，流畅性的机制并不是严格意义上认知或情感的，而是取决于编码的易化程度。这种编码易化现象一般被认为会随纯粹接触的增加而增加。支持这一机制的证据是，研究者发现知觉流畅性可以被体验为一种积极感受（Winkielman & Cacioppo，2001），并且被归因到积极的特征上（Reber, Winkielman, & Schwarz，1998），从而增加喜欢程度。事实上，只有人们不将加工的易化现象归因于之前接触了相关刺激时，知觉流畅性才能促进纯粹接触效应（R. F. Bornstein & D'Agostino，1994）。显然，关于喜欢（可能还有其他的判断）的纯粹接触效应并不取决于对刺激的意识性识别，这本身就是一种令人印象深刻的效应。

来自个人知觉、归因和态度研究的证据

各种各样的情感变量与一些看似相关的认知变量实际上是彼此独立的。例如，评价性印象（一种情感）可以独立于形成这些感受的细节记忆（一种相关的认知）。这种情况出现在初次见面实时形成印象的时候（N. H. Anderson & Hubert，1963；Bargh & Thein，1985；Dreben, Fiske, & Hastie，1979；Hastie & Park，1986；Riskey，1979）。因此，当你在晚会上对某人形成一个印象时，你的情感反应很可能独立于你能否在之后回忆起关于此人的一些细节性信息。然而，这种情感反应与记忆之间明显独立的情况也有例外。如果人们在见面时大脑负载过重，且没有动机或个人能力形成一个评价性印象时，他们的印象就是基于记忆的（Bargh & Thein，1985）。不过，更普遍来说，其他社会性判断与回忆通常是不相关的（参见第4章；S. T. Fiske et al.，1982）。

情感判断不一定要基于可回忆的认知，相反，当信息被编码时，情感判断通常基于实时形成的评价。这意味着一些情感反应更适合被描述为瞬时反应。然后，人们必须考虑一种可能性，即情感反应也可以是相对直接和非认知的。评价性内容和认知性内容二者单独存储的概念（N. H. Anderson & Hubert，1963）是对这一过程的一种解释，直接根据情感反应做初步分类（S. T. Fiske & Neuberg，1990）则是另一种解释。引发态度的对象可以直接提示相关态度也是一种理论解释（Fazio et al.，1983）。情感在评价性判断中可能居于首要地位（Cervellon & Dubé，2002；Huskinson & Haddock，2004），当然，这种情况可能最适用于极端态度下（GinerSorolla，2001）。至少某些情绪反应（惊吓和瞳孔扩张）并非在识别和判断刺激之前出现（Schmidt-Atzert，1988）。众多其他相关的研究证明了实时编码过程在情感反应中的重要性（参见第2、3章）。

反对意见

很多理论家都对 Zajonc（1980b）将情绪视为一个独立于认知的系统这一观点做出了回应。反对意见集中在无意识认知过程的存在、将情感纳入其他认知形式的可能性、认知和情感的定义，以及实证比较两者时存在的问题等方面。

Lazarus（1982，1984）是首批回应 Zajonc 的人之一。他的情绪理论提出，情绪取决于对个人意义的评价（参见第13章）。Lazarus 认为，认知（即评价）是情绪产生所必需的，评价根据一个刺激对个人福祉的重要性来解释该刺激的意义。根据这种观点，因为评价发生在知觉环节非常早期的阶段，而不是发生在一长串连续、完整、彻底的信息加工的结束阶段，所以它并不被认为是深思熟虑的、理性的和意识性的。同样，Epstein（1983）也认为，前意识认知通常先于情绪发生，而 Zajonc 的理论当然地认为认知一定是意识性的，但事实并不是这样的。因此，某种形式的直觉的、前意识的、无意的认知评价被视为所有情绪的不可分割的一部分。Zajonc（1984）则反驳道，这种认知评价的定义模糊了知觉和认知之间的区别。实际上，Lazarus 在其情绪概念中自行定义了认知评价。显然，这两种观点在情绪和认知的定义上意见不一，因此二者的差别也是明显的。

对 Zajonc 关于认知和情感定义的另外两个批评源于下面这一现象：正如情感被认为的那样，认知也可以是迅速的、无意识的和自动的，而且，与情感一样，认知也可以是非理性的，并可能涉及运动参与（Holyoak & Gordon，1984）。根据这种观点，相比于将认知和情感都归入一个心理系统之中，认知和情感的区别就显得不那么重要了。

一个相关的理论尤其依赖程序性记忆理论（参见第4章），这种记忆理论认为经过高度练习的心理活动会变得更迅速。根据这一观点，情绪不仅可以源于意识性地获取非程序性的知识（Branscombe，1988），还可以源于情绪过程的无意识模式匹配。这些研究都将情感纳入了传统的认知框架之中。其他一些学者也认为，应该像对待所有其他类型的信息一样对待情感（N. H. Anderson，1981）。

一种可能的解决方法是承认认知具有两种含义（Averill，1990a）。第一种含义，**认知**是一个理解性的知识获取过程。这也是认知的日常（字典）意义。与理解性认知相反的是受价值影响的、直觉的或非理性的思维。相较于行为，第二种含义包括所有的心理活动。认知的第二种含义（即任何非行为性心理活动）更接近于我们所讨论的认知的含义。例如，Lazarus 就把评价定义为一种认知活动形式。情绪仅在第一种含义上是非认知的，是一种非理解性认知，也就是更受主观价值影响的、直觉的和非理性的。然而，从作为一般心理过程的意义上说，情绪是第二种含义上的。

最有用的一点是，作为心理过程的情绪一般与理解性认知存在一些典型的区别：

- 情绪关注人自身的体验，把其作为主题或起因，而不是关注外在的物体本身。
- 情绪往往会影响知觉到的"现实"，思维则是在更大程度上适应现实。
- 情绪根据物体与个人之间的关系来确定它的重要性，但理解性认知强调一个物体与其他外部物体之间的关系。
- 情绪涉及生理体验，而不仅仅是环境输入的影响。
- 情绪调节行为的强度和风格，而不是调节行为的目标导向性效率。
- 情绪是被动地或作为对刺激的反应而被体验到的，但人们往往将自身体验当成理解性认知的来源。
- 情绪比理解性认知的成本－效益计算更能让人付诸行动。
- 情感标准是基于道德和美学的，而理解性标准是理性的。
- 情绪帮助定义自我，而不是定义世界。

这并不是说理解性认知必然是理性的，只是说它比情绪更少地表现出这些特征而已（Epstein，1990a）。

到目前为止，我们关注的都是关于认知和情绪或认知本身的定义问题。当然，这场争论的解决方案还取决于人们如何定义情绪。例如，Zajonc 最初的文章关注偏好（评价、情感判断、喜好），而不是心境或全面的情绪事件（Russell & Woudzia，1986）。一些人认为，心境和情绪本质上取决于认知驱动的评价过程（参见第 13 章关于 Lazarus 以及 Ellsworth & Smith 的理论）。偏好是相对简单的情感反应，主要通过效价来区分。因此，Zajonc 的一些研究结果可能主要涉及简单的偏好，而不怎么涉及更全面的复合情绪。

另一些人认为，所有的区别主要是定义性的，因此后续缺乏建设性的探究

(Leventhal & Scherer, 1987)。他们建议将情绪视为从感觉－运动过程到复杂的认知－情绪模式这样一个连续发展过程。这个连续过程中的每个层次都需要不同水平的记忆和信息加工，每个层次还涉及评价（检查机体与环境的关系）。

除此之外，我们想补充一点的是，比较认知和情感存在一些更本质的问题。到目前为止，我们在讨论中都隐含着情感和认知在某种程度上具有可比性的想法。代表情感的判断包括评价、偏好和不同的情绪，而代表认知的反应包括注意、推理和记忆。一个人如何判断什么是相关的认知反应，什么又是可比较的情感反应呢？

一项研究向我们展示了这个问题的复杂性。在一项纯粹接触实验中，被试对已经以不同频率呈现过的不规则多边形做再认和喜好评估。尽管针对刺激本身的再认准确性只处于随机水平，但被试更喜欢熟悉的，而不是陌生的多边形图案。这一结果证实了一个标准的纯粹接触效应，并且这种喜欢不依赖于准确的记忆（Kunst-Wilson & Zajonc，1980）。但是，再认的准确性和喜好判断在什么指标上是可以比较的呢？这项研究评估了另外两个有助于回答这个问题的变量。被试在做情感判断时比做再认判断时更自信，速度在一定程度上也更快。

然而，速度和自信可能不是比较情感和认知的合适维度。适当的实证检验取决于对情感和认知的概念性定义。但如前所述，这正是相关争议所在。例如，情感和认知被分别从感受与推理、生理与心理、运动与知觉、先天固有与后天学习、偏好与知识、喜欢与歧视的维度上进行区分。一个人如何定义、比较情感与认知将取决于其强调以上维度的哪一个。

人们还可能质疑这些检验的公平性，因为人们可能对再认判断有误，但对情感判断则不会。人们也可能认为，再认判断更复杂。但是，这两种类型的判断在这些方面是存在本质差别的，如果试图让它们更相似，就会破坏它们在各自类型上真实判断的特性。情感判断本质上是主观的、简单的、直接的。试图指定一个真正等同于情感反应的认知反应可能是一个很难成功的主张。

要证明情感和认知是独立的，实际上是在建立一个**零假设**（null hypothesis）。如果认为它们是独立的，那么就是说它们之间不存在关系。这是一项徒劳无功的任务。如果有人试图证明"本无联系"的零假设，那么任何统计学教授都会反对。如果两者不是完全基于彼此的，则一项更有检验力的任务是考察两者的基础（Zajonc，Pietromonaco，& Bargh，1982）。因为两者之间不是完全分开的，所以另一项任务是去发现它们之间的关联方式。本章和上一章所综述的研究正是这样做的。

— 应用聚焦 —
认知和情感从一开始就交织在一起

正如 Zajonc 所认为的，认知和情感具有不同的互动模式，但越来越多的证据表明，它们从知觉、注意、学习和记忆的开始时刻起就交织在一起（请参阅 Todd，Miskovic，Chikazoe，& Anderson，2020 年的相关综述）。大脑会将每一件事情评估为"对自身有好处"或"对自身有坏处"。我们可能会立即出现一种整合的情绪（"这是个坏人"），而不是单独的两个系统（"这是一个人；这个人看起来对我不利"）。越来越多分析大脑成像数据的新方法希望发现各种激活系统，而不仅仅是去发现一些激活点。在过去 10 年，这种面向系统的研究发现整个大脑都参与情绪反应，而不仅仅是孤立的几个"情绪区域"参与反应。情绪效价从一开始就引导注意，使我们对引发强烈情绪的事物保持警惕，因此先前的经验可以融入一些长期的情绪信息。

例如，44 名从战场归来的加拿大士兵参加了一项脑磁图研究。这些士兵，尤其是被诊断为创伤后应激障碍（PTSD）的 22 名士兵，在他们的选择性注意中会优先考虑与战斗相关的刺激（Todd et al.，2015）。在测量他们大脑活动的同时，让这些士兵观看一系列快速呈现的 15 个画面，其中包括 13 个中性单词、1 个数字字符串和 1 个与战斗相关或不相关的单词。数字字符串和目标单词以绿色字体显示，其他都以黑色字体呈现。士兵们的任务是在目标单词出现时识别它。

他们会更快、更准确地看到与战斗相关的单词，那些患有 PTSD 的人尤为如此。对于患有 PTSD 的士兵来说，视觉皮质中激活的脑区与观看创伤性刺激有关。非 PTSD 士兵的神经反应也表现出早期激活，但这些区域与恐惧调节有关。这项研究展示了知觉和情绪之间的交互作用，这是一种早期就开始的交织，并持续到知觉和注意阶段，再到学习和记忆阶段。

总　结

　　除了关注认知对情感的各种影响（参见第 13 章），大量研究还考察了情感对认知的影响，特别是心境对认知的影响。这些研究发现，即使是很小的心境变化，也会对各种认知过程产生明显的影响。总体而言，积极心境效应要比消极心境效应更显著。积极心境会引发更多的亲社会行为，这些稳健的效应可能是快乐的人对正强化的敏感度更高所产生的。关注自身、强调一个帮助所带来回报、关注积极的社会观念，以及维持积极心境可以促进个体在良好心境下出现更多的助人行为。处于消极心境下的人是否实施帮助则取决于具体情况。

　　通过自动化或控制性过程，心境稳定地增加人们对心境一致性材料的记忆。积极心境效应比消极心境效应更显著，但长期抑郁的人除外（他们也表现出强烈的心境一致性记忆）。另一种心境记忆现象，即心境状态依赖性记忆，假设在相同心境状态下，学习的材料能被更好地被人们回忆出来，不过这一假说几乎没有得到多少实证支持。

　　心境通常也会以心境一致的趋势影响判断。唤醒同样会产生唤醒一致性判断。同样，积极心境效应比消极心境效应更稳定。此外，对成年人的影响比对儿童的影响更稳定。研究者针对这些效应提出了各种理论解释，但大多数都需要进一步验证。心境也会影响人们的决策风格。积极的心境会使人们变得更开放、更包容、更冲动，甚至更有创造力，也会使人们对他人的劝说更加顺从，至少在低卷入度的情况下如此。

　　情感和认知之间的比较已经引起了激烈的争论。有研究者提出它们是不同的系统，而且情感是主要的系统。来自纯粹接触和个人知觉研究的证据被用来支持这一观点。被试更喜欢经常遇到的刺激（但他们不能区分这些刺激的熟悉度），而且，人们的评价性判断通常是实时做出的，不需回忆他们所依据的证据。对这一观点的反对意见集中在无意识认知过程的可能性、情感在更广泛的（认知）表征系统中的作用、情感和认知的定义问题以及对两者差异的实证检验等方面。正如本文所述，最具建设性的研究方向似乎是考察两者的基础，并调查它们之间联系的各种方式。

延伸阅读

Hostetter, A. B., Alibali, M. W., & Niedenthal, P. M. (2012). Embodied social thought: Linking social concepts, emotion, and gesture. In S. T. Fiske & C. N. Macrae (Eds.), *SAGE handbook of social cognition* (pp. 211-228). Thousand Oaks, CA: Sage.

Keltner, D., & Lerner, J. S. (2010). Emotion. In S. T. Fiske, D. T. Gilbert, & G. Lindzey (Eds.), *Handbook of social psychology* (5th ed., Vol. 1, pp. 317-352). Hoboken, NJ: Wiley.

Mesquita, B., Marinetti, C., & Delvaux, E. (2012). The social psychology of emotion. In S. T. Fiske & C. N. Macrae (Eds.), *SAGE handbook of social cognition* (pp. 290-310). Thousand Oaks, CA: Sage.

Niedenthal, P. M., Barsalou, L. W., Winkielman, P., Krauth-Gruber, S., & Ric, F. (2005). Embodiment in attitudes, social perception, and emotion. *Personality and Social Psychology Review,* 9, 184-211.

Zajonc, R. B. (1980b). Feeling and thinking: Preferences need no inferences. *American Psychologist,* 35, 151-175.

SOCIAL
COGNITION

第 15 章

行为与认知

- 行为常常是目标导向的
- 认知和行为什么时候是相关的
- 通过行为进行印象管理
- 通过行为验证关于他人的假设

大多数社会认知研究都假设,认知在某种程度上就是让人知道怎么行动,即思考是为了行动(S. T. Fisker, 1992)。例如,如果一个领导对一个员工很粗鲁,那么你可能就会推测,是否这个领导是一个乖戾的人,是否今天凡事都有些不顺,或者是否这个员工做了什么错事理应受到批评。通过这种分析,你会推断是否应该远离这个领导。在这个意义上,认知决定行为。与他人的日常交往也能为你稳定地提供诸多信息,其中一些可能多余了,但也有很多新信息,这些信息可以被整合到认知表征里。因而,不仅认知常常会驱动行为,行为也会驱动认知。本章的目的就是探索认知和行为之间的关系。

行为常常是目标导向的

我们在第 5 章介绍了自我调节，即人怎么控制和指导他们自己的行为。目标在这个过程中很明显起到中心作用。人们怎样行动取决于他们怎么根据个人兴趣和目标来定义他们的情境。例如，两个参加办公室聚会的员工内心可能有不同的目标：一个人的目标是给老板留下好印象，另一个人则把同样的场景看成下班回家前抓紧时间与朋友喝两杯的机会。这两个人的不同行为取决于他们所设立的目标以及完成这些目标的计划。

在某一社会情境中，尽管个人目标与行为之间存在这种关系，但在情境变化时，人们的调整能力可以展现出相当高的灵活性。他们能对自己的思维和计划采取积极控制，能对同一个事件考虑多种原因，能根据从新经验中获得的反馈而改变知识，从而修正已有的信念、价值和目标（Showers & Cantor，1985）。例如，那个原打算给老板留下好印象的员工如果了解到老板临时被叫走了，那么他可能改变目标，转而打算给同事留下好印象。类似地，那个原本想与朋友喝两杯的员工如果发现朋友都没来，那么他可能就先走了。这种行为灵活性为一些关于认知表征的研究提供了解决方案，提示行为总是对之前存在的概念做出自动化反应。

情感状态以及对情境的情绪性反应也会影响行为（参见第 13、14 章）。处于好心境中的人会采取行动维持这种心境，处于坏心境中的人则试图改善他们的心境。普遍来说，处于积极心境中的人在应对各种情境时似乎具有更高的灵活性和觉察能力，处于消极心境中的人则会在社会交往中采用更多僵化的策略。通过这些方式，认知和情感能对行为产生强有力的联合调节作用（Ickes，Robertson，Tooke，& Teng，1986；Showers & Cantor，1985）。认知和情感对行为的影响往往在功能上就是不可分割的，因而难以区分。它们互相影响，并且根据行为反馈而不断变化（Aarts，2012）。

计划与行为

在社会情境中，人们会自然地问诸如此类的问题：这里究竟发生了什么？这些人是谁？他们在做什么？他们想从我这里得到什么？我自己的目标是什么？我的目标与他们的目标相冲突吗？如果冲突的话，我该怎样选择？我怎么实现自己选择的目标，我怎样从可实现目标的候选策略中做出选择？如果选择错了会有什么后果，以及我如何从错误中恢复过来？我的选择对其他人又会有什么后果，对于他们的反应，我应该怎样处理？人们用来回答这些社会交往问题的丰富知识、计划和策略就是**社会智力**（social intelligence），它由概念性知识（如关于情境和人的事实性信息）及规则性知识（包括我们怎样分类、判断和推理、解决问题以及采取行动）（N. Cantor & Kihlstrom，1985；Read & Miller，1989）组成。⊖由于人们在过去经验的基础上，对人和事的记忆、概念以及针对自我、社会情境和他人的规则上都存在个体差异，因此人们用于自我调节行为的特定认知过程也是个性化的。

到目前为止，我们已说明了人通过定义情境和制订合适计划以实现某些目标来管理自己的行为。但是，人也会主动选择和建构情境。例如，一个希望给老板留下好印象的员工不需要等到办公室聚会时才做这件事情，他可以请老板吃个晚餐，在洗手间外等他聊几句，或者主动创造一些其他的情境，以实现他的目标（Showers & Cantor，1985）。正如这些例子所表明的，个人目标常常涉及有意识的计划过程（Aarts，2012）。

为了理解人们怎样建构符合个人目标的情境，我们可以根据动机性和意志性把这一过程分成几个阶段（Heckhausen & Gollwitzer，1987；见表 15-1）。动机的初始阶段涉及一个**思辨式思维定式**（deliberative mindset），关注激励和预期，在各个目标和行动路径之间做出选择。例如，一个员工可以把办公室聚会看成给老板留下好印象、与某个同事套一下近乎或者与办公室团队协调解决某个问题的机会。每个目标将具有不同的激励，而且使该员工在聚会期间表现出不同的行为。

表 15-1 计划行为中的思维定式

阶段	思辨式	执行式
思维定式	动机	意志
关注	激励 预期	可行性 合乎期望 迫切性

⊖ 需要指出的是，Cantor 和 Kihlstrom 所使用的术语"社会智力"实际上包括人们带到各种社会情境中的知识、才能、计划、策略以及人际交往技巧。其他人（Allport，1935；Read & Miller，1989）在使用社会智力这个术语时仅指社交、表达和沟通技能，是一个范围更窄的定义。

（续）

过程	在各种可选方案中选择	追求选定目标
方法	各方案平等法	目标屏蔽

注：如要获取具体信息，可参见 Gollwitzer & Sheeran（2006）。

动机性的思辨式思维定式以做出一个决定而结束。这个决定在某种程度上是一个有意识的选择，然后会产生一个意志性的**执行式思维定式**（implementational mindset）。意志涉及何时和怎样行动，以完成所计划的行为。在各种选项中做出选择取决于意志的力量，包括某一目标在多大程度上是可行的、合乎期望的和迫切的，以及情境在多大程度上支持目标的实现。这个员工发现老板在与另一个人谈话，而那个很帅气的同事在不停看手表（他可能要走了），因此，他决定利用这个聚会的机会与其工作团队的一个同事头脑风暴一下。在做出这个决定后，他可能不再关注老板或那个帅气的同事，转而努力去实现他定下的目标。正如这些观察所表明的，选择一个中心目标会引发**目标屏蔽**（goal-shielding），即激活中心目标会抑制处理其他备选目标。当对中心目标的承诺度高时，与目标相关的坚持度和对目标的追求度也高。因此，目标屏蔽对目标完成是有益的（Shah, Friedman, & Kruglanski, 2002）。然而，如果备选目标（如给同事留下好印象）变成了一个更大目标（如增加自己在工作中的知名度）的子目标，那么人们并不会进行目标屏蔽，而是同时追求第二个补充性的目标（Fishbach, Dhar, & Zhang, 2006）。

思辨式（动机性）和执行式（意志性）思维定式会引发不同的认知过程。例如，在思辨式思维定式中，人们以一种相对平等的方式看待各个备选项，考虑支持和反对一次行动的相关因素（S. E. Taylor & Gollwitzer, 1995）。个体在这种情况下是开明的，既关注偶然信息，也关注判断性信息（Fujita, Gollwitzer, & Oettingen, 2007）。然而，一旦选择了一个行动方案，执行式思维定式就会评估支持所选行为的情境权变性。例如，在一项研究中，实验者要求被试仔细思考参与寻宝游戏的好处，或者想象执行一项计划以完成某一任务（Armor & Taylor, 2003），被试随后参与寻宝游戏。那些具有思辨式思维定式的人对他们能找到多少宝物抱有悲观预期，并且也确实找到了更少的宝物。那些具有执行式思维定式的人对他们的成绩抱有乐观预期，并且也确实找到了更多的宝物。

那么，什么能解释一个人在所选目标上的坚持性呢？是目标本身的特性决定的吗？在执行期间，与预期目标实现相关的情感可以转化为完成这些目标的手段。因此，如果专注于某个目标，并且看到了对实现这个目标重要的方法，那么与这个目标相关的情感将很可能转移到手段上，而这将继续促进与目标相关的活动（Fishbach, Shah, & Kruglanski, 2004）。

有时，只有完成目标的意愿是不够的。即使我们坚持自己的目标，我们的行为也可能与目标不匹配。一些因素可以使行为与目标一致。其中一个因素是**执行意图**（implementation intention）的外显化，也就是说，人们不仅会形成他们的目标，而且会形成一系列"如果-那么"的计划，这些计划规定了如何实现目标。当一个人做出一个外显的执行意图时，朝那个目标迈进的可能性会增加。来看一个研究生准备写一篇论文的例子，核心是只有他付诸了行动才可能成功。一个可能的办法是，出现能产生自动化行为控制的执行意图。如果你每天早晨的第一项工作都是写论文，并在做其他事情（如教学、见学生和上课）之前坚持两小时，那么你写论文时将不再依赖有意识的计划。在情境性线索的控制下，每天早晨写论文变得自动化了。执行意图可以促进目标完成（Sheeran, Webb, & Gollwitzer, 2005）。超过94项研究表明，形成执行意图会促进目标实现（Gollwitzer & Sheeran, 2006）。

设定完成目标的计划并不是没有陷阱的。通常情况下，人们会高估自己完成目标的速度。我们许多人都会制订每日计划，而这个计划一般都是一天开始时在一种过于乐观的氛围中制订的。例如，我们可能习惯性地带一堆工作回家，希望周末完成，但周一又把大部分原封不动带回办公室了。Buehler等人（1994）向我们展示了这种**计划谬误**（planning fallacy）。研究者让学生估计正常情况下完成毕业论文的时间，以及当最糟糕的情况出现时论文完成的时间。实际上只有1/3的学生按预期完成了论文，还有许多学生甚至比他们预计的最糟糕情况还要晚很多交论文。然而，每个人最终都完成了计划。也许，要是没有开始时的明显乐观预期，他们连这样的推迟完成也做不到。尽管做出更现实的预期看起来是有帮助的，但是明显乐观的预期比其他情况可以确保人们在给定时间里做更多的事情（Armor & Taylor, 2003）。

在目标完成后，一个人可以评估目标是否成功，以及结果是否与预期的价值相符。这种行动后评估可以为未来的目标设定提供帮助。因此，目标与行为的关系是跨时间的，在目标－行动－评估这个过程中，不同的点上由不同的认知活动来指导行为。

自动完成目标

尽管与目标相关的自我调节有时会涉及意识性选择，但许多自我调节活动都是在无意识状态下进行的（Bargh, Gollwitzer, Lee-Chai, Barndollar, & Trötschel, 2001; Dijksterhuis & Bargh, 2001; Macrae & Miles, 2012）。一些影响行为的目标（如被人喜欢）是需要日积月累才能实现的，被人喜欢的目标可能会引起自发微笑以及一些个性化行为（Levesque & Pelletier, 2003）。实际上，一个习惯可能在一定程度上是一个目标和行为之间联系的结果，因此，一个目标的启动会自动引发相应行为。你可能曾想起要在学校里做点儿什么，并且发现你现在正开车朝那个方向去（在这之前，你是往别的方向开车的）。或者，你计划与你的朋友迟一点儿吃晚饭，却突然发现你在常规时间开始煮食物了。许多习惯实际上是目标相关行为自动化的结果（Aarts & Dijksterhuis, 2000; W. Wood et al., 2002），包括与他人复杂的社会交往行为（Bargh & Williams, 2006）。如果行为常常是对迅速、无须意志努力和无意识加工线索的自动化反应，那么这就能解释我们在没有多少思考的情况下完成日常事务的过程。也就是说，我们常常是自己习惯的奴隶。

从本质上说，对环境中的刺激进行常年练习会让我们对许多情境做出自动化的情绪、认知和行为反应（Aarts & Dijksterhuis, 2003）。我们无须注意或思考环境中的评价性线索，就能做出反应（Roser & Gazzaniga, 2004; 参见第9、10章，及第13、14章）。例如，我们都有这样的经历，在社会情境中，我们会相当无意识地根据目标调整自己的行为，而且往往需要犯一个错误，才能让我们对既定目标和完成目标的策略有所意识。熟悉情境倾向于激发无须动脑的行为，而不熟悉情境更可能引发有意识的自我调节行为（N. Cantor & Kihlstrom, 1985）。例如，新认识一个人的过程可能会激发一个在日本的美国人去深刻了解日本社会交往的特点。这是因为大多数西方人并不具有适当的礼仪知识，也没有经历过日本社会常见的行为。

专业知识也可以决定一个人怎样有自我意识地以及怎样成功地进行自我调节。相比对给定情境所需能力有清楚认识的人，那些感到不确定的人更可能希望确定社会情境中成功的那些行为原型（Showers & Cantor，1985；Wicklund & Braun，1987）。不确定且感到困惑的人更有可能通过性情性归因来定义他人，把他们归为某一特定类别的人。与那些能在认知-行为和环境之间维持更灵活平衡的人相比，他们在知觉中的这种刻板性可能使他们的行为表现出单调、迟钝的特点（Wicklund，1986）。

非言语行为也能自动出现在完成社会目标的过程之中。人们常常下意识地模仿他们交往对象的姿势、风格和表情。这很容易自己演示。对和你说话的人微笑，然后看看你的微笑是否有反馈。然后，把你的手臂交叉，再看你的谈话对象是否模仿这个行为。无意识模仿表明我们怎样在无意识或无意图情况下运用环境线索作为自己行为的基础（Chartrand & Bargh，1999）。

这些例子向我们展示了知觉和行为之间的关系是自动化的。这不仅出现于社会理解之中，也出现在社会交往之中（Knoblich & Sebanz，2006）。当一个人观察另一个人的行动或者他自己的行动时，位于运动前区的镜像神经元（Rizzolatti，Fogassi，& Gallese，2001；见图15-1）会被激活。例如，人们在观看他人所做一系列动作（如肌肉收缩）时，镜像神经元会出现激活，而且他们对这一系列动作的知识越专业，这种激活就越强烈（Calvo-Merino，Glaser，Grezes，Passingham，& Haggard，2005），当一个人观看自己过去的动作时，镜像神经元的激活最强烈。镜像神经元是解释情境线索与社会互动情境中自动化行为之间相关性的可能神经机制之一（参见Happé et al.，2017）。

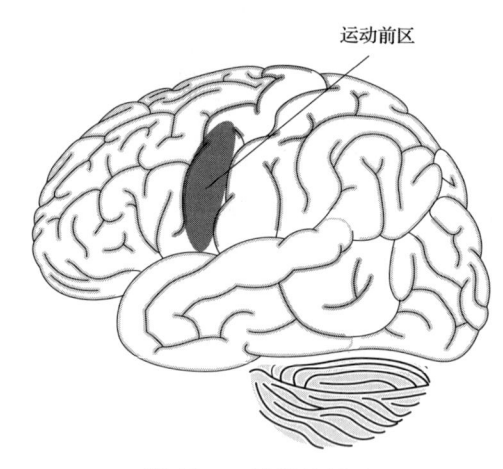

图15-1　镜像神经元

自动化评估以毫秒级速度完成（参见第10章）。例如，在一项研究中，实验者向被试相继呈现单词对，并要求他们判断目标形容词是积极的还是消极的（Fazio，Sanbonmatsu，Powell，& Kardes，1986）。实验者首先呈现一个启动刺激200毫秒，然后，在启动词消失后呈现目标词100毫秒。尽管两个词的呈现速度都很快，但是当启动词和目标词具有相同的评估内容时（即两次都是积极的或消极的），被试对目标词做积极或消极的判断会更快。

自动化评估似乎也能影响复杂的行为序列。在一项研究中，被试要完成一些字谜任务，而这些词有粗鲁或礼貌之意（Bargh et al.，1996）。在字谜任务完成之后，被试被带到楼下一个房间里登记实验学分，然而，现场负责登记学分的人却在打一个冗长的私人电话，并不理会被试。启动作用影响了被试打断这个电话需要等待的时间。63%受到粗鲁启动的被试打断了通话，而受到礼貌启动的被试只有17%打断了通话。

不仅环境中的线索能自动启动行为，而且评价性线索也可能是对后续信息和行为最有力的影响之一。当人们具有清晰目标时，目标相关线索就会变得积极，提示自动化评估能够帮助维持目标的完成（Custers & Aarts，2005；Ferguson & Bargh，2004b）。评价性的隐藏语调刺激能被迅速注意到，并指示趋近或回避的行为倾向（M. Chen & Bargh，1999；Wentura, Rothermund, & Bak，2000）。你可能还记得，当一个控制杆移向被试时，他们对积极刺激的反应更快，而当一个控制杆移离被试时，他们对消极刺激的反应更快（M. Chen & Bargh，1999；Neumann & Strack，2000；参见第4章）。与此相关的，当人们要避免一些诱惑时，他们会更快地推开诱惑性刺激，并且更快地接近他们的目标（Fishbach & Shah，2006）。

以相似方式，通过无干扰启动的刻板印象也能影响后续行为（Mussweiler，2006）。在一项研究中，被试被无干扰地引导略显笨拙地行走，这种走路姿势与人们对肥胖者应有的刻板印象一致。接下来，当向被试呈现一个模糊目标进行评估时，他们会把更多与肥胖有关的特征归到这个目标上。因此，不仅无干扰启动会影响行为，而且从一个人自己的行为中获得的反馈也会不经意地影响后续认知。

同化和对比

许多自动化行为确实表现出了对环境刺激的**同化现象**（assimilation）。当一个关于老年人的刻板印象被启动时，我们会走得慢一些，或者当我们被要求按肥胖者的姿势行走时，我们会把关于肥胖者的一些刻板性特质归到一个模糊对象上。然而，有时，看到一件事情会使你做另一件事情：即自动化行为中的**对比效应**（contrast effect；Dijksterhuis et al.，1998）。例如，对老年人具有积态度的被试在被启动关于老年人的刻板印象后会走得更慢，但是对老年人具有消极态度的被试在被启动关于老年人的刻板印象后会走得更快（Cesario，Plaks，& Higgins，2006）。因此，对比效应也可以出现于自动化行为之中，而且两种效应均可能由针对准备联合行动时的认知过程所引起。

虽然特质和刻板印象倾向于产生同化现象，但是样例（即典型例子或好例子）似乎通过激发社会比较而产生判断性对比效应。在一项研究中，被试要么被启动教授或超模的原型，要么被启动这两类人的样例，如爱因斯坦和超模克劳迪娅·希弗（Claudia Schiffer）。被启动抽象原型的被试会出现行为同化：如果被启动教授概念，则被试在后续知识测验中回答了更多的正确答案；如果被启动超模概念，则他们回答了更少的正确答案。然而，被样例启动的被试表现出了对比效应，也就是说，那些被启动了爱因斯坦的被试做得更差，而被启动了克劳迪娅·希弗的被试做得更好。当呈现特定样例时，被试明显会做社会比较，并得出结论，"我从来不会做得像爱因斯坦一样好"或者"我肯定比克劳迪娅·希弗做得好"。当只有原型被启动时，不会引发社会比较，因此刻板印象对成绩的同化作用就会出现（Dijksterhuis & van Knippenberg，1998）。

个体差异与目标

不同的人会用不同的方式把一个情境线索与他们自己的境遇关联起来。因此，相同的启动可能有不同的结果。在一个序列启动范式中（Mussweiler & Förster，2000），首先被攻击性相关单词（如暴力）所启动，然后再被性别相关单词所启动的男性被试，在目标面孔为女性时反应得更具攻击性（如扔飞镖到女性脸上）。但是，如果把被试换为女性，则没有出现这种效应。

一个人是采用促进型聚焦还是预防型聚焦，会影响他针对一个目标的行为（参见第5章）。促进型聚焦涉及抱负，而且目标实现会带来一种成就感（如在一门课中获得好成绩）。相反，其他目标具有预防型聚焦（如避免考试不及格），这涉及一种责任感，而目标完成会带来一种安全感。对促进型目标的承诺会鼓励人们提升成绩以达到目标，对预防型目标的承诺则是做必要的事情以获得安全感（Shah，Higgins，& Friedman，1998）。一个人究竟采用促进型聚焦还是预防型聚焦，也会影响到对目标的情绪性反应。在促进型聚焦下，目标实现会产生更大的愉悦感以及更少的沮丧，而在预防型聚焦下，目标实现会产生更多的平静心态以及更少的焦虑（Higgins et al., 1997）。

目标能通过激活一个重要他人的表征而被特异性地启动。哪些可调节的目标被激活，将受到其他人根据他们自己的个人目标而产生的那些预期的影响。例如，假设你的父亲相信在你的领域尽可能做好是重要的，但你的母亲相信重要的是不要令别人太难堪。启动你父亲或母亲的表征将影响你的成就相关行为。如果你正与一个同事辩论，而你父亲的形象在这个时候又很突出，那么你可能会想尽一切办法赢了你的同事。而如果你的母亲就坐在前排，那么你可能会调整行为，以便你的对手不至于太难堪（Shah, 2003a, 2003b）。启动重要他人能影响对目标的评价、对任务难度的评价以及对自己成绩的反应（Shah, 2003b），还能影响对目标完成所感受到的价值、对目标的坚持度以及实际表现。例如，如果一个重要他人（如恋人）对你的成绩具有高预期，那么你很可能会相信自己能实现目标，你将坚持追求目标，并且将完成得更好（Shah, 2003b）。另一个人的行为指向颇具吸引力的目标会提示你追求相同的目标（Aarts, Gollwitzer, & Hassin, 2004; Shah, 2003a）。

目标导向性行为的神经基础

目标究竟怎样影响行为？对行为的认知控制源自前额皮质中激活模式的积极保持，这些模式表征了目标和实现目标的手段（E. K. Miller & Cohen, 2001）。这些表征通过来自脑干的神经调节系统的反馈性经验而得以定期更新。前额皮质发信号给其他大脑结构，而这些结构又指示神经信号沿神经通路传递，并在内在状态的输入和需要完成特定任务的输出之间建立映射关系（E. K. Miller & Cohen, 2001）。

尽管前额皮质并不参与简单的自动化行为（如对一个突然的声音或动作做出反应），但当一个行为必须被意图、目标或其他内在状态所指导时，它就会参与进来。因此，前额皮质的首要任务似乎是为了进行自上而下的调节而去表征目标以及完成目标的手段。增加刺激的个人意义和趋近动机的强度尤其会增加左侧额叶的激活水平，左侧额叶激活一直与积极情绪与趋近动机有关，而右侧额叶激活与消极情绪和回避动机有关（Harmon-Jones et al., 2006）。

至此，目标似乎暗示了认知和行为之间应具有一种一致性关系。行为的一个显著特征是，在某些条件下，它并不会如基于一个人占主导地位的认知所预期的那样行动。例如，绝大多数人都会被核战争、大饥荒或全球变暖的后果所吓倒，但很少有人会去采取行动以减少它们发生的可能性。我们接下来将讨论认知－行为的一致性问题。

---应用聚焦---

为什么只有做到几乎不用想就会做时才会每天都锻炼

作为习惯性动物，我们不想要的那些行为其实是难以改变的。当我们锻炼得不够、吃得不对或没有避免拖延时，我们会因缺乏动力而责备自己（他人也因此而责备我们）。但是，正如目标导向性行为那一节所建议的，我们的许多行为都是由情境触发的：如果接种流感疫苗很方便、零食是健康的，以及我们的运动包前一晚就整理好了，那么我们就更有可能去做想做的事情。这实际上不是关于动机的事情，而是关于怎样通过最小阻力影响我们对情境的习惯性反应趋势（Wood & Rünger，2016），也被称为设定渠道因素（Ross & Nisbett，2011）或改变选择结构（Thaler & Sunstein，2009）：甜品比蔬菜更容易吃到吗？

习惯能在不涉及目标的情况下被环境直接触发。但是，习惯确实可以通过三个步骤与经过仔细思考的目标完成关联（Wood & Rünger，2016）：①习惯在一个给定环境中经过重复而形成，②变成相应环境下的一种自动化的默认模式，③这种重复反应使个体（和他人）推断，行为是经过了仔细思考的和目标导向的。然而，这些步骤并不需要动机参与，只需重复就够了。

为了检验关于习惯形成的环境驱动理论，研究者（Neal, Wood, Labrecque, & Lally，2012）通过阈下启动和词汇判断任务（词与非词）比较了跑步者在环境、目标和行为（慢跑）之间的自动化联系。他们放弃了自我报告的方法，转而评估被试更自动化的反应（我们在第10章和第11章介绍态度和刻板印象时讲到了这些测量方法）。在一个阈下启动刺激后，人们对一个字母串做出其是否为一个单词的反应。在部分填充试次中，一些关键试次评估了启动刺激－目标词之间的6种组合情况：①环境－行为、②环境－目标、③目标－行为、④行为－目标、⑤控制词－目标，以及⑥控制词－行为。对每个人来说，行为都是一样的（快跑、慢跑），控制词也是一样的（监控、帷幕、窗帘、热水瓶）。但是被试之前已经提供了他们自己的背景（健身、公园）和目标（体重、放松）。反应速度反映了联系的强度。

习惯将使人做出一个迅速的环境-行为反应。这项研究的主要假设是，强习惯是直接由环境触发的。他们也发现，对于每天跑步的人来说，结果确实如此。那些偶尔跑步的人会做出迅速的环境-目标和目标-行为反应。已初具跑步习惯的跑者需要目标，但已经建立起习惯的跑者只需要环境就可以了。

认知和行为什么时候是相关的

这个问题不容易回答，至少不能一下子说清楚。并没有很多的社会认知研究包括了行为相依性测量，因而限制了检验这种关系的机会。而且，即使这么做了，结果也是混合的。为了研究认知-行为的关系，我们也许可以看一下关于类似问题的相关文献。例如，那些了解社会心理学历史的人应该知道，认知-行为的关系问题是一个老问题了。20世纪五六十年代的态度改变研究造就了一种类似的情境：研究者最初没能考察态度-行为之间的关系，即使后来考察了，结果也是不一致的。有人报告了认知-行为之间相对较弱的关系（Nisbett & Wilson，1977；Wicker，1969），其他人则坚持，当把一些调节因素也考虑进来时，一致性是高的（Quattrone，1985；Schuman & Johnson，1976）。人格特质和行为之间关系的文献（虽然它们的目的不是探讨认知问题）也是值得参考的：人格特质（具有重要的认知成分）和行为之间的关系被证明是微弱的、不可靠的（Mischel，1968）。根据这些文献，我们可以从几个框架解释认知和行为什么时候会相关。接下来我们将对此进行介绍。

哪些行为与认知相关

我们可能会预期，对于任何一个认知过程，都有许多各种不同的行为与之相关。我们这里以友好的自我知觉做一个例子。一些人认为他们自己是友好的，但有些人不这么认为。如果我们只看这部分自认为友好的人，那么我们是否可以预期这些人在所有情境下都是友好的呢？确实，我们可以预期这些人将比那些自认为不友好的人更友好，但他们也不会每分钟都是友好的。评价一个自认为友好的人，也许他只需要在一些原型行为（参见第4章）上表现出高度的一致性就可以了，而在与友好不是核心相关的那些行为上就没有必要。

事实上，相关研究支持后一种观点（Mischel & Peake，1982），他们研究了认为自己是认真或不认真的大学本科生在各种情境下的表现。一个独立的评判小组判断每一种情境对于认真的原型程度，研究者随后计算了跨情境的一致性程度。那些自认为认真和不认真的被试在低原型度情境中的行为表现没有什么差异。然而，在认真的高原型情境中，高认真个体比低认真个体在行为上显示了更高的一致性（Mischel & Peake，1982；Schutte，Kenrick，& Sadalla，1985）。

研究者对态度的研究也有类似争论。态度常常代表对某类人、物或事件的普遍看法。一种态度能否预测对某一特定类别成员的行为，受到这个实例与类别原型匹配程度的影响。当人们对某些特定群体具有刻板印象时（Lord，Lepper，& Mackie，1984），如果某个群体成员与原型成员匹配，那么他们就会对其表现出这种典型的态度。

认知－行为关系有什么普遍性意义呢？研究者认为，当一个人发现原型行为与特定认知相关时，一致性将是最高的。

测量认知与行为

在评估认知－行为关系时的另一个问题是，认知和行为能否在同一个特异性水平上得到测量。如果问你，是否应该通过慈善来帮助那些贫困的人，你很可能回答"是"。如果有一个乞丐反复搭讪你，求你给一些零钱，你也很可能拒绝他。尽管你的态度和行为看起来是不一致的，但你违背了自己对贫穷的态度吗？不一定。例如，你可能认为，慈善应该由机构而不是个人来负责，或者乞讨行为不应该得到鼓励。你的这种态度和行为之间的明显不一致是由一个事实引起的：你的态度是在普遍性水平上被评估的，但你的行为是基于特定情境而被测量的。当态度和行为在不同特异性水平上被评估时，它们可能表现出低一致性。那么，态度和行为评估怎样才能更具可比性呢？

一个解决方法是，采用**多重行动标准**（multiple-act criterion），即通过普遍性行为趋势来测量行为（Epstein，1979；Fishbein & Ajzen，1974）。也就是说，不是考察普遍性态度（抽象水平上对慈善的态度）和单一行为（给某一个乞丐钱）之间的关系，而是测量许多特异性行为，来得到一个具有普遍性的行为测量结果。例如，你可以测量各种原因的给钱行为，以及作为志愿者帮助贫穷人士的时间等。尽管你关于慈善的看法并不一定能预测你对某一乞丐的行为，但如果我们考察你作为志愿者花了多少钱、时间和努力在这些慈善事务上，那么从普遍意义上看，这应该能预测你的慈善行为。

多重行动标准可以成功地显示态度和行为之间的一致性关系。这是因为多重行动能更好地评估个体的典型行为，或者是因为考察多重行动会包括至少一个由态度预测的情境（参见 Monson，Hesley，& Chernick，1982），又或者是因为多重行动至少包括两个个体认为彼此相似且与态度相关的情境，因而也就保证了出现相似行为（参见 Lord，1982）。不管基于哪种原因，当对行为的多重行动测量与整体态度相关时，态度和行为之间的一致性会更高（关于人格心理学的一个类似综述，请参见 Buss & Craik，1980，1981）。

另一个评估认知－行为一致性的方法是更特异性地测量认知。例如，如果问你对把钱给一个乞丐感受怎样，而不是问你对慈善的一般感受，那么你的态度和行为之间的一致性可能是很高的。许多考察态度－行为关系的研究都采用了这种方法，即把态度作为特定的行为意图予以评估（Ajzen & Fishbein，1977；Fishbein & Ajzen，1974）。**理性行动理论**（参见第 2 章和第 10 章）直接从人的意图预测他们的行为，反过来，态度就是这个行为、他人认为某人应该做什么的主观标准，以及从态度和规范考量的相对重要性的函数。理性行动理论可以预测各种行为，特别是健康方面的行为（S. E. Taylor，2006a）。当意图是稳定的时候，意图能预测行为，当意图是不稳定的时候，过去的行为能更好地预测现在的行为（Conner & Abraham，2001；Sheeran，Orbell，& Trafimow，1999）。

除了知道人的态度、主观标准及行为意图外，一个人需要知道其对一种行为的控制感（Ajzen，2001；参见第 2 章和第 10 章）。对该模型改进版的一个检验发现，被试不仅需要对某一表示态度的物体保持某种行为意图，而且需要认识到他们能够完成所计划的这个行动。因此，即使对一个态度具有清晰的行为意图，控制感或自我效能感在态度－行为的一致性表现上仍然是重要的。

哪些认知预测行为

态度和行为的关系中一个令人困扰的特征是，一个人能够在不一定有相应行为的情况下改变与这些行为高度相关的认知。例如，对职场女性看法的研究逐渐表明，男女都越来越主张平等。然而，关于歧视和骚扰的大多数指标表明，职场女性还是会比男性经历更多这些方面的影响（Barreto & Ellemers，2005）。可能有多种原因导致行为与态度不匹配。Kahn和Crosby（1987）发现，态度可能反映的是理想或社会赞许的反应方式，但行为可能受到其他因素，如其他态度（资历应该决定薪酬）、情境因素（某一女性在某一职位上的特点）、认为态度可以指导行为的个体差异，以及摆脱骚扰和歧视的概率的影响（Crosby et al.，1980）。本节将进一步探讨各种影响认知预测行为的因素。

认知和行为之间具有强关系的一个条件是，认知是强烈的和清晰的。这在态度研究中是最明显的：态度的强度预测其稳定性（参见第9、10章），态度具有个人意义，而且也关注个体感到极度肯定的重要个人问题。当态度和行为不一致时，态度常常是不强烈的或模糊的（Armitage & Conner，2000）。强烈坚持的态度是更容易被获取的，因而也更能影响到行为（Bizer & Krosnick，2001；Posavac，Sanbonmatsu，& Fazio，1997）。

如果一个态度是可获取的，也通常会影响行为（Aldrich，Sullivan，& Borgida，1989；Fazio & Williams，1986；Kallgren & Wood，1986；Kiesler，Nisbett，& Zanna，1969）。可获取的态度看起来也是重要的（Roese & Olson，1994）。我们有时把态度看成普遍的价值观，但不能轻易地获取它们，以影响我们的行为。例如，Kallgren和Wood（1986）发现，被试报告了对保护环境的态度，并且通过记住多少与态度相关的以往行为而展示了这些态度的可获取程度。两周后，研究者要求这些被试签名支持和传递一份保护环境的呼吁书，并参与一个垃圾回收计划。只有那些能够获取之前态度的被试在他们的态度和行为之间显示了较高的一致性。

与可获取性相关，当认知得到重复和练习时，它们更可能影响行为。当人们所保持的态度具有高度嵌入性，即与所保持的其他信念关联在一起时，这些**嵌入式态度**（embedded attitude）与更少的嵌入式态度相比，将更与行为相关（Prislin & Ouellette，1996）。

如果认知涉及一个人相对专业和具有丰富知识的领域，那么它们更有可能影响行为。例如，那些不仅具有支持环保的态度，而且具有丰富环保知识的人更可能按要求在保护环境倡议书上签名支持（Armitage & Conner，2000；Kallgren &

Wood, 1986)。研究者（A. R. Davison, Yantis, Norwood, & Montano, 1985）通过一项纵向研究发现，即使在控制了态度的先前经验以及对态度的确定性之后，关于态度物体的更多信息仍会产生更高的态度-行为一致性。

一个决定态度是否预测行为的因素是态度的形成方式。由**直接经验**（direct experience）而不是间接经验形成的态度能更好地预测行为（Fazio & Zanna, 1978）。在一项研究中，大学生报告他们对所在大学床位短缺的态度。只有那些态度是由他们自己的相关经验（因房间不够而在学生宿舍休息室的简易床上睡了数星期）形成的学生显示了强态度-行为关系。相关的个人经验鼓励人们思考和谈论这些议题，因此他们的态度也比那些只是听到或看到这样的问题的人更可能影响行为。此外，当人们有时间和动机去仔细思考自己的态度时，他们在行动前更有可能考虑这些态度与行为之间的关联性（Fabrigar, Petty, Smith, & Crites, 2006）。总的来说，通过相关经验而形成的态度（与那些不是基于相关经验形成的态度相比）是更具可获取性的（随时准备指导行为）、更具特异性的（与行为相关）、更有信心坚持的（更少犹豫）、更稳定的（更一致）以及更强健的（抵御反对意见）（Borgida & Campbell, 1982; Fazio & Zanna, 1978; 见表15-2）。因此，它们能预测行为。

表15-2 有利于形成态度-行为高一致性的有关态度

特点	机制
态度是强烈的	可获取的、稳定的、重要的
态度是可获取的	准备使用、重要的
态度是嵌入式的	重复的、练习的
态度源自专业知识	关于态度物体的信息
态度是通过与态度物体的直接经验而形成的	可获取的、特异性的、有信心的、稳定的、强健的
态度在时间上是稳定的	经常表达
态度反映了既得利益	与价值和目标一致
态度是重要的	与目标和价值、身份和自我图式相关
态度具有在情感和认知上一致的成分	不冲突的影响

一个影响态度-行为一致性的因素是既得利益。一个人的态度所涉及的自我利益越多，这个人就越有可能根据态度而采取行动。例如，18岁的人比22岁的人更可能去游说反对把法定饮酒年龄提高到21岁的全民公决（Sivacek & Crano, 1982）。对那些具有高个人重要性的态度来说，既得利益更有可能影响

行为（Young，Borgida，Sullivan，& Aldrich，1987）。当与理想的行为变化相关的价值很突出时，行为也会发生变化（Homer & Kahle，1988；S. H. Schwartz & Inbar-Saban，1988）。

那些容易被记住的稳定认知（相比不稳定的认知）更可能预测行为（Kraus，1995）。当态度不稳定时，突出的环境刺激或竞争性信念更能预测行为。决定一个认知是否稳定和可获取的首要因素是表达的频率。例如，如果一群朋友经常辩论外交政策，那么他们的态度更能预测行为。而且，当态度被频繁地表达出来时，它们也常常变得更极端（Downing，Judd，& Brauer，1992）。因此，如果你有多个机会表达你对一场战争的态度，那么你可能会在这个过程中产生强烈的感觉，觉得这场战争就是你所认为的那样。

上述的因素表明，重要性决定一个态度是否影响行为。**重要态度**（important attitude）反映了基本价值观、自我利益以及一个人认同的个体或群体身份（Boninger，Krosnick，& Berent，1995）。在说服期间，内侧前额皮质的参与帮助确定了所预测行为的态度（Falk，Berkman，Mann，Harrison，& Lieberman，2010）。这一结果与自我和社会相关加工的研究发现一致。对个人重要的态度既抵御进一步的说服，也预测行为。自我图式也会决定态度－行为关系。那些代表了个体强烈坚持的关于个人品质的态度（相比那些对自我图式不重要的态度）更能影响行为（Milburn，1987）。

总的来说，一个人所关心的（可以获取的、稳定的和重要的）态度与行为有更强的关系。更广泛来看，认知－行为关系的意义在于，出自个人经验以及对一个人生活重要的认知要比那些从不强烈的好奇心、一时的兴趣和二手信息中发展出来的认知更能预测行为。表 15-2 总结了更普遍意义上影响态度－行为关系和认知－行为关系的因素。

分析态度背后的原因

认真思考总是有利于提高态度－行为一致性吗？什么时候人们会自发去了解态度背后的原因？当人们遇到来自他人的意外反应或者对他们的态度物体具有意外的感受时，他们就会进行原因分析（T. D. Wilson，Dunn，Kraft，& Lisle，1989）。被引导去思考一个人态度背后的原因实际上会减少态度－行为一致性（T. D. Wilson，Dunn et al.，1989）。从本质上说，分析一个人态度背后的原因，即**硬找原因**（analyzing reason）会暂时改变这些态度（T. D. Wilson et al.，1995），这些态度没有从支持某一态度的其他信念中获得多少认知支持时尤为如此（Maio & Olson，1998）。人们一般不会为他们的态度想太多，而且当被引导去思考时，他们常常关注态度某些之后会变得凸显的方面。这样一来，他们就不能区分重要和非重要信息，或者不能恰当地直接知觉特定信息的意义（Tordesillas & Chaiken，1999）。当试图找出态度的原因时，人们常常把记忆中可用的信息提取出来，但这些不一定能解释他们的态度。他们所找到的原因可能来自那些凸显的情境因素或表明一个新态度的近期经验，至少暂时引起了态度的改变。

评估一个态度背后的原因会产生什么影响呢？如果在个体刚刚表达新态度后测量一个行为，那么这个行为与这些新态度将是一致的。如果在对态度的原因分析一段时间之后测量一个行为，那么这个行为似乎会"反弹"到原来的态度，因而与原因分析之后所报告的态度不一致（T. D. Wilson，Kraft，& Dunn，1989）。另外，行为也许更受态度的情感特点，而不是认知特点所控制。由于对态度的自我报告是认知驱动的，而行为又可能是偏向情感驱动的，因此在个体关注分析态度背后原因的条件下，对态度和行为的自我报告可能是有差异的。

正如之前分析所表明的，一些态度比另一些态度更容易受到原因分析的干扰。那些难以获取、不强烈且基于有限知识或情感的态度比那些易于获取、强烈且基于大量知识和认知的态度更容易受到原因分析的干扰（T. D. Wilson et al.，1989；T. D. Wilson，Kraft，& Dunn，1989）。

态度的情感与认知影响

行为类型会影响情感或认知关注点究竟怎样影响认知-行为关系（Millar & Tesser，1986a）。在最简单的形式中，以自身为目的而参与的行为，即**完成性行为**（consummatory behavior），似乎是由情感所驱动的，但服务于某些目标的行为，即**工具性行为**（instrumental behavior），似乎是由认知驱动的。因此，如果一个人关注某个态度的认知成分而且行为是工具性的，那么态度-行为一致性将会增加。如果行为服务于自身目的（完成性的），那么关注某一态度的情绪性成分将增强态度-行为关系。

为了验证这一假设，研究者让被试在关注一个态度的认知成分（对于这个谜题，为什么被试会这么考虑）或情感特点（对于这个谜题，被试的感受怎样）的情况下解决高难度谜题（Millar & Tesser, 1986b）。此外，被试了解到他们之后还要参加一项分析能力测验（使解谜题任务工具化），或者参加一项社会敏感性测验（使解谜题任务服务于自身目的，即是一种完成性行为）。正如所预测的，那些工具性地解谜题的被试只在认知关注条件下，在评价和所花时间上表现出了一致性；而那些为了任务自身目的解谜题的被试只在情感关注条件下表现出了高态度 – 行为一致性。这些结果只有在情感和认知成分冲突时才会出现（Millar & Tesser, 1989）。

行动识别

人们怎样标示他们的行动将改变他们的后续行为。确切来说，人们可以在低水平（如闲谈）或为了服务于某个目标的高水平（如试图留下一个积极印象）上识别他们的行动，这种现象叫**行动识别**（action identification; Vallacher & Wegner, 1987）。关于行动识别的理论假设，行动身份（对一个特定行动的不同考虑水平）系统性地按照层级彼此关联。较低的层次识别一个行动的各种特征，而较高的层次表明对一个行动更抽象的理解，即为什么做和达到什么目标。把你的两只脚依次放到另一只前面代表一种低水平行动身份；出去走一下代表一种中水平的行动身份；到社区走走，看看该地区怎么样，是一种高水平的行动身份；而规划一个人的未来属于一种更高水平的行动身份。

人们运用行动识别来管理行动执行、过程监控和行动维持。更高水平的行动身份倾向于主导对行动的执行和评估。当人们对他们所做的事情只有低水平理解时，他们会倾向于接受由环境提供的任何更高水平的行动身份（Wegner, Vallacher, Macomber, Wood, & Arps, 1984）。在一项研究中，一部分被试用一个形状奇特的杯子喝咖啡，这会使他们把注意集中到行动的低水平特征上（怎样把咖啡喝到嘴里），而其他被试用普通杯子喝咖啡。那些用奇特杯子喝咖啡的被试更倾向于接受寻求（或避免）自我刺激（这是一个比简单喝咖啡更高水平的行动识别）的暗示。而且，他们会泛化这种自我刺激的行动识别，如调高或调低房间里的音乐音量（Wegner et al., 1984）。

当一个行动不能保持在更高的水平上时，它就会下降到更低一些的水平上。例如，那些善于用筷子的人会认为吃中餐是一段令人愉快的体验，而那些没用过筷子的人在吃中餐时,主要就是用筷子把菜从盘中送到嘴里。当一个更高水平的行动不能自动实现时,行动识别会降到更低的水平上。更普遍来说,成功的行动倾向于被识别为相对较高的水平,而不成功的行动倾向于被识别为较低的水平(Vallacher,Wegner,& Frederick,1987)。

行动识别取决于几个因素,包括环境、行动的难度和个体之前的经验(见表 15-3)。关于环境,情境性线索常常会指导个体在更高或更低水平上识别一个行动。例如,在一个社交场合,老板出现可以把一个人对公司前景的评价定义为给老板留下好印象以及升迁的长期机会,而如果老板没有来,这个人关于公司未来的判断可能就简单地停留在一些不太靠谱的观察上。

表 15-3　行动识别效应

	识别的低水平	识别的高水平
例子	骑自行车	锻炼
灵活性	低(只能骑自行车)	高(锻炼可以有许多形式)
稳定性	低(行动识别受环境影响)	高
环境影响	环境可能会把识别转到更高水平(如把骑自行车标示为锻炼)	环境对识别水平影响不大
行动难度(维持指标)	干扰很少出现,而一旦出现,行动识别可能会降到更低水平	干扰会把行动识别转到更低水平
涌现性行为的发生率	高,因为低水平行为是对环境影响的反应	低

资料来源:After Vallacher & Wegner (1987).

关于行动难度,有五个因素,称为**维持指标**(maintenance indicator),决定了对一个行动身份的可能干扰:行动的难度、熟悉度、复杂度、完成时间和学会这个行为的时间。例如,等一辆巴士不难完成,它对大多数人来说是熟悉的、简单的,不需要太长时间,也不难学会。因此,等巴士这样的事情再降到更低行动水平的概率就低了。然而,招手截停一辆出租车更难完成一些,对大多数人来说没那么熟悉,更复杂,在某些情况下也会花更多时间,而且在某些地方还超乎预料地难以学会什么时候、在哪里叫车方便。例如,在纽约市区,一个叫出租车的新来者可能会把对这个任务的识别降低到走到街上,在别人招手前先招手,以吸引注意力的水平上。那些容易的、熟悉的、用时短和需要很少学习时间的行动往往被保持在开始时的水平上。

当个体对一个特定行动序列积累了一定经验时(相比没什么经验的情况),

他会在一个更高的水平上识别它。得到了充分练习的更高水平的行动通常能被自动化地完成。在某种程度上，这是正确的，它们往往倾向于维持在更高的水平上，而不是更低的水平上（Vallacher et al.，1987）。

一个行动被识别为高水平还是低水平具有诸多意义。正如之前所指出的，那些在更高行动识别水平上进行的行动比那些在更低行动识别水平上进行的行动更稳定。行动识别也影响行动的灵活性。识别为更高水平的行动（如锻炼）可以通过几种方式完成（如慢跑、骑自行车或游泳），而识别为更低水平的行动（如骑自行车）就没有多少灵活性。在一个错误的行动水平上执行的行动可能会导致成绩下降。具体来说，困难任务在被识别为低水平时完成得最好，而容易任务在被识别为高水平时完成得最好。一个通常在高水平上完成的行动如果降到一个更低的水平上，其执行可能会受到影响。一位跳远运动员宣称，如果她问对手为什么总是把右脚摆成一个特定姿势，那么她就能比对手多跳 0.6 米。相反，当一个行为能在一个较低层次的行动识别水平上（如握手）自动完成时，更高行动识别水平的情境性因素（如留下一个好印象）可能会干扰行动的顺利完成。这是因为更高水平的行动识别会迫使注意集中在各个成分上（如压力适当吗？手心出汗吗？有目光接触吗？）。

在一些条件下，行动身份会引起**涌现性行动**（emergent action）。所谓涌现性行动，是指人们发现自己正在做的事情并不是打算做的事情这样一种行为现象。考虑到低水平行动身份会对建议高水平行动身份的环境做出反应，因此涌现性行动会出现在低水平行动身份的情况之中。在一项研究中，被试仔细考虑或简单地考虑参与一项实验（Wegner，Vallacher，Kiersted，& Dizadji，1986）。那些专注于细节的被试更容易接受他人关于无私帮助实验者或自私地从实验者那里多拿学分的建议。开始时在一个相对较低的水平上考虑他们实验的被试倾向于接受这些行动识别，而且会通过选择参加与涌现性行动身份一致的后续活动继续进行涌现性行动。

行动识别理论还与其他社会认知主题相关。行动识别可能会影响针对行为表现的归因。例如，当人们在一个相对较低的水平上行动时，他们会关注可能改变行为意义的环境信息。因而，他们也对行为做更多情境性归因。相反，当人们在一个高水平上识别行动时，他们因看到它受更高水平的个人目标（而不是情境因素）启动和保持，而可能把它知觉为基于性情的（Vallacher & Wegner，

1987）。与此相关的是，当我们在高水平行动身份上识别另一个人的行动时，对行为意向性的归因是特别强烈的（Kozak，Marsh，& Wegner，2006）。

这个理论也预测，在行为上的跨情境不一致性并不总导致情境性归因。尽管人们在实现目标时具有跨情境灵活性，但如果个体在高水平上识别一个行动，那么他仍然可能会把这个行为看成性情性的。该理论也解释了自我概念中存在的明显的一致性与可塑性（参见第5章），特别是人们在行为可变的情况下怎样保持自我概念稳定。行动识别理论建议，只有在高水平上做出的行为是与自我概念关联的，因此当行为在低水平上完成并且被判断为对自我概念意义不大时，明显与自我概念不一致的行为将不被认为具有这样的功能。在一项研究中（Wegner et al.，1986），被试用5个句子对他们的行为分别从相对低水平或相对高水平描述，然后他们收到错误的反馈，表明他们要么是合作性的，要么是竞争性的。在低水平上描述自己行为的被试会倾向于相信这些错误反馈。

行动识别理论还向我们展示了对特质的测量，特别是研究者在从特质预测行为的方面取得了一定的成功。根据行动识别理论，人们可能会因为许多理由中的任何一个而执行一个行动。一些理由是高水平的，可能对应于特定的特质或其他性情性品质，但其他一些是低水平的，不一定与特质相关（Vallacher & Wegner，1987）。

情境因素调节认知-行为一致性

情境因素通过使凸显的某些认知活动成为行为的指引而影响认知-行为关系。假设一个朋友让你帮忙收集一个关于允许大一学生开车进校园的请愿书签名。你会怎么做呢？如果这个朋友告诉你，他有些绝望，因为他承诺到中午的时候获得100个签名，但到这天10：00他才获得了60个，那么你有可能出于友情而帮助他，因为他是你最重要的朋友。之后，如果你的一个同班同学走过你身边并且抱怨了一句，说校园里车位本来就已经不够了，那么你可能会重新考虑这个议题，以免疏远了同学。类似地，如果停车被宣传为一项个人权利，那么你可能予以帮助，但是如果你刚好读了一篇谴责当地空气污染的社论，那么你可能就不提供帮助了。这个例子表明，要考察一致性问题，你必须问："与什么一致？社会标准？态度？哪些态度？"行为被情境因素影响，强调了一些认知强于另一些认知，而在推断一致性前，你必须知道关注哪些是重要的。

因此，态度－行为的一致性将受到情境线索使某一态度或行为的意义凸显的影响。一项研究（Prislin，1987）测量了被试对死刑的态度。研究者要求被试作为陪审团成员，就一个虚构案例做出裁决。研究者提醒被试，要么根据自己的态度做出裁决（高态度相关性），要么根据事实做出裁决（低态度相关性）。被试还被告知，他们的裁决能或不能影响真实陪审团的裁决（高行为相关性与低行为相关性）。当外部因素既不能使态度相关，也不能使行为（尤其）相关时，态度－行为关系是紧密的。然而，当外部因素使态度或行为具有相关性时，相关性下降了。环境对行为的影响可能是不易察觉的，甚至可以由阈下启动所诱发（Herr，1986；Neuberg，1989）。

社会规范能通过情境决定行为，压倒相关态度的影响（Bentler & Speckart，1981；LaPiere，1934；Pagel & Davidson，1984；S. H. Schwartz & Tessler，1972）。例如，当问你是否允许一个不正派的人到你家里时，你可能略带愤怒地说不允许，但是如果他作为你邀请客人的男朋友出现在你举办的晚会上，你可能就不会把他打发走了。虽然你的行为与你对他的态度不一致，但你的行为将与作为晚会举办者的角色保持一致。规范在一群人面前以及当一个人的注意被导向外部的情境（而不是自我）时会显得尤其重要，自我展示性的担心会影响行为（Cialdini，Levy，Herman，& Evenbeck，1973）。

其他情境因素支持把之前的态度作为行为的基础。如果情境因素把注意导向内部，那么人们会把他们的行为建立在长期态度的基础上（Wicklund，1975）：关注自我将使外部影响降到最低，而且使之前的态度更突出。当提示某种态度的以往行为突出时，后续的态度－行为一致性就是高的。

启动特定构念也会影响行为。例如，使外向性凸显会使多数人外向地表达。然而，人们也会在一个启动的构念适合自我概念的程度上表现出差异。例如，如果针对一个情境的启动规范要求表现出外向行为，那么一个内向的人也可能以一种更外向的方式行事。但是，随着外向规范的凸显性下降，这个人可能更多地恢复到更易习惯性获得的内向的自我知觉状态。一个既不认为自己内向也不认为自己外向的人，可能会保持针对情境的行为标准的敏感性，即使那个标准的凸显性已经下降也是如此（Bargh et al.，1988）。

总的来说，对随机情境线索的注意常常能降低态度－行为一致性。与这种观点一致的是关于态度－行为一致性的大脑偏侧化效应。具体来说，当右利手被试的大脑左半球被激活时，态度－行为一致性是低的，但当右半球被激活时，态度－行为一致性会增高（Drake & Sobrero, 1987）。这种现象出现的原因可能是，对自我的注意随左半球激活的增加而相应增加，而对外部刺激的注意随右半球激活的增加而增加（Drake, 1986）。

为什么一些看起来微不足道的情境特征会影响人的行为呢？情境诱发的凸显性强调相关的态度或规范，使得这些态度或规范成为针对行为的更容易获取的指南（Borgida & Campbell, 1982; Kiesler, Collins, & Miller, 1969; M. Snyder, 1977）。凸显性定义了针对个体的情境，从而减少了模糊性（R. Norman, 1975）；如果你不确定的话，它会告诉你，哪些应该与你的行为相关。当整体态度或价值突出时，对行为一致的责任感就显得很重要了（Kiesler, 1971; S. H. Schwartz, 1978）。如果认知－行为的联系显得突出，那么认知和行为之间一般就是一致的。但是，当情境线索突出时，行为就可能与这些线索表现一致了。

个体差异调节一致性

当考察个体差异在认知－行为一致性中的作用时，"与什么一致"的问题就变得更重要了。一些人根据社会规范行事，另一些人则根据态度行事。一些人的行事方式长期由社会性目标主导，另一些人则表现出更明显的行为灵活性。我们这里主要介绍这些个体差异因素。

在特质－行为和态度－行为关系中，一个基本问题是，人们究竟怎样根据特质来考虑他们自己，以及怎样根据不同情境看待行为稳定性。儿童和成人都倾向于认为性情具有条件－行为权变特性，而不是在不同情境之中保持不变（Wright & Mischel, 1988）。例如，成人会对他人的行为做出性情性归因，但也会根据情境而做适当调整（例如，乔治除了对不认识的人有些拘束，总体上还是一个外向的人）。由此来看，如果人们知觉到的相关性情只是与特定情境条件性地相关，那么他们就可能认为没有必要按照性情行事。因而，一个人可能相信某人是一个友好的人，但也相信对一个路边的流浪汉报以微笑不至于达到性情上"友好"的水平。

对某一任务情境，那些没有经验、能力欠缺或者对其能力没有信心的人，比那些有经验且具备相应能力的人会更关注与任务相关的特质和特点。这种在某一任务情境中聚焦能力的倾向会鼓励个体去匹配与情境一致的要求。这样做当然也不一定会成功,因为能否完成任务也取决于实际的能力(Wicklund,1986;Wicklund & Braun,1987)。

自我监控

我们都认识一些容易融入社会情境的人,他们似乎清楚地知道究竟要对每个人做什么或说什么。我们也认识一些只强调自我的人,他们不会顾及情境,很少受到社会规范的约束。我们把这两种人分别定义为高或低自我监控者(M. Snyder,1974)。根据情境要求而行事的人会根据情境来监控自己。根据自己内在的要求行事的人不会根据情境的要求来监控自己,也就是说,他们是低自我监控者(M. Snyder & Monson,1975)。

自我监控描述个体怎样计划、行动和调整社会性行为(M. Snyder & Cantor,1980)。行为选择需要运用各种信息,包括关于特定社会情境的知识和关于一个人自己能力、资源和稳定品质的知识。高自我监控者对关于适当行为的社会规范、情境和人际线索特别敏感(M. Snyder,1974)。相反,低自我监控者更少对这些环境性线索做出反应,取而代之的是,他们利用内在的自身线索来决定行事方式。面临新情境时,高自我监控者会问:"对于这种情境,理想的人应该是什么样子,我怎样才能成为那样?"而低自我监控者会问:"在这种情境下,我怎样才能成为最好的自己?"(M. Snyder,1974;见表15-4)

表15-4　测量自我监控的题目举例

请以"是"或"否"回答以下问题		
1. 我发现模仿他人的行为很难	是	否
2. 我很可能会成为一个好演员	是	否
3. 在一群人之中,我很少成为人们关注的焦点	是	否
4. 当我不喜欢一些人时,我可能会通过假装友好而骗过他们	是	否
5. 我只能对我相信的观点表示赞成	是	否
6. 我能对我几乎一无所知的主题做出即兴演讲	是	否
请如实回答表中的问题。如果你对第1、3、5题的回答为"否"而对第2、4、6题的回答为"是",则你倾向于高自我监控。如果你的得分与此相反,则你倾向于低自我监控		

资料来源:After M. Snyder (1974). Copyright 1974 by the American Psychological Association. Adapted by permission.

高自我监控者实际上也比低自我监控者具有更高的社交技巧(Ickes &

Barnes，1977）：传递更广泛的情绪，更快学会怎样在新情境中行事，发起更多对话并具有良好的自我控制（M. Snyder，1974）。当要求采取另一种行为方式（如保守、退缩和内向）时，高自我监控者比低自我监控者做得更好（Lippa，1976），而且他们似乎也能更好区分那些非言语行为的意思（M. Snyder，1974）。当社会性后果主要取决于另一个人时（如一次可能的约会），高自我监控者会记住另一个人的更多信息，并且对那个人做出更有信心和更极端的推测（Berscheid et al.，1976）。对观察者来说，高自我监控者似乎比低自我监控者更友好、更不焦虑（Lippa，1976）。

高自我监控者明显因社会性信息对他有用而对这些信息感兴趣。他们会比低自我监控者更能记住交往者的信息（M. Snyder，1974）。高自我监控者比低自我监控者更能针对特定领域的个体建构其原型形象（如典型的外向型或完美公主形象），而且当社会规范清楚时，也更可能如愿进入一个社会性情境。低自我监控者更善于建构其在特定情境中的自身形象（例如，他们应该怎样在一个要求其表现得外向的情境中行事），而且也更可能进入一个适合他们自我概念的情境之中（M. Snyder & Cantor，1980）。

由于风格差异以及高自我监控者和低自我监控者的信息偏好，他们的行为会受到不同因素的影响。高自我监控者把自己描述为灵活的、具有适应性的和敏锐的个体，当要求他们解释自己行为的原因时，他们很可能指向情境因素。㊀相反，低自我监控者把自己看成更具一致性的和更有原则的，而且他们常对自己的行为做出性情性解释（M. Snyder，1976）。低自我监控者比高自我监控者受到暂时心境状态或疲劳对行为的更多影响，高自我监控者能更好地掩盖这些内部干扰源（Ajzen，Timko，& White，1982）。高自我监控者也对公众自我意识做出更多反应（参见第5章），而低自我监控者对内在自我意识的操控更敏感（Webb，Marsh，Schneiderman，& Davis，1989）。

自我知觉上的差异也体现在行为上，因此自我监控有助于阐明认知－行为关系。由于高自我监控者会采取符合社会规范的形式行事，而各情境之间所适用的规范又千差万别，因此他们在不同情境之间的行事方式没有多少一致性。

㊀ 从这种描述来看，高自我监控者似乎是高马基雅维利主义的。然而，Ickes、Reidhead 和 Patterson（1986）认为，高马基雅维利主义者在印象管理上是自我导向的，而自我监控反映了一种他人导向的对情境的妥协结果。

在被诱导完成一个反自身态度的行为后，高自我监控者比低自我监控者更少能从反自身态度的行为中产生新态度。低自我监控者在行为上表现出更少的情境变异性，而且他们未来的行为也能从对他们相关认知的了解中得到预测（M. Snyder & Swann, 1976）。考虑到低自我监控者对态度问询的速度更快，因此他们的态度比高自我监控者更容易被获取。这表明低自我监控者具有更强的目标 – 评价联系（Kardes et al., 1986）。然而，高自我监控者有时确实会表现出态度 – 行为高度一致性。当一个人的态度对行为的意义很重要时，高自我监控者的态度 – 行为将是高度一致的，因为按照态度行事是高度受社会赞许的（M. Snyder & Kendzierski, 1982）。

高自我监控者和低自我监控者在个人关系的重视程度上是不同的。高自我监控者更多受到潜在伙伴（不论是恋爱对象还是非恋爱对象）外貌的影响，而低自我监控者更多受到潜在伙伴人格特质的影响。高自我监控者比低自我监控者报告有过更多恋爱伴侣，低自我监控者报告他们与当前的伴侣相处时间更长。高自我监控者更愿意因其他可选对象而中断当前的恋爱关系，而低自我监控者与伴侣的关系似乎更亲密，表明他们更忠于当前关系（M. Snyder & Simpson, 1984）。

通过行为进行印象管理

人们通过他们的行为，在他人心里留下某些印象（Nezlek & Leary, 2002）。人们有时知道他们想要呈现什么形象，并且有意识地去创建这个形象（Kowalski & Leary, 1990）。人们通常希望给他人成功、迷人和招人喜欢的印象。有许多理由让人想创建一个好形象，如提升个人控制力、得到理想结果、获得认同，以及体验一个积极形象的内在满足感（见表 15-5）。

表 15-5　自我推销策略

印象努力类型	可能动机	代表性策略
创建一个积极印象	增加一个人的控制力以获得资源；得到认同；确认一个积极的自我形象；被人喜欢	匹配目标的行为；尽可能展现最积极形象；与规范一致；赞赏或奉承某人；保持前后一致性
创建一个模糊印象	避免被他人刻板印象化；保持行为自由；保护自尊；挽回面子	做出前后不一致的行为；对行为给出多种理由；宣称每个人都做了（即达成共识）；离开现场；避免评价

（续）

印象努力类型	可能动机	代表性策略
控制一个负面印象	控制一个人自己和他人对失败的归因；避免低能力归因；避免自己或他人对预期的未来失败感到失望	夸大获得成功的困难；几乎不付出努力；自我妨碍（即做一些自我破坏性行为，如喝酒）；宣称一个人的失败是由外部因素或不稳定因素引起的；做模糊归因

创建一个积极印象

积极印象是怎样创建的呢？一个策略是**行为匹配**（behavioral matching）。如果另一个人低调行事，那么印象管理者也将如此，但如果另一个人是自我推销式的，那么印象管理者同样会这样（Newtson & Czerlinsky，1974）。行为匹配常常是自动化且超出个人控制的，当人们自动模仿他人的非言语行为时尤为如此（Chartrand & Bargh，1999），而这种行为匹配会创建一种积极印象。

与情境性规范保持一致有助于创建一个恰当的印象。例如，婚宴会允许你无礼地祝酒，但葬礼一般不允许这样，除非是爱尔兰葬礼。

迎合（ingratiation）或奉承是指对另一个人说一些积极的东西（E. E. Jones & Pittman，1982）。尽管当一个人的迎合动机非常明显或者迎合过度时会迎合失败，但总的来说，这是创建积极印象的一种成功策略。如果奉承内容是目标个体的核心价值所在，但该目标个体又质疑自己的地位时，奉承是最容易成功的。例如，告诉一个获奖科学家她很聪明，很可能没有什么效果，因为她已经知道了，但是如果你告诉她，她很有魅力，则很可能产生相当好的效果（在她看重魅力但又怀疑自己的社交技能时尤为如此）。

自我推销并不总是有效的。**自我推销**（self-promotion），即向他人传递关于自己能力的积极信息，可以是一种积极的印象管理策略，但有时也会产生消极后果（参见第 5 章）；人们有时可能会把自我推销者看成傲慢或自负的人。

印象管理者有时会做错事情，可能会把现在的恋爱对象叫成前任的名字，或者在午餐时把汤洒到老板的身上。一个处理不尽人意的行为失误的办法是找一个借口（Kernis & Grannemann，1990；C. R. Snyder & Higgins，1988）。一般来说，把一个失败归于外部的、不可控的因素（如把迟到归咎为车胎爆了）比归于内部的、可控的因素（如忘记设闹钟）是一种更好的管理无效自我推销的方式。

自我妨碍

针对印象管理失败的一个更极端策略是**自我妨碍**（self-handicapping；Baumeister & Scher，1988；Berglas & Jones，1978）。人们有时会为做成一件事情设置一些障碍，以便之后把失败归因于这些障碍。一个考前整晚没睡的学生可能会把考试低分归因于疲劳，而不是能力不够（McCrea & Hirt，2001）。

自我妨碍策略有两个版本。一个是行为性自我妨碍，即制造一种真正的不利条件，如疲劳、酗酒、拖拉以及不为失败找借口。另一个是自我报告式妨碍，即宣称自己病了、焦虑或是一次灾难性事件的牺牲品，以希望这些状态能成为失败的借口。

别人并不那么容易被自我妨碍策略说服（Rhodewalt，Sanbonmatsu，Tschanz，Feick，& Waller，1995）。自我妨碍会给人产生一种不好的印象。一个人可以避免做低能力归因，这样做的代价是很高的：这个人可能看起来懒惰、焦虑、醉醺醺或太兴奋。而且，糟糕的自我表现还有一个风险，这种印象管理努力常常是内化的：人们会逐渐相信他们就是这样子的。

其他印象管理策略

社会性焦虑、抑郁、害羞和低自尊也会通过激活一种自我保护风格影响自我表现方式（Arkin，1987；Baumeister et al.，1989；Schlenker，1987）。这种风格的特点是退缩，特别是社会交往时的退缩：几乎不启动对话，日常说话少，避免谈及可能显示自己无知的话题，尽可能少自我暴露以及只给出很少的自我介绍。这种风格把重点放在愉快行为上，如同意他人或避免不同意他人。

人们有时会选择让他人模糊对自己的印象。被人标记为某种类型的人会减少自己对事件后果的控制感，因为这会暗示一个人不再有选择往相反方向行事的自由。在一些情境下，人们通过做出模糊归因而故意把水搅浑。一个人可能会做出不一致的行为，或者为行为给出一些理由，以便使别人对稳定人格特质的重要性评估打些折扣。例如，如果你为你们宿舍成功组织了一场聚会，那么你可能想表明，你只是有幸做得还不错，而且你也恰好有些空余时间来做这个事情。你希望避免几个月后同学们可能又让你组织这种活动。

通过行为验证关于他人的假设

我们通过多种方式了解他人：从其他人那里，从他们所处的情境中，或者通过组合证据来了解。不管怎么样，我们都会迅速建构关于他人的假设。这些假设怎样影响我们的社会交往呢？人们常常通过行动来验证他们的假设，产生验证性信息。

例如，假设你了解到艾德刚刚从塔希提岛回来，你会迅速判断他是一个无忧无虑的探险者，喜欢去一些奇特之所。在与他交流时，你了解到他曾经驾船到维尔京群岛，并曾在海洋世界有一份喂养鲨鱼的工作。所有这些都是相当奇特的。但需要指出的是，你需要搜集信息来证实他的这一形象。我们都至少会有几件关于自己的看起来很奇特的事情，当这些信息全部堆在一起时，我们看起来会比我们实际的样子要更令人激动一些。在观察了奇特的艾德几个星期后，你发现其实是公司派他去塔希岛提开会；他的叔叔是海洋世界的经理，给他安排了个暑期工作；而他是与祖父母一起驾船去的维尔京群岛。由于人们都有一个总才能表，因此当选择性地抽取其中一些时，它们可能就适合支持你的假设。

在一项研究中（M. Snyder & Swann, 1978a），由学生询问其他学生问题，一半学生被要求调查另一个学生是否外向（如开朗、好交际），而另一半学生被要求调查另一个学生是否内向（如害羞、不爱交际）。研究者给学生各种测量内外向的问题，学生自己选择问题去提问。如果要求评估外向，他们会大量选择与外向有关的问题（"如果你想使聚会活跃起来，你会做些什么"）；而对于那些评估内向的学生，他们会大量选择与内向有关的问题（"什么使你难以对人敞开心扉"）。这些问题反过来又使得目标学生显得特别外向或内向，他也只展现与问题相关的行为。不论这个假设是关注个体的人格特质，还是基于种族、性别或性取向的刻板印象，个体都会做**验证性倾向的假设检验**（confirmatory hypothesis testing; Slowiaczek et al., 1992; M. Snyder, Campbell, & Preston, 1982）。不论假设源自哪里，它在多大程度上为真，以及是否对判断准确性有激励措施，验证性倾向的假设检验都会发生（Klayman & Ha, 1987; Skov & Sherman, 1986）。

验证性倾向的假设检验也会扩展到一般社会情境之外。在法庭上，诸如"请告诉陪审团您最近一次打架的事情"这样的引导性问题（Swann, Giuliano, &

Wegner，1982）实际上假设了一段攻击性行为史，而没有讲是或否。在这样的引导性问题中，推测自身就能被解释为所质疑行为的证据。要回答这样一个引导性问题将迫使你提供进一步证实这个行为的信息。假设你在人生中至少参与过一次打架斗殴，那么你现在必须告诉陪审团有关细节。因此，引导性问题是双重偏向的：问题本身暗示了那种行为（Wegner, Wenzlaff, Kerker, & Beattie, 1981），而回答又提供了证据。

尽管验证性倾向的假设检验出现于多种情境之中，但通过某些方法，我们可以演示这个验证过程。首先，将要验证的假设常常包含具体描述，如关于外向的详细介绍（Trope & Bassok, 1982）。由于之前的假设显得特别突出，因此人们可能会选择倾向于旨在验证这个假设的问题。其次，所提出的问题以将要验证的假设（如外向）为前提。相比中性问题（"你喜欢参加晚会吗？"一个外向者可能回答"是"，而一个内向者可能回答"否"），引导性问题列表包含带偏向的问题（"你会做什么，来使一场聚会活跃起来？"）。引导性问题是一个实际上迫使内向者和外向者均要回答支持外向的答案。当被试创建自己的问题时，他们很少会选择这样带偏向的问题。因此，调节因素包括为任务设定框架、可供选择的问题、假设的确定性以及备选项的可获得性（Kruglanski & Mayseless, 1988; Skov & Sherman, 1986; Swann & Giuliano, 1987; Trope & Mackie, 1987）。然而，假设检验偏向给我们展示了人具有（而不是不具有）验证包含所感兴趣特征的例子这样一种更普遍的倾向（Klayman & Ha, 1987；参见第7章）。

自我实现预言：当行为创建现实

验证性倾向的假设检验通过选择性地支持特定归因，错误表征了他人在社会性知觉者心中的作用。当这个假设检验也改变了目标的行为以支持该假设时，实际上就出现了**自我实现预言**（self-fulfilling prophecy）。一个开始就错误的定义后续会诱发证明这个定义为真的行为（Merton, 1957）。这种现象也称**行为证实**（behavioral confirmation），即目标对象做出与知觉者预期相关的行为。

在一项经典的教室研究中（R. Rosenthal & Jacobson, 1968），研究者在学期开始时告诉老师，通过合适教养，一些很有潜力的大器晚成者将变得非常优秀。事实上，研究者并没有拿什么指标来区分这些学生：他们是被随机抽出来的。然而，几个月后，这些所谓的大器晚成者的学习成绩改善了，甚至他们的智商都增加了。这种**皮格马利翁效应**（Pygmalion effect）对正面和负面预期，以及各种人群和情境的影响都很大（R. Rosenthal，1974）。下表（见表15-6）描述了支持皮格马利翁效应的因素。

知觉者会通过目光接触、姿态、微笑、点头和身体倾角等非言语行为把预期传递给目标对象。在一项经典研究中（Word et al.，1974），一个面试官通过非言语行为把负面预期传给面试参加者，而这也确实使后者完成任务更差（M. Snyder, Tanke, & Berscheid, 1977）。这种效应是很常见的（Darley & Fazio, 1980），但需要几个关键步骤（见图15-2）：知觉者的预期和一致性行为、目标对象的解读和反应，以及知觉者的解读具有一致性（Darley & Fazio, 1980）。正如图15-2所表明的，知觉者或目标对象都可削弱自我实现预言。

表 15-6 一些产生皮格马利翁效应的教室因素

对某一学生设立积极预期
更友好的社会情绪氛围
更多积极和消极反馈
输入：教越来越难的内容
输出：更多的表现机会

注：如果一个高地位者（如一个权威或一个年长男性）坚持某一预期，那么这个预期更有可能产生自我实现预言。

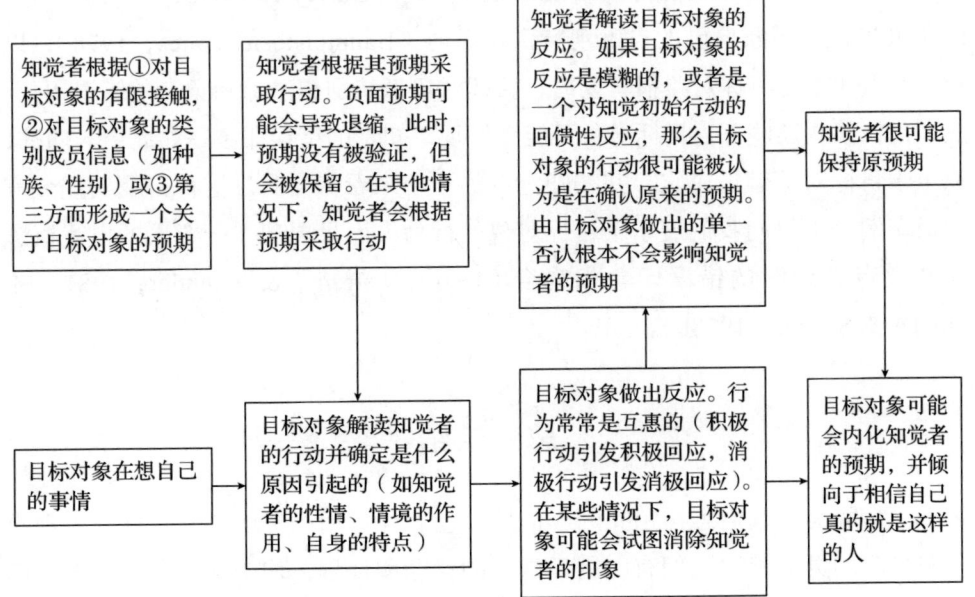

图 15-2 一个自我实现预言的发展图示

资料来源：源自 Darley & Fazio, 1980.

知觉者会调节他们的自我实现行为，在给出负面预期时尤为如此。他们有时会补偿，而不是回报预期的负面行为。例如，如果你预期敌意，则你不会让自己怀有敌意（以牙还牙），而是决定格外友善（补偿），希望能由此把他人的不愉快行为减到最小（Bond，1972；Ickes，Patterson，Rajecki，& Tanford，1982；Major，Cozzarelli，Testa，& McFarlin，1988；Shelton & Richeson，2005；Swann & Snyder，1980）。一个知觉者的准确度目标也可以撤销一些与基于预期互动相关的行为（Neuberg，1989）。

知觉者根据他们自己和目标对象各自的确定性来调节他们的目标。行为证实现象只发生于知觉者对他们的预期肯定，而目标对象对其自我概念不肯定的情况之中。相反，目标对象的自我验证（参见第 5 章）发生于目标对他们的自我概念肯定的情况之中，而且也倾向于出现在知觉者对他们的信念不肯定的情况下（Swann & Ely，1984）。因此，目标对象自己也能通过拒绝扮演他们认为不合适的角色而阻止自我实现预言出现。我们每个人毫无疑问都曾有过这样的经历。

当目标对象意识到这些错误印象时（J. L. Hilton & Darley，1985），当目标对象认为他们的行为可能导致错误知觉形成时（Darley & Fazio，1980），当错误印象与目标对象自己的自我观特别矛盾时（Baumeister & Jones，1978），以及当错误印象对目标对象很重要时，目标对象都特别想消除知觉者的错误印象。然而，在某些条件下，目标对象可能会发现，知觉的错误印象是如此令人向往，以至于目标对象想适应它，并按知觉者的预期来看待自我。这种自我实现预言的极端例子不仅向我们展示了目标对象的行为，而且展现了一个人的自我概念与知觉者开始时的错误印象相吻合（Fazio，Effrein，& Falender，1981；M. Snyder & Swann，1978b）。

总　　结

行为取决于人们怎样定义一个情境以及怎样运用相关的个人目标，表现出了相当高的灵活性。人们有时制订外显的目标和计划，均衡考虑备选方案，但又过于乐观地执行有关方案来有意识地进行自我调节。尽管如此，认知服务于目标，从而影响坚持性和最终成就。其他与目标相关的自我调节是自动发生的。然而，人们通过形成外显的"如果－那么"式执行意图而从有意识的仔细思考变为自动化行为，这些执行意图运用情境线索而从行动控制转换为自动化加工。

针对情境线索（包括重要他人）的自动评估能迅速发生，并且引发复杂的行动计划。我们有时会把自己的行为融入情境线索之中，比如当别人努力时，我们也会变得更具成就导向。但是，当人们做出与情境线索相反的行为时，也会出现对比效应。

态度－行为一致性研究特别探索了认知－行为的关系。态度与原型行为以及在可比较的特异性水平上测量的行为是一致的。那些由直接经验形成的、可获取的、反映了自我兴趣或价值的态度可以预测行为。关注一个人态度背后的原因可能会降低态度－行为一致性。

行为被怎样标示，会影响态度－行为一致性。行动可以在相对较低或较高的水平上被识别。高水平行为倾向于以性情为基础，但也是灵活的。相反，低水平行动显示跨情境稳定性，但似乎不反映行动背后的性情。情境因素通过使诸如社会规范或之前的态度这类因素变得突出来调节认知－行为一致性。人们在怎样接近社会性情境上（如自我监控和自我意识）的个体差异会影响态度的凸显性以及态度与行为之间的关系。

人们会管理他人对自己的印象。一般来说，人们会通过匹配他人的行为、奉承他们、自我推销或遵守社会规范来向他人传递积极印象。当有可能产生一个糟糕的印象时，人们会给出借口或自我妨碍（如自己承担责任），以解释失败。

人们能通过行为检验关于自我和他人的假设，但人也常常是带有偏向的，特别是倾向于寻求验证性信息，甚至临时性假设也会比实际情况看起来更真一些。检验一个假设甚至能使目标对象去验证自我实现预言中的有关假设。如果知觉者进行补偿或目标对象进行抵制，那么自我实现预言将会受到阻碍。

延伸阅读

Aarts, H. (2012). Goals, motivated social cognition and behavior. In S. T. Fiske & C. N. Macrae (Eds.), *SAGE handbook of social cognition* (pp. 75-95). Thousand Oaks, CA: Sage.

Chartrand, T. L., & Bargh, J. A. (1999). The chameleon effect: The perception-behavior link and social interaction. *Journal of Personality and Social Psychology*, 76, 893-910.

Gollwitzer, P. M., & Sheeran, P. (2006). Implementation intentions and goal achievement: A meta-analysis of effects and processes. In M. P. Zanna (Ed.), *Advances in experimental social psychology* (Vol. 38, pp. 69-119). San Diego, CA: Academic Press.

Macrae, C. N., & Miles, L. K. (2012). Revisiting the sovereignty of social cognition: Finally some action. In S. T. Fiske & C. N. Macrae (Eds.), *SAGE handbook of social cognition* (pp. 1-11). Thousand Oaks, CA: Sage.

Word, C. O., Zanna, M. P., & Cooper, J. (1974). The nonverbal mediation of self-fulfilling prophecies in interracial interaction. *Journal of Experimental Social Psychology*, 10, 109-120.

SOCIAL COGNITION

术语表

异常状态（abnormal condition）指明显失败的情况，特别是那些意想不到的情况。

可获取性（accessibility）描述人们最近或经常想到的类别和概念如何启动注意。

对他人评判合理化的需要（accountability）指向他人解释和证明自己判断的合理性的需要。

行动识别（action identification）标示从低水平（具体）到较高水平（抽象）这个范围内的某一动作。

行动（actions）指由内部因素所引发的主动性行为，包括两种子类型：内源性行动（服务于目的本身）和外源性行动（作为手段）。

激活态行动者（activated actor）框架在21世纪成为一种主流观点，认为社会环境会在无意识状态下迅速为知觉者启动社会性概念，而且几乎必然启动联系性认知、评价、情感、动机和行为。

行动者 - 观察者效应（actor-observer effect）指人们从性情因素解释他人的行为，而从情境因素解释自己的行为。

情感（affect）是泛指各种偏好、评价、心境和情绪的术语。

情感即信息（affect as information）指情感效价能告诉自己应该如何评价一个刺激，即使情感来源和该刺激不相关。

情感注入模型（affect infusion model，AIM）提出，根据加工模式的不同，情感影响可以是自动化的、控制性的或不存在的。

情感预判（affective forecasting）指人们试图预测事件会给自己带来怎样的感受。

移情（affective transference）指对与重要他人相似者的情绪反应。

功能可供性（affordance）指在某一情境中某一知觉者能知觉到的行动概率。

能动性或主体性（agency）描述了对一个结果的个人控制权，指计划和采取自主行动的能力（一般指人类行为，通常与男性刻板印象有关）。

基于行动者的建模分析（agent-based modeling），通常用在计算机模拟中，表征具有特定特征（各种态度、知识、目标、物理位置）的个体单元分布，所有单元都作为自主的行动者相互作用，以自发形成某些结果模式。

代数模型（algebraic model）由 Asch 首先提出，但并不被其认可，用于单独评估每一特质，并把这些评估整合到一个总结性评估中（参见**元素论**）。

娇宠（amae）指日本人被关爱和受到他人纵容的体验。

矛盾性别偏见与歧视理论（ambivalent sexism theory）提出，反女性的偏见不仅包括敌意性别偏见与歧视，还包括主观上的善意性别偏见与歧视。

矛盾刻板印象（ambivalent stereotyping）指某个群体在一个方面高（如能力），但在另一个方面低（如热情）的现象。

杏仁核（amygdala）是大脑中的一个小核团（因形状和大小似杏仁而得名），负责加工与情绪和动机相关的信息，特别是恐惧信息。

硬找原因（analyzing reason）指一个人思考（和建构）自己某些态度背后的原因的现象，且这些原因通常与实际原因关系并不大。

锚定点（anchor）指进行判断时使用的初始参照点。人在不确定的情况下进行判断时，会通过使用一个初始参照点来减少模糊性，并对这个参照点进行调整，从而得出最终结论。

锚定与调整（anchoring and adjustment）指将判断建立在任意一个初始参照点上，但又不能抛弃这个点。

ANOVA 模型（ANOVA model）由 Kelley 提出，是关于因果推理的标准模型，关注信息的区分性、共识性和一致性（也被称为协变模型）。

前部（anterior）指大脑相对靠前的区域（相对于后部）。

前扣带回皮质（anterior cingulate cortex，ACC）是大脑扣带回皮质的前部，包裹着连接两个半球的胼胝体。ACC 参与和社会认知相关的任务，如差异检测，以及在调节行为（知觉到社会性和生理性疼痛）时从自动化过程转换到控制性过程。

情绪评价理论（appraisal theories of emotions）提出，人们最初会对刺激做出"对我好"或"对我坏"的评价，从而形成初步的积极或消极反应。

唤醒（arousal），即**交感神经系统**的情绪性兴奋，控制着心率和呼吸等生理功能。

唤醒加认知理论（arousal-plus-mind theory）是作者对 Mandler 情绪理论的命名，该理论认为生理唤醒结合评价性认知而产生情绪。

问-答-说（ask-answer-announce）是考虑、判断和面对偏见时的一系列思维步骤。

同化（assimilation）指使一个特定的场合、实例或行为与一个更普遍的先前概念相吻合。

关联系统理论（associated systems theory，AST）是一种个人记忆模型，假设对他人的表征是通过四个主要的心理系统形成的，即①视觉系统、②词汇/语义系统、③情感系统和④行动系统。

关联意义（associative meaning）指因两个项目符合事前预期而被视为属于一组（如火腿－鸡蛋）。

记忆的**联系性模型**（associative model）强调各节点之间存在连接。

态度的**联系性－命题性评价模型**（associative-propositional evaluation model）结合了态度的内隐联系表征和思辨式命题表征。

注意（attention）聚焦于意识的内容，包括编码外部材料和从记忆中提取材料，具有方向（选择性）和强度（努力程度）的特征。

态度（attitude）有多种定义，但它的核心定义是评价。态度可以从人特定的认知、情感和行为反应中推断得出，大体上能使人做出积极或消极反应。

基于属性的反应（attribute-based responses），**与基于类别的**反应相对，描述整合某一个体各种细节的零碎的印象形成过程。

归因（attribution）试图确定什么因素导致什么结果，描述人们如何从行为及引发行为的原因中推断他人的性格和心理状态。

归因理论（attribution theory）描述了人们对社会性世界的因果分析（即根据目标对象的性情或情境对社会性事件进行归因）。

归因模糊性（attributional ambiguity）指个体在理解"一个负面的人际后果是针对一个人个人属性的反应，还是针对这个人所在社会类别的偏向"上面临的两难困境。

动机性行为的归因理论（attributional theory of motivated behavior）主要在成就性行为和帮助领域阐明了因果推理影响预期、情绪和行为的维度（即控制源、稳定性和可控性）。

责任归因（attributions of responsibility）关注谁或什么应该为一个事件（尤其是负面事件）负责。

协调性（attunement）指知觉者对触发行动的特定刺激属性的敏感性。

扩大原则（augmenting principle）指人们在没有其他备选原因时会扩大当前原因的价值。

纯粹的**自动化**（automaticity）是无意的、不可控制的、高效的、自主的且处于意识水平之下的（参见**前意识自动化**）。

自动动机（auto-motive）指由情境自动激发的某些动机。

自主神经系统（autonomic nervous system），是神经系统的一部分，控制内脏或非主动的身体功能（如心跳、呼吸），包括副交感神经系统和**交感神经系统**。

可获得性（availability）表示①一个信息存储与否；②（对于启发式推理）信息进入意识的容易程度。

可得性启发式（availability heuristic）指个体根据实例或联系进入意识的速度来评估事件发生的可能性。

反感性种族主义（aversive racism）指大多数人对其他种族心存善意，并拒绝他们自己的潜在种族主义信念。它源自个体对另一种族的负面反应，但个体又否认其负面看法，导致对跨种族互动表现出反感。

平衡理论（balance theory）描述了知觉者头脑中代表知觉者（P）、另一个人（O）和共同态度对象（X）的结构。

基底神经节（basal ganglia）是位于前脑底部的神经核团群，与运动控制和社会认知有关。这一区域还包括**纹状体**，而**纹状体**与奖赏的自动监测有关。

基础比率（base rate）是关于总体特征（均值、先验概率或比例）或其他适用广泛的一般性先验数据。个体理应但实际上又常常不使用其估计特定实例。

贝叶斯定理（Bayes' theorem）是一种标准模型。在给定先验比率的情况下，该定理利用先验总体比率（基础比率）和一个焦点事件的似然率估计事件发生的概率。

行为激活系统（behavioral activation system，BAS）是一种欲求系统，促进个体接近奖励性目标。

行为证实（behavioral confirmation）指目标对象做出与知觉者预期相关的行为（参见**皮格马利翁效应**）。

行为抑制系统（behavioral inhibition system，BIS）是一种厌恶系统，通过避免行动来阻止消极结果发生。

行为匹配（behavioral matching）指通过模仿另一个人而使互动更顺畅。

行为主义取向（behaviorist approaches）认为，只有外显的、可测量的行为才是可接受实证检验的有效审查对象，尤其是在学习方面，会在不考虑认知介入的情况下考察刺激-反应关系。

归属（belonging）是一种建立关系并被他人（特别是其所在群体）接受的动机。

善意性别偏见与歧视（benevolent sexism）指对女性持有一种主观上积极但表现出控制性和家长式作风的态度。持这种观点的人只有在女性保持传统角色（即从属于男性）时才会珍惜她们。

群际情感的行为与刻板印象地图（Behaviors from Intergroup Affect and Stereotypes map，BIAS map）将刻板印象内容模型扩展到歧视行为。

生物文化取向（biocultural approach）从社会功能进化角度看待群际威胁，强调人类的相互依存、有效的群体合作以及个体对群体生活优势和风险的适应。

生物社会取向（biosocial approach）既考虑人与人之间的遗传和生理差异，也考虑塑造行为的社会规范，主要用于解释性别角色、刻板印象和偏见。

双极（bipolar）表示有两个极点（相对的两端），在情感和态度量表中，通常表示积极和消极这两极，但两极量表也可能涉及同意－不同意（参见**单极**）。

双效价（bivalent）指两个独立效价，通常是独立不相关的积极和消极维度，彼此独立运作。

公然偏向（blatant bias）是公开表达的内群体偏私或外群体贬损，主要由知觉到的群际威胁（包括经济和价值观威胁）所引起。

自下而上的过程（bottom-up processes）包括感觉运动知觉及任何相对具体的刺激驱动或数据驱动的过程。

C 系统（C system），即反思性系统，包括外侧前额皮质、内侧前额皮质、吻侧前扣带回皮质、顶叶后部和内侧颞叶（这些区域均参与控制性加工）。

心血管活动（cardiovascular activity，CV）显示心输出量、心室活动、总外周阻力等指标。

类别（categories）指对人、实体或社会群体合成一簇的预期。

分类阶段（categorization stage）作为归因过程中最初的相对自动化的部分，将某一刺激构型知觉为某些行为类型的特征。

类别（category）指个体将主观上相似的成员聚集到一个概念相关的组别中而形成的一个组合。

类别激活（category activation）是针对某一个体的反应，反映针对群体预期最初的、相对自动化的信息获取过程。

类别运用（Category application）是针对某一个体的反应，反映了运用针对群体的预期形成对个体印象的过程。

基于类别的反应（category-based responses）包括基于知觉到社会群体成员身份而对个体做出的认知、情感和行为反应。

类别混淆（category confusion）指知觉者混淆属于同一社会群体的个体（例如，只记得那人是女的，但不记得具体是哪个人了）。

中心线路（central route）指**精细加工可能性模型**中深思熟虑的说服模式，用于评估赞成和反对论点的优势。

态度的确定性（certainty）反映了态度中的自我意识的重要性和与组织个体经验有关的特性。

认知反应链（chain of cognitive responses）概括了说服性沟通影响行为的必要条件。

性情刻画阶段（characterization stage）是归因过程中最初的相对自动化的部分，指个体把性情类品质归因到行为上。

长期可获取概念（chronically accessible concept）反映了人们如何习惯性地编码他人的个体差异，特别是那些倾向于吸引注意力并在印象中反复出现的特质。

长期性（chronicity）指频繁获取或永久启动某个维度，而这可能成为某一个体人格的中心特征。

局部准确性（circumscribed accuracy）提供了特定情况下（通常是知觉者和目标对象重合的情况）对另一个人行为的有效预测。

经典条件反射（classical conditioning）指通过反复配对将刺激和反应建立联系，刺激和反应通常都具有效价。

认知（cognition$_1$）的第一种含义是理解性的知识获取过程。这也是认知的日常（字典）意义，与之相反的是受价值影响的、直觉的或非理性的思维。

认知（cognition$_2$）的第二种含义与行为相对应，包含了所有的心理活动。

认知忙碌（cognitive busyness）将第一个自动化加工阶段分成行为**分类**以及根据个体性情而进行的**性情刻画**阶段；然后，如果知觉者既有能力又有动机（即认知上不太忙碌），便会根据情境因素进行控制性的**矫正**。

认知一致性理论（cognitive consistency theory）认为，认知之间、情感之间或认知与情感之间的不一致会导致态度改变。认知可以是一般的信念或关于行为的信念。

认知负荷（cognitive load）在假设知觉者认知加工能力有限的前提下，涉及同时执行多个任务或将注意转移到其他刺激。

认知吝啬鬼（cognitive miser）模型是20世纪80年代的主流模型，认为人的信息加工能力是有限的，因此只要有可能，他们就会走捷径。这在大多数时候会引发足够好的结果，但有时结果也存在严重缺陷。

认知过程（cognitive process）关注认知元素是怎样形成、运作和改变的。

认知反应分析（cognitive response analysis）是一种检察接收者在收到信息后所报告的认知（尤其是反驳）的方法。

集体自尊（collective self-esteem）是对一个人所属群体的个人看法和公众看法的信念，以及自己作为群体成员的价值感。

忽视人种肤色（colorblind）理论否认群体差异，并认为每个人无论其背景如何，都应该被同等对待。

共同内群身份认同模型（common ingroup identity model）通过将外群体（如种族）与内

群体一起纳入上位内群体（如公民）来超越原有的群体界限。

常识心理学（commonsense psychology）是普通人关于彼此的日常理论或看法，也可参见**朴素心理学**。

共生性（communality）指考虑某些人和与这些人有关的其他人的福祉的倾向。

相对适合度（comparative fit）用于将**自我分类理论**中的群体间差异和群体内差异进行对比。

竞争（competition）指在认知联结之间，以牺牲不太成功的（不常见）联结为代价，来加强成功的（常见）联结。

复杂性–极端性假说（complexity-extremity hypothesis）认为维度较多的表征通常会比维度较少的表征引发更温和的评价。

顺从（compliance）的目的是获得奖励和避免惩罚。

构想（conception）指在没有意识地提取视觉（或其他感觉运动）细节信息的情况下的知悉过程。

条件性自动化（conditional automaticity）是依赖于情境因素（包括但不限于目标）的自动化反应。

构型模型（configural model）由 Asch 提出，假设人们会形成对他人统一的整体印象，这种统一的力量会使个别物质服务于整体印象（参见**整体论**）。

验证性倾向的假设检验（confirmatory hypothesis testing）是选择性的信息寻求过程，偏向于寻求支持一个人预期结果的证据。

合取谬误（conjunction fallacy）指相比于单一事件发生的概率，个体会高估任何两个或两个以上事件同时发生的概率（因为它们的合取概率是它们单独发生概率的积，所以它们的合取概率不能超过最小可能事件的概率）。

连接强度（connection strengths）代表了各基本单元之间联系的类型和程度。

印象形成的联结主义模型（connectionist model of impression formation）是关于社会性知觉和社会性学习的一个平行分布模型。

联结主义模型（connectionist model）采用平行分布加工思想，关注知识系统的同时激活，这些知识系统更多地依赖于动态连接，而不是一成不变的结点。系统只存储连接的强度，因此可以通过激活部分连接并等待连接在整个系统中不断回响来重新创建模式，直到整个模式被激活为止。

意识性意志（conscious will）指当一个想法产生、适用且能解释接下来的行动时，个体就会体验到的意志。

意识（consciousness）有各种定义：思维流；注意；对认知的觉察；觉察到它反映了一个

人的行为（即使这个人可能无法自我报告）；与正在进行的心理过程无关的附带现象；指导心理结构的执行者；是人类理解世界和实现意图的必要条件；主观的建构装置；允许形成新的联想；由思维、情绪体验和身体感觉组成的内部刺激场；保持清醒和专注；涉及可供报告和有意行动的主观体验。

共识性（consensus）指除特定行动者之外，其他行动者对该实体是否也有类似的行为。

一致性（consistency）指某人对一个实体的行为是否在不同时间和交往形式上保持一致。

一致性寻求者（consistency seeker）理论，是20世纪五六十年代出现的关于社会性思考者的一种观点（如失调理论就持这种观点），认为知觉到认知中的差异会激发人们寻求认知一致性。

巩固（consolidation）在联结主义模型中指调整记忆中的长时联系。

约束（constraint）根据整个连接模式来确定激活哪些单元。

完成性行为（consummatory behavior）是以自身为目的而参与的行为，可能由情感所驱动。

自我价值的权变性（contingencies of self-worth）反映了人们对自尊所依赖的领域有选择性。

印象形成的连续体模型（continuum model of impression formation）对基于性别、种族、年龄等瞬时分类过程、相对自动化的分类过程与相对耗时的基于子类型的加工进行比较，并进行基于特征的完全个性化加工。

对比（contrast）指与更普遍的先前概念相反的特异性反应。

可控性（controllability）作为因果归因的一个维度，指一个人能否根据自己的意愿影响结果。

控制性过程（controlled processes）指知觉者的意识试图从实质上决定认知过程。

控制（controlling）动机指试图影响实际上依赖于他人的某种结果的需要。

坚信（conviction）包括情感承诺、自我专注和认知精细加工。

修正阶段（correction phase）作为归因过程后期相对控制性加工的一部分，通过使用情境和其他信息来抵消或增强开始确定的性情归因。

关联偏向（correspondence bias）指将他人的行为过度归因于性情原因，而不考虑情境因素，也可参见**基本归因错误**。

对应推理理论（correspondent inference theory）是Jones和Davis提出的关于人们如何推断他人意图和性情的理论。

皱眉肌（corrugator supercilii）是眉毛之间的肌肉，在皱眉时会收缩。

皮质醇（cortisol）是个体在压力下产生的一种激素，能够增加蛋白质和碳水化合物代谢以提高血糖水平，同时抑制免疫系统工作和骨骼形成过程。

反事实推理（counterfactual reasoning）是对事件"要是不发生"的心理模拟。

协变性（covariation）判断用于估计两个事件的关联强度。

归因协变模型（covariation model of attribution），也叫 ANOVA 模型，是关于因果推理的标准模型，运用信息的区分性、共识性和一致性进行推理。

自我调节的控制理论（cybernetic theory of self-regulation）描述了这样一种反馈过程：人们试图与一个凸显的标准保持一致，根据这个标准来评估自己的行为，决定行为是否符合标准，并不断调整和比较，直到达到标准或放弃。

事实上的选择性接触（de facto selective exposure）描述的是人们偏向于选择具有态度一致性信息的环境。

陈述性记忆（declarative memory）假定大脑中存在一种概念的联系性网络长时存储系统，即记忆的内容"是什么"；既包括**语义记忆**，也包括**情感记忆**。

防御性归因（defensive attribution）指人们倾向于认为应该对造成严重（相比于轻微）后果的行为承担更多责任的现象。

去人性化（dehumanization）指将其他个体或群体不完全视为人，而更接近于视为一个物体。

思辨式思维定式（deliberative mindset）主动关注激励和预期，在各个目标和行动路径之间做出选择。

加工深度（depth of processing）理论提出，与更简单、更表面的加工形式相比，对自我相关信息（或任何更复杂的过程）的加工会留下更丰富、更具有关联性和更持久的记忆痕迹。

描述性刻板印象（descriptive stereotype）具体说明了一个群体被认为是什么样子。

双耳分听任务（dichotic listening task）指向被试的双耳分别发送一个独立的输入刺激，并指示其只关注一只耳（即追随耳）的信息，然后测量被试对非追随耳信息的反应。

稀释效应（dilution effect）指极端预测会因无关信息的存在而减弱的现象。当判断性信息被非判断性信息削弱时，推论就不那么极端了。

直接经验（direct experience）指对影响个人态度的事件的描述基于个人经历，而非二手信息。

直接知觉（direct perception）不受认知加工调节，是局部的、特征导向的和零碎的。

折扣率（discount rate）指随着时间推移，结果的效用递减的程度。

贴现效用理论（discounted utility theory）补充了**期望效用理论**，即任何给定选择的效用都会随时间的推移而减少。这个变化率称为贴现率。

折扣原则（discounting principle）认为，如果有一个充分的原因，那么人们就会降低对其他原因重要性的重视程度。

去认同化（disidentification）指移除某一个与个人或社会身份相关的重要内容。

性情（disposition）是人们持久的人格或意图，具有跨行为不变性的特点。

偏见的**分离模型**（dissociation model）提出，个体会首先对比对外群体的自动化态度和控制性态度。

失调理论（dissonance theory）通过分析认知之间的不一致来描述如何改变这种不一致的动机状态（失调）。

区分性（distinctiveness）指一个人的行为仅在实体（特定目标）出现的情况下发生，还是指向许多这样的实体。

多巴胺（dopamine）是一种与奖赏和奖赏学习有关的神经递质。

背侧（dorsal）指大脑的上表面和相对于另一个区域（如**腹侧**）靠上方的区域。

向下社会比较（downward social comparisons）指将自己与不幸他人进行比较，从而将自己提升为优越的人，或者用堕落来威胁自己。

双重态度（dual attitudes）包括旧的、自动化的态度和新的、外显可获取的态度。

印象形成的双过程模型（dual-process model of impression formation）对比了导致相对自动化过程的选择点（如使用图像的初始识别或分类）与更思辨式的个性化概念或个体化的子类型及样例。

过度自信归因的双过程模型（dual-process model of overconfident attribution）对比了相对自动化的行为识别与更具控制性的解释。

双过程模型（dual-process model）通常比较自动化加工程度更高的模式和控制性加工程度更高的模式。

持续偏向（durability bias）指人们倾向于高估负面事件对他们的影响时间。

动态视角（dynamical perspective）指在**联结主义模型**中，根据格式塔原则来描述社会认知。例如，概念或人们是相邻结点，通过互相影响而连接。

生态知觉（ecological perception）取向，即 Gibson 取向，强调具有适应性的、准确的知觉者与其所处的环境互动，并嵌入到他们自己的特征性生态位中。根据这种观点，"知觉的目的是行动"。

生态视角（ecological perspective）考察人们如何在不受认知调节的情况下从刺激构型的物理特征中做出特定推理。

自我卷入（ego involvement）可以通过一个人对某一具有争议的社会问题的态度予以说明。（大致相当于**问题卷入**、**个人卷入**和**既得利益**。）

精细加工（elaboration）包括建立相关联系、仔细审查论据、推断其价值并评估整体信息。

精细加工可能性模型（elaboration likelihood model）是一种态度改变的双过程模型，描述了两条说服路线：中心线路，即对信息论点进行深思熟虑的加工；外周线路，即相对自动化地运用表面线索进行加工。

皮电反应（electrodermal response，EDR），也称**皮肤电反应**或**皮肤电导**，用来评估皮肤湿润度。

脑电图（electroencephalography，EEG）记录神经事件相关电位，即头皮上的电压变化，从而检测神经活动。

肌电图（electromyography，EMG）记录肌肉上皮肤（在社会认知中，主要是面部）的电压变化以及它们的活动。

元素论（elemental approach）将科学问题分解为多个片段，并对这些片段单独进行具体分析，然后再把它们整合在一起。

嵌入式态度（embedded attitude）指人们所保持的态度与其他信念关联在一起。

具身表征（embodied representation）包括外部刺激和身体反应，使知觉者为适当的行动做好准备。

涌现性行动（emergent action）指人们发现他们在做自己没有打算做的事情的行为现象。

情绪（emotion）是一种复杂情感的组合，不仅指好的感受和坏的感受，还意味着强烈的感受和身体表现，包括生理唤醒。

情绪易变理论（emotional lability theory）模拟了人们如何根据环境，通过标记唤醒而对情绪进行自我归因。

情绪偏见（emotional prejudice）不只限于简单的积极 – 消极评价（即态度），还包括不同的情绪，如恐惧、厌恶、羡慕、怜悯、焦虑和怨恨。

聚焦情绪的应对（emotion-focused coping）试图通过回避注意的策略或改变威胁的意义来调整一个人的反应。

共情差距（empathy gap）指心态冷静的人无法准确地想象人们（包括自己）在热切心态中的行动情况。

编码（encoding）将知觉到的外部刺激转化为内部表征。

内源性行动（endogenous act）是为目的本身服务的主动行为。

敌人形象理论（enemy images theory）认为，关于国家和种族的刻板印象可以从相对地位、相对权力和目标兼容性三个维度来解释。

实体性（entitativity）指作为真实事物的属性。

实体论者（entity theorist）与**渐变论者**相比，持有一种常人信念，即个人属性（如智力）是相对固定不变的。

肾上腺素（epinephrine 或 adrenaline）既是一种激素，也是一种神经递质，能够影响**交感神经系统**的活动，包括提升心率、收缩血管、扩张气道、提升压力水平和做出战斗或逃跑反应。

情节记忆（episodic memory）是陈述性长时记忆的一部分，表示对特定事件的记忆。

认识（epistemic）与获得知识或理解有关。

本质（essence）指类别包含一种根本性的核心实质，通常表现为共享的基因、血统或天性。

评价（evaluation）是简单的积极和消极反应，告诉我们应该趋近和回避谁（和什么）。

事件相关电位（event-related potential，ERP）指通过**脑电图**测量的大脑局部的诱发电活动。

执行（executive）过程控制其他过程，尤其是对它们的执行顺序进行排序。

样例（exemplar）框架提出，人们记住的是实际遇到过的独立实例或样例，而不是从经验中抽象出来的平均原型。

外源性行动（exogenous act）是为实现其他目标而做出的主动行为。

期望效用理论（expected utility theory）认为，行为决策可以被概念化为从可选方案中做出选择，而每个方案都有一个特定价值和发生概率。根据该模型，人们会评估可选方案的可能性和他们所预期结果的价值（即概率和价值），计算每个结果的效用（每个结果发生概率和价值的乘积），并选择效用最大化的选项。

体验抽样法（experience-sampling）指在日常生活中随机要求受访者进行自我报告的数据收集方法。

实验的需求性特征（experimental demand）指实验方法、背景或人员可能通过多种方式不经意地向被试暗示实验假设，或以其他方式引导被试做出证实假设的反应。情境的某些特点、主试-被试的互动或测验本身可能会无意中强制被试出现预期的行为。

专家技能（expertise）作为一种认知概念，包含丰富的经验。在数据分析时，其被编码为有组织的先前知识（陈述性知识和程序性知识），能够提高工作效率。

外在动机（extrinsic motivation）指由任务的外在奖励（如因报酬而工作）而引发的动机。

面孔反馈假说（facial feedback hypothesis）认为，情绪事件会直接触发肌肉的某些构型，我们只需通过面孔反馈就可以意识到情绪。

虚报（false alarm）指错误地将测试中的干扰项识别为原始项（即学习项）。

虚假共识效应（false consensus effect）指人们倾向于假设在相同的情况下，其他人也会以同样的方式做出反应。

家族相似性（family resemblance）指任何一对类别成员共享一些特征，并与其他类别成员共享其他一些特征。

臆想（fantasy）指把未来想象得充满了丰富的（不切实际）可能性（即一厢情愿的想法）。

害怕自我（feared self）是我们害怕成为的自我。

面孔的**特征导向加工**（feature-oriented processing）需要分别关注面孔的每个方面（如眼睛、嘴巴）。

流畅性（fluency）指知觉或加工信息变得容易。

框架（frame）指在**知觉符号系统模拟器**中，整合某个类别内的各种经验，针对特定场合中特定实例的经验进行模拟。

参照框架（frame of reference）或判断与决策中的框架效应，是指某一问题的呈现方式（参见**参照点**）。

框架设定（framing）指如何描述选项的决策背景。在前景理论中，决策者通常将收益与损失进行对比。

额叶（frontal lobe）指大脑的前部（前方）区域（位于中央沟之前、外侧裂之上）。

功能磁共振成像（functional magnetic resonance imaging，fMRI）记录刚刚激活大脑区域的再氧合血流情况。

基本归因错误（fundamental attribution error）指将另一个人的行为过度归因于性情性原因，而不考虑情境因素，也请参见**关联偏向**。

梭状回面孔区（fusiform face area，FFA）是大脑颞叶的一部分，在社会认知中，因其对面孔识别的敏感性而为人所知。

模糊集（fuzzy set）理论认为自然类别没有必要属性和充分属性，因此，类别成员属于模糊集。

遗传分析（genetic analyses）与环境整合，可以检测与社会认知的互动联系。

格式塔表征（gestalt representation）强调环境中的构型知觉。

全局（global）加工是构型和整体导向的，从知觉上进行跨整体（如面孔）的整合。

目标依赖性自动化（goal-dependent automaticity）始于意识性控制，通常是意识性的，但根据某些标准，也有部分是自动化的：对过程本身缺乏觉察，过程完成不需要监控，以及缺乏对所有具体结果的意识。

目标不一致的自动化（goal-inconsistent automaticity）指当一个人不想要的反应不受主观

和意识之外的认知因素支配时会出现的现象（参见**思维抑制**）。

目标（goal）是关于预期结果的心理表征，包括能产生理想结果的预期行为序列。

目标屏蔽（goal-shielding）指激活中心目标会抑制处理其他备选目标。

群体同质性（group homogeneity）是一种知觉，通常应用于外群体，认为他们之间没有太大区别，包括对一般外群体成员的刻板印象，也包括知觉到的外群体成员所有可能属性的离散性（即知觉到的属性扩散）和相似性。

群体极化（group polarization）（一个方向）是**风险转移**，指在经过讨论后，集体决策比个人决策的均值更冒险的现象。

群体服务偏向（group-serving bias）指群体内成员倾向于将自己群体的积极行为归因于积极的内群体品质，将内群体的消极行为归因于外部原因，对外群体则相反，参见**终极归因错误**。

引导归纳法（guided induction）是一种通过实例进行学习的方法。

习惯（habit）指经多次重复后无须太多思考的行为。

硬接口（hard interface）是一个预期具身表征的早期术语。

Hebb 学习（hebbian learning）指通过改变神经元之间的连接强度而实现的联系性学习。共同激活会强化连接，但不抑制未激活的连接。

享乐性情绪（hedonic emotion）外显地反映了对自我的短期关注，如人在羞愧时的感受。

个人利益相关性（hedonic relevance）指另一个人的行为是否影响（阻碍或促进）知觉者自身的利益和目标。

启发式加工（heuristic processing）指**启发式-系统性模型**中那些快速的、容易改变态度的捷径。

启发式（heuristic）是人们在不确定状态下进行判断的一些捷径（通常为 Kahneman 和 Tversky 所确定的一些策略）。这些策略使实例进入意识变得容易，即因满足环境的迫切需求而将复杂问题转化为更简单的判断性操作。

启发式-系统性模型（heuristic-systematic model）是一种关于态度改变的双过程理论，对比了由捷径驱动、相对自动化的说服过程与相对控制性的系统性过程。该理论认为，只有具有足够的动力和能力，人们才会进行深思熟虑的加工，否则，人们会使用更快、更容易的认知捷径。

事后偏向（hindsight bias）指难以忽略实际结果的有关知识，从而对可能或应该发生什么做无偏推论，参见**后见之明**。

整体论（holistic approach）指在考虑其他信息片段的情况下，分析有关信息片段和各信息片段之间的整体关系结构。

激素水平（hormone level），如**皮质醇、睾酮和催产素**的水平与人的社会性存在相关性。

敌意性别偏见与歧视（hostile sexism）指怨恨非传统角色女性的现象，认为她们不公平地与男性竞争，试图在性方面控制男性，并抵制作为女性的传统角色。

假设性中介变量（hypothetical mediating variable）被理论化为一种用于解释原因和结果之间关系的机制。例如，态度介于可观察的刺激（S）和可观察的反应（R）之间，提供了必要的联系。

理想自我（ideal self）指的是一个人想成为的自我（目标、希望和梦想）。

认同（identification）使个体的态度朝向增强对有价值群体的归属感。

识别阶段（identification stage）指归因过程中对行为的初始标识过程。

虚假相关（illusory correlation）指预期两个实际上并不存在关系的变量存在关系。考虑到**关联意义**和**配对区分性**，人们经常高估变量之间的相关性，或者会在两个变量之间强加一种关系。

表象（imagery）对于感觉运动特征的表征是意识性的和具体的。

免疫功能（immune functioning）分析并跟踪特定的免疫细胞和系统运行。

执行意图（implementation intention）是外显的"如果–那么"计划，表明了如何在特定情境下实现目标。

执行式思维定式（implementational mindset）是个体意志性地关注何时以及如何执行预期的行动方案。

内隐联系测验（implicit association test，IAT）是一种比较类别间评价性联系的方法。

内隐态度（implicit attitude）通常可由**内隐联系测验**来评估，部分是自动化的和不受意识控制的。

内隐记忆（implicit memory）指以往的判断过程对当前判断和反应的不经意影响。

内隐自尊（implicit self-esteem）可通过自我价值的间接指标来测量。

个人历史的**内隐理论**（implicit theory）是人们对自身稳定状态的建构，并随时间而变化。

态度的**重要性**（importance）表明了一个人对某种态度的兴趣或关注。

重要态度（important attitude）反映了基本价值观、自我利益以及对有价值的个人或群体的认同。

印象关联卷入（impression-relevant involvement）反映了人们对促进正面公众形象、归属感和社会认同的态度的需要。另见**社会调节功能**。

不一致优势（inconsistency advantage）指个体会对与以往印象不一致的材料给予更多注意（因为它令人意外），进而使记忆更好的现象。这会使这些项目产生额外的联系，增加它们的可提取线路和被成功回忆的概率。

渐变论者（incremental theorist）与实体论者相反，持"个人属性（如智力）是可塑的"这种常人信念。

独立（independence）模型把人看作没有多少社会联系的自主行动者。

独立自我（independent self）指对比其他个人和环境，自我是一个独特的、自主的、主观能动的（行动的发起者）、有界限的且连贯的整体。这种自我观在西方文化中表现最为明显。

间接启动（indirect priming）指通过缩短有效价的目标刺激到态度对象的反应时间来评估间接态度。

推理（inference）通常指在不确定的、不完整的或模糊的证据基础上做出判断和决定。推理过程通常是**控制性的**，但也可以使用**启发式**或其他**捷径**。

信息加工（information processing）将心理运算分解为连续的认知阶段。

信息性影响（informational influence）指根据对群体信念的认知解释来描述态度（或行为）改变。

低人性化（infrahuman）知觉，指认为另一个群体或个人在本质上低于人类。

迎合（ingratiation）是一种自我表现策略，旨在使自己看起来很讨人喜欢。

内群体（ingroup）指一个人自己所属的群体，在主观重要的维度上通常被视为独特的和积极的。

内群体偏私（ingroup favoritism）指即使损害自身和自身群体的绝对利益，也要扩展内群体对于外群体的相对优势的现象。

工具性行为（instrumental behavior）服务于目标，可能由认知所驱动。

态度的**工具性功能**（instrumental functions）是适应性的，帮助人们避免痛苦以及获得奖赏。

脑岛（insula）是位于大脑半球深处的"岛屿"状结构，在**额叶**和**颞叶**之间。脑岛加工厌恶情绪，但也涉及其他自动化的、强烈的消极反应（如态度）。

整合威胁理论（integrated threat theory）综合了许多群际变量，但专注于一种主要的情绪，即焦虑，以预测态度。

意图性思维（intentional thought）的特点是有多个选择，但明显选择困难的那个，并通过集中注意来实现意图。

相依（interdependence）模型认为人与人之间的联系是因为需要彼此来获得重要的结果。参见**结果相依性**。

依存性自我（interdependent self）指人们把自己看作组成社会关系的一部分，并根据自己所知觉到的关系中其他人的思想、感受和行动来调整自己的行为。这种情况在亚洲、南欧和拉丁美洲文化中表现最明显。

群际接触（intergroup contact）指在一定条件下接触外群体能减少偏见。

群际情绪理论（intergroup emotions theory，IET）指根据一个人的内群体来进行情绪评估，是情绪**评价理论**的扩展。

中时记忆（intermediate memory）在一些记忆模型中，被认为是在保持时间上处于短时和长时记忆之间的记忆。

内化（internalization）的作用是储存与态度相关的知识。

解释器（interpreter）是一个假设性的神经功能模块，整合了大脑不同部分承担的各种与自我相关的加工，用于产生大多数人主观体验到的自我意识。这是左半球的功能。

中断（interruption）指预期的知觉模式或目标导向性行为序列受到了扰乱。

内在动机（intrinsic motivation）源自任务固有的激励作用（如享受）。

内省（introspection）是人们对自己的内部认知过程做出报告的一种方法（报告关于思维如何进行，而非思维的具体内容。后者可参见**出声思维程序**）。

内省可获取性（introspective access）指人们准确报告其认知过程（而不只是内容）的能力。

直觉（intuition）有不同的定义，包括突然的、意识性的、情绪化的反应，而且人们没有意识到这些判断已经经过了大脑事先的计算加工。

不变性（invariance）指诸如性情性特征这样的因素，能可靠地解释稳定的行为模式。

问题卷入（issue involvement）反映了与态度相联系的个人动机。（大致相当于**自我卷入**、**个人卷入**、**既得利益**）。

James-Lange 的情绪理论（James-Lange view of emotions）认为，行为反应和生理模式向我们揭示了我们所感受到的情绪。

态度的**知识功能**（knowledge function）从根本上说是认知的和具有适应意义的，与对象的评价有关。

外侧（lateral）指大脑皮质的两侧，与内侧区域相对。

大数定律（law of large numbers）是一个统计学原理，即小样本对总体特征的估计较差，而大样本更可靠。

正当化谎言（legitimizing myths）是支持现状的复杂认知（信念和价值观）。

词汇判断任务（lexical decision task）是一种常用的认知实验范式，即被试对一个字母串是真词、假词还是非词做出判断，常常用于评估相应启动后的反应时。

线性模型（linear model）描述了一个加权平均或各成分之和的组合规则。例如，当总印象是可获得信息之和时，就是一个线性模型。

控制点（locus of control）作为解释因果关系的一个维度，指个体将一个结果归因于内部因素还是外部因素。它与自尊相关的情绪变化相联系，如自我归因中的自豪和羞愧，以及他人归因中的钦佩或怜悯。

长时记忆（long-term memory）包括可进入头脑的大量信息储存。

损失厌恶（loss aversion）指主观价值（偏好）函数曲线中，损失的斜率比收益更陡峭的现象：面对同样的客观（如金钱）差异，人们对损失的厌恶比对收益的偏好更大。

维持指标（maintenance indicators）包括一个行动的难度、熟悉度、复杂度、完成时间和学会这个行为的时间。

内侧（medial）指新皮质的内中线区，与**外侧**区域相对。

内侧前额皮质（medial prefrontal cortex，mPFC）是沿垂直中线的前部新皮质，参与许多（可能不是最多）社会认知过程以及其他任务。它可能还与静息态认知有关，在这种状态下，被试的思维是不受操纵且未知的。

中介（mediation）指某一变量在刺激输入（或其他前因变量）和反应输出（或其他结果）之间起到连接作用。

基于记忆的印象（memory-based impression）是在提取以前接收到的信息的基础上，建构关于另一个人的连贯表征。

心理加法（mental addition）指通过模拟增加了一个潜在结果的知觉概率。

心理减法（mental subtraction）指通过模拟减少了一个潜在结果的知觉概率。

心理主义（mentalism）是认为认知表征重要的一种信念。

纯粹接触效应（mere exposure effect）指重复接触（特别是与非语言刺激的接触）通常会增强人们对所接触刺激的喜欢程度。

元认知（meta-cognition）是意识的二阶形式，即人们对自己思维过程的认识。

在**自我分类理论**中，**元对比率**（meta-contrast ratio）从统计学上看相当于 F 检验或 t 检验，即用组间均数之差除以组内变异。

元刻板印象（meta-stereotypes）是人们关于外群体如何看待内群体的信念。

元理论（metatheoretical）框架是某一类型的几个理论所共有的、主要的总体性概念框架。

心理知觉（mind perception）包括日常的读心活动：推理他人的心理状态（包括信念、意图、愿望和感受）。

无心（mindlessness）指一种认知脱离、没有线索、不加批判、基本上是自动化反应的状态。

走神（mind-wandering）是一种不依赖于刺激的思考。

最简群体范式（minimal group paradigm）为一个群体中的归属体验创造了基本条件。

错误归因效应（misattribution effect）表明，由一个来源引起的唤醒或情绪反应有可能被重新归因于另一个来源，例如，因威胁引起的唤醒可以被重新归因到一个中性来源上，从而降低个体的焦虑。

动机-机遇作为决定因素模型[MODE（model, motivation and opportunity as determinants）]是一个态度可获取性模型，强调态度是记忆中某一特定对象和对它的评价之间的联系。该模型描述了在加工与态度相关的信息时，动机和机遇如何共同决定行为。

现代种族主义（modern racism）是一种隐蔽偏向，其观点是在态度、思想观念和符号系统上，强势群体优于弱势群体。

心境状态依赖性记忆（mood state-dependent memory）指在学习和提取时，心境一致会促进记忆。

心境一致性记忆（mood-congruent memory）指人们更容易提取效价与他们当前情绪状态相符的材料。

心境（mood）指向不那么具体的目标的积极和消极情绪，但通常会持续一定的时间。

道德凭证（moral credential）指一个人在表面上证明了自己没有偏见，从而可以自由地采用带有偏见的方式行事。

死亡凸显（mortality salience）发生在人们自己面对死亡的那些时刻。

动机性策略家（motivated tactician）指人们根据情境和动机的不同要求，倾向于依靠相对自动化的过程或者更需意识参与的过程。动机性策略家模型认为人们是完全投入的思考者。在有多种认知策略可用时，他们会（自觉或不自觉地）根据目标、动机和需要在这些策略中进行选择。

避免偏见的动机（motivation to avoid prejudice）是基于价值观的内疚，不表达群际偏见。

多元文化主义（multiculturalism）支持这样一种观点，即群体在本质上是不同的，各级组织应该重视这些本质上的差异。

多重必要因果图式（multiple necessary causal schemas）指多个原因共同作用而引发一个结果。

多重充分因果图式（multiple sufficient causal schemas）指一个行为可能由多个原因中的任何一个引发。

多重行动标准（multiple-act criterion）指通过针对相关行为的多个实例来测量行为与态度、特质或认知的一致性。

朴素认识论（naive epistemology）描述了人们从他们周围发生的事件中思考和推理意义的方式。

朴素心理学（naive psychology）是普通人关于自己和他人的日常理论，也请参见**常识心理学**。

朴素实在论（naive realism）提出，人们会普遍认为其他人（特别是那些与他们意见不同的人）比他们自己更容易出现偏向。

朴素科学家（naive scientist）是一种标准化（即理想化）假设，认为人本质上是理性的问题解决者，只有一些公认的偏向。这种社会性思考者的观点在20世纪70年代非常盛行，研究者建构了人们作为逻辑信息寻求者的最佳模型，用于评估他们是否以及何时接近理想状态。

自然社会认知（naturalistic social cognition）研究要求被试观看他们自己的自发互动录像，并报告他们在特定时刻的思维和感受。

认知需求（need for cognition）指人们为了对外部刺激做出反应而进行长时间思考的需要。

评价需求（need to evaluate）是一种个体差异，指人们对说服性信息持有更多态度，并自发进行更多支持或反对的思考。

消极状态缓解假说（negative-state relief hypothesis）认为，人们帮助别人是为了缓解看到别人受苦自己感受到的反感体验。

神经经济学（neuroeconomics）将经济学、神经科学和心理学这三门学科结合在一起来理解决策过程。

神经心理学（neuropsychology）研究脑损伤病人的个人和社会生活。

非常见效应（noncommon effect）指某一特定选择或行为会产生独特或至少具有区分性的结果。

去甲肾上腺素（norepinephrine）既是一种神经递质，又是一种激素，会影响交感神经系统（包括心率）和杏仁核的活动，以及更普遍的压力和战斗或逃跑反应。

标准或规范（norm）在心理学上有两个不同的含义：①特定群体中非正式的行为规则（规范性影响）；②以无偏向的方式使用所有相关信息对决策问题的理想反应（标准模式）。分别来说，一种是社会理想状态，另一种是**认识论**层面的理想状态。

常态理论（norm theory）关注特定情境下针对特定刺激的事后解释，目的在于判断这个刺激是正常的还是令人意外的。类别和图式理论关注向前推理，而常态理论强调向后推理。

标准适合度（normative fit）指在自我分类中区分内外群体的社会性共识。

规范性影响（normative influence）指由于知觉到的规范和价值观而产生态度（或行为）改变。

推理的**标准模型**（normative model）是一套用于验证归因形式化、理想化的规则。

零假设（null hypothesis）是关于做出无差异预测的一个统计术语。

态度的**对象评价功能**（object-appraisal function）控制趋近－回避决定，包括认知性的知识功能和功利性、工具性或目标性功能。

客观自我意识（objective self-awareness）指从他人知觉的角度看待自我体验。在这种情况下，个体常常会体验到自我并没有达到理想的标准。

非主动性行为（involuntary occurrence）指非主动或不完全主动的行为，可由内在（个人）或外在（情境）因素引发。

离线认知（offline cognition）是一个与具身认知有关的术语，指在原目标未出现的情况下重新建构关于目标的知觉，互动中，个体在所考虑的社会对象不出现的情况下考虑该对象，与**实时认知**形成对比。个人记忆研究将之称为**基于记忆的印象**，但二者所假设的机制不同。

实时认知（online cognition）发生于刺激出现的情况下，而不是一种**基于记忆的印象**（也可与**离线认知**形成对比）。

实时印象形成（online impression formation）指一个知觉者接收信息时形成对另一个人的连贯性表征。

操作性思维（operant thought）是工具性和问题解决式的、目标导向的、意志性的、进程监控的、免受外部和内部干扰的，与**应答性思维**形成对比。

最优区分性理论（optimal distinctiveness theory，ODT）认为，人们会在保持个体自主性和区分性与归属于某一合适的群体之间寻求平衡，以获得自我肯定的、令人满意的身份认同感。

最优选择者（optimizers）能做出期望效用最大化的选择，即最佳的推理和决策，见**期望效用理论**。

眶额皮质（orbitofrontal cortex）是位于眼睛后面的前额皮质，涉及奖赏加工。

他人利益（other-profitable）指一个人促进他人利益的属性（如友好、道德、**共生性**）。

应该自我（ought self）指一个人认为应该成为的自己（义务和责任）。

结果相依性（outcome dependency）指依靠另一个人获得有价值结果的依存性结构，有时被称为低权力。

结果卷入（outcome involvement）指个体关注一个有说服力的沟通对自己未来的体验和利益意味着什么。

外群体（outgroup）指一个人所不属于的群体。

催产素（oxytocin）是一种与社会性依恋有关的激素。

配对区分性（paired distinctiveness）指两个项目因共享一些不寻常的特性而被认为属于一组（如花朵－笔记本）。

平行约束满足理论（parallel constraint satisfaction theory）是替代双模式模型的单模式模型。根据这一理论，知觉者在访问相关知识库的同时，解释和整合各种输入信息，平衡具体到抽象信息的相互和实时影响。

平行分布加工（parallel distributed processing）是研究认知结构的取向，其中每个基本单元都参与表征许多不同的概念，各基本单元之间的适当激活模式表征概念。该模型是关于心理结构的序列加工模型的替代模型。

平行过程（parallel processes）指过程同时进行，如同时激活许多相关通路。

印象的平行加工模型（parallel processes model of impression）认为，所有种类的信息（无论是分类的还是个别的）都是同时整合的，而不是某些信息被赋予特权而提前加工。

亲代投资模型（parental investment model）认为，由于怀孕、哺乳以及所需要的生殖机会成本，女性会投入更多资源养育自己的孩子。

顶叶（parietal lobe）是新皮质的一个主要区域，位于额叶之后，颞叶和枕叶之上。

知觉符号系统（perceptual symbol system）在记忆表征中对外在和内在经验进行编码，整合自下而上的知觉过程和自上而下的感觉运动表征（包括构想和表象）。

外周线路（peripheral route）是关于说服的**精细加工可能性模型**中快速、不费力的说服线路，无须过多思考或精细加工。

持久性（permanence）激发持久决策。

个人记忆模型（person memory model）是关于社会性记忆的联系性网络模型。

个人控制感（personal control）或一般掌控感使人能够做出计划、应对挫折，并追求自我调节性的活动。

个人卷入（personal involvement）反映了态度对自我的一般性意义（大致相当于**自我卷入、问题卷入、既得利益**）。

他人中心主义（personalism）指知觉者认为行动者打算惠及或伤害知觉者。

个人－情境交互作用（person-situation interaction）是个人和情境的综合贡献，包括在特定情境下对某人产生不同印象。

说服性论据理论（persuasive arguments theory）提出，当人们接触到新信息时，群体中各成员的态度会转向相对极端的（谨慎或冒险）替代方案。

现象学（phenomenology）取向系统性地描述了普通人如何表达他们对世界的体验。

表现型（phenotype），即外观，常常决定了种族类别。

计划谬误（planning fallacy）描述了人们的一种乐观倾向，即高估他们在特定时间内能完成的任务量，而低估阻碍和所需的努力。

人众无知（pluralistic ignorance）指个体认为自己的观点是独特的，而这事实上是大家共同的观点。

PM-1 模型（Person Memory One）是关于社会性记忆的联系性网络模型。

波丽安娜效应（Pollyanna effect）指人们对实体的解释、评价和记忆具有更积极的倾向（参见**积极偏移**、**积极偏向**）。

积极错觉（positive illusions）指对自己的真实能力、才能和社会技能持有虚假积极的、某种程度上夸大的自我知觉，高估自己的控制力，并对未来持有不切实际的乐观。

积极偏向（positivity bias）指人们强调好的方面，而不是坏的方面的倾向（参见**积极偏移**、**波丽安娜效应**）。

积极偏移（positivity offset）指中性判断会向稍微积极的方向偏移（参见**波丽安娜效应**、**积极偏向**）。

可能自我（possible self）代表我们能成为什么样的人，特别是我们想成为的那种人。

后意识自动化（postconscious automaticity）指有意识地知觉到启动刺激，但没有意识到该刺激对后续反应的影响。

后部（posterior）指大脑中相对靠后的区域（相对于前部的区域）。

权力（power）最常被定义为对有价值资源的不对称控制。

权力不对称理论（power asymmetry theory）认为，有权力者的情感体验往往比少权力者的情感体验更积极。

前意识自动化（preconscious automaticity）要求人们不意识到启动线索或不意识到启动线索影响人们对相关刺激的反应。

偏好（preference）包括相对温和的、基本上愉快或不愉快的主观反应。

偏见（prejudice）是群际偏向的情感成分，是对群体的评价和感受。

惯例性刻板印象（prescriptive stereotypes）指认为一个群体应该是什么样子的。

预防聚焦（prevention focus）避免负面结果并且抑制行为。

首因效应（primacy effect）指早期信息对评价的影响最大或最令人难忘。

初级评价（primary appraisal）指针对目标对象对自己好还是坏的初始自动化评估。

初级情绪（primary emotion）是动物或人类所感受到的原始的、简单的情绪。

启动（priming）指先前环境对新信息解释的影响，即最近或经常激活的类别对类别相关信息加工的影响，在陈述性（联系性网络）记忆中通常以类别可获取性来解释。

个人身体意识（private body consciousness）指个体对内部身体反应的敏感性。

个人看法（private regard）指一个人关于自己的社会类别价值的个人信念。

探测信号（probe）是由实验者确定的信号。被试根据指导语做出反应，如报告自己目前正在思考什么、做什么或者有什么感受。

聚焦问题的应对（problem-focused coping）试图改变人与环境之间的关系，直接减轻威胁或处理负面事件。

程序性知识（procedural knowledge）被表征为"条件－行动"对或者"如果－那么"条件句，统称为产生式。

程序性记忆（procedural memory）是自动化的一种形式，关注记忆存储中"怎么做"的部分，有时会与陈述性记忆形成对比。

程序性启动（procedural priming）使一些相关的过程比其他过程更容易获取。

程序化（proceduralization）指实现自动化的练习过程，它从特定的重复经验中概括出更普遍的自动化过程，有时被视为自动化形成的两步过程中的第二步。

产生式（production）是以"条件－行动"对或"如果－那么"表述的程序性知识。

促进聚焦（promotion focus）指紧跟目标，并涉及行为激活。

在记忆中，**命题**（propositions）由节点（即一个概念：名词、动词、形容词）和概念之间的关系连接而成。

本体觉（proprioception）指根据内部反馈而对自己身体位置产生的感觉。

前景理论（prospect theory）描述了人们在选项之间进行比较时所涉及的决策过程，重要成分是参照框架和主观价值函数。

原型（prototype）是类别成员的集中趋势或平均标准（均数或众数）。

心理场（psychological field）是主观上驱动和约束动机性力量的环境设置。

心理免疫系统（psychological immune system），即自我保护机制，由人们降低负面事件影响的应对过程组成。

公众看法（public regard）指一个人关于社会如何评价其所属社会类别的信念。

皮格马利翁效应（Pygmalion effect）指目标对象的行为仅仅因知觉者的预期而变得与预期相同，参见**行为证实**。

种族矛盾态度（racial ambivalence）指白人认为黑人整体上处于不利地位是由环境以及因个人属性和选择两种情况共同造成的。

现实群体冲突（realistic group conflict）包括对各种实际资源（如声誉、金钱、军事权力）的争夺。

反弹（rebound）指在试图进行**思维抑制**后，增加了对一个概念的可获取性。

近因效应（recency effect）指新近信息对评价的影响最大或最令人难忘。

参照点（reference point），也请见**参照框架**，是人们比较一个选项的客观价值的内部标准，以便将该选项分类为正（即比参照点好）或负（即比参照点差）。客观上相同的选项可以有正或负的参照框架，在一种框架中被视为收益的选项可能在另一种框架中被视为损失。

向均值回归（regression to the mean）是一种统计学现象，即极端事件在被重新评估时，平均来看变得没有那么极端的现象。

调节匹配（regulatory fit）指所追求的目标（激活/抑制）和调节方向（促进/预防）之间的匹配。

关系自我（relational self）指将自我概念与重要他人的心理表征相关联。

代表性启发式（representativeness heuristic）通过将特定实例的信息与一般类别相匹配来推断概率，然后通过拟合度的高低来确定可能性。

应答性思维（respondent thought）既不是意志性的，也不是努力性的，而是接收性的，它包括所有不需要图像的一般性干扰，与**操作性思维**形成对比。

反应卷入（response involvement）指一个人对在特定情况下获得最大回报感兴趣。

提取线路（retrieval route）沿着节点-连接线路进行，如果某一节点存在更多连接，则会产生更多替代线路。

风险厌恶（risk-aversion）策略，指在处理潜在收益（如增加金钱或挽救生命）时倾向于避免不确定性。

风险寻求（risk-seeking）策略，指在处理潜在损失（如失去金钱或生命）时倾向于选择不确定性。

风险偏移（risky shift）是**群体极化**的一个方向，指在经过群体成员讨论后，群体决策比个人决策的均值更冒险的现象。

角色一致性理论（role congruity theory）观察性别和角色之间的相关性如何导致人们对具有非传统性别角色的女性（和男性）产生偏见。

角色扮演式参与（role-play participation）要求被试想象自己身处一个只显示部分内容或无意中听到部分内容的互动场景中，并报告对它的反应。

反刍思维（rumination）是一种适得其反的重复性思考。

凸显性（salience）指特定刺激物相对于环境中其他刺激物的突出程度。

够好即安者（satisficer）会做出足够好且充分的推理和决策。

图式（schema）是一种抽象的表征，包括概念的属性和这些属性之间的关系。

图式触发情感（schema-triggered affect）指一些类别自动地与情感相关联。

脚本（script）是关于熟悉事件的原型或图式化序列。

次级评价（secondary appraisal）发生于初级评价之后，是人们基于对目标的分析及其对自我的重要性而进行的后续评价。

次级情绪（secondary emotion）是人类（非动物）所感受到的复合的、不易察觉的情感。

同化和对比的**可选择获取性模型**（selective accessibility model）关注意识性比较，假设可获取性是灵活的（即控制性的），并且只适用于当前的判断（而非一般性语义启动）。

选择性注意（selective attention）指注意到当前出现了与态度一致的信息。

选择性接触（selective exposure）寻求与态度一致但尚未出现的信息。

选择性解释（selective interpretation）指将模棱两可的信息转化为与态度一致的信息。

选择性知觉（selective perception）认为态度塑造编码，可以分为**选择性接触**、**选择性注意**和**选择性解释**。

自我肯定（self-affirmation）指人们通过认可自己一些其他的无关方面来应对自我价值威胁，从而满足自我提升的需要。

自我意识（self-awareness）是一种专注于自我的状态，人们对照某一标准评价自己的行为，随后进行调整，以达到该标准。

自我分类理论（self-categorization theory）建立在**社会身份认同理论**的基础上（不包括关于自尊的预测），指出人们将自己和他人分到不同社会群体类别中，即内群体和外群体。该理论认为，社会身份决定了群体间的行为，作为群体成员，人们通过标准适合度和元对比率中的相对合适度进行分类。

自我中心归因偏向（self-centered attribution bias）指在共同完成的任务中，认为自己贡献更多的现象。

自我概念（self-concept）是我们所持有的关于自己的信念的集合。

自我意识性情绪（self-conscious emotion）反映了对自我的长期关注（如在内疚时所体验的情绪）。

自我差异理论（self-discrepancy theory）关注各种自我之间的差距，即人们认为的实际自我和理想自我（他们想成为的人）或应该自我（他们应该成为的人）之间存在差距。

自我效能感（self-efficacy）指对自己完成特定任务所需能力的预期。

自我提升（self-enhancement）指寻求和保持一个有利的或至少是得到改善的自我概念的倾向。

自我提升（self-enhancing）鼓励人们以积极的眼光，或至少是富于同情心的眼光把自我看成可以改进的。

自尊（self-esteem）是我们对自己的评价，参见**状态自尊**和**特质自尊**。

自我评价维护（self-evaluation maintenance）理论提出，在面对周围可能会进行对比的其他人的表现时，人们会促进并维持积极的自我评价。

自我实现预言（self-fulfilling prophecy）指在社会互动中，一个人的预期变成现实的过程。

自我引导（self-guide）会影响一个人当前的实际自我和理想自我或应该自我之间的差距。

自我妨碍（self-handicapping）指采用实际或自己建构的责任来解释表现不佳。

自我监控（self-monitoring）指人们使用社会环境（与他们的内在性情相对）来指导行为的程度差异。高自我监控者会根据他人的情况进行自我调节，而非依赖他们自己的内在思考和感受。

自我知觉理论（self-perception theory）是关于人们如何从自己的行为和情境推理自己的态度的理论模型。

自我利益（self-profitable）指能促进自身利益的属性（如能力、控制感）。

自我推销（self-promotion）是一种自我表现策略，旨在使自己看起来有能力。

自我调节（self-regulation）指人们如何控制和引导自己的行为、情绪和思维，特别是如何制定和实现目标，包括对负责行为计划和执行的低阶过程进行控制的高阶执行过程。

自我图式（self-schema）是一种认知－情感结构，清晰而确切地代表了自我在特定领域的品质。

自我服务归因偏向（self-serving attributional bias）指成功则邀功、失败则否认责任的倾向。

自我验证（self-verification）指人们寻求其他人、情境和解释来证实他们预先存在的自我概念。

语义记忆（semantic memory）代表事实、词义和百科全书式的知识，是**陈述性**长时记忆的一部分。

情感和认知的**不同系统理论**（separate-systems view）认为，情感和认知是平行运行的独立过程。

序列过程（serial process）指认知加工按先后顺序进行。例如，记忆的编码、提取和反应过程通常就被视为按序进行的。

集大小效应（set-size effect）反映了习得更肯定信息对比更不肯定信息之间的纯效应。

摇摆标准（shifting standard）指在评价一个人时，所采用标准是这个人相对于其所在社会类别成员的，还是相对于所有其他人的。

捷径（shortcut）是任何用更简单的过程代替更复杂、更费力过程的社会性知觉者所采用的策略的总称。

短时记忆（short-term memory），也称**工作记忆**，指人们在任一特定时刻所考虑的信息，即注意内容。在许多记忆模型中，长时记忆的激活部分代表短时记忆或意识，短时记忆的内容经巩固而储存于长时记忆中。

在**知觉符号系统**中，**模拟**（simulation）再现了某一特定类别成员的特定经验。更广泛地说，在社会认知中，它意味着对经验或事件的想象。

模拟启发式（simulation heuristic）通过建构设想的场景来估计结果，即在大脑中按时间顺序对事件进行加工，以评估可能的结果。

模拟理论（simulation theory）指人们通过想象自己在类似环境中的思维、情绪或行为来推断他人的心理状态。

在**知觉符号系统**中，**模拟器**（simulator）首先记录并随后重新建构一段知觉体验，在知觉阶段，由选择性注意创造的大脑激活模式表示这种知觉体验。模拟器包含两种结构：整合跨类别经验的底层框架和在特定场合创造特定实例的经验模拟。

情境性行动（situated action）完全取决于生态环境。

情境性约束（situational constraint）指情境力量决定一个行为者的行为（与行动者的主动选择对比）。

皮肤电导（skin conductance）测量出汗程度的微小差异，也称为**皮电反应**或皮肤电反应。

社会认知（social cognition）包括人们用于理解彼此的所有认知过程，以便在他们的社会世界中进行协调。

社会比较（social comparison）指通过比较自我与他人而获得反馈。

社会比较理论（social comparison theory）认为，人们根据与自己相似的他人的行为好坏来评估自己的位置。

情绪的**社会建构主义观**（social constructivist view）把情绪解释为文化上共享的、暂时的角色。

社会赞许性（social desirability）指人们关注自己在他人眼中的表现，反映了社会认可的反应。

社会支配取向（social dominance orientation）是一种关于群体等级的个体差异化观点，与各种公然的偏向有关。

社会支配理论（social dominance theory）认为，从狩猎－采集时代开始，人类群体层级就是普遍存在的，并且是具有适应性的。总有一些群体不可避免地支配其他群体，而稳定的层级能够调控并无多大意义的冲突。

社会身份认同理论（social identity theory）提出，人们沿着从人际认同到群际认同的连续体进行互动。

社会智力（social intelligence）可以定义为人们在社会交往中所使用的一系列知识、计划和策略，也可以只是指具体的社交、表达和沟通技能。

社会投射（social projection）指人们估计自己拥有的偏好、特质、问题、活动和态度同时也是他人拥有的，或者至少认为这些特征在他人身上比实际证据所显示的更明显。

社会角色（social role）指在特定位置上的人被预期的一系列行为。

社会角色理论（social role theory）解释了性别和角色之间的相关性如何导致性别刻板印象。

社会认可（social validation）指从他人的角度接受我们是谁。

态度的**社会调节功能**（social-adjustive function）在人际优先事项、对他人的敏感性以及与人相处方面发挥作用，也请参见**印象关联卷入**。

社会计量器（sociometer）把自尊看作一个人在他人眼中如何的一般性指标。

自发特质推理（spontaneous trait inference）指个体在解释行为时让那些可获取的特质性归因进入意识，个体将行为的特质性含义与实施该行为的人结合起来。

敝帚自珍（spreading the alternative）是一个减少失调的过程，指人们如何通过重新解释他们所选方案的优点来淡化它的缺点，而对未选的替代方案采取相反的做法来证明他们的选择。

稳定性（stability）作为因果关系的一个维度，表明原因是否会改变，并与随后的成功或失败预期密切相关。

状态性自尊（state self-esteem）是一种暂时的情感性自我评估，但它不会改变**特质性自尊**（即一个人对自己的长期看法）。

刻板印象内容模型（stereotype content model）提出了社会认知的两个基本维度，即热情（友好、值得信赖）和能力（才能），各群体根据这两个维度进行排列。

刻板印象威胁（stereotype threat）指人们对那些将他们的社会类别定性为表现低劣的领域中对表现要求的反应。

刻板印象（stereotypes）是群际偏向的认知方面，是对群体的信念。

污名意识（stigma consciousness）指身处刻板印象群体中的成员在与外群体成员互动时会提高警惕，同时会展现出明显的个体差异。

刺激评价检查（stimulus evaluation check）是一个类似于**初级评价**的过程，即立即评估一个目标对自我的意义。

刺激依赖性思维（stimulus-dependent thought）与当前环境有关。

刺激独立性思维（stimulus-independent thought）或**走神**与当前环境无关。

各节点间连接的**强度**（strength）是先前联合激活（如频繁复述）的函数。

态度的**强度**（strength）包括各种相互关联的成分，如重要性和确定性。

纹状体（striatum）是大脑基底神经节的一部分，其腹侧（下部）涉及自动化的奖赏加工。

主观不确定性降低理论（subjective uncertainty reduction theory）提出，内群标准可以减少焦虑，人们在对自己相关的领域感到不确定时尤为如此。

主观价值函数（subjective value function）描绘了知觉价值与客观结果的关系，曲线呈 S 形——对收益来说是凹函数（反映风险厌恶），对损失来说是凸函数（反映风险寻求），而且损失的曲线斜率比收益更陡峭（反映损失厌恶）。

阈下启动（subliminal priming）指一个概念被环境激活，但又因其呈现时间太短而未进入意识，它在感官上有记录，但个体意识不到。

隐蔽偏向（subtle bias）是自动化的、模糊的和矛盾的，典型的隐蔽偏向来自反偏见规范和文化刻板印象之间的内部冲突。

减法原则（subtractive rule）认为，抑制性情境会增加，而促进性情境会降低所鉴别的行为对于相应性情的判别值。

颞上沟（superior temporal sulcus）指分隔颞叶上部和中部区域的一条脑沟，主要参与生物运动、运动轨迹和意图的知觉。

交感神经系统（sympathetic nervous system）控制诸如心跳和呼吸等身体机能。

系统 1 与系统 2（System 1 versus System 2）由丹尼尔·卡尼曼提出，与决策中的直觉和推理相对应。

系统合理化理论（system justification theory）提出，人们倾向于寻求维持和合理化现有的状态。

系统性加工（systematic processing）指启发式－系统性模型中需要深思熟虑、付诸努力的加工模式，涉及对论据优缺点的评价。

任务卷入（task involvement）指个体只关心特定反应的后果。

时间解释理论（temporal construal theory）提出，离一个事件的时间、空间或心理距离越远，人们就越可能用抽象的术语思考这个事件所携带的核心信息，关注高水平解释。

颞叶（temporal lobe）是新皮质的主要区域之一，位置大致与耳齐平。

时间自我评价理论（temporal self-appraisal theory）提出，人们会与过去的消极自我保持距离，并减少与过去的积极自我的距离。

颞顶联合区（temporoparietal junction）指颞叶和顶叶相连的一块区域，涉及区分自己与他人信念的心理推测能力。

张量积模型（tensor-product model）是基于 Hebb 学习范式的联结主义群体记忆理论。

死亡恐惧管理理论（terror management theory）旨在解决人们如何应对与死亡意识相关的恐惧。该理论认为，人会本能地进行自我保护，而且从文化水平（通过追求意义和目的而发展自身世界观）和个体水平（通过自尊）两方面管理死亡威胁。

睾酮（testosterone）是与雄性特征相关的一种激素，也与冒险和身体攻击性有关。

心理推测（theory of mind）指人们（尤其是儿童）对另一个人心理内容（特别是信念和知识）的日常理解，它关注普通人对不同于自己的信念、意图和人格的知觉。

计划行为理论（theory of planned behavior）可预测源自意图的态度关联行为，而行为自身也受到信念、主观社会规范和知觉到的行为控制的影响。该理论是 Ajzen 根据 Fishbein 和 Ajzen 的**理性行动理论**发展而来的，但增加了知觉到的行为控制作为一个预测变量。

理性行动理论（theory of reasoned action）提出，信念（主观价值和发生概率）和标准（知觉到的标准和发生概率）共同决定行为意图，而意图预测行为（参见**计划行为理论**）。

行为短片段（thin slices of behavior）指人们在短暂观察一个人的行动片段后（通常一分钟内）就能对这个人的特质做出相当准确的推理的现象。

出声思维（think-aloud protocols）要求被试在完成实验室任务时说出自己的思维过程。

思维抑制（thought suppression）指未能通过监控思维发生的过程来防止不想要的认知活动。

思维极化假说（thought-polarization hypothesis）提出，对态度对象进行思考常常会使个体对该对象的评价出现极化现象。

自上而下（top-down）过程包括构想、表象或任何相对抽象、概括性的起点，以及由概念或理论驱动的过程，而这些过程会受到先前有组织的知识的强烈影响。

特质性自尊（trait self-esteem）指个体对自己长期的积极或消极的看法。

经颅磁刺激（transcranial magnetic stimulation）运用兴奋或抑制大脑某些区域的电磁刺激进行实验操作，从而做出因果推理。

移情（transference）指激活重要他人的心理表征会唤起个体对这个重要他人的关系自我。一个与重要他人相似的新人也会引发类似的现象，并激发相似的情绪和行为。

信任（trusting）促使人们一直积极地看待他人（至少对内群体成员），直到有关证据证明不是如此为止。

后见之明（twenty-twenty hindsight）表明人很难忽略关于实际结果的知识，而产生关于可能或应该发生什么的无偏向推论（参见**事后偏向**）。

经联系性通路的双重提取模型（twofold retrieval by associative pathways model）是关于个人记忆的双过程模型，认为人们会根据不同的任务而使用启发式或穷举策略。

典型人性（typical human nature）包括热情、情绪反应性、能动性、好奇心和思想深度。

终极归因错误（ultimate attribution error）指内群体成员把他们群体的积极行为归因于内群体的品质，而把消极行为归于外因，而对外群体成员正好采用相反归因的倾向，参见**群体服务偏向**。

不确定性取向（uncertainty orientation）指从针对相似和可预测物体的确定偏好到针对意义寻求、感觉寻求和新颖性的不确定性偏好之间的一种个体差异。

理解（understanding）动机是人的社会性共识需要，即自己的观点与群体观点相一致的信念。

单模式模型（unimode model）建立在针对普通知识的朴素认识论上，认为人的主观理解基本上是在运用可获得的证据来检验他们的日常假设。因此没有必要区分更自动化和更具控制性的加工。

单极（unipolar）意味着只有一个端点，比如从零到很多，或在态度量表中从一点儿都没有到极多。

人类独特性（uniquely human）包括文化、道德、逻辑、成熟和教养。

无干扰测量（unobtrusive measures）指在不干预被试日常活动（被试常常没有意识到这些测量）的情况下评估被试的各种心理变量。

向上社会比较（upward social comparison）指把自己与比自己幸运的人比较。这种比较最好的方面是激励，最坏的方面是泄气。

紧迫性（urgency）促使个体迅速做出决策。

效价（valence）是对一个实体的积极或消极评价。

态度的**价值表达功能**（value-expressive function）描述了对人们展示和维持其长期标准和取向的重要性。参见价值关联卷入。

态度的价值关联卷入（value-relevant involvement）对一个人的社会或道德标准具有重要性。

Velten 范式（Velten procedure）通过让被试阅读与心境相关的句子来操控心境。

腹侧（ventral）指大脑中靠下部（相对于上部，即背侧）的区域。

言语遮蔽（verbal overshadowing）指在描述面孔时会激活一个局部的、一个特征接一个特征的加工过程，而这种激活实际上会干扰后续对个体的识别。

既得利益（vested interest）指某一问题对个体来说重要或有意义（特别是对个人认同的核心信念具有内在价值），与**自我卷入**、**问题卷入**和**个人卷入**接近。

生动性（vividness）与环境无关，是一个刺激能够吸引注意的固有特征。其在情绪上是有吸引力的，更加图像化，且在感觉、时间或空间上是接近的。

WEIRD 是西方（western）、受过高等教育（educated）、工业化（industrialized）、富裕（rich）和民主（democratic）五个英文单词的首字母缩略词，本意是"怪异的"，意在批评心理学研究中所采用的被试具有上述五种特征，从文化上来说，并不能代表全人类。

"谁说了什么"实验范式（Who-said-what experimental paradigm）评估人们对类别内的人（如两个女人）比对类别间的人（如一个男人与一个女人）更容易出现记忆错误（参见**类别混淆**）。

工作记忆（working memory），参见短时记忆。

工作自我概念（working self-concept）指处于活跃状态的、影响当前思维和行为的自我概念，自我的哪方面处于活跃状态取决于其哪方面是可获取的。

X 系统（反射性系统） X system（reflexive system）包括杏仁核、背侧前扣带回皮质、基底神经节、腹内侧前额皮质和外侧颞叶，这些区域均参与自动化加工。

耶鲁说服性沟通框架（Yale persuasive communications approach）强调人们在沟通时学习信息内容以及人们有意识地接收或拒绝这些信息。

颧大肌（zygomaticus major）指鼻下方两侧脸颊的微笑肌。

SOCIAL
COGNITION

致　谢

本书的完成得到了许多同事的帮助。感谢 Xuechunzi Bai、Cydney Dupree、Gandolf Nicolas、Lina Saud 和 Jill Swencionis 审阅一章或多章内容。

本书（英文版）的第一任 Sage 出版公司编辑 Michael Carmichael 深信图书及时发行新版是时代的需要，并坚持本书应符合 21 世纪的要求：重新排版、简单高效，并且支持线上阅读。Luke Block、Amy Maher 和 Marc Barnard 又提出了进一步的改进意见。我们衷心感谢 Sage 出版公司的支持。

感谢洛克菲勒基金会资助苏珊·菲斯克和其丈夫在意大利科莫湖贝拉吉奥镇完成本书的部分写作工作。

最后，我们感谢我们的直系和非直系亲属的支持。

我们也非常荣幸地感谢西班牙毕尔巴鄂市 BBVA 基金会对 1984 年出版的本书第 1 版授予"2021 年人文和社会科学知识前沿奖"（The Frontiers of Knowledge Award in Social Sciences）。

苏珊·T. 菲斯克于普林斯顿
谢利·E. 泰勒于洛杉矶
2020 年 4 月

SOCIAL
COGNITION

参考文献

请扫描二维码获取

社会与人格心理学

《不被定义的年龄:积极年龄观让我们更快乐、健康、长寿》
作者:[美]贝卡·利维　译者:喻柏雅

打破关于老年的消极刻板印象,这将让人各方面受益,甚至能改变基因的运作方式,延长7.5年的预期寿命。

《友者生存:与人为善的进化力量》
作者:[美]布赖恩·黑尔 [美]瓦妮莎·伍兹　译者:喻柏雅

为了生存和繁荣,我们需要扩大"朋友圈",把被视作外人的"他们"变成属于自己人的"我们"。

《我从何来:自我的心理学探问》
作者:[美]罗伊·F.鲍迈斯特　译者:梅凌婕

鲍迈斯特博士以清晰和富有洞察力的文字解释了复杂的概念,揭示了自我在使个人和文化蓬勃发展方面所发挥的核心作用。

《嫉妒与鄙视:社会比较心理学》
作者:[美]苏珊·T.菲斯克　译者:邓衍鹤

心理学×社会学×神经科学,揭秘社会性动物的比较天性。愿我们多一些看见与理解,少一些嫉妒与鄙视。

《感性理性系统分化说:情理关系的重构》
作者:程乐华

一种创新的人格理论,四种互补的人格类型,助你认识自我、预测他人、改善关系,可应用于家庭教育、职业选择、企业招聘、创业、自闭症改善

心理学大师经典作品

红书
原著:[瑞士] 荣格

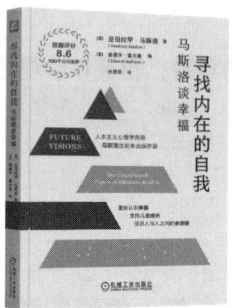

寻找内在的自我:马斯洛谈幸福
作者:[美] 亚伯拉罕·马斯洛

抑郁症(原书第2版)
作者:[美] 阿伦·贝克

理性生活指南(原书第3版)
作者:[美] 阿尔伯特·埃利斯 罗伯特·A.哈珀

当尼采哭泣
作者:[美] 欧文·D.亚隆

多舛的生命
正念疗愈帮你抚平压力、疼痛和创伤(原书第2版)
作者:[美] 乔恩·卡巴金

身体从未忘记:
心理创伤疗愈中的大脑、心智和身体
作者:[美] 巴塞尔·范德考克

部分心理学(原书第2版)
作者:[美] 理查德·C.施瓦茨 玛莎·斯威齐

风格感觉:21世纪写作指南
作者:[美] 史蒂芬·平克